ABHANDLUNGEN
DER AKADEMIE DER WISSENSCHAFTEN DER DDR
Abteilung Veröffentlichungen der Wissenschaftlichen Räte
Jahrgang 1984

Wirtschaftswissenschaftliche Konferenz der DDR am 29./30. September 1983
veranstaltet vom
Wissenschaftlichen Rat für die wirtschaftswissenschaftliche Forschung
bei der Akademie der Wissenschaften der DDR
in Verbindung mit
der Akademie der Wissenschaften der DDR,
dem Zentralinstitut für sozialistische Wirtschaftsführung beim ZK der SED,
der Akademie für Gesellschaftswissenschaften beim ZK der SED
und dem Ökonomischen Forschungsinstitut der Staatlichen Plankommission

Theoretische Verallgemeinerung der Erfahrungen der Entwicklung der Kombinate für die Leistungssteigerung in der Volkswirtschaft, insbesondere bei der Nutzung der qualitativen Faktoren des Wachstums

AKADEMIE-VERLAG · Berlin 1984

Herausgegeben im Auftrage des Präsidenten
der Akademie der Wissenschaften der DDR
von Vizepräsident Prof. Dr. Heinrich Scheel

Verantwortlich für dieses Heft:
Akademiemitglied Prof. Dr. sc. oec. Dr. h. c. Helmut Koziolek
Vorsitzender des Wissenschaftlichen Rates
für die wirtschaftswissenschaftliche Forschung
bei der Akademie der Wissenschaften der DDR

Redaktionsschluß: 10. Januar 1984

Erschienen im Akademie-Verlag, DDR-1086 Berlin,
Leipziger Str. 3–4

Lizenznummer: 202 · 100/76/84
Printed in the German Democratic Republic
Gesamtherstellung: TASTOMAT, 1275 Eggersdorf,
Landhausstraße
LSV 0325
Bestellnummer: 7544136 (2001/84/2/W)
03200

Inhaltsverzeichnis

Arbeitskreis 3

Arbeitskreis 4

Arbeitskreis 5

Arbeitskreis 6

3. Schlußwort

Brief der Teilnehmer der Wirtschaftswissenschaftlichen Konferenz der DDR zum Karl-Marx-Jahr 1983 an Erich Honecker

Lieber Genosse Erich Honecker!

Wir Teilnehmer an der Wirtschaftswissenschaftlichen Konferenz der DDR möchten Dir unsere feste Verbundenheit mit der Politik der Sozialistischen Einheitspartei Deutschlands und mit Deinem Wirken als Generalsekretär des ZK der SED und Vorsitzender des Staatsrates der DDR für das Wohl des Volkes und die Sicherung des Friedens zum Ausdruck bringen.

Die gesamte erfolgreiche Entwicklung unserer Republik und insbesondere unserer Volkswirtschaft in Verwirklichung der Beschlüsse des X. Parteitages der SED erfüllt uns mit großem Stolz. Das Wachstum unserer Volkswirtschaft wird entsprechend der ökonomischen Strategie der Partei für die achtziger Jahre umfassend von der Intensivierung getragen. Die dabei innerhalb weniger Jahre erreichten Ergebnisse, insbesondere beim Wachstum der Produktion und bei gleichzeitig sinkendem Verbrauch an Energieträgern, Rohstoffen und Material sowie durch bessere Ausnutzung der Grundfonds, sind in der Geschichte unserer Wirtschaft ohne Beispiel.

Auf diesem Wege wird das erreichte materielle und kulturelle Lebensniveau des Volkes gewahrt und schrittweise weiter ausgebaut. All das zeugt von der zielstrebigen Verwirklichung der Beschlüsse des X. Parteitages der SED. Wir sind sehr froh darüber, unter Führung unserer marxistisch-leninistischen Partei in dieser großen Gemeinschaftsarbeit dazu unseren Beitrag zu leisten.

Mit dem Blick auf die jetzt und künftighin zu lösenden Aufgaben – das möchten wir Dir versichern – sind wir uns unserer Verantwortung bei der weiteren Verwirklichung der ökonomischen Strategie der Partei für die achtziger Jahre in erhöhtem Maße bewußt. Wir sehen in diesem wissenschaftlich fundierten Konzept die Grundlage für unsere gesamte Arbeit. In welch großem Ausmaß die Lösung der für unsere Republik entscheidenden ökonomischen Aufgaben hineingestellt ist in die scharfe, sich weiter zuspitzende Klassenauseinandersetzung unserer Zeit, spüren wir gerade jetzt angesichts des Hochrüstungs- und Konfrontationskurses der USA in besonderem Maße. Aus all dem ziehen wir die Schlußfolgerung, die Erkenntnisse unserer marxistisch-leninistischen Theorie noch umfassender für eine höhere Effektivität der Arbeit auf allen Gebieten zu erschließen. In diesem Bestreben spüren wir die große Hilfe der Beschlüsse des Zentralkomitees der SED und der von Dir gegebenen grundsätzlichen Orientierung, wie sie in der Rede vor den 1. Kreissekretären im Februar dieses Jahres erfolgte. Für unsere theoretische Arbeit ist insbesondere Deine Rede auf der Internationalen Wissenschaftlichen Konferenz „Karl Marx und unsere Zeit – der Kampf um Frieden und sozialen Fortschritt“ Ansporn und Anregung zugleich. In völliger Übereinstimmung mit den Klassikern des Marxismus-Leninismus hat die Partei stets darauf orientiert, daß die planmäßige Gestaltung der Wirtschaft des entwickelten Sozialismus auf objektiven ökonomischen Gesetzen des Sozialismus und ihrer bewußten Ausnutzung bei der Leitung, Planung und wirtschaftlichen Rechnungsführung der gesellschaftlichen und ökonomischen Entwicklung beruht.

Deshalb sind die weitere Erforschung der Vorzüge und gesellschaftlichen Triebkräfte des Sozialismus, die Einstellung des sozialistischen Wettbewerbs auf die intensiv erweiterte Reproduktion, die Vervollkommnung der planmäßigen Leitung, das aktive und vertrauensvolle Zusammenwirken der Partei, der Gewerkschaft, der anderen Massenorganisationen mit den Arbeitskollektiven und Werktätigen weitere aktuelle Aufgaben der ökonomischen Forschung. Diese Vorzüge und Triebkräfte wurzeln in den sozialistischen Produktionsverhältnissen, deren sozialer Charakter durch das sozialistische Eigentum an den Produktionsmitteln bestimmt ist, woraus sich eine große Verantwortung für die sozialistischen Eigentümer und Hausherren in Gesellschaft und Wirtschaft ergibt. Die ökonomische Forschung sieht eine ihrer vordringlichen Aufgaben darin, konstruktive Vorschläge zu unterbreiten, die den enormen schöpferischen Potenzen unserer Wirtschaft einen größeren Spielraum geben können. Dazu gehört vor allem die weitere Vertiefung der wissenschaftlich-technischen und ökonomischen Zusammenarbeit mit der UdSSR und den anderen sozialistischen Bruderländern.

Die historische Entwicklung hat unwiderlegbar bewiesen, daß die sozialistischen Produktionsverhältnisse die entscheidende gesellschaftliche Grundlage für soziale Sicherheit, Geborgenheit und Glück der Menschen im Sozialismus sind. Wir wollen uns deshalb in der ökonomischen Forschung bemühen, die sozialistischen Produktionsverhältnisse als Entwicklungs- und Bewegungsform zu untersuchen, die ständig zu reproduzieren und planmäßig höher zu entwickeln sind, um zu gewährleisten, daß sie die Einheit von Wirtschafts- und Sozialpolitik und den dafür erforderlichen Leistungsanstieg nachhaltig fördern sowie eine hohe soziale Aktivität der Werktätigen im Interesse einer stetig besseren Befriedigung der materiellen und geistigen Bedürfnisse aller Mitglieder der Gesellschaft bewirken.

Ausgehend von diesen Grundgedanken, berieten und verallgemeinerten auf der Konferenz Vertreter der ökonomischen Wissenschaften und der Wirtschaftspraxis, Vertreter anderer gesellschaftswissenschaftlicher Disziplinen, Natur- und Technikwissenschaftler die Erfahrungen der Kombinate und Betriebe als leistungsfähige Wirtschaftseinheiten. Dabei wurde deutlich, wie die Kombinate als die wirksamste Form der Verbindung von Wissenschaft und Produktion den Zyklus „Forschung – Entwicklung – Rationalisierung – Produktion – Absatz" optimal gestalten können, um aus eigener Kraft die Bedingungen zu schaffen, daß wissenschaftlich-technische Ergebnisse mit hohem Neuheitsgrad schnell in produktions- und absatzwirksame Erzeugnisse, Verfahren und Technologien mit hohem volkswirtschaftlichem Effekt umgesetzt werden können. Die Konferenz vermittelt – ausgehend von Deiner Forderung nach wesentlich größerer Flächenwirkung von Wissenschaft und Technik und nach Beschleunigung der Verbreitungsgeschwindigkeit von Neuerungen – viele konstruktive Anregungen.

Wir versichern, daß wir unser Wissen und Können dafür einsetzen werden, mitzuwirken an

- der bedeutenden Erhöhung des Beitrages von Wissenschaft und Technik, insbesondere für eine schnelle Steigerung der Arbeitsproduktivität,
- der Erreichung hoher Zuwachsraten der Nettoproduktion durch die gezielte Senkung des Produktionsverbrauchs,
- der höchstmöglichen Veredlung der zur Verfügung stehenden Energieträger, Rohstoffe und Materialien sowie ihrem rationellsten und effektivsten Einsatz,
- der vollen Nutzung des gesellschaftlichen Arbeitsvermögens, der Erhöhung der Arbeitsdisziplin und der Einsparung von Arbeitsplätzen mit Hilfe der Schwedter Initiative,
- der rationelleren Nutzung der vorhandenen Grundfonds und dem wirksamen Einsatz des eigenen Rationalisierungsmittelbaus für die Modernisierung des Grundmittelbestandes,
- der plan- und vertragsgerechten Erfüllung der Exportaufgaben mit hohem ökonomischem Resultat und der weiteren Vertiefung der sozialistischen ökonomischen Integration,
- der weiteren Erhöhung der Effektivität der Produktion durch Senkung der Selbstkosten sowie der Erhöhung des Gewinns für den Sozialismus.

Wie die Praxis des sozialistischen Aufbaus beweist, ist die Lehre der Klassiker des Marxismus-Leninismus nach wie vor eine wirksame theoretische Waffe der Arbeiterklasse und ihrer Verbündeten. Das geniale theoretische Erbe von Marx, Engels und Lenin ist gerade dadurch gekennzeichnet, daß es nichts von seiner umwälzenden Wirksamkeit, von seinem kämpferischen Feuer und seiner Aktualität eingebüßt hat. Wiederholt hast Du die Notwendigkeit hervorgehoben, die Lehre von Karl Marx, Friedrich Engels und W. I. Lenin, die Erkenntnisse und Erfahrungen der KPdSU und der Sowjetwissenschaft und anderer Bruderparteien noch gründlicher zu erschließen. Davon zeugen viele Resultate gemeinsamer Forschung und künftige Projekte, die grundlegende Fragen der ökonomischen, sozialpolitischen und geistig-kulturellen Entwicklung auf neue Art zu beantworten haben. Darin sehen wir eine hohe politische Verpflichtung gegenüber unserer Partei.

Den Teilnehmern der Konferenz ist bewußt, daß wirklich weiterführende wissenschaftliche Erkenntnisse vor allem dort gewonnen werden, wo die ökonomische Forschung, Lehre und Propaganda sich der Wirtschaftspraxis zuwendet und aktiv an der Lösung der herangereiften Aufgaben teilnimmt. Ausgehend von der Einheit von Parteilichkeit und Wissenschaftlichkeit der marxistisch-leninistischen Wirtschaftswissenschaften, werden wir unseren Beitrag zur Vertiefung der weltanschaulichen Bildung der Werktätigen, insbesondere der Jugend, erhöhen. Wir werden mit noch größerer Entschiedenheit jeglicher Verfälschung des Sozialismus offensiv entgegentreten und noch wirksamer und überzeugender die ideologische Aggression des Klassengegners entlarven.

Wir versichern Dir, lieber Genosse Erich Honecker, daß wir auch künftighin in jeder Hinsicht unsere ganze Kraft für die Verwirklichung der Beschlüsse des X. Parteitages der SED einsetzen werden.

Für den Wissenschaftlichen Rat für die wirtschaftswissenschaftliche Forschung bei der AdW der DDR
Prof. Dr. Dr. h. c. Helmut KOZIOLEK

Für den Wissenschaftlichen Rat für Politische Ökonomie des Sozialismus
Prof. Dr. Gerhard SCHULZ

Für den Wissenschaftlichen Rat für Fragen der Leitung in der Wirtschaft
Prof. Dr. Gerd FRIEDRICH

Für den Wissenschaftlichen Rat für Ökonomie und Organisation der Arbeit
Prof. Dr.-Ing. Heinz HANSPACH

Für den Wissenschaftlichen Rat für Fragen der sozialistischen ökonomischen Integration
Prof. Dr. Willi KUNZ

Für den Wissenschaftlichen Rat für ökonomische Fragen des wissenschaftlich-technischen Fortschritts
Prof. Dr. Herbert KUSICKA

Für den Wissenschaftlichen Rat für Fragen der Standortverteilung der Produktivkräfte
Prof. Dr. Werner OSTWALD

Für den Wissenschaftlichen Rat für gesellschaftliche und ökonomische Fragen der sozialistischen landwirtschaftlichen Produktion
Prof. Dr. Helmut SCHIECK

Für den Wissenschaftlichen Rat für Fragen der Vervollkommnung der Planung und wirtschaftlichen Rechnungsführung
Prof. Dr. Horst STEEGER

Für den Wissenschaftlichen Rat für Fragen der sozialistischen Betriebswirtschaft
Prof. Dr. Siegfried TANNHÄUSER

Für den Wissenschaftlichen Rat für Fragen der Sozialpolitik und Demographie
Prof. Dr. Gunnar WINKLER

Für den Arbeitskreis Theoretische und praktische Fragen der Energie- und Materialökonomie
Prof. Dr. Wolfgang HEINRICHS

Für den Arbeitskreis Fragen der ökonomischen Sicherstellung der Landesverteidigung
Generalmajor Dr. Johannes ORESCHKO

1. Referat

2/8716

Dr. Günter Mittag
Mitglied des Politbüros und Sekretär des ZK der SED

Theoretische Verallgemeinerung der Erfahrungen der Entwicklung der Kombinate für die Leistungssteigerung in der Volkswirtschaft, insbesondere bei der Nutzung der qualitativen Faktoren des Wachstums

Allen Teilnehmern der Wirtschaftswissenschaftlichen Konferenz der DDR überbringe ich die herzlichsten Grüße des Generalsekretärs des ZK der SED und Vorsitzenden des Staatsrates der DDR, Genossen Erich Honecker.

Diese Konferenz findet im Karl-Marx-Jahr 1983 statt. Die Lehren und weltverändernden Ideen von Karl Marx, Friedrich Engels und Wladimir Iljitsch Lenin sind in der gesellschaftlichen Praxis unserer Republik lebendig. Sie werden unter Führung der Sozialistischen Einheitspartei Deutschlands und ihrem Programm entsprechend bei der Gestaltung der entwickelten sozialistischen Gesellschaft in der DDR konsequent verwirklicht. Die dabei zu lösenden Aufgaben wurden auf dem X. Parteitag der SED beschlossen. Sie dienen der Stärkung des Sozialismus, dem Wohl des Volkes und der Sicherung des Friedens. Das Leben unserer Republik ist auf allen Gebieten vom Kampf um die konsequente Verwirklichung dieser Beschlüsse bestimmt.

Dieser große Prozeß schöpferischer Arbeit des ganzen Volkes prägt auch diese Wirtschaftswissenschaftliche Konferenz. Uns geht es hier darum, die große Gemeinschaftsarbeit fortzuführen und weiter auszuprägen, die sich zwischen den in der Theorie und in der Praxis tätigen Ökonomen bereits so fruchtbringend für die Republik entwickelt hat.

I. Die Beschlüsse des X. Parteitages der SED werden konsequent und erfolgreich zum Wohle des Volkes verwirklicht

Unsere Konferenz widmet sich der „Theoretischen Verallgemeinerung der Erfahrungen der Entwicklung der Kombinate für die Leistungssteigerung in der Volkswirtschaft, insbesondere bei der Nutzung der qualitativen Faktoren des Wachstums". Sie befaßt sich also mit einer sehr grundsätzlichen Frage, nämlich dem Zusammenhang zwischen der Erschließung neuer Leistungsreserven für das Wachstum auf dem Wege der Intensivierung und den dazu erforderlichen Schritten bei der weiteren Ausgestaltung der sozialistischen Produktionsverhältnisse durch die Bildung und Entwicklung der Kombinate in Industrie und Bauwesen sowie im Transport- und Nachrichtenwesen der DDR.

Genosse Erich Honecker hat diesen Prozeß in seiner bedeutsamen Rede auf der Internationalen Wissenschaftlichen Konferenz „Karl Marx und unsere Zeit – der Kampf um Frieden und sozialen Fortschritt" deutlich charakterisiert. Er sagte: „In der DDR wurden die Kapazitäten der Industrie und des Bauwesens in Kombinaten organisiert, die große materielle und geistige Ressourcen vereinigen und alle Voraussetzungen besitzen, um die Produktion von der Forschung bis zum Absatz effektiv zu organisieren. Dabei sind sie fest in die gesamte staatliche Leitung und Planung eingebettet, deren System nach dem Prinzip des demokratischen Zentralismus aufgebaut ist. Die Generaldirektoren der Kombinate wirken als Beauftragte der Arbeiter-und-Bauern-Macht und lösen mit beträchtlichen Vollmachten die planmäßigen Aufgaben. Die Bildung der Kombinate, diese tiefgreifende Veränderung in der Struktur der Leitung der Industrie, die schon einige Zeit zurückliegt, hat sich bewährt und wurde zum Ausgangspunkt vieler weiterer Verbesserungen.

Im Grunde geht es darum, die Interessen der Kombinate, der Betriebe und der einzelnen Kollektive immer zwingender mit den gesellschaftlichen Erfordernissen zu verbinden, also auf hocheffektives Wirtschaften auszurichten. Natürlich kann man nicht Antworten des Kapitalismus kopieren, sondern diese Antworten sind nur durch die Vervollkommnung der sozialistischen Planwirtschaft selbst zu finden."[1] Diese Einschätzung des Platzes der Kombinate in der Volkswirtschaft, ihres Entstehens und ihrer weiteren Entwicklung verdeutlicht zugleich das wissenschaftlich fundierte Herangehen unserer Partei an alle Fragen der gesellschaftlichen Entwicklung von grundsätzlich marxistisch-leninistischen Positionen aus.

Wir lassen uns von der Erkenntnis leiten, daß die Wirtschaftspolitik unserer Partei weitgehend über die Durchführung des gesamten Programms zur weiteren Gestaltung der entwickelten sozialistischen Gesellschaft in der DDR entscheidet. Der Sinn des Sozialismus, so sagte Genosse Erich Honecker auf dem VIII. Parteitag der SED, besteht darin, alles zu tun für das Wohl des Volkes. Damit wurde eindeutig erklärt, daß Wirtschaftspolitik im Sozialismus nicht Selbstzweck, sondern Mittel zum Zweck der Verbesserung des materiellen und kulturellen Lebensniveaus des Volkes ist. Diese grundlegende Prämisse findet in der Einheit von Wirtschafts- und Sozialpolitik ihren prägnanten Ausdruck. Seitdem wurde die Ökonomie in unserer Republik geprägt durch die Verwirklichung der Politik der Hauptaufgabe. Sie beruht auf dem Wirken des ökonomischen

Grundgesetzes des Sozialismus und leitet daraus auch die objektive Notwendigkeit eines kontinuierlichen Wachstums der Volkswirtschaft in all ihren Bereichen auf dem Wege der Intensivierung ab. Diese stabile und dynamische ökonomische Entwicklung ist für unsere Republik um so bedeutungsvoller, da sich unser Staat an der Trennlinie des Warschauer Paktes zur imperialistischen NATO in einer scharfen internationalen Klassenauseinandersetzung tagtäglich zu bewähren hat.

In diesem Kampf stehen wir an der Seite starker Freunde. Auf dem X. Parteitag der SED wurde bekräftigt, daß der unzerstörbare Bruderbund mit der Sowjetunion, die feste Verankerung unserer Republik in der Gemeinschaft der sozialistischen Staaten für unser Volk für immer die stabile Grundlage seiner Sicherheit und seiner Erfolge bei der Gestaltung der entwickelten sozialistischen Gesellschaft ist und bleibt.

Heute wie in Zukunft lassen wir uns davon leiten, daß die weitere Vertiefung der sozialistischen ökonomischen Integration, insbesondere die noch engere wirtschaftliche und wissenschaftlich-technische Zusammenarbeit mit der UdSSR von grundlegender Bedeutung für jeden weiteren Schritt auf dem Wege der Intensivierung in unserer Volkswirtschaft ist. Darauf aufbauend führen wir heute den Kampf um die Verwirklichung der Beschlüsse des X. Parteitages der SED, die die Weiterführung der Hauptaufgabe in ihrer Einheit von Wirtschafts- und Sozialpolitik beinhalten.

In Vorbereitung auf den X. Parteitag analysierte das Zentralkomitee der SED auf mehreren Tagungen die grundsätzlichen Erfahrungen, die auf dem Wege der Intensivierung Ende der 70er Jahre erreicht worden sind. Analysen des kontinuierlichen Wachstumstempos des Nationaleinkommens und der erreichten neuen bedeutenden Senkungsraten im spezifischen Energie- und Materialverbrauch ließen eine grundlegende Schlußfolgerung zu: Die Volkswirtschaft der DDR verfügt über bedeutende innere Möglichkeiten, um neue und höhere Anforderungen erfolgreich zu meistern. Es wurden Erfahrungen gesammelt in bezug auf eine höhere Wirksamkeit von Wissenschaft und Technik, die von ökonomischen Aufgaben bestimmt sein muß. Es wurden Erfahrungen gesammelt und analysiert, wie durch eine entschiedene Konzentration die Effektivität der Investitionsvorhaben erhöht werden kann. Es wurden Erfahrungen gesammelt, welche Reserven mit der Schwedter Initiative mobilisiert werden können.

Es wurde deutlich, was erreicht werden kann, wenn die Verantwortung der Minister gestärkt und die Arbeit der Kombinate gefestigt wird. Schritt für Schritt reifte so jene Wirtschaftspolitik, die der X. Parteitag in den 10 Punkten der ökonomischen Strategie für die 80er Jahre zusammenhängend und als einheitliches Konzept beschloß.

Ich möchte in diesem Zusammenhang besonders hervorheben: Es ist von größter Bedeutung für unsere gesamte gesellschaftliche Entwicklung, daß unsere Partei unter der direkten Leitung des Generalsekretärs des ZK der SED, Genossen Erich Honecker, seit dem VIII. Parteitag eine umfassende Arbeit für die weitere Gestaltung der entwickelten sozialistischen Gesellschaft leistet. Im Kern ging und geht es darum, ein höheres Niveau der Produktivkräfte, der sozialistischen gesellschaftlichen Beziehungen und des sozialistischen Bewußtseins der Menschen zu erreichen und zum Wohle des ganzen Volkes wirksam zu machen.

Diese theoretische Arbeit der Partei war von grundlegender Bedeutung für unsere weitere gesellschaftliche Entwicklung. Mit der Formulierung der Hauptaufgabe in ihrer Einheit von Wirtschafts- und Sozialpolitik wurden generell Ziel und Mittel dieser gesellschaftlichen Entwicklung bestimmt. Sehr eingehend beschäftigte sich die Partei mit den Merkmalen und Kriterien der entwickelten sozialistischen Gesellschaft, und sie arbeitete die umfassende sozialistische Intensivierung als Haupttyp der gesellschaftlichen Reproduktion für die gegenwärtige und künftige Entwicklung unserer Republik heraus. Dabei lenkte sie das Hauptaugenmerk

- auf die organische Verbindung der Errungenschaften der wissenschaftlich-technischen Revolution mit den Vorzügen des Sozialismus,
- auf den weiteren Vergesellschaftungsprozeß, besonders auf die Entwicklung und Festigung der Kombinate und
- auf die weitere Vertiefung der sozialistischen ökonomischen Integration, besonders mit der UdSSR.

So können wir festhalten: Das auf dem IX. Parteitag beschlossene Parteiprogramm widerspiegelt die großen Veränderungen im Inneren unseres Landes und in der internationalen Stellung der DDR. Die Intensivierung der gesellschaftlichen Produktion wurde als Hauptweg der wirtschaftlichen Entwicklung der DDR festgeschrieben.

Mit der vom X. Parteitag beschlossenen ökonomischen Strategie für die 80er Jahre, die zu den bedeutenden wissenschaftlich-theoretischen Leistungen unserer Partei gehört, besitzen wir eine auf den allgemeingültigen Gesetzmäßigkeiten des Sozialismus und den Erfahrungen einer langjährig bewährten Politik beruhende, in sich geschlossene Konzeption, um das Voranschreiten in den 80er Jahren zu organisieren. In dieser ökonomischen Strategie werden entscheidende Richtungen der Entwicklung der Produktivkräfte, wie die Mikroelektronik, die Robotertechnik, moderne stoffwirtschaftliche und energetische Verfahren, mit den grundlegenden Bedingungen und Erfordernissen der Gestaltung des volkswirtschaftlichen Reproduktionsprozesses inhaltlich eng verbunden.

Unsere Wirtschaftsstrategie beinhaltet auch die Erkenntnis, daß die ökonomischen Voraussetzungen für die schnelle Entwicklung der modernen Produktivkräfte selbst geschaffen werden müssen – durch Erhöhung der Effektivität und Steigerung der Arbeitsproduktivität. Die Strategie orientiert darauf, die qualitativen Wachstumsfaktoren, in deren Mittelpunkt der wissenschaftlich-technische Fortschritt steht, besser zu nutzen. Dadurch wird ein besserer Einsatz der verfügbaren Ressourcen gewährleistet, wie es für die intensiv erweiterte Reproduktion charakteristisch ist. Diese ökonomische Strategie mit ihren 10 Schwerpunkten gilt es stets zum Ausgangspunkt der praktischen wie der theoretischen Arbeit zu nehmen.

Ausgehend von den Beschlüssen der Partei, trägt die Wirtschaftswissenschaft in enger Zusammenarbeit mit der Wirtschaftspraxis dazu bei, die Erkenntnisse über die objektiven ökonomischen Gesetze des Sozialismus und ihre Wirkungsbedingungen ständig zu vertiefen.

Dabei arbeiten die Wirtschaftswissenschaftler im Auftrag der Partei wirkungsvoll an vielen dafür wichtigen Themen, wie beispielsweise

- die dialektischen Wechselbeziehungen zwischen ökonomischer Theorie, Wirtschaftspolitik und Wirtschaftspraxis,
- die Beschleunigung des wissenschaftlich-technischen Fortschritts – insbesondere der organischen Verbindung der Vorzüge des Sozialismus mit den Errungenschaften der wissenschaftlich-technischen Revolution,
- die Intensivierung des volkswirtschaftlichen Reproduktionsprozesses als Ganzes zur Erhöhung der Effektivität der gesellschaftlichen Produktion unter besonderer Beachtung der entscheidenden Rolle der Arbeitsproduktivität,
- die theoretischen und praktischen Probleme der Entwicklung und Festigung der Kombinate und Betriebe,
- die sozialistische ökonomische Integration der Mitgliedsländer des RGW, besonders die Zusammenarbeit mit der UdSSR,
- die Vervollkommnung der Leitung, Planung und wirtschaftlichen Rechnungsführung,
- die Entfaltung der schöpferischen Masseninitiativen und die Vervollkommnung der wissenschaftlichen Arbeitsorganisation.

Für die zu erzielenden Ergebnisse ist die enge parteimäßige Zusammenarbeit zwischen den Wirtschaftswissenschaftlern und der Wirtschaftspraxis von großer Bedeutung.

Wichtig ist, daß auch das enge Zusammenwirken der Wirtschaftswissenschaftler der DDR mit denen der anderen Bruderländer zielstrebig fortgesetzt wird. Das gilt besonders für die Kooperation mit den Ökonomen der UdSSR. Dabei ist die Arbeit der Ökonomenkommission UdSSR/DDR ein gutes Beispiel. Diese Kommission kann auf positiven Erfahrungen aufbauen. Genannt seien hier die Beratung grundlegender theoretischer Fragen der Gestaltung der entwickelten sozialistischen Gesellschaft und ihrer Ökonomie, die Erörterung von Problemen der Intensivierung der sozialistischen erweiterten Reproduktion und der Erhöhung ihrer Effektivität unter den Bedingungen der sozialistischen ökonomischen Integration, die Diskussionen über ökonomische und soziale Probleme des wissenschaftlich-technischen Fortschritts in der entwickelten sozialistischen Gesellschaft u. a.

Es gehört zum marxistisch-leninistischen Arbeitsstil unserer Partei, die erreichten Ergebnisse stets genau zu analysieren, die Kampferfahrungen der Arbeiterklasse zu verallgemeinern und unter Berücksichtigung neu heranreifender Bedingungen die erforderlichen Schlußfolgerungen zu ziehen. Auf diese Weise gehen wir unseren auf dem X. Parteitag beschlossenen Weg unbeirrt und konsequent weiter.

Diese schöpferische Arbeit zur Durchführung der Beschlüsse des X. Parteitages dokumentiert sich besonders markant in den Analysen, Schlußfolgerungen und präzisen Aufgaben, die von Genossen Erich Honecker auf den Tagungen des Zentralkomitees und in den Beratungen des Sekretariats des ZK mit den 1. Sekretären der Kreisleitungen gegeben worden sind. So wurde und wird unsere gesamte Partei und darüber hinaus die Öffentlichkeit stets darüber informiert, wie wir bei der Verwirklichung der Beschlüsse des X. Parteitages vorankommen, welche weiteren Schritte erforderlich werden und worin die Aufgaben bestehen. Das gibt allen Genossen eine klare Orientierung für die Arbeit, und zugleich ist jeder an seinem Platz und in seinem Verantwortungsbereich in die Lage versetzt, die für seine Arbeit erforderlichen Schlußfolgerungen zu ziehen. Sie betreffen vor allem die Notwendigkeit, neue Schritte in Richtung auf den Übergang zur umfassenden Intensivierung zu tun. Sie beinhalten nicht einfach nur eine Verringerung des Verbrauchs an Material und Energie schlechthin, nicht einfach nur die Einsparung von Arbeitszeit, nicht einfach nur die bessere Ausnutzung der Grundfonds.

Hier geht es in der Tat um qualitativ neue Schritte. Das sind solche Schritte, die unter anderem dadurch gekennzeichnet sind, daß der spezifische Energie- und Materialverbrauch schneller sinken muß, als die Produktion wächst, oder daß das Wachstum der Arbeitsproduktivität größer sein muß als das der Produktion und schneller steigt als der Wert der Grundfonds je Arbeitsplatz. Jeder Ökonom versteht, welche grundsätzlich neuen Anforderungen sich allein hinter diesen Maßstäben für die jetzt erforderlichen Schritte der Intensivierung verbergen, welche weitreichenden Schlußfolgerungen sich ergeben.

Dabei berücksichtigt unsere Partei stets alle gesellschaftlichen Zusammenhänge, die die Wirtschaftspolitik bestimmen. Das betrifft die Berücksichtigung jener gesellschaftlichen Kräfte, die aus der Entwicklung unseres sozialistischen Bildungswesens, aus der zielstrebigen Förderung der Wissenschaften an den Hoch- und Fachschulen sowie an der Akademie der Wissenschaften und in anderen wissenschaftlichen Einrichtungen erwachsen. Sie berücksichtigt darüber hinaus die großen Initiativen, die aus der erfolgreichen, stets weiter fortschreitenden Entfaltung und Vertiefung des von den Gewerkschaften geführten sozialistischen Wettbewerbs entspringen.

Zu einer großen Kraft sind die ökonomischen Initiativen der Freien Deutschen Jugend geworden, die wahrhaft auf Brennpunkte der ökonomischen Entwicklung gerichtet sind. Von Bedeutung ist die große Gemeinschaftsarbeit, die von der Kammer der Technik getragen und organisiert wird, ist die von der Gesellschaft für Deutsch-Sowjetische Freundschaft und den anderen gesellschaftlichen Organisationen geleistete Arbeit, ist das Wirken vieler gesellschaftlicher Kräfte im Maßstab der gesamten Republik, in den Bezirken, Kreisen, Städten und Gemeinden.

Die sozialistische Planwirtschaft wurde weiter vervollkommnet, und insgesamt ist die ökonomische Grundlage für die Macht und die führende Rolle der Arbeiterklasse in unserer sozialistischen Gesellschaft weiter gestärkt worden. Jetzt bestehen noch günstigere Voraussetzungen für die Festigung des Bündnisses zwischen der Arbeiterklasse und der sozialistischen Intelligenz. Es ist doch eine gewaltige Kraft, wenn in den 156 Kombinaten in Industrie, Bauwesen, Transport- und Nachrichtenwesen rund 3 Millionen Werktätige, und darunter rund 430000 Hoch- und Fachschulkader, nach einheitlichen, durch den Volkswirtschaftsplan gegebenen Aufgaben und unter einheitlicher Leitung im vielfältig verflochtenen volkswirtschaftlichen Reproduktionsprozeß das Leistungswachstum auf dem Wege der Intensivierung organisieren.

Indem sich die ökonomische Entwicklung in Industrie und Bauwesen nahezu vollständig auf der Grundlage der Kombinate vollzieht, wurde eine qualitativ neue Etappe unserer sozialistischen Planwirtschaft eingeleitet. In Industrie und Bauwesen und weiteren Zweigen erweisen sich die Kombinate als Hauptstütze einer modernen Wirtschaftsleitung.

Noch zu keiner Zeit in der Geschichte unserer Republik hat der sozialistische Massenwettbewerb eine solche Breite erreicht und ist er in einem so entscheidenden Maße auf die qualitativen Faktoren des Wachstums gerichtet worden wie in den 70er Jahren und im Übergang zu den 80er Jahren. Seit dem Jahre 1980 übernahmen und erfüllten die Kombinate Jahr für Jahr neue, große, für die Volkswirtschaft auf entscheidenden Gebieten ins Gewicht fallende Verpflichtungen zur Überbietung der Volkswirtschaftspläne. Dahinter steht eine gewaltige politisch-organisatorische Arbeit, steht der tagtägliche schöpferische Kampf um die Ausnutzung der Arbeitszeit und die Steigerung der Arbeitsproduktivität, um den effektiveren Einsatz von Energie und Material und um die bestmögliche Nutzung der Grundfonds.

Die Volkswirtschaft der Deutschen Demokratischen Republik entwickelt sich erfolgreich auf dem im Programm unserer Partei gewiesenen Weg der weiteren Gestaltung der entwickelten sozialistischen Gesellschaft. 1982 wurde ein Nationaleinkommen von 201 Milliarden Mark produziert. Im Vergleich zu 1970 ist das produzierte Nationaleinkommen der DDR auf 171,2 Prozent gesteigert worden, das entspricht einem durchschnittlichen jährlichen Zuwachs um 4,6 Prozent.

Die Wachstumsrate des Nationaleinkommens der DDR war damit sowohl in den 70er Jahren als auch zu Beginn der 80er Jahre deutlich höher als in führenden kapitalistischen Industrieländern. Beispielsweise stieg das Nationaleinkommen 1982 zu 1970 in Großbritannien nur auf 119 Prozent, in der BRD auf 130 Prozent, in Italien auf 136 Prozent, in den USA auf 137 Prozent, in Frankreich auf 148 Prozent und in Japan auf 170 Prozent.

Erstmalig in der Geschichte der DDR wurde das Wachstum des Nationaleinkommens bei einem gegenüber dem Vorjahr absolut sinkenden Produktionsverbrauch, das heißt bei absolut weniger Einsatz von Energieträgern, Rohstoffen und Material, erzielt. Während im Jahre 1980 das Wachstum des Nationaleinkommens zu 6 Prozent aus der Senkung des spezifischen Produktionsverbrauchs resultierte und im Jahre 1981 zu 23 Prozent, wurde der Zuwachs des Nationaleinkommens in Höhe von 5 Milliarden Mark im Jahre 1982 zu 83 Prozent, also zum weitaus überwiegenden Teil, durch die Senkung des spezifischen Produktionsverbrauchs ermöglicht. Das ist das Ergebnis einer folgerichtigen Entwicklung, die bereits seit längerer Zeit eingeleitet worden ist und die nunmehr zu einer neuen Qualität geführt hat (Tabellen 1 und 2). Bezogen auf die Einheit produzierten Nationaleinkommens, sank der Aufwand an volkswirtschaftlich wichtigen Energieträgern, Roh- und Werkstoffen von 1976 bis 1980 durchschnittlich jährlich um 2,7 Prozent, 1981 bereits um 5,4 Prozent, und 1982 wurden 8 Prozent Senkung erreicht.

Tabelle 1: Entwicklung des produzierten Nationaleinkommens

Jahr	Milliarden Mark	1970 = 100
1970	117,4	100
1975	152,8	130
1976	158,1	135
1977	166,0	141
1978	172,2	147
1979	179,2	153
1980	187,1	159
1981	196,1	167
1982	201,0	171

Tabelle 2: Entwicklung des produzierten Nationaleinkommens und des Produktionsverbrauchs (1975 = 100)

Jahr	Nationaleinkommen	Produktionsverbrauch
1976	103	106
1977	109	110
1978	113	115
1979	117	119
1980	122	124
1981	128	128
1982	132	127

Das produzierte Nationaleinkommen je Berufstätiger in den produzierenden Bereichen – berechnet in vergleichbaren Preisen des Jahres 1980 – entwickelte sich in der DDR wie folgt:

1970 17680 Mark,
1980 27434 Mark,
1982 29339 Mark.

Das entspricht einer Steigerung 1982 gegenüber 1970 auf 166 Prozent. Im Zusammenhang mit dieser Produktivitätssteigerung verminderte sich der Arbeitsaufwand eines Berufstätigen im produzierenden Bereich der Volkswirtschaft der DDR je 1000 Mark produziertes Nationaleinkommen von 100 Stunden im Jahre 1970 auf 61 Stunden im Jahre 1980 und 57 Stunden im Jahre 1982 (Tabelle 3). An dieser Leistung haben alle

Tabelle 3: Entwicklung des produzierten Nationaleinkommens je Berufstätiger

Jahr	Produziertes Nationaleinkommen je Berufstätiger im produzierenden Bereich Mark	Durchschnittlicher Arbeitsaufwand eines Berufstätigen im produzierenden Bereich je 1000 M Nationaleinkommen Stunden
1970	17680	100
1971	18408	95
1972	19477	89
1973	20577	84
1974	21824	79
1975	22856	75
1976	23529	74
1977	24591	70
1978	25402	67
1979	26314	64
1980	27434	61
1981	28696	58
1982	29339	57

Zweige der Volkswirtschaft ihren Anteil, die Industrie, die Bauwirtschaft, die Landwirtschaft, der Verkehr, das Post- und Fernmeldewesen und der Binnenhandel. Überall wurden die zum Einsatz gelangenden Fonds vermindert.

Indem im Nettoprodukt der Beitrag der Wirtschaftsbereiche zum produzierten Nationaleinkommen seinen Ausdruck findet, ergibt sich für 1982 folgendes Bild: Industrie 69,8 Prozent, Bauwirtschaft 5,8 Prozent, Land- und Forstwirtschaft 7,8 Prozent, Verkehr, Post- und Fernmeldewesen 4,1 Prozent, Binnenhandel 9,4 Prozent und sonstige produzierende Zweige 3,1 Prozent (Tabelle 4).

Tabelle 4: Nettoprodukt nach Wirtschaftsbereichen

Wirtschaftsbereich	Anteil der Wirtschaftsbereiche (Prozent)		Index des Nettoprodukts 1982
	1970	1982	1970 = 100
Insgesamt	100	100	171
Industrie	64,5	69,8	185
Bauwirtschaft	6,5	5,8	151
Land- und Forstwirtschaft	12,0	7,8	112
Verkehr, Post- und Fernmeldewesen	4,5	4,1	157
Binnenhandel	9,8	9,4	165
Sonstige produzierende Zweige	2,7	3,1	192

Die Industrie hat im Verlaufe der Entwicklung quantitativ und vor allem auch in qualitativer Hinsicht ihr Gewicht in der Volkswirtschaft erhöht: Es vollzogen sich bedeutende Strukturveränderungen. Der Produktionsanteil der Elektrotechnik/Elektronik, der chemischen Industrie sowie des Maschinen- und Fahrzeugbaus erhöhte sich von 36 Prozent im Jahre 1955 auf 49 Prozent im Jahre 1982. Dabei sind qualitativ entscheidende Bereiche besonders schnell gewachsen. So betrug 1982 der Anteil der Produktion veredelter Erzeugnisse an der Walzstahlproduktion 62 Prozent. Der Anteil der Produktion von integrierten Schaltkreisen an der Produktion von Halbleiterbauelementen hat sich bedeutend erhöht, und der Anteil numerisch gesteuerter Werkzeugmaschinen an der Produktion spanabhebender Werkzeugmaschinen hatte 1982 34 Prozent erreicht. Der Anteil der Kernenergie an der Elektroenergieerzeugung betrug 1982 10,5 Prozent, und bei hochwertiger Plaste machte der Anteil an der Gesamtproduktion von Plastwerkstoffen 27,9 Prozent aus.

1982 erreichte die Förderung von Rohbraunkohle einen Stand von 276 Millionen Tonnen. Das sind 18 Millionen Tonnen Rohbraunkohle mehr, als 1980 gefördert wurden. Von 1976 bis 1982 installierten wir fast 5900 Megawatt für die Erzeugung von Elektroenergie. Jede zweite Kilowattstunde wurde 1982 in Großkraftwerken erzeugt, die nach dem VIII. Parteitag der SED installiert worden sind.

Die materiell-technischen Voraussetzungen für die weitere Entwicklung der Produktion und der Effektivität in der Industrie haben sich in den Jahren seit dem VIII. Parteitag entscheidend und grundlegend verbessert. Dafür spricht beispielsweise die Tatsache, daß im Zeitraum 1971 bis 1982 in der Industrie rund 300 Milliarden Mark investiert wurden. Das ist fast das doppelte Investitionsvolumen der Jahre 1961 bis 1972. Im Vergleich zu 1960 erhöhten sich die Investitionen 1982 auf 350 Prozent. Von 1976 bis 1982 wurden durchschnittlich jährlich 9 Milliarden Mark Investitionen für die Rationalisierung eingesetzt. Mehr als die Hälfte der Zugänge an neuen Ausrüstungen in diesen Jahren erfolgte mit teil- bzw. vollautomatisierten Maschinen und Anlagen.

Hervorgehoben sei in diesem Zusammenhang auch, daß es in wachsendem Maße – besonders auch 1982 – gelang, bedeutende zusätzliche Investitionen für die Umstellung der Produktion und der Technologien auf einheimische Rohstoffe und Energieträger durchzuführen. Daraus entstand für die Volkswirtschaft ein großer Effektivitätszuwachs.

Man muß es sogar noch deutlicher sagen: Durch den Einsatz bedeutender Investitionsmittel für die verstärkte Nutzung einheimischer Energieträger und für Technologien zur Senkung des Verbrauchs an Material und Energie wurden erst die entscheidenden Voraussetzungen geschaffen, die diese beachtliche Senkung des Produktionsverbrauchs bei gleichzeitigem Anstieg der volkswirtschaftlichen Leistungen ermöglichten. Diese Politik werden wir auch in den kommenden Jahren weiterführen. Und sie wird sich künftighin noch stärker positiv auf unsere Energie- und Materialökonomie auswirken. Gerade das müssen wir beachten, wenn wir die Effektivität unserer Investitionen einschätzen.

Die 1982 deutlich vollzogene Hinwendung zur Intensivierung im Innern war zugleich verbunden mit einer entschiedenen Stärkung der außenwirtschaftlichen Positionen der DDR. Die Entwicklung des Jahres 1982 kann nur dann richtig eingeschätzt werden, wenn man sie vor dem Hintergrund der scharfen Klassenauseinandersetzung und des von den USA initiierten rigorosen Wirtschaftskrieges sieht. Es haben sich also 1982 zwei Prozesse miteinander verflochten, nämlich die Intensivierung und das erfolgreiche und offensive Reagieren auf den Wirtschaftskrieg.

Unsere Partei hat die Entwicklung dieser internationalen Bedingungen, die in erster Linie Bedingungen des Klassenkampfes sind, stets aufmerksam analysiert und sie bei der Bestimmung der nächsten Aufgaben zur Verwirklichung der ökonomischen Strategie berücksichtigt. Daraus, wie wir unter diesen Bedingungen unsere beschlossene Politik weiter durchführen, ergibt sich die Härte der Maßstäbe und zugleich der politische Charakter aller Aufgaben zur Sicherung der ökonomischen Leistungsentwicklung. Die Ökonomie ist zum Hauptfeld der Klassenauseinandersetzung unserer Zeit geworden.

Die Verschärfung in der Klassenauseinandersetzung mit dem Imperialismus zeigt sich vor allem daran, daß sich der USA-Imperialismus auf die Linie der direkten Konfrontation mit den Ländern des Sozialismus begeben hat. Dies findet seinen Ausdruck in der von Reagan proklamierten Politik des „Kreuzzuges“.

Gerade im Hinblick auf die Herausforderung der 80er Jahre wird deutlich, wie wichtig es ist, daß die Politik der Hauptaufgabe in ihrer Einheit von Wirtschafts- und Sozialpolitik bereits zu einer geschichtlichen Erfahrung unseres ganzen Volkes geworden ist und sie unter Führung unserer Partei konsequent verwirklicht wird. Gestützt auf diese millionenfache, das Leben jeder Familie berührende Erfahrung, können wir uns den neuen Anforderungen mit Erfolg und Zuversicht stellen.

Konsequent verwirklichen wir unsere Ziele im Wohnungsbau, dem Kernstück unserer Sozialpolitik. 1982 wurden der Bevölkerung 187053 neue bzw. modernisierte Wohnungen zur Verfügung gestellt. Im Jahre 1970 waren es 76088. In den Jahren 1970 bis 1982 wurden insgesamt 1870284 Wohnungen fertiggestellt, davon waren 1272907 Neubauten.

Wesentlich angestiegen sind die Nettogeldeinnahmen der Bevölkerung. Sie betrugen 1982 rund 128 Milliarden Mark gegenüber 79 Milliarden Mark im Jahre 1970. Dabei stieg das durchschnittliche monatliche Arbeitseinkommen der Arbeiter und Angestellten in der sozialistischen Wirtschaft von 755 Mark im Jahre 1970 auf 1066 Mark im Jahre 1982.

Diese positive Bilanz kommt auch darin zum Ausdruck, daß sich der jährliche Einzelhandelsumsatz pro Kopf der Bevölkerung 1970 bis 1982 von 3755 Mark auf 6201 Mark steigerte und daß bei Dienstleistungen und Reparaturen für die Bevölkerung den Leistungen des Jahres 1972 im Werte von 2709 Millionen Mark im vergangenen Jahr Leistungen für 5718 Millionen Mark gegenüberstanden (Tabelle 5).

Was unsere Republik für die Menschen leistet, offenbart auch das reiche geistige Potential, das im Verlaufe des letzten Jahrzehnts in einem bedeutenden Maße gewachsen ist. Die Größe des Erreichten wird deutlich, wenn man sich einmal vor Augen führt, daß im Jahre 1971 60,8 Prozent aller Berufstätigen in der sozialistischen Volkswirtschaft über eine abgeschlossene berufliche Ausbildung verfügten und es im Jahre 1982 dagegen 82,5 Prozent waren.

Noch anschaulicher wird diese Entwicklung, wenn wir einzelne Tatsachen sehen: So erhöhte sich 1982 die Zahl der ausgebildeten Hoch- und Fachschulkader, Meister und Facharbeiter gegenüber 1971 um 2,3 Millionen Personen. Gab es 1971 761700 Hoch- und Fachschulkader, so waren es 1982 1502100. Das ist eine Verdopplung. Gab es 1971 3220700 Meister und Facharbeiter, so waren es 1982 4800700. Ihre Anzahl hat also um fast 50 Prozent, um 1580000 Personen, zugenommen.

Tabelle 5: Einzelhandelsumsatz pro Kopf der Bevölkerung sowie Dienstleistungen und Reparaturen für die Bevölkerung

Jahr	Einzelhandelsumsatz pro Kopf der Bevölkerung insgesamt (Mark)	davon Nahrungs- und Genußmittel	davon Industriewaren	Dienstleistungen und Reparaturen (ohne Bau-reparaturen) für die Bevölkerung (Millionen Mark)
1970	3755	2097	1658	2709*
1975	4861	2522	2339	3144
1976	5104	2620	2484	3453
1977	5335	2728	2606	3771
1978	5520	2823	2697	4059
1979	5716	2904	2811	4342
1980	5974	2998	2976	4735
1981	6124	3086	3037	5296
1982	6201	3160	3041	5718

* 1972

In der sozialistischen Industrie insgesamt hatten 1982 von 100 Berufstätigen 12,6 einen Hoch- oder Fachschulabschluß, im sozialistischen Bauwesen 11,8 Prozent. Im Bereich des Ministeriums für Elektrotechnik/Elektronik haben 20,6 Prozent aller Beschäftigten einen Hoch- oder Fachschulabschluß. Im Werkzeug- und Verarbeitungsmaschinenbau sind es 18,3 Prozent, in der chemischen Industrie 18,2 Prozent, im Schwermaschinen- und Anlagenbau 18,1 Prozent.

Diese gesamte positive Entwicklung des materiellen wie des geistigen Lebensniveaus des Volkes entspringt einer großen Leistung der gesamten Gesellschaft. Darin steckt die Arbeit von Millionen Werktätigen in der materiellen Produktion wie in den Bereichen der Wissenschaft, der Volksbildung und der Berufsausbildung, des Gesundheitswesens, der Kultur, des Sports, der bewaffneten Organe.

Mit ihrem Programm und dem von Genossen Erich Honecker auf dem X. Parteitag der SED gegebenen Bericht des Zentralkomitees hat unsere Partei, von festen marxistisch-leninistischen Positionen ausgehend, grundlegende theoretische und praktische Fragen der weiteren Gestaltung der entwickelten sozialistischen Gesellschaft in der DDR beantwortet. Darin eingeschlossen sind die eminent wichtigen Fragen der weiteren Vervollkommnung der sozialistischen Planwirtschaft.

Wir können hier auf dieser Konferenz einhellig feststellen: Wir sind stolz auf die sozialistische Planwirtschaft in der DDR. Diese Planwirtschaft hat es uns ermöglicht, eine Politik durchzuführen, die mit großen sozialen Errungenschaften für das Volk verbunden ist. Diese Planwirtschaft ermöglicht ein kontinuierliches Wirtschaftswachstum. Diese Planwirtschaft ermöglicht es uns, entsprechend den wachsenden Anforderungen neue Reserven auf dem Wege der Intensivierung zu erschließen bei gleichzeitiger Verbesserung der Arbeits- und Lebensbedingungen der Menschen und der Entwicklung der Persönlichkeit jedes einzelnen.

Wir können mit Befriedigung sagen, daß die Wirtschaftswissenschaftler unserer Republik, die Ökonomen in der Wissenschaft und in der Praxis eine wahrhaft schöpferische Arbeit leisten – in der Erforschung grundlegender ökonomischer Zusammenhänge, bei der Vertiefung vieler konkreter Erkenntnisse zur Erhöhung der Effektivität der Arbeit wie bei der Verbreitung soliden ökonomischen Wissens.

Zugleich wenden sie sich noch stärker jenen Fragen zu, die mit der Krise in der kapitalistischen Welt und insbesondere mit den schwerwiegenden Folgen des forcierten Hochrüstungskurses der USA zusammenhängen. Zu keiner Zeit in der an Krisen und ökonomischen Verzerrungen gewiß nicht armen Geschichte der kapitalistischen Wirtschaft hat es eine solche Deformation ihrer Entwicklung gegeben, wie sie sich gegenwärtig vollzieht. Der von den USA angeheizte Hochrüstungskurs verschlingt materielle und finanzielle Ressourcen in einem Ausmaß, das Millionen von Menschen hungern und verarmen läßt, die Reproduktionskraft der Volkswirtschaft entscheidend schwächt und die gesamte kapitalistische Weltwirtschaft an den Rand einer Katastrophe treibt. Durch raffinierte Finanz- und Kursmanipulationen versucht das USA-Finanzkapital, die Rüstungslasten auf weitere kapitalistische Länder abzuwälzen und sie so in den Strudel der sich immer schneller drehenden Rüstungsspirale hineinzuziehen, was sich vor allem in den erschreckend hohen Arbeitslosenzahlen und deren weiterem Ansteigen äußert.

Dieses System ist charakterisiert durch Notstand in der Bildung, in der Berufswahl, durch Perspektivlosigkeit für die Jugend, allgemeine Zukunftsangst und steigende Kriminalität. Das ist eine Wirtschaft, die mit der Verbesserung des Lebens der Menschen überhaupt nichts zu tun hat, sondern deren Entwicklung vom Profit- und Machtstreben weniger Monopole geprägt wird. In diesem System der Herrschaft jener Kräfte, die den militärisch-industriellen Komplex der USA bilden, liegt die Quelle der Kriegsgefahr.

Der Generalsekretär des ZK der KPdSU und Vorsitzende des Präsidiums des Obersten Sowjets der UdSSR, Juri Andropow, hat den Kurs der gegenwärtigen USA-Administration als einen militanten Kurs charakterisiert, der eine ernste Gefahr für den Frieden darstellt. Wir unterstützen vollinhaltlich diese Erklärung, in der die KPdSU und die Sowjetunion zum Ausdruck bringen, auch künftig alles nur Mögliche zu tun, um den Hochrüstungskurs der USA-Administration zu stoppen und den Frieden auf der Erde zu verteidigen.

Entsprechend ihrer geschichtlichen Verantwortung haben die kommunistischen Parteien auf deutschem Boden, die Sozialistische Einheitspartei Deutschlands, die Deutsche Kommunistische Partei und die Sozialistische Einheitspartei Westberlins, in einem gemeinsamen Appell dazu aufgerufen, alle Möglichkeiten zu nutzen, um die Stationierung neuer USA-Atomraketen in Westeuropa zu verhindern.

In unverbrüchlichem Bruderbund mit der Sowjetunion treten wir mit all unserer Kraft für den Frieden ein, weil wir für die Rettung der menschlichen Zivilisation sind. Und der wichtigste Beitrag, den wir alle dazu leisten können und leisten werden, besteht darin, alles zu tun, um unsere Deutsche Demokratische Republik weiter zu stärken und die sozialistische Staatengemeinschaft zu festigen.

Gerade das ist es, was dem imperialistischen Klassengegner nicht ins Konzept paßt. Deshalb richtet er wütende Angriffe auf die sozialistische Planwirtschaft. All das ist Bestandteil des von den USA angeführten Kreuzzuges gegen den Kommunismus. Dabei scheut man auch nicht vor den verlogensten und demagogischsten Argumenten gegen den Sozialismus, die progressive Gesellschaftsordnung, zurück. Die Angriffe richten sich gegen das Wesen des Sozialismus als einer Gesellschaft, die die Ausbeutung des Menschen durch den Menschen abgeschafft hat und ihren Bürgern ein Leben in sozialer Sicherheit ermöglicht. Sie sind Bestandteil des imperialistischen Konfrontationskurses gegen den Sozialismus. Wie Genosse Erich Honecker auf dem X. Parteitag feststellte, haben wir es gegenwärtig mit „neuen Dimensionen der ideologischen Kriegsvorbereitung" zu tun, mit Versuchen, „in einem bisher nie dagewesenen Umfang auf ideologischem Gebiet den kalten Krieg (zu) beleben".[2]

Damit verbunden ist die Absicht, von der eigenen Ausweglosigkeit, von der allgemeinen Krise des Kapitalismus, jener Endphase der Ausbeutung auf der Erde, abzulenken. Es spricht doch nicht für die Stabilität des Kapitalismus, wenn die Zahl der Konkurse seit Jahren hoch ist, wenn die Märkte zunehmend von Monopolen beherrscht werden und das Arbeitslosenheer gewaltige Ausmaße erreicht. Es ist doch bezeichnend, daß die Menschen im kapitalistischen System Angst vor dem wissenschaftlich-technischen Fortschritt haben müssen.

Was hat eigentlich die sogenannte „Marktwirtschaft" in ihren verschiedenen Schattierungen mit dem sogenannten „freien Spiel der Kräfte" den werktätigen Menschen zu bieten? Im übrigen fragen wir, wo in aller Welt gibt es denn überhaupt diese „freie Marktwirtschaft"? Bereits Lenin hat doch in seinem großen Werk „Der Imperialismus als höchstes Stadium des Kapitalismus" bewiesen, daß der Kapitalismus in sein monopolistisches Stadium eingetreten ist, die Wirtschaft dem Streben nach Maximalprofiten unterworfen ist und die Finanzoligarchie die unumschränkte Kommandogewalt ausübt.

Kann ein System sich als effektiv bezeichnen, das wie das System des Monopolkapitals gewaltige Produktivkräfte entwickelt und zugleich brachliegen läßt, in dem es Dutzende Millionen Arbeitslose gibt, in dem die Wirtschaft sich auf und ab bewegt, in dem die Lebenshaltungskosten der Werktätigen ständig steigen und zugleich die Inflation und die Staatsverschuldung zum Teil astronomische Zahlen erreichen?

Man muß also die Erscheinungen in ihrem ursächlichen Zusammenhang und in ihren sozialen Wirkungen analysieren. Der Imperialismus erweist sich mit seinen entwickelten Produktivkräften als nicht imstande, die arbeitenden Menschen von sozialer Unsicherheit zu befreien. Die modernen Produktivkräfte werden zunehmend in die Kriegswirtschaft, in die Atom- und Weltraumrüstung gedrängt, weil hier die profitabelste Kapitalanlage möglich ist.

Die sozialistische Planwirtschaft hat demgegenüber ihre Lebenskraft in der UdSSR, der DDR, den anderen sozialistischen Ländern längst bewiesen. Sie ist für uns nicht schlechthin eine Methode, sondern die komplexe Ausnutzung der ökonomischen Gesetze des Sozialismus, wie das in der Hauptaufgabe in ihrer Einheit von Wirtschafts- und Sozialpolitik entsprechend den historischen Bedingungen formuliert wurde und zielstrebig verwirklicht wird.

Der Beweis dafür, welches Gesellschaftssystem effektiver ist, wurde also längst erbracht. Niemand von uns scheut diesen Vergleich, denn er spricht eindeutig für den Sozialismus, dafür, daß er seine Produktivkräfte als materielle Grundlage für die Entwicklung aller anderen gesellschaftlichen Bereiche planmäßig und dynamischer entwickelt als der Kapitalismus. Wir werden unbeirrt unseren erfolgreichen Weg zur Gestaltung des entwikkelten Sozialismus mit Hilfe der sozialistischen Planwirtschaft auf dem Wege eines kontinuierlichen Wirtschaftswachstum fortsetzen.

Unsere marxistisch-leninistische Wirtschaftswissenschaft geht davon aus, daß die Volkswirtschaft der Deutschen Demokratischen Republik wachstumsorientiert ist und bleibt. Denn es gibt nur diesen Weg für das Wohl des Volkes. Wie die Praxis zeigt, sind wir in der Lage, dafür völlig neue Reserven der Intensivierung nutzbar zu machen. In der sozialistischen Ökonomie gibt es keine Alternative zum ständigen Wachstum der Produktion und des Nationaleinkommens. Es ist und bleibt die Grundlage für den gesellschaftlichen Fortschritt auf allen Gebieten. Mit dem Übergang vom extensiven zum intensiven Weg des Wachstums und mit der vollständigen Umstellung auf diesen intensiven Weg verändert sich jedoch der Charakter des Wachstums selbst.

Das ökonomische Wachstum wird auf diese Art und Weise stärker als je zuvor mit der Entwicklung aller gesamtgesellschaftlichen Faktoren verbunden. Das betrifft das Bildungswesen, das betrifft die Wissenschaft, das betrifft die Entwicklung der schöpferischen Initiative der Menschen, und das betrifft vor allem die Art und Weise des Produktionsprozesses selbst. Der ressourcensparende Weg des Wachstums ist dabei der ökonomisch günstigste, und er ist auch der günstigste vom Standpunkt aller gesellschaftlichen Auswirkungen, einschließlich der notwendigen Schritte zum Umweltschutz.

Mit der Verwirklichung der ökonomischen Strategie in den 80er Jahren wird das Wachstum umfassend auf der Intensivierung aufgebaut. Das bedeutet, daß keiner der grundlegenden Bestandteile des gesellschaftlichen Reproduktionsprozesses von der Intensivierung ausgespart bleibt, sondern sie in allen Phasen des Reproduktionsprozesses wie in allen seinen Bereichen umfassenderen Charakter annimmt.

Diese Fragen des Wirtschaftswachstums für das Wohl des Volkes, für die Stärkung des Sozialismus sind bei den Wirtschaftswissenschaftlern unserer Republik Gegenstand vielfältiger theoretischer Arbeit. Von der klaren Position der Rolle des weiteren Wachstums ausgehend, werden damit zusammenhängende Probleme der Intensivierung und darüber hinaus der Verflechtung von Ökonomie und Gesellschaft umfassend erforscht. Das gilt auch für jene Fragen, die für den militärischen Schutz unserer sozialistischen Staaten und die Erhaltung des Friedens angesichts des verschärften Konfrontationskurses des Imperialismus von lebenswichtiger Bedeutung sind, einschließlich der ökonomischen Sicherstellung der Landesverteidigung.

Dabei gehen wir von unseren unverrückbaren marxistisch-leninistischen Prinzipien aus, wie sie unser X. Parteitag der SED und die bedeutsame Internationale Konferenz zu Ehren von Karl Marx in Berlin erneut bestätigen: Niemals werden wir zulassen, daß der Imperialismus eine militärische oder militärtechnische Überlegenheit erlangt und das Rad der Geschichte zurückdreht.

II. Die Verwirklichung der ökonomischen Strategie unserer Partei und die Verantwortung der Kombinate

1. Die Bedeutung der Kombinate

Die erfolgreiche Verwirklichung der ökonomischen Strategie unserer Partei muß von einer volkswirtschaftlich verantwortungsbewußten Arbeit der Kombinate getragen sein. Mit ihrer Bildung und Entwicklung sind die Voraussetzungen geschaffen worden, den jetzt erforderlichen neuen Schritt in der Intensivierung zu gehen.

Der jetzt weitgehend abgeschlossene Prozeß der Kombinatsbildung bedeutet, daß in der zentralgeleiteten Industrie und im Bauwesen ein einheitlicher Leitungsaufbau besteht. Den Industrieministerien sind direkt die Kombinate und damit Wirtschaftseinheiten unterstellt, die auf der Grundlage des Planes nach der wirtschaftlichen Rechnungsführung arbeiten.

Den Kombinaten ist die volkswirtschaftliche Verantwortung für alle entscheidenden Phasen des Reproduktionsprozesses in ihrem Bereich übertragen. Sie vereinigen die entscheidenden Kapazitäten in Wissenschaft und Technik für die Rationalisierung ihrer Technologien sowie für qualitätsbestimmende Zulieferungen, um auf die effektivste Weise jene Erzeugnisse herzustellen, die entsprechend dem Plan für den Bedarf der Volkswirtschaft, für die Versorgung der Bevölkerung mit Konsumgütern und für den Export erforderlich sind.

Einschließlich der Außenhandelsbetriebe bzw. Außenhandelsfirmen, die in der überwiegenden Mehrzahl der Kombinate bestehen, besitzen die Kombinate in der DDR alle Voraussetzungen, um flexibel auf Veränderungen des Bedarfs zu reagieren und zugleich ihre Produktion mit höchster Effektivität zu organisieren. Die Kombinate verfügen auf der Grundlage des Planes über die notwendigen geistigen, materiellen und finanziellen Potenzen, um ihre erweiterte Reproduktion auf dem Wege der Intensivierung zu organisieren.

Dabei bestehen die Kombinate aus Betrieben, die staatliche Planauflagen erhalten, nach der wirtschaftlichen Rechnungsführung arbeiten, juristisch selbständig sind und ihren eigenen Namen führen. Damit ist gewährleistet, daß jedes Kollektiv dieser Betriebe seine volkswirtschaftliche Verantwortung kennt und zugleich ein direktes und unmittelbares ökonomisches Interesse an der Erfüllung und Überbietung der Kennziffern des staatlichen Planes auf der Grundlage eigener schöpferischer Initiative im sozialistischen Wettbewerb besteht. Somit ist durch die Bildung und Festigung der Kombinate in der zentralgeleiteten Industrie und ebenso in der bezirksgeleiteten Industrie eine neue Etappe bei der Qualifizierung der Leitung in Industrie und Bauwesen erreicht worden.

Um zu verstehen, welch grundlegend neuer Schritt mit der Bildung der Kombinate hinsichtlich der effektiveren Beherrschung des Prozesses der intensiv erweiterten Reproduktion in unserer Volkswirtschaft gegangen wurde, muß man sich vergegenwärtigen, wie die Lage **vor** der Bildung der direkt den Ministerien unterstellten Kombinate war.

1965 gab es in der zentralgeleiteten Industrie der DDR 1917 Betriebe. Entsprechend der Stellung des volkseigenen Betriebes verstehen wir darunter juristisch und ökonomisch selbständige Betriebe, die verbindliche staatliche Planauflagen erhalten und die zugleich nach der wirtschaftlichen Rechnungsführung arbeiten. Vor den Industrieministerien als den verantwortlichen Staatsorganen stand damals die Aufgabe, diese große Zahl von Betrieben in ihrem jeweiligen Verantwortungsbereich zu leiten. Um jeweils mehrere 100 Betriebe durch ein Ministerium zu leiten, war eine Art „Zwischenglied" der Leitung in Gestalt der Vereinigung Volkseigener Betriebe erforderlich. Die VVB war ihrem Wesen nach ein administratives Leitungsorgan ohne organische Beziehungen zum Reproduktionsprozeß. Das bedeutete eine zusätzliche Stufe im administrativen Leitungsaufbau und führte damit zugleich zu einer ungenügenden Verbindung zwischen den Ministerien und jenen Einheiten, in denen sich der Reproduktionsprozeß vollzog.

Heute unterstehen den 11 Industrieministern und dem Minister für Bauwesen 153 zentralgeleitete Kombinate, die juristisch und ökonomisch selbständig sind und die administrativ **und** ökonomisch die volle Verantwortung für den Reproduktionsprozeß besitzen. Dabei bestehen die Kombinate aus ebenfalls juristisch und ökonomisch selbständigen Betrieben, die ihren eigenen Namen führen. Diese Betriebe sind es, die im Reproduktionsprozeß des Kombinates miteinander verbunden sind. Mit diesen Leitungsaufbau wurde es möglich, die Verantwortung der Industrieminister für die Arbeit in ihrem Bereich auf eine neue, höhere Stufe zu heben und ihre Leitungstätigkeit entschieden zu qualifizieren. Das bedeutete und bedeutet eine Stärkung des demokratischen Zentralismus (Tabellen 6 und 7).

Tabelle 6: Zentralgeleitete Kombinate in Industrie und Bauwesen

	Anzahl 1975	Anzahl 1983	Produktionsvolumen 1982 Md. Mark
Industriekombinate	45	132	370
Kombinate des Bauwesens	13	21	17

Tabelle 7: Bezirksgeleitete Kombinate in Industrie und Bauwesen

	Anzahl 1975	Anzahl 1983	Produktionsvolumen 1982 Md. Mark
Kombinate der Lebensmittelindustrie	.	27	7
Kombinate anderer Industriezweige	.	66	11
Kombinate des Bauwesens	30	31	11

Das alles ermöglicht es zugleich, den Volkswirtschaftsplan nach Ministerien und darüber hinaus nach Kombinaten auszuarbeiten. Dies hat prinzipielle Bedeutung für die weitere Qualifizierunlg der sozialistischen Planung. Bei der Ausarbeitung des staatlichen Volkswirtschaftsplanes nach Kombinaten geht es nicht einfach um eine zusätzliche Untergliederung des Planes. Da sich im Kombinat bereits der Reproduktionsprozeß vollzieht, erfolgt auf diese Weise eine direkte Verknüpfung des staatlichen Volkswirtschaftsplanes mit jenen Wirtschaftseinheiten, die staatliche Planauflagen erhalten und, mit entsprechenden Rechten und Fonds ausgestattet, nach der wirtschaftlichen Rechnungsführung arbeiten.

Erst damit wurde jene Ausrichtung der volkswirtschaftlichen Planung auf die qualitativen Kennziffern der intensiv erweiterten Reproduktion möglich, die heute für das gesamtwirtschaftliche Leistungswachstum so ausschlaggebend sind. Damit wurde auch der Inhalt der Planungstätigkeit durch eine tiefgründigere Analyse der zu erschließenden Reserven der Intensivierung bereichert, wobei natürlich gerade hier noch sehr viel zu tun bleibt.

Auch was die Spannweite und die Beherrschung des Reproduktionsprozesses anbelangt, sind grundlegende Veränderungen vor sich gegangen. Früher vollzog sich der Reproduktionsprozeß nur auf der Ebene des Betriebes. Man muß genauer ausgedrückt sagen: Es vollzogen sich mehr oder weniger einzelne Phasen des Reproduktionsprozesses. Von einer wirklichen Geschlossenheit konnte keine Rede sein.

Vor der Bildung der Kombinate beispielsweise arbeitete ein Teil der in Wissenschaft und Technik tätigen Kader in Forschungs- und Entwicklungsabteilungen der Betriebe, aber ein sehr großer Teil in selbständigen Instituten und Einrichtungen, mehr oder weniger losgelöst vom Reproduktionsprozeß der Betriebe. Ein bedeutender Teil der Forschungs- und Entwicklungskapazitäten war überhaupt nicht mit dem Reproduktionsprozeß organisch verbunden, sondern stand daneben.

Heute sind die Kader in Wissenschaft und Technik im wesentlichen in den Kombinaten tätig. Somit wurde diese für die Intensivierung so entscheidende Phase der Reproduktion unmittelbar in deren Gesamtprozeß integriert. Das, was hier für Wissenschaft und Technik gesagt wurde, gilt genauso für den Rationalisierungsmittelbau. Von wenigen Ausnahmen abgesehen, gab es diesen für ein hohes Tempo der Steigerung der Arbeitsproduktivität und anderer Faktoren der Effektivität so ausschlaggebenden Bereich überhaupt nicht im Reproduktionsprozeß der Betriebe. Jetzt arbeiten 71500 qualifizierte Kader in den Abteilungen und Betrieben des Rationalisierungsmittelbaus der Kombinate. Er hat einen Anteil von durchschnittlich 23 Prozent an den Ausrüstungsinvestititionen. Das kennzeichnet quantitativ seine Bedeutung. Qualitativ ist sie viel größer. Erst nachdem auf diese Weise geistige und materielle Kapazitäten für die Einführung moderner und modernster Technologie direkt in den Reproduktionsprozeß der Kombinate integriert sind, kann den neuen und anspruchsvollen Maßstäben der Intensivierung Rechnung getragen werden, sind die damit verbundenen Aufgaben überhaupt erst real geworden.

Anders wäre es aus heutiger Sicht einfach nicht vorstellbar, die neuartigen volkswirtschaftlichen Aufgaben in großen Dimensionen zu verwirklichen. Das trifft beispielsweise auf die Ziele für die Produktion von zusätzlichen Konsumgütern ebenso zu wie auf die Umstellung auf neue Energieträger, die verstärkte Nutzung einheimischer Rohstoffe u. a. m.

Von einem in sich geschlossenen Reproduktionsprozeß kann man erst dann sprechen, wenn nicht nur die Sphäre der Produktion, sondern auch die der Zirkulation einbezogen ist. Das betrifft vor allem die Verantwortung für den Absatz der Erzeugnisse bis zum Eingang der finanziellen Mittel. In der Mehrzahl der Betriebe war vor der Kombinatsbildung die Absatztätigkeit, und insbesondere die auf den Außenmärkten, bis auf wenige Ausnahmen nur relativ schwach entwickelt. Dadurch war das notwendige rasche Reagieren auf Veränderungen des Bedarfs und vor allem der Anforderungen der Außenmärkte erschwert. Schritt für Schritt wurde deshalb den Kombinaten die Verantwortung für die Durchführung der Außenhandelsaufgaben durch die Bildung entsprechender Gruppen oder Außenhandelsbetriebe übertragen, wobei diese Absatzorgane zur Wahrung des Außenhandelsmonopols doppelt unterstellt sind. Diese Schritte wurden ebenfalls sehr differenziert getan und in ihrer Mehrzahl erst zu einem Zeitpunkt, nachdem der größte Teil der Kombinate bereits gebildet war und diese Kombinate sich gefestigt hatten.

So stellen die volkseigenen Kombinate in Industrie und Bauwesen einen für die Volkswirtschaft der DDR neuen Typ der Organisation und Leitung der sozialistischen Produktion dar. Es erscheint uns deshalb als kein Zufall, sondern als ein klarer Ausdruck des Mitdenkens, des Sich-mit-verantwortlich-Fühlens, wenn sich Wirtschaftswissenschaftler, aber auch viele Kader aus der Praxis sehr gründlich mit diesen Fragen der volkswirtschaftlichen Verantwortung der Kombinate und ihrer Leitung befassen. Auch daran zeigt sich, wie die wirtschaftswissenschaftliche Arbeit in unserer Republik mit dem Leben verbunden ist, sich auf die wesentlichen, die bestimmenden, die für die Gesellschaft nützlichen Themen orientiert. Bereits heute lassen sich wesentliche Grundzüge der Kombinate charakterisieren, wobei wir zugleich davon ausgehen, daß das Leben und die Forschung auch hier weiter voranschreiten werden.

Das Kennzeichnende für die Kombinate ist, daß sie das, was im Reproduktionsprozeß weitgehend organisch zusammengehört, unter einer einheitlichen Verantwortung vereinigen. Die Kombinate sind den Ministern direkt unterstellt, erhalten staatlich verbindliche Planaufgaben und arbeiten nach der wirtschaftlichen Rechnungsführung. Sie werden so mit ihren Betrieben in die Lage versetzt, entsprechend ihrer volkswirtschaftlichen Verantwortung alle entscheidenden Aufgaben ihres Bereiches zu lösen. Das betrifft insbesondere die dynamische Entwicklung ihrer Produktion, eine hohe Qualität und Effektivität der Arbeit, den Kampf um Spitzenleistungen entsprechend den im Staatsplan festgelegten Themen, die Rationalisierung und Rekonstruktion sowie die Verbesserung der Arbeits- und Lebensbedingungen und einen effektiven Absatz. In den Kombinaten sind alle entscheidenden Phasen und Bestandteile des Reproduktionsprozesses unter einer einheitlichen Leitung vereinigt.

Jedes Kombinat entwickelt das für die ständige Erhöhung seiner Produktion auf dem Wege der Intensivierung erforderliche Potential an Forschung und Entwicklung und steigert dessen Effektivität. Das gilt auch für die erforderlichen Kapazitäten zur Projektierung von Erzeugnissen, technologischen Prozessen und Verfahren sowie für den Ausbau eines leistungsfähigen Bereichs für die Rationalisierung und die eigene Bauabteilung. Der eigene und leistungsfähige Rationalisierungsmittelbau ist die Grundlage für die Einführung moderner Technologien im Kombinat. Zugleich besitzen und entwickeln die Kombinate solche Zulieferproduktionen, die die Qualität des Endproduktes des Kombinates entscheidend bestimmen. Die Kombinate sind also so ausgestaltet, daß in ihnen wesentliche Teile der volkswirtschaftlichen Verflechtungen zur Herstellung von Endproduktion, einschließlich der Herstellung von Konsumgütern, vereinigt sind.

Die Leitung der Kombinate erfolgt in bewährter Weise rationell und mit sinkendem Verwaltungsaufwand über einen Stammbetrieb. Das ist das Grundprinzip, das für alle gilt und für dessen Verwirklichung auch dort schrittweise die Voraussetzungen zu schaffen sind, wo heute noch bestimmte Übergangslösungen praktiziert werden.

Eine wichtige Rolle spielt in diesem Zusammenhang die effektivere Nutzung der elektronischen Datenverarbeitung, die maximale Ausnutzung dieser Anlagen, ihr effektivster Einsatz. Untersuchungen haben ergeben, daß der Einsatz der EDV am wirkungsvollsten ist, wenn er mit einer grundlegenden Veränderung der gesamten Betriebsorganisation verbunden ist. Dann erst werden die eigentlichen Möglichkeiten dieser modernen Technik voll genutzt.

Die Bedeutung der EDV im Kombinat und in seinen Betrieben geht doch heute weit über die rationellere Gestaltung der Leitungs- und Verwaltungsarbeit hinaus. Die EDV ist eines der wirksamsten Instrumente, um zur Verkürzung des Produktionsdurchlaufs und der Abwicklung sowohl der technologischen Vorbereitung als auch der Absatztätigkeit und damit der Beschleunigung des gesamten Kreislaufs beizutragen. Diese komplexe Wirkung gilt es bei der Nutzung und der Vorbereitung des Einsatzes der EDV zur Grundlage der Arbeit zu machen.

Ein entscheidendes Charakteristikum eines Kombinates ist und bleibt: Die zum Kombinat gehörenden Betriebe sind ökonomisch und juristisch eigenverantwortliche Betriebe mit ihren traditionellen Namen. Das heißt, die Betriebe innerhalb des Kombinates sind selbständige Betriebe. Sie haben ihren staatlichen Plan, bilanzieren ihre Fonds und rechnen selbständig auf der Grundlage der wirtschaftlichen Rechnungsführung ab. Die ausdrückliche Bekräftigung der ökonomischen und juristischen Selbständigkeit der zum Kombinat gehörenden Betriebe ist ein unabdingbares Charakteristikum der in der DDR bestehenden Kombinate als Leitungsform. Dieser Weg wurde deshalb gewählt, weil sich der Produktionsprozeß objektiv in den Betrieben vollzieht, weil hier die Menschen im Kollektiv tätig sind. Deshalb gehen wir stets davon aus, daß für jeden Betrieb die volkswirtschaftliche Verantwortung sichtbar bleibt, indem er staatliche Planaufgaben erhält, abrechnet und seine finanziellen Fonds bildet.

Die historisch gewachsene Beziehung der Menschen zu ihrem Betrieb soll bestehen bleiben, wofür ein solcher Faktor wie die Beibehaltung des traditionellen Betriebsnamens von großer Bedeutung ist. Darüber hinaus gehören die Betriebe des Kombinates zum Territorium bestimmter Städte, Kreise und Bezirke. Es ist insbesondere für die Parteiarbeit von großer Bedeutung, daß die Betriebe ihre Leistungen im Territorium abrechnen.

Auf der anderen Seite sind die Betriebe Bestandteil der Kombinate. Sie sind dem Generaldirektor des Kombinates unmittelbar unterstellt. Ihre Entwicklung erfolgt mit den Volkswirtschaftsplan im Rahmen des Kombinates als Ganzes. Der Generaldirektor hat das Recht, die Planaufgaben so festzulegen, daß jeder Betrieb seine Arbeit vom Standpunkt der Erfordernisse des gesamten Kombinates gestaltet. Das betrifft insbesondere die Aufnahme der Produktion neuer Erzeugnisse, die Einführung neuer Technologien, die Entwicklung der Konsumgüterproduktion wie auch die notwendige und rationelle Spezialisierung und Kooperation im Kombinat. Ist aber der Plan bestätigt, so ist es für jeden Kombinatsbetrieb staatlich verbindliche Auflage.

Auf diese Weise findet in der Arbeit der Kombinate die Ausnutzung der Vorzüge des Sozialismus in der gegenwärtigen Entwicklungsetappe der Volkswirtschaft der DDR ihren sichtbaren Ausdruck. Die Bildung der Kombinate ist nicht Selbstzweck, sondern sie stellt entsprechend den theoretischen Erkenntnissen von Marx, Engels und Lenin über die Konzentration und Kombination der gesellschaftlichen Arbeit die dem Sozialismus gesetzmäßig innewohnende Tendenz zur Steigerung der Produktivkraft der gesellschaftlichen Arbeit mittels einer modernen Leitung dar.

Marx hat unter den Faktoren, die die Produktivkraft der gesellschaftlichen Arbeit bestimmen, vor allem folgendes hervorgehoben: „Abgesehn von den Unterschieden in den natürlichen Energien und den erworbnen Arbeitsgeschicken verschiedner Völker muß die Produktivkraft der Arbeit in der Hauptsache abhängen:

1. von den *Natur*bedingungen der Arbeit, wie Fruchtbarkeit des Bodens, Ergiebigkeit der Minen usw.

2. von der fortschreitenden Vervollkommnung der *gesellschaftlichen Kräfte der Arbeit*, wie sie sich herleiten aus Produktion auf großer Stufenleiter, Konzentration des Kapitals und Kombination der Arbeit, Teilung der Arbeit, Maschinerie, verbesserten Methoden, Anwendung chemischer und andrer natürlicher Kräfte, Zusammendrängung von Zeit und Raum durch Kommunikations- und Transportmittel und aus jeder andern Einrichtung, wodurch die Wissenschaft Naturkräfte in den Dienst der Arbeit zwingt und wodurch der gesellschaftliche oder kooperierte Charakter der Arbeit zur Entwicklung gelangt."[3]

Das ergibt sich aus der Notwendigkeit, stets dem Fortschritt der Produktivkräfte Raum zu schaffen. Das einheitliche Volkseigentum und die Leitung der gesamten Gesellschaft auf der Grundlage des demokratischen Zentralismus ermöglichen es, diesen Prozeß im Sozialismus kontinuierlich zu gestalten. Somit sind die sozialistischen Industriekombinate nicht einfach „große Wirtschaftseinheiten", sind sie von ihrem sozialökonomischen Wesen her nicht vergleichbar mit kapitalistischen Konzernen, sondern sie sind neue, sozialökonomische Kategorien des Prozesses der Vergesellschaftung der Arbeit unter den Bedingungen der entwickelten sozialistischen Gesellschaft.

Demgegenüber bedingt das allgemeine Gesetz der kapitalistischen Akkumulation, daß ständig Kapital vernichtet wird, um Platz zu schaffen für die Ausdehnung neuen Kapitals. Unter den Bedingungen des Imperialismus führt dieser Prozeß darüber hinaus zur Bildung der Monopole mit all ihren fortschrittshemmenden, zutiefst reaktionären Bestrebungen, die heute ihren Ausdruck vor allem in der menschheitsgefährdenden Politik der Hochrüstung finden. Der Sozialismus aber besitzt erstmalig die historische Möglichkeit, solche Formen der gesellschaftlichen Entwicklung der modernen Produktivkräfte zu schaffen, die ihrer Dynamik Rechnung tragen und zugleich dem Wohle des Volkes dienen.

Die Bildung der direkt den Ministern unterstellten zentralgeleiteten Kombinate wurde langfristig vorbereitet. Die ersten experimentellen Schritte wurden 1966 gegangen. Nach gründlicher Auswertung und Prüfung der gesammelten Erfahrungen im Buntmetallkombinat Hettstedt, VEB Carl Zeiss JENA, VEB Kabelwerk Oberspree (KWO) „Wilhelm Pieck" und anderen wurde in größerem Maße dazu übergegangen, Kombinate zu bilden, so daß 1970 48 Kombinate bestanden, die den Ministerien direkt unterstellt waren. Ab 1979 bzw. 1980 wurde dann im zentralgeleiteten Bereich aller Industrieministerien und des Ministeriums für Bauwesen ausnahmslos die Leitung auf der Grundlage der direkt unterstellten Kombinate organisiert.

Dieser gesamte Prozeß der Kombinatsbildung erfolgte zielstrebig, aber Schritt für Schritt. Von Etappe zu Etappe wurden die gesammelten Erfahrungen geprüft und die nächsten Maßnahmen vorbereitet. Die differenzierten Bedingungen in den einzelnen Bereichen waren zu berücksichtigen. Manchen ging das zuweilen nicht schnell genug. Sie hätten anstatt eines Reifeprozesses lieber eine schlagartige Aktion gesehen. Das wurde nicht zugelassen. Wir können sagen, die mit der Kombinationsbildung vollzogene große Umstellung in der Leitungstätigkeit erfolgte so, daß Jahr für Jahr ein kontinuierliches Wachstum der Produktion und eine Erfüllung und Überbietung der Volkswirtschaftspläne gewährleistet worden ist.

Einige Zeit nach Abschluß der Bildung der Kombinate in der zentralgeleiteten Industrie wurden 66 bezirksgeleitete Kombinate neu gebildet. Diese Kombinate unterstehen den Wirtschaftsräten der Bezirke und dem Ministerium für Bezirksgeleitete Industrie und Lebensmittelindustrie. Mit der Bildung dieser Kombinate wurden wichtige Voraussetzungen geschaffen, um die Leistungsfähigkeit der bezirksgeleiteten Industrie vor allem im Interesse der weiteren Verbesserung der Versorgung der Bevölkerung mit Konsumgütern zu erhöhen.

In Anwendung der theoretischen Erkenntnisse der Klassiker des Marxismus-Leninismus über den Prozeß der Vergesellschaftung der Arbeit und unter Berücksichtigung der Erfordernisse der weiteren Stärkung unserer sozialistischen Planwirtschaft unter den Bedingungen der Entwicklung der modernen Produktivkräfte ist es deshalb kein Zufall, sondern ist es geradezu gesetzmäßig, daß der Übergang zur umfassenden Einstellung auf den Weg der Intensivierung mit der Bildung und Entwicklung der Kombinate in Industrie und Bauwesen, im Transport- und Nachrichtenwesen und in anderen Bereichen der Volkswirtschaft einhergegangen ist.

2. Weitere Maßnahmen zur Vervollkommnung der Leitung, Planung und wirtschaftlichen Rechnungsführung

Nachdem die Kombinate gebildet waren und im Prozeß einer mehrjährigen Arbeit begonnen haben, ihre volkswirtschaftliche Verantwortung immer besser wahrzunehmen, wurde es erforderlich, im gesamtvolkswirtschaftlichen Rahmen Maßnahmen zur weiteren Vervollkommnung der Leitung, Planung und der wirtschaftlichen Rechnungsführung zu beschließen. Sie bieten sowohl die Möglichkeit als auch den exakten Maßstab dafür, daß die Arbeit der Kombinate jetzt mit aller Zielstrebigkeit auf die Durchführung der ökonomischen Strategie der 80er Jahre gerichtet wird.

Diese Maßnahmen vervollkommnen die Leitung und Planung der Volkswirtschaft in jener Grundrichtung, die insbesondere seit dem VIII. Parteitag der SED die Arbeit bestimmt: Stärkung des demokratischen Zentralismus im Sinne einer höheren Qualität der zentralen Leitung und Planung bei gleichzeitig wachsender Eigenverantwortung, demokratischer Mitwirkung und schöpferischer Initiative der Kollektive der Werktätigen in den Betrieben und Kombinaten.

Diesem Grundgedanken folgt auch der Beschluß des ZK der SED und des Ministerrates der DDR zur weiteren Vervollkommnung der Leitung, Planung und wirtschaftlichen Rechnungsführung. Dadurch wird es möglich, künftig

- den gesamtwirtschaftlichen Prozeß noch tiefer zu durchdringen,
- alle Faktoren der Intensivierung noch wirksamer zu nutzen und
- das Verhältnis von Aufwand und Ergebnis, die ökonomische Effektivität wesentlich günstiger zu gestalten.

Der Beschluß wendet die Erkenntnisse von Marx, Engels, Lenin auf unsere konkreten Bedingungen des sozialistischen Aufbaus an. Ausgehend vom ökonomischen Grundgesetz des Sozialismus, wird mit diesem Beschluß eine noch wirksamere Verbindung des Gesetzes der planmäßig proportionalen Entwicklung der Volkswirtschaft mit dem Wertgesetz und den anderen ökonomischen Gesetzen des Sozialismus herbeigeführt.

Unsere Partei läßt sich davon leiten, daß Fortschritte der Produktivkräfte stets neue Formen und Methoden sozialistischer Wirtschaftsführung erfordern, die ihrerseits wieder auf die Erhöhung der Produktivität und Effektivität gerichtet sein müssen. Die ständige Weiterentwicklung und Vervollkommnung der Leitung, Planung und wirtschaftlichen Rechnungsführung ist darauf gerichtet, die dem Sozialismus eigenen Vorzüge stets entsprechend den Bedingungen der jeweiligen Entwicklungsetappe voll zur Wirkung zu bringen.

Maßstab sind dabei die erreichten ökonomischen Resultate. Mit den neuen Maßnahmen soll ein neuer kräftiger Leistungsanstieg durch höhere Effektivität gefördert und erreicht werden. Erst der Sozialismus hat die Möglichkeit geschaffen, die ökonomische Gesetzmäßigkeit der stetigen Steigerung der Arbeitsproduktivität tatsächlich als ständigen, ununterbrochenen Prozeß zu verwirklichen. Das erfordert ebenso, unablässig Leitung, Planung und wirtschaftliche Rechnungsführung entsprechend den neu herangreiften Bedingungen und Erfordernissen zu vervollkommnen. Mit all dem verbinden sich hohe Ansprüche an die wirtschaftswissenschaftliche Analyse und Forschung zur Ausarbeitung solcher Vorschläge, die zum weiteren ökonomischen Leistungsanstieg der gesamten Volkswirtschaft beitragen.

Die Maßnahmen zur weiteren Vervollkommnung der Leitung, Planung und wirtschaftlichen Rechnungsführung stehen also stets im Zusammenhang mit der schöpferischen Initiative der Menschen für einen hohen volkswirtschaftlichen Leistungsanstieg. Zugleich entspricht es grundlegenden Erkenntnissen und Erfahrungen unserer Partei, daß Leitung, Planung und wirtschaftliche Rechnungsführung auf der Grundlage des demokratischen Zentralismus ein zusammenhängendes Ganzes bilden.

Mit ihrer Weiterentwicklung geht es vor allem darum,

- die Leitungstätigkeit auf allen Ebenen der Volkswirtschaft zu qualifizieren, um den ökonomischen Prozeß durch wissenschaftlich begründete, praxisnahe Entscheidungen und ihre wirksame Durchsetzung noch zielstrebiger zu fördern,
- in der Planung die materielle und finanzielle Bilanzierung weiter zu verbessern, damit die Aufgabenstellungen für die Ministerien, Kombinate, Betriebe sowie für die Territorien noch zuverlässiger aus den Erfordernissen der gesamtwirtschaftlichen Dynamik abgeleitet werden können,
- die wirtschaftliche Rechnungsführung so weiterzuentwickeln, daß das, was für die Volkswirtschaft von Nutzen ist, auch für die Kombinate und Betriebe Vorteile bringen.

Die neuen Maßnahmen stellen vor allem folgende Ziele in den Vordergrund:

1. Die gesamte Leitung der ökonomischen Prozesse ist entsprechend den Prinzipien des demokratischen Zentralismus weiter zu qualifizieren. Die Leiter in der Wirtschaft haben den politischen Auftrag der Arbeiter-und-Bauern-Macht, stets von den gesamtgesellschaftlichen Interessen der weiteren Stärkung der Deutschen Demokratischen Republik auszugehen. Auf der Grundlage der Beschlüsse der Partei und in engem Zusammenwirken mit den gesellschaftlichen Organisationen haben sie in einem engen Vertrauensverhältnis mit den Werktätigen deren bewußte und schöpferische Initiativen für ein hohes Leistungswachstum zu wecken und zu fördern und ihre umfassende Mitsprache und Mitbeteiligung zu sichern.

Die konsequente Verwirklichung der gesamtgesellschaftlichen und der volkswirtschaftlichen Interessen erfordert klare Leitungslinien vom Minister über die Generaldirektoren und Betriebsdirektoren bis hin zu den Meistern und jedem einzelnen Werktätigen. Strikt durchzusetzen ist die direkte Unterstellung unter den übergeordneten staatlichen Leiter und das Prinzip der Einzelleitung. Das entspricht dem Leninschen Hinweis, daß „zwei Kategorien demokratischer Funktionen streng auseinanderzuhalten (sind): einerseits die Diskussionen, das Abhalten von Versammlungen, anderseits die Einführung der strengsten Verantwortung für die Exekutivfunktionen und eine unbedingt aktive, disziplinierte, freiwillige Durchführung der Vorschriften und Anordnungen, die notwendig sind, damit der Wirtschaftsmechanismus wirklich so arbeitet wie eine Uhr“[4].

Als grundlegende Einheiten der Leitung der Wirtschaft tragen die Kombinate immer unmittelbarer gesamtvolkswirtschaftliche Verantwortung. Das gilt insbesondere für ihren Beitrag zur Lösung der außenwirtschaftlichen Aufgaben, die konkrete gebrauchswertmäßige Versorgung der Bevölkerung und der Wirtschaft und der Wahrnehmung der Bilanzfunktion.

Aus dieser veränderten Stellung der Kombinate im volkswirtschaftlichen Reproduktionsprozeß ergibt sich objektiv, daß sich ihr Handlungsspielraum erweitert hat. Das erfordert, die staatliche Kontrolle weiter zu verstärken und zu qualifizieren.

Alle Aufgaben zur Qualifizierung der Leitungsprozesse stellen hohe Ansprüche an die politisch-ideologische Arbeit. Vom Grad der Bewußtheit und der Einsicht in die gesamtgesellschaftlichen und volkswirtschaftlichen Erfordernisse und Bedingungen hängt letztlich ab, wie die Initiativen und das Schöpfertum der Werktätigen zu hohen ökonomischen Ergebnissen geführt werden. Die dazu notwendige Erziehung ist eine Aufgabe jedes staatlichen Leiters und jeder Grundorganisation der Partei.

2. Die staatliche Planung und Bilanzierung ist als entscheidende Grundlage der sozialistischen Wirtschaftsführung und als Hauptinstrument zur Sicherung der planmäßig proportionalen Entwicklung und zur Wahrung gesamtgesellschaftlicher Interessen weiter zu qualifizieren. Die Vervollkommnung der Planung und Bilanzierung bildet den Hauptweg, um die qualitativen und quantitativen Erfordernisse der volkswirtschaftlichen Entwicklung noch exakter zu erfassen und zu leiten.

Was sind diese neuen, höheren Anforderungen?

- Um die Proportionalität und um eine hohe volkswirtschaftliche Effektivität zu gewährleisten, muß die Arbeit mit den Bilanzen wesentlich verbessert werden. Mit Hilfe der Bilanzen sind ständig Reserven für eine höhere Produktion und die Verbesserung des Verhältnisses von Aufwand und Ergebnis zu mobilisieren. Das bedeutet, ständig einen genauen Überblick über Reserven an Produktionskapazitäten, vorhandenen Rohstoffen und Materialien sowie Zwischen- und Finalprodukten zu besitzen und ihre effektivste Nutzung zu organisieren. Es geht also darum, die Bilanzen als operatives Leitungsinstrument in der Plandurchführung noch wirksamer für die Sicherung der Produktions- und Effektivitätsziele zu nutzen.

Bilanzen, die hohe Zielstellungen für die Leistungen enthalten, sind eine wichtige volkswirtschaftliche Bedingung dafür, daß die Kombinate und Betriebe planmäßig, kontinuierlich, bedarfsgerecht und mit hoher Effektivität produzieren können. Diese Gesamtverantwortung betrifft alle Kombinate und nicht wenige Betriebe, die Bilanzierungsaufgaben wahrzunehmen haben. Mehr und effektiver zu produzieren, das Aufkommen durch steigende Leistungen zu erhöhen – das ist entscheidend.

- Eng damit verbunden ist die Forderung nach einer höheren Flexibilität der Planung und Bilanzierung. Alle wirtschaftlichen Prozesse unterliegen heute und künftig einer hohen Dynamik. Dafür gibt es eine Reihe von Gründen. Die zunehmende Beschleunigung des wissenschaftlich-technischen Fortschritts und der daraus resultierende raschere Erzeugnisumschlag, die immer wirksamere Nutzung aller Faktoren der Intensivierung sowie die vielfach in der Tendenz und in den Dimensionen nicht vorhersehbaren Veränderungen auf den äußeren Märkten erfordern ein schnelleres Reagieren auf veränderte Nachfrage.

Ein Beispiel sind die sich im Ergebnis materialökonomischer Maßnahmen und der effektiveren Nutzung von vorhandenen Beständen ergebenden Veränderungen des Bedarfs an gebrauchswertmäßig konkreten Erzeugnissen. Die häufig damit verbundenen Fondsrückgaben – eine besonders wertvolle Initiative der Produktionskollektive – schlagen volkswirtschaftlich erst dann voll zu Buche, wenn die frei werdenden Ressourcen unverzüglich für eine bedarfsgerechte und absetzbare Produktion genutzt und in die Bilanzen aufgenommen werden. Dazu gehört auch, daß neue Materialbestellungen erst dann ausgelöst werden, wenn die vorhandenen Bestände gründlich geprüft sind.

Mit der operativen Planung und Bilanzierung ist im Prozeß der Plandurchführung kurzfristig auf Veränderungen gegenüber dem geplanten Bedarf und den dem Plan zugrunde liegenden Bedingungen zu reagieren. Die Aufgabe besteht darin, die Leistungs- und Effektivitätsziele des Volkswirtschaftsplanes auch dann zu sichern und zu überbieten, wenn sich Faktoren für die Plandurchführung verändert haben.

- Die Erhöhung der Flexibilität erfolgt weitergehende Konsequenzen auch für andere Bestandteile der sozialistischen Planwirtschaft. Ebenso wie in den Plänen und Bilanzen ist in der Gestaltung und Realisierung der Wirtschaftsverträge eine größere Beweglichkeit notwendig.

Es wurde die Aufgabe gestellt, die Bestell- und Lieferfristen wesentlich zu verkürzen. Dabei liegt es in der Natur der Sache, daß jeder Hersteller möglichst langfristig disponieren und jeder Bezieher kurzfristig bestellen möchte. Aber jeder ist in der Regel immer beides zugleich. Im Interesse einer höheren Flexibilität der sozialistischen Planwirtschaft sind die Bestell- und Lieferfristen wesentlich zu verkürzen.

Eine andere wichtige Aufgabe besteht darin, Normen und Normative für den Einsatz von Material und Energie sowie für die Bevorratung als Planungsgrundlagen in kürzeren Zeitabständen entsprechend dem fortgeschrittensten wissenschaftlich-technischen und wirtschaftsorganisatorischen Stand zu präzisieren.

Das neue Herangehen an die Aufgaben zur Vervollkommnung der Planung und Bilanzierung muß in einem hohen Grade von volkswirtschaftlichem Verantwortungsbewußtsein getragen werden. Statt Betriebsegoismus und Anspruchdenken an einmal mit dem Plan festgelegte Fonds ist die Bereitschaft zur Erschließung der eigenen Reserven, zur gegenseitigen kameradschaftlichen Hilfe und Unterstützung bei der Erfüllung der Planaufgaben und vor allem zum volkswirtschaftlichen Denken und Handeln weiter auszuprägen. Es geht also um kommunistische Verhaltensweisen. Ihre Entwicklung ist ein wichtiges Anliegen unserer ganzen Partei in der ideologischen Arbeit und in der Erziehung der Kader auf dem Gebiet der Wirtschaft.

Diese Fragen sind auch von grundlegender Bedeutung bei der Ausbildung und Erziehung unserer künftigen wirtschaftsleitenden Kader und bei der weiteren Qualifizierung der Leiter.

3. Die neuen Maßstäbe der Leistungsbewertung der Kombinate und Betriebe sind wirksamer für ein hohes Wachstum der Produktion durch Effektivität zu nutzen. Als sehr wesentlich hat sich die Frage erwiesen, welche Kennziffern entsprechend der ökonomischen Strategie am besten geeignet sind, den Beitrag der Kombinate und Betriebe zur Erhöhung des Nationaleinkommens auf dem Wege der intensiv erweiterten Reproduktion

zutreffend auszudrücken und folglich ihre eigenen Leistungen zu bewerten.

Die jetzt festgelegten Hauptkennziffern Nettoproduktion, Gewinn, Erzeugnisse und Leistungen für die Bevölkerung und Export orientieren die Kombinate und Betriebe darauf, ein hohes Leistungswachstum auf dem Wege der Intensivierung zu erreichen und ihren Beitrag zum volkswirtschaftlich real verteilbaren Endprodukt zu vergrößern. Die Kennziffer „Industrielle Warenproduktion" als Größe der Volkswirtschaftsplanung wird nicht verändert.

Selbstverständlich lassen wir auch künftig ein hohes volkswirtschaftliches Wachstum der Warenproduktion, also die Vergrößerung des geschaffenen materiellen Gesamtproduktes, nicht außer acht. Im Gegenteil: Mit der Bestimmung der Nettoproduktion als Hauptkennziffer für die Kombinate und Betriebe erfolgt die Orientierung auf das Produktionswachstum verknüpft mit zwei zusätzlichen Bedingungen:

- Senkung des Produktionsverbrauchs und
- konkrete Verteilbarkeit absatzfähiger Endprodukte.

Mit der Anwendung der Nettoproduktion als Hauptkennziffer der Leistungsbewertung der Kombinate und Betriebe gilt es jetzt überall gründlich zu überlegen und zu rechnen, wie ihre Vorteile für die Verbesserung des Verhältnisses von Aufwand und Ergebnis – übereinstimmend mit den volkswirtschaftlichen Rechnungen – genutzt werden können. Dabei geht es vor allem um folgendes:

Es gilt, neue, anspruchsvollere Aufgaben auf dem Gebiet der Material- und Energieökonomie und der Veredlung anzupacken und zu lösen. Das entspricht unseren volkswirtschaftlichen Bedingungen, das Produktionswachstum mit gleichbleibendem und sogar verringertem Einsatz von Rohstoffen und Energieträgern zu sichern.

Weiter sollten die Kooperationsbeziehungen so gestaltet werden, daß die Vorteile einer rationellen Arbeitsteilung zwischen den Betrieben wirksam mit dem effektivsten Einsatz der eigenen Ressourcen verbunden werden. Ob eine Kooperation ökonomisch vorteilhaft ist, muß sich vor allem im Gewinn und in den Kosten zeigen. Unökonomische Kooperation gilt es vor allem auch im Interesse der Einsparung von Transporten und damit von Kraftstoffen zu beseitigen.

Es kommt weiter darauf an, die Grundfonds besser zeitlich auszulasten und ihre Leistungsfähigkeit auf dem Wege der Rationalisierung und Modernisierung weiter zu erhöhen.

Ein solches ökonomisches Herangehen führt zu Vorteilen in der Nettoproduktion, die in der Warenproduktion nicht zum Ausdruck kommen können. Die eigenen Leistungen der Kombinate und Betriebe werden jetzt noch umfassender und realer gemessen, und das Spektrum der möglichen Leistungssteigerung auf dem Wege der Intensivierung wird beträchtlich erweitert. Davon gilt es jetzt Gebrauch zu machen und so den eigenen Beitrag zum Nationaleinkommen und zum volkswirtschaftlich real verteilbaren Endprodukt zu steigern.

Alles in allem geht es darum – auch in der wirtschaftswissenschaftlichen Forschung und Lehre –, das Wesen der Nettoproduktion als einer leistungs- und effektivitätsorientierten Produktionskennziffer tiefgründig zu erfassen und alle Seiten des Reproduktionsprozesses auf den intensiven Weg der erweiterten Reproduktion einzustellen.

Der Gewinn als weitere Hauptkennziffer für die Kombinate und Betriebe widerspiegelt konzentriert die Effektivität, mit der produziert und realisiert wird. Dabei sind zwei Dinge stets auseinanderzuhalten: Der Gewinn ist nicht der Hauptzweck der sozialistischen Produktion. Dieses Ziel heißt vielmehr – wie in der Hauptaufgabe formuliert –, das materielle und kulturelle Lebensniveau des Volkes auf der Grundlage eines hohen Entwicklungstempos der sozialistischen Produktion und des wissenschaftlich-technischen Fortschritts, der Steigerung der Effektivität und des Wachstums der Arbeitsproduktivität weiter zu erhöhen.

Entsprechend dem grundlegenden volkswirtschaftlichen Erfordernis, das Verhältnis von Aufwand und Ergebnis entschieden zu verbessern, ist aber der Gewinn als verläßlicher Maßstab unersetzlich. Das bestimmt objektiv seine Rolle bei der Vertiefung der Intensivierung und muß bei der Gestaltung der Faktoren, die auf den Gewinn einwirken, ständig berücksichtigt werden. Ein solches Herangehen entspricht dem Auftrag des X. Parteitages, „das real erreichte Betriebsergebnis noch stärker zum Kriterium des volkswirtschaftlichen Leistungsbeitrages der Kombinate und Betriebe zu machen"[5]. Mit der Erhöhung des Gewinns geht es gleichzeitig um die Vergrößerung jenes Teils des Nationaleinkommens, der für die erweiterte Reproduktion und die schrittweise Verbesserung des materiellen und kulturellen Lebensniveaus des Volkes zur Verfügung steht. Dieser Zusammenhang schließt einseitiges Gewinnstreben, das dem Wesen der sozialistischen Produktions- und Lebensweise widerspricht, aus. Die Anstrengungen zur Erhöhung des Gewinns sind daher immer darauf zu konzentrieren,

- die Produktion bedarfsgerecht und in guter Qualität zu steigern,
- die Kosten und insbesondere den Produktionsverbrauch zu senken, und so selbst die materiellen Bedingungen für die weitere Steigerung der Produktion zu erwirtschaften,
- eine höhere Effektivität im Export zu erreichen.

Um einen hohen Beitrag der Kombinate und Betriebe für ein reichhaltiges Angebot an industriellen Konsumgütern geht es mit der Leistungsbewertung der Kombinate und Betriebe anhand der Kennziffer Erzeugnisse und Leistungen für die Bevölkerung. Genosse Erich Honecker hat auf der 5. Tagung des ZK der SED nachgewiesen, daß es hier um wichtige volkswirtschaftliche, ja gesellschaftspolitische Belange geht – so um die Übereinstimmung der Entwicklung der Geldeinnahmen der Bevölkerung und des Warenfonds, um die Verbesserung des Lebens der Menschen, die sich unmittelbar mit den Erfordernissen des Leistungsprinzips verbindet, das um so wirksamer funktioniert, je mehr gefragte Konsumgüter in hoher Qualität angeboten werden.

Die Hauptkennziffer Export schließlich widerspiegelt die große Bedeutung, die die Außenwirtschaft für die Ökonomie unseres Landes hat. Rund 40 Prozent des Nationaleinkommens werden über Export und Import beeinflußt.

In der weiteren Arbeit gilt es jetzt überall die inneren Zusammenhänge der neuen Leistungsmaßstäbe für die

Kombinate und Betriebe und ihre Beziehungen zu den volkswirtschaftlichen Bilanzen zu begreifen und davon ausgehend die qualitativen Faktoren des Wirtschaftswachstums intensiver zu nutzen. Das stellt neue Anforderungen an alle Leiter, aber auch an die Organisierung und Führung des sozialistischen Wettbewerbs zur Mobilisierung der Werktätigen.

4. Die Eigenverantwortung und das ökonomische Interesse der Kombinate und Betriebe sind durch die Vervollkommnung der wirtschaftlichen Rechnungsführung in enger Verbindung mit dem Plan weiter zu erhöhen. Der Erfolg bei der Verwirklichung der Beschlüsse der Partei zur Erhöhung der Effektivität, zur entschiedenen Verbesserung des Verhältnisses von Aufwand und Ergebnis hängt in erster Linie vom politischen Verständnis für die Notwendigkeit dieser Ziele ab. Jeder weiß aber auch: Einsicht allein genügt noch nicht. Es muß vor allem auch nüchtern und unbestechlich gerechnet werden, was Gewinn und was Verlust bringt. Es muß ein ökonomisches Interesse und eine ökonomische Verantwortung für den Umgang mit dem Volkseigentum geben. Lenin schrieb: „Nicht auf Grund des Enthusiasmus unmittelbar, sondern mit Hilfe des aus der großen Revolution geborenen Enthusiasmus, auf Grund des persönlichen Interesses, der persönlichen Interessiertheit, der wirtschaftlichen Rechnungsführung bemüht euch, zuerst feste Stege zu bauen, ... sonst werdet ihr nicht zum Kommunismus gelangen ..."[6]

Mit der weiteren Vertiefung der Intensivierung wächst die Bedeutung der wirtschaftlichen Rechnungsführung und die Rolle des Geldes. Die weitere Vervollkommnung der wirtschaftlichen Rechnungsführung ist deshalb eine grundlegende Aufgabe mit weitreichender Bedeutung. Hier ergeben sich auch wichtige Ansatzpunkte für die wirtschaftswissenschaftliche Forschung. Es gilt insbesondere, die Wirkungszusammenhänge zwischen der bewußten Ausnutzung des Wertgesetzes und den Erfordernissen der planmäßig proportionalen Entwicklung tiefer zu durchdringen. Der Beschluß enthält die Hauptrichtungen, in denen weiter zu arbeiten ist. Sie betreffen die Verantwortung der staatlichen und wirtschaftsleitenden Organe ebenso wie die der Kombinate und Betriebe und jedes Arbeitskollektivs.

- Als erstes wurde festgelegt, die Einheit von materieller und finanzieller Planung weiter zu festigen. Dazu ist insbesondere die Kostenplanung zu verbessern und mit den Normen und Normativen für den materiellen Verbrauch und den Bilanzanteilen und Kontingenten in Übereinstimmung zu bringen. Reserven in den Kosten- und Finanzplänen zwingen nicht genügend zum genauen Rechnen und Kalkulieren. Die Übereinstimmung der finanziellen mit der materiellen Planung ist so eine erste wichtige Bedingung, damit die wirtschaftliche Rechnungsführung ihrer Funktion überhaupt gerecht werden kann.

- Zum zweiten sind jederzeit reale Wertmaßstäbe notwendig. Dabei haben die Industriepreise eine Schlüsselstellung. Den volkswirtschaftlichen Aufwand deckende Industrieabgabepreise sind die Grundvoraussetzung dafür, daß das Rechnen mit Aufwand und Ergebnis in den Kombinaten und Betrieben mit den volkswirtschaftlichen Rechnungen übereinstimmt. Das gilt auch für die neuen Agrarpreise.

Für die reale Bewertung der eigenen Leistungen der Kombinate und Betriebe in den Kennziffern Nettoproduktion und Gewinn erlangen die Betriebspreise erhöhte Bedeutung. Erzeugnispreise mit hohen Gewinnanteilen mindern das ökonomische Interesse an der Senkung der Kosten, Verlusterzeugnisse beeinträchtigen das Interesse an ihrer Herstellung, obwohl sie vielleicht dringend benötigt werden. Am besten werden die Betriebspreise ihrer Rolle gerecht, wenn sie kostendeckend sind und einen normalen Gewinn enthalten.

Von dieser Basis ausgehend, ist mit staatlich verbindlich festgelegten Zu- oder Abschlägen bei Gewinnen und Preisen zu stimulieren, was im volkswirtschaftlichen Interesse liegt. Zuschläge erhält, wer Erzeugnisse mit hoher Qualität, Leistungsfähigkeit und Attraktivität produziert, und Abschläge muß der Produzent in Kauf nehmen, der uneffektive, veraltete Erzeugnisse herstellt.

Die auf dem gesellschaftlich notwendigen Aufwand beruhenden Preise sind der Ausgangspunkt für das richtige Wirken nahezu aller Wertkategorien, vor allem der Nettoproduktion, des Gewinns und der Kosten. Sie bilden auch die Voraussetzung für die reale Messung der Exportrentabilität und den exakten Leistungsvergleich.

Der Schaffung realer Wertmaßstäbe, vor allem aber der besseren Nutzung unseres kostbaren Potentials, des gesellschaftlichen Arbeitsvermögens, dient auch die Einführung eines entsprechenden Beitrags, den die Betriebe abzuführen haben.

- Schlußfolgerungen für die wirtschaftliche Tätigkeit in den Kombinaten und Betrieben sind drittens aus neuen Maßnahmen der ökonomischen Stimulierung auf der Grundlage des Planes zu ziehen.

Wer entsprechend den volkswirtschaftlichen Erfordernissen handelt, soll selbst ökonomische Vorteile haben, und umgekehrt wird sich eine Verletzung volkswirtschaftlicher Interessen nachteilig auf die ökonomischen Kennziffern der Kombinate und Betriebe auswirken. Fehlender Gewinn schmälert künftig bereits im Laufe der Plandurchführung die Bildung der eigenen finanziellen Fonds. Auf diese Weise sollen rechtzeitig Maßnahmen zur Wiederherstellung der Planmaßigkeit und Erhöhung der Effektivität ausgelöst werden. Damit verbindet sich die Aufforderung zu klugem kaufmännischem Rechnen mit Mark und Pfennig und zur Verwirklichung der aktiven Rolle des Geldes bei der Ökonomisierung der materiell-technischen Prozesse.

In diesem Sinne sind zum Beispiel die neuen Maßnahmen bei der Erhebung der Produktionsfondsabgabe darauf gerichtet, die vorhandenen Grundfonds besser auszulasten. Die Reduzierung von Vorräten an Material, Rohstoffen und Halbfertigwaren, ihr beschleunigter Umschlag werden dadurch gezielt stimuliert, daß eingesparte Umlaufmittel den Kombinaten und Betrieben verbleiben.

Neue Überlegungen für die verstärkte Rationalisierung des Produktionsprozesses werden notwendig im Zusammenhang mit der neuen Regelung, die Leistungen des eigenen Rationalisierungsmittelbaus und die Leistungen für die Modernisierung der vorhandenen Grundfonds wie andere Produktionsleistungen abzurechnen.

Bei Einhaltung des geplanten Gewinns werden die

Zuführungen zu den geplanten Prämienfonds in voller Höhe wirksam. Darüber hinaus erhöhen Überplangewinne die Fonds für die Prämierung der Werktätigen. Überplangewinne sind des weiteren künftig die alleinige Bedingung und Quelle für Zuführungen zum Leistungsfonds, und sie erhöhen auch den Reservefonds der Kombinate. So wird gutes oder mangelhaftes Wirtschaften mit den von der Gesellschaft zur Nutzung übertragenen Fonds wirksamer in der ökonomischen Lage der Kombinate und Betriebe zum Ausdruck gebracht.

Die Einheit von Planung und wirtschaftlicher Rechnungsführung verbindet so organisch die gesamtgesellschaftlichen Erfordernisse mit den ökonomischen Interessen jedes Kollektivs bis hin zum einzelnen Werktätigen. In dieser Interessenübereinstimmung sind die Hauptvorzüge und entscheidenden Triebkräfte der sozialistischen Planwirtschaft begründet.

Es kommt jetzt darauf an, sich überall mit den in den letzten Wochen und Monaten erschienenen neuen Regelungen gründlich vertraut zu machen und bei der weiteren Vorbereitung des Planes 1984 solche Schlußfolgerungen zu ziehen, die zu wesentlich besseren ökonomischen Ergebnissen führen. Der Kern der Sache ist dabei, das politisch verantwortungsbewußte Handeln für die Gesamtinteressen der Republik auf allen Ebenen zu stärken. Immer wieder muß geprüft werden, wie die von der Partei gestellten Aufgaben auf die effektivste Weise zu lösen sind.

„Die Wirtschaft der DDR ist eine Planwirtschaft. Sie arbeitet auf der Grundlage der Aufgabenstellungen der Partei, nach staatlichen Direktiven und Weisungen und verbindlichen Planaufgaben. Ihre Kraft schöpft sie vor allem aus der bewußten Initiative und dem volkswirtschaftlichen Denken und Handeln der leitenden Kader, der Millionen Werktätigen unserer Republik. Gerade deshalb wird die enge Verbindung von zentraler staatlicher Planung mit der hohen Eigenverantwortung der Kombinate neue Reserven freilegen. Sie wird die Möglichkeiten vergrößern, unsere bewährte Politik zum Wohle des Volkes erfolgreich fortzusetzen."[7]

So werden in konsequenter Verwirklichung der Beschlüsse des X. Parteitages in der Leitung und Planung jene wesentlichen Voraussetzungen geschaffen, um die Wirtschaft der DDR mit aller Konsequenz auf die neu herangereiften Erfordernisse im Interesse unserer auf das Wohl des Volkes und die Sicherung des Friedens gerichteten Politik einzustellen. Dabei werden wir das System der Leitung, Planung und wirtschaftlichen Rechnungsführung in unserer Volkswirtschaft ständig auf das erforderliche Niveau bringen.

Unsere nunmehr fast 40jährigen Erfahrungen zeigen, daß jeder erfolgreiche Schritt zur weiteren Stärkung des Sozialismus untrennbar mit der Festigung und Vervollkommnung der sozialistischen Planwirtschaft und dem demokratischen Zentralismus verbunden ist. Besonderes Augenmerk richten wir darauf, daß die sozialistische Planwirtschaft auch unter den veränderten Reproduktionsbedingungen der 80er Jahre ihre Stärke beweist. Diese Stärke beruht auf der unumstößlichen Tatsache, daß die sozialistische Planwirtschaft für uns unantastbar ist. Sie ist eine erstrangige Staatsangelegenheit und zugleich Anliegen jedes einzelnen Bürgers.

Sozialistische Planwirtschaft ist nur auf der Grundlage des Prinzips des demokratischen Zentralismus möglich, das die zentrale staatliche Planung aufs engste mit der schöpferischen Aktivität der Werktätigen verbindet. Demokratische Teilnahme der Werktätigen an der Leitung und Planung gehört zu ihrem Wesen, ist ebenso wie die Erhöhung ihrer Wissenschaftlichkeit Voraussetzung ihrer Funktionsfähigkeit. Den Kritikern aller Schattierungen muß gesagt werden, daß sich dieser Grundzug der Planung aus ihrem sozialen Inhalt ableitet. Es geht uns ja, so wichtig sie auch sind, nicht nur um Kennziffern, sondern um die Verwirklichung der Politik der Partei, die in ihrer Gesamtheit auf das Wohl des Volkes gerichtet ist.

Dem dient auch unser ständiges Bemühen, die Leitung, Planung und wirtschaftliche Rechnungsführung stets entsprechend den herangereiften Bedingungen zu vervollkommnen. Wie wir das zu tun haben, werden wir uns aber nicht ausgerechnet von unseren Gegnern empfehlen oder aufzwingen lassen. Im Gegenteil: Wir gehen konsequent den Weg der weiteren Vervollkommnung der sozialistischen Planwirtschaft, indem wir die jetzt beschlossenen Maßnahmen zur Vervollkommnung von Leitung, Planung und wirtschaftlicher Rechnungsführung zielstrebig verwirklichen. Daraus ergeben sich weitreichende theoretische und praktische Aufgaben. Vor allem geht es jetzt darum, auf allen Ebenen das Verständnis für die objektiven ökonomischen Zusammenhänge zu vertiefen.

3. Der Kreislauf der intensiv erweiterten Reproduktion im Kombinat und seine effektive Leitung

Die genannten Maßnahmen sind darauf gerichtet, daß die Kombinate ihre volkswirtschaftliche Verantwortung qualifiziert wahrnehmen, daß sie den Kreislauf der intensiv erweiterten Reproduktion auf das effektivste organisieren. Die Beherrschung und Leitung des einheitlichen Kreislaufs entscheidet über das Niveau und den dynamischen Fortgang der intensiv erweiterten Reproduktion.

In jedem Kombinat müssen die von der Volkswirtschaft übergebenen materiellen und finanziellen Fonds so effektiv eingesetzt werden, daß ein hoher Wertzuwachs entsteht und Endprodukte geliefert werden, die in Bedarf und Qualität den Erfordernissen der Volkswirtschaft entsprechen. Der Wertzuwachs muß dazu dienen, das Reineinkommen der Gesellschaft zu vergrößern und zugleich die Reproduktionskraft des Kombinates zu sichern.

Der Kreislauf umfaßt alle Phasen der intensiv erweiterten Reproduktion. Er umfaßt Produktion und Zirkulation. Und da die in den sozialistischen Kombinaten hergestellten Produkte Waren sind, erfolgt die Realisierung des in ihnen enthaltenen Wertes für das Kombinat durch die Bezahlung der Waren in Geldform. Solange der Austausch Ware–Geld nicht vollzogen ist, so lange ist die hergestellte Ware weder für das Kombinat noch für die Volkswirtschaft ökonomisch im Sinne eines echten Beitrages zur Erhöhung des Nationaleinkommens wirksam.

Oftmals wird der Ausfertigung der Rechnungen und vor allem dem Eingang des Geldes zu wenig Aufmerksamkeit geschenkt. Das wird als finanztechnische Angelegenheit angesehen, die der Buchhaltung überlassen bleibt. Notwendig ist es aber, stets davon auszugehen, daß der Kreislauf der intensiv erweiterten Reproduktion im Kombinat erst dann geschlossen ist, wenn auch die finanziellen Mittel ordnungsgemäß mit Gewinn zurückgeflossen sind.

Haben solche Fragen bereits große Bedeutung für den Ablauf der Geldprozesse im eigenen Land, so erlangen sie natürlich ein noch stärkeres Gewicht auf den Außenmärkten. Der Export ist doch für die DDR erst mit dem Valutaeingang ökonomisch wirksam.

Wenn wir den Kreislauf der intensiv erweiterten Reproduktion im Kombinat in allen seinen Phasen so betonen, dann deshalb, weil es uns um die Ökonomie geht, um das wirkliche ökonomische Denken und Handeln im Interesse der weiteren Erhöhung der Effektivität unserer sozialistischen Volkswirtschaft.

Die Generaldirektoren unserer Kombinate stehen also vor der Aufgabe, grundsätzlich neu an die Wahrnehmung ihrer volkswirtschaftlichen Verantwortung heranzugehen. Sie müssen selbst aus den Beschlüssen der Partei und aus der Analyse grundlegender politischer und ökonomischer Entwicklungsbedingungen die erforderlichen Schlußfolgerungen für das eigene Handeln ableiten und gegebenenfalls Vorschläge für notwendige Entscheidungen vorbereiten.

Dabei verdient folgender Aspekt unsere besondere Beachtung: Wenn wir vom Kreislauf der intensiv erweiterten Reproduktion in seinen einzelnen Phasen sprechen, dann handelt es sich doch in Wirklichkeit stets um das Zusammenwirken der Kollektive im Kombinat, das Zusammenwirken von Menschen. Nur wenn der Generaldirektor und die verantwortlichen Leiter im Kombinat es verstehen, gemeinsam mit der Parteiorganisation, den Gewerkschaften und der Freien Deutschen Jugend den ökonomischen Prozeß als bewußtes Zusammenwirken, als bewußte Kooperation der Menschen im Interesse der Stärkung des Sozialismus und auf der Grundlage der vom Plan vorgegebenen Ziele zu organisieren, dann wird der Kreislauf im Kombinat jene Ergebnisse zeitigen, die unsere Republik braucht.

Deshalb ist auch die theoretische Arbeit zur Rolle der Arbeitskollektive, zu ihrer Leitung, ihrer Motivation, zu den damit zusammenhängenden soziologischen Fragen auf solider ökonomischer Grundlage von großer Wichtigkeit; denn jeder ökonomische Prozeß wird nur durch die Arbeit der Menschen mit Leben erfüllt. Daraus vor allem erwächst die Verantwortung der Leiter, die – das möchte ich nochmals betonten – die Aufgabe haben, ökonomische Prozesse politisch zu leiten, das heißt, die bewußte Arbeit von Menschen im Interesse der Stärkung des Sozialismus mit hoher Effektivität zu organisieren. Das ist die Hauptfrage, damit ökonomisches Ergebnis und die Befriedigung persönlicher Interessen im Arbeitsprozeß übereinstimmen.

Die volkswirtschaftliche Verantwortung gilt für die Leitungstätigkeit auf allen Ebenen, bis hin zum einzelnen Arbeitsplatz. Die Leiter sind persönlich verantwortlich für die Erfüllung der ihnen übertragenen Aufgaben im jeweiligen Bereich, ob es nun der Minister im Bereich seines Ministeriums oder der Brigadier in seinem Arbeitsabschnitt ist. Diese persönliche Verantwortung begründet das Prinzip der Einzelleitung. Es beinhaltet, daß der zuständige Leiter die notwendigen Entscheidungen trifft, die für alle Mitglieder seines Kollektivs verbindlich sind.

Zu den Grundsätzen unserer auf dem Prinzip des demokratischen Zentralismus aufgebauten Leitung gehört es aber ebenso, daß sich die Leiter vor einer Entscheidung stets mit dem Kollektiv beraten, um den bestmöglichen Lösungsweg zu finden. Mit anderen Worten: Entscheidungen müssen gründlich vorbereitet werden. Dies hat nichts zu tun mit einer Verzögerung notwendiger Entscheidungen, mit dem Hinausschieben der Verantwortung.

Früher hat man oftmals gesagt: Wir haben die Produktion. Uns fehlt nur noch der Absatz. Das wird auch heute noch in einigen Kombinaten zur Rechtfertigung der eigenen Leistungen so gesagt. Man fühlt sich zwar verantwortlich dafür, eine bestimmte Menge an Produktion herzustellen, aber der Absatz erscheint als eine von der eigenen Tätigkeit unabhängige Größe.

Hier wird offenbar Ursache und Wirkung verwechselt. Über den Absatz wird doch mit dem Niveau der Produktion entschieden. Wer neue, gefragte Erzeugnisse anbietet und in den nötigen Stückzahlen liefert, wer sich rechtzeitig auf neue Bedarfstendenzen einstellt, wer rechtzeitig eine hocheffektive kostengünstige Qualitätsproduktion organisiert, der wird auch keine Sorgen mit dem Absatz haben. Wer hingegen mangelnden Absatz als Alibi für hohe Bestände und damit für eine geminderte Effektivität der Produktion vorschiebt, hat das eigentliche Wesen der Ökonomie nicht verstanden. Auch im Sozialismus ist der Reproduktionsprozeß erst dann an seinem Endpunkt angelangt, wenn das Produkt realisiert ist.

Jegliche Verausgabung lebendiger und vergegenständlichter Arbeit im Kombinat muß in die Schaffung neuer Gebrauchswerte münden. „Das Ende des Prozesses ist das *Produkt*, worin der Rohstoff als mit der Arbeit verbunden erscheint und das Arbeitsinstrument aus der bloßen Möglichkeit sich ebenfalls in Wirklichkeit übersetzt hat, indem es zum wirklichen Leiter der Arbeit geworden, damit aber, durch seine mechanische oder chemische Beziehung zum Arbeitsmaterial, selbst in seiner ruhenden Form aufgezehrt worden ist. *Alle drei Momente des Prozesses, das Material, das Instrument, die Arbeit, fallen zusammen in ein neutrales Resultat – das Produkt.*“[8]

Die Schaffung neuer Gebrauchswerte, die dem Bedarf entsprechen und – das möchte ich hervorheben – die zugleich gestatten, den in der Produktion verausgabten Aufwand an lebendiger und vergegenständlichter Arbeit und darüber hinaus den **gesamten** geschaffenen Neuwert zu realisieren, ist und bleibt der springende Punkt für das effektive Funktionieren des Kreislaufs der intensiv erweiterten Reproduktion im Kombinat.

4. Die Aufgabenstellung des X. Parteitages zur Entwicklung der Produktion industrieller Konsumgüter konsequent verwirklichen

Entsprechend dem Ziel der sozialistischen Produktion, der Erhöhung des materiellen und kulturellen Lebensniveaus und der allseitigen Entwicklung der Menschen, nimmt die Entwicklung und Produktion hochwertiger industrieller Konsumgüter in der Wirtschaftsstrategie des X. Parteitages der SED einen erstrangigen Platz ein. Anschaulich beweisen die eindrucksvollen Ergebnisse unserer Politik der Hauptaufgabe, wie nachhaltig es die Leistungsentwicklung der Volkswirtschaft fördert, wenn sich die schöpferische Arbeit der Werktätigen direkt und für jedermann spürbar auszahlt.

Dieser aktiven Rolle der Konsumtion im gesellschaftlichen Reproduktionsprozeß hat bereits Karl Marx große Bedeutung beigemessen. So betonte er in der „Einleitung zur Kritik der politischen Ökonomie“: „Ohne Produktion keine Konsumtion; aber auch ohne Konsumtion keine Produktion, da die Produktion so zwecklos wäre. Die Konsumtion produziert die Produktion doppelt,

1. indem erst in der Konsumtion das Produkt wirkliches Produkt wird...;

2. indem die Konsumtion des Bedürfnis *neuer* Produktion schafft, also den idealen innerlich treibenden Grund der Produktion, der ihre Voraussetzung ist.“[9]

Eindeutig ergibt sich daraus für uns, daß die Entwicklung und Produktion moderner, qualitativ hochwertiger Konsumgüter in der gesamten wirtschaftlichen Tätigkeit ein noch weitaus größeres Gewicht erhalten muß. Mehr denn je wird – nicht nur von unserer eigenen Bevölkerung, sondern auch im Außenhandel – die Leistungsfähigkeit unserer Volkswirtschaft vorrangig am Umfang, am Niveau und an der Vielfalt des Angebots moderner Konsumgüter gemessen.

Tatsache ist, daß wir bei einer Vielzahl von industriellen Konsumgütern bereits einen hohen Ausstattungsgrad erreicht haben. Auf 100 Haushalte kommen 119 Kühlschränke, 111 Fernsehgeräte, 91 Waschmaschinen und 42 Personenkraftwagen. Logischerweise ergeben sich aus einer solchen Entwicklung sowohl neue, höhere Bedürfnisse als auch Konsequenzen für die langfristige Planung der Konsumgüterproduktion. Das Interesse der Werktätigen richtet sich immer stärker auf den Erwerb und die Nutzung hochwertiger Konsumgüter, die in ihren Gebrauchseigenschaften internationales Spitzenniveau repräsentieren. Die gleichen hohen Anforderungen ergeben sich heute beim Export von industriellen Konsumgütern. Gerade ihren Anteil gilt es bei der Herausbildung effektiver Produktions- und Exportstrukturen bedeutend zu erhöhen.

Industrielle Konsumgüter gehören aus volkswirtschaftlicher Sicht mit zu den höchstveredelten Produkten. Daraus folgt zwingend, daß die Entwicklung und Produktion hochwertiger Konsumgüter Sache der ganzen Volkswirtschaft ist. Es gehört zum verpflichtenden Auftrag jedes Kombinates, bei der Durchführung der Beschlüsse des X. Parteitages hierzu einen eigenen hohen Beitrag zu erbringen. Das gilt auch und gerade für die Kombinate, die vorwiegend Produktionsmittel herstellen. Von ihnen müssen stärkere Impulse für die Qualitätserhöhung und die Rationalisierung in der Konsumgüterproduktion in allen Bereichen der Volkswirtschaft ausgehen. Zugleich obliegt es ihnen, ihre bedeutenden wissenschaftlich-technischen Potentiale und Erfahrungen selbst noch zielgerichteter für die Herstellung hochwertiger und gefragter Konsumgüter wirksam zu machen. Gerade in dieser Hinsicht bleiben eine Reihe von Kombinaten unter ihren wissenschaftlich-technischen Möglichkeiten. Diese Kombinate sollten sich an denjenigen orientieren, die 5 und mehr Prozent des Anteils ihrer Produktion als Konsumgüter in hoher Qualität herstellen. Wir benötigen hochwertige Produkte, die dem Ansehen, den Potenzen und der ökonomischen Entwicklung der Kombinate ebenso angemessen sein müssen wie die Erzeugnisse des gesamten Produktionsprogramms.

Anliegen der wirtschaftswissenschaftlichen Forschung sollte es sein, die vielfältigen Erfahrungen, die in den zurückliegenden Jahren bei der Bildung und dem Ausbau von Abteilungen für Konsumgüter in den Kombinaten gewonnen wurden, auszuwerten und, davon ausgehend, die höheren Ansprüche und Erfordernisse herauszuarbeiten. Vor allem sind folgende Erfahrungen zu berücksichtigen:

1. Immer mehr Kombinate gehen dazu über, nicht nur einzelne Abteilungen, sondern ganze Betriebe auf die Produktion von Konsumgütern zu spezialisieren. Ihre moderne technische Ausstattung und rationelle Produktion ermöglicht es, der Herstellung von Konsumgütern eine solidere materiell-technische Basis zu geben.

2. Die Entwicklung und rationelle Produktion hochwertiger technischer Konsumgüter verlangt zwingend, das Niveau und das Tempo schöpferischer wissenschaftlich-technischer Arbeit in den Kombinaten zu erhöhen und die erforderlichen Hoch- und Fachschulkräfte konzentriert einzusetzen.

3. In zahlreichen Kombinaten wird ein bedeutender Teil der durch fortschreitende Rationalisierung auf hohem technologischem Niveau freiwerdenden Arbeitskräfte dafür gewonnen, die Kapazitäten der Konsumgüterproduktion zu verstärken.

Auch und vor allem bei Konsumgütern ist kompromißlos dem Grundsatz Geltung zu verschaffen, daß höhere eigene wissenschaftlich-technische Leistungen die tragfähige Grundlage einer auf qualitativ hochwertige Erzeugnisse gerichteten bedarfsgerechten Produktion bilden.

Wir brauchen mehr eigene originelle Ideen für neue Erzeugnisse, die sich an exakt ermittelten Bedürfnissen userer Bürger, unserer sozialistischen Lebensweise und den internationalen Markterfordernissen orientieren. Zugleich sollten sie auf dem Einsatz einheimischer Rohstoffe beruhen und dazu beitragen, den Energieverbrauch in den Haushalten zu senken. Das erfordert, Rolle und Funktion der Handelsorgane als Vertreter der gesellschaftlichen Interessen, der Ansprüche der Bürger unseres Landes wie auch des Exports gegenüber der Produktion deutlich zu erhöhen und das Zusammenwirken zwischen Kombinaten und dem Handel systematischer und wirksamer als bisher zu gestalten. Gerade aus dem engsten Kontakt mit den Verbrauchern, Anwendern und potentiellen Käufern können und müssen stärkere Impulse für die Entwicklung neuer Produktideen und die dementsprechende eigene wissenschaftlich-technische Arbeit ausgehen.

Von besonderem volkswirtschaftlichem Gewicht ist in der Konsumgüterproduktion die höhere gestalterische Qualität. Die dem Verwendungszweck, der Funktion eines Erzeugnisses optimal entsprechende ästhetische Gestaltung muß den gleichen Stellenwert haben wie die ausgereifte technische Lösung, die Zuverlässigkeit und die Lebensdauer des Erzeugnisses.

Alles in allem geht es also um neue, weitergehende zielstrebige Anstrengungen zur Erhöhung der Konsumgüterproduktion in Menge und Qualität. Wir nehmen diese Aufgabe ganz ernst, ihre Verwirklichung ist grundlegender Bestandteil unserer Politik.

III. Durch zielstrebige Nutzung von Wissenschaft und Technik zu weiteren Fortschritten der Intensivierung

Entsprechend den Beschlüssen des X. Parteitages und der ökonomischen Strategie gehen wir den Weg der umfassenden Intensivierung durch die Nutzung der Ergebnissse von Wissenschaft und Technik. Nur so ist möglich,
- Reserven in den erforderlichen Größenordnungen zu erschließen,
- das Wachstum der Produktion mit einer wirklichen Erneuerung der Produktion zu verbinden,
- eine hohe Arbeitsproduktivität bei gleichzeitiger Verbesserung der Arbeits- und Lebensbedingungen zu erreichen.

Das Entscheidende ist, daß nur ein ständig hohes Niveau von Wissenschaft und Technik einen dynamischen Verlauf der intensiv erweiterten Reproduktion gewährleistet. So betrachtet, ist es durchaus kein Zufall, daß jene Kombinate, die sich heute schon die wissenschaftlich-technischen Voraussetzungen für das Produktionsprogramm und die Technologien von morgen schaffen, einen organischen Erneuerungsprozeß der Erzeugnisse verfolgen und ständig Rationalisierungsmaßnahmen durchführen, auch die besten ökonomischen Ergebnisse vorweisen können.

Marx ging davon aus, daß die Anwendung der modernen Wissenschaft zu einem entscheidenden Faktor der Ökonomisierung der Produktion wird, wenn sie in großem Maßstab, auf großer Stufenleiter erfolgt. Er verdeutlichte uns die Rolle der Wissenschaft für die Entwicklung der Produktion so: „Wie der Productionsproceß zur Anwendung der Wissenschaft, wird umgekehrt die Wissenschaft zu einem Factor, so zu sagen zu einer Function des Productionsprocesses ... Die Wissenschaft erhält den Beruf Productionsmittel des Reichthums zu sein; Mittel der Bereicherung."[10] Das bedeutet: Wissenschaft muß sich in Produktivkraft und damit in Ökonomie umsetzen. Dem entspricht die auf dem X. Parteitag der SED getroffene Feststellung: „Jeder ernsthafte und tiefgreifende Fortschritt in der Entwicklung der modernen Produktivkräfte hat heute und in Zukunft seine Wurzeln in wissenschaftlichen Erkenntnissen."[11]

Mit der ökonomischen Strategie wird deshalb bewußt die Aufgabe gestellt, einen neuen Schritt bei der Verbindung der Vorzüge des Sozialismus mit den Errungenschaften der wissenschaftlich-technischen Revolution zu tun. Wissenschaft und Technik haben den notwendigen Vorlauf für die künftig intensiv erweiterte Reproduktion zu gewährleisten. Die Kräfte sind auf neue Erzeugnisse und Verfahren zu konzentrieren, von denen tiefe ökonomische Wirkungen ausgehen.

Gemäß ihrer Bedeutung prägt diese Aufgabe die Thematik vieler wirtschaftwissenschaftlicher Forschungen von hohem theoretischem Gehalt und praktischem Nutzen. Das betrifft beispielsweise Untersuchungen zum Einfluß des wissenschaftlich-technischen Fortschritts auf die Reproduktion; Untersuchungen zum Prozeß der Erneuerung der Produkte und Technologien in den Kombinaten, zu einer auf hohe ökonomische Wirksamkeit in der Leitung gerichteten Arbeit und andere damit zusammenhängende Fragen.

Das ökonomische Ergebnis bildet die unbestechliche Meßlatte für die Wirksamkeit der wissenschaftlich-technischen Arbeit. Es liegt in der Verantwortung des Ökonomen, für die Beurteilung der Verwertung von Wissenschaft und Technik keinen anderen Maßstab als den von Aufwand und Ergebnis zuzulassen.

Damit wird nicht einem einseitigen rechnerischen Herangehen an die Entwicklung von Wissenschaft und Technik das Wort geredet. Ganz im Gegenteil – jeder Ökonom muß die großen Potenzen der wissenschaftlich-technischen Revolution in ihrer neuesten Etappe erkennen. Seine Hauptsorge muß darin bestehen, daß die neuesten Ergebnisse von Wissenschaft und Technik Anwendung finden und sich in neuen Erzeugnissen und in neuen Technologien verkörpern bei gleichzeitiger Verbesserung des Verhältnisses von Aufwand und Ergebnis und der Arbeits- und Lebensbedingungen der Menschen.

Angesichts der für Effektivität und Produktivität ausschlaggebenden Rolle von Wissenschaft und Technik wandte unser sozialistischer Staat in den zurückliegenden Jahren für die Entwicklung und Förderung der wissenschaftlich-technischen Arbeit bedeutende Kräfte und Mittel auf. Seit dem VIII. Parteitag der SED wurden die Aufwendungen für Wissenschaft und Technik nahezu verdoppelt. Sie erreichten im Jahre 1982 8,1 Milliarden Mark. Das sind rund 4 Prozent vom Nationaleinkommen – ein Anteil, der dem Niveau fortgeschrittener Industrieländer entspricht. Die Anzahl der Beschäftigten in Forschung und Entwicklung erhöhte sich von 127000 Personen im Jahre 1970 auf rund 190000 im Jahre 1982.

Auf diesem großen Potential aufbauend, geht es darum, die volkswirtschaftliche Ergiebigkeit der wissenschaftlich-technischen Arbeit durch ein hohes schöpferisches Niveau spürbar zu verbessern. Maßstäbe dafür sind:
- die Steigerungsrate der Arbeitsproduktivität dem Anstieg der Aufwendungen für Wissenschaft und Technik anzunähern,
- das Wachstum der Produktion auf der Grundlage eines absolut sinkenden Energie- und Materialverbrauchs zu sichern,
- die Exporterlöse aus neuen Erzeugnissen schneller zu steigern als die Aufwendungen für Wissenschaft und Technik.

Die fortgeschrittensten Errungenschaften von Wissenschaft und Technik zu verwerten heißt also, sie auf die ökonomischste Art und Weise anzuwenden.

Die Verbindung von Wissenschaft und Technik mit

dem ökonomischen Ergebnis war doch ein Hauptgrund für die Bildung der Kombinate. Die Lösung dieser Aufgabe ist ständig auf die Tagesordnung gesetzt, und sie muß auch die Leitung der Arbeit der Kombinate bestimmen.

In Auswertung von Erprobungen in 7 Kombinaten der Industrie hat das Politbüro des ZK der SED Maßnahmen zur stärkeren Verbindung von Planung und wirtschaftlicher Rechnungsführung auf dem Gebiet von Wissenschaft und Technik beschlossen. Danach ist in allen Kombinaten der Industrie und des Bauwesens Wissenschaft und Technik fest mit dem Kreislauf der intensiv erweiterten Reproduktion zu verknüpfen. Ausgehend von den ökonomischen Erfordernissen der Leistungs- und Effektivitätsentwicklung, gilt es, die schöpferische Arbeit der Wissenschaftler, Forscher, Ingenieure und Techniker so zu organisieren und ihre Ergebnisse so zu verwerten, daß

- die Produktionspalette zielstrebig durch Erzeugnisse mit hohem qualitativ-technischem Niveau erneuert wird und moderne Technologien unter weitestgehender Nutzung der vorhandenen Grundfonds angewendet werden,
- die Arbeitsproduktivität beschleunigt gesteigert wird und
- neue Reserven für die Energie- und Materialeinsparung erschlossen werden.

Die Vervollkommnung der Planung und wirtschaftlichen Rechnungsführung ist dazu auf folgende Fragen gerichtet:

- Durch die Qualifizierung der Arbeit mit den Pflichtenheften gilt es, der Forschung und Entwicklung solche Aufgaben zu übertragen, die zu konkurrenz- und absatzfähigen Neuerungen führen und mit hoher ökonomischer Effektivität realisiert werden können.
- Die Anwendung von Mitteln der wirtschaftlichen Rechnungsführung, wie der Kauf und Verkauf wissenschaftlich-technischer Ergebnisse und die Anwendung exakter Aufwands- und Ergebnisrechnungen, ist darauf gerichtet, das gemeinsame ökonomische Interesse von Forschung und Produktion an einer hohen Marktwirksamkeit der Resultate der wissenschaftlich-technischen Arbeit spürbar zu erhöhen.
- Schließlich gilt es, die Forschungskader an hohen schöpferischen Leistungen durch vielfältige Maßnahmen der materiellen und moralischen Stimulierung persönlich zu interssieren und so das Leistungsprinzip in Forschung und Entwicklung immer besser zu verwirklichen.

In diesem Prozeß der Vervollkommnung der Leitung, Planung und wirtschaftlichen Rechnungsführung zur Erreichung einer höheren ökonomischen Wirksamkeit von Wissenschaft und Technik ist viel Neuland zu betreten. Die engere Verbindung von Wissenschaft und Technik mit der Ökonomie erfordert auch ein innigeres Verhältnis von Ingenieurwissenschaft und Wirtschaftswissenschaft. Dabei geht es sowohl um die Ausbildung und Erziehung der Kader als auch um die wissenschaftlich begründete Weiterentwicklung aller Instrumente und Methoden der Wirtschaftsleitung, mit denen der wissenschaftlich-technische Fortschritt ständig wirksamer, zum entscheidenden Faktor auch des ökonomischen Fortschritts wird.

Entscheidend ist, daß die Kombinate offen sind für die Verwirklichung neuer wissenschaftlich-technischer Lösungen, daß sie in der Lage sind, flexibel auf neue Entwicklungen zu reagieren. Die Kombinate müssen zu ökonomischen Verwertern all dessen werden, was die Entwicklung der modernen Produktivkräfte für die Intensivierung bietet.

Heute spricht man beispielsweise von der Mikroelektronik als einer „Schlüsseltechnologie". Das könnte man auch von einer Reihe anderer Technologien sagen. Aus unserer Sicht beispielsweise von der Braunkohlenchemie, der Veredlungsmetallurgie, der Biotechnik und anderen Technologien und Produktionsverfahren. In welchem Sinne jedoch sind dies „Schlüsseltechnologien"? Es sind Schlüsseltechnologien der Intensivierung, Schlüsseltechnologien für die Steigerung der Arbeitsproduktivität, Schlüsseltechnologien für eine radikale Verminderung des Energie- und Materialverbrauchs, Schlüsseltechnologien für die bestmögliche Verwertung der einheimischen Rohstoffe; also Schlüsseltechnologien für eine hohe Ökonomie, für die Sicherung des weiteren Leistungswachstums bei entschiedener Verbesserung des Verhältnisses von Aufwand und Ergebnis.

Heute muß sich die ganze Volkswirtschaft auf die ökonomische Verwertung dieser Schlüsseltechnologien einstellen, und dazu muß jedes Kombinat seinen Beitrag leisten. Bringen wir es auf einen Nenner: Wissenschaft und Technik müssen sich vor allem in neuen und modernen Technologien verwirklichen. Die Technologie ist das Bindeglied zwischen den wissenschaftlich-technischen Erkenntnissen einerseits und ihrer beständigen und massenhaften Nutzung in der Produktion für eine hohe Arbeitsproduktivität und Effektivität andererseits. Die Technologie erhält damit selbst wissenschaftlichen Charakter, und sie ist zugleich bestimmend für den ökonomischen Prozeß.

Aus diesem Grunde gilt es, der Ausarbeitung neuer technologischer Prozesse, ihrer materiellen Realisierung – vor allem durch die Nutzung der vorhandenen Ausrüstungen auf dem Wege ihrer Modernisierung und Komplettierung mit neuen Ausrüstungen, insbesondere aus dem eigenen Rationalisierungsmittelbau – größte Aufmerksamkeit zu schenken.

Ferner darf nicht übersehen werden, daß jede neue Technologie eine neue Qualifikation erfordert. Neue technologische Prozesse müssen rechtzeitig vorbereitet werden. Vor allem sind die Menschen gründlich auf diese Prozesse vorzubereiten. Zu beachten ist auch, welche Veränderungen sich in den Vorstufen und bei den Abnehmern ergeben. Neue technologische Prozesse, die isoliert vom gesamten gesellschaftlichen Produktionsprozeß der Herstellung eines Erzeugnisses eingeführt werden, bringen nicht die mögliche und erforderliche Effektivität. Deshalb muß die Einführung neuer Technologien im Kombinat und in der ganzen Volkswirtschaft komplex vorbereitet werden.

Unschwer ist also zu erkennen, daß die Einführung und Nutzung moderner Technologien höhere Anforderungen an die Leitungstätigkeit stellt. Der Leiter muß es verstehen, die wissenschaftlich-technische Arbeit und die praktische Umwandlung ihrer Ergebnisse in der Produktion so zu organisieren, daß ein hohes ökonomisches Resultat erzielt wird.

Das bedeutet vor allem, den Anteil echter Spitzenleistungen mit hoher ökonomischer Wirkung an der gesamten Warenproduktion entschieden zu vergrößern. In der verarbeitenden Industrie steht die Aufgabe, jährlich mindestens 20 bis 30 Prozent des Erzeugnissortiments zu erneuern. In nicht wenigen Kombinaten gehören diese Maßstäbe schon zum erreichten Niveau der Arbeit. Bei anderen ist das noch nicht der Fall. Es gilt, sie an das Niveau der Fortgeschrittenen heranzuführen und generell das Tempo bei der Erneuerung der Produktion zu beschleunigen. Das ist die Grundfrage, um solche Erzeugnisse zu produzieren, die

- die erforderliche Qualität aufweisen,
- eine geringe Energie- und Materialintensität besitzen,
- im Export mit hohem ökonomischem Ergebnis absatzfähig sind.

Ausgereifte wissenschaftlich-technische Ideen, die zu grundsätzlich neuen Lösungen führen, erbringen bei einer konsequenten Verwirklichung in der Regel hohe ökonomische Ergebnisse. In diesem Sinne geht es auch um mehr volkswirtschaftlich wirksame patentreife Lösungen.

Es gibt in unserer Volkswirtschaft eine große Anzahl von Erfindern, von befähigten Forschern, Entwicklern, Konstrukteuren, Technologen, Verfahrenstechnikern und Facharbeitern, von Menschen, die mit Leidenschaft tüfteln und knobeln und dabei oftmals zu bedeutsamen Lösungen kommen. Unser gesamtes Leitungs- und Planungssystem, die materielle Stimulierung sind darauf ausgerichtet, diese Erfinder- und Neuerertätigkeit zu fördern. Worauf es jetzt ankommt, ist, daß sich die verantwortlichen Leiter, angefangen bei den Generaldirektoren, noch mehr persönlich um die Arbeit der Erfinder kümmern, daß sie ihnen mit Rat und Tat zur Seite stehen, sie ermutigen, Risiken einzugehen, und daß sie, wenn die Ergebnisse erreicht sind, alles tun, um sie schnellstmöglich zu verwirklichen. Bei aller Bedeutung der materiellen und moralischen Anerkennung – für einen Neuerer und Erfinder besteht der größte Ansporn doch darin, seine Idee im Leben verwirklicht zu sehen.

Wissenschaft und Technik müssen vor allem für die Steigerung der Arbeitsproduktivität wirksam werden, denn wir lassen uns auch künftig davon leiten: „Erste und wichtigste Frage bleibt die Steigerung der Arbeitsproduktivität.“[12]

Bekanntlich wird die Arbeitsproduktivität nach Marx bestimmt „unter anderen durch den Durchschnittsgrad des Geschickes der Arbeiter, die Entwicklungsstufe der Wissenschaft und ihrer technologischen Anwendbarkeit, die gesellschaftliche Kombination des Produktionsprozesses, den Umfang und die Wirkungsfähigkeit der Produktionsmittel, und durch Naturverhältnisse“[13]. Damit zog Marx faktisch die ökonomische Quintessenz aus der Entwicklung der Produktivkräfte. Er betrachtete die Arbeitsproduktivität als eine ökonomische und, darüber hinaus, als gesellschaftliche Größe. Er verband sie mit der Fähigkeit des Menschen, durch mehr Erfahrung, Wissen und Können, durch bessere Werkzeuge und Maschinen, durch eine wirkungsvollere Gestaltung seines kooperativen Zusammenwirkens in der gleichen Zeiteinheit mehr zu produzieren.

Dabei beseelte Marx die tiefe Überzeugung, und das ist zugleich auch der eigentliche Kern seiner Definition der Arbeitsproduktivität, daß sich die Produktivkraft der menschlichen Arbeit beständig entwickelt, also nicht auf einem einmal erreichten Niveau stehenbleibt. Marx faßte den gesellschaftlichen Produktionsprozeß von vornherein als eine sich ständig vorwärtsbewegende Erscheinung auf, dessen Entwicklung sich zudem noch beschleunigt.

Auf diese Steigerung der Arbeitsproduktivität und im weiteren Sinne auf die Ökonomie aller Produktionsbedingungen, also auf die intensiv erweiterte Reproduktion, ist die ökonomische Strategie unserer Partei für die 80er Jahre gerichtet. Unsere Partei mißt der Lösung dieser Fragen eine zentrale Bedeutung bei, weil nur so die notwendigen Reserven für das weitere Wachstum der Produktion und damit für das weitere Wachstum des Nationaleinkommens und für die bessere Befriedigung der materiellen und geistigen Lebensbedürfnisse des Volkes geschaffen werden.

Für das erreichte Niveau der Arbeitsproduktivität in der Volkswirtschaft ist das erwirtschaftete Nationaleinkommen pro in der Produktion Tätigen der Maßstab. Nimmt man diese Kennziffer, so hat die DDR mit einer durchschnittlichen jährlichen Steigerungsrate von 4,3 Prozent im Zeitraum 1970 bis 1982 eine hohe Dynamik erreicht. Sie ist international gesehen beachtlich. Der Generalsekretär des Zentralkomitees unserer Partei hat auf der 5. Tagung des ZK dargelegt, daß das in der DDR erreichte Niveau der Arbeitsproduktivität höher ist als in Italien und mit Großbritannien auf etwa gleicher Höhe liegt. Gegenüber solchen kapitalistischen Industriestaaten wie Frankreich oder der BRD haben wir einen Rückstand bis zu 30 Prozent. Wir nennen diese Zahlen, um zu zeigen, was wir geleistet haben, und gleichzeitig, um ganz deutlich zu machen, was noch vor uns steht, wobei klar ist: Wir messen uns hier nicht am allgemeinen Durchschnitt, sondern legen höchste Maßstäbe zugrunde.

Die zu lösende Aufgabe besteht darin, im Niveau der Arbeitsproduktivität zu den fortgeschrittensten Industrieländern aufzuschließen. Dazu muß vor allem die wissenschaftlich-technische Arbeit volkswirtschaftlich noch ergiebiger werden, die Arbeitszeiteinsparung aus Wissenschaft und Technik in vollem Umfang in höhere Arbeitsproduktivität umgesetzt werden, und es müssen im gesamten Reproduktionsprozeß, sowohl in den Kombinaten und Betrieben als auch im Rahmen der Volkswirtschaft, durch sozialistische Leitung, Planung und Organisation die besten Bedingungen geschaffen werden. So sind die Wege zu ebnen, um unter Arbeits- und Lebensbedingungen, die der sozialistischen Gesellschaft adäquat sind, die Produktivität in höherem Tempo zu steigern.

„Auf wirtschaftlichem Gebiet“, so führte der Generalsekretär des ZK der KPdSU und Vorsitzende des Präsidiums des Obersten Sowjets der UdSSR, Genosse Juri Andropow, aus, „besteht die Schlüsselaufgabe in der entscheidenden *Steigerung der Arbeitsproduktivität*“. Und er erklärte in dem Zusammenhang: „Wir müssen uns darum bemühen, in diesem Bereich den Welthöchststand zu erreichen. Nicht ohne Grund betrachtete Lenin dies als das ‚in letzter Instanz … allerwichtigste, das ausschlaggebende für den Sieg der neuen Gesellschaftsordnung‘. Heute, unter den Bedingungen der wissenschaftlich-technischen Revolution, hat diese Aufgabe besondere Bedeutung erlangt – sowohl für unseren inneren Aufbau als auch auf internationaler Ebene."[14] Diese Verknüpfung von Steigerung der Arbeitsproduktivität und einer neuen Entwicklungsetappe der Produktivkräfte hat eine große theoretische und praktische Bedeutung.

Alle Erfahrungen sprechen dafür, daß im Verlauf der gegenwärtigen wissenschaftlich-technischen Revolution in einem Ausmaß Reserven für die Steigerung der Arbeitsproduktivität liegen, wie es bisher nicht vorstellbar war. Dafür sprechen vor allem das rasche Vordringen der Mikroelektronik in der Produktion und der sich immer stärker abzeichnende Übergang zur Automatisierung der Produktion. Marx bezeichnete die Maschinerie als das gewaltigste Mittel, um die Arbeitsproduktivität zu steigern. Er sah ihre unendliche Vervollkommnungsfähigkeit voraus und betrachtete das automatische Maschinensystem als eine abschließende Etappe in der Entwicklung der maschinellen Produktion überhaupt.

Um die Wachstumsraten der Arbeitsproduktivität zu erhöhen, sehen wir Hauptreserven für die weitere Steigerung der Arbeitsproduktivität in folgendem:

1. Die sich aus der wissenschaftlich-technischen Arbeit ergebenden Möglichkeiten wirken in immer größeren Dimensionen auf das Produktivitätswachstum in allen Bereichen der Volkswirtschaft. Auf lange Sicht sind diese Möglichkeiten nicht nur unerschöpflich, sondern sie werden mit den Fortschritten in Wissenschaft und Technik immer ergiebiger. Die Schlüsselfrage besteht darin, daß die wissenschaftlich-technische Arbeit unmittelbar ihren Niederschlag findet in einem hohen volkswirtschaftlichen Endergebnis, das mit immer weniger Aufwand hergestellt wird.

Betrachtet man die Entwicklung der Arbeitsproduktivität über einen längeren Zeitraum, dann wird deutlich, welche Veränderungen sich vollziehen und wie die Maßstäbe immer höher gesetzt werden müssen:

- 1970 wurde zum Beispiel in unserer Volkswirtschaft an einem Kalendertag ein Nationaleinkommen in Höhe von 322 Millionen Mark produziert. 1982 waren es bereits 551 Millionen Mark.
- Die industrielle Warenproduktion unserer Volkswirtschaft hat sich in ihrem Ausmaß und in bezug auf den dazu notwendigen Arbeitsaufwand in diesem Zeitraum ebenfalls grundlegend verändert. Vergleichbar berechnet, gab es 1970 einen Produktionswert je Kalenderarbeitstag von 850 Millionen Mark. 1982 stieg diese Größe auf 1570 Millionen Mark. Dabei wird eine Produktionseinheit mit immer weniger Aufwand an lebendiger Arbeit hergestellt. Für 1000 Mark Industrieproduktion waren 1970 noch 23 Arbeitsstunden erforderlich. 1982 wurden für die gleiche Produktion nur noch 13 Stunden benötigt.

Wissenschaftlich-technische Arbeit erschöpft sich niemals schlechthin in Arbeitszeiteinsparung. Entscheidend ist immer die Verbesserung des Verhältnisses zwischen Aufwand und Ergebnis.

In den Plänen Wissenschaft und Technik und in den statistischen Abrechnungen werden von Jahr zu Jahr große Einsparungen an Arbeitszeit nachgewiesen. Die durch Wissenschaft und Technik bei einzelnen neuen Erzeugnissen oder Technologien eingesparte Arbeitszeit wird nur dann voll wirksam, wenn nicht nur auf dem Gebiet von Wissenschaft und Technik, sondern insgesamt der Kampf um die Einsparung von Arbeitszeit geführt wird. Es geht darum, daß das, was eingespart wurde, wirklich vollständig wirksam wird, indem auch alle anderen Reserven, insbesondere durch bessere Arbeitsorganisation und höhere Kontinuität der Produktion, uneingeschränkt genutzt werden. Dann ist das erreichte Endergebnis um so größer.

2. Wichtig ist vor allem die Sicherung einer kontinuierlichen, störungsfreien Arbeit in der Produktion. Die Arbeit muß so organisiert und geleitet werden, daß vom Beginn des Monats an kontinuierlich hohe Leistungen vollbracht werden können. Das heißt tägliche volle Ausnutzung der Arbeitszeit für die Produktion. Gerade auf diesem Gebiet gibt es für die Ökonomen ein breites Tätigkeitsfeld.

3. Es geht um die vollständige Ausschöpfung des vorhandenen Qualifikationspotentials. Die Arbeits- und technologischen Prozesse müssen so gestaltet werden, daß die Fähigkeiten der Menschen voll zum Tragen kommen. Der Mensch, seine tägliche persönliche Leistung entscheidet über die Höhe der Arbeitsproduktivität. Die Einstellung zu den ihm übertragenen Arbeitsaufgaben bestimmt wesentlich das ökonomische Ergebnis. Wird die Arbeit so organisiert, daß sich Stolz und Freude auf das Erreichte entfalten können, daß jeder Befriedigung spürt, etwas Positives und Nützliches geleistet zu haben, dann ist ein wichtiger Teil des Kampfes um hohe Arbeitsproduktivität bereits gewonnen.

Die Aufgabe, die Arbeitsproduktivität mit hoher Dynamik zu steigern, wird besser gelöst, wenn man, über den unmittelbaren Fertigungsprozeß hinaus, die außerordentlich großen Möglichkeiten zur Steigerung der Arbeitsproduktivität auch in den vor- und nachgelagerten Prozessen nutzt. Allein die automatisierte Konstruktion ermöglicht eine bis zu 20fache Produktivitätssteigerung bei der Herstellung von technischen Zeichnungen – und vor allem eine entscheidende Verkürzung der Durchlaufzeiten. Darin liegt eine mindestens genauso bedeutende ökonomische Potenz wie in der Verringerung des Arbeitsaufwands selbst.

Das Wachstum der Arbeitsproduktivität wird sich dann zunehmend in einer absoluten Einsparung von Arbeitsplätzen ausdrücken, wenn alle zur Bearbeitung des Rohstoffs nötigen Arbeitsgänge ohne menschliche Beihilfe verrichtet werden, das heißt, wenn die Robotertechnik zielstrebig angewendet wird.

Wir haben laut Halbjahresbericht für das Jahr 1983 bekanntlich in der Volkswirtschaft der DDR bereits 26000 Roboter im Einsatz. Die Robotertechnik hat Bedeutung für die ökonomische Effektivität. Ihr Kernpunkt besteht in einer entschiedenen Erhöhung der Arbeitsproduktivität bei gleichzeitiger Freisetzung von Arbeitskräften.

Die Robotertechnik hat zugleich gewaltige Bedeutung für die Verbesserung der Arbeits- und Lebensbedingungen. Sie ermöglicht insbesondere, schwere körperliche, gesundheitsbeeinträchtigende und monotone Arbeitsprozesse ohne unmittelbare Beteiligung des Menschen durchzuführen.

Von größtem Gewicht ist die Robotertechnik auch, wenn wir die Qualität der Produktion betrachten. Roboter vermögen alle Arbeitsgänge mit größter Genauigkeit und Zuverlässigkeit zu verrichten. In einigen Anwendungsfällen ist die höhere Qualität der Produktion sogar der ausschlaggebende Punkt für die Entscheidung zum Einsatz der Robotertechnik.

Schließlich ist Robotertechnik ein Kernpunkt für die Veränderung der technologischen Prozesse. Sie muß zum Ausgangspunkt dafür werden, zusammenhängende Technologien einheitlich auf moderner Grundlage zu gestalten. Wir sind dafür, daß die Einführung der Robotertechnik als ein Katalysator, als ein Kristallisationspunkt für weitergehende, umfassendere Maßnahmen der Rationalisierung in Richtung auf die Automatisierung genutzt wird.

Karl Marx stellte bekanntlich fest: „Sobald die Arbeitsmaschine alle zur Bearbeitung des Rohstoffs nötigen Bewegungen ohne menschliche Beihilfe verrichtet und nur noch menschlicher Nachhilfe bedarf, haben wir ein automatisches System der Maschinerie..."[15] Der von Marx vorausgesagte und sich nun abzeichnende Übergang zur Automatisierung der Produktion bestätigt eine für die Lösung der in jedem Kombinat gestellten Aufgaben wichtige Erkenntnis: nämlich, daß die Entwicklungsmöglichkeiten der auf dem gesellschaftlichen Charakter der Arbeit aufgebauten Produktion prinzipiell unbegrenzt sind und sich mit ihnen neue, noch größere Möglichkeiten zur Steigerung der Arbeitsproduktivität eröffnen.

Auf der Grundlage der Automatisierung zeichnet sich eine Reihe prinzipiell neuer Möglichkeiten für die Steigerung der Arbeitsproduktivität in den Kombinaten ab, die es zielstrebiger wirksam zu machen gilt. Im Kern geht es darum, daß die Arbeitsproduktivität schneller steigt als die Grundfondsausstattung je Arbeitskraft.

Die Kombinate der Industrie verfügen heute überwiegend über moderne, leistungsfähige Produktionsausrüstungen. Die Hälfte aller vorhandenen Ausrüstungen arbeitet voll- oder teilautomatisiert, und jede fünfte Ausrüstung verfügt über eine flexible elektronische Steuerung. Um die Arbeitsproduktivität in großer Breite auf ein wesentlich höheres Niveau zu heben, müssen wir über Einzelbeispiele von automatisierten Ausrüstungen hinaus zu einer durchgängigen Automatisierung ganzer Fertigungsabschnitte und Betriebsabteilungen kommen.

Diesen Zusammenhang zwischen der Steigerung der Arbeitsproduktivität und den eingesetzten Produktionsausrüstungen gilt es auch in den ökonomischen Kennziffern zu einem wichtigen Kriterium zu machen. Aus diesem Grunde werden die Rekonstruktion und Modernisierung der vorhandenen Grundfonds und die Konzentration der Investitionen auf die effektivsten Rationalisierungsvorhaben immer mehr zu einer erstrangigen Aufgabe für einen hohen Leistungs- und Produktivitätszuwachs.

Eingeschlossen in diese Aufgabe ist, die produktive Nutzung der vorhandenen Maschinen und Ausrüstungen zu erhöhen. Deshalb stellen wir jetzt die Aufgabe, nicht nur ausgewählte hochproduktive Maschinen und Ausrüstungen, sondern den gesamten Maschinenpark mehr Stunden am Tag auszulasten. Dann wird die Dynamik der Arbeitsproduktivität der Ausstattung der Arbeitskräfte mit Grundfonds vorauseilen.

Wir betrachten die Steigerung der Arbeitsproduktivität stets in ihrem volkswirtschaftlichen Zusammenhang. Leitgedanke für das Herangehen ist das von Marx entdeckte Gesetz der Ökonomie der Zeit. Je weniger Zeit die Gesellschaft benötigt zur Herstellung eines Produkts, desto mehr Zeit gewinnt sie zur Befriedigung anderer Bedürfnisse. Über den Grundinhalt dieses Gesetzes und die sich daraus ergebenden praktischen Konsequenzen sollte man noch gründlicher nachdenken.

Die vollständige Ausnutzung des Gesetzes der Ökonomie der Zeit lenkt unsere Aufmerksamkeit auch auf den **Zeitfaktor.** Es ist für die Effektivität der Volkswirtschaft nicht ohne Belang, zu welchem Zeitpunkt ein neues Erzeugnis in die Produktion aufgenommen, eine neue Technologie wirksam, eine neue Kapazität in Betrieb genommen wird. Die Verkürzung dieser Perioden im Zyklus der intensiv erweiterten Reproduktion hat mindestens eine ebenso große Bedeutung für die Steigerung der Effektivität wie die Einsparung an Arbeitszeit selbst.

Das Entscheidende ist stets, die gewonnene Zeit für die Mehrproduktion in Quantität und Qualität zu nutzen. Darin liegt der springende Punkt für die Leitungstätigkeit. Erst dann nämlich ist das Marxsche Gesetz der Ökonomie der Zeit voll verwirklicht. Dies sicherzustellen – darum geht es uns schließlich.

Um es deutlich zu sagen: Es hat wenig Sinn, in einem Kombinat die eingesparte Arbeitszeit zu nutzen, um von einem bereits veralteten Erzeugnis noch mehr herzustellen als bisher, so daß es dann eventuell auf Lager liegt. Sinn aber hat es, diese eingesparte Arbeitszeit und vor allen Dingen die freiwerdenden Arbeitskräfte zu nutzen für die Produktion neuer und hochwertiger Erzeugnisse, Konsumgüter, Güter für den Export oder wichtige Zulieferprodukte. Das ist es, was mit wirklicher Organisierung des Kreislaufs der intensiv erweiterten Reproduktion im Kombinat gemeint ist. Dann tritt wirklich ein hoher volkswirtschaftlicher Effekt ein, nicht nur auf dem Papier, sondern für den realen ökonomischen Fortschritt. Wer nur analysiert, wieviel Arbeitszeit eingespart und wieviel Arbeitskräfte freigesetzt wurden, der bleibt auf halbem Wege stehen. Entscheidend für die Volkswirtschaft ist die Antwort auf die Frage, was mit der eingesparten Arbeitszeit gemacht wurde, wie und wofür die Arbeitskräfte eingesetzt wurden, wie der Kreislauf der intensiv erweiterten Reproduktion effektiver gestaltet und so das volkswirtschaftliche Endergebnis vergrößert wird. Nur diese Betrachtungsweise ist auf der Höhe des Gesetzes der Ökonomie der Zeit und unserer Wirtschaftsstrategie der achtziger Jahre.

Das gesellschaftliche Arbeitsvermögen in der Volkswirtschaft der DDR, um dessen effektivsten Einsatz es im Kern der Dinge geht, hat eine quantitative und eine qualitative Komponente. Es ist nicht einfach nur das Ergebnis demographischer Prozesse, sondern das Ergebnis der gesamten gesellschaftlichen Entwicklung, also des Bildungswesens, der Sozialpolitik, der Förderung der Frauen und Mütter und all dessen, was den Alltag der Menschen erleichtert oder auch noch erschwert. Alle diese Fragen – und auch ihnen widmen sich wissenschaftliche Arbeiten von Arbeitsökonomen und Soziologen – gilt es in ihrer wechselseitigen Bedingtheit zu sehen. Alle auf das Wachstum der Arbeitsproduktivität wirkenden Faktoren in ihrem Zusammenhang noch tiefgründiger zu untersuchen ist eine Aufgabe von aktueller theoretischer und praktischer Bedeutung.

Für die Leitung der wirtschaftlichen Prozesse und für die Erarbeitung anspruchsvoller Plangrößen ist es in den Kombinaten und auch im Maßstab der gesamten Volkswirtschaft wichtig, die für das Wachstum der Produktivität ausschlaggebenden Faktoren so genau wie möglich zu bestimmen, damit ihre Wirksamkeit durch gezielte Maßnahmen spürbar erhöht werden kann. Das gilt ebenso für die genaue Kenntnis der hemmenden Faktoren und die noch vorhandenen Verlustquellen, damit deren Einfluß immer weiter gemindert wird. Die analytische Arbeit über die Faktoren zur Steigerung der Arbeitsproduktivität sollten wir deshalb überall noch mehr als bisher vertiefen.

Es gehört zur Verantwortung der Leiter in den Kombinaten, dafür zu sorgen, daß keine Arbeitszeitreserven ungenutzt bleiben, daß kein Qualifikationspotential brachliegt, daß die Arbeit der Kollektive überall auf die effektivste Weise organisiert wird. Leitung des Kampfes um hohe Arbeitsproduktivität in den Kombinaten heißt also, alle Bedingungen dafür zu schaffen, daß die Menschen ihre schöpferischen Fähigkeiten durch hohe Leistungen für die Steigerung der Produktion auf dem Wege der Intensivierung voll entfalten können.

Man kann über den Kampf zur Steigerung der Arbeitsproduktivität nicht sprechen, ohne zugleich auf die **wissenschaftliche Arbeitsorganisation** als Hauptfeld der aktiven Mitwirkung der Werktätigen an der sozialistischen Rationalisierung zum Wohle des Menschen einzugehen. Auf diesem Wege werden die Ziele der Produktions-, Leistungs- und Effektivitätssteigerung unmittelbar mit der Verbesserung der Arbeits- und Lebensbedingungen sowie mit der Entwicklung der schöpferischen Fähigkeiten der werktätigen Menschen verbunden.

Die Anwendung der wissenschaftlichen Arbeitsorganisation ist ein wichtiger Bestandteil der weiteren Ausprägung des sozialistischen Charakters der Arbeit und damit eine Aufgabe von hohem gesellschaftlichem Rang. Es ist selbstverständlich, daß in der sozialistischen DDR alle Maßnahmen der wissenschaftlichen Arbeitsorganisation im engsten Zusammenwirken mit den Werktätigen durchgeführt werden. Gerade diesen Fragen wird, wie sich zeigt, in der wirtschaftswissenschaftlichen Forschung und Lehre ein breiter Raum eingeräumt. Das ist ganz natürlich, dann bei uns dient die Ökonomie in jeder Hinsicht dem Wohl des Menschen.

In der ersten Hälfte des gegenwärtigen Fünfjahrplanes wurden 560000 Arbeitsplätze durch Maßnahmen der wissenschaftlichen Arbeitsorganisation neu- und umgestaltet. Damit sind die Arbeitsbedingungen für nahezu 1 Million Arbeiter effektiver geworden. Die Arbeit wurde inhaltsreicher und verantwortungsvoller. Zugleich wurden erschwerte Arbeitsbedingungen für 69000 Werktätige beseitigt. Rechnet man die im Zeitraum ab 1971 durch Maßnahmen der wissenschaftlichen Arbeitsorganisation neu- und umgestalteten Arbeitsplätze in der Volkswirtschaft der DDR zusammen, so ergibt sich die stattliche Anzahl von mehr als 2 Millionen Arbeitsplätzen. Diese Maßnahmen betreffen die Arbeit und ihre Bedingungen von über 3 Millionen werktätigen Menschen in unserer Deutschen Demokratischen Republik.

In diesem Zusammenhang sollten wir auch die Qualifikation der Leitungskader betrachten. Die ständige Weiterbildung auf allen Gebieten der Technik wie der Ökonomie ist objektiv bedingt durch den rasch fortschreitenden Prozeß der Entwicklung von Wissenschaft und Technik und zugleich auch der Gesellschaftswissenschaften, einschließlich der Wirtschaftswissenschaften.

Nicht zu trennen vom Kampf um hohe Arbeitsproduktivität, also um eine hohe Effektivität der lebendigen Arbeit, ist der Kampf um eine **Erhöhung der Effektivität der vergegenständlichten Arbeit.**

In der volkswirtschaftlichen Gesamtrechnung wirken, das ist jedem Ökonomen gut bekannt, sowohl die Steigerung der Produktion durch höhere Arbeitsproduktivität in den Betrieben und Kombinaten als auch die Einsparung von Energie, Rohstoffen und Material und überhaupt die Senkung des Produktionsverbrauchs auf das Wachstum des Nationaleinkommens. Bekanntlich ist das Wachstum des Nationaleinkommens pro Kopf der Beschäftigten der umfassendste Ausdruck für die Steigerung der Arbeitsproduktivität. Berechnungen haben beispielsweise ergeben, daß gegenwärtig die Einsparung an Material und Energie um 1 Prozent – bei gegebenem gesellschaftlichem Gesamtprodukt – einer Erhöhung des produzierten Nationaleinkommens je Berufstätiger um 1,7 Prozent entspricht.

Im Durchschnitt der Jahre 1976 bis 1980 betrug die relative Einsparung volkswirtschaftlich wichtiger Energieträger, Roh- und Werkstoffe jährlich 2,1 Milliarden Mark. 1982 wurden demgegenüber 4,3 Milliarden Mark erreicht. Das zeigt anschaulich, welch eine bedeutende Wende hinsichtlich des Umfangs der erreichten Einsparung an Energie und Material mit dem Übergang zu den 80er Jahren erreicht worden ist. Zugleich wurde der Transportaufwand als Bestandteil des volkswirtschaftlichen Produktionsverbrauchs in den letzten beiden Jahren wesentlich gesenkt. Je Einheit Nationaleinkommen wurde der spezifische Transportaufwand um 15,0 Prozent reduziert. Insgesamt wurde damit im Binnenverkehr die Transportmenge 1982 gegenüber 1980 um 114 Millionen Tonnen, das sind 10 Prozent, und die Transportleistung um 7,3 Milliarden Tonnenkilometer, das sind 8,7 Prozent, verringert.

Was auf diesem Wege erreicht werden kann, wenn überall konsequent die volkswirtschaftliche Verantwortung für die Intensivierung wahrgenommen wird, möchte ich anhand einiger weiterer Beispiele darlegen: Auf der Grundlage der ökonomischen Strategie der Partei wurde in der **chemischen Industrie** das Wachstum der Produktion durch eine absolute Senkung des Energie- und Materialverbrauchs erreicht. Dabei ist den Jahren 1982/1983 das Tempo der Senkung des spezifischen Energie- und Materialverbrauchs größer als das Tempo des Wachstums der Produktion. Der Produktionszuwachs insgesamt wird in diesem Jahr zu 60 bis 70 Prozent durch höherveredelte Erzeugnisse getragen, und es wird ein Erneuerungsgrad der Produktion von 18 Prozent erreicht. 1983 werden 30 Prozent der Konsumgüterproduktion des Zweiges (ohne Vergaserkraftstoff) durch die Produktion neuer und weiterentwickelter Konsumgüter gesichert.

Erreicht wurde gegenwärtig ein Verwertungsgrad der Sekundärrohstoffe in Höhe von 74 Prozent, der auf 80 Prozent im Jahre 1985 und 90 Prozent im Jahre 1990 ansteigen wird. Damit wird die gesamte Rohstoffbasis der chemischen Industrie in der DDR mit 15 bis 20 Prozent abgedeckt.

Für diese Ergebnisse des Zweiges sind die Leistungen der Kombinate entscheidend. So wurden durch das Kombinat VEB Leuna-Werke neue Maßstäbe zur rationellen Gestaltung der Energiewirtschaft, insbesondere zur absoluten und spezifischen Senkung des Energieträgereinsatzes, verwirklicht, die für den ganzen Zweig und darüber hinaus für die Volkswirtschaft beispielgebend sind.

Durch den Stammbetrieb des VEB Petrolchemisches Kombinat Schwedt wurde die Freisetzung und Qualifizierung von Arbeitskräften in großen Dimensionen beispielhaft für die chemische Industrie und darüber hinaus praxiswirksam gestaltet. Im Jahre 1982 und im 1. Halbjahr 1983 wurden durch die Schwedter Initiative allein in der chemischen Industrie 7500 Arbeitsplätze absolut eingespart.

Diese Leitung der Arbeit der Kombinate in Richtung auf die Intensivierung gilt für alle Bereiche, weil nur so und nicht anders die vom X. Parteitag gestellten Aufgaben zu erfüllen sind. So wurden auch im **Bauwesen** in Durchführung der Beschlüsse des X. Parteitages beachtliche Ergebnisse erreicht, um die anspruchsvollen Ziele des Fünfjahrplanes 1981 bis 1985 zuverlässig zu realisieren.

Dabei ist es von großer politischer Bedeutung, daß die Planziele des Wohnungsbauprogramms als Kernstück der Sozialpolitik unserer Partei und zur würdigen Ausgestaltung der Hauptstadt der DDR, Berlin, von Jahr zu Jahr erfüllt und überboten werden. Das trifft auch auf die planmäßige Sicherung wichtiger Investitionsvorhaben zur Stärkung der ökonomischen Leistungskraft und der Landesverteidigung unserer Republik zu.

Es gelingt, die geplanten Gebrauchswerte bei Einhaltung guter Qualität mit einem wesentlich geringeren gesellschaftlichen Aufwand zu realisieren. So konnte der volkswirtschaftliche Bauaufwand im Jahre 1981 um 1,1 Milliarden Mark und 1982 sogar um 1,4 Milliarden Mark gesenkt werden. Diese positive Tendenz setzt sich in der Plandurchführung 1983 fort. Es ist damit zu rechnen, daß bis Ende 1983 die vom X. Parteitag geforderte Bauaufwandssenkung bis 1985 bereits zu rund 60 Prozent realisiert wird.

Erheblich wurde der Produktionsverbrauch verringert. Das trug maßgeblich zu einer Steigerung der Nettoproduktion von rund 14 Prozent im Zeitraum 1981 bis 1982 bei. Von wesentlichem Einfluß war dabei, daß im vergangenen Planjahr auch im Bauwesen erstmals die Leistungssteigerung mit einem absolut geringeren Material-, Energie- und Transportaufwand erreicht wurde. Insgesamt sind in den Jahren 1981 und 1982 im Bauwesen 163000 Tonnen Walzstahl, 619000 Tonnen Zement und 53000 m^3 Holz eingespart worden. Die jährliche Senkung des spezifischen Materialeinsatzes betrug durchschnittlich 5 Prozent, so auch bei Walzstahl. Der Transportaufwand reduzierte sich um ein Sechstel, insbesondere durch eine entschiedene Senkung der Erdstofftransporte und weitere Maßnahmen zur Erhöhung der Transportökonomie.

Obwohl wir diese Erfolge nicht geringschätzen und beispielsweise auch auf dem Gebiet des Walzstahlverbrauchs hohe Senkungsraten erreichen, übersehen wir nicht die noch vorhandenen Möglichkeiten in der ganzen Volkswirtschaft. Durch eine stärkere Nutzung von Wissenschaft und Technik, durch eine umfassendere Anwendung neuer, konstruktiver Lösungen, durch die Erarbeitung wissenschaftlich fundierter Verbrauchs- und Bestandsnormative und ihre Einhaltung sind weitere bedeutende Reserven zur Senkung des Energie- und Materialverbrauchs zur erschließen. So kann das weitere Produktionswachstum mit geringstmöglichem Aufwand gesichert werden. Gerade unter dem Gesichtspunkt der wesentlich stärkeren Nutzung wissenschaftlich-technischer Erkenntnisse – das möchte ich ganz eindeutig sagen – sind weitere große Reserven vorhanden.

Die Lösung dieser Fragen steht im engen Zusammenhang mit der Arbeit zur weiteren Qualifizierung der Materialverbrauchsnormen. Sie müssen in jedem Fall den neuesten wissenschaftlich-technischen und ökonomischen Erkenntnissen entsprechen.

Hier geht es um Fragen des aktiven Handelns der in den Kombinaten und Betrieben tätigen Ökonomen, der Wahrnehmung ihrer eigenen volkswirtschaftlichen Verantwortung. Man kann mit Recht sagen, daß das Betätigungsfeld für den Ökonomen zu keiner Zeit so groß war und eine solche Perspektive hatte wie jetzt, wo es um die vollständige Umstellung der Volkwirtschaft auf die Intensivierung geht. Die erreichten Ergebnisse waren und sind mit ausschlaggebend dafür, daß die Volkswirtschaft der DDR ihren Weg des kontinuierlichen Wachstums beibehalten konnte und kann. Investitionen dafür erweisen sich als außerordentlich effektiv.

Viele ökonomische Nutzeffektsberechnungen, die sich früher einmal ganz anders darstellten, haben sich heute angesichts der eingetretenen ökonomischen Realitäten grundlegend verändert. Selbst unter Berücksichtigung eines anwachsenden Aufwandes für die Förderung jeder Tonne Rohbraunkohle, bedingt durch veränderte Abraumbedingungen, der notwendigen Maßnahmen zum Umweltschutz und anderer Aufgaben, ist diese Rohstoffquelle für die DDR die billigste und effektivste. Der Anteil der einheimischen Rohbraunkohle am Primärenergieverbrauch der DDR stieg von 64,5 Prozent im Jahre 1980 auf über 70 Prozent im Jahre 1983. Zugleich wurde der Verbrauch an Primärenergie in der Volkswirtschaft gesenkt.

Hinzu kommt noch ein weiterer Faktor: Als zweiten großen Zweig der Ökonomie in den Produktionsbedingungen führte Marx „die Rückverwandlung der Exkremente der Produktion, ihrer sogenannten Abfälle, in neue Produktionselemente" an. Auch hier ist die erste Vorraussetzung die „entsprechende Massenhaftigkeit dieser Abfälle, die sie selbst wieder zu Handelsgegenständen und damit zu neuen Elementen der Produktion macht".[16] All das vermindert die Kosten des Rohstoffs. Dazu sagte Marx: „Die Verteuerung der Rohstoffe bildet natürlich den Antrieb zur Vernutzung der Abfälle."[17]

Wir sprechen in dem Zusammenhang von den Sekundärrohstoffen. Mit Sekundärrohstoffen sind jedoch nicht zweitrangige Rohstoffe gemeint, sondern solche, die sich bereits im Kreislauf der Produktion befunden haben. Nur in diesem und in keinem anderen Sinne ist die Bezeichnung „Sekundärrohstoffe" gerechtfertigt und zu verstehen.

Vergegenwärtigen wir uns, welche Rolle diese Rohstoffe am Gesamtaufkommen wichtiger Rohstoffe spielen: Bei Rohstahl sind es 73 Prozent, bei Aluminium 73 Prozent, bei Kupfer 62 Prozent, bei Blei 97 Prozent, bei Papier und Pappe 49 Prozent, bei Flaschen für Getränke 32 Prozent.

Das Gesamtaufkommen an Sekundärrohstoffen betrug 1982 in der DDR 27,1 Millionen Tonnen. Es hat sich schneller entwickelt als das Eigenaufkommen an Rohstoffen insgesamt. Dabei wissen wir, daß noch große Reserven bestehen, weil beispielsweise das Aufkommen von Altrohstoffen je Haushalt in den einzelnen Bezirken sehr unterschiedlich ist. Wenn es gelänge, überall den Durchschnittswert der DDR je Haushalt zu erreichen, dann könnten 15000 Tonnen Altpapier, 10000 Tonnen Alttextilien, 72 Millionen Stück Rücklaufflaschen und -gläser mehr für die Volkswirtschaft bereitgestellt werden (Tabelle 8).

Wir verfügen hier über ein gewaltiges Potential, das wir bereits für die ökonomische Entwicklung unserer Volkswirtschaft wirksam machten, indem die entsprechenden ökonomischen und organisatorischen Maßnahmen getroffen worden sind.

Worauf es ankommt, ist: Jede Tonne einheimischer Rohstoffe, die wir mehr fördern, erfordert auf der anderen Seite zusätzliche Überlegungen zum effektiveren Einsatz dieser Rohstoffe. Jede Tonne Sekundärrohstoffe, die wir mehr aufbringen, erfordert neue Überlegungen für die bessere Verwertung auch dieses so wesentlichen Teils unseres gesellschaftlichen Reichtums.

Alle Anstrengungen müssen schließlich münden in einer höheren Veredlung all dessen, was uns an Rohstoffen zur Verfügung steht. Diese Veredlung ist der entscheidende Weg, um bei absolut sinkendem Rohstoffeinsatz insgesamt ein wachsendes gesellschaftliches Gesamtprodukt zu gewährleisten.

Tabelle 8: Aufkommen an Sekundärrohstoffen

	1975	1982
	1000 Tonnen	
Stahlschrott	5594	5982
Schrott aus Kupfer und -legierungen	48,5	47,9
Schrott aus Blei und -legierungen	39,4	40,7
Schrott aus Zink und -legierungen	20,4	20,4
Schrott aus Aluminium und -legierungen	51,3	63,3
Altpapier	552	629
	Millionen Stück	
Rücklaufflaschen	350	667
Rücklaufgläser	203	455

So verschmelzen zwei Aufgaben zu einer: Die größere Erschließung der einheimischen Vorkommen, einschließlich der Sekundärrohstoffe, wird verbunden mit ihrem rationellsten Einsatz. Dabei ist die **Veredlung** in der Tat der Hauptweg, um mit dem vorhandenen Rohstoffaufkommen durch konsequente Anwendung effektivster wissenschaftlich-technischer Lösungen ein wachsendes gesellschaftliches Produkt für die DDR zu sichern.

Veredlung – das bedeutet, auf einen Nenner gebracht, pro Kilogramm eingesetzten Materials durch qualifizierte Arbeit einen wachsenden Neuwert zu schaffen. Damit wenden wir grundlegende Erkenntnisse von Karl Marx über die ökonomische Wirkung qualifizierter Arbeit als potenzierte einfache Arbeit auf die Bedingungen der Entwicklung der sozialistischen Volkswirtschaft in der DDR an. Nur wenn in jeder Stufe der Produktion qualifizierte Arbeit geleistet wird, entsteht jener Wertzuwachs, den wir zur Vergrößerung unseres Nationaleinkommens benötigen. Deshalb trägt jeder für die Rohstoffökonomie durch die Qualität seiner Arbeit Verantwortung, und er muß sie in vollem Maße wahrnehmen. Konkret drückt sich dies vor allem darin aus, daß neue Erzeugnisse, neue Gebrauchswerte mit neuen Technologien auf die ökonomischste Weise geschaffen werden. Hier eröffnet sich auch ein weiteres bedeutsames Feld für die wirtschaftswissenschaftliche Forschung.

Die volkswirtschaftliche Verantwortung der Kombinate wurde auch dahingehend definiert, daß sie die Pflicht haben, ihren Produktionsprozeß in Richtung auf die Veredlung auszubauen. Das bedeutet beispielsweise

- für die Metallurgie, nicht nur die zweite, sondern die dritte und vierte Verarbeitungsstufe zu entwickeln und dazu überzugehen, direkt einbaufähige Bauteile zu liefern,
- für die chemische Industrie und vor allen Dingen für die großen Kombinate der sogenannten Grundchemie, den Produktionsprozeß bis hin zu hochwertigsten Konsumgütern zu führen;
- für Kombinate der metallverarbeitenden Industrie, auf der Mikroelektronik beruhende, den spezifischen Bedingungen des Erzeugnisses angepaßte Baugruppen der Mikroelektronik selbst zu produzieren, um auf diese Weise die Erzeugnisse leichter zu machen und ihre Qualität und Effektivität zu erhöhen.

Überall geht es darum, im Produktionsprozeß die eingesetzte vergegenständlichte Arbeit mit soviel wie möglich lebendiger Arbeit anzureichern, um auf diese Weise den Produktionswert zu erhöhen und das Leistungswachstum zu sichern. Klar ist – und deshalb haben wir das ja auch an die Spitze gestellt –, daß ohne Wissenschaft und Technik, ohne qualifizierte Kader eine solche Politik nicht verwirklicht werden kann.

Das bedeutet, mit der Veränderung der Arbeit im eigenen Kombinat zu beginnen, in jedem Kombinat die technologischen Prozesse nach den neuesten Erkenntnissen zu gestalten und vor allen Dingen überall Reserven zu erschließen. Dann ist es auch möglich, im eigenen Kombinat weitgehend die Voraussetzungen zu schaffen, um in Übereinstimmung mit der ökonomischen Strategie die intensiv erweiterte Reproduktion bei sinkendem Einsatz materieller Fonds zu organisieren und Produkte herzustellen, die in Qualität und Bedarf den Erfordernissen der Volkswirtschaft, des Exports und der Bevölkerung entsprechen und die mit gutem ökonomischem Erlös verkauft werden. Maßstab ist immer das Endergebnis, sind die ökonomischen Kriterien und nicht irgendwelche Zwischenwerte.

Konzentrierter Ausdruck des erreichten Veredlungsgrades ist in jedem Kombinat und jedem Betrieb die Qualität der Produktion. Qualitätsarbeit entscheidet mehr denn je über die ökonomische Effektivität. Qualität bedeutet, daß das Erzeugnis neueste wissenschaftlich-technische Erkenntnisse verkörpert und mit modernsten Technologien auf die produktivste Weise hergestellt worden ist.

Die Qualität der Erzeugnisse ist ein Maß für ihren Gebrauchswert. Und bekanntlich realisiert sich der Wert nur dann, wenn das hergestellte Produkt auch einen Gebrauchswert besitzt. Faktisch entscheidet die Qualität der Arbeit der letzten Produktionsstufe über den ökonomischen Erfolg der insgesamt hineingesteckten Arbeit.

Damit hängen auch Rolle und Bedeutung der Formgestaltung zusammen. Auch die Formgestaltung entscheidet weitgehend über die Verkaufsfähigkeit und den Erlös eines Produktes auf dem Markt. Hier geht es nicht, wie man fälschlicherweise oftmals meint, um einen zusätzlichen Aufwand für die Produktion, sondern darum, den Gesamtwert der Produktion zu realisieren. Es ist also notwendig, den Wertbildungsprozeß in seiner Gesamtheit zu betrachten. Dabei zeigt sich oft, daß eben mehr Wissen notwendig ist, will man nicht bei der einfachen Wahrheit stehenbleiben, daß Wert durch Arbeit entsteht.

Eine weitere wichtige theoretische Grunderkenntnis von Marx, deren praktische Anwendung uns einen höheren Zuwachs an Nationaleinkommen bringen kann, besteht in folgendem: „Die Arbeit von ausnahmsweiser Produktivkraft wirkt als potenzierte Arbeit oder schafft in gleichen Zeiträumen höhere Werte als die gesellschaftliche Durchschnittsarbeit derselben Art.“[18] Daraus leitet sich folgendes ab: Es geht nicht um die Erhöhung der Arbeitsproduktivität schlechthin. Es ist nur diejenige Erhöhung der Arbeitsproduktivität in besonderem Maße ökonomisch wirksam, die über den gesellschaftlichen Durchschnittsaufwand hinausgeht. Dann nämlich wirkt einfache Arbeit als potenzierte Arbeit, und es kann ein höherer Wertzuwachs realisiert werden. Deshalb dürfen wir nicht nur die Zuwachsraten der Arbeitsproduktivität messen, sondern müssen das Niveau der Arbeitsproduktivität vergleichen und, davon ausgehend, die Arbeit klug organisieren. Wiederum geht es dabei in erster Linie um den Kampf zur Erlangung des wissenschaftlich-technischen Höchststands. Doch nur so und nicht anders kann der Effektivitätszuwachs erreicht werden.

Alle diese Fragen des Wertbildungsprozesses verlangen großes Verständnis für die Zusammenhänge von Wert, Kosten und Preis, für die Einheit des ersten und des dritten Bandes des „Kapitals“. Wenn wir den Beitrag von Wissenschaft und Technik für den Wertbildungsprozeß nehmen, so betrifft das beispielsweise Fragen der Kosten und darüber hinaus der Preisbildung. Es geht doch darum, daß wissenschaftlich-technischer Aufwand nicht nur schlechthin als Kostenbestandteil realisiert wird, sondern daß damit ein zusätzlicher Neuwert geschaffen und dieser ebenfalls realisiert wird. Und es geht darum, stets zu beachten, daß die höhere Qualität der Erzeugnisse, die Senkung des Produktionsverbrauchs wie die Steigerung der Arbeitsproduktivität erreicht werden durch die konkrete Arbeit eines jeden einzelnen Werktätigen an jedem Arbeitsplatz und so der Aufwand an lebendiger wie vergegenständlichter Arbeit für die Produktion vermindert wird.

Man muß generell sagen, daß für die Volkswirtschaft der DDR in der kommenden Periode das Erreichen eines international überdurchschnittlichen Niveaus der Arbeitsproduktivität und der Qualität natürlich nicht in der ganzen Breite, aber gezielt für bestimmte Produkte und Zweige, weitgehend darüber entscheidet, wie sich unser Nationaleinkommen entwickelt.

Zu diesem komplexen Herangehen an alle ökonomischen Aufgaben zur Verwirklichung der ökonomischen Strategie gehört auch die Aufgabe, die **Effektivität der Arbeit** entschieden zu erhöhen und die Kosten stets in ihrer gegenseitigen Wechselwirkung und in ihrem inneren Zusammenhang zu sehen. Die komplexe Kostenanalyse in Verbindung mit dem Ergebnis bildet doch das Kernstück jeder ernsthaften ökonomischen Arbeit in der Praxis. Nur so kann man auch die Einheit von materiellen und finanziellen Prozessen ständig genau im Blick haben, gründlich vorbereitete Entscheidungen treffen und den Weg zu neuen Reserven ebnen.

Stets gilt es, über das auf dem einem Gebiet Mögliche und Erreichte hinauszudenken, die Konsequenzen abzuwägen und nach Lösungen zu suchen, wie das Ergebnis noch weiter vergrößert werden kann. In diesem Sinne ist ökonomische Tätigkeit im wahrsten Sinne des Wortes schöpferische Arbeit. Hier sind der Findigkeit und dem Weitblick, sind der Überzeugungskraft und dem Organisationstalent keine Grenzen gesetzt. Der Ökonom muß stets mit dem Leben gehen. Nur auf der Basis einer realistischen, alle Faktoren berücksichtigenden Denk- und Arbeitsweise lassen sich jene Reserven erschließen, die wir für die Verwirklichung unserer ökonomischen Strategie benötigen.

Unsere ökonomische Strategie geht davon aus, daß mit der umfassenden Intensivierung **neue Maßstäbe für die Investitionspolitik** gesetzt sind. Die Mittel werden auf die sozialistische Rationalisierung konzentriert. Wertvolle wissenschaftliche Erkenntnisse sind schnell wirksam zu machen. An erster Stelle steht, progressive Technologien zu realisieren, die höchste Ökonomie sichern.

Damit verändern sich auch die Maßstäbe für die Beurteilung der Investitionen. Nicht wenige beurteilen die Bedeutung einer Investition nach dem Umfang der eingesetzten Mittel. Erforderlich ist jedoch, die Aufmerksamkeit zuerst auf die Effektivität zu lenken, die mit den eingesetzten Investitionsmitteln erreicht wird. Wir konzentrieren die Mittel deshalb auf solche Vorhaben, die mit hohem Nutzen der Verwirklichung unserer ökonomischen Strategie dienen. Das sind Vorhaben

- zur verstärkten Produktion und Nutzung einheimischer Rohstoffe,
- zur Einführung neuer und moderner Technologien für die Verarbeitung dieser Rohstoffe und zur Steigerung der Arbeitsproduktivität,
- zur Fertigung qualitativ neuer und hochwertiger Erzeugnisse für den Export und für die Befriedigung der Bedürfnisse der Bevölkerung an Konsumgütern.

Die Investitionspolitik der DDR wird mehr und mehr von den Marxschen theoretischen Erkenntnissen über die „Ökonomie des konstanten Kapitals“ durchdrungen. Marx entwickelte beispielsweise den Gedanken, daß die angewandten Arbeitsmittel, wie Baulichkeiten, Maschinerie, Drainierungsröhren, Arbeitsvieh, Apparate jeder Art, die in beständig sich wiederholenden Produktionsprozessen ihrem ganzen Umfang nach funktionieren, während sie nur allmählich verschleißen, einen Gratisdienst besitzen, wie ihn Naturkräfte, Wasser, Dampf, Luft und Elektrizität haben. „Dieser Gratisdienst der vergangnen Arbeit, wenn ergriffen und beseelt von der lebendigen Arbeit, akkumuliert mit der wachsenden Stufenleiter der Akkumulation.“[19]

Marx bringt mit dieser Feststellung zum Ausdruck, daß die vorhandene Masse an vergegenständlichter Arbeit – und sie ist ja in der DDR nicht gerade gering und nimmt von Jahr zu Jahr zu – in dem Maße, wie sie immer vollständiger genutzt wird, eine eigenständige ökonomische Potenz darstellt. Vom Standpunkt der Reproduktion bedeutet das, wie er an anderer Stelle nachweist, daß das insoweit als eine Abstraktion erscheint; „soweit Akkumulation stattfindet, bildet die einfache Reproduktion stets einen Teil derselben, kann also für sich betrachtet werden, und ist ein realer Faktor der Akkumulation“[20]. Damit unterstellt Marx, daß einfache Reproduktion niemals die bloße Erhaltung des Bestehenden ist.

An erster Stelle steht also, das Vorhandene wirksamer zu machen. Und dieses Grundprinzip der Intensivierung verwirklichen wir in den 80er Jahren mit aller Konsequenz. Das bedeutet für die Investitionspolitik, die Investitionen mit der Modernisierung der vorhandenen Grundfonds zu verbinden. Das ist der erste wichtige Grundzug für den Einsatz der Investitionen. Die Modernisierung ist die Hauptform der Grundfondsreproduktion zur Erhöhung der Leistungsfähigkeit und Effektivität. Sie schließt gleichzeitig die enge Verbindung von betrieblichen Rationalisierungsinvestitionen und Generalreparaturen ein. All das gilt es jetzt noch zielstrebiger zu verwirklichen, und zwar in allen Bereichen, in jedem Kombinat.

Der zweite wichtige Grundzug der Investitionspolitik besteht darin, daß die Masse der Investitionen aus solchen Vorhaben besteht, die von relativ geringem Umfang sind und die kurzfristig realisiert werden. Bekanntlich sagte Marx: „Auf Basis gesellschaftlicher Produktion ist zu bestimmen der Maßstab, worin diese Operationen, die während längrer Zeit Arbeitskraft und Produktionsmittel entziehn, ohne während dieser Zeit ein Produkt als Nutzeffekt zu liefern, ausgeführt werden können, ohne die Produktionszweige zu schädigen, die kontinuierlich oder mehrmals während des Jahrs nicht nur Arbeitskraft und Produktionsmittel entziehn, sondern auch Lebensmittel und Produktionsmittel liefern. Bei gesellschaftlicher ebenso wie bei kapitalistischer Produktion werden nach wie vor die Arbeiter in Geschäftszweigen von kürzern Arbeitsperioden nur für kürzre Zeit Produkte entziehn, ohne Produkte wieder zu geben; während die Geschäftszweige mit langen Arbeitsperioden für längre Zeit fortwährend entziehn, bevor sie zurückgeben.“[21]

An anderer Stelle heißt es: „Die Sache reduziert sich einfach darauf, daß die Gesellschaft im voraus berechnen muß, wieviel Arbeit, Produktionsmittel und Lebensmittel sie ohne irgendwelchen Abbruch auf Geschäftszweige verwenden kann, die, wie Bau von Eisenbahnen z. B. für längre Zeit, ein Jahr oder mehr, weder Produktionsmittel noch Lebensmittel, noch irgendeinen Nutzeffekt liefern, aber wohl Arbeit, Produktionsmittel und Lebensmittel der jährlichen Gesamtproduktion entziehn.“[22]

Welche ökonomischen Faktoren sind dafür ausschlaggebend? Kleinere Investitionsvorhaben werden schneller produktionswirksam. Über 80 Prozent derartiger Vorhaben wurden es noch im selben Jahr, in dem sie begonnen worden sind. Die mit den kleineren Investitionsvorhaben verbundene Leistungssteigerung trägt vor allem dazu bei, die Exportkraft der DDR zu stärken, in kurzen Fristen gezielt Importe abzulösen und mehr gefragte Konsumgüter für die Bevölkerung zu produzieren sowie flexibel auf die Erfordernisse des Marktes zu reagieren. Die Durchführung von Investitionen kleineren Umfangs erfordert geringere Erschließungs- und Bauinvestitionen, was das Verhältnis von Aufwand und Ergebnis günstig beeinflußt.

Durch die effektive Kombination von Modernisierung vorhandener Grundfonds, Generalreparatur, Zuführung moderner Ausrüstungen, Anwendung der Mikroelektronik und Einsatz der Robotertechnik werden neueste wissenschaftlich-technische Erkenntnisse auf kürzestem Wege technologisch bzw. verfahrenstechnisch wirksam. Charakteristisch für diese Investitionen ist, daß mehr Arbeitsplätze eingespart als neu geschaffen werden. Damit können Arbeitskräfte frei- und für eine höhere Schichtauslastung eingesetzt werden.

Würden sämtliche Grundfonds im Bereich der Industrieministerien gegenwärtig um 10 Minuten je Kalendertag mehr produktiv genutzt, so würde das einer Erhöhung der industriellen Warenproduktion von jährlich 5 Milliarden Mark entsprechen. Dafür müßten sonst etwa 7 Milliarden Mark Investitionen eingesetzt werden.

Oder betrachten wir folgende Relation: Der Wert der Grundmittel je Berufstätiger in der Industrie der DDR hat 1982 eine Größe von über 106000 Mark erreicht. Das ist mehr als das Dreifache dessen, was je Beschäftigter an Nationaleinkommen erwirtschaftet wird. Auch diese Gegenüberstellung verdeutlicht, wie wichtig es ist, diese großen volkswirtschaftlichen Werte zu nutzen und sie nach Möglichkeit keine Stunde brachliegen zu lassen.

Die höhere zeitliche Ausnutzung der vorhandenen Grundfonds ist die größte Reserve, die wir zur Steigerung der Leistungen und zur Erhöhung der Effektivität unserer Volkswirtschaft gegenwärtig haben. Dabei besteht das Hauptanliegen darin, die noch vorhandenen teilweise erheblichen Unterschiede zwischen Kombinaten hinsichtlich der zeitlichen Auslastung der Grundfonds zu vermindern, damit alle das Niveau der fortgeschrittensten erreichen. Das erfordert, daß verstärkt der Übergang zur Schichtarbeit, und insbesondere zur Dreischichtarbeit organisiert wird. Entscheidend dabei ist die ideologische Position zur Schichtarbeit als jener Art und Weise der Organisation des Arbeitsregimes, das den Erfordernissen der sozialistischen Ökonomie im Interesse der Erhöhung der Leistungen für das Wohl des Volkes gemäß ist.

Zusammenfassend möchte ich zum Ausdruck bringen, daß sowohl die inneren wie die äußeren Entwicklungsfaktoren der Volkswirtschaft der DDR nur den einen Schluß zulassen: Das Wachstum der Volkswirtschaft bei der weiteren Gestaltung der entwickelten sozialistischen Gesellschaft erfordert die intensiv erweiterte Reproduktion. Das bedeutet, die dem Sozialismus eigenen Quellen für das volkswirtschaftliche Wachstum vollständig auszuschöpfen.

Die Intensivierung ist in all ihren konkreten Erscheinungsformen darauf gerichtet, das Vorhandene wirksamer zu machen. Sie ist so der effektivste, der ökonomischste Weg der Erhöhung der volkswirtschaftlichen Leistungen und keine zeitweilige Notlösung. Die Intensivierung ist zugleich auch die dem Sozialismus gemäße und ihm gesetzmäßige innewohnende, seine Perspektive bestimmende Art und Weise der erweiterten Reproduktion. Auch wenn der Übergang zur intensiv erweiterten Reproduktion als vorherrschende und darüber hinaus einzig bestimmende Art und Weise der Reproduktion im Sozialismus einen längeren Prozeß darstellt, so wird es nach der vollständigen Hinwendung zur Intensivierung kein Zurück mehr zu den extensiven Quellen des Wachstums geben.

Natürlich gibt es intensiv erweiterte Reproduktion als eine Variante der Reproduktion nicht erst, seitdem der Sozialismus existiert und sich entwickelt. Bekanntlich haben uns die Klassiker der Marxismus-Leninismus ein umfangreiches theoretisches Arsenal aus der Analyse der intensiv erweiterten Reproduktion unter den Bedingungen des Kapitalismus hinterlassen. Unsere Pflicht ist es, diese reichen theoretischen Erkenntnisse noch stärker für die Ökonomie des Sozialismus nutzbar zu machen. Und es ist von sehr großer Bedeutung, wenn sich eine nicht geringe Zahl von Wissenschaftlern, aufbauend auf dem theoretischen Arsenal der Klassiker, den aktuellen Problemen der marxistisch-leninistischen Reproduktionstheorie in ihrer Einheitlichkeit und gesamten Breite zuwendet.

Diese tiefgründige theoretische und analytische Arbeit sowie die daraus abgeleiteten Schlußfolgerungen sind von großem Nutzen für den weiteren Ausbau des Gebäudes der politischen Ökonomie des Sozialismus wie für den Kampf um die Verwirklichung der Beschlüsse unserer Partei zur weiteren Erhöhung der ökonomischen Leistungen auf dem Wege der Intensivierung. Wir sollten stets davon ausgehen, daß die intensiv erweiterte Reproduktion und der darauf beruhende Weg der Intensivierung keine über den Gesellschaftsordnungen stehende ökonomische Kategorie ist, sondern daß sie in ihrem Platz, in den Methoden und im Wesen ihrer Verwirklichung zutiefst mit dem Charakter der jeweiligen gesellschaftlichen Ordnung verbunden ist. Der Weg der Intensivierung wird erst mit dem weiteren Voranschreiten der entwickelten sozialistischen Gesellschaft zur Hauptgrundlage des Wachstums der Volkswirtschaft und zugleich der Verbesserung der Arbeits- und Lebensbedingungen der Menschen.

Und weiter möchte ich vom Standpunkt grundlegender theoretischer Erkenntnisse und praktischer Erfahrungen der sozialistischen Ökonomie sagen: Die auf dem Weg der Intensivierung erfolgenden tiefgreifenden Veränderungen in der Ökonomie unserer Republik, die alle in Richtung auf höhere Effektivität zielen, waren und sind nur zu erreichen, indem, ausgehend vom demokratischen Zentralismus, die sozialistische Planwirtschaft weiterentwickelt und vervollkommnet wird.

Es hat sich als notwendig und richtig erwiesen, die gesamten volkswirtschaftlichen Prozesse tiefgründiger und noch stärker in ihrem inneren Zusammenhang zu leiten und planen. Zugleich wurde es notwendig, dort, wo die Produktion erfolgt, wo das Nationaleinkommen erwirtschaftet wird, alle Voraussetzungen zu schaffen, um die volkswirtschaftlichen Aufgaben in die Tat umzusetzen. Dazu wurden die Kombinate gebildet und zugleich die Verantwortung der Ministerien als staatliche Organe der Wirtschaftsleitung erhöht und der demokratische Zentralismus gestärkt.

Der Kreis der zu lösenden Aufgaben ist wirklich nicht klein. Die Lösung nicht weniger Fragen hängt jetzt vom wissenschaflichen Herangehen an die Arbeit in den Kombinaten und Betrieben und in allen Bereichen der Volkswirtschaft ab. Um so wichtiger ist es, daß mit den Beschlüssen des X. Parteitages der SED zur weiteren Gestaltung der entwickelten sozialistischen Gesellschaft, insbesondere zur Fortführung des politischen Kurses der Hauptaufgabe und zur ökonomischen Strategie der Partei, sowie mit dem Beschluß des Politbüros des ZK der SED zum Zentralen Forschungsplan der marxistisch-leninistischen Gesellschaftswissenschaften der DDR 1981 bis 1985 die Grundrichtung der wirtschaftswissenschaftlichen Arbeit bestimmt worden ist.

Im Bericht des Zentralkomitees an den X. Parteitag der SED hob Genosse Erich Honecker die Notwendigkeit hervor, gründliche Analysen und Lösungsvorschläge zu erarbeiten, wie die Triebkräfte des Sozialismus noch effektiver für die Entwicklung von Wissenschaft und Technik und die Umsetzung ihrer Ergebnisse in der Volkswirtschaft genutzt werden können. Er orientierte die Wirtschaftswissenschaft darauf, die Nutzung der qualitativen Faktoren des Wirtschaftswachstums, die Wege zur Erhöhung der Effektivität der Volkswirtschaft, die Entwicklung der materiell-technischen Basis weiter gründlich zu untersuchen. „Im Zusammenhang mit der Entwicklung und Festigung der Kombinate in Industrie und Bauwesen erhalten Forschungen zu den Vergesellschaftungsprozessen sowie zur Leitung und Planung in der Wirtschaft wachsende Bedeutung. Die Durchsetzung der sozialistischen Rationalisierung und vor allem die Erhöhung des Wirkungsgrades der lebendigen Arbeit, der Wettbewerbs- und Neuererbewegung sollten durch wissenschaftliche Untersuchungen zielstrebig gefördert werden.“[23]

Die 5. und 6. Tagung des Zentralkomitees und das Referat des Genossen Erich Honecker vor den 1. Sekretären der Kreisleitungen der SED setzten neue, höhere Maßstäbe der Intensivierung der Produktion. Die Partei erwartet von den Wirtschaftswissenschaftlern ihren Beitrag, um diesen Maßstäben voll gerecht zu werden. Im Zentrum steht die theoretische Verallgemeinerung der besten Erfahrungen bei der Umsetzung der ökonomischen Strategie der Partei in ihrer Komplexität. Das heißt für die Wirtschaftswissenschaftler, mit großem

Engagement an solchen entscheidenden Aufgaben mitzuwirken, wie

- der bedeutenden Erhöhung des Beitrages von Wissenschaft und Technik, insbesondere für eine schnellere Steigerung der Arbeitsproduktivität und ein höheres Wachstum des Nationaleinkommens,
- der Beschleunigung des Kreislaufs der Reproduktion und dem Erreichen hoher Zuwachsraten der Nettoproduktion durch die gezielte Senkung des Produktionsverbrauchs,
- der höchstmöglichen Veredlung der zur Verfügung stehenden Energieträger, Rohstoffe und Materialien sowie ihrem rationellsten und effektivsten Einsatz,
- der Mobilisierung der schöpferischen Initiative der Werktätigen, insbesondere durch die qualifizierte Führung des sozialistischen Wettbewerbs auf der Basis von Leistungsvergleichen, und der vollen Ausnutzung des gesellschaftlichen Arbeitsvermögens, um so in großer Breite ein höheres Niveau der Arbeitsproduktivität zu erreichen,
- dem Wirksammachen des Volksvermögens, insbesondere der rationelleren Nutzung der vorhandenen Grundfonds und dem Einsatz des eigenen Rationalisierungsmittelbaus für die Modernisierung des Grundmittelbestandes,
- der plan- und vertragsgerechten Produktion entsprechend den Anforderungen der eigenen Volkswirtschaft, des Exports und der Versorgung der Bevölkerung,
- der weiteren Erhöhung der Effektivität der Produktion durch Senkung der Selbstkosten sowie der Erhöhung des Gewinns für den Sozialismus,
- der weiteren Vervollkommnung der Leitung, Planung und wirtschaftlichen Rechnungsführung entsprechend den gesetzten Effektivitäts- und Leistungsmaßstäben.

Die Realisierung der ökonomischen Strategie schließt die Fortführung der Prozesse der sozialistischen ökonomischen Integration mit den anderen RGW-Ländern, insbesondere die wachsende Zusammenarbeit der Volkswirtschaft der DDR und der Volkswirtschaft der UdSSR, ein. Dabei geht es vor allem auch darum, die Anstrengungen bei der Lösung der von der wissenschaftlich-technischen Revolution gestellten Probleme zu vereinigen, die Erfahrungen bei der Koordinierung der Volkswirtschaftspläne theoretisch zu verallgemeinern und Schlußfolgerungen für deren weitere Vervollkommnung abzuleiten.

Als einen wichtigen, in die Zukunft weisenden Schritt zum Erreichen der qualitativ hohen Ziele in der Zusammenarbeit mit der UdSSR betrachten wir die Herbeiführung engerer Beziehungen zwischen den Kombinaten der DDR und den Produktionsvereinigungen der UdSSR. Durch qualifizierte Analysen, Verallgemeinerungen und Vorschläge kann die Wirtschaftswissenschaft der DDR für die weitere Gestaltung dieser Prozesse einen wichtigen Beitrag leisten.

IV. Das Grundlegende in der sozialistischen Ökonomie ist und bleibt die schöpferische Arbeit des Menschen

Im Karl-Marx-Jahr 1983 ist es in besonderem Maße unser gemeinsames Anliegen, die marxistisch-leninistische Theorie zu nutzen, um die Vorzüge des Sozialismus in der Entwicklung unserer Republik noch klarer und überzeugender hervortreten zu lassen. Dazu gilt es, den ganzen Reichtum der Lehren von Marx, Engels und Lenin zu erschließen und bei jeder einzelnen Frage stets auf den Kern der Dinge zurückzukommen. Dabei lassen wir uns von der Erkenntnis leiten, daß die Lehre, die Marx mit der Analyse des ökonomischen Bewegungsgesetzes der kapitalistischen Gesellschaftsordnung ausgearbeitet hat, die historische Mission der Arbeiterklasse begründet und zugleich für die Herausbildung des Sozialismus eine große Bedeutung besitzt. Die Marxsche ökonomische Theorie bewährt sich mit großer Tragfähigkeit und als praktisch handhabbar für die Gestaltung der entwickelten sozialistischen Gesellschaft selbst. Das ist ein gewaltiges geistiges Potential, was Marx uns hier hinterlassen hat, und wir tun alles, um es in produktive Kraft für die Stärkung der DDR umzusetzen.

Wenn wir untersuchen, warum die Erkenntnisse von Marx in ihrem ganzen Wesen und nicht allein von einzelnen Zitaten her diese grundlegende Bedeutung für die sozialistische Ökonomie besitzen, dann findet man den Weg zur Beantwortung dieser Frage darin, daß ein zentraler Punkt der Marxschen ökonomischen Lehre in der gesellschaftlichen Rolle der menschlichen Arbeit besteht. Marx geht davon aus, daß die Arbeit – so darf man es sagen – das Feuer der menschlichen Existenz darstellt. Die Arbeit ist auch im Sozialismus Existenzbedingung des einzelnen wie der gesamten Gesellschaft. Sie ist jedoch nicht nur schlechthin Existenzbedingung. Sie hat bereits eine noch höhere Bedeutung erlangt, indem sie, von Ausbeutung befreit, mehr und mehr ihren persönlichkeitsbildenden Charakter entfaltet.

Die ständige Beachtung des Zusammenhangs zwischen der Arbeit und der Herausbildung der Persönlichkeit ist von besonderer Bedeutung. Das beginnt bereits bei unserem Grundkonzept für das sozialistische Bildungswesen, das wir als eine direkte Ableitung aus den Hinweisen von Marx und von Engels über die Verbindung von Arbeit und Erziehung betrachten. Hier geht es nicht um eine vordergründig auf die Herausbildung dieser oder jener Fertigkeit bezogene Auffassung von der sozialistischen Bildung, sondern darum, das Grundprinzip, die menschliche Arbeit als persönlichkeitsfördernden Faktor, von vornherein in die Erziehung einzuführen. Das ist der Ausgangspunkt für die Heranbildung solcher Persönlichkeiten, die bereit sind, sich im gesellschaftlichen Leben allen Anforderungen zu stellen, ihr Bestes für die Gesellschaft zu geben und dazu ihr Wissen und ihre Fähigkeiten zu vervollkommnen.

Die Arbeit in unserer Republik hat bereits grundlegend neue Charakterzüge angenommen. Sie ist unmittelbar Arbeit für das Wohl des Volkes; sie ist befreit von der Geißel der Arbeitslosigkeit, und sie birgt in sich die Perspektive sozialer Höherentwicklung.

Das Recht auf Arbeit ist Verfassungsauftrag und Verfassungswirklichkeit. Die Arbeit findet hohe gesellschaftliche Anerkennung. Das Maß der Entlohnung wird nach der Leistung für die Gesellschaft bestimmt. Zugleich schafft die Gesellschaft bedeutende Voraussetzungen, damit jeder Bürger der Republik auf die Arbeit mit entsprechenden Kenntnissen und Fähigkeiten vorbereitet wird und er sie unter würdigen, menschlichen Bedingungen durchführen kann. Besonders viel wird durch unsere Gesellschaft getan, daß die Frauen an dem grundlegenden menschlichen Lebensprozeß, am Prozeß der Arbeit, gleichberechtigt teilnehmen.

Der Weg zu einem besseren Leben führt – daraus haben wir niemals in der Geschichte der Entwicklung der DDR ein Hehl gemacht – nur über höhere und steigende Arbeitsleistung. Das haben die Menschen in unserer Republik in ihrer übergroßen Mehrheit auch gut verstanden, insbesondere seit jener Zeit, als unsere Partei mit der Hauptaufgabe klar und eindeutig auf ihrem VIII. Parteitag erklärt hat, daß der Sinn des Sozialismus im Wohle des Menschen besteht.

Die Arbeit im Sozialismus ist objektiv dadurch bestimmt, daß sie zum Nutzen für die Gesellschaft und zum Wohle des einzelnen ist. Durch zielstrebige politisch-ideologische Arbeit, durch eine klug organisierte Leitungstätigkeit, durch die Arbeit der Gewerkschaften, vor allem im sozialistischen Wettbewerb, durch eine entsprechende Anwendung der materiellen Interessiertheit und des Leistungsprinzips wird den Werktätigen dieser objektive Zusammenhang mehr und mehr bewußtgemacht.

Für die sozialistische Ökonomie ist und bleibt entscheidend das bewußte und aktive Handeln der Menschen. Ihrer schöpferischen Initiative auf der Grundlage des Planes Ziel und Richtung zu geben ist ein Grundanliegen sozialistischer Leitungstätigkeit, damit sich das, was objektiv notwendig ist, im subjektiven Handeln verwirklicht. Dazu gehört vor allem, das Wissen über die ökonomischen Zusammenhänge und ihre gesellschaftlichen Wirkungen zu vermitteln, die Bereitschaft zur Erfüllung und Überbietung der mit dem Plan gestellten Aufgaben zu fördern, die Arbeit der Kollektive bestmöglich zu organisieren und die Leistungen materiell und moralisch anzuerkennen.

Bei der Lösung jeglicher ökonomischer Aufgaben sollte stets davon ausgegangen werden, daß die Politik der Sozialistischen Einheitspartei Deutschlands und unseres sozialistischen Staates in ihrem ganzen auf das Wohl des Volkes und die Sicherung des Friedens gerichteten Inhalt derjenige Boden ist, auf dem die schöpferische Initiative der Menschen am wirkungsvollsten gedeiht. Und je besser ein jeder diese Politik versteht und sie sich zu eigen macht und damit zutiefst in seinem Interesse handelt, desto effektiver werden diejenigen Reserven erschlossen, die wir jetzt nur weiteren Stärkung der Republik brauchen.

In der heutigen Zeit ist das Wichtigste, den Frieden zu sichern und die Gefahr eines nuklearen Infernos von der Menschheit abzuwenden. Bei der Verwirklichung dieses wahrhaft großen Anliegens zählt jeder Tag, darf keine Zeit verloren werden. Die Politik der DDR zur Friedenssicherung ist klar, eindeutig und für jeden verständlich, so wie sie durch den Generalsekretär des ZK der SED und Vorsitzenden des Staatsrates der DDR, Genossen Erich Honecker, zum Ausdruck gebracht worden ist. Diese Politik entspricht den Interessen eines jeden Menschen, entspricht den Interessen unserer Kinder und Kindeskinder, und es ist unsere große Verpflichtung und unser fester Wille, für ihre Verwirklichung mit unserer ganzen Kraft einzutreten.

Deshalb tun wir auf dem Wege des X. Parteitages alles für das Wohl des Volkes und für die Sicherung des Friedens!

Alles für die Stärkung unserer Deutschen Demokratischen Republik!

[1] Erich Honecker, Rede und Schlußwort auf der Internationalen Wissenschaftlichen Konferenz des Zentralkomitees der SED „Marx und unsere Zeit – der Kampf um Frieden und sozialen Fortschritt“, Berlin 1983, S. 23.

[2] X. Parteitag der SED, 11. bis 16. April 1981, Bericht des Zentralkomitees der Sozialistischen Einheitspartei Deutschlands an den X. Parteitag der SED, Berichterstatter: Genosse Erich Honecker, Berlin 1981, S. 17.

[3] K. Marx, Lohn, Preis und Profit, in: K. Marx/F. Engels, Werke (im folgenden: MEW), Bd. 16, Berlin 1961, S. 126/127.

[4] W. I. Lenin, Ursprünglicher Entwurf des Artikels „Die nächsten Aufgaben der Sowjetmacht“, in: Werke, Bd. 27, Berlin 1964, S. 201.

[5] X. Parteitag der SED, 11. bis 16. April 1981, Bericht des Zentralkomitees der Sozialistischen Einheitspartei Deutschlands an den X. Parteitag der SED, Berichterstatter: Genosse Erich Honecker, a. a. O., S. 80.

[6] W. I. Lenin, Zum vierten Jahrestag der Oktoberrevolution, in: Werke, Bd. 33, Berlin 1964, S. 38.

[7] 10. Tagung des ZK der SED, 26./27. April 1979, Dem 30. Jahrestag der DDR entgegen, Aus dem Schlußwort des Genossen Erich Honecker, Berlin 1979, S. 195.

[8] K. Marx, Grundrisse der Kritik der politischen Ökonomie, in: MEW, Bd. 42, Berlin 1983, S. 222.

[9] K. Marx, Einleitung zur Kritik der politischen Ökonomie, in: MEW, Bd. 13, Berlin 1964, S. 623.

[10] K. Marx, Zur Kritik der politischen Ökonomie (Manuskript 1861–1863), Teil 6, in: Marx/Engels, Gesamtausgabe (MEGA^2), II/3.6, S. 2060.

[11] X. Parteitag der SED, 11. bis 16. April 1981, Bericht des Zentralkomitees der Sozialistischen Einheitspartei Deutschlands an den X. Parteitag der SED, Berichterstatter: Genosse Erich Honecker, Berlin 1981, S. 51.

[12] 5. Tagung des ZK der SED, 25./26. November 1982, Mit Tatkraft und Zuversicht die vor uns liegenden Aufgaben zum Wohl des Volkes meistern, Aus dem Schlußwort des Genossen Erich Honecker, Berlin 1982, S. 24.

[13] K. Marx, Das Kapital, Erster Band, in: MEW, Bd. 23, Berlin 1964, S. 54.

[14] J. Andropow, Rede auf dem Plenum des Zentralkomitees der KPdSU, 15. Juni 1983, in: J. Andropow, Ausgewählte Reden und Schriften, Berlin 1983, S. 324.

[15] K. Marx, Das Kapital, Erster Band, in: MEW, Bd. 23, Berlin 1964, S. 402.

[16] K. Marx, Das Kapital, Dritter Band, in: MEW, Bd. 25, Berlin 1965, S. 89, 90.

[17] Ebenda, S. 111.

[18] K. Marx, Das Kapital, Erster Band, in: MEW, Bd. 23, Berlin 1964, S. 337.

[19] Ebenda, S. 635.
[20] K. Marx, Das Kapital, Zweiter Band, in: MEW, Bd. 24, Berlin 1965, S. 394.
[21] Ebenda, S. 358.
[22] Ebenda, S. 316/317.
[23] X. Parteitag der SED, 11. bis 16. April 1981, Bericht des Zentralkomitees der Sozialistischen Einheitspartei Deutschlands an den X. Parteitag der SED, Berichterstatter: Genosse Erich Honecker, Berlin 1981, S. 92.

2. Diskussion in den Arbeitskreisen

ARBEITSKREIS 1

C. Krömke

Die Kombinate im Prozeß der intensiv erweiterten Reproduktion

Mit der Aufgabenstellung der ökonomischen Strategie unserer Partei für die 80er Jahre wurde von E. Honecker im Bericht des Zentralkomitees an den X. Parteitag der SED dargelegt, daß die sozialistische Planwirtschaft in der DDR weiter vervollkommnet wird, um den Erfordernissen des hohen ökonomischen Leistungsanstiegs, insbesondere der durchgreifenden Intensivierung der Produktion, umfassend Rechnung zu tragen. Die dynamische Entwicklung der Kombinate gibt – so wurde festgestellt – für die gute ökonomische Entwicklung der DDR den Ausschlag.

Wie die höheren Aufgaben bei der Intensivierung in der Arbeit der Kombinate gelöst werden, wurde in der Rede von G. Mittag auf dieser Wirtschaftswissenschaftlichen Konferenz im September dieses Jahres deutlich. Alle in Verwirklichung der ökonomischen Strategie gesammelten Erfahrungen unterstreichen, daß die Hinwendung zur umfassenden Intensivierung ohne die Kombinate nicht möglich war und ist. Gerade mit dem Blick auf die 80er Jahre erweist sich, daß sich die Kombinate als Form der modernen Leitung in der sozialistischen Industrie der DDR bewähren.

Erstens: Durch die rechtzeitige Bildung der Kombinate entsprechend den Beschlüssen unserer Partei wurde vorausschauend jenes Niveau der Vergesellschaftung der Arbeit in Industrie und Bauwesen geschaffen, das es ermöglicht, uns den Anforderungen der achtziger Jahre mit Erfolg zu stellen.

Daß die Kombinate in ihrer heutigen Form existieren, ist das Ergebnis zielstrebiger Nutzung der Erkentnisse der Klassiker des Marxismus-Leninismus, das Ergebnis der konkreten Analyse des erreichten Entwicklungsstandes und der richtigen Einschätzung künftiger Erfordernisse durch unsere Partei. All das ist zugleich auch das Ergebnis marxistisch-leninistischer Wirtschaftswissenschaften unserer Zeit.

Als Ende der 60er, Anfang der 70er Jahre eine größere Anzahl der heute existierenden Kombinate gebildet wurde, waren dies Schritte in echtes Neuland. Sie wurden unter Führung der Partei in Auswertung der Ergebnisse aus Experimenten zielstrebig gegangen. Heute erweist sich, daß diese Schritte, die die Erfahrungen der Praxis wie Erkenntnisse unserer marxistisch-leninistischen Theorie berücksichtigten, Schritte von grundlegender Bedeutung waren. Mit ihnen wurde jener Gesetzmäßigkeit der gesellschaftlichen Entwicklung im Sozialismus Rechnung getragen, nach der die Vervollkommnung der Produktionsverhältnisse stets den erforderlichen Spielraum für die Entwicklung der Produktivkräfte zu schaffen hat. Die Vergesellschaftung der Arbeit ist und bleibt ein Knotenpunkt, in dem sich die Entwicklung der Produktionsverhältnisse und die Entwicklung der Produktivkräfte kreuzen.

Jetzt wirkt die Bildung der Kombinate bereits zurück auf die Effektivität und die Leistungsfähigkeit der Volkswirtschaft, und zugleich konnten weitergehende theoretische Erkenntnisse über Wesen und Inhalt des Vergesellschaftungsprozesses und über die rationelle Organisation der gesellschaftlichen Produktion und ihre Leitung gewonnen werden.

Zweitens: Die Bildung der Kombinate in Industrie und Bauwesen der DDR ist ein charakteristischer Ausdruck der fortschreitenden Vergesellschaftung der Arbeit unter sozialistischen Bedingungen.

Entsprechend den Analysen der Klassiker des Marxismus-Leninismus ist die Vergesellschaftung der Arbeit gesetzmäßig mit dem Entstehen der industriellen Großproduktion verbunden. Die damit zusammenhängenden Fragen sind in der marxistisch-leninistischen Theorie von großem Gewicht, ist doch die Organisation der gesellschaftlichen Arbeit der Menschen bestimmend für die Ökonomie, und zwar sowohl vom Standpunkt der gesellschaftlichen Verhältnisse, die die Menschen in der Produktion eingehen, als auch vom Standpunkt der Effektivität und des Ergebnisses ihrer konkreten Arbeit.

Indem Karl Marx die Faktoren für die Steigerung der Arbeitsproduktivität untersuchte, ging er von vornherein vom gesellschaftlichen Charakter der Arbeit aus und bezeichnete ausdrücklich Teilung und Kombination der gesellschaftlichen Arbeit als produktivitätserhöhend. Indem Marx die Bedingungen für eine höhere Ökonomie des „konstanten Kapitals" analysierte, kristallisierte er als Hauptfragen der Ökonomisierung der Produktionsbedingungen die Konzentration und die Kombination der Produktion heraus. Und als Lenin aus dem Eintritt des Kapitalismus in sein imperialistisches Stadium Schlußfolgerungen für den politischen Kampf der Arbeiterklasse zog, bildete die Analyse des Wesens der Monopole als neue Erscheinungsform der Vergesellschaftung den Dreh- und Angelpunkt dieser für den revolutionären Kampf des Proletariats so bedeutsamen theoretischen Arbeit. Lenin machte deutlich, daß mit diesem Übergang zum Monopol, mit der Konzentration von Zehntausenden von Menschen unter dem Kommando eines Kapitals, erstmalig, umfassend und in großem Maßstab die wissenschaftlich-technische Arbeit in den industriellen Produktionsprozeß einbezogen wird.

Lenin wies nach, daß der Grad der Vergesellschaftung der Arbeit im imperialistischen Stadium des Kapitalismus bis dicht an den Sozialismus heranführt. Es war deshalb lediglich die logische Fortsetzung seiner Erkenntnisse, wenn er nach der Großen Sozialistischen Oktoberrevolution davon ausging, daß die Basis für den Sozialismus nur in der modernen industriellen Großproduktion liegen kann und die Leitung der Produktion in großem gesellschaftlichem Maßstab erfolgen muß.

Die weitere Vergesellschaftung der Arbeit – wie die menschliche Arbeit überhaupt – schreitet ständig voran, kennt keinen Stillstand. Die Ursachen dafür liegen sowohl in der Entwicklung der Produktivkräfte wie der Produktionsverhältnisse. Jede Entwicklungsstufe der Produktivkräfte wirkt in ganz spezifischer Weise prägend auf den gesellschaftlichen Charakter der Arbeit, was Marx ja besonders eindrucksvoll im ersten Band des „Kapitals" in den drei Kapiteln „Kooperation", „Teilung der Arbeit und Manufaktur" und „Maschinerie und große Industrie" dargelegt hat. Analysiert man das Wesen der sozialistischen Industriekombinate, so liegen die Bedingungen für deren Entstehen und weitere Ausgestaltung sowohl in der Entwicklung der Produktivkräfte – die in der Etappe der wissenschaftlich-technischen Revolution in immer rascherem Tempo vor sich geht – als auch im Niveau der sozialistischen Produktionsverhältnisse.

Die Vergesellschaftung der Arbeit, wie sie sich in den Kombinaten auf der Grundlage und im Gewand der sozialistischen Produktionsverhältnisse vollzieht, nimmt gegenüber dem Vergesellschaftungsprozeß unter kapitalistischen Bedingungen qualitativ neue Züge an. Ein grundlegender Unterschied besteht beispielsweise darin, daß unter kapitalistischen Bedingungen jede weitere Vergesellschaftung der Arbeit zu einer noch schärferen Polarisierung der Klassengegensätze führt, wogegen die Bildung der Kombinate in unserer Republik die ökonomische Basis der Macht der Arbeiterklasse stärkt und darüber hinaus die Werktätigen in den Kombinaten und Betrieben als sozialistische Eigentümer enger mit dem volkswirtschaftlichen, mit dem gesellschaftlichen Gesamtinteresse verbindet. Während unter kapitalistischen Bedingungen die weitere Vergesellschaftung der Arbeit, die in Richtung auf die Monopole und in der heutigen Zeit in Richtung auf die internationalen Monopole verläuft, mit der noch stärkeren Ausprägung des reaktionären und menschenfeindlichen Charakters der Gesellschaft einhergeht, ist die Bildung unserer Kombinate eine Quelle weiteren gesellschaftlichen Fortschrittes durch die Erhöhung des Leistungswachstums für das Wohl der Menschen. Während sich unter kapitalistischen Verhältnissen die Vergesellschaftung der Arbeit spontan und als Ausdruck eines erbitterten Konkurrenzkampfes bei Vernichtung Tausender und Zehntausender von Existenzen vollzieht, ist die im Rahmen der planmäßigen Gestaltung des gesamten volkswirtschaftlichen Organismus vollzogene Bildung der Kombinate nicht nur mit der Sicherung der Existenz der Betriebe verbunden, sondern mit deren weiterem Ausbau sowie mit der Schaffung immer besserer Entfaltungsmöglichkeiten für die Kollektive und jeden einzelnen.

Die Kombinatsbildung in unserer Republik als der umfassendste Schritt der planmäßigen Vergesellschaftung der Arbeit in Industrie und Bauwesen ist somit Ausdruck der prinzipiellen Überlegenheit des Sozialismus gegenüber dem Kapitalismus auch auf diesem Gebiet. Diese Feststellung ist – über ihre theoretische Bedeutung hinaus – von großer Tragweite vor allem für die realen Ergebnisse sowohl hinsichtlich eines höheren Niveaus der Arbeitsproduktivität als auch höherer Ergebnisse auf den Weltmärkten.

Drittens: Das sozialökonomische Wesen des Kombinates wird entscheidend dadurch bestimmt, daß das Kombinat auf juristisch wie ökonomisch selbständigen Betrieben aufbaut.

Das Kombinat schafft neue Möglichkeiten für die produktive Entfaltung der in den Betrieben vorhandenen Potenzen und bedeutet keineswegs eine Negierung des Betriebes. Das sozialistische Kombinat in Industrie und Bauwesen der DDR schließt das Bestehen juristisch und ökonomisch selbständiger Betriebe als Wesensmerkmal, als Hauptcharakteristikum ein; denn der sozialistische Betrieb ist mehr als nur eine Summe von Gebäuden, Produktionsanlagen, Technologien, Material und Produkten. Er ist ein Organismus, der durch die Arbeit der in ihm tätigen Menschen in Gang gesetzt wird, durch ihre Bereitschaft, mit all ihrem Wissen, all ihren Fähigkeiten, all ihrem Können das Beste für die Gesellschaft zu leisten. Und dafür ist entscheidend, daß jeder weiß, welche Aufgaben die Gesellschaft diesem Kollektiv, dem er angehört, stellt. Sie kommen zum Ausdruck in den staatlich verbindlichen Planaufgaben, und sie spiegeln sich wider in den auf der Grundlage der wirtschaftlichen Rechnungsführung erzielten ökonomischen Ergebnissen des Betriebes.

Zur Charakterisierung eines Betriebes gehört also vor allem seine volkswirtschaftliche Verantwortung, die mit dem staatlichen Plan sichtbar wird und zugleich damit die Tatsache, daß sich die Ergebnisse seiner Arbeit für die Volkswirtschaft in realen und spürbaren ökonomischen Größen, wie sie für seine Leistungsbewertung bestimmend sind, niederschlagen. Der sozialistische Betrieb mit den in ihm tätigen Menschen ist eine sozialökonomische Einheit. Die Verbundenheit der Werktätigen mit diesem Betrieb, seinen ökonomischen Leistungen sowie den Arbeits- und Lebensbedingungen, ihr Stolz auf diesen ihren volkseigenen Betrieb mit seinem Namen, der seinen Ruf und damit auch den Ruf ihrer eigenen Arbeit begründet, all das gehört zur Charakterisierung des Betriebes. Deshalb ist es so bedeutsam zu betonen, daß das Kombinat aus selbständigen Betrieben besteht, die auch ihren Namen beibehalten. Deshalb bildet der Betrieb das entscheidende Element bei der Organisation der gesellschaftlichen Produktion im volkswirtschaftlichen Maßstab.

Da im Sozialismus die Betriebe gesellschaftliches Eigentum sind, ist damit bereits eine Basis für den ökonomischen Zusammenschluß mehrerer Betriebe zu einer größeren Wirtschaftseinheit gegeben, wie sie das Kombinat darstellt. Ebenso wie der Betrieb ist in unserer Republik das Kombinat selbst ökonomische und juristische Einheit. Sowohl der Betrieb als auch das Kombinat sind juristisch und ökonomisch eigenverantwortlich, erhalten staatliche Planaufgaben und arbeiten nach der wirtschaftlichen Rechnungsführung. In den Wechselbeziehungen zwischen Betrieb und Kombinat nimmt der Generaldirektor des Kombinates die staatliche Verantwortung gegenüber dem Kombinatsbetrieb wahr.

Viertens: Das Kombinat ist als ökonomische Einheit

des Übergangs zur intensiv erweiterten Reproduktion zu verstehen.

Der Tenor liegt zum einen auf der Reproduktion und nicht nur auf der Produktion, zum anderen auf der Intensivierung. Damit ist zugleich eine Erweiterung des Begriffsinhalts des Kombinates verbunden. Über die frühere Definition des Kombinates – als Zusammenfassung aufeinanderfolgender Stufen des Produktionsprozesses – hinaus ist es heute als Zusammenschluß aller für die intensiv erweiterte Reproduktion entscheidenden Phasen der Reproduktion zu charakterisieren, schließt also den Kreislauf ein. Die Betonung der Reproduktion bedeutet, daß das Kombinat selbst die personellen und materiellen Voraussetzungen dafür schafft, von Jahr zu Jahr seine Produktion auf erweiterter Stufenleiter zu vollziehen. Die dazu erforderlichen Reserven muß es als Teil der sozialistischen Volkswirtschaft und in Verbindung damit selbst erschließen und erwirtschaften.

Hier verknüpfen sich Aufgaben der Organisation mit der Lösung eines ideologischen Problems: Statt abzuwarten oder sich auf andere zu verlassen gilt es, selbst aktiv zu werden und durch eigenes Handeln die notwendigen Veränderungen herbeizuführen. Das ist entscheidend für die Beherrschung des Zeitfaktors, der die Ökonomie in zunehmendem Maße bestimmt.

Damit ist der Aufbau leistungsfähiger wissenschaftlich-technischer Kapazitäten wie auch des Rationalisierungsmittelbaus und eigener Bauabteilungen ein Schlüsselproblem für die Leistungsfähigkeit der Kombinate. Die enge Einbindung solcher Kapazitäten in den Reproduktionsprozeß hat es ermöglicht und wird es weiter ermöglichen, den neuen Maßstäben für die Intensivierung Rechnung zu tragen. Gerade indem in den Kombinaten einerseits Gruppen für die technologische Projektierung modernster Prozesse, Kapazitäten für den Rationalisierungsmittelbau sowie für die eigene Herstellung bzw. Applikation der Mikroelektronik, Forschungs- und Entwicklungseinrichtungen für die Robotertechnik und andererseits Unternehmen bzw. Firmen für den Außenhandel geschaffen worden sind, haben sich nicht nur quantitative, sondern auch qualitative Entwicklungen vollzogen, hat sich die Struktur der Produktion und der Zirkulation verändert. Das sind Veränderungen, wie sie den jetzigen Erfordernissen der Intensivierung entsprechen.

Die ganze Tragweite all dessen wird verständlich, wenn man sich vor Augen führt, daß ja nicht einfach Vorhandenes zentralisiert wurde. Gerade was den Rationalisierungsmittelbau anbelangt, so wurden inzwischen Potentiale von einem Ausmaß und einer Leistungsfähigkeit geschaffen, an die vorher überhaupt nicht zu denken war. Sie wurden durch die Kombinate geschaffen, haben sich deshalb auch nicht verselbständigt, sondern von vornherein in engster Verbindung mit dem gesamten Kreislauf der intensiv erweiterten Reproduktion des jeweiligen Kombinates entwickelt. Das sind Potentiale, die für das Kombinat Bedeutung haben, die aber – im ganzen genommen – auch volkswirtschaftlich ins Gewicht fallen. Somit hat das Kombinat gewissermaßen einen „schöpferischen Charakter", aber natürlich kommt er nur zur Wirkung, wenn der Generaldirektor seine volkswirtschaftliche Verantwortung wahrnimmt und das Zusammenwirken im Reproduktionsprozeß des Kombinates gut organisiert. Nur durch kollektive Arbeit nach einer einheitlichen Aufgabenstellung und unter zielgerichteter Leitung wird der in sich geschlossene Reproduktionsprozeß verwirklicht.

Daraus läßt sich auch in weiterer Hinsicht eine theoretische Erkenntnis ableiten. Die spezialisierte Produktion entwickelt sich im Kombinat von vornherein als Bestandteil seines arbeitsteiligen Reproduktionsprozesses. Sie ist, was ihre Aufgabenstellung und ihren Charakter angeht, von vornherein auf die Bedürfnisse seines gesamten Reproduktionsprozesses zugeschnitten und durch die Leitung im Kombinat planmäßig in ihn eingeordnet. Diese Spezialisierung erfordert, daß das Kombinat selbst durch Steigerung der Arbeitsproduktivität die Voraussetzungen, beispielsweise für die Einrichtung einer spezialisierten Konsumgüterproduktion, schafft. Zugleich ist eine solche Spezialisierung Quelle zusätzlichen Leistungswachstums des Kombinates, wie an den Früchten des eigenen Rationalisierungsmittelbaus klar erkennbar wird. All diese Maßnahmen sind organisch mit dem Kreislauf der intensiv erweiterten Reproduktion des Kombinates verbunden, sie erwachsen aus dessen Ergebnissen – z. B. aus der auf dem Wege der Schwedter Initiative geschaffenen Möglichkeit, zusätzliche Arbeitskräfte einzusetzen –, und sie erweitern zugleich die Leistungsfähigkeit des Kombinates durch Aufnahme neuer Produktionen, die als Beitrag für das Kombinat immer auch ein Beitrag für die Volkswirtschaft sind. Somit ist das Kombinat nicht einfach das Gegenteil der Spezialisierung, sondern neue Grundlage, neuer Ausgangspunkt, um die diesem wichtigen arbeitsteiligen Prozeß innewohnenden Möglichkeiten für die Sicherung der Arbeitsproduktivität wesentlich wirksamer als sonst zum Tragen zu bringen.

Die mit der Größe der Kombinate verbundene größere Dimension des geistigen, materiellen und finanziellen Potentials ermöglicht es, qualitativ neue Aufgaben in größerer Differenziertheit zu lösen. Größeres Potential muß in höhere Effektivität umgesetzt werden. Das betrifft die Qualifizierung der Menschen, die für die Lösung aller anderen Aufgaben entscheidend ist, aber es betrifft auch die Senkung des Produktionsverbrauchs und den Umgang mit den Investitionsmitteln. Nicht der Umfang der eingesetzten Fonds ist entscheidend, sondern Effektivität und schnellere Produktionswirksamkeit, vor allem für Konsumgüterproduktion. Die Effektivität hängt davon ab, daß die Phasen der intensiv erweiterten Reproduktion im Kombinat nicht nebeneinander, sondern in enger Wechselwirkung innerhalb eines in sich geschlossenen Kreislaufs existieren. Einen solchen Kreislauf zu schaffen ist Sache der Leitung, vor allem des Generaldirektors. Er ist dafür voll verantwortlich.

Den organischen Zusammenhang der Phasen des Kreislaufs der intensiv erweiterten Reproduktion zu wahren erfordert, die dem Kombinat zur Verfügung stehenden materiellen und finanziellen Fonds mit Hilfe des vorhandenen und sich weiter entfaltenden geistigen Potentials, der Fähigkeiten und dem Können der Werktätigen so ökonomisch wie nur möglich zu verwerten. Das bedeutet, bei günstigem Verhältnis von Aufwand und Ergebnis bedarfsgerecht volkswirtschaftliche Endprodukte herzustellen.

Dieses „Verwerten“ für den Sozialismus, das ist der Sinn der Intensivierung, und die dafür günstigste Organisationsform ist das sozialistische Industriekombinat. Insbesondere betrifft das die ökonomische Verwertung der Ergebnisse des wissenschaftlich-technischen Fortschritts. Gerade davon gehen die hauptsächlichen Wirkungen des Kombinates auf die Effektivität aus. Das war auch der Hauptgrund für die Kombinatsbildung.

Einer der wichtigsten Kombinatseffekte besteht darin, daß im Kombinat neue wissenschaftlich-technische Lösungen für Erzeugnisse und Technologien in ihrer Einheit hervorgebracht werden. Darüber hinaus ermöglicht das Kombinat eine gewisse „Bündelung“ verschiedener Innovationen und eine wesentliche Beschleunigung ihrer Verwirklichung.

Fünftens: Im Kombinat vollzieht sich ein wirklich ökonomischer Kreislauf, dessen Effektivität durch die Relation von Aufwand und Ergebnis bestimmt ist.

Maßstab für die Arbeit der Kombinate ist das, was für die Volkswirtschaft entscheidend ist: der Beitrag zum Nettoprodukt auf der Grundlage absatzfähiger, bedarfsgerecht produzierter Waren für die Volkswirtschaft, die Bevölkerung und den Export.

Die Arbeit jedes einzelnen Kombinates wird mehr und mehr von volkswirtschaftlichen Kriterien bestimmt. Zwar hat jedes Kombinat seine spezifische Produktionsaufgabe im gesellschaftlichen Reproduktionsprozeß, aber die anwendbaren Maßstäbe für die Intensivierung sind in der ganzen Volkswirtschaft prinzipiell die gleichen. Das betrifft Niveau und Tempo der Steigerung der Arbeitsproduktivität ebenso wie die Relation von Produktionswachstum und Materialaufwand, wie die Ausnutzung der Fonds, wie den Beitrag des Kombinates für den Export und für die Versorgung der Bevölkerung, um nur einige zu nennen.

Damit erhält der Leistungsvergleich ein neues Gewicht in der Beurteilung der Arbeit der Kombinate wie in ihrer Leitung. Er wird – und das zu Recht – immer mehr unter dem Gesichtspunkt volkswirtschaftlicher und nicht zweispezifischer Kriterien geführt. Gerade weil die Kombinate zunehmend mit materiellen, ökonomischen und rechtlichen Möglichkeiten ausgestattet sind, um entsprechend ihrer Verantwortung die intensiv erweiterte Reproduktion zu organisieren, ist der gesellschaftliche Anspruch, die Arbeit eines jeden Kombinates nach allgemeingültigen Maßstäben und Kriterien zu beurteilen, nicht nur voll gerechtfertigt, sondern Ausdruck unbedingter Notwendigkeit.

Die Wirksamkeit des Leistungsvergleichs hängt deshalb mehr und mehr von der ideologischen Position ab, die die einzelnen verantwortlichen Leiter dazu beziehen. Die Hauptfrage besteht nicht darin, vorhandene Leistungsunterschiede zu begründen, sondern entsprechend den Erfahrungen und dem Herangehen der fortgeschrittensten Wege zur positiven Veränderung zu suchen und erfolgreich zu beschreiten.

Eines kann man heute schon feststellen: Seitdem die Kombinate gebildet wurden und an der Lösung der von der Partei gestellten großen volkswirtschaftlichen Aufgaben, an der Meisterung oftmals ganz neuartiger Fragen arbeiten, entwickelt sich zwischen ihnen mehr denn je eine Atmosphäre der gegenseitigen kameradschaftlichen Hilfe und Unterstützung, des rascheren Reagierens auf notwendige volkswirtschaftliche Anforderungen, des gemeinsamen Vorgehens. Ressortdenken und Betriebsegoismus treten mehr und mehr in den Hintergrund und machen zunehmend wirklicher Gemeinschaftsarbeit Platz.

Sechstens: Existenz und weitere erfolgreiche Arbeit der Kombinate stehen in enger Wechselbeziehung mit der weiteren Vervollkommnung der Leitung, Planung und wirtschaftlichen Rechnungsführung.

Die im Februar 1983 vom Zentralkomitee und vom Ministerrat beschlossenen Maßnahmen zur weiteren Vervollkommnung der Leitung, Planung und wirtschaftlichen Rechnungsführung sind ein bedeutender Schritt zur höheren Wirksamkeit unserer sozialistischen Planwirtschaft. Er konnte in dieser Form nur gegangen werden, weil die Kombinate bestehen. Und andererseits macht es die volkswirtschaftliche Verantwortung der Kombinate erforderlich, Leitung, Planung und wirtschaftliche Rechnungsführung entsprechend dem demokratischen Zentralismus zu qualifizieren. So zeigt sich auch hier die enge Verflechtung der Kombinate mit dem gesamten Organismus unserer sozialistischen Planwirtschaft, deren „materielles Gerüst“ die Kombinate sind.

Die Organisation der Leitung in Industrie und Bauwesen auf der Grundlage der Kombinate hat vor allem deshalb zu bedeutend höherer Effektivität geführt, weil die Leitungstätigkeit volkswirtschaftlich verantwortungsbewußter erfolgt, weil mit der Konzentration auf den gesamten Kreislauf der intensiv erweiterten Reproduktion sich der Blick für den engen Zusammenhang der Lösung der heutigen Aufgaben mit den Resultaten von morgen schärft, weil vor allem immer klarer wird, daß nur durch die Erschließung der eigenen Reserven auch die Voraussetzungen für das künftige Leistungswachstum geschaffen werden. So entwickelt sich mit den Kombinaten und den in ihnen tätigen Kollektiven eine große gesellschaftliche Kraft für die weitere erfolgreiche Verwirklichung der Beschlüsse des X. Parteitages der SED.

R. Schmidt

Methoden zur Erhöhung der Effektivität der wissenschaftlich-technischen Arbeit im VEB Schwermaschinenbau-Kombinat „Ernst Thälmann" Magdeburg (SKET)

Die Fortsetzung der erfolgreichen Wirtschaftspolitik unserer Partei erfordert unter den gegenwärtigen zugespitzten Klassenauseinandersetzungen zwischen Imperialismus und Sozialismus von den Kombinaten nicht nur die umfassende Erfüllung aller Aufgaben des Volkswirtschaftsplanes, sondern vor allem auch eine wesentliche Erhöhung der Effektivität in ihrer Arbeit. Im besonderen Maße gilt dies für Aufgaben, die die Sicherung des Exportes und die Durchsetzung des wissenschaftlich-technischen Fortschritts zum Ziel haben.

E. Honecker führte dazu aus, daß in der Beschleunigung des wissenschaftlich-technischen Fortschritts, in der Nutzung unserer Ressourcen durch eine tiefgründige Forschungsarbeit, in der Entwicklung von mehr marktgerechten Spitzenerzeugnissen, ihrer schnellsten Überführung und in der Rationalisierung unserer Produktionsprozesse die Schlüsselfrage für die wirtschaftliche und politische Stärkung unserer Republik liegt.

Mit der Erfüllung dieser Aufgaben wird von unserer sozialistischen Industrie ein entscheidender Beitrag für die Erhaltung des Friedens geleistet.

Unsere Partei hat in den letzten Jahren in unserem Kombinat – dem VEB SKET – die Voraussetzungen geschaffen, daß es sich zu einer leistungsfähigen Wirtschaftseinheit besonders auf dem Gebiet des Exportes von Walzwerksanlagen, Kabelwerken, Zementfabriken und Speiseölgewinnungsanlagen entwickeln konnte. Daraus leitet sich für unser Kombinat die Verpflichtung ab, dieses Vertrauen durch effektive Exporte und die Realisierung bedeutungsvoller NSW-Importablöseobjekte zu rechtfertigen.

Ich möchte nachfolgend erläutern, wie wir versuchen, diesen anspruchsvollen Aufgaben gerecht zu werden und speziell über die Möglichkeiten zur Erhöhung der Effektivität der wissenschaftlich-technischen Arbeit im Kombinat sprechen. Grundsätzlich gehen wir davon aus, daß die Effektivität der wissenschaftlich-technischen Arbeit durch folgende Hauptquellen bestimmt wird:

1. Die entscheidende Quelle ist die Gebrauchswertsteigerung der Erzeugnisse, die sich in Form höherer Preise und Erlöse auf dem Weltmarkt umsetzen läßt. Dazu ist es notwendig, Spitzenleistungen in der Erzeugnis- und Anlagenentwicklung hervorzubringen, neue technologische Verfahren gemeinsam mit der DDR-Zulieferindustrie und -Anwenderindustrie zu entwickeln und eine kostengünstige Fertigung zu organisieren.
2. Dazu zählt ferner die Erhöhung des Veredlungsgrades der Erzeugnisse, also die Verbesserung der Materialökonomie und damit Kostensenkung.
3. Die Steigerung der Arbeitsproduktivität der Betriebe. Über sie wird die Entwicklung neuer leistungsfähiger Fertigungsverfahren und ihre Umsetzung durch den eigenen Rationalisierungsmittelbau getragen, was sowohl zur Kostensenkung als auch direkt zur Erhöhung des einheitlichen Betriebsergebnisses beiträgt.
4. Durch die Schaffung der Voraussetzungen für den Export inmaterieller Leistungen, insbesondere Lizenzvergaben, know-how, technische Assistenz, Projektierungsleistungen und Durchführbarkeitsstudien.

Für alle diese Quellen werden in unserem Kombinat den Forschungs- und Entwicklungsbereichen einschließlich der Konstruktions- und technologischen Abteilungen quantifizierte Zielstellungen mit dem Plan Wissenschaft und Technik vorgegeben. Auf einzelne dieser Fakten möchte ich in diesem Rahmen näher eingehen und mich zunächst den Effekten aus der Gebrauchswerterhöhung zuwenden: Unsere Erfahrungen beim Export insbesondere von Großanlagen, wie Walzwerken oder Zementfabriken, zeigen, daß sich der Konkurrenzkampf auf dem Weltmarkt mit unerbittlicher Härte zuspitzt. Jeder einzelne Bedarfsfall wird heute stark von der internationalen Konkurrenz beeinflußt, auch dann, wenn er in sozialistischen Ländern vorliegt. Dieser Wettstreit um Aufträge ist gegenwärtig ein wesentliches Feld der Klassenauseinandersetzung zwischen Imperialismus und Sozialismus. Daß hierbei von den kapitalistischen Konkurrenzfirmen keine Fairneß bei den anzuwendenden Mitteln zu erwarten ist, haben uns schon die Klassiker des Marxismus-Leninismus gelehrt.

In dieser Situation setzt sich nur der durch, der höchste technische und ökonomische Gebrauchswerte bei seinen Erzeugnissen mit kurzen Lieferzeiten, günstigen Kosten, guter Qualität und attraktiven Zahlungsbedingungen verbinden kann. Wir müssen uns darauf einstellen, daß der Verkauf – insbesondere auf dem NSW-Markt – heute wie auch in den nächsten Jahren schwieriger ist als zum Beispiel die auch nicht einfache planmäßige Produktion der Exportgüter selbst. Es genügt daher nicht allein, Spitzenerzeugnisse mit weltstandsbestimmenden technischen und ökonomischen Parametern zu entwickeln, sondern sie müssen den Bedürfnissen des jeweiligen Marktes optimal angepaßt sein und aktiv angeboten werden. Verkaufserfolge können nur in engster Zusammenarbeit zwischen den Absatz- und Außenhandelsvertretern auf der einen Seite und Wissenschaftlern und Technikern auf der anderen Seite organisiert werden. Basis für diese Zusammenarbeit bildet in unserem

Kombinat die direkte Angliederung des Außenhandelsbetriebes SKET-Export-Import und die zunehmende Eingliederung von Vertretern dieses Betriebes in bestehende bzw. neu zu bildende Leitungseinheiten und Fachgremien wie Erzeugnisgruppenräte, Verkaufsstäbe usw. Diese Verflechtung trägt entscheidend dazu bei, daß sich die Mitarbeiter des Außenhandelsbetriebes mit dem Kombinat und seinen Aufgaben identifizieren, was wir als eine wesentliche ideologische Voraussetzung für die erforderlichen Aktivitäten ansehen.

Die Entwicklung neuer Erzeugnisse ist keine Eintags- oder Einmonatsarbeit, sondern sie ist vielfach mit mehrmonatiger, teilweise mehrjähriger Arbeit großer Kollektive verbunden. Das nicht unbegrenzt vorhandene wissenschaftlich-technische Potential aller unserer Kombinate erfordert dabei gleichfalls eine Konzentration auf die Entwicklung derjenigen Erzeugnisse, für die auch Absatzmöglichkeiten auf dem Weltmarkt bestehen.

Da in unserem Kombinat infolge der Abmessungen der Anlagen und Erzeugnisse nur eine auftragsgebundene Fertigung vorliegt, kommt dabei der Frage, was auf dem Weltmarkt absetzbar ist, die entscheidende Bedeutung zu. Wir leiten deshalb unsere Entwicklungsaufgaben aus langfristigen Konzeptionen ab.

Als Maschinen- und Anlagenbauer prüfen wir bei der Erarbeitung unserer Entwicklungskonzeptionen immer wieder, wird das Produkt, das auf den von uns gelieferten Ausrüstungen erzeugt werden soll

- auch in 10–15 Jahren noch benötigt und produziert,
- in welcher Richtung wird sich das Fertigprodukt entwickeln,
- wie kann man seine Kosten bei der Herstellung reduzieren und gleichzeitig die Qualität verbessern und
- wie können die Einsatzmöglichkeiten unserer Erzeugnisse durch die Betreiber den sich auch bei ihnen schnell ändernden Marktbedingungen angepaßt werden.

Ausgehend von der Beantwortung dieser Fragen und der Einschätzung der Investitionsbedingungen, der Rohstoff- und Energieressourcen der für die Exporttätigkeit vorgesehenen Marktbereiche haben wir uns langfristige Marktkonzeptionen geschaffen, in denen die vorgesehenen Hauptabsatzländer und das eingeschätzte mögliche Exportvolumen enthalten sind. Diese Marktkonzeptionen bilden sowohl die Grundlage für unsere Forschungs-, Entwicklungs- und Profilierungskonzeptionen als auch für die jährlichen Verkaufskonzeptionen, mit denen wir unmittelbar den Export auf den Märkten organisieren.

In die dazu gebildeten Verkaufskollektive haben wir auch Mitarbeiter unserer Forschung delegiert, woraus eine engere Kopplung auf die Forschungsarbeit resultiert und eine kritischere eigene Bewertung der Forschungsergebnisse vorgenommen wird. Dabei gilt der Grundsatz, daß der Plan Wissenschaft und Technik flexibel den Markterfordernissen angepaßt werden kann, also entsprechend den Markterfordernissen auch Präzisierungen im laufenden Planjahr erfolgen können.

Die höchste Effektivität aus der Erzeugnisentwicklung tritt dann ein, wenn hohe Gebrauchswertsteigerungen mit einem hohen Neuigkeitsgrad und einem hohen Produktionsvolumen, das heißt, Verkaufsvolumen zusammenfallen.

Um diese Zielstellungen zu erreichen, ist es notwendig, die Leitungstätigkeit auf drei Schwerpunkte zu konzentrieren:

1. Die richtige Auswahl der F/E-Themen sowohl vom Inhalt als auch von den wissenschaftlich-technischen Zielstellungen her. Dies ist die schwierigste Problematik und erfordert klare Analysen über Bedarf und Trendentwicklungen, kritische Beurteilung des eigenen Arbeitsstandes und realistische Beurteilung der erreichbaren Zielstellungen. Weder Überforderung noch Unterforderung der Kollektive bringen den gewünschten Nutzenszuwachs.
2. Die Sicherung der besten Arbeitsmethode bei der Bearbeitung und Lösung der Forschungsthemen, um diese in kürzester Zeit zum Abschluß zu bringen. Dazu zählt nicht nur die Bildung leistungsfähiger Enwicklungskollektive, sondern auch die zielgerichtete Einbeziehung von Entwicklungskapazitäten außerhalb des Kombinates, zum Beispiel der wissenschaftlichen Einrichtungen der DDR (Hochschulen und Institute der Akademie der Wissenschaften der DDR), der Anwenderindustrie und der internationalen wissenschaftlich-technischen Zusammenarbeit insbesondere mit der UdSSR. Dazu zählt aber auch die richtige Motivierung, Stimulierung und Kontrolle der Forschungskollektive.
3. Zielgerechte Vorbereitungsmaßnahmen für die Produktion und den Verkauf der Erzeugnisse. Auch das beste wissenschaftlich-technische Ergebnis erfordert dies heute. Daher wird auch diesen Fragen parallel zur Entwicklung die gleichrangige Bedeutung zugemessen, wie der Entwicklung selbst.

Von entscheidender Bedeutung für das Forschungsergebnis ist die Zielstellung, die im Rahmen des Pflichtenheftes festgeschrieben ist. Wer sich bekanntlich bei der Ausarbeitung des Planes Wissenschaft und Technik, also bei der Erarbeitung der Pflichtenhefte Ziele vorgibt, die andere schon erreicht haben, kommt mit der Entwicklung nie über ein Mittelmaß hinaus.

Erfolgreiche Kombinate unserer Republik zeigen, daß anspruchsvolle Aufgabenstellungen Grundvoraussetzungen für hohe schöpferische Leistungen, für hohe Kampfpositionen der Kollektive und damit nicht zuletzt für die Spitzenleistungen selbst sind. Mittelmäßige Ziele verderben das Leistungsvermögen der Forschungsbereiche, ihre Arbeitsmoral und bedeuten Kostenerhöhungen im Betrieb und Devisenverluste auf dem Weltmarkt. Deshalb kann keine Kombinatsleitung oder Parteiorganisation an der Frage vorbeigehen, ob die Zielstellungen der Pflichtenhefte dem wissenschaftlich-technischen Höchststand zum Zeitpunkt der Einführung des neuen Erzeugnisses in die Produktion entsprechen.

Um dazu bereits bei der Ausarbeitung des Pflichtenheftes eine richtige Grundposition vorzugeben, gilt das Kriterium:

Bei Einhaltung der vorgeschriebenen maximalen Laufzeit eines F/E-Themas von 24 Monaten sind jeweils Mindestforderungen gegenüber dem Vorgängererzeugnis zu erreichen hinsichtlich der Gebrauchswerterhöhung, der Erhöhung des Devisenerlöses, der Verbesserung des Masse-Leistungsverhältnisses, der Senkung des Fertigungsaufwandes, der Sicherung des Gütezeichens „Q" und des Mikroelektronikeinsatzes.

Das Pflichtenheft findet nur seine Bestätigung, wenn bei Einhaltung dieser Parameter das neue Erzeugnis im Ergebnis des konkreten Weltstandsvergleiches den wissenschaftlich-technischen Höchststand bestimmt. In Anwendung dieser Arbeitskriterien sind uns in den letzten Jahren einige volkswirtschaftlich bedeutungsvolle Neuentwicklungen gelungen, wie zum Beispiel:

- die gemeinsam mit dem VEB KWO Berlin durchgeführte Entwicklung eines Verfahrens und der dazugehörigen Anlagentechnik für die Herstellung CU-ummantelter Al-Drähte, die zu einer Einsparung von 3000t Cu pro Jahr führten,
- die gegenwärtig im Rahmen des Staatsplanes Wissenschaft und Technik realisierte Entwicklung von Maschinen zur Herstellung von Lichtleiterkabeln, die die vollständige Cu-Substitution für Fernmeldekabel ermöglichen; wiederum in enger Zusammenarbeit mit dem Kabelkombinat der DDR,
- die gemeinsam mit der DDR-Metallurgie und speziell dem Qualitäts- und Edelstahlkombinat Brandenburg realisierte Verfahrens- und Ausrüstungsentwicklung zur Herstellung von Betonstählen St T IV für die Bauindustrie ohne Einsatz von Legierungselementen und nicht zuletzt die
- Energieträgerumstellungen auf heimische Brennstoffe in der Zementindustrie, die in erheblichem Umfang Heizöl und Erdgas freisetzen.

Aber auch auf den kombinatsinternen Reproduktionsprozeß haben sich die vorgegebenen Arbeitskriterien günstig ausgewirkt. Die letzte Auswertung hat zum Beispiel gezeigt, daß von den 15 abgeschlossenen Erzeugnisneuentwicklungen des Jahres 1982 die vorgegebenen Zielstellungen der Gebrauchswerterhöhungen und Materialeinsparung eingehalten und teilweise erheblich überboten wurden und hinsichtlich des technologischen Zeitaufwandes 12mal eine erheblich höhere Senkungsrate als 20%, 2mal von 10–20% und nur in einem Fall eine Erhöhung des technologischen Zeitaufwandes aufgetreten ist, die zu sofortigen Entscheidungen zur Überarbeitung durch den Generaldirektor geführt hat.

Hohe schöpferische Leistungen drücken sich in der Anzahl der angemeldeten Patente pro F/E-Thema aus. Wir geben daher den Entwicklungsabteilungen auch hier Limite vor, die in den sozialistischen Wettbewerb einbezogen sind und die sich als sehr wirksam erwiesen haben. So konnten wir in den letzten Jahren ca. 160 Patentanmeldungen jährlich durchführen.

Das beste Forschungsergebnis verliert aber dann seine Bedeutung, wenn es nicht gelingt, eine kurzfristige Überführung in die Produktion zu organisieren.

Im Schwermaschinenbau setzt dies in den meisten Fällen infolge der Größe der Maschinen und Ausrüstungen voraus, daß Kundenaufträge für die neuen Erzeugnisse vorliegen. Es ergibt sich also die Notwendigkeit, parallel zur Forschungsarbeit und noch vor Abschluß der Entwicklung den Absatz zu organisieren und Verträge abzuschließen. Die Erfahrung zeigt, daß dies dort möglich ist, wo sich zwischen Anlagenbau und Anwender auf der Basis langjähriger Zusammenarbeit ein Vertrauensverhältnis entwickelt hat. Im besonderen Maße ist uns dies mit den sowjetischen Anwendern gelungen. Sie sind auch heute unter den härter gewordenen ökonomischen Anforderungen an die Effektivität von Neuinvestitionen in ihrem Land bereit, risikobehaftete Neuentwicklungen zu erproben und einzusetzen, wenn nach Entwicklungsabschluß entsprechender Effekte erwartet werden können.

Wissenschaftlich-technische Spitzenleistungen, wie die Entwicklung eines Verfahrens und der Anlagentechnik zur Proteingewinnung aus Sonnenblumen oder Drahtwalzstraßen mit Endwalzgeschwindigkeiten von 100m/s, wären ohne unsere sowjetischen Partner unmöglich gewesen. Daher ist die enge Zusammenarbeit mit der UdSSR auf wissenschaftlich-technischem Gebiet für uns nicht nur eine entscheidende Voraussetzung für neue Technologien und Anlagen, die auch im NSW absatzfähig sind, sondern auch für deren kurzfristige Überführung in die Produktion.

Unsere Parteiführung hat uns wiederholt deutlich gemacht, daß wissenschaftlich-technische Gebrauchswerte nicht allein ein weltmarktfähiges Erzeugnis kennzeichnen. Von gleicher Bedeutung ist ein niedriger Materialeinsatz, also ein hoher Veredlungsgrad, der entscheidend die Kosten dieses Erzeugnisses beeinflußt.

Während wir gegenwärtig durchschnittlich einen Veredlungsgrad von 1:8 haben (Verhältnis von Kostenaufwendungen pro kg Material zu erzieltem Erlös pro kg Material), erreichen 20% unserer Erzeugnisse, u.a. Drahtblöcke und Stahlcordmaschinen, einen Veredlungsgrad von 1:20 und besser.

Derartige Untersuchungen zeigen sehr deutlich, wo Entwicklungsarbeit notwendig ist. Sie zeigen aber auch, auf welche Produkte sich die Verkaufstätigkeit besonders konzentrieren muß.

Diese Aufgaben zur Erhöhung des Veredlungsgrades oder zur Verbesserung der Materialökonomie ist eine komplizierte Aufgabe, weil sie eine exaktere Berechnung, den Einsatz neuer Werkstoffe und teilweise höhere Risiken erfordert. Ihre Durchsetzung ist daher auch mit ideologischen Auseinandersetzungen verbunden. Aber sie ist der einzige Weg für die Volkswirtschaft unserer Republik, um ständig teurer werdende Materialimporte zu vermeiden, Selbstkosten zu senken und die Effektivität unserer Arbeit zu erhöhen.

Die Lösung der umfangreicher werdenden Aufgaben bei der Erzeugnisentwicklung sowohl für Export, wie auch für Inlandvorhaben hat unsere Zentrale Betriebsparteileitung veranlaßt, die Aufgabe zu stellen, nochmals alle Potenzen unserer wissenschaftlich-technischen Kapazitäten zu überprüfen und ihren optimalen Einsatz festzustellen. Dabei genügt es nicht, nur die Zahl der Mitarbeiter der Forschung, Konstruktion oder Technologie zu erfassen, sondern auch die wissenschaftlichen Kader in den Produktionsbereichen, im Neuererwesen und in den ökonomischen Bereichen sind anzusprechen.

Auf betrieblicher Ebene bildet hier die Kammer der Technik eine gute Möglichkeit zur Einbeziehung von Kadern anderer Bereiche, um beispielsweise KDT-Objekte erfolgreich zusätzlich zum bisherigen Plan Wissenschaft und Technik zu lösen. Außerhalb des Betriebes gilt unser Ziel besonders der Vertiefung der Zusammenarbeit mit der Technischen Hochschule „Otto von Guericke“ Magdeburg und anderen Hochschulen sowie den Akademie-Instituten.

Natürlich ist es dabei notwendig, den speziellen Arbeitsbedingungen der Technischen Hochschule oder der anderen Vertragspartner zu entsprechen und nicht Aufgaben zu vergeben, für die im Betrieb bessere Lösungsmöglichkeiten bestehen. Neben der Nutzung dieser Kapazitäten halten wir eine weitere Vertiefung der internationalen Arbeitsteilung im RGW, insbesondere mit unserem Haupthandelspartner – der UdSSR – für wichtig und notwendig.

D. Naumann

Erfahrungen und Probleme bei der Leitung von Neuerungsprozessen in Kombinaten und Betrieben

Angesichts eines bedeutenden Umfangs an gesellschaftlichen Fonds, über die wir in der DDR inzwischen verfügen, und relativ konstanter Ressourcen, mit denen wir in Zukunft zu rechnen haben, kann eine wachstumsorientierte kontinuierliche Erneuerung im Reproduktionsprozeß nur gesichert werden, wenn die wirtschaftlichen Ergebnisse schneller zunehmen als der dafür erforderliche Fondseinsatz. Wirtschaftsprozesse, die dieses Ziel realisieren helfen, sind durch eine Vielzahl von qualitativen Wachstumsfaktoren gekennzeichnet, wie zum Beispiel Erneuerung und Modernisierung der materiell-technischen Basis, Vervollkommnung sozialökonomischer Bedingungen, Fortschritte in der Leitung, Planung und Stimulierung usw. Alle diese Faktoren wirken niemals losgelöst voneinander und prägen in ihrer Wechselwirkung die wachstumsbestimmende Komponente des Reproduktionsprozesses. Für die Leitungspraxis in der Wirtschaft hat sich als Kurzcharakteristik dieses Komplexes von Faktoren der Begriff des „Neuerungsprozesses" eingebürgert. Er ist deshalb theoretisch weiterführend und praktisch nützlich, weil damit eine Summe von Verhaltensnormen in der Leitungstätigkeit transparent gemacht werden kann, die den außerordentlich komplexen Anforderungen der Wirtschaft in der entwickelten sozialistischen Gesellschaft entspricht. Er subsumiert den konkreten Inhalt der Wirtschaftsleitung in den sozialistischen Kombinaten und Betrieben, mit dem der gesellschaftliche Anspruch der intensiv erweiterten Reproduktion gesichert werden muß.

Aus dieser Sicht verwende ich folgende Arbeitsdefinition für den Begriff „Neuerungsprozeß": *Neuerungsprozesse in den sozialistischen Kombinaten und Betrieben beinhalten die Veränderung der Gesamtheit von technisch-ökonomischen Prozeßabläufen sowie sozialen Beziehungen, die notwendig sind, um qualitative Verbesserungen im Reproduktionsprozeß sowohl in bezug auf seine materiell-technische Basis als auch die Produktionsorganisation und die Arbeits- und Lebensbedingungen zu erreichen.*

Sie werden von planmäßig auf höchstes Produktivitätsniveau orientierten wissenschaftlich-technischen Leistungen getragen, die in sozialistischer Gemeinschaftsarbeit in den Phasen der betrieblichen Reproduktion durch die komplexe Zusammenarbeit aller Leitungsbereiche ökonomisch effektiv umzusetzen sind. Ihre Ergebnisse sind am Beitrag der Wirtschaftseinheit zu einer bedarfsgerechten, kostengünstigen Produktion im Verhältnis zum Aufwand und damit am Beitrag zu den Zielen der Wirtschafts- und Sozialpolitik der entwickelten sozialistischen Gesellschaft zu bewerten. Im Neuerungsprozeß verbinden sich alle qualitativen Faktoren der Produktivkraftentwicklung, wie sie bereits von Marx in ihrer Einheit hervorgehoben worden sind. Das komplexe Zusammenwirken aller ökonomischen, sozialen und politischen Elemente in der Leitungstätigkeit des Neuerungsprozesses muß auf den verschiedenen Ebenen des Kombinates und in allen Leitungsbereichen dieser Ebenen in jeder Entwicklungsphase erneut hergestellt werden.

Das komplexe und dynamische Zusammenwirken entsprechender konkreter Aufgaben in der Wirtschaft führt zu Leitungskonsequenzen, die in ihrer allgemeinen Form bestimmte typische Merkmale erkennen lassen. Solche für die Wirtschaftsleitung unter den genannten Bedingungen typischen Merkmale sind zum Beispiel die folgenden:

- die Orientierung der Leitung von Wirtschaftseinheiten auf einen Ablauf, bei dem die wissenschaftlich-technische Höherentwicklung des Produktionsniveaus als Kern der wachstumsorientierten Entwicklung wirtschaftlicher Prozesse wirkt;
- die komplexe Sicht der Leitung wirtschaftlicher Entwicklungen über alle Phasen der betrieblichen Reproduktion hinweg – von der Vorbereitung über die Durchführung der Produktion bis zur Anwendung ihrer Ergebnisse – unter Beachtung der Tatsache, daß in allen Phasen der tragende wissenschaftlich-technische Kern der Entwicklung einen ökonomisch orientierten Reifeprozeß durchlaufen muß, für den die beteiligten Bereiche eine hohe Verantwortung tragen;
- die Durchsetzung von Normen der Leitungstätigkeit, welche das wirtschaftliche Wachstum auf der Basis wissenschaftlich-technischer Resultate mit sozialökonomischen Fortschritten im Betrieb, Kombinat und Territorium sichern helfen;
- die Herausbildung von Leitungsaufgaben, welche die schöpferische Arbeit von Kollektiven und des Einzelnen fördern;
- die Entwicklung von Leitungsbeziehungen, die das Tempo des wirtschaftlichen Wachstums durch optimale Kooperationsbeziehungen über alle Phasen der Reproduktion hinweg so unterstützen, daß das effektivste Gesamtergebnis zum Maßstab für alle Partner wird.

Modifikation der Leitungsbeziehungen im Neuerungsprozeß

Allen hier genannten Aspekten der Leitung von Neuerungsprozessen ist gemeinsam, daß sie durch eine Reihe von Einflußgrößen stark modifiziert werden. Die praktische Gestaltung der Leitungsbeziehungen wird deshalb außerordentlich vielfältig sein. Aus der Untersuchung von realen Leitungsaufgaben in den Betrieben und Kombinaten ergeben sich folgende wesentliche Einflußgrößen:

Erstens ist die Art von Neuerungsprozessen sehr unterschiedlich. Das resultiert nicht nur aus der differenzierten Einbeziehung von Industriezweigen in revolutionäre und evolutionäre Entwicklungen von Wissenschaft und Technik mit ihren Konsequenzen für Intensität und Ausbreitungstempo, sondern wird ebenso von der Herkunft der Neuerungen beinflußt. Sie können aus eigenen Leistungen des Kombinates hervorgehen, aus kooperierten Leistungen oder in importierten Ausrüstungen und Materialien enthalten sein, in denen die Innovation bereits materielle Gestalt angenommen hat. Jede dieser unterschiedlichen Bedingungen äußert sich in Leitungskonsequenzen, die vor allem den Aufwand und die Einordnung von Potentialen betreffen.

Zweitens gehen entscheidende Modifikationen von dem Investitionstyp sowie damit verbunden von der Größe und dem Umfang des Neuerungsprozesses aus. Neubau oder Rekonstruktion wesentlicher Fonds des Kombinates oder Rationalisierung einzelner Anlagen und Ausrüstungen oder Kombinationen davon – zum Beispiel auch bei laufender Produktion – sind auf unterschiedliche Weise und mit sehr differenzierter Intensität durch Investitionen abzusichern. Daraus folgen Konsequenzen für die Wirtschafts- und Leitungsorganisation, die ebenfalls wieder davon abhängen, ob und in welchem Maße Potentiale des eigenen Wirtschaftsbereiches beziehungsweise kooperierte Realisierungspotentiale zur Verfügung stehen.

Drittens wird der Neuerungsprozeß in seinen Leitungsschwerpunkten beeinflußt von der Veränderung in den Anforderungen an Materialien und Energien, wobei wiederum die Art des Zugriffs, die Verfügbarkeit und Umstellungen in der Zuführung unterschiedliche Auswirkung haben.

Viertens gilt die gleiche Abhängigkeit für die Veränderung in den Anforderungen an das gesellschaftliche Arbeitsvermögen, sowohl was die Zahl der verfügbaren Arbeitskräfte als auch die notwendige Qualifikation betrifft. Hier ergeben sich insbesondere auch Leitungskonsequenzen hinsichtlich territorialer Anforderungen, sozialer Beziehungen innerhalb der Kollektive bis hin zu Fragen des Arbeitsinhalts und der Persönlichkeitsentwicklung.

Aus der Aufzählung einiger der wichtigsten Modifikationen durch Einflußfaktoren auf die Leitungstätigkeit bei Neuerungsprozessen läßt sich erkennen, daß mit einer voreiligen „Typisierung" von Neuerungsprozessen kaum praktikable Schlußfolgerungen für die Leitung und Planung erreicht werden können. In jedem konkreten Falle kommt es vielmehr darauf an, die entscheidenden Einflüsse zu ermitteln und davon ausgehend eine Art Rang- und Reihenfolge solcher Faktoren aufzustellen, mit dem Ziel, die Schwerpunkte der Leitungstätigkeit zu erkennen und den Leitungsaufwand zu optimieren. Es bleibt also unumgänglich für jeden Leiter, nach einer gründlichen Analyse der Leitungssituation aus eigener Sicht die konkreten Bedingungen ins Verhältnis zum notwendigen Leitungsaufwand zu setzen. Letzten Endes stellt die Leitungsaufgabe immer eine außerordentlich differenzierte Bewältigung sowohl einer internen Arbeitsteilung (innerhalb des Betriebes und Kombinates) als auch der externen Arbeitsteilung zwischen den Kombinaten und im internationalen Maßstab dar. Verallgemeinert man die Erfahrungen von Leitern aus erfolgreichen Wirtschaftseinheiten, so bestätigt sich, daß sie die qualitative Höherentwicklung des Reproduktionsprozesses als komplexe Aufgabe von Erneuerung, Modernisierung und sozialer Verbesserung zu erreichen versuchen. Aus ihren Leitungserfahrungen ergibt sich, daß auch die Konzeption des komplexen Neuerungsprozesses für den Betrieb mehr ist als die Summe von Konzeptionen seiner einzelnen Reproduktionsbereiche, die nachträglich zusammengesetzt werden. Diese Leitungserfahrungen, die in Kombinaten und Betrieben mit erfolgreichen Neuerungsprozessen gesammelt worden sind, lassen eine Reihe von unterschiedlichen Schwerpunkten erkennen, die im Leitungsprozeß zusammengeführt werden müssen. Sie umfassen:

- verschiedene Leitungsbereiche und -stufen und ihre Zusammenarbeit
- verschiedene Kooperationspartner und ihre rechtzeitige Einbeziehung
- verschiedene Zeitabschnitte der Entwicklung und ihre effektive Verkürzung
- verschiedene Wissenschaftsgebiete und ihr Zusammenwirken
- verschiedene Interessenlagen der beteiligten Kollektive
- verschiedene Organisationsformen des Prozeßablaufs und der Kollektivbeziehungen.

Sie stehen untereinander in enger Wechselbeziehung und treten deshalb in der praktischen Leitungstätigkeit niemals isoliert in Erscheinung. Um so nachdrücklicher gilt die Forderung an die Leitungswissenschaft, die Optimierung des Gesamtprozesses nicht allein den empirisch erworbenen Fähigkeiten des einzelnen Leiters zu überlassen, sondern fundierte Zusammenhänge aufzudecken, die als wissenschaftliche Leitungshilfe mit der persönlichen Führungskunst vereinigt werden können. So kann zum Beispiel bereits eine Reihe von organisatorischen Erfahrungen mit Neuerungsprozessen leitungswisssenschaftlich verallgemeinert werden.

Ausgewählte Schlußfolgerungen für die Leitungstätigkeit bei Neuerungsprozessen

– Ökonomie bestimmt Lösungsweg

Erstens bildet die ökonomische Bewertung der bisherigen Ergebnisse des Betriebes in einer „Situationsanalyse", vor allem der Vergleich der Kosten- und Gebrauchswertentwicklung seiner Produkte mit den fortgeschrittensten internationalen Entwicklungstendenzen, stets den konzeptionellen Ausgangspunkt von Neuerungsprozessen. Darüber hinaus gehören zur Situationsanalyse auch die Ansatzpunkte für soziale Fortschritte im Betrieb.

Zweitens kommt es darauf an, alle Quellen einer möglichen Effektivitätserhöhung über mittel- und langfristige Zeiträume zu erfassen, darunter insbesondere Ausgangspunkte für wissenschaftlich-technische Entwicklungsmöglichkeiten im eigenen Bereich sowie auch bei Kooperationspartnern und Zulieferern. Das gilt um so mehr in Industriezweigen, wo nur ein begrenzter Anteil von neuen Verfahren und Ausrüstungen selbst entwickelt werden kann und der größere Anteil kooperiert oder in Form von hochmodernen Ausrüstungen gekauft werden muß. Daraus folgt, daß auch die Nutzung des „gekauften" wissenschaftlich-technischen Fortschritts hinsichtlich Niveau und Weiterentwicklung rechtzeitig in die Strategie der Neuerungen einzubeziehen ist.

Drittens ist die Analyse der voraussichtlichen Bedarfsentwicklung im Inland und auf den derzeitigen sowie potentiellen Außenmärkten Grundlage konzeptioneller Arbeit. Eine wichtige Rolle spielt dabei die Optimierung des Beitrages zur Erfüllung der Ziele unserer Wirtschafts- und Sozialpolitik, die der Neuerungsprozeß bringen soll. Darin eingeordnet sind auch die sozialen Fortschritte im Kombinat beziehungsweise Betrieb selbst zu sehen.

Viertens bedarf es einer sorgfältigen Untersuchung der voraussichtlichen Ressourcenentwicklung, die dem Betrieb zur Verfügung steht, und zwar in verschiedenen, möglichen Varianten, die sich unterschiedlichen volkswirtschaftlichen Erfordernissen annähern. Hierbei ergeben sich wiederum enge Verflechtungen zu den sozialpolitischen Entwicklungen im Territorium, die rechtzeitig einbezogen werden müssen.

Fünftens entscheidet der Leiter mit einer handhabbaren Neuerungskonzeption bereits über eine Auswahl von objektkonkreten Umsetzungen beziehungsweise Schlufolgerungen für die Ablösung von Produkten und Technologien, insbesondere bei einer relativ langfristigen Entwicklungs- und Realisierungszeit der Hauptprodukte des Betriebes. Damit werden Festlegungen getroffen, die von vielen Leitungsbereichen fundiert werden müssen und gravierend auf sie zurückwirken. Aus diesen Gesichtspunkten folgt der richtige Zusammenhang von ökonomischer Zielstellung der Wirtschaftseinheit und Wahl der wissenschaftlich-technischen Lösungswege für geplante Neuerungsprozesse. Grundsätzlich gilt, daß ein ökonomisches Ziel stets das Primat hat und auf unterschiedlichen wissenschaftlich-technischen Wegen einer Lösung zugeführt werden kann. Welcher Weg zum optimalen Ergebnis führt, ist nur schrittweise erkennbar. Deshalb gehört zur Erhöhung der ökonomischen Wirkung von Wissenschaft und Technik stets die Forderung, mit Varianten zu arbeiten und zu rechnen, was man aber in der Praxis noch selten antrifft.

Die wissenschaftlich-technische Lösung wird zu früh auf einen ganz konkreten Weg festgelegt und Entwicklungs- und Projektierungsvarianten gehören noch nicht zum Allgemeinbild der Vorbereitung. Man scheut den relativ hohen Aufwand, den die Erarbeitung und Bewertung von Varianten erfordert und zwar mit der Begründung, daß es an Forschungs- und Entwicklungskapazität beziehungsweise Projektierungskapazität fehlt. Die Folge solcher unvarianten Bearbeitung ist stets im ökonomischen Bereich wiederzufinden und stellt sich gewöhnlich als Verlust dar, der den Aufwand für eine Variantenbearbeitung sowohl hinsichtlich der Zeit als auch der materiellen Fonds weit übertrifft.

Nachträglich wird das ökonomische Resultat des wissenschaftlich-technischen Lösungsweges als die einzige Realisierungsmöglichkeit angesehen und die Differenz zwischen dem angestrebten ökonomischen Ziel und dem tatsächlichen Erreichten als unvermeidbar betrachtet. Die umgekehrte Herangehensweise, nämlich das ökonomische Ziel als ein unter allen Umständen zu Erreichendes anzusehen und in den wissenschaftlich-technischen Lösungswegen unterschiedliche Varianten zuzulassen, erweist sich, wie auch internationale Erfahrungen lehren, letzten Endes als die aufwandssparendste Herangehensweise.

– *Generationswechsel von Technologien*

Einen Kern des Problems bildet der Generationswechsel der Technologie, also die ökonomisch günstigste Festlegung von Einsatzpunkt, Produktivitätsniveau und Effektivitätsverbesserung, mit denen Verfahren, Ausrüstungen und Produkte einander ablösen, wobei auch die konkreten Verhältnisse unter denen produziert wird, eine ständige Vervollkommnung erfahren müssen. Dynamik und Ausmaß dieser Aufeinanderfolge weiterentwickelter oder völlig neuer Technologien werden ganz entscheidend davon beeinflußt, wie effektiv die gegebene materiell-technische Basis ausgenutzt und durch Rationalisierungsschritte bis an die Grenze ihrer Leistungsfähigkeit gebracht wird. Stets verlangt die Ablösung einer alten Technologie durch eine neue nicht nur wissenschaftlich-technische Leistungen auf höherem Produktivitätsniveau, sondern einen – mitunter beträchtlichen – Mittelvorschuß, der von der Gesellschaft nur auf der Basis vorhandener Ausrüstungen und anderer Fonds erwirtschaftet werden kann. Diese vorhandenen Technologien einschließlich der Arbeitsbedingungen so zu verbessern, daß alle Produktivitätsreserven optimal erschlossen werden, sowie dafür zu sorgen, daß die Ablösung durch neue Technologien zum ökonomisch günstigsten Zeitpunkt stattfindet, bildet ein Grundanliegen der Strategie von Neuerungsprozessen im Betrieb beziehungsweise Kombinat. Sie ist eingeordnet in die genaue Erforschung der Bedarfsentwicklung beziehungsweise der Absatzmärkte, auf denen sich die Erzeugnisse gegenüber dem ökonomischen Druck der Konkurrenzproduktion behaupten müssen, und diese Strategie unterliegt den volkswirtschaftlichen Bedingungen und Möglichkeiten der Strukturentwicklung.

– *Ablauf- und Ausbreitungsgeschwindigkeit*

Beschränkt man die Aufmerksamkeit der Wirtschaftsführung im Kombinat und den Betrieben zunächst auf das Hervorbringen von Spitzenleistungen, so sind die ökonomischen Auswirkungen im Reproduktionsprozeß noch relativ begrenzt. Die ökonomische Wirkung von Neuerungsprozessen hängt aber in hohem Maße davon ab, wie das Leitungssystem eine rasche Ausbreitungsgeschwindigkeit von Neuerungen gewährleistet.

Forcieren der Ausbreitungsgeschwindigkeit heißt aber für viele Erzeugnisse und Technologien, die Zeitabschnitte der Entwicklungsphasen zu verkürzen. Wie bereits dargelegt, ist dafür der wichtigste Ansatzpunkt die Überlappung von Prozeßabläufen. Für den Planungsablauf hat das zur Folge, daß die erforderlichen Fonds zu einem Zeitpunkt einzuplanen sind, zu dem der Nutzen aus dem Neuerungsprozeß noch nicht immer vollständig überschaubar sein kann. Bei einem sorgfäl-

läufe wird zum Beispiel die Zeitspanne zwischen Abschluß der Erprobung und tatsächlicher Produktion in hoher Stückzahl oder mit großen Anlagenkapazitäten durch eine effektivitätsmindernde Periode belastet, in der zunächst einmal die materiell-technischen Bedingungen für eine ökonomisch-wirksame Ausbreitung der Neuerung in den Plan aufgenommen werden müssen.

Die Forderung nach Verkürzung der Zeitabschnitte insbesondere der Ablauf- und Ausbreitungsgeschwindigkeit trägt Elemente der Unbestimmtheit des Forschungs- und Entwicklungsprozesses in den Planungsablauf hinein. Weil die Ablaufpraxis noch sehr stark von den Bedürfnissen einer eindeutig determinierbaren Produktionsplanung geprägt ist, fehlt in manchen Bereichen der Planungspraxis noch die notwendige Dynamik, die internationale konkurrenzfähige wissenschaftlich-technische Entwicklungen besitzen müssen. Lösungswege ergeben sich auch hier mit der höheren Verantwortlichkeit der Kombinate für ihren Reproduktionsprozeß. Aus der gesamten Strategie von Neuerungsprozessen im Kombinat über längere Zeiträume resultieren volkswirtschaftlich begründete Planansätze für die materiell-technischen Realisierungsanforderungen von kombinatstypischen Neuerungsprozessen, abgestimmt mit Aspekten der langfristigen Konzeption zentraler Organe. Sie sind zwar risikobehaftet – können aber dennoch überschaubare und ausreichend belegbare Normen abgeben. In großen Wirtschaftseinheiten ist also auch das Unsicherheitselement von Neuerungsprozessen besser der Planung zugänglich. Dazu liegen insbesondere in den schon länger existierenden Kombinaten wertvolle Erfahrungen vor. Allerdings wird hier besonders deutlich, wie die Qualität der Lösung in hohem Maße auch von der Vervollkommnung konzeptioneller Arbeit auf zentraler Ebene abhängig wird.

Eine meist unterschätzte praktische Leitungsaufgabe besonderer Art besteht darin, zwischen Vertretern verschiedener Wissenschaftsgebiete eine interdisziplinäre Zusammenarbeit zu entwickeln, die wesentlich zur Verkürzung von Entwicklungszeiten und Verringerung von Aufwandverlusten beitragen kann. Insbesondere in den Forschungs- und Entwicklungsbereichen, aber auch in der Produktion und im Absatz sind *problemorientierte Lösungen erforderlich,* die zwar von vielen Fachdisziplinen getragen werden, aber kein Profil besitzen, welches einer disziplinär ausgerichteten Denk- und Arbeitsweise der beteiligten Fachkader entsprechen würde. Zwar ist in der Regel die Diskrepanz um so geringer, je größer die Berufserfahrung am Arbeitsplatz bereits entwickelt ist, aber für die Einarbeitung von Absolventen spielt gerade diese Seite des Hinzulernens eine große Rolle. Dabei bildet die Nahtstelle zwischen naturwissenschaftlich-technischen Disziplinen und gesellschaftswissenschaftlich-ökonomischen Disziplinen einen Schwerpunkt des Problems.

– *Ökonomische Bearbeitung während der Entwicklungszeit*

Obwohl allgemein anerkannt wird, daß naturwissenschaftlich-technische Aufgaben im Bereich der Industrie stets ökonomische Zielstellungen verfolgen, besitzt die partnerschaftliche Zusammenarbeit zum Beispiel tig eingehaltenen „Nacheinander" solcher Planungsab- von Entwicklungsingenieuren mit „Entwicklungsökonomen" vom Beginn der Arbeiten (Zielsetzung) bis zum Überführungszeitpunkt noch Seltenheitswert. Ähnliches ließe sich von den technischen und ökonomischen Aufgaben im Bereich des Absatzes sagen.

Viele berechtigte Forderungen nach optimaler Umwandlung ökonomischer Vorgaben in technische Aufgaben und die ständige Rückkopplung des Lösungsweges mit den dynamischen ökonomischen Parametern und Randbedingungen der Volkswirtschaft, des Kombinates und des Territoriums lassen sich nur sehr unvollkommen lösen, weil eine sachkundige beziehungsweise beständige Mitarbeit ökonomisch ausgebildeter Kader versäumt und auch unterschätzt worden ist. Mit einer einmaligen ökonomischen Abschätzung von Aufwand und Ergebnis zu Beginn der Arbeiten ist es gerade bei Themen von umfassender Bedeutung nicht getan, wie die regelmäßig auftretenden Abweichungen der geplanten von der tatsächlich erreichten Ökonomie beweisen, die dann fast ausschließlich auf vorher überschätzten Resultaten beruhen. Ein zu Entwicklungsbeginn richtig gewählter technischer Lösungsansatz führt durch ökonomische Veränderungen – (oft in entfernteren Bereichen der Volkswirtschaft, zum Beispiel im Transportwesen, bei mittelbar beteiligten Rohstoffproduzenten oder Zulieferern, im Bereich von mittelbar betroffenen Nutzern, im Umweltbereich sowie auch in ganz anderen Ebenen und Teilbereichen des Reproduktionsprozesses usw.) – zu einschneidenden Umwertungen der gewählten technischen Varianten. Mit Entwicklungsabschluß stellt sich das Ergebnis als „falsch" von der Zielstellung her dar, obwohl es eigentlich an der notwendigen ökonomischen Rückkopplung während des Entwicklungsverlaufes gefehlt hat und aus diesem Grunde die Problemlösung nicht rechtzeitig den veränderten ökonomischen Bedingungen angepaßt worden ist. Zeit- und Aufwandverluste in Größenordnungen sind nicht selten die Folge. Die Leitungstätigkeit im Neuerungsprozeß muß viel stärker davon ausgehen, daß diese Art von Verlustursachen aus veränderten ökonomischen Bedingungen nicht mehr als „Ausnahmen" abgetan werden können. Vielmehr kann es als normal gelten, daß sich das ökonomische Umfeld eines technischen Entwicklungszieles verändert und deshalb der Entwicklungsweg nicht nur der ingenieurtechnischen, sondern auch der ständigen ökonomischen Bearbeitung bedarf. Aus dieser Situation erwachsen Leitungsanforderungen an die rechtzeitige Zusammenführung und Profilierung von Kadern in vielen Bereichen des Betriebes.

Darüber hinaus muß auch das Bildungswesen stärker auf solche Bedürfnisse der Praxis reagieren und zum Beispiel im Bereich der Wirtschaftswissenschaften nicht allein Ökonomen ausbilden, die sich mit den Resultaten von Neuerungsprozessen als Betriebs- und Volkswirtschaftler, als Außenwirtschaftler usw. beschäftigen, sondern auch einen sachkundigen Entwicklungsökonomen für die partnerschaftliche Mitarbeit an Neuerungen heranbilden.

– *Organisatorische Probleme*

Bei kleineren Vorhaben ist die Einordnung in dauerhafte, arbeitsteilig organisierte Leitungsbereiche von Vorteil, in denen die Bearbeitung gleichartiger Probleme, zum Beispiel auch von verschiedenen Neuerungsvorhaben nach dem Durchlaufprinzip sowie auch parallel erfolgt. Diese Leitungsform sichert unterhalb einer gewissen Größe verschiedener Neuerungsvorhaben eines Kombinates eine hohe Qualität der Ergebnisse bei niedrigem Aufwand und vertretbarer Zeitdauer. Mit zunehmender Größe des Vorhabens verschieben sich die Effektivitätsbedingungen in Richtung einer auftragsorientierten Leitungsform, bei der eine zeitweilige organisatorische Vereinigung wesentlicher Kollektive und Spezialisten unter einer Leitungsverantwortung stattfindet. Der Vorteil resultiert hier vor allem aus einem niedrigen Koordinierungsaufwand für Teilleistungen und einer größeren Autonomie der vereinigten Teilstrukturen gegenüber Störeinflüssen während des Prozeßablaufes. Allerdings bedarf diese Leitungsform tatsächlich einer bestimmten Autonomie innerhalb des Kombinates, wenn über die vielfältigen Einflüsse operativer Tagesforderungen hinweg der Neuerungsprozeß bis zur Produktionsanwendung im erforderlichen Tempo reifen soll. Auf der anderen Seite gehört dazu eine straffe Lenkung und Kontrolle seitens des Generaldirektors beziehungsweise Betriebsdirektors, der sich zum Beispiel auch – je nach Umfang und Wertigkeit für den gesamten Reproduktionsprozeß – den Auftragsleiter direkt unterstellen wird.

Zu den wichtigsten Erfahrungen erfolgreicher Kombinate, die bereits heute Fertigerzeugnisse mit Spitzenniveau anbieten, gehört die Erkenntnis, daß Neuerungsprozesse mit hohem Kooperationsanteil nur dann erfolgreich geleitet werden können, wenn die Kooperationspartner und Zulieferer bereits in der Phase der konzeptionellen Vorbereitung in das Gesamtvorhaben aktiv einbezogen werden. Das erfordert zum Beispiel im Bereich von Kombinaten der Grundstoffindustrie, den Vorlauf der konzeptionellen Arbeit gegenüber dem Apparate- und Anlagenbau sowie anderen Bereichen des Maschinenbaus von Anfang an zu verbinden mit Fragen der sozialistischen Gemeinschaftsarbeit der beteiligten Partnerkollektive einschließlich einer leistungsfördernden Stimulierung.

Arbeitsteilung und Kooperation bei der Leitung von Neuerungsprozessen verstärken sich nicht weniger umfangreich innerhalb der verschiedenen Reproduktionsbereiche eines Kombinates und eines Betriebes. Beispielsweise verändert sich der Beitrag zur Ideenfindung für Fertigerzeugnisse stark in Richtung jener Leitungsbereiche, die unmittelbar mit dem Markt konfrontiert sind, also der Absatz- und Vertriebsabteilungen. Hier ist ein großer Nachholebedarf in der Leitungsarbeit zu bewältigen.

– Motivation und Bewertung der beteiligten Kollektive

Die *Befähigung der Führungskader zur Motivation aller beteiligten Kollektive* und zur Optimierung sozialer Beziehungen bei der Konzipierung und Durchsetzung von Neuerungsprozessen ist ein weiterer integrierender Bestandteil der Leitungstätigkeit, mit dem über Güte, Ablaufgeschwindigkeit und Inhalt von Neuerungsprozessen entschieden wird. Motivation für hohes Engagement, für Identifikation mit der gestellten Aufgabe sind bekanntlich unabdingbare Voraussetzung einer Spitzenleistung in Wissenschaft und Technik, die im Neuerungsprozeß zum ökonomischen Ziel entscheidend beiträgt. Doch diese Motivation wirkt auf die Dauer nur in einem Arbeitsklima, welches sachliche Auseinandersetzungen um optimale Lösungen ebenso fördert, wie Achtung vor der Meinung des anderen, Aufnahmebereitschaft für unvollkommene Lösungsansätze und Anregungen. Bei der Leitung von Neuerungsprozessen spielt die Bewertung von kreativen Leistungen eine besondere Rolle. Abgesehen davon, daß gleiche Bewertungskriterien für unterschiedliche Kollektive im Betrieb, zum Beispiel in der Produktion und in Forschung und Entwicklung ohnehin zu Effektivitätsverlusten führen würden, steht vor den produktionsvorbereitenden Abteilungen zusätzlich noch die Schwierigkeit, daß vergleichbare Bewertungsmaßstäbe noch einigermaßen gefunden werden können für die erfolgreiche Durchführung einer festgelegten Aufgabe. Aber die entscheidende Arbeit, die in der Auswahl der richtigen Ziel- und Aufgabenstellung steckt, bietet wenig Ansatzpunkte für eine qualifizierte Bewertung. Das Problem ist nur mit Hilfe der Sachkunde und Urteilsfähigkeit des Leiters zu lösen. Seine subjektive Einschätzung ist hierbei unentbehrlich, was übrigens unter anderem auch ein Grund dafür ist, daß die Leiter von Neuerungsprozessen ihre Aufgaben gegenüber den beteiligten sozialistischen Kollektiven nicht ohne tiefere Sachkenntnis von der Spezifik des geleiteten Prozesses gerecht werden können.

Die effektive Leitung von Neuerungsprozessen stellt also zunehmende Anforderungen an alle Leiter, aber auch zunehmend an alle Werktätigen. Die Entwicklung effektiver Beziehungen zwischen Leiter und Kollektiv werden immer zwingender zu einer wesentlichen Bedingung für die schöpferische Tätigkeit im Sozialismus.

F. Macher/F. Mielke

Zu einigen Problemen beim Einsatz und der Nutzung des Arbeitsvermögens in automatisierten Fertigungskomplexen mit Industrierobotertechnik (IRT)

Die seit Mitte der 70er Jahre erkennbare stärkere Hinwendung auf die Bearbeitung arbeitswissenschaftlicher Problemstellungen, die mit der Automatisierung als einem grundlegenden Prozeß der Produktivkraftentwicklung verbunden sind, hat mit den daraus resultierenden Ansprüchen die interdisziplinäre Orientierung der Arbeitswissenschaften und damit ihre Leistungsfähigkeit deutlich vorangebracht. Höhere Komplexität der Forschungsansätze und der Zuwachs im Bereich des Sach- und Methodenwissens wirkten sich fördernd auf die Bereitschaft der Leiter und Fachkader in den produktionsvorbereitenden Bereichen der Kombinate und Betriebe aus, anwendungsbereite arbeitswissenschaftliche Erkenntnisse in konstruktive, technologische, produktions- und betriebsorganisatorische Lösungen zu integrieren.

Dies trifft auch zu für die angespannten Arbeiten zur Verwirklichung der Direktivziele für den Industrierobotertechnik-Einsatz[1] in allen Bereichen und Zweigen der Volkswirtschaft. Allerdings ist hier erneut sichtbar geworden, wie wichtig die rechtzeitige Einbeziehung der Arbeitswissenschaftler bereits in die konzeptionellen Arbeiten bei der Vorbereitung der Einsatzfälle im Maßstab der Kombinate ist und wie nachteilig sich entsprechende Versäumnisse auf die Ergebnisse auswirken können. Bekanntlich werden die vorgegebenen Kriterien für die Arbeitskräftefreisetzung und die Rückflußdauer noch nicht in jedem Fall erreicht. Überdurchschnittliche Ergebnisse in ökonomischer und sozialer Hinsicht wurden vor allem dort realisiert, wo

1. bei der Erarbeitung der Einsatzkonzeptionen konsequent auf eine komplexe Begründung geachtet, die Umgestaltung der Arbeitsprozesse in den Vordergrund gestellt und davon ausgehend die Vorbereitung der einzelnen Einsatzfälle eng mit der Durchsetzung arbeitswissenschaftlicher Anforderungen verbunden worden ist, und
2. mit dem Industrierobotertechnik-Einsatz in bestehenden Produktionsprozessen „Automatisierungslücken“ geschlossen wurden, die Sicherung der Proportionalität und Kontinuität in vor- beziehungsweise nachgelagerten Prozeßstufen nicht problembehaftet war und unter diesen Bedingungen das technische Potential direkt in eine angemessene Arbeitskräftefreisetzung transformiert werden konnte.

Die Gründe für Nichterreichen der Durchschnittszielstellung für die Arbeitskräftefreisetzung bei verschiedenen Einsatzfällen – darunter auch bei prozeßflexibler Industrierobotertechnik – sind wesentlich vielschichtiger. Dabei ist es oft nicht einer fehlenden Tragfähigkeit der Lösungsansätze an sich geschuldet, sondern auf unvollständige Beherrschung tangierender Prozeßbedingungen, auf Schwierigkeiten, Proportionalität und Kontinuität in vor- beziehungsweise nachgelagerten Prozeßstufen zu gewährleisten, teilweise auch auf ungenügende zeitliche Auslastung zurückzuführen. Manches wird noch korrigiert werden können – generell aber ist der Schluß zu ziehen, daß sowohl bei der Ausarbeitung der strategischen Orientierungen in den Wirtschaftseinheiten als auch bei der Vorbereitung und Realisierung der einzelnen Einsatzfälle vom komplexen Herangehen von Anbeginn an alles abhängt, wobei die arbeitswissenschaftlichen Aspekte ihren festen Platz haben.

1. Zur Analysenarbeit und zur Ausschöpfung ihrer Ergebnisse

Die bisherigen Einsatzerfahrungen zeigen, daß Bedingungen für einen „bedienerlosen“ Einsatz der Industrierobotertechnik – ohne von vornherein zulässige Relationen von Aufwand und Ergebnis zu gefährden – gegenwärtig nur bei einem relativ kleinen Anteil der Einsatzfälle geschaffen werden können. Da somit eine Identität „Industrieroboter-Einsatzplatz gleich eingesparter Arbeitsplatz“ in der Regel nicht erreicht wird, besteht weiterhin die Aufgabenstellung, eine hohe Nutzung des Arbeitsvermögens derjenigen Werktätigen sicherzustellen, die in automatisierten Fertigungskomplexen mit Industrierobotertechnik noch eingesetzt werden müssen.

Zur Klärung der hierzu notwendigen Bedingungen ist eine differenzierte und präzise Analysenarbeit unerläßlich. Aus partieller arbeitswissenschaftlicher Sicht muß sie sich erstrecken auf

1. eine umfassende Beurteilung der Automatisierungsnotwendigkeit und damit im Zusammenhang auf die Erstellung von Rangfolgen, damit die verfügbaren Kräfte und Mittel auf Schwerpunkte konzentriert werden können,
2. die Erkundung von Rahmenbedingungen für einen effektiven Einsatz des Arbeitsvermögens in Verbindung mit den Lösungsalternativen und die Fixierung von Forderungen für festzulegende Arbeitsaufgaben,
3. die Anforderungen und Bedingungen für die Gewährleistung der Arbeitssicherheit und
4. die Vorbereitung von Leistungskennzahlen und zweckmäßigen Lohnformen, die das materielle

Interesse aller beteiligten Werktätigen auf eine hohe Auslastung und Produktionsausbringung lenken.[2]

Man muß dabei unterstreichen: Das Erreichbare wird vorentschieden durch die Qualität der strategischen Orientierungen in den Industriebereichen und Kombinaten. Hier kann die Analysenarbeit nicht gründlich genug sein, hier Versäumtes kann später nicht mehr kompensiert werden. Angesprochen ist damit das Problem der Beurteilung der Automatisierungsnotwendigkeit unter dem speziellen Gesichtspunkt der Aufwandsbindung an lebendiger Arbeit in den einzelnen Prozessen oder auch der Leistungsentwicklung insgesamt, selbstverständlich bei Beachtung der gegebenen Niveaus der Arbeitsanforderungen und der Arbeitsbedingungen, bilanziert mit den Möglichkeiten, die die Industrierobotertechnik bietet beziehungsweise in naher Zukunft bieten wird. Wenn die Einsatzkonzeptionen der Präzisierung bedürfen, dann besonders in dieser Beziehung. Natürlich gab es und gibt es hierfür unterschiedliche Voraussetzungen in den Wirtschaftseinheiten, natürlich verfügen diejenigen Wirtschaftseinheiten über gewichtige Vorteile, die sich vorher leistungsfähige Dateien aufgebaut und den nicht geringen Aufwand hierfür, verbunden mit der Einführung der Arbeitsplatzstammkarten, mit der Erfassung und Bewertung von Arbeitserschwernissen und Gefährdungen, nicht gescheut haben. Das zahlt sich aus, nicht nur bei der Industrierobotertechnik als einer aktuellen Aufgabe. Darauf gestützt war es zum Beispiel in der Elektroindustrie möglich zu begründen, daß zirka 65 Prozent aller Einsatzfälle auf Bestückungs-, Montage- und Beschickungsprozesse konzentriert werden müssen und so etwa 45 Prozent der planmäßig abzubauenden Arbeitserschwernisse sowie 41 Prozent der anspruchsvoller zu gestaltenden Tätigkeiten für den Zeitraum bis 1985 abgedeckt werden können.[3]

Die effektive Nutzung des notwendig einzusetzenden Arbeitsvermögens im konkreten Einsatzfall wird wesentlich vom Niveau der Arbeitsaufgaben bestimmt. Wünschenswert ist zweifellos, daß entsprechende Festlegungen bereits in Verbindung mit der Auswahl der zweckmäßig einzusetzenden Industrierobotertechnik getroffen werden. In der Realität stehen dem jedoch bedeutende Schwierigkeiten entgegen. So wird über einzelne Systemkomponenten der Industrierobotertechnik-Einsatzlösungen – sofern es sich nicht um typisierte Lösungen handelt – zu unterschiedlichen Zeitpunkten der Vorbereitung entschieden. Besonders die Peripherie ist davon betroffen, die bei prozeßflexiblen Lösungen bedeutenden Einfluß auf die Arbeitsaufgaben hat. Folglich steht die Festlegung der Arbeitsaufgaben am Ende eines mehrstufigen Prozesses, der im Grenzfall bis in die Realisierungsphase hineinreichen kann.

Um so mehr kommt es darauf an, daß aus Prozeßanalysen und aus speziellen Tätigkeits- und Zeitaufwandsstrukturanalysen wesentliche Bestimmungsstücke für ein Kalkül der erst später im Detail festzulegenden Arbeitsaufgaben und auch Restriktionen für diese zusammengefaßt werden. Das sind zum Beispiel

- Vorgangsart-Zeitaufwand-Struktur des Arbeitsprozesses und Weg-Zeit-Struktur des Erzeugnisdurchlaufs,
- Dauer, Häufigkeit und Ursachen von Diskontinuitäten, besonders in der Folge der Arbeitsgänge/Arbeitsverrichtungen,
- Angaben zur Dauer und Häufigkeit des Auftretens arbeitsteilig und prozeßbedingter Wartezeiten als Reserven für die Erhöhung des Freisetzungseffektes und anderes mehr.

Auf diese Weise werden gestaltungsrelevante Ansatzstellen erfaßt und es ist mit Einschränkungen möglich, Anforderungen an die Arbeitsstrategien der Werktätigen bei bestimmten möglichen Varianten der innerbetrieblichen Arbeitsteilung zu ermitteln.

Diese Analysen führen damit zu Aussagen, die in ihrer Bedeutung über die Gestaltung der Arbeitsaufgaben hinausgehen und nützlich sind zum Beispiel für die Abschätzung des erwartbaren Niveaus der Arbeitsanforderungen, für die Gefährdungsanalyse und weitere Aufgaben.

Für die Durchführung dieser Analysen sind heute – das sei noch angefügt – ungleich bessere Bedingungen gegeben als noch vor zwei bis drei Jahren. Eine große Anzahl bewährter Einsatzfälle mit stabilen Betriebsparametern erlaubt zuverlässige Datengewinnung und eine höhere Übertragbarkeit von Einzelerkenntnissen. Auf die Extrapolation von Analysenergebnissen aus dem Ist-Zustand vor dem Industrierobotertechnik-Einsatz kann heute mehr und mehr verzichtet werden.

2. Zur Gestaltung von Arbeitsaufgaben

Die Gestaltung der Arbeitsaufgaben stützt sich insgesamt noch nicht auf ein theoretisch fundiertes Regelwerk. Geht man vom Tätigkeitsbild der vormaligen Maschinenbediener als Normal aus beziehungsweise von den Arbeitsaufgaben vor Industrierobotertechnik-Einsatz, dann ist generell ein Rückgang der aktiven Arbeitshandlungen, verbunden mit strukturellen Veränderungen der einzelnen Tätigkeitsbestandteile, zu verzeichnen. Sichtbarer Ausdruck ist eine starke Zunahme des Anteiles von Zeiten ohne objektiv begründetes Tätigkeitserfordernis an der Schichtarbeitszeit. Die Bemühungen laufen deshalb darauf hinaus, durch günstige Prozeßlösungen und durch arbeitsorganisatorische Maßnahmen diese Zeitanteile in Tätigkeitszeiten zurückzuverwandeln und dadurch möglichst den Freisetzungseffekt zu vergrößern. Dazu wird überwiegend der Erweiterung der Arbeitsaufgaben als Lösungsweg der Vorzug gegeben.

Die dominierende Variante ist dabei die Kopplung mehrerer vormals selbständiger Arbeitsaufgaben im Sinne der individuellen Mehrstellenarbeit beziehungsweise Mehrmaschinenbedienung, seltener in der Form der kollektiven Mehrmaschinenbedienung, obwohl deren Überlegenheit im Vergleich zur individuellen Mehrmaschinenbedienung nachgewiesen wurde.[4] Hier kommt in den meisten Fällen zum Tragen, daß für die Auslegung der Mehrmaschinenbedienung auf bekannte und bewährte Arbeitsgrundlagen zurückgegriffen werden kann und auf die Prüfung weitergehender Ansätze aus diesem Grunde meist verzichtet wird.

Die vielfach durchaus mögliche Bereicherung der Arbeitsaufgaben durch Anlagerung zusätzlicher Arbeitsfunktionen, die dem Arbeitsfortschritt dienen, ursprünglich jedoch nicht zur Aufgabe des Bedieners gehörten, an die reduzierte Arbeitsaufgabe des Bedieners, beginnt sich erst durchzusetzen. Der Herkunft nach handelt es sich bei den zusätzlichen Arbeitsfunktionen um Teilaufgaben aus produktionssichernden Prozessen, wie TUL-Aufgaben, Material und VWP-Disposition, Vornahme von Programmkorrekturen, teilweise auch selbstständiges Programmieren, Einleitung qualitätssichernder Korrekturen, so daß Neufestlegungen auch in diesen Prozessen zwangsläufig folgen müssen. Daher stellt dieser Lösungsweg einen weitaus umfassenderen Eingriff in die innerbetriebliche Arbeitsteilung dar, so daß der erwartbare Nutzen im Verhältnis zum höheren Vorbereitungsaufwand sorgfältig abgeschätzt werden muß.

Der höhere Vorbereitungsaufwand erklärt sich daraus, daß

- die Kombinationsfähigkeit der Herkunft nach heterogener Arbeitsfunktionen aus der Sicht des technologischen Prozesses mit einem Rest stochastischer Eingriffe sowie des notwendigen Zeitaufwandes für ihre Durchführung zu analysieren ist,
- die heterogene Herkunft kombinationsfähiger Arbeitsfunktionen eine verläßliche Einschätzung der resultierenden Beanspruchungssituation für den Betriebspraktiker im allgemeinen nicht zuläßt.

Damit sind zugleich Aufgaben gewiesen, mit deren Lösung durch Arbeitswissenschaftler die Durchsetzung solcher Lösungen entschieden gefördert werden kann.

Zeiten ohne objektiv begründetes Tätigkeitserfordernis, die bei der Analyse der Arbeitszeitnutzung in automatisierten Fertigungskomplexen mit Industrierobotertechnik zu beobachten sind, werden in der Betriebspraxis noch oft als „Kontroll-“ beziehungsweise „Überwachungszeiten“ kaschiert. Die Größenordnungen der Beträge sind eindeutig abhängig von dem qualitativen Niveau der Technik. Mittelwerte weisen bei Untersuchungen an CNC-Industrierobotern etwa den dreifachen Betrag im Vergleich zu NC-Industrierobotern auf. Zugleich ist jedoch festzustellen, daß gegenwärtig keine ausreichenden Möglichkeiten zu einer Objektivierung und damit möglicherweise Eingrenzung bestehen. Die auch anzutreffende Bezeichnung „Kontroll-“ beziehungsweise „Überwachungstätigkeit“ kann deshalb nicht direkt zurückgewiesen werden. Sie wird in den Betrieben mitunter deshalb als latente Zeitreserve mit der Begründung nicht angetastet, sie laufe letzten Endes auf die Eingrenzung des Produktionsrisikos bei mannlosem Betrieb hinaus. Diese Auffassung hemmt damit die Erschließung einer erheblichen Zeitreserve, so daß auf eine technologische Begründung einer notwendigen Überwachungszeit gedrungen werden muß.

In der Projektierung ist darüber zu befinden, welcher der aufgezeigten beiden Lösungswege der vorteilhaftere ist und deshalb beschritten werden soll. Bewertungsaspekte sind dabei einmal das jeweils erzielbare Niveau der Arbeitsanforderungen als auch der Arbeitszeitnutzung.

Für die Bewertung des Inhalts der Arbeit, also besonders unter dem Aspekt der Persönlichkeitsförderlichkeit, ist jedoch die Bewertung im Ergebnis (oder im Kalkül) der Arbeitsaufgabe lediglich ein Anhaltspunkt. Dafür eignen sich spezielle, psychologisch fundierte Bewertungsverfahren. Mit ihnen kann festgestellt werden, welche spezifischen Merkmale im Tätigkeitsprofil den jeweiligen Grad der Persönlichkeitsförderlichkeit beeinflussen.

3. Schlußbemerkungen

Die bei automatisierten Fertigungskomplexen mit Industrierobotertechnik immer stärker hervortretende Notwendigkeit, das Arbeitsvermögen der verbleibenden Werktätigen richtig einzusetzen beziehungsweise zu nutzen, führt in den theoretischen Gedankenführungen und auch in den bisherigen Einsatzerfahrungen zu der bekannten Frage nach den Voraussetzungen, Bedingungen und Prinziplösungen einer weniger tiefen Arbeitsteilung. Über bereits bekannte empirische Lösungsansätze, die aber noch keinesfalls überall, womöglich, bereits benutzt werden und deren breite Verallgemeinerung noch bedeutende Resultate erwarten läßt. Hinausreichende Fortschritte können erst erwartet werden, wenn die Funktionsteilung Mensch–Arbeitsmittel tiefgründiger erforscht und die wechselseitigen Abhängigkeiten zur innerbetrieblichen Arbeitsteilung erfaßt worden sind.

In der innerbetrieblichen Arbeitsteilung, bei ihrer allmählichen Umgestaltung zu effektiveren, weniger tief gegliederten Organisationsformen kann nicht mehr geleistet werden, als insgesamt in der Gestaltung der Summe aller Arbeitsfunktionen beziehungsweise der Aufsummierung der Produkte aus Häufigkeit und Wertigkeit der Arbeitsfunktionen verfügbar ist. Es wird davon ausgegangen, daß die Durchdringung der Funktionsteilung beziehungsweise der Arbeitsfunktionen sich auch als wertvoll erweist

1. hinsichtlich der eindeutigen, zuverlässigen Beurteilung einer Reihe von Arbeitsfunktionen, darunter der Kontrolle und Überwachung,
2. hinsichtlich der Objektivierung der Grenze der tatsächlichen Einflußnahme des Werktätigen auf den Prozeßverlauf beziehungsweise seine Ergebnisse, mit Konsequenzen für die Erarbeitung von Leistungskennzahlen,
3. hinsichtlich gegebener Unklarheiten und daraus resultierender Subjektivismen bei der Handhabung der Kriterien für die Anforderungsarten 1, 2, 5 und 6.

[1] Direktive des X. Parteitages der SED zum Fünfjahrplan für die Entwicklung der Volkswirtschaft der DDR in den Jahren 1981 bis 1985, Berlin 1981.

[2] R. Büst, F. Mielke, Instrumentarien der WAO bei IRT-Einführungsaufgaben konsequenter anwenden, in: Sozialistische Arbeitswissenschaft, 5/1983, S. 411–417.

[3] E. Kruppe, Gestaltung von Arbeitsinhalten beim Einsatz von IRT, in: Sozialistische Arbeitswissenschaft, 6/1982, S. 503–508.

[4] U. Nagel, J. Sachse, Zur Nutzung des Arbeitsvermögens beim Einsatz von Industrierobotern, in: Sozialistische Arbeitswissenschaft, 5/1982, S. 393–404.

G. Friedrich

Zur ökonomischen Verantwortung der Kombinate im Reproduktionsprozeß der Volkswirtschaft

Intensiv erweiterte Reproduktion entsprechend den durch die Wirtschaftspolitik gesetzten Maßstäbe verlangt, wie G. Mittag in seinem Referat anschaulich zeigte, ein Umdenken, ein neues Herangehen in bezug auf viele ökonomische Prozesse. Zentrales Thema ist die Frage (unter theoretischer wie praktischer Sicht), wie die Kombinate ihrer ökonomischen Verantwortung im Reproduktionsprozeß der Volkswirtschaft noch besser gerecht werden können. Drei wichtige Ansatzpunkte möchte ich hervorheben:

1. Die absatz- und exportorientierte Leitung des gesamten Reproduktionsprozesses des Kombinates; sie ist Voraussetzung einer ökonomisch wirksamen Zielbestimmung und Aufgabenstellung für die Erzeugnisentwicklung, schließt die Bereitschaft der raschen Umstellung auf sich verändernde Bedarfsstrukturen, auf Kundenwünsche, auf Markterfordernisse ein und erfordert, ein in Qualität und Sortiment weltmarktgerechtes Produktionsprogramm zu entwickeln, zu produzieren, qualifiziert anzubieten und zu verkaufen – einschließlich aller jener Aktivitäten, wie der Kundenberatung, dem Service, der Ersatzteilversorgung usw., die zu einer guten „Marktpflege" gehören. Eine solche absatzorientierte Leitung erfordert in vielen Kombinaten das Zusammenwirken der Kader in den wissenschaftlich-technischen und den Absatzbereichen wesentlich intensiver zu gestalten – unter anderem, um aus den Ergebnissen der Marktforschung, des Kundendienstes, der wissenschaftlich-technischen Information und Dokumentation, der Konkurrenzanalyse usw. entsprechende Aufgaben der Erzeugnisentwicklung ableiten zu können, um im Zusammenwirken von kaufmännischen und technischen Spezialisten das Auftreten gegenüber den Abnehmern zu verbessern und den Kundendienst wirksamer zu gestalten, um kurzfristig ökonomisch effektive Aufträge für Produkte, die zur Zeit nicht im Sortiment sind, annehmen und realisieren zu können.

2. Die Beherrschung komplexer Neuerungsprozesse und die Beschleunigung des Reproduktionsprozesses; der rasche Übergang von einer Erzeugnisgeneration zur nächsten setzt die Einheit von Erzeugnis- und Verfahrensentwicklung voraus, und die Erfahrungen in nicht wenigen Kombinaten zeigen, daß die Fristen und die ökonomische Wirksamkeit wissenschaftlich-technischer Maßnahmen in nicht geringem Maße vom Niveau der Organisation in der gesamten Phase der Produktionsvorbereitung abhängen. Die Wege zur weiteren Beschleunigung des Reproduktionsprozesses zu untersuchen, ist zweifellos auch ein wichtiges Feld weiterer wirtschaftswissenschaftlicher Arbeit, daß zunächst durch sorgfältige Analysen darüber aufgeschlossen werden muß, wo die hauptsächlichsten Reserven im Zeitverlauf der Reproduktion liegen: in der eigentlichen Produktionsdurchlaufzeit, in der wissenschaftlich-technischen Produktionsvorbereitung, in der Auftragsbearbeitung (von der Vertragsanbahnung bis zur Einsteuerung des Auftrages in die Produktion), in der Materialbestellung und -belieferung und anderes mehr.

3. Die Nutzung aller Quellen, aller Reserven zur Steigerung der Arbeitsproduktivität bei der prinzipiellen Verbesserung des Verhältnisses von Aufwand und Ergebnis; gerade weil Wissenschaft und Technik heute zur Hauptquelle des Effektivitäts- und Leistungswachstums geworden sind, ist es in den Kombinaten unerläßlich, mit klaren und strengen ökonomischen Kriterien und Aufgabenstellungen an die Arbeit von Wissenschaft und Technik heranzugehen. Aber die Verbesserung des Verhältnisses von Aufwand und Ergebnis wird keineswegs durch hohe ökonomische Zielstellungen für Wissenschaft und Technik allein entschieden – sie schließt, wie auch in der Diskussion deutlich sichtbar wurde, kostenkonzeptionelle Arbeit, Kostenkontrolle und damit in Verbindung ein ökonomisch bewußtes Herangehen an Produktionsverbrauch und Selbstkostensenkung an jedem Arbeitsplatz ein. Gerade die mit dem Beschluß zur weiteren Vervollkommnung der Leitung, Planung und wirtschaftlichen Rechnungsführung eingeleiteten Maßnahmen zur Vervollkommnung der Leistungsbewertung, zur engeren Verbindung von Planung und wirtschaftlicher Rechnungsführung sowie zur Gestaltung der Industriepreise sind darauf gerichtet, die Kombinate und ihre Betriebe dazu anzuhalten, exakt ökonomisch zu rechnen und alle Möglichkeiten zur Verbesserung des Verhältnisses von Aufwand und Ergebnis zu nutzen.

Diesen Anforderungen intensiv erweiterter Reproduktion – Beschleunigung des wissenschaftlich-technischen Fortschritts in der Produktion, Reaktionsfähigkeit auf sich verändernde und weiter differenzierende Anwenderbedürfnisse, Konsequenz in der Senkung des Produktionsverbrauchs und in der Ausnutzung vorhandener Ressourcen, Nutzung des gesellschaftlichen Arbeitsvermögens, insbesondere seiner qualitativen Seite für die höhere Veredelung eingesetzter Roh- und Werkstoffe und anderes mehr – ist auch der weitere Prozeß der Vergesellschaftung von Produktion und Arbeit, die weitere Ausprägung des relativ geschlossenen Reproduktionsprozesses im Kombinat untergeordnet. Vor dieser Frage stehen wir praktisch in der Leitung jedes Kombinats. Aber ihre Lösung erfordert auch, sich in der Theorie von veralteten Vorstellungen zu trennen: Der Prozeß der Vergesellschaftung der Produktion verläuft keineswegs so linear, daß die Produktionsmaßstäbe immer nur wachsen, die Serienstückzahlen größer werden, der Betrieb sich auf ein immer enger werdendes Sortiment spezialisiert usw. usf. – ein Blick auf die heutige Wirtschaftspraxis belehrt uns eines Besseren. Auch kann man die Bildung und Entwicklung der Kombinate nicht in ein solches Schema „horizontale oder vertikale Konzentration" pressen, das einem in Diskussionen – national wie international – immer wieder begegnet. Eine solche Schematisierung geht am Wesen dessen, was mit den Kombinaten „kombiniert" wurde, völlig vorbei: Hier handelt es sich ja gerade darum, die Elemente in der ökonomischen Konzentration zu erfassen, die für die ökonomische Effektivität, für die Intensivierung des Reproduktionsprozesses entscheidend sind – alle jene Potenzen für das jeweilige Sortiment von Finalerzeugnissen des Kombinates, die von der Forschung und Entwicklung über die Produktion bis zum Absatz es gestatten, den Reproduktionsprozeß ökonomisch effektiv zu beherrschen und vorausschauend zu gestalten.

Die prinzipiellen Aussagen, die Marx und Lenin über die Wechselbeziehungen zwischen Entwicklung der Produktivkraft und Vergesellschaftung der Produktion treffen, haben gleichermaßen Bedeutung für die Entwicklung der sozialistischen Produktionsweise:

1. Die Vergesellschaftung der Produktion ist ein wesentlicher Faktor der Produktivkraft der Arbeit, sind doch von der Konzentration und Spezialisierung der Produktion, von den Produktionsmaßstäben und der Kombination miteinander verbundener Produktionsprozesse sowohl die Wirksamkeit der eingesetzten lebendigen Arbeit als auch die Fähigkeit der Ökonomisierung der allgemeinen Produktionsbedingungen (hierbei nicht zuletzt die Energie- und Materialökonomie sowie die Fähigkeit zur Nutzung der „Produktionsexkremente", das heißt anfallender Produktionsrückstände und Materialabfälle) abhängig.

2. Arbeitsteilung, die mit ihr verbundene Spezialisierung und Kooperation sowie die Konzentration und Kombination der Produktion sind die Grundkategorien der Vergesellschaftung der Produktion, die sich mit der Höherentwicklung der Produktivkräfte auf stets neuer Stufenleiter entwickeln. „Jede neue Produktivkraft, sofern sie nicht eine bloß quantitative Ausdehnung der bisher schon bekannten Produktivkräfte ist ... hat eine neue Ausbildung der Teilung der Arbeit zur Folge."[1] Konzentration und Spezialisierung der Produktion führen dazu, daß „viele zersplitterte Produktionsprozesse zu einem einzigen gesellschaftlichen Produktionsprozeß verschmelzen"[2], der rationell, im Interesse der Produzenten und im Maßstab der Gesellschaft beherrscht werden muß.

3. Mit der Vergesellschaftung der Produktion, die entscheidend durch die Entwicklung der wissenschaftlich-technischen Grundlagen der Produktion, der Produktionsinstrumente und der Technologien bestimmt wird, wird „auch der Prozeß der technischen Erfindungen und Vervollkommnungen vergesellschaftet".[3]

4. Die sich mit der Vergesellschaftung der Produktion entwickelnden Produktionsmaßstäbe sprengen den nationalen Rahmen, führen mit Notwendigkeit zu einer wachsenden Internationalisierung der Wissenschafts- und Wirtschaftsentwicklung, zur Vertiefung der internationalen Arbeitsteilung.

Im Verhältnis zu jenen von Marx und Lenin analysierten Prozessen der Vergesellschaftung der Produktion tritt heute ein weiteres Moment hinzu: Die Verbindung von Wissenschaft und Produktion – die, wie Marx zeigte, vom Ansatz her der industriellen Großproduktion immanent ist – gewinnt qualitativ neue Züge, und die Vergesellschaftung der Produktion erfaßt den gesamten Zyklus von der Grundlagenforschung über die technische Entwicklung, der Produktion bis zum Absatz. So vollzieht sich gegenwärtig im nationalen wie im internationalen Maßstab eine außerordentliche Beschleunigung des wissenschaftlich-technischen Fortschritts in der Produktion. Neue Erzeugnisse mit höheren Gebrauchseigenschaften und ökonomisch effektivere, technologische Verfahren werden in sich rasch verkürzenden Zeiträumen produktionswirksam, lösen einander ab.

Ein Resultat dieser Entwicklung besteht darin, daß sich in vielen Bereichen der metallverarbeitenden Industrie die Produktionslaufzeit einer Erzeugnisgeneration auf drei bis fünf Jahre verkürzt hat, daß die Fähigkeit, neue Spitzenerzeugnisse rasch produktionsreif zu entwickeln und in hohen Stückzahlen in die Produktion zu überführen, für den Effekt auf dem Außen- und auf dem Binnenmarkt entscheidend wird.

Ein zweites Resultat besteht darin, daß unter dem Einfluß des wissenschaftlich-technischen Fortschritts und dem ökonomischen Zwang, ressourcensparende Lösungen in Produktion und Konsumtion zu finden, eine weitere außerordentliche Differenzierung der Anwenderbedürfnisse eintritt, durch die die Produktionsstückzahlen und die Serienmäßigkeit von Standarderzeugnissen begrenzt wird, die Forderung nach Befriedigung spezieller Kundenwünsche, nach ökonomisch nützlichen Lösungen für den Anwender wachsen. Um diesem Trend ökonomisch entsprechen zu können, gewinnen Lösungen der flexiblen Automatisierung sowie der modulare Aufbau von Erzeugnissen, die weitgehende Standardisierung und Unifizierung von Baugruppen rasch an Bedeutung.

Ein drittes Resultat besteht darin, daß die relativ kurze Serienlaufzeit von Erzeugnissen dazu zwingt, nach einem möglichst kurzen Produktionsanlauf rasch die Maximalhöhe der Produktion zu erreichen, weil es nur so möglich ist, den Fondsvorschuß für das neue Erzeugnis wieder zu erwirtschaften. Aber um das neue Erzeugnis vom Zeitpunkt des Anlaufens der Produktion an in hohen Stückzahlen realisieren zu können, sind eine sorgfältige Marktvorbereitung und eine rationelle Produktionsorganisation notwendig.

Ansprüche, die an die Bereitschaft der Produktion zur Aufnahme neuer Ergebnisse aus der wissenschaftlich-technischen Arbeit und hinsichtlich einer flexiblen Reaktion auf Marktbedingungen und Kundenwünsche gestellt werden, sind mit entsprechenden Konsequenzen für die weitere Vergesellschaftung der Produktion verbunden: Es sind nicht die Produktionsmaßstäbe allein, die über die ökonomische Wettbewerbsfähigkeit entscheiden – Konzentration, Spezialisierung und Kooperation sind den Erfordernissen der raschen Sortimentserneuerung, der schnellen Umsetzung von Ergebnissen aus Wissenschaft und Technik, der flexiblen Reaktion auf Marktbedingungen untergeordnet. Dementsprechend umfaßt die Vergesellschaftung der Produktion heute außerordentlich vielschichtige und differenzierte Prozesse im wissenschaftlich-technischen Vorfeld der Produktion, in der Verbindung von Wissenschaft und Produktion, in der Höherentwicklung der Produktivkräfte in ihrer Gesamtheit und in der weiteren Ausprägung der sozialistischen Produktionsverhältnisse sowie des sozialistischen Charakters der Arbeit. Sie setzt neue Maßstäbe für die Prozesse der sozialistischen ökonomischen Integration im Rahmen des RGW, insbesondere für die internationale wissenschaftlich-technische Zusammenarbeit und die Spezialisierung und Kooperation der Produktion, um den Neuerungsprozeß sowohl vom Tempo als auch von den Dimensionen her entsprechen zu können. Die gesellschaftliche Organisation der Produktion muß der Tatsache Rechnung tragen, daß die Beherrschung von Neuerungsprozessen (die sowohl durch wissenschaftlich-technische Erkenntnisse als auch durch veränderte Markt- und Bedarfssituationen bzw. veränderte Ressourcenlage ausgelöst werden) zur Grundfrage effektiven Wirtschaftens wird. Während in Zeiten relativ ruhiger wissenschaftlich-technischer Entwicklung ein bedeutender Teil des Extragewinns über die Kostendegression bei steigenden Stückzahlen bereits in Produktion befindlicher Erzeugnisse gemacht werden kann, wird bei stürmischer wissenschaftlich-technischer Entwicklung das Niveau wissenschaftlich-technischer Lösungen und das Tempo ihrer ökonomischen Umsetzung zum Hauptfaktor der Effektivität.

Von der Erzeugnis- und Verfahrensentwicklung gehen wesentliche Impulse auf die Veränderung der Arbeitsteilung und Kooperation aus, die Dynamik in der Verflechtung der Produktion nimmt zu, die gegenseitige Abhängigkeit der Produzentenkollektive in ihrer Arbeit und in der Fähigkeit, das Gesetz der Ökonomie der Zeit umfassend durchzusetzen, wächst. Solche Schlüsseltechnologien wie die Mikroelektronik sind nur realisierbar bei einem hohen Stand der Produktivkräfte insgesamt und einer entsprechenden Reaktionsfähigkeit auf wissenschaftlich-technische Anforderungen in allen Bereichen der Volkswirtschaft – der Grundstoffindustrie zur Sicherung der notwendigen Werkstoffe, der Geräteindustrie zur Lieferung jener Ausrüstungen, die für den Entwurf und die Herstellung mikroelektronischer Bauelemente erforderlich sind, der mikroelektronischen Industrie selbst sowie aller Anwenderbereiche.

In allen diesen Prozessen – und das gilt nicht nur für die großen revolutionierenden Schlüsseltechnologien wie Mikroelektronik, Informationstechnik, Robotertechnik, Mikrobiologie und Gentechnik, Kernenergie, es gilt auch für die Vielzahl kleiner, im einzelnen volkswirtschaftlich weniger ins Gewicht fallender wissenschaftlich-technischer Neuerungen – entsteht ein hohes Maß an volkswirtschaftlicher Verflechtung, das es zu beherrschen gilt: Jedes Glied in einer solchen Kette muß seine Leistung bringen, damit das volkswirtschaftliche Endergebnis gesichert werden kann. Aber eine Vielzahl in sich verflochtener Einzelprozesse ist schwer zu beherrschen. Es setzt voraus, daß unmittelbar zusammenhängende Prozesse bei klar abgrenzbarer ökonomischer Verantwortung unter ein einheitliches Kommando gestellt werden: Wirtschaftseinheiten, die über einen relativ geschlossenen Reproduktionsprozeß verfügen und dementsprechend in der Lage sind, volkswirtschaftliche Verantwortung zu tragen. Mit der Bildung und Entwicklung der Kombinate wurde die gesellschaftliche Organisation der Produktion planmäßig und bewußt auf die zu beherrschenden wissenschaftlich-technischen, technisch-ökonomischen und ökonomisch-sozialen Prozesse eingestellt, die für das Erreichen der wirtschafts- und sozialpolitischen Ziele unter den Bedingungen der achtziger Jahre entscheidend sind.

Die Verfügung und Nutzung des gesellschaftlichen Eigentums an den Produktionsmitteln in den Kombinaten entspricht objektiven Erfordernissen der Struktur der Reproduktion und der Höherentwicklung der materiell-technischen Basis der Volkswirtschaft. Die Entwicklung der Kombinate ist ein entscheidender Schritt, das gesellschaftliche Eigentum an Produktionsmitteln für die zunehmende Befriedigung der wachsenden Bedürfnisse der Gesellschaft wirksamer zu machen und zugleich über den relativ geschlossenen Reproduktionsprozeß des Kombinates zusätzliche Effekte in der Mehrung des gesellschaftlichen Eigentums zu gewinnen. Mit der Vergesellschaftung der Produktion werden die sozialistischen Produktionsverhältnisse als Verhältnisse der kameradschaftlichen Zusammenarbeit und gegenseitigen Hilfe der Werktätigen gefestigt. Die Kombinate entwickeln sich als sozialökonomische Einheiten im volkswirtschaftlichen Reproduktionsprozeß, das heißt, zu ihren wesentlichen Merkmalen gehört, daß

- es Kollektive von Werktätigen sind, deren Verantwortung als Produzenten und Eigentümer sich mit wachsenden Produktionsmaßstäben und zunehmender innerer Verflechtung im Kombinat weiter erhöht;
- das Kombinat auf Grund seiner gesamten Struktur günstige Bedingungen bietet, das Bündnis der Arbeiterklasse mit der Intelligenz zu festigen und dies wiederum zum Ausgangspunkt für hohe ökonomische Effektivität im Interesse aller Werktätigen zu machen;
- die im Kombinat durch das Zusammenwirken der Einrichtungen und Betriebe gemeinsam zu lösenden Aufgaben eine gute Grundlage bieten, um den sozialistischen Wettbewerb, das Wetteifern miteinander um beste Arbeitsergebnisse, noch zielstrebiger auf hohe Ergebnisse im volkswirtschaftlichen Reproduktionsprozeß auszurichten;
- es ein wesentliches Anliegen jedes Kombinats ist, mit wachsender Leistungskraft zugleich die Arbeits- und Lebensbedingungen der Werktätigen in den Kombinatsbetrieben ständig zu verbessern und auf diesem Gebiet ein enges Zusammenwirken von Kombinat, Betrieb und Territorium zu gewährleisten;
- es mit der Kraft des Kombinats möglich ist, komplizierte sozialökonomische Prozesse (z. B. die Freisetzung von Arbeitskräften und ihr effektiver Wiedereinsatz, die Erwachsenenqualifizierung entsprechend den Anforderungen zukünftiger Arbeitsplätze) bei Übereinstimmung gesellschaftlicher, kollektiver und persönlicher Interessen zu gestalten.

Der Vergesellschaftungsprozeß ist die Hauptrichtung der Vervollkommnung der sozialistischen Produktionsverhältnisse, weil insbesondere mit der Vergesellschaftung der Produktion die Kollektivität im Arbeits- und Reproduktionsprozeß zunimmt, sich der Charakter der sozialistischen Wirtschaftsführung als planmäßige Leitung gesellschaftlicher Produktion verstärkt und sich objektiv neue Möglichkeiten zur Entfaltung der schöpferischen Kräfte der Werktätigen entwickeln – angefangen von den größeren Dimensionen und der gesellschaftlichen Tragweite ihrer Arbeit über die umfassendere Teilnahme an der Leitung und Planung bis hin zur Verbesserung der Arbeits- und Lebensbedingungen. Die Kombinate sind in Industrie und Bauwesen gegenwärtig die Hauptkettenglieder in diesem Prozeß – wobei ihre Entwicklung verdeutlicht, wie die sozialistischen Produktionsverhältnisse als Bewegungsformen der Produktivkräfte wirksam werden, darauf gerichtet, die materiell-technische Basis der Volkswirtschaft auf ein höheres Niveau zu heben, das Verhältnis von Aufwand und Ergebnis prinzipiell zu verbessern und die Effektivität der Produktion im Interesse der Gesellschaft und jedes einzelnen zu steigern.

[1] K. Marx, F. Engels, Die deutsche Ideologie, in: MEW, Bd. 3, Berlin 1958, S. 22.

[2] W. I. Lenin, Was sind die „Volksfreunde" und wie kämpfen sie gegen die Sozialdemokraten?, in: Werke, Bd. 1, Berlin 1961, S. 169.

[3] W. I. Lenin, Der Imperialismus als höchstes Stadium des Kapitalismus, in: Werke, Bd. 22, Berlin 1960, S. 209.

G. Schmunk

Anforderungen an den sozialistischen Wettbewerb zur Beschleunigung des wissenschaftlich-technischen Fortschritts und zur rationelleren Nutzung des Arbeitsvermögens

Ich möchte zu einigen Fragen und Problemen des sozialistischen Wettbewerbs sprechen.

Der sozialistische Wettbewerb hat in den letzten Jahren auf der Grundlage der Beschlüsse des X. Parteitages der SED und des 10. FDGB-Kongresses auffallend an Qualität gewonnen. Das äußert sich in besserer, ökonomischer, politischer und sozialer Wirksamkeit. Als politische Aktion der Werktätigen bewähren sich der Wettbewerb und die mit ihm eng verbundene Gemeinschaftsarbeit und Neuerertätigkeit sowie der Leistungsvergleich immer stärker als Instrument sozialistischen Wirtschaftens und umfassender gewerkschaftlicher Interessenvertretung.

Diese Entwicklungstendenz hat sich im Karl-Marx-Jahr fortgesetzt.

Was ist unter anderem dafür kennzeichnend?

1. Bei den Wettbewerbsteilnehmern hat sich die *politische Motivation weiter ausgeprägt.* Zielstellungen und Verpflichtungen für eine schnelle und effektive Nutzung wissenschaftlich-technischer Ergebnisse für einen hohen wirtschaftlichen Leistungsanstieg, für die Verbesserung der Wirtschaftlichkeit der Kombinate und Betriebe sowie zur Gestaltung der Arbeits- und Lebensbedingungen erwachsen immer stärker aus der Wahrnehmung der Verantwortung für das Gedeihen unserer Republik, für die sozialistische ökonomische Integration und für die Sicherung des Friedens.
2. *Wettbewerbsverpflichtungen sind eindeutiger auf die Intensivierung und die qualitativen Faktoren des Wachstums gerichtet.* Das wird deutlich an den Zielstellungen, die Arbeitsproduktivität über den Plan zu steigern und auch andere Effektivitätskennziffern zu überbieten, so unter anderem beim Senken des Produktionsverbrauchs, der Kosten, der Steigerung der Fondsauslastung.
3. Die *Verbindung von Plan und Wettbewerb ist enger* geworden. Die Seminare des Zentralkomitees der SED mit den Generaldirektoren der Kombinate und den Parteiorganisatoren des ZK in Leipzig unterstreichen, daß in den Kombinaten und Betrieben verstanden wird, daß der Wettbewerb auch Mittel der Wirtschaftsführung ist. Dadurch erhöht sich die Planwirksamkeit des Wettbewerbs. Das verlangt aber auch in der Wettbewerbsführung durch die Gewerkschaften der Dynamik und Flexibilität des Planes zu folgen, Wettbewerbsbeschlüsse und -verpflichtungen periodisch auf ihre Aktualität zu prüfen. Es gibt dort die besten Ergebnisse der Planerfüllung, wo staatliche Leitungstätigkeit und Initiative im Wettbewerb aufeinander abgestimmt und miteinander verbunden sind.
4. *Leistungsvergleiche und Erfahrungsaustausche haben an Umfang und Qualität gewonnen.* Leistungs- und Leitungsunterschiede konnten teilweise überwunden werden, besonders dort, wo die Leistung der Besten durch das Schaffen entsprechender Voraussetzungen zur Norm aller wurde. Die 8. Bestarbeiterkonferenz Berlins hat dafür Anschauliches beigesteuert. Trotzdem gibt es noch mehr Möglichkeiten in Kombinaten und Betrieben, in Industriezweigen und Territorien, als bisher genutzt werden. Hier liegen Reserven, die ohne größeren finanziellen und materiellen Aufwand erschlossen werden müssen.
5. *Der Wettbewerb wird in den Kombinaten immer komplexer, das heißt auf den gesamten Reproduktionsprozeß des Kombinates orientiert, organisiert und geführt.* Dadurch werden die Kombinatseffekte wirksamer unterstützt.
   Gemeinschaftsarbeit im Komplexwettbewerb bestimmen fortschreitend die Initiativen in den Kombinaten und zum Teil auch schon zwischen ihnen.
   Auf dieser Basis ist der von den Gewerkschaften organisierte sozialistische Wettbewerb auf die Verwirklichung der ökonomischen Strategie, insbesondere auf die Beschleunigung des wissenschaftlich-technischen Fortschritts und die wirtschaftliche Nutzung seiner Ergebnisse, auf umfassende sozialistische Rationalisierung in allen Bereichen der Volkswirtschaft gerichtet. Die Gewerkschaften achten dabei stets darauf, daß das Streben um hohe Ergebnisse immer eng mit der weiteren Verbesserung der Arbeits- und Lebensbedingungen verbunden bleibt.

Die Gewerkschaftshochschule „Fritz Heckert" und der „Wissenschaftliche Rat für Fragen des sozialistischen Wettbewerbs" wird sich aufbauend auf vorliegende Untersuchungsergebnisse bei der weiteren Erfüllung der Beschlüsse des X. Parteitages der SED und in Vorbereitung auf den künftigen Fünfjahrplan der gesellschaftswissenschaftlichen Forschung unter anderem mit folgenden Schwerpunkten beschäftigen:

1. Die positive Entwicklung der Verbindung von Plan und Wettbewerb ist weiter zu fördern.

Darin ist das optimale Zusammenwirken der Gewerkschaftsleitungen und -funktionäre mit den staatlichen Leitern auf allen Ebenen der Betriebe und Kombinate eingeschlossen. Unsere Untersuchungen besagen, daß der Wettbewerb besonders dort an Wirksamkeit gewonnen hat, wo er als Mittel der Wirtschaftsführung und der umfassenden Interessenvertretung genutzt wird. Ein noch nicht immer gut gelöstes, wenn auch schon altes

Problem ist die Qualität der Planaufschlüsselung als Grundlage eines effektiven Wettbewerbs. Besser beherrscht werden muß die Umformung und Übertragung qualitativer Kennziffern des Betriebsplanes in beeinflußbare Kennziffern für die Kollektive und für den einzelnen Arbeitsplatz. Dazu ist es oft unumgänglich, qualitative Kennziffern zu quantifizieren und diese so zu untersetzen, daß sie von den Werktätigen in direkter und meßbarer Weise beeinflußbar sind. Die nicht immer einfache Aufgabe der Ökonomen besteht darin, solche Kennziffern zu erarbeiten, aus deren Synthese beziehungsweise Aggregation sich wiederum qualitative Faktoren oder Kennziffern ergeben, durch deren Erfüllung auf die qualitative Seite des Wirtschaftens entscheidenden Einfluß genommen wird.

2. Der Vervollkommnung der sozialistischen Gemeinschaftsarbeit und ihrer festeren Einbindung in den Wettbewerb, ihrer Nutzung als eine Form des Wettbewerbs ist besondere Aufmerksamkeit zu schenken. Die Beschleunigung des wissenschaftlich-technischen Fortschritts ist ohne interdisziplinäre und interstrukturelle Gemeinschaftsarbeit gegenwärtig nicht mehr oder nur in Einzelfällen möglich. Erfreulich ist, daß sich in den Betrieben und wissenschaftlichen Einrichtungen ein spürbarer Abbau von Ressortdenken bemerkbar macht.
Trotzdem sind Leitungsfragen aus staatlicher und gewerkschaftlicher Sicht, sind Organisierung und Führung des Wettbewerbs in und mit solchen Gemeinschaften nicht unkompliziert. Exakte verbindliche Arbeitsgrundlagen in Form von Arbeitsprogrammen, Arbeitsplänen, Wirtschaftsverträgen, Pflichtenheften und dergleichen sind unerläßlich. Des weiteren sind Fragen der disziplinarischen Unterstellung, des Weisungsrechtes bis zu Problemen der Stimulierung über aufgaben- und leitungsbezogene Entlohnung und Prämiierung zu klären.

3. Einen weiteren *Schwerpunkt* sehen wir in der *vollständigen produktiven Nutzung der Arbeitszeit* und des betrieblichen und individuellen Arbeitsvermögens mit Hilfe des Wettbewerbs und im Kampf um das „Kollektiv der sozialistischen Arbeit".
Die mit der Entwicklung des wissenschaftlich-technischen Fortschritts zunehmende Arbeitsteilung, Kooperation, Spezialisierung und Konzentration der Produktion potenziert die Wirksamkeit des eingesetzten Arbeitsvermögens und führt dazu, daß die produktivitätsfördernden persönlichkeitsbildenden und gemeinschaftsfördernden Wirkungen der kollektiven Arbeit immer mehr ausgeprägt werden und in jeder Stunde Arbeitszeit ein höherer Wertzuwachs erzielt wird. Der Wert jeder Stunde Arbeitszeit nimmt somit ständig zu und hat damit ein größeres volkswirtschaftliches Gewicht. Deshalb sind die Werktätigen noch konsequenter darauf zu orientieren und wirksamer zu stimulieren, die eingesetzten Produktionsmittel und die Arbeitszeit so effektiv wie möglich zu nutzen, um eine entschiedene Senkung der gesellschaftlichen Arbeit zu erreichen. Wissenschaft und Technik müssen zu Arbeitszeiteinsparungen in großen Dimensionen führen. Die staatlichen und gewerkschaftlichen Leitungen sollten verstärkt Sorge dafür tragen, daß die eingesparte Arbeitszeit genutzt wird, um mehr Arbeitskräfte für den Rationalisierungsmittelbau, die Produktion hochwertiger Konsumgüter und für die dreischichtige Auslastung der Maschinen und Anlagen zu gewinnen. Gemeinsam mit der vollen Nutzung der Arbeitszeit und dem produktiven Einsatz der Arbeitskraft ist es unabdingbares Erfordernis der intensiv erweiterten Reproduktion, die qualitative Seite des Arbeitsvermögens weiter zu entwickeln und auszuschöpfen.
Zum bestimmenden Faktor für Produktivität und Effektivität wird mehr und mehr der qualifikationsgerechte Einsatz der Werktätigen, die praktische Anwendung der Kenntnisse, Fähigkeiten, Fertigkeiten und ihrer reichen Erfahrungen. Von ganz entscheidender Bedeutung ist dabei die weitere Entwicklung des sozialistischen Bewußtseins aller Werktätigen zur weiteren Ausprägung der sozialistischen Einstellung zur Arbeit, um die gestellten Aufgaben mit hoher Disziplin und persönlichem Engagement zu lösen.
Gerade im subjektiven Bereich gibt es noch große Reserven für die effektivere Nutzung des Arbeitsvermögens. Dazu bedarf es jedoch einer beharrlichen und überzeugenden politisch-ideologischen Arbeit in jeder Gewerkschaftsgruppe und in jedem Arbeitskollektiv. Die gewerkschaftlichen Leitungen sollten deshalb diesen Problemen größte Aufmerksamkeit widmen und durch ihre Tätigkeit dazu beitragen, daß die effektive Nutzung des gesellschaftlichen Arbeitsvermögens in noch umfassenderer Weise in die kollektiven und persönlichen Wettbewerbsverpflichtungen einbezogen werden.

4. In der Organisierung des Wettbewerbes und der Neuerertätigkeit in automatisierten und bedienarmen Bereichen sehe ich einen weiteren Schwerpunkt. Hier sind Fragen der Arbeitsgestaltung, der Motivation, der sozialen Beziehungen, der Kooperation und der Kommunikation unter anderem gestellt, die sicher nicht ohne Einfluß auf Schöpfertum und Initiative sind.
Ist der Produktionsausstoß noch Maß der Leistung, wie sind vom Bediener die Zuverlässigkeit und die Sicherheit der Systeme beeinflußbar? Wer wird der Wettbewerbspartner sein, die 2. und 3. Arbeitsschicht oder wird es mehr ein Kampf gegen die Uhr? Wie gestaltet sich der Wettbewerb bei Mischformen der Produktion, das heißt beim Bestehen automatisierter Abschnitte und Bereiche in Kopplung mit herkömmlicher Technik? Fragen die der neuen oder überhaupt der Beantwortung harren.
Der 10. FDGB-Kongreß hat dafür die grundlegende Orientierung gegeben. „Die Gewerkschaften werden ihrer gesellschaftlichen Funktion als Interessenvertreter der Arbeiterklasse und aller Werktätigen nur dann vollauf gerecht, wenn sie mit aller Entschiedenheit am Kampf zur Steigerung der Wirtschaftskraft teilnehmen und damit maßgeblich zur Stärkung des Sozialismus und zur Sicherung des Friedens beitragen."[1]

[1] Vgl. Bericht des Bundesvorstandes des FDGB an den 10. FDGB-Kongreß, Berichterstatter: Harry Tisch, in: Dokumente des 10. FDGB-Kongresses, Berlin 1982, S. 14.

H. J. Braun

Aggressivität und Innovation. Neue Erscheinungen der Konzernstrategie in den achtziger Jahren

In der gegenwärtigen Verschärfung aller imperialistischen Widersprüche, insbesondere in der Verflechtung der allgemeinen Krise des Kapitalismus mit der zyklischen Überproduktionskrise, ist der wichtigste Grund für den außerordentlich forcierten Konkurrenzkampf auf den kapitalistischen Märkten zu sehen. Das widerspiegelt sich auch in gravierenden Veränderungen der Konzernstrategien, die mit der Wende von den 70er zu den 80er Jahren zu beobachten sind. Hierzu einige Bemerkungen – vor allem unter dem Gesichtspunkt, daß diese Konzerne unseren Kombinaten in den kapitalistischen Industrieländern und den Entwicklungsländern als Konkurrenten gegenüberstehen. Eines der wichtigsten Ergebnisse der veränderten Konkurrenzbedingungen ist die relative Schwächung der Position großer amerikanischer Monopolgruppen gegenüber den westeuropäischen und insbesondere den japanischen Monopolen. Das ist nicht nur weltweit zu beobachten, sondern trifft auf den amerikanischen Binnenmarkt ebenso zu. Kamen im Jahre 1965 erst 3,9% des US-Binnenumsatzes an Kapitalgütern aus dem Ausland, so waren es 1982 mehr als 16,2%. Bei langlebigen Konsumgütern stieg der Importanteil von 5,7% 1965 auf 15,9% im vorigen Jahr, und auch bei anderen Konsumgütern nimmt er schnell zu.[1]

Man muß in Betracht ziehen, daß bei der Größe des amerikanischen Binnenmarktes hinter diesen relativen Veränderungen bedeutende absolute Veränderungen stehen.

Seit den 70er Jahren haben die USA ein Handelsbilanzdefizit, das 1982 über 40 Mrd. Dollar betrug und für dieses Jahr auf rund 65 Mrd. Dollar veranschlagt wird.[2] Auf dieser Grundlage entwickelt sich insbesondere in den letzten Monaten in den herrschenden Kreisen der USA eine öffentliche Diskussion über die Notwendigkeit, eine sogenannte nationale Industriepolitik zu formulieren und durchzusetzen, also das staatsmonopolistische System stärker zur Abschirmung des Binnenmarktes und zur Unterstützung der Exporte der amerikanischen Monopole einzusetzen. Wie die Dinge sich auch im einzelnen gestalten werden – für die nächsten Jahre ist mit verstärkter staatsmonopolistischer Exportförderung und mit verschärften prohibionistischen Maßnahmen zu rechnen. Ihre Grenze wird diese staatsmonopolistische Intervention natürlich nicht in irgendwelchen „Prinzipien“ finden, die heute in der Diskussion vorgebracht werden, sondern in den realen Möglichkeiten, die das staatsmonopolistische System des größten imperialistischen Landes hat. Seine Grenzen werden vor allem durch die beispiellose Aufrüstung gezogen.

Daß diesen Veränderungen tieferliegende Ursachen zugrunde liegen, kann heute in den Kreisen bürgerlicher Wissenschaftler, die sich mit ökonomischen und speziell mit Leitungsfragen beschäftigen, nicht mehr bestritten werden. Der amerikanische Managementtheoretiker Peter Drucker spricht von einer ernsten Produktivitätskrise, von der die meisten kapitalistischen Industrieländer betroffen sind, vor allem die USA (natürlich auch England). Die Ursache sieht er auf ideologischem Gebiet vor allem in den Fehlleistungen der bürgerlichen ökonomischen Theorie, die die Probleme der materiellen Produktion, die den Reichtum schafft, völlig aus den Augen verloren hätte. Im Gegensatz zur klassischen britischen Ökonomie und auch zu Marx hätte sie es nie zu einer Werttheorie gebracht. Die Folge wäre, daß die heute herrschenden theoretischen Schulen keinerlei Verhältnis zum wissenschaftlich-technischen Fortschritt, insbesondere zur Technologie, hätten. Ganz ähnlich hatte sich in den „Umrissen zu einer Kritik der Nationalökonomie“[3] Friedrich Engels ausgesprochen – das war aber bereits im Jahre 1844!

Und außerdem, so meinte Drucker, hätten es die Koryphäen der bürgerlichen Ökonomie unterlassen, Schlußfolgerungen aus dem von Marx formulierten Gesetz des tendenziellen Falls der Profitrate zu ziehen, dessen Gültigkeit sich leider nicht bestreiten ließe. (Die Essaysammlung von Peter F. Drucker, mit dem etwas zweckoptimistischen Titel „Den kommenden Wirtschaftswissenschaften entgegen“, auf die ich mich hier beziehe, erschien 1981 in London, also zwei Jahre vor dem Karl-Marx-Jahr.)[4]

Hiermit werden sicher einige Teilwahrheiten ausgesprochen, die jedoch von einer wissenschaftlichen Analyse weit entfernt sind. Man muß sich vor allem fragen, was denn aus den Konzernstrategien der großen amerikanischen Monopole geworden ist, die diese in den 60er Jahren ausgearbeitet und der ganzen Welt als vorbildlich empfohlen haben. Die Niederlagen vor allem gegenüber der japanischen Konkurrenz haben auch auf diesem Gebiet zu einer kritischen Inventur geführt.

In einer Analyse, die der wissenschaftlichen Begründung dieser Konzernstrategien gewidmet war und in der Zeitschrift „Harvard Business Review“ erschien, wurde insbesondere deren mangelnder Realitätsbezug nachgewiesen. Als zusammenfassende Einschätzung verwendete der Autor ein Zitat des britischen Politikers Disraeli:

> „Was wir voraussagen, trifft selten ein, im allgemeinen geschieht das, was wir am wenigsten erwarten.“[5]

Dabei hatten die bürgerlichen Leitungstheoretiker auf diese Fragen viel Arbeit verwendet. In der erwähnten Quelle wird zum Beispiel darauf hingewiesen, daß allein in den USA im Zeitraum von 1958 bis 1970 36 umfangreiche Bücher über Konzernstrategie erschienen sind.

Wenn man solche Fakten konstatiert, dann kann das natürlich nicht aus der Position der Selbstzufriedenheit und der Unterschätzung der Möglichkeiten des Gegners erfolgen, sondern soll verdeutlichen, was sich gegenwärtig in führenden kapitalistischen Konzernen vollzieht.

Die Hauptkritik, die in der bürgerlichen Fachpresse heute an den Konzernstrategien geübt wird, läuft darauf hinaus, daß es sich hierbei in erster Linie um unbegründete Finanzprojektionen (also Profitprojektionen) in der Zukunft handelt. Objektive Entwicklungstendenzen von Wissenschaft und Technik, insbesondere qualitativ neue Erscheinungen, würden dagegen nicht oder zu wenig beachtet.

Scharf wird heute insbesondere gegen drei Dogmen, die in den 50er und 60er Jahren in der Managementlehre Gültigkeit hatten, Stellung genommen. Sie lagen mehr oder weniger deutlich den Konzernstrategien zugrunde:

1. Die technologischen Probleme sind gelöst, das Management muß sich mit ihnen nicht besonders befassen (dem lag die Tatsache zugrunde, daß die USA in der kapitalistischen Welt über einen großen technologischen Vorsprung verfügten, den sie für uneinholbar hielten).

2. Das Energieproblem ist gelöst (Erdöl und andere Energieträger standen in großem Umfang relativ billig zur Verfügung).

3. Das Marktproblem ist gelöst, durch die Anwendung von Marketingmethoden kann man die Märkte manipulieren.

Solche Auffassungen waren – das läßt sich an vielen Quellen belegen – in den 50er und 60er Jahren vor allem in den USA weit verbreitet. Sie entwickelten sich auf der Grundlage einer heute schon fast unvorstellbaren Vormachtstellung, die die USA innerhalb der kapitalistischen Welt etwa bis Mitte der 60er Jahre erreicht hatten.

Man wird dieser Einschätzung entgegenhalten können, daß auf wichtigen Gebieten der wissenschaftlich-technischen Entwicklung bedeutende amerikanische Konzerne damals Spitzenstellungen in der kapitalistischen Welt erlangten und sich zu großen Innovationsprozessen als fähig erwiesen. Das betraf den militärisch-industriellen Komplex und mit ihm verbundene Industriezweige, aber keineswegs nur diese. Um Namen zu nennen: In den 60er Jahren wurde IBM zum mit Abstand größten EDV-Konzern der Welt. Spezialisierte Großproduzenten von elektronischen Bauelementen, wie die Intel Corporation und Motorola, Gerätebaukonzerne wie Faichilds Cameras & Instruments sowie Texas Instruments begannen sich stürmisch zu entwikkeln, einigen Konzernen gelang durch die Anwendung neuer Wirkprinzipien ein außerordentlich rasches Wachstum – erwähnt sei hier nur die Polaroid Corporation und die Rank Xerox-Corporation.

Alles das ist unbestritten, man muß jedoch in Rechnung stellen, daß eine solche Charakteristik auf den überwiegenden Teil der amerikanischen Konzerne (zum Beispiel in der Automobilindustrie, in der Stahlindustrie, zum Teil auch in der Chemie) nicht zutraf. Innovationsprozesse spielten hier nur eine geringe Rolle. Was aber noch wichtiger ist – die technisch progressiven Konzerne überschätzten ihre Fähigkeit, die wissenschaftlich-technische Entwicklung in der Welt ihren Verwertungsbedürfnissen zu unterordnen, das heißt, sie praktisch zu bremsen. Und auf allen Gebieten, wo das der Fall war, traten auf dem Weltmarkt rivalisierende Monopole an. Heute wird auch in der amerikanischen Literatur zu Leitungsfragen sehr genau das Vorgehen der japanischen Konzerne analysiert. Untersuchungen, die dazu erschienen sind, zeigen eines ziemlich deutlich: Seit Anfang der 60er Jahre hat man sich in Japan um eine möglichst genaue Einschätzung der amerikanischen Schwachstellen bemüht, das heißt bestimmter zukunftsträchtiger Gebiete, die von den amerikanischen Konzernen vernachlässigt wurden.

So war zum Beispiel nach der Erfindung des Transistors das Taschenradio möglich geworden. Voraussetzung war die Miniaturisierung auch der anderen Komponenten. Dieser Mühe unterzog man sich jedoch in den damals weltmarktbeherrschenden Konzernen der USA nicht, man hielt sie für unmöglich oder nicht lohnend. Die Entwicklung und Produktion der ersten Taschenempfänger in Japan bewirkte, daß der betreffende japanische Konzern mit einem konkurrenzlosen Erzeugnis in den amerikanischen Markt eindringen konnte, womit eine Entwicklung eingeleitet wurde, die die amerikanischen Monopole bis heute mehr als die Hälfte ihres Binnenmarktes auf dem Gebiet der Unterhaltungselektronik gekostet hat.

Eine ähnliche Entwicklung hat auf dem Markt für Kopiergeräte und Zubehör eingesetzt. Hatte die Rank Xerox-Corporation im Jahr 1970 noch einen Anteil von 98 % am amerikanischen Binnenmarkt, so war dieser im Jahr 1982 auf 40 bis 45 % zurückgegangen, den größten Anteil hatten japanische Firmen erobert, deren Geräte besser auf die schnell fortschreitende Büroautomatisierung eingerichtet sind.[6] Diese und andere Tatsachen haben in den amerikanischen Monopolen zu umfangreichen Tätigkeiten zur Modernisierung ihrer Konzernstrategien geführt. Die Grundrichtung besteht in folgendem: *Es geht darum, zukunftsträchtige technologische Entwicklungen gewissermaßen durch ein „Frühwarnsystem" zu erkennen und die gesamte Konzernstrategie auf deren Wahrnehmung auszurichten.* Als Ergebnis soll eine wesentliche Verstärkung des Innovationspotentials der amerikanischen Monopole erreicht werden. Ein Vizepräsident von American Telephone & Telegraph formulierte es vor einiger Zeit so:

> „Der Wandel ist gesetzmäßig, in den meisten Industrien hängt das Überleben heute tatsächlich von der Innovation ab."[7]

Dazu muß allerdings gesagt werden, daß dieser Konzern sich keineswegs nur auf seine Fähigkeiten zur Innovation verläßt, sondern seine Möglichkeiten im staatsmonopolistischen System der USA auch ungehemmt dazu benutzt, um gegen seine Konkurrenten Tiefschläge zu verteilen.

Man kann, wenn man solche Zitate hört, natürlich mit Recht einwenden, daß jeder amerikanische Konzernpräsident schon seit langem in der Lage ist, sich rhetorisch vor dem wissenschaftlich-technischen Fortschritt zu verbeugen. Das muß keineswegs praktische Konsequenzen haben.

Aber: Die objektiven Voraussetzungen haben sich

heute grundlegend gewandelt. In einer ganzen Reihe von Konzernen werden die Aufwendungen für Forschung und Entwicklung gesteigert, und insbesondere die technologische Forschung wird vorangetrieben. Daß der militärisch-industrielle Komplex maßlos gefördert wird, ist allgemein bekannt. Es darf als sicher gelten, daß die großen amerikanischen Konzerne sich ihre größere Aktivität – besser Aggressivität – auf dem Weltmarkt in zunehmenden Maße durch staatsmonopolistische Zuwendungen stützen lassen.

Will man aus dem Dargelegten Schlußfolgerungen ziehen, dann muß man besonders auf zwei Gesichtspunkte hinweisen:

1. Besondere Gefahren liegen in der Tatsache begründet, daß die dargestellten Veränderungen mit dem Wirtschaftskrieg des Imperialismus gegen die sozialistische Gemeinschaft, besonders mit den Versuchen zur Abwürgung des Technologietransfers, zusammenfallen. Die Grenzen zwischen „regulärer" monopolistischer Konkurrenz und Wirtschaftskrieg werden fließend. Die Beschleunigung des wissenschaftlich-technischen Neuerungsprozesses in unserem Land und seine weltwirtschaftliche Umsetzung sind unerläßlich, um die DDR ökonomisch unangreifbar zu machen.
2. Es zeigen mehr als 25 Jahre Konkurrenzkampf zwischen den amerikanischen und japanischen Monopolen, daß es aussichtslose Situationen, unaufholbare Rückstände auf wissenschaftlich-technischem Gebiet praktisch nicht gibt. Das betrifft nicht nur ausgewählte wissenschaftlich-technische Bereiche, sondern im Grunde die Gesamtheit der Gebiete, die heute von der wissenschaftlich-technischen Revolution erfaßt werden.

[1] International Business Week, 4. Juli 1983, S. 38.
[2] International Business Week, 29. August 1983, S. 52.
[3] „Was hat der Ökonom mit dem Erfindungsgeist zu schaffen? Sind ihm nicht alle Erfindungen ohne sein Zutun zugeflogen gekommen? ... Ihm sind Land, Kapital, Arbeit die Bedingungen des Reichtums, und weiter braucht er nichts. Die Wissenschaft geht ihn nichts an." F. Engels, Umrisse zu einer Kritik der Nationalökonomie, in: MEW, Bd. 1, Berlin 1956, S. 508/509.
[4] Peter F. Drucker, Toward the mext Econimies, London 1981.
[5] Harvard Business Review, Mai–Juni 1978, S. 124.
[6] International Business Week, 25. April 1983, S. 38.
[7] Research Management, Januar 1981, S. 6.

G. Friedrich

Bericht über die Diskussion im Arbeitskreis 1

An der Arbeit des Arbeitskreises waren rund 80 Vertreter aus wissenschaftlichen Einrichtungen, Kombinaten und wirtschaftsleitenden Organen sowie anderen zentralen Institutionen beteiligt. In der Diskussion, die unter dem nachhaltigen Eindruck der Ausführungen des Mitglieds des Politbüros und Sekretärs des Zentralkomitees der SED *Günter Mittag* stand, wurde auf Erfahrungen bei der Erfüllung der im Referat dargelegten Aufgaben eingegangen. Ausgehend davon, daß die höheren Maßstäbe ein weit tieferes Durchdenken der Anstrengungen zur umfassenden Intensivierung erfordern, wurden konstruktiv Aufgaben für die Forschung sowie Lösungsmöglichkeiten für weitere praktische Schritte herausgearbeitet. So entwickelte sich die Diskussion zu einer interessanten Beratung praktischer Erfahrungen und theoretischer Verallgemeinerungen bei der Erfüllung der Beschlüsse der SED zur Durchsetzung der Wirtschaftsstrategie. Eine zentrale Rolle in der Diskussion spielten Fragen der weiteren Ausprägung des relativ geschlossenen Reproduktionsprozesses in den Kombinaten, das heißt der Weiterführung des Prozesses der Vergesellschaftung von Produktion und Arbeit in diesen Wirtschaftseinheiten.

So ging Professor Dr. *Claus Krömke*, stellvertretender Abteilungsleiter im Zentralkomitee der SED, von der Feststellung im Referat aus, daß die mit der ökonomischen Strategie gestellten neuen Aufgaben der umfassenden Intensivierung nur auf der Grundlage der Kombinate erfolgreich gelöst werden können. Durch die rechtzeitige Bildung der Kombinate entsprechend den Beschlüssen der SED ist vorausschauend ein Niveau des Prozesses der Vergesellschaftung der Arbeit in Industrie und Bauwesen der DDR geschaffen worden, das es der DDR ermöglicht, sich den neuen Anforderungen der 80er Jahre zu stellen. Es handelt sich hierbei um den in der DDR bisher umfassendsten Schritt der planmäßigen Gestaltung des Prozesses der Vergesellschaftung der Arbeit in der Industrie und im Bauwesen.

Der Prozeß der Vergesellschaftung der Arbeit bildet einen Knotenpunkt der Wechselwirkung von Produktivkräften und Produktionsverhältnissen. Seine planmäßige Gestaltung unter sozialistischen Bedingungen schafft der Entwicklung der Produktivkräfte jenen Raum, der benötigt wird, um durch hohes Leistungswachstum den Sozialismus zu stärken. Dabei ist der Prozeß der Kombinatsbildung selbst, sein planmäßiger Verlauf und sein der Höherentwicklung der Produktivkräfte wie der Entfaltung der menschlichen Persönlichkeit dienender Inhalt Ausdruck der prinzipiellen Überlegenheit des Sozialismus gegenüber dem Kapitalismus. Im Kapitalismus ist der Prozeß der Vergesellschaftung der Arbeit durch die Vernichtung von Existenzen, durch Spontaneität und die Herausbildung der Monopole gekennzeichnet.

Für das Verständnis des sozialökonomischen Wesens der Kombinate ist entscheidend, daß es auf juristisch wie ökonomisch selbständigen Betrieben aufbaut. Das Kombinat bedeutet nicht die Negierung des Betriebes, sondern schafft im Gegenteil neue Möglichkeiten für die produktive Entfaltung der in den Betrieben vorhandenen Potenzen. Die Erfahrungen zeigen, daß gut arbeitende Kombinate vor allem jene sind, die sich in ihrer Tätigkeit darauf orientiert haben, die zu ihnen gehörenden Betriebe zu stärken und das Niveau ihres kooperativen Zusammenwirkens zu erhöhen.

Das sozialistische Industriekombinat in der DDR muß als Einheit der Reproduktion verstanden werden und nicht schlechthin nur als Zusammenfassung aufeinanderfolgender Stufen der Produktion. Aus der neuen Qualität der Beherrschung des Kreislaufs der Reproduktion erwachsen echte neue Potentiale, insbesondere auf dem Gebiet von Forschung und Entwicklung, im Rationalisierungsmittelbau, in der Anwendung der Mikroelektronik und der Robotertechnik, in der Konsumgüterproduktion wie auch beim Absatz der Erzeugnisse auf den Außenmärkten. Durch die Entwicklung der Kombinate sind der Volkswirtschaft der DDR insgesamt Kräfte erwachsen, wie sie in diesem Ausmaß und in dieser Wirkung sonst nicht entstanden wären.

Abschließend hob *Krömke* hervor, daß die Ausschöpfung der in den Kombinaten der DDR vorhandenen Reserven durch eine noch qualifiziertere Leitungstätigkeit und insbesondere eine noch exaktere ökonomische Durchdringung des Kreislaufs der intensiv erweiterten Reproduktion in der kommenden Zeit an Bedeutung zunimmt und entscheidend dazu beiträgt, die Perspektive kontinuierlichen Wirtschaftswachstums der Volkswirtschaft der DDR auf dem Wege der Intensivierung weiter erfolgreich zu sichern.

Von Professor Dr. *Paul Liehmann*, stellvertretender Minister für Leichtindustrie, wurde auf die Bedeutung strategischer Dokumente zur Erhöhung der Effektivität und Beschleunigung des Reproduktionsprozesses in seiner Gesamtheit hingewiesen. So verfügt das Ministerium für Leichtindustrie über Führungsdokumente, die in breiter kollektiver Arbeit erarbeitet wurden und die wesentliche Entwicklungsprobleme der 80er Jahre bis 1990 konzeptionell beantworten. Für die Aufgabe der Kombinate, bei der Erhöhung der Konsumgüterproduktion eine bedarfsorientierte Produktion und bedarfsgerechte Lieferung zu gewährleisten, spielen Flexibilität und Reaktionsfähigkeit eine wichtige Rolle.

Die Flexibilität wird aber stark durch die innere Gestaltung des Kombinats und seiner Betriebe, durch Produktionsprofile, Betriebsgrößen, Sortimentsstrukturen usw. beeinflußt. In diesem Zusammenhang setzte sich *Liehmann* prinzipiell mit extremen Meinungen auseinander, wie solchen, daß Großbetriebe in ihrem Reaktionsvermögen unbeweglich seien oder der Vergesellschaftungsprozeß zur Beseitigung aller Kleinbetriebe führe. Die Reaktionsfähigkeit ergebe sich nicht formal aus der Größe der Betriebe, sondern vielmehr aus einer Gesamtheit von Faktoren wirtschaftlichen Verhaltens. Die Frage der zweckmäßigsten Organisation des Reproduktionsprozesses wurde in Abhängigkeit von der jeweils konkreten Aufgabenstellung behandelt und festgestellt, daß diese ihr Maß in der volkswirtschaftlichen Effektivität finden und diese Effektivität auf dem Binnenmarkt und auf den Außenmärkten sichtbar werden muß.

Der Gedanke der Erhöhung der Effektivität des gesamten Reproduktionsprozesses durch wissenschaftliche Durchdringung aller Phasen des ökonomischen Kreislaufs kam auch im Beitrag von Professor Dr. *Helmut Richter*, Direktor des Instituts für Sozialistische Wirtschaftsführung Leichtindustrie an der Hochschule für Ökonomie „Bruno Leuschner", zum Ausdruck. Er legte dar, wie sich das Institut bei der Mitwirkung an Produktivitätsprojekten des Ministeriums für Leichtindustrie auf Probleme der Ökonomie des gesamten Produktionsprozesses der Kombinate konzentriert. Die bisherigen Untersuchungen haben drei Hauptrichtungen für notwendige Veränderungen ergeben:

- die Rationalisierung der Produktionsvorbereitung, von der Musterentwicklung bis zur Erarbeitung des Hauptfristenplanes der Fertigung;
- die schnelle, flexible Auftragsbearbeitung in den Fertigungshauptprozessen und die damit verbundene Senkung der Durchlauftage eines Auftrags;
- die gründliche Überprüfung gültiger Regelungen der Bestandswirtschaft einschließlich der Bestandsnormative.

Aus den im Ergebnis der Untersuchungen in einem wichtigen Betrieb der Leichtindustrie nachweisbaren ökonomischen Effektivitätssteigerungen ableitend, verwies *Richter* aus den Erfahrungen der Zusammenarbeit von Wissenschaftlern und Praktikern auf drei grundsätzliche Erfordernisse, um den Beitrag der ökonomischen Forschung für die Leistungssteigerung der Kombinate und Betriebe zu erhöhen:

- die Ausdehnung der angewandten Forschung „vor Ort" an konkreten ausgewählten Demonstrationsobjekten;
- ein starkes persönliches Engagement der Wissenschaftler und eine unbürokratische Arbeitsweise;
- die konsequente Orientierung auf die Erzielung eines konkreten nachweisbaren ökonomischen Nutzens.

Diese Erfordernisse bekräftigend, machte Professor Dr. *Paul-Dieter Kluge*, Direktor der Sektion Leitung, Informationsverarbeitung, Statistik an der Hochschule für Ökonomie „Bruno Leuschner", darauf aufmerksam, daß die in Jahrzehnten gewachsenen betriebswirtschaftlichen Vorstellungen über Aufwand und Ergebnis beim Kreislauf und Umschlag der Fonds einer grundlegenden Überprüfung bedürfen. Er belegte das an Hand eigener Untersuchungen der Sektion und an dem seit einiger Zeit in Japan praktizierten Kanban-Prinzip, das darauf gerichtet ist, komplizierte Produktionsprozesse in kleinere aufzugliedern, wenn es sich erweist, daß aus der Sicht einer reaktionsfähigen bedarfsorientierten Produktion die Aufwände für die Umrüstung kostengünstiger sind als lange Zykluszeiten. *Kluge* betonte ausdrücklich, daß es ihm nicht darum gehe, kleine Losgrößen zu propagieren, sondern vielmehr darum, die Notwendigkeit hervorzuheben, jeden Reproduktionskreislauf in seiner Konkretheit hinsichtlich Aufwand und Ergebnis zu untersuchen und ihn dementsprechend zu organisieren.

Mit der Vervollkommnung der Produktions- und Arbeitsorganisation, der Einführung neuer Formen und Methoden, insbesondere einer neuen Kooperation und Kombination der Arbeit beschäftigte sich auch Dr. *Franz Rudolph*, wissenschaftlicher Mitarbeiter am Zentralinstitut für sozialistische Wirtschaftsführung beim Zentralkomitee der SED. Er wies darauf hin, daß es bei der progressiven Arbeits- und Produktionsorganisation zur Sicherung höchster Produktivität nicht um eine moderne Organisation schlechthin geht, sondern vielmehr um eine solche, die die Vorzüge der sozialistischen Produktionsverhältnisse unmittelbar verkörpert. Ihre Analyse in der DDR und in anderen sozialistischen Ländern lasse drei allgemeine Tendenzen erkennen, die Zunahme

- des Tätigkeitsfeldes bzw. der horizontalen Kombination der Arbeit, das heißt Ausdehnung des ursprünglichen Aufgabenumfangs der Werktätigen auf der gleichen Strukturebene;
- des Verantwortungs- und Entscheidungsfeldes bzw. der vorwiegend vertikalen Kombination der Arbeit und der daraus resultierenden Möglichkeiten einer aktiv disponierenden Arbeitsweise;
- kollektiver Formen der Arbeit und der Eigenverantwortung eines Kollektivs für die Organisation der Arbeit.

Zusammenfassend stellte *Rudolph* fest, daß der Kapitalismus sein spezifisches System der Arbeitsorganisation entwickelt hat und weiter vervollkommnet. Der Sozialismus habe eine spezifisch sozialistische und dem Kapitalismus überlegene Organisation zu schaffen.

Ebenfalls um Fragen der Erhöhung der Effektivität des Reproduktionsprozesses der Kombinate ging es im Beitrag von Professor Dr. *Rudi Weidauer*, Direktor des Instituts für Sozialistische Wirtschaftsführung an der Technischen Universität Dresden, über Erfahrungen und Wege der Leitung des Kombinats über den Stammbetrieb, bei der es inhaltlich darum geht, die prozeßverbundene Arbeit der Kombinatsleitung zu fördern und damit die Vorzüge der Kombinatsbildung voll zum Tragen zu bringen. Charakteristisch dafür ist die Integration von kombinatsleitender Funktion und unmittelbar mit dem Reproduktionsprozeß verbundener produktiver Tätigkeit. Diese Integration verlange die Einheit von Leitungs- und Leistungsbereich, die dadurch erreicht wird, daß die Fachdirektoren der Kombinatsleitung zugleich Leistungsbereiche leiten, deren Ergebnis in materialisierter und meßbarer Gestalt dazu beiträgt, den Reproduktionsprozeß effektiver zu gestalten. Dies führe zu einer sachkundigeren Arbeit der Kombinatsleitung, zur höheren persönlichen Verantwortung, zur Erschließung von Kombinatseffekten. Zugleich werde ein schöpferischer Leitungsstil gefördert.

Abschließend stellte *Weidauer* Vorschläge zur Diskussion, wie Kombinate mit selbständigem Leitungsapparat den Übergang zur Leitung über den Stammbetrieb gestalten können, wobei besonders ein entsprechend den spezifischen Reproduktionsbedingungen der Kombinate notwendiges differenziertes Herangehen hervorgehoben wurde.

Zur weiteren Ausprägung des relativ geschlossenen Reproduktionsprozesses in den Kombinaten ist die rechtzeitige Einstellung auf die neuen Entwicklungsbedingungen der sozialistischen ökonomischen Integration unerläßlich. Dazu sprach Professor Dr. *Christa Luft*, Direktorin der Sektion Außenwirtschaft an der Hochschule für Ökonomie „Bruno Leuschner". Sie ging davon aus, daß die Vorbereitung und Realisierung von Maßnahmen der sozialistischen ökonomischen Integration für die Mehrzahl der Industriekombinate der DDR zur täglichen Arbeit gehört. Sie nutzen die Vorteile der internationalen sozialistischen Arbeitsteilung für ihre Wachstums- und Effektivitätsziele. In ihrem Beitrag arbeitete die Rednerin drei notwendige Leitungsschwerpunkte heraus, um die Vorteile der sozialistischen ökonomischen Integration noch umfassender für das qualitative Wachstum zu nutzen:

1. Um die Wirkungen der Integrationsmaßnahmen auf die intensive Reproduktion zu verstärken, müssen die Vorhaben konsequent auf die sich wandelnden Bedürfnisse und Interessen der Anwender in den Partnerländern und im eigenen Land zugeschnitten sein. Langfristige Außenhandelsverträge und auch Spezialisierungsvereinbarungen mit Partnern in RGW-Ländern bedeuten nur dann auf Jahre gesicherten Absatz mit entsprechenden positiven Wirkungen auf die Produktionsstruktur, die Herstellungskosten, die Valutaerlöse usw., wenn die betreffenden Erzeugnisse nicht nur zum Zeitpunkt des Vertragsabschlusses bedarfsgerecht sind, sondern während des gesamten Gültigkeitszeitraumes des Vertrages. Dabei geht es um einen Bedarf, wie er sich hinsichtlich wissenschaftlich-technischem Niveau, Qualität, Service- und Beratungsleistungen usw. unter den Bedingungen des Übergangs zum Typ der intensiv erweiterten Reproduktion herausbildet und dynamisch entwickelt.

2. Sich flexibel auf die Erfordernisse und Märkte sozialistischer Länder einzustellen, heißt auch, auf den dort und besonders in der Volkswirtschaft der UdSSR vorhandenen Bedarf an immateriellen Leistungen konstruktiv zu reagieren. Gefragt sind Angebote an Rekonstruktions- und Rationalisierungs-, Projektierungs-, Bau- und Montageleistungen. Hier stellt sich die Frage, ob es nicht günstig wäre, Engineeringfirmen zu bilden, die für sowjetische Partner komplexe Angebote für konkrete Rekonstruktionsobjekte ausarbeiten und ihre Realisierung übernehmen?

3. Die Effektivitätsziele, die mit der Teilnahme des Kombinats an Integrationsmaßnahmen verfolgt werden, verlangen bei der Vorbereitung und Verhandlung von Spezialisierungsverträgen aber auch von traditionellen Außenhandelsgeschäften, technische und ökonomische Parameter sowie kommerzielle Aspekte immer als Einheit zu behandeln. Hier unterstützte die Rednerin nachdrücklich diejenigen Vertreter von Außenhandelsbetrieben, die auf Preiseinigung *vor* Vertragsabschluß drängen.

Zu Erfahrungen und Aufgaben bei der Integration der Außenhandelstätigkeit in den Reproduktionsprozeß der Kombinate sprach Professor Dr. *Karl-Heinz Kosser*, wissenschaftlicher Gruppenleiter am Zentralinstitut für sozialistische Wirtschaftsführung beim Zentralkomitee der SED. Er ging von der unmittelbaren Verantwortung der Kombinate und ihrer Betriebe für die immer bessere Befriedigung der wachsenden Bedürfnisse der Gesellschaft aus, das heißt für die Deckung des Bedarfs im Inland und für eine bedarfsorientierte Produktion sowie bedarfsgerechte Lieferung zur bedeutenden Steigerung des Exports bei bestimmten Erzeugnissen und anderen Leistungen. Gestützt auf Erfahrungen aus der langjährigen Zusammenarbeit mit der Wirtschaftspraxis belegte er, daß die Qualität der Absatz- und Exporttätigkeit bei der Herausbildung der durch internationale Maßstäbe bestimmten Reaktionsfähigkeit der Kombinate und Betriebe auf Bedarfsentwicklung und Kundenwünsche ausschlaggebendes Gewicht hat. Hinsichtlich des Exports nach dem nichtsozialistischen Wirtschaftsgebiet sei der als Kreuzzug gegen den Sozialismus angelegten langfristigen Strategie des Imperialismus zu begegnen. Der verschärfte Konfrontationskurs äußert sich in Maßnahmen des Boykotts, des Protektionismus, des Preisdrucks und in Zahlungserschwernissen. Diesen veränderten harten Konkurrenzbedingungen als Teil der internationalen Klassenauseinandersetzung müsse durch eine qualifizierte Exporttätigkeit entgegengewirkt werden. Es handelt sich also um Bedingungen, auf die die Leistungsfähigkeit des gesamten Kombinats einzustellen ist. Mit der konsequenten Integration der Außenhandelstätigkeit in den einheitlich geleiteten und geplanten Reproduktionsprozeß werden grundlegende Voraussetzungen geschaffen, um die Aktionen der Marktvorbereitung und der Verkaufstätigkeit zeitlich optimal mit den Neuerungsprozessen zu verflechten und die Leistungsfähigkeit für die Arbeit auf den Märkten, für technisch-ökonomische Beratung und Kundendienst mit den vereinten Kräften des Kombinats wesentlich zu erhöhen.

Professor Dr. *Einhorn* ging in seinem Diskussionsbeitrag davon aus, daß die Gewährleistung einer modernen sozialistischen Landesverteidigung vielfältige und umfassende Anforderungen an unsere Volkswirtschaft stellt. Die DDR hat in internationalistischer Pflichterfüllung und im eigenen Sicherheitsinteresse auf diesem Gebiet ebenso ihren Beitrag zu leisten wie in anderen Bereichen. *Einhorn* erläuterte, daß sich der Aufwand an gesellschaftlicher Arbeit für die ökonomische Sicherstellung der Landesverteidigung strukturell ständig verändert und daß diese ökonomische Sicherstellung nur im Prozeß der sozialistischen militärökonomischen Integration wirksam möglich ist.

Entsprechend der Rolle des wissenschaftlich-technischen Fortschritts für die Durchsetzung der Wirtschaftsstrategie der SED nahmen die Probleme seiner Beschleunigung einschließlich der Leitung von Neuerungsprozessen einen breiten Raum in der Diskussion ein.

Aus der engen Zusammenarbeit der Technischen

Hochschule „Carl Schorlemmer", Leuna-Merseburg, mit der chemischen Industrie legte Professor Dr. Dr. *Dieter Naumann,* Direktor des Instituts für sozialistische Wirtschaftsführung, einige Schlußfolgerungen für die Leitung komplexer Neuerungsprozesse dar. Er stellte unmißverständlich fest, daß die Ökonomie das Primat im Neuerungsprozeß besitzen muß. Neuerungsprozesse in den sozialistischen Betrieben und Kombinaten definierte er als Veränderungen der Gesamtheit technisch-ökonomischer Prozeßabläufe und sozialer Beziehungen, die notwendig sind, um qualitative Verbesserungen im Reproduktionsprozeß in bezug sowohl auf seine materiell-technische Basis als auch auf die Produktionsorganisation und die Arbeits- und Lebensbedingungen zu erreichen. Unter dem Begriff „Neuerungsprozeß" wird eine Summe von Verhaltensnormen in der Leitungstätigkeit zusammengefaßt, die den außerordentlich komplexen Anforderungen zur Beschleunigung des wissenschaftlich-technischen Fortschritts entsprechen. Die Leitungsanforderungen von Neuerungsprozessen werden durch eine große Anzahl von Faktoren beeinflußt, wie die Art der Neuerungsprozesse, den Investitionstyp sowie die damit verbundene Größe und den Umfang des Neuerungsprozesses, die Veränderungen in den Anforderungen an Materialien und Energien sowie an das gesellschaftliche Arbeitsvermögen. Deshalb sei es notwendig, die entscheidenden Einflüsse zu ermitteln und eine Art Rang- und Reihenfolge dieser Faktoren aufzustellen mit dem Ziel, die Schwerpunkte der Leitungstätigkeit zu erkennen und den Leitungsaufwand zu optimieren.

Die Verallgemeinerung von Erfahrungen der Leiter erfolgreicher Wirtschaftseinheiten bestätige, daß diese die qualitative Höherentwicklung des Reproduktionsprozesses als komplexe Aufgabe von Erneuerung, Modernisierung und sozialer Verbesserung leiten. Im Leitungsprozeß müsse dabei eine Reihe unterschiedlicher Schwerpunkte zusammengeführt werden, so

- das Zusammenwirken verschiedener Leitungsbereiche und -stufen,
- die rechtzeitige Einbeziehung der Kooperationspartner,
- die effektive Verkürzung unterschiedlicher Zeitabschnitte der Entwicklung,
- das Zusammenwirken verschiedener Wissenschaftsgebiete,
- die Berücksichtigung der Interessenlage der beteiligten Kollektive und
- verschiedener Organisationsformen des Prozeßablaufs und der Kollektivbeziehungen.

Zusammenfassend ging *Naumann* auf ausgewählte Schlußfolgerungen für die Leitung der Neuerungsprozesse ein, wie

- die Rolle ökonomischer Bewertungen und des Vergleichs mit internationalen Entwicklungstendenzen,
- die Erfassung aller Quellen einer möglichen Effektivitätserhöhung,
- die Analyse der voraussichtlichen Bedarfsentwicklung im Inland und auf den derzeitigen sowie den potentiellen Außenmärkten,
- die Untersuchung der voraussichtlichen Ressourcenentwicklung,
- die Ablösung von Produkten und Technologien und der Generationswechsel von Technologien.

Gestützt auf praktische Untersuchungen hob er hervor, daß es am effektivsten ist, bei Neuerungsprozessen vom ökonomischen Ziel auszugehen und von diesem aus Berechnungen für unterschiedliche wissenschaftlich-technische Lösungsvarianten durchzuführen.

Die Notwendigkeit von Variantenberechnungen für den wissenschaftlich-technischen Fortschritt betonte auch Professor Dr. *Schmidt,* Direktor für Wissenschaft und Technik im VEB Schwermaschinenbaukombinat „Ernst Thälmann". Bei der jährlichen Ausarbeitung des Planes Wissenschaft und Technik werde die Effektivität der wissenschaftlich-technischen Arbeit durch drei Schwerpunktaufgaben bestimmt:

1. Erhöhung der Gebrauchswerte der Erzeugnisse, insbesondere Entwicklung neuer Verfahren, Technologien und Ausrüstungen mit hohem Neuigkeitsgrad zur Sicherung des Exports;
2. Vergrößerung des Veredlungsgrades der neuen Erzeugnisse, durch den maßgebend Kosten und Materialökonomie bestimmt werden;
3. Steigerung der Arbeitsproduktivität bei der Festlegung der neuen Erzeugnisse.

Dabei werde großer Wert auf die Erarbeitung klarer Entwicklungskonzeptionen gelegt, in denen für die vom Kombinat produzierten bzw. neu zu entwickelnden Ausrüstungen eine Anzahl von Fragen zu beantworten ist, beispielsweise ob das Erzeugnis auch in 10 bis 15 Jahren noch benötigt wird, in welcher Richtung es sich technisch weiterentwickelt, wie bei gleichzeitiger Qualitätsverbesserung die Kosten seiner Herstellung zu reduzieren sind, wie die Einsatzmöglichkeiten des Erzeugnisses den sich schnell ändernden Marktbedingungen angepaßt werden können.

Als von entscheidender Bedeutung für die Forschungsergebnisse wurde die Rolle der Pflichtenhefte hervorgehoben, in denen hohe Ziele vorzugeben sind. So werden bei einer maximalen Laufzeit von 24 Monaten für ein Forschungs- und Entwicklungsthema Mindestforderungen gestellt, gegenüber dem Vorgängererzeugnis zu erreichen: Gebrauchswerterhöhung, Erhöhung des Devisenerlöses, Verbesserung des Masse-Leistung-Verhältnisses, Senkung des Fertigungsaufwandes und Einsatz der Mikroelektronik.

Eine wichtige Rolle in der Diskussion spielte das komplexe Herangehen an Neuerungsprozesse. Am Beispiel Gasraumheizer legte Dr. *Wolf-Rainer Krannich,* Generaldirektor des Kombinats Haushaltsgeräte, dar, wie durch eine gründliche Vorbereitung des Vorhabens, die Vorausberechnung der Entwicklung des Weltstandes, die Anwendung der Gebrauchswert-Kosten-Analyse und eine straffe Leitung eine Erzeugnisbaureihe geschaffen wurde, die wissenschaftlich-technischen Höchststand darstellt und überdurchschnittliche ökonomische Effekte sichert. So wurden eine neue Technologie eingeführt, 2300 Tonnen Walzstahl eingespart und der Einsatz zum Teil importierter Emailfritte um 20 Prozent reduziert. Zur Rolle des Pflichtenheftes wurde als entscheidend hervorgehoben, mit ihm hohe Ziele für den gesamten Reproduktionsprozeß im Sinne der Intensivierung zu stellen und die Vorbereitung der Marktarbeit, beispielsweise für den Export ins nichtsozialistische Wirtschaftsgebiet mit einzubeziehen.

Dr. *Hans Broll*, Generaldirektor des VEB Kombinat Polygraph „Werner Lamberz", sprach in seinem Beitrag zu einigen Problemen der höheren ökonomischen Verwertbarkeit der Ergebnisse des wissenschaftlich-technischen Fortschritts. Er betonte, daß bei der Durchführung von Neuerungsprozessen davon ausgegangen wird, daß die Beherrschung des wissenschaftlich-technischen Fortschritts, unter Beachtung seiner zunehmenden Innovationsgeschwindigkeit und -breite, eine optimale Konzentration der zur Verfügung stehenden Kräfte und Mittel erfordert. Diese müsse unter den Aspekten sowohl der rationellen Fertigung effektiver Technologien als auch der Erfüllung der zunehmenden differenzierten Markterfordernisse und Kundenwünsche stattfinden. Im Kombinat sei es hierbei gelungen, die Entwicklungs- und Überleitungszeiten von durchschnittlich 36 auf 24 Monate zu verkürzen und ein relativ hohes von vornherein im Absatz gesichertes Volumen in den Haupterzeugnislinien zu erreichen. Es wurden Steigerungsraten erzielt, die teilweise eine jährliche Verdoppelung des Volumens bedeuten.

Broll ging auf die weitreichenden Konsequenzen für die Kombinatsleitung ein, die sich daraus ergeben, daß die komplexen Wirkungen des wissenschaftlich-technischen Fortschritts auf alle Phasen und Elemente des Reproduktionsprozesses eine komplexe Leitung über die Vorbereitung und Durchführung bis zur Realisierung der Produktion sowie die informationelle Rückkopplung auf die weitere Produktionsvorbereitung erfordern. Er verwies auf die aus dem zunehmenden Parallelverlauf der Phasen resultierenden ganz neuen Anforderungen an die Leiter und die Werktätigen insgesamt, insbesondere Anforderungen an Veränderungen in der Qualifikation, vor allem hinsichtlich einer höheren Komplexität von Kenntnissen und Fähigkeiten, breiterer Einsatzmöglichkeiten zur interdisziplinären Zusammenarbeit über das eigene Arbeitsgebiet hinaus.

Dr. *Emil Jarosch*, Generaldirektor des VEB Kombinat Oberbekleidung Erfurt, ging in seinem Diskussionsbeitrag auf die Entwicklung modischer Erzeugnisse als wesentliche Bedingung für die Deckung des Bedarfs der Bevölkerung und den Export ein. Er erläuterte, wie diese Zielstellung mit der Senkung des Aufwands an Arbeitszeit, Material und Gesamtkosten verbunden wird, wobei ein Schwerpunkt die Erzeugnisentwicklung ist. In diesem Zusammenhang berichtete er über die Erfahrungen mit sogenannten Kollektionspflichtenheften, mit deren Hilfe die gesamte Produktion erfaßt wird. Die Wirksamkeit der angewandten Methoden einschließlich materieller Stimuli und erfolgreicher ideologischer Arbeit (unter anderem in der Auseinandersetzung mit der falschen These „hoher Aufwand – hohe Qualität, niedriger Aufwand – niedrige Qualität") würde durch die Steigerung der Produktionsmenge bei gleichzeitiger Erhöhung der Qualität und zunehmender Weltmarktfähigkeit der Erzeugnisse bewiesen.

Zu einigen Anforderungen an die Leitung und Planung der Neuproduktion für die Herausbildung einer hocheffektiven Produktions- und Exportstruktur sprach Dr. *Helmut Lindner*, stellvertretender Abteilungsleiter in der Forschungsstelle beim Ministerium für Wissenschaft und Technik. Er stellte fest, daß von den Kombinaten der Industrie gute Voraussetzungen geschaffen worden sind, um den Rang und das Gewicht neuer Erzeugnisse, Verfahren und Technologien übereinstimmend mit den internationalen Tendenzen weiter zu erhöhen. So weist die Neuproduktion der Industrieministerien ein größeres Wachstumstempo auf als die Warenproduktion insgesamt. Der Anteil neuentwickelter Erzeugnisse bestimmt mehr und mehr den Export. Die Exportquote der Neuproduktion der Industrie übertrifft die Gesamtexportquote.

Einen interessanten Beitrag zum Komplex der Beschleunigung des wissenschaftlich-technischen Fortschritts lieferte Professor Dr. *Hans-Joachim Braun*, wissenschaftlicher Gruppenleiter am Zentralinstitut für sozialistische Wirtschaftsführung beim Zentralkomitee der SED. Dabei setzte er sich mit den gegenwärtigen ökonomischen Theorien und insbesondere mit neuen Erscheinungsformen der Konzernstrategie in bezug auf die Innovationspolitik in den 80er Jahren, hervorgerufen durch die gegenwärtige Verschärfung aller imperialistischer Widersprüche, insbesondere durch die Verflechtung der allgemeinen Krise des Kapitalismus mit der zyklischen Überproduktionskrise, auseinander. Resümierend wies er auf zwei Gesichtspunkte hin:

Erstens sind mit dem Wirtschaftskrieg des Imperialismus gegen die sozialistische Gemeinschaft besonders Versuche zur Verhinderung des Technologietransfers verbunden. Die Grenzen zwischen „regulärer" monopolistischer Konkurrenz und Wirtschaftskrieg werden fließend. Die Beschleunigung des wissenschaftlich-technischen Neuerungsprozesses in unserem Land und seine weltwirtschaftliche Umsetzung sind unerläßlich, um die DDR ökonomisch unangreifbar zu machen.

Zweitens zeigen mehr als 25 Jahre Konkurrenzkampf zwischen den amerikanischen und den japanischen Monopolen, daß es unaufholbare Rückstände auf wissenschaftlich-technischem Gebiet praktisch nicht gibt. Das betrifft nicht nur ausgewählte wissenschaftlich-technische Bereiche, sondern im Grunde die Gesamtheit der Gebiete, die heute von der wissenschaftlich-technischen Revolution erfaßt werden.

Ein weiterer Schwerpunkt der Diskussion waren Fragen der weiteren Vervollkommnung der Planung, Bilanzierung und wirtschaftlichen Rechnungsführung sowie entsprechender rechtlicher Regelungen zur rationellen Gestaltung des Reproduktionsprozesses.

Ausgehend vom Beschluß des Zentralkomitees der SED und des Ministerrates zur weiteren Vervollkommnung der Leitung, Planung und wirtschaftlichen Rechnungsführung sprach Dr. *Karl-Heinz Reuß*, stellvertretender Abteilungsleiter im Ökonomischen Forschungsinstitut der Staatlichen Plankommission, über die weitere Vervollkommnung der Bilanzierung bei der Durchsetzung der intensiv erweiterten Reproduktion. Herausgearbeitet wurden die zunehmende Rolle der Bilanzierung im Prozeß der intensiv erweiterten Reproduktion und die Hauptrichtungen ihrer weiteren Vervollkommnung. Dabei ging es um die Rolle der Bilanzierung bei der Erhöhung des Leistungsvermögens der Volkswirtschaft, der Erhöhung der Effektivität und des sparsamsten Verbrauchs sowie um den Zusammenhang von Bilanzierung und wirtschaftlicher Rechnungsführung. Es wurden Schlußfolgerungen hinsichtlich der Erhöhung des Niveaus der Leitung der Bilanzierung, der Verstärkung der zentralen erzeugnisbezogenen Bilanzierung und der Erhöhung des Niveaus der Normenarbeit gezogen.

Zur Kostenarbeit der Kombinate und Betriebe sprach Professor Dr. *Karin Schinkel,* Direktorin der Sektion Sozialistische Betriebswirtschaft an der Hochschule für Ökonomie „Bruno Leuschner". Sie stellte fest, daß in den nächsten Jahren als Konsequenz aus den harten Maßstäben der Intensivierung entsprechend den objektiven Bedingungen in der gesamten Wirtschaft eine Kostensenkung in neuer Qualität benötigt wird. Die schnelle und umfassende Erschließung aller Quellen der Kostensenkung, die Ökonomisierung von Wissenschaft und Technik an erster Stelle, die bestmögliche Nutzung der vorhandenen Ressourcen und Potenzen und eine straffe Leitung, Planung und Organisation der Kostenarbeit in allen Bereichen seien unerläßlich. Die Beschlüsse zur weiteren Vervollkommnung der Leitung, Planung und wirtschaftlichen Rechnungsführung haben den Wertkategorien einen hohen Rang eingeräumt. Zugleich haben sie zu praktischen Konsequenzen geführt, die die Kostenarbeit direkt betreffen bzw. eng mit dieser verbunden sind, zum Beispiel Arbeit mit Kostenkonzeptionen, Bestimmung von Preis- und Kostenobergrenzen, Effektivitätsermittlung für wissenschaftlich-technische Maßnahmen und Investitionen, Orientierung der Wettbewerbsführung und der ökonomischen Stimulierung auf die Senkung des Produktionsverbrauchs. Als geldmäßiger Ausdruck des Verbrauchs machen die Kosten den Aufwand meß- und bewertbar, können jedoch nur beeinflußt bzw. gesenkt werden durch die Senkung des materiellen Verbrauchs, und diese bedürfe des ganzen Ideenreichtums von Arbeitern, Ingenieuren, Konstrukteuren und Ökonomen.

Ausgehend von dem, was sich in der Praxis bewährt hat, legte die Rednerin einige Schwerpunkte der weiteren Vervollkommnung der Kostenarbeit dar:
- Vertiefung der Kenntnisse über die Gesetzmäßigkeiten der Kostenentwicklung unter den Bedingungen der intensiv erweiterten Reproduktion,
- weitere kostenmäßige Durchdringung der Vorbereitungsphase,
- langfristige konzeptionelle Arbeit auf dem Gebiet der Kosten und Kostenplanung von der Fünfjahrplanung über die Jahresplanung bis hin zur operativen Planung,
- Verstärkung der Einheit von materieller und finanzieller Planung,
- Anpassung der Kosteninformationen an die Erfordernisse der Kostenarbeit auf der jeweiligen Kombinatsebene.

Zur Rolle der Kosteninformationen hob sie vor allem drei Schwerpunkte hervor:
- Erhöhung der Reaktionsgeschwindigkeit des Informationssystems zur Bereitstellung von Kosteninformationen,
- Bestimmung der notwendigen Detailliertheit, Sicherheit und Genauigkeit von Kosteninformationen,
- zeitige Erkennung von Kostenabweichungen, unterschiedlichen Kostenentwicklungen und Kostensenkungsmöglichkeiten.

Mit Erfahrungen rationeller Regelungen des Reproduktionsprozesses der Kombinate zur Sicherung volkswirtschaftlicher Effektivitäts- und Leistungsmaßstäbe befaßte sich Professor Dr. *Hans-Ullrich Hochbaum,* Friedrich-Schiller-Universität, Jena, Sektion Wirtschaftswissenschaften. Ausgehend von dem bereits angeführten Beschluß des Zentralkomitees und des Ministerrates legte er Erfahrungen zur Arbeit mit den Ordnungen der Kombinate und Betriebe dar, die von den Direktoren der Kombinate und Betriebe zu erlassen sind. Mit diesen Ordnungen als Leitungs- und Rechtsformen der eigenverantwortlichen Tätigkeit haben die Wirtschaftseinheiten die in den zentralen Rechtsvorschriften zum Ausdruck kommende Wirtschaftspolitik von Partei und Regierung effektiv zu erfüllen, indem sie dabei gleichzeitig ihrer Verantwortung für die rationelle Gestaltung des Leitungsprozesses gerecht werden. Eine wesentliche Seite dieser kombinatsspezifischen Ordnungen besteht in der Ausprägung des demokratischen Zentralismus, geht es doch um die unbedingte Verwirklichung zentraler Rechtsnormen und ihre eigenverantwortliche, den konkreten Reproduktionsbedingungen der jeweiligen Wirtschaftseinheit Rechnung tragende Umsetzung.

Professor Dr. *Uwe-Jens Heuer,* wissenschaftlicher Mitarbeiter an der Akademie der Wissenschaften der DDR, Institut für Theorie des Staates und des Rechts, sprach zur Rolle des Wirtschaftsvertrags unter den neuen Bedingungen, insbesondere auf der Grundlage des Beschlusses vom Februar 1983. Bisher habe im Mittelpunkt der Überlegungen des Wirtschaftsrechts die Bedeutung langfristiger Verträge, ihrer Möglichkeiten und Grenzen gestanden; gegenwärtig gewinne die Frage der Rolle des Vertrags im Prozeß der Plandurchführung besonderes Gewicht. Im Beschluß ist die Aufgabe gestellt worden, die Bilanzen zum Instrument operativer Entscheidungen zu machen. Effektiver Einsatz der zur Verfügung stehenden Kapazitäten und Ressourcen setzt voraus, daß Planung und Bilanzierung nicht mit dem Beginn des Planjahrs enden. Der Inhalt dieser Planung und Bilanzierung müsse in starkem Maße durch die Kombinate und Betriebe bestimmt werden, ihrer flexiblen Reaktion auf die Markterfordernisse dienen. Ein deutlicher Maßstab dafür ist der Grad der vertraglichen Bindung des Absatzes und der Versorgung. Um zu verhindern, daß am Bedarf vorbei produziert wird, wurde mit der Durchführungsbestimmung zur Bilanzierungsverordnung vom 2. 6. 1983 festgelegt, daß im I. Quartal, beginnend ab 1984 bis hin zu Entscheidungen der Staatlichen Plankommission und des Ministerrats unter Auswertung der Vertragsbindung die Staatsplan- und Ministerbilanzen aktualisiert werden. Auf der Grundlage des Primats der staatlichen Planung und Bilanzierung gibt es hier entsprechend dem Prinzip des demokratischen Zentralismus eine echte Rückwirkung des Vertrags auf die Bilanzierung.

Rechtliche Aspekte der Gestaltung der Kooperationsbeziehungen innerhalb der Kombinate behandelte Dr. *Günter Strassmann,* wissenschaftlicher Gruppenleiter am Zentralinstitut für sozialistische Wirtschaftsführung beim Zentralkomitee der SED. Unter den Bedingungen sich schnell ändernder Marktsituationen, beschleunigter Sortimentsumschläge und zunehmender Variantenvielfalt der Erzeugnisse entsprechend den

Anwenderbedürfnissen werde die Beherrschung der innerkombinatlichen Kooperation ein wesentlicher Faktor für die Leistungsfähigkeit der Kombinate und eine wichtige Voraussetzung, um die Kooperation zwischen den Kombinaten im Maßstab der Volkswirtschaft zu festigen. Das erfordere neben den staatlichen Plan- und Bilanzentscheidungen auch den Einsatz kombinatsinterner Leitungsmittel. Diese müssen erzeugnisbezogen sein, um weitere Grundlagen für die Organisierung der Kooperation zwischen den Kombinatsbetrieben zu schaffen. *Strassmann* ging ferner auf einige rechtliche Konsequenzen ein, die mit der Erhöhung der Reaktionsfähigkeit der Kombinate, beispielsweise hinsichtlich Bestell- und Lieferfristen, sowie der konsequenten Durchsetzung eines absatzorientierten und vertragsgerechten Leistungsaufkommens verknüpft sind. Eine absatzorientierte Produktion müsse vor allem von den vorliegenden Wirtschaftsverträgen ausgehen, was den Wirtschaftsvertrag in seiner planvorbereitenden Funktion verstärkt ins Blickfeld rückt und mit neuen Anforderungen an die Vertragsarbeit in den Kombinaten und Betrieben verbunden ist.

In den meisten der bereits behandelten Diskussionsbeiträge wurde die schöpferische Aktivität und Initiative der Werktätigen angesprochen; speziell in jenen, in denen primär Leitungsaufgaben formuliert wurden, geht es dabei doch letztlich darum, Kollektive von Werktätigen zu motivieren, zu stimulieren und zu hohen Leistungen zu führen. Thematisch direkt auf die Mobilisierung der schöpferischen Initiative der Werktätigen und die volle Nutzung des gesellschaftlichen Arbeitsvermögens bezogen waren die nachfolgenden Beiträge:

Professor Dr. *Klaus Ladensack*, wissenschaftlicher Arbeitsgruppenleiter am Institut für sozialistische Wirtschaftsführung der Technischen Hochschule „Carl Schorlemmer", Merseburg, wandte sich Problemen des initiativreichen und schöpferischen Verhaltens der Leiter selbst zu. Er konzentrierte sich dabei auf die Leitung komplexer Neuerungsprozesse, weil diese insgesamt hohe Anforderungen an das Schöpfertum der Leiter stellen, eng verbunden mit Parteilichkeit, Beharrlichkeit, Durchsetzungsvermögen, Kollektivität und Entschlußkraft. Gestützt auf empirische Untersuchungen vor allem in der chemischen Industrie setzte er sich mit Unterschieden in der Bewältigung dieser Anforderungen auseinander.

Der Beitrag löste eine Reihe von Diskussionen aus, in denen darauf aufmerksam gemacht wurde, daß eine tiefere Analyse der Untersuchungen und auch eine Relativierung der Aussagen nötig sei, beispielsweise auch eine nach den verschiedenen Leitungsebenen differenziertere Aussage.

Professor Dr. *Friedrich Macher*, Wissenschaftsbereichsleiter an der Technischen Universität Dresden, Sektion Arbeitswissenschaften, und Dr. *Fritjof Mielke*, von der gleichen Sektion, behandelten einige Probleme beim Einsatz und bei der Nutzung des Arbeitsvermögens in automatisierten Fertigungskomplexen mit industrieller Robotertechnik (IRT). Der Beitrag knüpfte an die von *Rudolph* erhobene Forderung an, eine spezifisch sozialistische, dem Kapitalismus überlegene Arbeitsorganisation zu schaffen. Ausgehend von den in der Direktive des X. Parteitags der SED enthaltenen Zielen für den Einsatz von Industrierobotern legten sie dar, wie wichtig dabei die rechtzeitige Einbeziehung der Arbeitswissenschaftler in die konzeptionellen Arbeiten bei der Einsatzvorbereitung in den Kombinaten ist. Es sei eine wichtige Voraussetzung, um die vorgegebenen Kriterien für die Arbeitskräftefreisetzung und die Rückflußdauer zu erreichen. Überdurchschnittliche ökonomische und soziale Ergebnisse konnten vor allem dort erreicht werden, wo

- bei der Erarbeitung der Einsatzkonzeptionen konsequent auf eine komplexe Begründung geachtet, die Umgestaltung der Arbeitsprozesse in den Vordergrund gestellt und davon ausgehend die Vorbereitung der einzelnen Einsatzfälle eng mit der Durchsetzung arbeitswissenschaftlicher Anforderungen verbunden wurde;
- mit dem Einsatz von Industrierobotern in bestehenden Produktionsprozessen „Automatisierungslücken" geschlossen wurden, die Proportionalität und die Kontinuität in vor- bzw. nachgelagerten Prozeßstufen gesichert wurde und unter diesen Bedingungen Arbeitskräfte direkt für andere Arbeitsaufgaben gewonnen werden konnten.

Die enge Zusammenarbeit mit Arbeitswissenschaftlern, beginnend bereits in der Vorbereitungsphase, sei schließlich außerordentlich bedeutsam für rechtzeitige Überlegungen zur Bereicherung der Arbeitsaufgaben derjenigen Arbeitskräfte, die als Bedienungs- bzw. Überwachungskräfte tätig werden.

Professor Dr. *Friedrich*, stellvertretender Direktor am Zentralinstitut für sozialistische Wirtschaftsführung beim Zentralkomitee der SED, stellte in seinem *Schlußwort* fest, daß es in der Diskussion des Arbeitskreises zentral um die Frage ging, wie die Kombinate ihrer ökonomischen Verantwortung im Reproduktionsprozeß besser gerecht werden können. Dabei spielten praktische Erfahrungen und theoretische Verallgemeinerungen der weiteren Ausprägung des relativ geschlossenen Reproduktionsprozesses in den Kombinaten, das heißt der planmäßigen Weiterführung der Vergesellschaftung von Produktion und Arbeit in diesen Wirtschaftseinheiten eine besondere Rolle.

Verbunden mit dem Dank an alle Diskussionsredner hob er folgende Schwerpunkte der Diskussion hervor:

1. Fragen unter anderem der export- und absatzorientierten Leitung, der Beherrschung komplexer Neuerungsprozesse und der Steigerung der Arbeitsproduktivität durch wirksame wissenschaftlich-technische Maßnahmen.
2. Probleme der in hohem Maße für die intensiv erweiterte Reproduktion bestimmenden Rolle des wissenschaftlich-technischen Fortschritts, die erfordert, den Vergesellschaftungsprozeß planmäßig so zu gestalten, daß der Entwicklung der Produktivkräfte stets neuer Spielraum geschaffen wird.
3. Anforderungen aus dem ressourcensparenden Typ der intensiv erweiterten Reproduktion an die Vervollkommnung der Leitung, Planung und wirtschaftlichen Rechnungsführung.

Schließlich sei aus der Diskussion deutlich geworden, daß neue wissenschaftliche Erkenntnisse vor allem dort gewonnen werden, wo eine enge Verbindung der Wissenschaft zur Praxis besteht, neue Erscheinungen und Prozesse wissenschaftlich verallgemeinert werden und sowohl an neuen praktischen Lösungen wie auch bei der Durchsetzung bereits bewährter Methoden direkt mitgearbeitet wird.

ARBEITSKREIS 2

W. Lungershausen

Die beschleunigte Entwicklung moderner elektronischer Bauelemente für unsere Volkswirtschaft

Das Kombinat Elektronische Bauelemente realisierte in den letzten Jahren eine Leistungssteigerung von über 10% der Industriellen Warenproduktion, 1983 werden knapp 12% erreicht. 1984 wird die Steigerungsrate mindestens 13% betragen.

Die Nettoproduktion entwickelt sich 1984 auf 120%, die Arbeitsproduktivität auf 114%. Im Bauelementesortiment produzieren wir eine Breite von 6800 Typen und Typenvarianten. Für uns sind das keine Wahlgrößen, sondern objektiver Zwang, um das Tempo in der Durchsetzung der Mikroelektronik zu garantieren.

Damit ist eine wichtige These im Grunde formuliert: *Wir müssen uns den nationalen Erfordernissen stellen* und sie ableiten aus den Normen, die das internationale Tempo in der Entwicklung moderner elektronischer Bauelemente setzt. Gewiß sind diese Ziele leicht formuliert. Antworten über das Wie der Lösung erfordern gründliches Eindringen in die Wachstumsfaktoren, um sie umfassend zu erschließen.

Wir stellen uns dieser Aufgabe im Wissen darum, welche Anforderungen wir im Bereich der Elektronik heute und in den folgenden Jahren zu meistern haben. Über das Tempo im internationalen Maßstab besteht kein Zweifel.

War auf unserem Gebiet vor wenigen Jahren ein Umschlag der Erzeugnisse im Erneuerungsgrad von 4 bis 5 Jahren typisch, so entwickelt er sich jetzt tendentiell auf 3 Jahre. Typisch ist, daß sich dabei die Miniaturisierung elektronischer Bauelemente in einem hohen Tempo entwickelt, verbunden mit der Anwendung und Durchsetzung völlig neuer Wirkprinzipien, mit dem Einsatz neuer Materialien und Technologien. Die Zuverlässigkeitsanforderungen steigen um Zehnerpotenzen. Die Entwicklung im elektronischen Bereich hat in der letzten Etappe in einem enormen Tempo zugenommen, insbesondere, was die Produktivitätsentwicklung betrifft. Die Bestnorm im Kondensatorenbereich lag zum Beispiel bei einer Jahresleistung von 30 Millionen Stück pro Anlage. Bereits ein Jahr später betrug sie international 50 Millionen Stück. Bei anderen profilbestimmenden Bauelementen entwickelte sich die Produktivität international innerhalb von 2 Jahren sprunghaft um das Zwei- bis Dreifache.

Daraus leiten sich für die Beherrschung der qualitativen und der quantitativen Struktur des Wachstumstempos eine Reihe zwingender Konsequenzen ab.

Es ist notwendig, die Prozese des wissenschaftlich-technischen Fortschritts exakter vorauszusagen für das, was mit Sicherheit bzw. mit hoher Wahrscheinlichkeit in 3 bis 5 Jahren sein wird, um darauf die Entwicklungsstrategie im Tempo und im Maßstab einzustellen.

Auf einigen Abschnitten vergleichen wir noch zu sehr mit dem, was heute bereits existiert. Je weiter wir aber in das fortgeschrittene internationale Niveau eindringen, desto wichtiger wird es, die zu erwartenden zukünftigen wissenschaftlich-technischen Prozesse exakt zu bestimmen.

Die zukünftige Gebrauchswertstruktur neuer Bauelemente erkennen wir mit einem hohen Sicherheitsgrad. Weitaus komplizierter ist die Bestimmung langfristiger Vorausschauen über den Einsatz neuer Materialien, der Technologie und somit neuer Wirkprinzipien in der Automatisierung, also der Produktivitätsentwicklung. Hier muß intensiver geforscht werden.

Erkundungs- und Anwendungsforschung müssen als eigene wissenschaftliche Disziplin mit einem hohen Stellenwert behandelt werden; wir bauen sie bei uns im Kombinat mit Unterstützung des Forschungszentrums auf, um damit in Zusammenarbeit mit den wissenschaftlichen Einrichtungen unserer Republik einen gesicherten Erkenntnis- und Entscheidungsvorlauf zu erreichen.

Die Eröffnungsverteidigungen wichtiger Staatsplanthemen bestätigen die Notwendigkeit, die Etappe von K 1 für derartige gezielte Erkundungsforschung besser auszunutzen. Kein noch so gründliches Literaturstudium kann die eigene Forschungstätigkeit ersetzen. Natürlich besteht die Kunst darin, aus der Breite wissenschaftlich-technischer Arbeitsbereiche das zur Erkundungsforschung auszuwählen, was für die profilbestimmenden Erzeugnisse von besonderem Interesse ist. Unser Potential in Wissenschaft und Technik für höchste Effektivität einzusetzen und zu planen, dazu ist das ein wichtiger Schritt.

Ein weiterer Komplex unserer Erfahrungen bezieht sich auf das Tempo bei der Entwicklung von Spitzenbauelementen. Es ist uns gelungen, das durchschnittliche Tempo bei der Verkürzung der Entwicklung und Überleitung in den letzten 2 Jahren von 25 Monaten auf 18 Monate 1983 zu erhöhen.

Man muß hervorheben, daß es heute notwendig ist, *alle* Wirkungs- und Einflußfaktoren zu beherrschen, die höchstes Tempo garantieren. Ich messe *den* Komplexen eine besonders hohe Bedeutung zu, die sich als tragende Elemente herausgebildet haben. *Das gilt vor allem für den subjektiven Faktor.* Für uns als Leiter ist bei der Orientierung wissenschaftlich-technischer Spitzenleistungen wesentlich: die moralische Stimulierung, das bekundete Interesse für wissenschaftlich-technische Leistungen, klug überlegte, aber angespannte Zielvorgaben und ihre politisch-ökonomische Erläuterung, ihre Anerkennung. Ich zähle weiter dazu: die Förderung des Mutes zum Risiko, die Sorge und das Engagement der

Leiter um die Lösung von Problemen, die sich im Laufe einer Entwicklung zeigen. Die Ingenieurkollektive müssen spüren, welch hohe Bedeutung wissenschaftlich-technische Leistungen im praktischen Leben haben.

Wir haben vor einem Jahr komplizierte material-ökonomische Aufgaben mit unseren Ingenieurkollektiven lösen müssen. Bedeutende Materialeinsparungen waren notwendig. Gerade bei der Bewältigung solcher komplizierten Aufgaben haben sich die moralischen Faktoren bewährt. Es wurden Ergebnisse eingebracht, die von einer Anzahl von Leitern und Spezialisten als nicht erreichbar, als unreal eingeschätzt worden waren.

Die erreichten Leistungen haben wir auf thematischen Parteiaktivtagungen ausgewertet. Unsere Ingenieurkollektive waren mit Recht stolz auf ihre Leistungen. Diese politisch-moralischen Aspekte möchte ich besonders betonen, sie sind durch nichts ersetzbar.

Ein weiterer wesentlicher Aspekt: Hohes Tempo in der Bauelementeentwicklung erfordert heute die Beherrschung der Kooperationsverflechtungen zwischen den Kombinaten in all ihrer Vielfalt. Im Prinzip können wir keine Spitzenleistungen einbringen, ohne aktive Mitwirkung unserer Vorstufenkombinate.

Jede Haupterzeugnislinie in unserem Kombinat hat ihre eigene Materialbasis. Wir sind kooperativ mit mehr als 20 Kombinaten verflochten. In der Regel vollzieht sich der Einsatz neuer Materialien für Spitzenbauelemente fast sprunghaft. Das Feld reicht vom Einsatz hochwertiger Plaste, keramischer Werkstoffe, metallurgischer Erzeugnisse bis zu Edelmetallen.

Zu einem erfolgreichen Zusammenwirken gehört:

- *die politisch engagierte Zusammenarbeit zwischen den Generaldirektoren und anderen Leitern. Je besser wir uns als Verflechter gemeinsamer Spitzenleistungen verstehen, um so günstiger.* Die auf gegenseitiger Achtung begründete kameradschaftliche Haltung ist ein wichtiges Unterpfand für eine erfolgreiche Arbeit. Das sind Faktoren der Zusammenarbeit, die eben nur in einem sozialistischen Staat möglich sind;
- *die gemeinsam nachzuweisenden volkswirtschaftlichen Effekte,* die in der Elektronik beim Einsatz neuer Werkstoffe für die Volkswirtschaft erreicht werden. In nicht wenigen Fällen bedeutet das in den Vorstufenkombinaten größere Investitionen;
- *die im Stadium vor oder spätestens bei K1 nachzuweisende durchgängige Bilanzierung wissenschaftlich-technischer Aufgaben.* Unterbrochene Themen wegen Fehlern und Schwächen in der volkswirtschaftlichen Bilanzierung wirken destimulierend;
- *daß die wissenschaftlich-technischen Ansprüche weit vor K1 bekannt sind.* Es muß ausdiskutiert sein, auf welche Materiallinien wir uns konzentrieren. Von heute auf morgen mit neuen Ideen zu kommen, geht nicht:
- *die sozialistische Gemeinschaftsarbeit zwischen den Kollektiven der Kombinate und der wissenschaftlichen Einrichtungen.* Motiviert durch die staatlichen Leiter wurde beispielsweise zwischen den Kollektiven des Mansfeldkombinats und des Bergbau- und Hüttenkombinats „Albert Funk" und unseren Betrieben eine parteilich-kameradschaftliche Zusammenarbeit erreicht. Ähnliche Wertungen gelten aber auch für die Zusammenarbeit mit den wissenschaftlichen Einrichtungen unserer Republik, wie zum Beispiel mit dem Institut für Physik und Werkstoffkunde der Akademie der Wissenschaften, Dresden, dem Institut „Manfred von Ardenne", der Technischen Hochschule Karl-Marx-Stadt.

Wir müssen im Kombinat die Potentiale sichern, mit denen wir wissenschaftlich-technische Spitzenleistungen einbringen wollen. Das gilt nicht nur für die Leistungsstärke der Forschungs- und Entwicklungszentren, des Werkzeugbaus und des Rationalisierungsmittelbaus. Das gilt im besonderen auch für den Aufbau einer eigenen Materialbasis, weil zwischen Forschungs- und Entwicklungsleistungen und dem direkten Zugriff eine immer enger werdende Verflechtung entsteht. Spezifische Grundmaterialien werden deswegen in unserem Kombinat zunehmend selbst entwickelt und produziert, zum Beispiel keramische Materialien.

Das ist vor allem wesentlich für Erzeugnisse, die bis 1990 profilbestimmenden Charakter tragen. Das erfordert das Beherrschen völlig neuer wissenschaftlich-technischer Disziplinen durch unser Kombinat, sowohl in der Entwicklung als auch in der Produktion. Das Profil eines Kombinats, das bisher ausschließlich auf Bauelemente ausgerichtet war, ändert sich damit gravierend.

Wir sind uns darüber im klaren, daß zweistellige Wachstumsraten in der Arbeitsproduktivität das entscheidende Kettenglied sind, um den Leistungsanforderungen der nächsten Etappe zu entsprechen. Dabei geht es vor allem um neue Spitzenerzeugnisse, wissenschaftlich-technische Leistungen, die sich durch einen hohen Beitrag zur geplanten und zur sichernden Produktivität auszeichnen. Ihr Anteil an der Netto- und Warenproduktion muß erhöht werden, um einen durchschlagenden Erfolg zu sichern.

In unserem Kombinat beträgt der Anteil der Überleitung neuer Erzeugnisse an der industriellen Warenproduktion 24 Prozent. Das Tempo befriedigt noch nicht. Als Lösungswege sehen wir, neue geplante Bauelemente in ihrer Applikation und damit in ihrer Einsatzbreite weitaus gründlicher zu untersuchen als bisher. Spezialentwicklungen für einzelne Abnehmer, so wichtig sie sein mögen, gehen nicht oder nur in volkswirtschaftlichen Ausnahmesituationen. Notwendig ist es, die wissenschaftlich-technische Kraft auf Haupterzeugnisse zu konzentrieren, mit denen wir das Grundsortiment meistern und über Grundtechnologien die Sortimentsteile sichern, die die Erfordernisse der Hauptabnehmer erfüllen. Zur Diskussion steht *der breite ökonomische Nutzen festgelegter neuer Spitzenbauelemente.* Bei all dem kommt es darauf an, die geplante Produktivitätsspitze und die Produktionsbreite in kürzester Zeit zu erreichen. Benötigen wir nach vollzogener Überleitung zur Erreichung der geplanten Produktivität noch eine Anlaufkurve von zwei Jahren, dann bleibt der Effekt wissenschaftlich-technischer Spitzenleistungen eingeschränkt. Es ergeben sich daraus neue Ansprüche an die Behandlung der Pflichtenheftverteidigungen und der Zwischenverteidigungen in den folgenden Stufen.

Die Einheit von Erzeugnisentwicklung, Technologie und erforderlicher Ausrüstung muß gesichert sein. Wir betrachten oft zu einseitig die Erreichung der geplanten Qualitätsparameter. Auch die geplante Arbeitsproduktivität und die notwendige Produktionsbreite müssen konsequent in die Bewertung einbezogen werden.

Abschließend sei darauf hingewiesen, daß wir diese Aufgaben in engster Zusammenarbeit mit der UdSSR lösen werden. Unsere Erfahrungen bestätigen, daß erfolgreiche Partnerschaft in allererster Linie abhängig ist von dem wissenschaftlich-technischen Leistungsniveau, daß wir selbst zu erreichen haben. Je breiter uns das gelingt, um so früher potentieren sich die Erfolge in der gemeinsamen Zusammenarbeit.

Die Ausführungen *Günter Mittags* werden für unsere Arbeit Maßstab des Handelns sein. Wir werden alle unsere Kraft dareinsetzen, energischer gegen Schwächen und Rückstände zu kämpfen; alleiniger Maßstab ist der Erfolg, zu dem unsere Parteibeschlüsse uns verpflichten.

W. Schirmer

Der Einfluß des wissenschaftlich-technischen Fortschritts auf den volkswirtschaftlichen Reproduktionsprozeß – dargestellt an Beispielen aus der Chemie

Die Entwicklung der Volkswirtschaft der DDR ist ohne eine enge Verbindung mit der Wissenschaft und der Technik nicht mehr denkbar. Die Wissenschaft ist zu einer Hauptproduktivkraft geworden; sie bestimmt das Niveau der Produktion, die Qualität der Produkte, die Arbeitsproduktivität und die Senkung des materiellen Aufwands für die Produktion. Alle wesentlichen Faktoren der industriellen Tätigkeit werden also maßgeblich durch wissenschaftliche und technische Faktoren bestimmt. Marx schreibt in den Grundrissen der Kritik der politischen Ökonomie:

> „In dem Maße aber, wie die große Industrie sich entwickelt, wird die Schöpfung des wirklichen Reichtums abhängig ... vom allgemeinen Stand der Wissenschaft und dem Fortschritt der Technologie oder der Anwendung dieser Wissenschaft auf die Produktion."[1]

Marx erkannte also schon im vorigen Jahrhundert, was uns zum Teil vor allem in den letzten 20 Jahren sichtbar geworden ist, daß die Wissenschaften und die Technik alle Zweige der Produktion, alle Gebiete wissenschaftlicher Tätigkeit und alle denkbaren technologischen Lösungen systematisch umfassen.

Die Wissenschaft wirkt vor allem aufgrund qualitativ neuer Erkenntnisse in Natur und Technik, die systematisch in die Produktion eingeführt werden. Die Voraussetzung dafür ist eine intensive Forschungsarbeit, die diese neuen Zusammenhänge sichtbar macht. Während sich die Grundlagenforschung in relativ breiter Aufgabenstellung mit der Untersuchung der Naturgesetze befaßt, stellen die angewandte Forschung, die technologische Forschung und die Überführung in die Produktion Etappen eines, vom Standpunkt der volkswirtschaftlichen Reproduktion aus gesehen, einheitlichen Reproduktionsprozesses dar, der nicht durch künstliche Schranken unterbrochen werden darf. Es gehört heute zu den hohen Anforderungen an den Grundlagenforscher, zu einem möglichst frühen Zeitpunkt zu erkennen, welche Ergebnisse für die technische Praxis wichtig sind. In der Produktion können heute nahezu alle wertvollen Forschungsergebnisse genutzt werden. Allerdings muß der Grundlagenforscher selbst Kenntnisse über die verfahrenstechnischen und die volkswirtschaftlichen Zusammenhänge besitzen, um beurteilen zu können, wo die Ergebnisse seiner Forschungsarbeit von Nutzen sein können. Er muß um die Anwendung kämpfen und sich zu diesem Zweck mit Vertretern von Kombinaten und Betrieben frühzeitig abstimmen und sich in geeigneter Weise in das System unserer sozialistischen Planung eingliedern. Dies stellt hohe Anforderungen an seine eigene Arbeit. Aber nur so kann auch der Grundlagenforscher seiner gewachsenen Verantwortung gegenüber der Gesellschaft gerecht werden. Die Gesellschaft beweist ihre Verantwortung gegenüber der Forschung bereits dadurch, daß sie in verstärktem Maße Mittel und Arbeitskräfte für dieses Gebiet zur Verfügung stellt.

Warum ist der Einfluß von Wissenschaft und Technik auf den Produktionsablauf in der Chemie besonders groß? Die Chemie ist ein Beispiel für die hohe Veredlung von Rohstoffen – eine Aufgabe, die der X. Parteitag der SED ganz in den Vordergrund rückte. In Prozessen von zum Teil großen Dimensionen werden technologische Lösungen angewandt, die gewaltige Stoff- und Energieflüsse beherrschen und die Massenprodukte für andere Zweige der Volkswirtschaft zur Verfügung stellen. Die Aufbereitung der Rohstoffe stellt in der Chemie ein komplexes Problem von großen wissenschaftlichen Anforderungen dar. Die Anpassung und die Auswahl der einzelnen Verfahrensschritte beruhen nicht nur auf neuesten wissenschaftlich-technischen Erkenntnissen, sondern auch auf wiederholten Optimierungsuntersuchungen.

Ein chemisches Verfahren zeichnet sich durch viele miteinander gekoppelte Prozeßschritte aus. Eine gute Abstimmung der einzelnen Stufen aufeinander erfordert die Anwendung systemtheoretischer Aspekte in der Praxis. In den einzelnen Verfahrensstufen tragen die Parameter der Prozeßführung, die Selektivität bei der chemischen Umsetzung sowie den Stofftrennprozessen und die Einhaltung günstiger Parameter für den Stoff- und Wärmeaustausch wesentlich zur rationellen Prozeßgestaltung bei. Alle diese wissenschaftlichen Faktoren, die Erkenntnisse nicht nur aus der Chemie, sondern auch aus der Physik, den Werkstoffwissenschaften, der Mathematik, der Verfahrenstechnik und nicht zuletzt der Ökonomie erforderlich machen, gehen in ein Verfahrensmodell ein, daß die Grundlage für eine Optimierung des Prozesses bildet. Deshalb hat die Forschung für die Chemie eine so große Bedeutung.

Da es sich bei den chemischen Verfahren meist um große Investitionsobjekte handelt, hat die Forschung die Aufgabe, möglichst vor der Projektierung und der Konstruktion alle wichtigen Parameter des Verfahrens zu bestimmen und über die Verflechtung der einzelnen Größen Klarheit zu schaffen. Das bedingt zwar einen größeren Forschungsaufwand, führt jedoch nach dem Vorliegen der entsprechenden Daten zu einer Verkürzung der Überführungsphase. Allgemein wird die Überführungsphase in der Chemie noch zu schleppend behandelt. Die Wissenschaftler, Projektanten und Betriebsingenieure verstehen es noch nicht, die Vorzüge der sozialistischen Planung so zu nutzen, daß ein möglichst großer Zeitgewinn erreicht wird. An alle Gruppen des einheitlichen Prozesses Forschung–Technik–Produktion muß deshalb die Forderung gestellt werden, über besonders wirksame Formen der Zusammenarbeit zu einer hohen Effektivität auf diesem Gebiet zu kommen.

Chemische Verfahren bieten aber auch der weiteren Rationalisierung, also der Intensivierung der Produktion, günstige Angriffspunkte. Indem sich die Grundlagenforschung, die Anwendungsforschung und die Technologie über die Prozeßanalysen mit der weiteren Verbesserung wichtiger Prozeßparameter beschäftigen, können zum Teil erhebliche volkswirtschaftliche Wirkungen erzielt werden. Nach der Einführung eines neuen chemischen Verfahrens kann man im Durchschnitt damit rechnen, daß durch die systematische Prozeßrationalisierung sowohl die Auslastung der Produktionskapazitäten als auch die Senkung des Rohstoff- und Energieaufwandes um beträchtliche Prozentsätze verbessert werden können. Dabei ist der Investitionsaufwand in dieser Phase der Entwicklung gering, das heißt, die wissenschaftlichen Erkenntnisse können unmittelbar überführt werden. Obwohl die Ergebnisse der Prozeßrationalisierung oft nicht spektakulär sind, stellen die wissenschaftlich begründeten Prozeßanalysen heute eine wichtige Quelle der Verbesserung des Reproduktionsprozesses dar und sollten stets in geeignetem Umfang von allen Partnern, die für die Wissenschaft Verantwortung tragen, genutzt werden.

In diesem Sinne beteiligte sich das Zentralinstitut für physikalische Chemie in den letzten Jahren an mehreren Prozeßanalysen in großen Chemiekombinaten der DDR. So erfolgte eine systematische Durchsicht mehrerer wichtiger Produktionsverfahren der Petrolchemie, der Synthese organischer Zwischenprodukte und der anorganischen Chemie. Auch international gesehen ist diese Art des Vorgehens sehr wirkungsvoll.

Ein typisches Beispiel hierfür ist weltweit die Rationalisierung des Verfahrens zur Herstellung von Methanol. Durch die Einführung eines neuen Katalysators gelingt es heute, die Parameter für die Produktion von Methanol wesentlich zu verbessern. Waren bei dem alten Prozeß Drücke von 250 at und Temperaturen von 380 °C notwendig, so liegen die entsprechenden Werte heute bei 50 at bzw. 250 °C. Das trägt natürlich wesentlich zur Verminderung des Energieaufwandes bei und hat außerdem den Effekt, daß weniger wertvolle Stähle eingesetzt werden müssen und sich die Produkte durch eine hohe Reinheit auszeichnen. Es kann kein Zweifel darüber bestehen, daß das neue Verfahren auch in der DDR zur Entwicklung des Reproduktionsprozesses beitragen wird.

Daß wissenschaftliche Entdeckungen und neue Effekte die Ausgangspunkte für neue Verfahrensvarianten sind, ist auf allen Gebieten der Chemie zu beobachten. So wird gegenwärtig geprüft, welche Varianten der alten Fischer-Tropsch-Synthese für die Zukunft Bedeutung haben werden. Stand früher bei diesem Verfahren die Gewinnung von Treibstoffen im Vordergrund, so gehen wir heute davon aus, daß vor allem Ausgangsprodukte für die chemische Synthese hergestellt werden sollen. Die Einführung biotechnologischer Verfahren in die Stoffwirtschaft hat bereits begonnen. Das Fermosin-Verfahren zur Herstellung von mikrobiellem Eiweiß für Futterzwecke wurde in der DDR entwickelt und wird gegenwärtig in den technischen Maßstab überführt. Wir gehen davon aus, daß die Wandlungsfähigkeit von Einzellern, Bakterien, Hefen und Algen noch nicht ausreichend technisch genutzt wird und daß es über den Zweig der Biotechnologie gelingen wird, hier zu neuen Lösungen für unsere Stoffwirtschaft zu kommen. Die Herstellung von organisch-chemischen Verbindungen, von Wirkstoffen, pharmazeutischen Spezialitäten und von hochwertigen Nahrungs- und Futtermitteln wird die Struktur der Volkswirtschaft der DDR beeinflussen.

Die Umsetzungen im chemischen Plasma sind ebenso wie andere Verfahren neuer Aktivierungsprinzipien für die Gestaltung von stoffwirtschaftlichen Prozessen von großer Bedeutung. Ein Beispiel für die neuartigen Synthesewege in der organischen Chemie liegt mit dem Halmstabilisator Camposan vor. Die am Zentralinstitut für organische Chemie gefundene neue Synthese führte zu einer patentfreien technischen Lösung, die dieses Produkt aus einheimischen Rohstoffen zugänglich machte. Mit seiner Hilfe ist es möglich, das Lagern des Getreides zu verhindern und vor allen Dingen die Roggenhalme zu stabilisieren. Das hat aber für die vollmechanisierte sozialistische Landwirtschaft der DDR größte Bedeutung. Der Einsatz dieses Produkts führt zu einer Erhöhung der Arbeitsproduktivität in der Erntezeit um 20 bis 30 Prozent. Es wurde errechnet, daß allein nach diesem Verfahren ein zusätzlicher Nutzen von 35 bis 40 Millionen Mark erzielt werden kann.

Die Ergebnisse der chemischen Forschung werden oft in anderen Zweigen der Volkswirtschaft als gerade in der Chemie wirksam. Es gelingt bei weitem noch nicht überall, den hierbei auftretenden Nutzen unter gesamtvolkswirtschaftlichen Aspekten zu ermitteln und nachzuweisen. Oft sind die Bilanzgebiete zu eng, und die Anstrengungen, die in einem Kombinat ausgelöst werden müssen, werden nicht entsprechend ihrer Gesamtbedeutung gewürdigt. Hier sollten recht bald ausreichend sichere Verfahren einer volkswirtschaftlichen Bewertung eingeführt werden.

Der volkswirtschaftliche Aspekt spielt bei der Einführung wissenschaftlicher Ergebnisse in die technische Praxis ebenso wie der interdisziplinäre Charakter der Forschungsarbeiten eine immer größere Rolle. So ist es zum Beispiel für die Volkswirtschaft der DDR von großer Bedeutung, über ein aussagefähiges Modell der rationellen Erdölverarbeitung zu verfügen. Ein solches Modell muß natürlich von den verfügbaren Rohstoffen ausgehen. Es muß dazu führen, daß der gesellschaftliche Bedarf an Erdölprodukten aller Art – vom Treibstoff bis zu den hochveredelten Chemieerzeugnissen – gedeckt wird, und es muß die technologischen Kapazitäten berücksichtigen, die hierfür zur Verfügung stehen. Bei richtiger Verflechtung der Größen kann man entweder den Rohstoffeinsatz minimieren oder den Wert der erzielbaren Produkte optimieren, wobei sich weitere wissenschaftlich-technische Aufgaben für die Verarbeitungsphase ergeben. Ein solches Modell liegt heute vor. Es wurde unter Leitung von Professor Keil in Zusammenarbeit mit den Kombinaten und den staatlichen Leitungsorganen entwickelt. Eine solche Arbeit läßt sich heute nur in engem Kontakt mit Grundlagenforschern,

Verfahrensingenieuren und Wissenschaftlern aus der Produktion realisieren. Das Modell muß sowohl die konkreten wissenschaftlichen Erkenntnisse als auch die volkswirtschaftlichen Erfordernisse bis hin zu den Handels- und den Exportfragen berücksichtigen. Der Systemaspekt muß gewahrt werden. Er darf aber nicht dazu führen, daß die zahlreichen wissenschaftlich-technischen Details unberücksichtigt bleiben. Werden diese Randbedingungen berücksichtigt, erhält man Aussagen, die die Wirksamkeit der wissenschaftlichen Erkenntnisse in der Praxis wesentlich beeinflussen und die auch auf den Reproduktionsprozeß der Kombinate und der Produktionsbetriebe Einfluß nehmen.

Im vorliegenden Fall konnte eine Aussage darüber gemacht werden, wie groß der minimale Erdölbedarf ist, wenn bei der jetzigen Bedarfsstruktur die technologischen Verfahren möglichst rationell eingesetzt werden. Außerdem ist das Modell in der Richtung offen, daß es den Anschluß an andere Kohlenstoffträger ermöglicht. Dazu gehören mit Sicherheit Methanol, Acetylen und karbochemische Produkte. Um diese Produktgruppen muß das Modell noch erweitert werden.

Die Umstellung der Volkswirtschaft auf andere Rohstoffe bedeutet oft die Lösung wissenschaftsstrategischer Aufgaben. Das ist auch im Falle der Karbochemie so. Die DDR verfügt aus eigenem Aufkommen nur über bestimmte Sorten von Braunkohle, die jedoch eine für die chemische Verarbeitung ungünstige Zusammensetzung haben. Vorrangige wissenschaftlich-technische Aufgabe ist es daher vor allem, Entscheidungen über das günstigste Verarbeitungsverfahren zu treffen. Im vorliegenden Fall kann der Vergasung der Rohbraunkohle der Vorzug gegeben werden. Auch die seit vielen Jahren in der DDR technisch durchgeführte Schwelung führt zu ökonomisch günstigen Ergebnissen, während andere Prozesse wie zum Beispiel die Hydrierung gegenwärtig noch mit recht hohen Aufwendungen verbunden sind. Wissenschaft und Technik müssen also hier ihre Kenntnisse dadurch in den Dienst der Volkswirtschaft stellen, daß sie die volkswirtschaftlichen Parameter optimieren und dadurch auf den Reproduktionsprozeß einwirken. Derartige Erkenntnisse wirken auf die Forschung zurück.

Zur weiteren Entwicklung karbochemischer Verfahren muß die Grundlagenforschung vor allem auf den Gebieten der chemischen Reaktionskinetik, der heterogenen Katalyse und der selektiven Stofftrennung betrieben werden. Daß die hierbei aufgeworfenen Fragen nicht nur eine Aufgabe der Stoffwirtschaft sein können, ist ganz offensichtlich. Die Notwendigkeit, neuartige Treibstoffe einzusetzen, macht Forschungsarbeiten im Automobilbau erforderlich, die bis zur Entwicklung neuer Motoren führen werden. Erst wenn diese Form der interdisziplinären Anwendung gegeben ist, tritt der volle Einfluß von Wissenschaft und Technik auf den Reproduktionsprozeß ein.

Zwei weitere Aspekte von volkswirtschaftlicher Bedeutung seien hier erwähnt:

- Vor einigen Jahren war die DDR bestrebt, möglichst viele Einsatzgebiete von Metallen auf Plaste umzustellen. Heute geht die Tendenz eher dahin, Plaste, die ja meist Verbraucher von Erdöl ist, durch andere Werkstoffe zu substituieren. Da die DDR über andere günstige Rohstoffvorkommen verfügt, werden als neue Werkstoffe auch für technische Einsatzgebiete Gläser, keramisches Material und Metalloxide genannt. Es ist unbestritten, daß diese Werkstoffe auf anorganischer Basis noch eine große Zukunft vor sich haben. Hier bedarf es noch gründlicher volkswirtschaftlicher Analysen, bei denen alle Seiten der stoff- und energiewirtschaftlichen Voraussetzungen der Technologie und der Anwendung erfaßt werden, um zu einer für die Volkswirtschaft gültigen Aussage zu kommen. Sie wird dann wahrscheinlich darin bestehen, daß die spezifischen Einsatzgebiete dieser Werkstoffgruppen näher bezeichnet werden können, was für die weiteren Aufgaben der Grundlagen- und der technologischen Forschung von Bedeutung ist.
- Ein wesentlicher Beitrag zur besseren Ausnutzung der Rohstoff- und Energieträger besteht in der systematischen Erhöhung der Qualität der chemischen Erzeugnisse. Eine Verlängerung ihrer Lebensdauer, eine Verminderung ihres Verschleißes oder ihrer Alterung um den Faktor 2 führt in den meisten Fällen dazu, daß das Angebot an Produktion bei gleichbleibendem Rohstoffeinsatz und -bedarf verdoppelt wird und daß der Aufwand an lebendiger Arbeit sinkt. Welche speziellen Eigenschaften unter dem Begriff der Lebensdauer zusammengefaßt werden, hängt dabei von den spezifischen Einsatzgebieten der Produkte ab. Es handelt sich um Probleme des Gebrauchswerts. Um den Gebrauchswert eines Produkts zu erhöhen, müssen wissenschaftlich-technische Vorleistungen erbracht werden, die sich natürlich auch im Preis für das Produkt niederschlagen. Seit langem gibt es bei der Preispolitik Bemühungen, dem Faktor der Qualität Rechnung zu tragen; aber wie dies geschehen soll, auf Grund welcher Rechnungen dieser Faktor in die volkswirtschaftliche Bewertung eines Produkts eintritt, das ist noch unklar. Eine entsprechende Bewertung der Gebrauchswertfrage im dargelegten Sinne würde in den Kombinaten und den Instituten mit Sicherheit weitere Forschungs- und Entwicklungsarbeiten auslösen, die sich auch in einer Senkung des materiellen Aufwandes für die Produktion niederschlagen würde.

Der Zeitfaktor ist für die gesamte volkswirtschaftliche Entwicklung von größter Bedeutung. Je schneller ein wissenschaftlich-technisches Ergebnis angewendet werden kann, um so eher tritt der positive Einfluß im gesamten Reproduktionsprozeß in Erscheinung. Die harte Konkurrenz im Außenhandel zwingt uns, die Technologien und die Produkte auf dem höchsten Niveau zu halten. Nicht gespart werden sollte bei der sorgfältigen, zielstrebigen Durchführung von Aufgaben der Grundlagenforschung. Sie müssen infolge ihres Charakters langfristig angelegt sein und sind gewissermaßen „Themen ohne Abschluß", wie H. Hörnig sagte. Dabei muß aber jede Möglichkeit einer Verwertung von Zwischenergebnissen auf einem bestimmten Niveau genutzt werden. Wenn zum Beispiel die heterogene Katalyse die allgemeine Aufgabe untersucht, den Mechanismus der Oxydation organischer Verbindungen möglichst umfassend experimentell und theoretisch deuten zu können, so kann man auf diesem Gebiet nicht warten, bis die angestrebte Theorie geschlossen vorliegt, sondern man muß

Teilergebnisse, die an bestimmten technisch interessanten Reaktionen erzielt wurden, so schnell wie möglich in die Praxis überführen. Das ist der Arbeitsstil seit vielen Jahren. So werden auch die Verträge mit den Kombinaten abgefaßt, und auf diese Weise stellt die Wissenschaft bereits im Statium der Zwischenauswertung der Industrie produktionswirksame Ergebnisse zur Verfügung.

Für den Grundlagenforscher ist dieses Vorgehen zwar unbequem, da er sich sowohl um das eigentliche wissenschaftliche Thema als auch um die mögliche Anwendung und die damit verbundenen zusätzlichen Anforderungen kümmern muß, aber es gibt eigentlich keinen anderen Weg, um die ständige Verflechtung zwischen Grundlagenforschung und Praxis zu gewährleisten. Ausschlaggebend ist eine rechtzeitige Kooperation zwischen allen Beteiligten. In der Vergangenheit wurden viele wissenschaftliche Ansätze dadurch nicht wirksam, daß man diese Kooperation zu spät herstellte und dann erkennen mußte, daß die Überführungsleistungen nicht in den Plan eingeordnet werden können.

Einer solchen Gefahr kann nur dadurch begegnet werden, daß man langfristig plant, aber kurzzeitig überführt. Einen Algorithmus für dieses Vorgehen gibt es sicherlich nicht. Maßgebend ist das Vertrauensverhältnis zwischen den Kollektiven der Forschung und der Produktion. Die Wissenschaftler sind schlecht beraten, die glauben, daß sie mit dem Abschlußbericht ihre Pflicht getan haben. Nein – sie müssen sich bemühen, auch weiterhin konsequent wissenschaftliche Ergebnisse bis zur technischen Reife fortzuführen, wenn es notwendig ist sogar durch ihre Mitarbeit im Betrieb selbst. Diejenigen Betriebsangehörigen haben eine falsche Auffassung, die glauben, daß sie mit den Forschungsergebnissen machen können, was sie wollen, wenn sie einmal bezahlt haben. In diesen Leistungen steckt umfangreiche gesellschaftliche Arbeit. Sie wird nur dann wirksam, wenn sie schnell angewandt wird.

Die Arbeitsteilung zwischen der Forschung und der Produktion muß nach dem Grundsatz erfolgen: Jeder verantwortet das, was er am besten kann. Die Einbeziehung gesellschaftlicher Organe, die Durchführung eines überbetrieblichen Wettbewerbs, vor allen Dingen aber das Wissen um die konkreten Arbeitsbedingungen der Partner – mit einem Wort, das enge Vertrauensverhältnis – sind auch für den Zeitgewinn von größter Bedeutung. Hier wie in anderen Fällen gilt: Der Erfolg muß organisiert werden. Nach wie vor aber ist die ökonomische Analyse des Wertes der Grundlagenforschung für die Praxis unbefriedigend. Das ist ein Umstand, dessen Überwindung angesichts der großen Bedeutung des Problems nicht länger aufgeschoben werden kann.

Das Thema bringt es mit sich, daß ideologische Fragen berührt werden. Dazu gehören die Grundsätze wissenschaftlichen Arbeitens, letzten Endes die Beobachtung der Dialektik in Forschung und Produktion. Dazu gehört die Anerkennung der Theorie, die einen großen Einfluß auf die Praxis hat, dazu gehört schließlich das Risiko, das mit der Forschung auf Neuland verbunden ist. Die Einstellung zu einer ständigen Dynamik unserer volkswirtschaftlichen Entwicklung, die das Erreichte nur als Ausgangspunkt für die weitere Entwicklungen betrachtet und ständig vorwärtsschreiten will, ist ebenfalls ein solcher Faktor.

[1] K. Marx, Grundrisse der Kritik der politischen Ökonomie, Berlin 1953, S. 592.

K. Hartmann

Die Rolle der Technologie in der intensiv erweiterten Reproduktion unserer Volkswirtschaft

Sowohl die Fortschritte bei der weiteren Gestaltung der entwickelten sozialistischen Gesellschaft als auch die Stärke des Sozialismus im Kampf um den Frieden werden in erster Linie von den Leistungen der Wirtschaft getragen. Der entscheidende Dreh- und Angelpunkt für die umfassende Intensivierung besteht in der immer wirkungsvolleren ökonomischen Verwertung der Wissenschaft und Technik. Dabei nimmt die Technologie einen ganz gewichtigen Platz ein. Der gegenwärtig und in den nächsten Jahren zu erbringende Leistungszuwachs ist ohne Fortschritte im Hervorbringen und in der Anwendung neuer Technologien undenkbar.

E. Honecker formulierte auf der 7. Tagung des ZK:

> „Vor uns liegt ein weiterer Schritt zur Verwirklichung der ökonomischen Strategie. Man könnte ihn so kennzeichnen: Durch neue Technologien und neue Produkte zu höherer Effektivität.
> ... Dauerhafte und ertragreiche Lösungen bringt vor allem die moderne Technologie."[1]

Dies ist die Voraussetzung dafür, um die Produktion mit einem sinkenden Einsatz an Arbeitskräfte-, Energie- und Material- sowie Grundfondsressourcen zu steigern und dabei zugleich Vielfalt und Qualität der Erzeugnisse wesentlich zu erhöhen. Das bedeutet, daß beispielsweise die Einsparung von lebendiger Arbeit nicht mit einem Mehraufwand an vergegenständlichter Arbeit je Produkt erkauft werden kann. Es gilt die Marxsche Feststellung: „Die Steigerung der Produktivität der Arbeit besteht darin, daß der Anteil der lebendigen Arbeit vermindert, der der vergangnen Arbeit vermehrt wird, aber so, daß die Gesamtsumme der in der Ware steckenden Arbeit abnimmt, daß also die lebendige Arbeit um mehr abnimmt, als die vergangne zunimmt."[2]

Worin liegt die ökonomische Wirkung der Technologie begründet?

1. Es bedarf der Technologie um die Erkenntnisse der Naturwissenschaften produktionswirksam zu machen. Die Technologie ist das Bindeglied zwischen den naturwissenschaftlichen Erkenntnissen einerseits und ihrer beständigen und massenhaften Nutzung in der Produktion für eine hohe Arbeitsproduktivität und die weitere Verbesserung der Arbeitsbedingungen der Werktätigen andererseits.
   Die Technologie untersucht die Gesetzmäßigkeiten und Bedingungen, unter denen die Erkenntnisse dieser Wissenschaften für die sozialistische Produktion wirksam gemacht werden können und müssen. Sie verwandelt gewissermaßen diese Erkenntnisse, die ja zunächst theoretischer Natur sind, in produktiv anwendbare Wirkprinzipien oder Verfahren und vergegenständlicht diese Erkenntnisse in den entsprechenden Arbeitsmitteln.
2. Erstmals ist für das Jahr 1984 vorgesehen, das produzierte Nationaleinkommen schneller zu erhöhen als die industrielle Warenproduktion. Daraus ergibt sich, daß die Senkung des Produktionsverbrauchs zu einem Hauptfaktor für Wachstum und Effektivität wird. Während das Wachstum des Nationaleinkommens im Jahre 1980 zu 6 % aus der Senkung des spezifischen Produktionsverbrauchs resultierte, waren es in den Jahren 1981 und 1982 zusammengenommen 44 % des Zuwachses, die durch die Senkung des spezifischen Produktionsverbrauchs ermöglicht wurden. Gegenwärtig und künftig geht es darum, das Wachstum des Nationaleinkommens bei absolut sinkendem Einsatz von Energieträgern, Rohstoffen und Materialien zu erreichen. Es gibt heute kein material- oder energieökonomisches Problem, das nicht direkt oder indirekt mit der Technologie zusammenhängt. Oft besteht nicht ein „Engpaß" an Rohstoffen, sondern an Technologien. Die höhere Veredlung der Produktion ist ihrem Wesen nach die Verschmelzung des technologischen Fortschritts mit höherqualifizierter Arbeit. Der technologische Fortschritt bildet immer mehr das Rückgrat eines ökonomisch wirksameren Kreislaufes der Rohstoffe, denn jährliche Senkungsraten in der Material- und Energieökonomie von 5 bis 10 % bedürfen neuer Qualitäten in der Technologie im Hinblick auf die komplexe Ausnutzung aller primären Rohstoffe und Energieträger, die Einsparung ganzer Produktionsstufen, die Miniaturisierung und die Leichtbauweise sowie auf den immer mehr geschlossenen Rohstoffkreislauf bei vollständiger Verwertung der Sekundärrohstoffe.
3. Neue Technologien ermöglichen es, die vorhandenen Grundmittel komplex zu modernisieren und ökonomisch zu nutzen, so daß im technologischen Ablauf der Produktion überall ein hohes Niveau der Arbeitsproduktivität erreicht wird und die Grundfondsquote steigen kann.
   Viele moderne Technologien bergen in sich die Möglichkeit, gewissermaßen in einem Arbeitsgang, in einem „einheitlichen Prozeß" gleichzeitig eine Einsparung an Arbeits-, Investitions- und Materialaufwand pro Erzeugnis oder Gebrauchswerteinheit zu erreichen. Dafür sind nicht nur die Mikroelektronik und die Robotertechnik ein Beweis, sondern die sich abzeichnenden Entwicklungstendenzen auf dem Gebiet der Biotechnologie deuten heute schon darauf hin, daß bei der technischen Nutzung von Stoffumwandlungsprozessen künftig Veränderungen vor sich

gehen werden, die in ihren ökonomischen Wirkungen von nicht geringerer Bedeutung sein werden, als es die Mikroelektronik bereits ist.

4. Durch ihre unmittelbare Produktionswirksamkeit beeinflußt die Technologie direkt die materiellen Arbeitsbedingungen der Werktätigen. Im Mittelpunkt stehen dabei die inhaltliche Anreicherung der Arbeit, der Abbau körperlich schwerer Arbeit und die Verbesserung der arbeitshygienischen Bedingungen. Die jeweils zur Anwendung kommende Technologie bestimmt in hohem Maße die Art und Weise des Zusammenwirkens von Mensch und Arbeitsmittel, die Funktionsteilung zwischen Mensch und Arbeitsmittel und teilweise auch das Zusammenwirken zwischen den Menschen im Arbeitsprozeß.
   Die Schwedter Initiative bestätigt, daß in beträchtlichem Maße Arbeitskräfte für neue und höherwertige Arbeiten gewonnen werden können. So wurden allein in Schwedt 14000 Arbeitsplätze eingespart, sodaß zwei neugebaute Werke – ein petrochemisches und ein metallurgisches – den Betrieb aufnehmen konnten. Darüber hinaus konnten Arbeitskräfte für die Lösung solcher Aufgaben, wie den Rationalisierungsmittelbau, die Herstellung von Konsumgütern u. a. eingesetzt werden. Auf diesem Wege gelingt es auch, die Arbeitsproduktivität schneller zu steigern als die Produktion.
5. In dem Maße, wie die Technologie immer mehr solche naturwissenschaftliche Vorgänge produktiv nutzbar macht, die sich im molekularen, atomaren und subatomaren Bereich der Materie abspielen, werden die Technologien in ihrem Grundprinzip immer universeller anwendbar. Die Effekte der Mikroelektronik, der Robotertechnik, der Biotechnologie und andere ergeben sich nicht zuletzt aus der breiten Anwendungsmöglichkeit in der gesamten Volkswirtschaft.

Die Fähigkeit zum Hervorbringen und Beherrschen moderner Technologien entscheidet immer mehr über den ökonomischen Rang einer Volkswirtschaft. International ist eine wesentliche Beschleunigung des Tempos sowohl beim Hervorbringen wie auch bei der Breitenwirksamkeit neuer Technologien zu beobachten. Für uns stellt sich die Aufgabe, auch auf diesem Gebiet zu mehr Spitzenleistungen zu kommen. Mit der energischen Veränderung der Relationen zwischen Durchschnittsleistungen und Spitzenleistungen zugunsten letzterer soll – gemäß der Marxschen These von der Rolle der Wissenschaft bei der Schaffung von Surpluswert – ein zusätzlicher und überdurchschnittlicher Effektivitätszuwachs für unsere Volkswirtschaft erzielt werden. Anders kann die umfassende Intensivierung, das heißt ein hohes Wachstum der Produktion bei gleichzeitiger Einsparung an Material, Energie, Arbeit und Investitionen nicht im erforderlichen Tempo erreicht werden. Unter diesen Bedingungen ist es dann auch möglich, Exportgüter zu produzieren, die selbst bei härtester Konkurrenz hohe Devisenerlöse erbringen. Eine Spitzenleistung muß zum Zeitpunkt der Produktions- und Marktwirksamkeit jedem internationalen Vergleich standhalten. Das gilt für die technischen Leistungsparameter, die Qualität, die Zuverlässigkeit, den sparsamsten Energie- und Materialverbrauch und natürlich auch für die Kosten insgesamt.

Wir können uns dabei auf hervorragende Traditionen stützen. Erinnert sei nur an die international hoch anerkannten Arbeiten solcher Wissenschaftler und Ingenieure, wie Rammler/Bilkenrodt auf dem Gebiet der Kohleveredlung, Winkler auf dem Gebiet der chemischen Technologie, Mauersberger im Hinblick auf die Nähwirktechnik. Es ist eine internationale Erfahrung, daß große Fortschritte in der Technologie besonders dort errungen werden, wo sich die fähigsten Köpfe eines Landes mit dieser Aufgabe identifizieren und mit der Neuererbewegung aufs engste verbunden sind. Die 500 Mitarbeiter des Zentralinstituts für Schweißtechnik Halle wollen 1984 durch zahlreiche wissenschaftlich-technische Spitzenleistungen zur Fortsetzung des dynamischen Wirtschaftswachstums beitragen. Sie konzentrieren sich insbesondere auf Technologien, die beträchtlichen Produktivitäts- und Effektivitätszuwachs bringen. Dazu gehört die Weiterentwicklung des thermischen Trennens mit reduziertem Material- und Energieverbrauch. Das in diesem Institut 1983 erreichte Ergebnis von 44 Patenten pro 100 Hoch- und Fachschulkader soll 1984 weiter erhöht werden.

Im Lichte des Ringens um den Frieden gewinnen in der internationalen Auseinandersetzung mit den aggressivsten Kreisen des Imperialismus die Fragen der Technologie mehr denn je an Bedeutung. Die Beschleunigung der Entwicklung und der Anwendung solcher technologischer Lösungen, die auf der Mikroelektronik, der Robotertechnik, der elektronischen Datenverarbeitung und der automatischen Steuerungen u. a. beruhen, wird vom imperialistischen System heute als eine Schlüsselfrage der Erhaltung und des Ausbaus seiner politischen, militärischen und ökonomischen Positionen betrachtet. Mehr noch: der militärisch-industrielle Komplex und die Administration der USA leben in dem gefährlichen Wahn, die Wissenschaft zu monopolisieren und zur Wiedererlangung militärtechnischer und militärstrategischer Überlegenheit nutzen zu können. Ohne die militärstrategische Parität, ohne die Fähigkeit der sozialistischen Gemeinschaft, sie permanent aufrechtzuerhalten, ist der Friede nicht zu sichern. Auch in dieser Hinsicht ist den auf dem Gebiet der Technologie tätigen Wissenschaftlern und Arbeitern eine große Verantwortung übertragen. Gerade in der Gegenwart motivieren viele Werktätige ihre persönliche Einsatzbereitschaft damit, daß erst ein starker Sozialismus den Frieden sicher macht, daß die Stärke des Sozialismus u. a. durch die Fähigkeit bestimmt wird, die wissenschaftlich-technische Revolution besser zu meistern als der Kapitalismus. Massenweises wissenschaftlich-technisches Schöpfertum im Kampf um Spitzenleistungen zu organisieren, tritt damit immer stärker in den Mittelpunkt der politischen Arbeit der Parteiorganisationen und gehört zur Vorbildwirkung der Kommunisten.

Rationalisierungsschub mit modernen Technologien

Die notwendige Steigerung der Arbeitsproduktivität erfordert die gesamte Breite des technologischen Fortschritts für die sozialistische Rationalisierung zu nutzen.

Die Orientierung des X. Parteitages der SED auf die gesamte Breite beruht unter anderem auf der Analyse der Entwicklungstendenzen von Wissenschaft und Technik. Sie besagen eindeutig, daß erstens bedeutende Effektivitätssteigerungen und soziale Effekte auf der Basis der Vervollkommnung herkömmlicher Technologien möglich sind, daß zweitens zunehmend eine Kombination traditioneller und völlig neuer technologischer Wirkprinzipien zu beobachten ist und daß drittens die moderne Technologien immer stärker in den Mittelpunkt rükken. Besonders bei den Letzteren beschleunigt sich das Tempo des Hervorbringens wie auch der Ausbreitung. Sie stellen immer mehr die niveaubestimmende Seite des technologischen Fortschritts dar, indem sie ganz besonders die neuesten Erkenntnisse der Wissenschaft zur produktiven Wirkung bringen und damit die Effektivitätsgrenzen herkömmlicher Technologien weit überschreiten. Charakteristisch für sie ist, daß sie wesentliche Automatisierungsfortschritte zur Voraussetzung haben, weil anders die Vorgänge im Mikrobereich der Materie kaum zu beherrschen sind und zugleich auch wiederum qualitative Fortschritte der Automatisierung ermöglichen. Im Kombinat Textilmaschinenbau sind gegenwärtig 38 Prozent der Erzeugnisse mikroelektronisch gesteuert. Der erreichte Stand wird weiter ausgebaut. Unter Einbeziehung der Robotertechnik entstehen flexible Automatisierungslösungen.

Technologische Lösungen, die auf der Mikroelektronik, der modernen Veredlungschemie, der Robotertechnik und der Anwendung automatisierter Steuerungen beruhen sowie die ganz wesentlich auf den modernen Technologien basierende höhere Veredlung der Produktion sind das tragende Gerüst für die ökonomische Entwicklung der gesamten Volkswirtschaft in den nächsten Jahren. Es ist demzufolge kein Zufall, wenn die Beschlüsse der 7. Tagung des ZK der SED, das Referat von Günter Mittag auf der Wirtschaftswissenschaftlichen Konferenz sowie von Kurt Hager auf der Gesellschaftswissenschaftlichen Konferenz in erster Linie über ihre beschleunigte Entwicklung orientieren. Dieser Zusammenhang ist von grundlegender Bedeutung, weil mit dem Volkswirtschaftsplan 1984 ein solch erheblicher Leistungszuwachs zu organisieren ist, der die volle Erschließung des Effektivitätspotentials der modernen Technologien unerläßlich macht. Außerdem beginnt die Vorbereitung des nächsten Fünfjahrplanes.

> „Nicht wenige wissenschaftliche Entwicklungen, neue Technologien und Rationalisierungsvorhaben, die dann die ökonomische Effektivität wesentlich beeinflussen, müssen jetzt angepackt, wirtschaftliche Entscheidungen, die sich dann auswirken, jetzt getroffen werden."[3]

Jedes Kombinat und jeder Betrieb brauchen demzufolge ein mit zeitlichem Vorlauf erarbeitetes eigenes Konzept sowohl über die konsequente Ausnutzung der konventionellen Technologien als auch über die beschleunigte Entwicklung und breitenwirksame Anwendung der modernen Technologien. Das verlangt von den Kommunisten eine große ideologische Aufgeschlossenheit für wissenschaftliches Neuerertum, die Fähigkeit, weitreichende gesellschaftliche Konsequenzen vorauszusehen, das heißt, die wirkliche Bedeutung eines technologischen Entwicklungsweges für die Stärkung der DDR, für die Zukunft richtig einschätzen zu können. Das schließt ein, auf der Grundlage kompromißloser Weltstandsvergleiche um den wissenschaftlich-technischen Höchststand zu kämpfen und die richtigen Zeit- und Qualitätsparameter an die eigene Arbeit anzulegen. Völlig zu recht bemühen sich verschiedene Kombinate schon gegenwärtig um eine solche Vorausschau. Im VEB Chemisches Kombinat Bitterfeld entstand ein Programm zur komplexen technologischen Erneuerung der Grundfonds. Der springende Punkt dieses Programms ist: Das Forschungspotential und die materiellen Kapazitäten werden vorrangig auf die Ausarbeitung hocheffektiver Technologien konzentriert. Diese Technologien sind sowohl der Ausgangspunkt für die Modernisierung der vorhandenen Grundfonds als auch für die Entwicklung und Produktion von neuartigen Arbeitsinstrumenten. Die Erfahrungen des CKB wurden vom Mansfeldkombinat „Wilhelm Pieck" aufgegriffen. Um neue konkurrenzfähige Erzeugnisse herzustellen, werden die Anstrengungen in diesem Kombinat verstärkt darauf gerichtet, Mikroelektronik und Robotertechnik zielgerichtet einzusetzen, neue Technologien in der Metallverformung anzuwenden und sich mit neuen Gebrauchswerten in hoher Qualität voll auf die Bedürfnisse der Anwender einzustellen.

Auf neue Art technologische Arbeit leiten

Genauso wie der Lebenslauf eines neuen Erzeugnisses letztlich in der Grundlagenforschung beginnt und bis zur Serienproduktion usw. reicht, beginnt auch die Geburt einer neuen Technologie in der Grundlagenforschung. Jeder ernsthafte und tiefgreifende Fortschritt in der Entwicklung der modernen Produktivkräfte hat heute mehr denn je seine Wurzeln in der Grundlagenforschung. Nur mit einem verstärkten Vorstoß in technologisches Neuland können auf die Dauer gesehen die Aufgaben der entwickelten sozialistischen Gesellschaft gelöst werden. Wie wir mit dem international sich beschleunigenden Tempo der Produktivkraftentwicklung Schritt halten, bestimmt letzten Endes den ökonomischen Rang unseres Landes und das Lebensniveau unseres Volkes. Folglich gilt es, ein solches erfinderisches Niveau in der Forschung und Entwicklung, einschließlich der Grundlagenforschung herbeizuführen, das auf volkswirtschaftlich entscheidenden Gebieten Durchbrüche von internationalem Rang ermöglicht. Daraus ergibt sich zugleich eine hohe Verantwortung der Grundlagenforscher für die produktive Verwertung ihrer Erkenntnisse, eine frühzeitige Integration der technologischen Forschung in die Grundlagenforschung (als Bestandteil der Grundlagenforschung selbst) sowie eine frühzeitige und enge Kooperation zwischen Grundlagenforschung und Produktion.

> „Nicht immer werden das Ausmaß dieser Arbeiten und der schöpferische Anspruch an die Technologie und Verfahrensentwicklung seitens der Grundlagenforschung voll erkannt. Indessen wird die mathematisch-naturwissenschaftliche Forschung als Produktivkraft ja erst durch die Technologie und die darauf aufbauende Produktion legitimiert."[4]

Die Nutzung der Ergebnisse der Grundlagenforschung

ist nur dann gegeben, wenn schon *parallel* mit der Grundlagenforschung auch die technologisch-technische Entwicklung erfolgt. Deshalb beobachten wir auch heute, daß oftmals die im Forschungsprozeß genutzten Ausrüstungen zugleich Prototypen der Produktionsausrüstungen für die künftige Serienproduktion sind. Wissenschaftstechnik und Produktionstechnik nähern sich einander an. Wer die technologische Forschung stärkt, schafft sich hinsichtlich der Modernisierung und Beherrschung der materiell-technischen Basis für die spätere Serienproduktion gute Ausgangsbedingungen. Wer sich dieser Entwicklung nicht stellt, gerät mit der Ökonomie unweigerlich ins Hintertreffen.

Wenn nach Marx die Anwendung der Naturwissenschaft entscheidend von der Technologie beeinflußt wird, dann muß auch eine zum Teil noch vorhandene Geringschätzung der wissenschaftlichen Arbeit der Technologen überwunden werden.

Das ist nicht zuletzt auf folgenden Fakt zurückzuführen. Während früher die Wissenschaften in der Mehrheit nachträglich die in der Praxis erworbenen Erfahrungen erklärten und vervollkommneten, hat sich nunmehr das Verhältnis umgewandelt. Die Technologie – als historisch junge Wissenschaft – trug im Vergleich zu anderen Wissenschaften in den vergangenen Jahren noch in stärkerem Maße empirischen Charakter. Die wissenschaftliche Leistung der Technologie in der Gegenwart besteht darin, in die Tiefe der naturwissenschaftlichen Elementarvorgänge einzudringen, deren Wesen zu untersuchen und daraus die wissenschaftlichen Grundlagen für die Umsetzung der naturwissenschaftlichen Vorgänge in stabil reproduzierbare technische Prozesse und Mittel bei Verarbeitung der ökonomischen und sozialen Anforderungen der sozialistischen Gesellschaft abzuleiten. Eine solche Leistung kann nicht allein durch das Sammeln bisheriger praktischer technischer Erfahrungen im Produktionsprozeß vollbracht werden.

Die Weiterentwicklung der wissenschaftlichen Grundlagen der Technologie ist auch dadurch bedingt, daß in zunehmendem Maße völlig neue Wirkprinzipien, die auf der Anwendung bisher nicht oder nur teilweise produktiv genutzter Naturgesetze beruhen, Eingang in die Produktion finden. Wie die Erfahrungen der Mikroelektronik und Biotechnologie besagen, werden bei diesen Wirkprinzipien vorrangig Vorgänge und Veränderungen in der inneren, der Mikrostruktur, der chemischen Struktur der Stoffe technisch genutzt. Im Vergleich zu den Vorgängen bei mechanischen Wirkprinzipien sind diese Prozesse in wesentlich geringerem Maße oder überhaupt nicht empirischen Untersuchungen zugänglich, die als Grundlage für die Ableitung der Gesetzmäßigkeiten des Produktionsprozesses dienen könnten. Sie erfordern objektiv, daß diese Gesetzmäßigkeiten durch theoretische Vorwegnahme gefunden werden. Bei der wachsenden Kompliziertheit und Komplexität der Produktionsprozesse ist die effektivitätserhöhende Wirkung der Technologie weitgehend davon abhängig, inwieweit sie in der Lage ist, die technischen Prozesse so vorauszuberechnen, damit sie nach relativ wenigen Experimenten dennoch sicher zu beherrschen sind.

Unsere Industrie ist mit ihrem geistigen Potential in der Lage, den notwendigen technologischen Leistungsanstieg zu realisieren. Im Werkzeugmaschinenkombinat „Fritz Heckert“, Karl-Marx-Stadt, beträgt beispielsweise der Anteil der technologischen Forschung an der Steigerung der Arbeitsproduktivität 50 bis 60%. In diesem Kombinat werden etwa 20% der Mittel für Forschung und Entwicklung für die technologische Forschung eingesetzt. 14% der Gesamtbeschäftigten in Forschung und Entwicklung arbeiten in der technologischen Forschung. Es gibt jedoch noch zu viele Betriebe, bei denen in der technologischen Arbeit die technologische Forschung eine Art Restposten darstellt. Bei einem solchen Herangehen ergibt sich immer wieder ein Teufelskreis: Weil die technologische Forschung vernachlässigt wird, gibt es oft Probleme in der laufenden Produktion, muß ein zu hoher Aufwand für die technologische Betreuung der laufenden Produktion betrieben werden. Die fortgeschrittenen Kombinate beschränken ihre Anstrengungen zur Erhöhung der Wirksamkeit des technologischen Potentials nicht nur auf die berufsmäßigen Technologen. Die enge sozialistische Gemeinschaftsarbeit zwischen Technologen und Konstrukteuren ist eine ganz bedeutende Reserve. Vom Konstrukteur muß man verlangen, daß er sein Erzeugnis technologiegerecht konstruiert. Der Technologe muß in der Lage sein, die Erzeugniskonstruktion aus der Sicht des technologischen Fortschritts aktiv zu beeinflussen.

Die Erfahrungen der auf technologischem Gebiet fortgeschrittenen Kombinate machen auf einige weitere erschließbare Reserven aufmerksam. Auch beim Einsatz und bei der Erhöhung der ökonomischen Ergiebigkeit erweist sich der Leistungsvergleich zwischen den technologischen Bereichen als ein wirksames Leitungsinstrument, um die fortgeschrittensten Erkenntnisse zu verbreitern und unbegründete Differenziertheit abzubauen. Ein Beispiel hierfür ist die Nutzungsdauer von Industrierobotern. Sie liegt gegenwärtig bei mehr als einem Dutzend Betrieben über 15, teilweise über 20 Stunden je Kalendertag. Bei einer wesentlich größeren Zahl von Betrieben liegt sie jedoch unter sechs Stunden. Breitenwirksamkeit zu erreichen heißt hier also, daß die Mehrzahl der Betriebe (die unter sechs Stunden liegen) die Nutzungsdauer mindestens verdoppelt, und zwar auch unter Ausnutzung der Methoden, die in den besten Betrieben zum Erfolg geführt haben.

Der Einfluß der Technologie auf die Erzeugnisentwicklung

Das Verständnis für die Einheit von technischen und ökonomischen Parametern der Erzeugnisse ist eines der wichtigsten ideologischen Probleme beim Kampf um Spitzenleistungen und beim Absatz der Erzeugnisse. Noch zu oft spielt die Auffassung eine Rolle, daß sich Erzeugnisse mit schlechten technischen Gebrauchswertparametern kaum verkaufen lassen. Bei zu hohen Herstellungskosten wird das Erzeugnis trotzdem als absetzbar betrachtet, wenn auch mit ökonomischem Verlust. Niedrige Effektivität wird gewissermaßen als Kavaliersdelikt betrachtet. Dem muß energischer entgegengewirkt werden.

„Ein neues, besseres Erzeugnis muß sich vor allem durch seine höhere Effektivität bestätigen.“[5]

Die im Anwendungsprozeß der Erzeugnisse auftretenden Effekte gehen vor allem von den Qualitätsparametern des Erzeugnisses sowie seinen Herstellungskosten aus. Beide werden wesentlich durch die Technologie bestimmt. Zu hohe Kosten bei technisch guten Erzeugnissen sind sehr oft das Ergebnis einer veralteten Herstellungstechnologie. Spitzenleistungen bei Erzeugnissen erfordern deshalb auch Spitzenleistungen in der Technologie.

Das Hervorbringen neuer Erzeugnisse mit höchster Qualität kann durch moderne Technologien spürbar erweitert und beschleunigt werden. Die Bedürfnisse des Innen- und Außenmarktes zwingen zu einem breiten Sortiment an neuen Erzeugnissen sowie zu einem raschen Erneuerungsgrad der Produktion. Ein Erneuerungsgrad von 25 bis 30 Prozent ist zumeist Bedingung, um den internationalen Erfordernissen zu entsprechen. Im VEB Polygraph beträgt der Anteil der neu- und weiterentwickelten Erzeugnisse jährlich 30 bis 40 Prozent. Wie die praktischen Erfahrungen bestätigen, liegt dem Generationswechsel bei Erzeugnissen oft auch ein Generationswechsel von Technologien zugrunde. In der Mikroelektronik wird mit einem Umschlag der Technologie im Verlaufe von zwei Jahren gerechnet.

Die Schlüsseltechnologie Mikroelektronik zeichnet sich u.a. dadurch aus, daß immer neue, bisher unbekannte Erzeugnisse produziert werden können und klassische Erzeugnisse sich in ihrer Funktionsweise völlig verändern. Das Tempo der Anwendung der Mikroelektronik wird in den nächsten Jahren weiterhin außerordentlich groß sein. Es sei nur verwiesen auf die Entwicklung der Informationstechnik bzw. der Unterhaltungselektronik. Nach Auffassungen von Naturwissenschaftlern sind gegenwärtig international erst 5 Prozent der Anwendungsmöglichkeiten erschlossen, die die Mikroelektronik in den nächsten 15 Jahren bietet. Dieser Fakt macht darauf aufmerksam, daß die vorhandenen Technologien hinsichtlich des Hervorbringens und der Produktion neuer Erzeugnisse weitaus mehr ausgenutzt werden müssen als das bisher geschieht. Hier öffnet sich ein weites Feld schöpferischen Suchens und der Konstruktion neuer Erzeugnisse unter Ausnutzung solcher neuen Technologien wie auch der geschickten Kombination mit schon länger vorhandenen Technologien. Dazu bedarf es natürlich auch eines großen eigenständigen Beitrages jedes potentiellen Anwenders der Mikroelektronik in der Produktion. Das gilt insbesondere auch für die Konsumgüterproduktion in den produktionsmittelherstellenden Kombinaten. Die für das jeweilige Kombinat charakteristischen Technologien bieten die Möglichkeit, nicht irgendwelche Konsumgüter herzustellen, sondern vor allem solche, die auf den Ergebnissen des wissenschaftlich-technischen Höchststandes beruhen. Das vorhandene, in der Regel umfangreiche und sehr qualifizierte Forschungspotential und moderne Technologien, die die Qualität und Kosten der Erzeugnisse maßgeblich bestimmen, kommen der Produktion hochwertiger Konsumgüter zugute.

In der Technologie kommt besonders prägnant zum Ausdruck, daß im Sozialismus die modernen technischen Entwicklungen das massenhaft wissenschaftlich-technische Schöpfertum fördern und zugleich auf dieses Schöpfertum geradezu angewiesen sind. Karl Marx maß in seinen ökonomischen Arbeiten diesem Zusammenhang eine große Bedeutung bei. So schreibt er:

> „Die Technologie enthüllt das aktive Verhalten des Menschen zur Natur, den unmittelbaren Produktionsprozeß seines Lebens, damit auch seiner gesellschaftlichen Lebensverhältnisse und der ihnen entquellenden geistigen Vorstellungen.“[6]

Es ist nach den bisherigen Erfahrungen der Einführung der Schlüsseltechnologien nicht übertrieben, zu schlußfolgern, daß sich in der Arbeitstätigkeit des Menschen entscheidende Veränderungen vollziehen. Ganz im Marxschen Sinne ist und bleibt der Mensch „das belebende Feuer“ der Produktion. Er wird das noch in viel stärkerem Maße. Kurt Hager verallgemeinerte die gegenwärtigen Erkenntnisse auf der Gesellschaftswissenschaftlichen Konferenz des ZK der SED und kam zu dem Schluß:

> „Der Mensch tritt durch die Anwendung dieser Technologien immer mehr aus dem Fertigungsprozeß materieller Güter heraus und wird zum schöpferischen Gestalter und Kontrolleur der sozialistischen Reproduktionsprozesse.“[7]

Das eröffnet den vielfältigen Initiativen der Werktätigen im sozialistischen Wettbewerb, in der Neuerertätigkeit und der sozialistischen Gemeinschaftsarbeit zwischen Produktionsarbeitern und Angehörigen der wissenschaftlich-technischen Intelligenz neue Räume und Perspektiven. Zum hauptsächlichen Betätigungsfeld der Wettbewerbsinitiativen und Neuererleistungen werden immer mehr die entscheidenden Richtungen der wissenschaftlich-technischen Revolution. die modernen Technologien stellen den Erfindern und Neuerern größere und natürlich auch anspruchsvollere Aufgaben, nicht zuletzt deshalb, weil die Anwendungsmöglichkeiten außerordentlich breit sind. Das wissenschaftlich-technische Schöpfertum kann in den Kombinaten noch besser zu Geltung gebracht werden. Fortschritte in der Technologie berühren das Interesse unserer hochqualifizierten Arbeiterinnen und Arbeiter unmittelbar und stimulieren sie zu aktiver Mitwirkung. Die Arbeiter und Ingenieure kennen ihren Arbeitsprozeß am besten und sind so auch in der Lage, für dessen technologische Vervollkommnung wertvolle Ideen und Vorschläge zu entwickeln. Die in den letzten Jahren sich herausgebildete FDJ-Initiative zur Mikroelektronik und Robotertechnik ist ein unschätzbarer Beitrag im Kampf um die Meisterung modernster Technologien. Heute dominieren bei der „Messe der Meister von morgen“ Anwendungsaufgaben der Mikroelektronik und der Robotertechnik, der Eigenbau von Rationalisierungsmitteln sowie Lösungen für die Material- und Energieökonomie.

Die Potenzen der Entfaltung von Neuerertum sind sehr umfangreich, wenn entsprechend den neuen Bedingungen – so wie es die FDJ-Initiativen beispielsweise zeigen – auch kühn an ihre Leitung und Planung in den Kombinaten herangegangen wird. Der Mensch ist der geistige Schöpfer jeder Technologie und seine Fähigkeit, in wissenschaftliches Neuland vorzustoßen, ist die letztlich alleinige; ursächliche und unerschöpfliche Quelle des technologischen Fortschritts. Dies ist er umsomehr, als die Technologie nicht mehr in erster Linie die Prozesse empirisch erfaßt, sondern die geistige und berechnete Vorwegnahme des zukünftigen Produktionsprozesses darstellt.

Es war keinesweg zufällig, wenn Karl Marx gerade in direktem Bezug zur Technologie den Ausspruch von Mirabeau gebrauchte:

„Unmöglich? Kommt mir nie mit diesem dummen Wort!“[8]

Für die schöpferische Arbeit gibt es tatsächlich kein „Unmöglich“. Ihre Potenzen zur Erhöhung der Effektivität der Produktion und der Verbesserung der Arbeitsbedingungen auf der Grundlage moderner Technologien sind historisch gesehen grenzenlos. Wenn die Haltung eines Kommunisten, einer Parteiorganisation ganz wesentlich daran zu messen ist, wie der wissenschaftlich-technische Fortschritt zum Wohle des Volkes vorangebracht wird, dann ist darin die Technologie eingeschlossen.

[1] 7. Tagung des ZK der SED, Erich Honecker, In kampferfüllter Zeit setzen wir den bewährten Kurs des X. Parteitages für Frieden und Sozialismus erfolgreich fort, Aus der Diskussionsrede, Berlin 1983, S. 30.

[2] K. Marx, Das Kapital, Dritter Band, in: MEW, Bd. 25, Berlin 1964, S. 271.

[3] 7. Tagung des ZK der SED, Erich Honecker, In kampferfüllter Zeit setzen wir den bewährten Kurs desX. Parteitages für Frieden und Sozialismus erfolgreich fort, Aus der Diskussionsrede, a. a. O., S. 26.

[4] W. Scheler, Wechselbeziehungen zwischen Grundlagenforschung und Produktion, in: Einheit, 8/1983, S. 729.

[5] 7. Tagung des ZK der SED, Erich Honecker, In kampferfüllter Zeit setzen wir den bewährten Kurs des X. Parteitages für Frieden und Sozialismus erfolgreich fort, Aus der Diskussionsrede, a. a. O., S. 32.

[6] K. Marx, Das Kapital, Erster Band, in: MEW, Bd. 23, Berlin 1962, S. 393, Fußnote.

[7] K. Hager, Gesetzmäßigkeiten unserer Epoche – Triebkräfte und Werte des Sozialismus, in: Neues Deutschland vom 16. Dezember 1983, S. 4.

[8] K. Marx, Das Kapital, Erster Band, in: MEW, Bd. 23, Berlin 1962, S. 501 (Anmerkung).

H.-J. Beyer

Ressourcensparendes Wirtschaftswachstum und neue Maßstäbe der Leistungsbewertung in den Kombinaten und Betrieben

Von weitreichender theoretischer und praktischer Bedeutung für ein intensives Wirtschaftswachstum ist, wie die Kombinate und Betriebe über Nettoproduktion und Gewinn ihren Leistungsbeitrag zum Nationaleinkommen zunehmend erhöhen. Es geht hierbei um die sehr wesentliche Fragestellung, hob Günter Mittag in seinem Referat hervor, welche Kennziffern am besten geeignet sind, den Beitrag der Kombinate und Betriebe zur Erhöhung des Nationaleinkommens auf dem Wege der intensiv erweiterten Reproduktion zutreffend auszudrükken.[1] Davon hängt maßgeblich die organische Verbindung der volkswirtschaftlichen Leistungsansprüche mit den ökonomischen Interessen der Kombinate und Betriebe unter den grundlegend veränderten Wachstumsbedingungen ab. Diese Interessenübereinstimmung kann insbesondere durch die Kennziffern Nettoproduktion und Gewinn der Kombinate und Betriebe wirksam stimuliert werden. Zusammen mit den Kennziffern Erzeugnisse und Leistungen für die Bevölkerung und Export wurden sie deshalb als Hauptkennziffern der Leistungsbewertung der Kombinate und Betriebe festgelegt.

Vor allem müssen diese besonders auf die volkswirtschaftliche Verantwortung der Kombinate und Betriebe gerichteten Kennziffern genutzt werden, um Reserven für den ressourcensparenden Weg des Wachstums sichtbar zu machen und die Kombinate und Betriebe auf diese qualitativ neuen Leistungsziele einzustellen. Im Vordergrund stehen nicht „Kennziffern an sich", sondern die aktive Veränderung der Reproduktion, die systematische Einstellung aller Phasen des Reproduktionsprozesses auf den intensiven Weg, die genaue Durchleuchtung und Gestaltung der neuen Leistungsbeziehungen des Wachstums. Erst daraus ergeben sich tatsächlich höhere Leistungsziele, die den neuen Bedingungen entsprechen und werden die neuen Ansprüche an die Planung, die Begründung der Wettbewerbsziele und ihre Stimulierung sichtbar. Es ist deshalb außerordentlich wichtig, das Wesen dieser Leistungsbeziehungen tiefgründig zu analysieren. Eine dem ressourcensparenden Weg des Wachstums entsprechende Leistungsbewertung bedeutet dabei ganz eindeutig auch neue Leistungsproportionen und -maßstäbe.

1. Die Senkung des Produktionsverbrauchs hat sich zu einer der entscheidenden Einsparungsquellen für die Erreichung stabiler Zuwachsraten des Nationaleinkommens entwickelt. Am Produktionsverbrauch der Kombinate und Betriebe zeigt sich sehr deutlich, was bisher an Reserven und Effektivitätsmöglichkeiten für das Wachstum des Nationaleinkommens noch nicht genügend genutzt worden ist. Die Kennziffer Nettoproduktion, die sehr genau und sicher auf Veränderungen des Produktionsverbrauchs reagiert, orientiert auf ein hohes Produktionswachstum durch sinkenden Produktionsverbrauch. Diese Wachstumsbeziehung ist von weitreichender volkswirtschaftlicher Bedeutung.

Der Grundgedanke um den es hierbei geht, besteht in einer hohen Senkung des Produktionsverbrauchs und ihrer Verwandlung in zusätzliche Produktion, in steigendes Produktionsergebnis. Solche Einsparungen und eine höhere Veredlung bringen erst dann den vollen Wachstumseffekt für das Nationaleinkommen, wenn damit erweitert reproduziert, mehr real verteilbares Endprodukt hergestellt wird.

Soll mit absolut weniger Material mehr produziert werden, muß die Einsparungsrate des spezifischen Energie- und Materialverbrauchs größer sein als die Wachstumsrate der Produktion. Wird diese Einsparung nicht voll erreicht, sinkt zwar auch der Materialeinsatz pro Produkt, aber für die Produktionssteigerung wird immer noch absolut mehr Material benötigt. Bei der Erhöhung der Nettoproduktion geht es deshalb nicht allein um relative Einsparung des Produktionsverbrauchs, sondern in zunehmendem Maße um eine absolute Verminderung gegenüber dem erreichten Stand. Dieser Wachstumsanspruch muß als ein wesentlicher Ansatzpunkt für die Aufdeckung von Reserven und Überwindung von Leistungsunterschieden in der Entwicklung der Kombinate und Betriebe angesehen werden.

Der Leistungszusammenhang zwischen Produktionsverbrauch und Nettoproduktion darf auf keinen Fall zu einer Vernachlässigung der Produktionsentwicklung führen. Im Gegenteil gilt es vielmehr, die effektivitätsfördernde Wirkung der Nettoproduktion voll für ein hohes Produktionswachstum zu nutzen. Ein wachsender Beitrag zum Nationaleinkommen setzt nicht nur höhere Anstrengungen zur Senkung des Produktionsverbrauchs voraus, ebenso wesentlich ist die Realisierung des geplanten Zuwachses der Warenproduktion. Zwei Prozent mehr oder weniger Steigerung der Warenproduktion in der Industrie bedeuten einen Wachstumsbeitrag der Nettoproduktion von ca. 7 Prozent. Intensiv erweiterte Reproduktion mit ihrer eindeutigen Orientierung auf Effektivitätserhöhung kann im Sozialismus niemals, das ergibt sich aus den grundlegenden Anforderungen der Einheit von Wirtschafts- und Sozialpolitik, mit einem Verzicht auf Produktionswachstum verbunden sein. Daraus folgt, daß das Produktionsvolumen und damit auch die Kennziffern industrielle Warenproduktion bzw. Bruttoproduktion unter den Bedingungen der Intensivierung eine wichtige volkswirtschaftliche Aussage besitzen und ein entscheidendes volkswirtschaftliches Wachstumsziel bleiben. Die Dialektik des intensiven Wachstums besteht darin, durch steigende Effektivität ein hohes Wachstum der Produktion und des Nationaleinkommens zu erreichen. Mit der Nettoproduktion, hob Genosse Günter Mittag hervor, erfolgt deshalb eine klare Orientierung der Kombinate und Betriebe auf ein hohes Produktionswachstum und zugleich auf den dafür wichtigsten Weg, durch Einsparungen beim Produktionsverbrauch und eine höhere Veredlung die Bedingungen für die weitere Steigerung der Produktion selbst zu schaffen.[2]

2. Die intensiv erweiterte Reproduktion ist mit einem qualitativen Umschlag in der Erwirtschaftung, in der finanziellen Reproduktion der Kombinate verbunden.
Mit den höheren Ansprüchen an die Kostenersparnis, die Rentabilität, die Fondsökonomie, das kaufmännische Handeln und den gewinnbringenden Export steigen die Anforderungen an die Erwirtschaftung von Nettoproduktion und Gewinn wesentlich.
Von großer Bedeutung ist dabei der Zusammenhang zwischen Produktionsverbrauch und Ergebniserwirtschaftung. Bei den Größenordnungen der Einsparungen, auf denen der Volkswirtschaftsplan beruht, ist die Senkung des Produktionsverbrauchs nicht nur für die materielle Absicherung der Produktion wichtig, sondern genauso für die finanzielle Reproduktionskraft der Kombinate. Aus der Sicht des Produktionsverbrauchs sind deshalb sowohl eine steigende Nettoproduktion als auch die Erwirtschaftung des geplanten Gewinns für den Effektivitätsbeitrag der Kombinate und Betriebe zur Erhöhung des Nationaleinkommens unerläßlich.
Damit sind neue Ansprüche an die Planung des Produktionsverbrauchs verbunden. Der ressourcensparende Weg des Wachstums setzt zwangsläufig auch eine ressourcensparende Planung in den Kombinaten und Betrieben voraus. Obwohl die Kennziffer Nettoproduktion durch den Abzug des Produktionsverbrauchs von der Waren- bzw. Bruttoproduktion ermittelt wird, erübrigt das nicht eine originäre Planung des Produktionsverbrauchs und seiner Elemente. Nur dadurch ist eine gezielte und differenzierte Beeinflussung des Produktionsverbrauchs möglich und sind systematisch Reserven für die Steigerung der Nettoproduktion und des Gewinns zu erschließen. Der weiter anwachsende Einfluß der Senkung des Produktionsverbrauchs auf die Nettoproduktion und den Gewinn machen es dringend notwendig, der Berechnung der Einsparungsraten und ihrer Begründung bedeutend mehr Aufmerksamkeit in der Planung zu schenken. Da die Steigerung der Produktion und des Gewinns unmittelbar von diesen Einsparungsraten abhängig ist, darauf bilanziert, erhält die Sicherheit in der Erreichung der Einsparungsraten einen enormen volkswirtschaftlichen Einfluß und wird zu einem entscheidenden Qualitätsmerkmal der Planung unter den Bedingungen der Intensivierung. Dazu gehört auch, wie Genosse Günter Mittag nachdrücklich forderte, die Planung des Absatzes der Erzeugnisse.[3] Die Kennziffer Nettogewinn zeigt nicht nur, mit welcher Effektivität produziert, sondern mit welchem Ergebnis die Produktion tatsächlich realisiert wird. Bestandserhöhungen bei Fertigerzeugnissen und bei unfertiger Produktion ergaben in der Vergangenheit, unabhängig vom Absatz der Produktion, einen Zuwachs in den Leistungskennziffern. Mit der Kennziffer Nettogewinn schlagen sich jetzt alle Seiten und Effekte der Absatztätigkeit in der Leistunsbewertung nieder. Realisierungsprobleme der Produktion werden jetzt deutlicher sichtbar. Ökonomische Stimulierung, Leistungsmotivation und Planabrechnung werden dadurch verstärkt auf den geschlossenen Reproduktionszyklus der Kombinate gerichtet.

3. An der Entwicklung der inneren Struktur des Produktionsverbrauchs werden Reproduktionsstärken bzw. -schwächen der Kombinate und Betriebe sehr deutlich sichtbar. Der große Schwankungsbereich zwischen den Kombinaten bei der Entwicklung einzelner Positionen des Produktionsverbrauchs, offenbart Unterschiede im Herangehen an die Organisation des kombinatlichen Reproduktionsprozesses.
Der Produktionsverbrauch umfaßt nahezu 90 Prozent der gesamten Selbstkosten der Industrie. An dieser Größenordnung wird sichtbar, in welch hohem Maße der Produktionsverbrauch über die Rentabilität der Erzeugnisse und den Gewinn mit entscheidet. Die mengenmäßigen Einsparungen z.B. von Material und Energie müssen deshalb auf ihren Kosteneinfluß hin untersucht werden. Erst wenn diese Einsparungen zu einer entsprechenden Kostensenkung führen, tritt eine reale Senkung des gesellschaftlichen Aufwandes an Arbeit ein.
Während bei ausgewählten wichtigen Materialarten bereits hohe spezifische Einsparungsraten erreicht werden, kommt es nun darauf an, den Materialverbrauch insgesamt stärker zu senken und alle Kostenpositionen des Produktionsverbrauchs zu erfassen. Das bedeutet, die Grundmaterialkosten und die Gesamtselbstkosten im Verhältnis zur Warenproduktion weiter zu verringern und dem Verbrauch von Hilfsmaterial, produktiven Leistungen und Arbeitsmitteln, aber auch den nichtplanbaren Kosten stärkere Aufmerksamkeit zu schenken.
Letztlich kommt es bei der Nettoproduktion und dem Gewinn auf eine hohe Produktrentabilität, d.h. auf die günstigste Aufwands-Ergebnisrelation, an. Von Bedeutung ist also sowohl die absolute Einsparung an Ressourcen und Kosten als auch die Möglichkeiten eines effektiveren Ressourceneinsatzes durch die Verbesserung der Gebrauchseigenschaften der Erzeugnisse, wofür die Veredlung den wichtigsten Weg bildet. Veredlung richtet sich also im besonderen auf die Schaffung eines zusätzlichen Neuwertes.

4. Für die Leistungsbewertung sind die potentialbezogenen Leistungsaussagen von grundlegender Bedeutung. Um die Senkung des Produktionsverbrauchs und die Ökonomisierung des Fondseinsatzes zu einem ständig wirkenden Faktor für das Wachstum des Nationaleinkommens zu machen, ist es zwangsläufig

erforderlich, auch den Leistungsbeziehungen zwischen der Nettoproduktion und dem Produktionspotential der Kombinate und der Betriebe gründlicher nachzugehen. Wie bei der Effektivitätsbewertung des volkswirtschaftlichen Reproduktionsprozesses das Nationaleinkommen auf die Arbeitskräfte, die Grundfonds und den Materialverbrauch bezogen, so kann auch die Nettoproduktion der Wirtschaftseinheiten ökonomisch aussagefähiger begründet werden. Für die Kombinate und die Betriebe muß sichtbar werden, in welchem Verhältnis die Nettoproduktion zu den eingesetzten materiellen und finanziellen Mitteln steht und zwar im Vergleich zu anderen Wirtschaftseinheiten bzw. zum gesellschaftlichen Durchschnitt. Das bedeutet, den für die Effektivitätstheorie der Intensivierung außerordentlich wichtigen Grundsatz zu verwirklichen, daß Effektivität nicht nur das Verhältnis von Ergebnis und laufendem Aufwand zum Ausdruck bringt, sondern auch als Verhältnis von Ergebnis und Potential zu betrachten ist. Es ist ein ganz wesentlicher Leistungsunterschied, ob eine Steigerung der Nettoproduktion – als Anteil der Kombinate und Betriebe am Zuwachs des Nationaleinkommens – mit gleichbleibender, verringerter oder gestiegener Arbeitskräftezahl bzw. mit sinkender, gleichbleibender oder steigender Grundfondsquote erzielt wird. Für die Leistungsbewertung sind die potentialbezogenen Leistungsaussagen von grundlegender Bedeutung, weil damit Möglichkeiten bestehen, normative Bewertungskriterien für die Nettoproduktion auf der Basis des produktiven Potentials der Kombinate auszuarbeiten. Für die Begründung der Leistungsmaßstäbe der Nettoproduktion in Abhängigkeit von den eingesetzten Ressourcen der Kombinate und Betriebe gibt es eine Reihe von Überlegungen[4], die zum Beispiel die Möglichkeit zur Substitution von laufendem und vorgeschossenem Aufwand betreffen, auf deren Grundlage die Nettoproduktion je Arbeitskraft unter Einbeziehung ihrer Grundfondsausstattung potentialbezogen bestimmt werden kann. Damit würde die Nettoproduktion weiter synthetisch untersetzt und die komplexe Leistungsaussage erhöht, ohne daß die Grundkennziffern der Leistungsbewertung zersplittert werden. Das könnte dazu beitragen, die aktive Rolle der Leistungsbewertung zur Steigerung der Effektivität in den Kombinaten und den Betrieben weiter zu erhöhen und die Leistungsanforderungen der Nettoproduktion für die Wirtschfatseinheiten anspruchsvoller zu untersetzen.

[1] Vgl. G. Mittag, Ökonomische Strategie der Partei – klares Konzept für weiteres Wachstum, Wirtschaftswissenschaftliche Konferenz der DDR im Karl-Marx-Jahr 1983 am 29. und 30. September in Berlin, Berlin 1983, S. 53.

[2] Ebenda, S. 53/54.

[3] Ebenda, S. 61.

[4] Vgl. H.-J. Beyer/G. Richter, Effektives Wirtschaftswachstum und Leistungsbewertung, in: Wirtschaftswissenschaft, 12/1982.

K. Bernheier

Erfahrungen bei der Entwicklung der Konsumgüterproduktion in den Produktionsmittelkombinaten

Das erreichte materielle und kulturelle Lebensniveau des Volkes kann nur gesichert und schrittweise ausgebaut werden, wenn der Leistungs- und Effektivitätsanstieg in unserer wachstumsorientierten Wirtschaft auch zu weiteren Fortschritten in der Konsumgüterproduktion führt. Gerade sie ist mit dem Endzweck der sozialistischen Produktion besonders eng verbunden.

Auf dem X. Parteitag wurde herausgearbeitet, daß die ökonomische Strategie mit einschließt, wesentlich mehr und bessere Konsumgüter zu erzeugen. Die Konsumgüterproduktion ist Sache der ganzen Volkswirtschaft. Erich Honecker hob in seiner Rede vor den 1. Sekretären der Kreisleitungen der SED Anfang 1983 hervor, daß die Produktion von mehr und besseren Konsumgütern eine Schlüsselfrage für die weitere Verwirklichung der Einheit von Wirtschafts- und Sozialpolitik ist. Die Beschlüsse der Partei machen deutlich, wie auch die Ausführungen von Günter Mittag zu Beginn der Konferenz, daß die Konsumgüterproduktion untrennbarer Bestandteil der ökonomischen Strategie und für die weitere Gestaltung der entwickelten sozialistischen Gesellschaft selbst von strategischer Bedeutung ist.

Daraus ergibt sich für alle Kombinate in Industrie und Bauwesen die grundsätzliche Aufgabe, ihre volkswirtschaftliche Verantwortung bei der Entwicklung der Konsumgüterproduktion für die Inlandversorgung und den Export voll wahrzunehmen. Vor allem müssen Wissenschaft und Technik in der Konsumgüterproduktion einen wesentlichen höheren Stellenwert erhalten, und die Veredlungsprozesse sind bis zur Konsumgüterproduktion konsequent zu Ende zu führen. Es gilt, internationale Spitzenerzeugnisse mit den dazu gehörenden Technologien anzuvisieren und durchzusetzen.

Spitzenleistungen bei Konsumgütern werden in dem Maße erzielt, wie es gelingt, die folgenden drei Aspekte möglichst eng miteinander zu verbinden:

- Neue Bedürfnisse der Menschen sind rechtzeitig aufzuspüren und müssen konsequent Ausgangspunkt von Forschung und Entwicklung sein. Gute Produktideen richten sich immer an den Bedürfnissen aus.
- Es geht um eine rationelle Konsumtion. Auch im Gebrauch von Konsumgütern muß in Größenordnungen Material, Energie, Wasser und Zeit eingespart werden.
- Die Fertigung von Konsumgütern erfordert hochproduktive Technologien – auch mit Hilfe von Industrierobotern –, um mit weniger Material, Energie und Zeit ein größeres bedarfsgerechtes und kostengünstiges Endprodukt zu erzielen.

Für alle drei Aspekte ist der Zeitfaktor mit entscheidend.

Bei der Entwicklung und Produktion von Konsumgütern ergeben sich des weiteren folgende Anforderungen: Es geht um die Konsumgüter, die

- bereits vorhanden sind, aber weiterentwickelt und zugleich in bedarfsdeckenden Stückzahlen bereitgestellt werden müssen;
- international schon angeboten werden und nach entsprechender Prüfung auch bei uns entwickelt und produziert werden sollten;
- auf völlig neuen Ideen beruhen, das heißt, eine internationale Neuheit darstellen.

Diese Maßstäbe gelten für alle Kombinate, und zwar

1. für die zentralen Konsumgüter-Kombinate in der Leichtindustrie, im Maschinenbau, in der Elektrotechnik und Elektronik, in der Chemie und in anderen Bereichen.
   Insbesondere von ihnen wird erwartet, daß sie ihre Schrittmacherrolle bei der Entwicklung und Produktion von hochwertigen Konsumgütern weiter ausbauen und zugleich ihre Leitfunktion als bilanzverantwortliche Kombinate qualifizierter wahrnehmen.
2. für die zentralen Produktionsmittel-Kombinate in Industrie und Bauwesen. Die ökonomische Strategie sieht vor, daß diese Kombinate sowohl leistungsfähige Ausrüstungen und Zulieferungen für die Konsumgüterindustrie bereitstellen als auch die Palette hochwertiger Konsumgüter erweitern helfen.
3. für die bezirksgeleiteten Kombinate, die ihren künftigen Leistungszuwachs in Konsumgütern realisieren und auf diese Weise den Anteil der Konsumgüterproduktion an der Warenproduktion von z. Z. durchschnittlich 30 auf 35 % bis 1985 erhöhen sollen.

Ich möchte mich mit einigen Erfahrungen der Produktionsmittel-Kombinate bei der Entwicklung der Konsumgüterproduktion beschäftigen. Der Anteil der Konsumgüterproduktion an der Warenproduktion der PM-Kombinate und ganzer Ministeriumsbereiche soll bis 1984/85 5 % erreichen. Schon daraus wird ersichtlich, daß es um große Dimensionen geht, die volkswirtschaftlich ins Gewicht fallen. In immer mehr PM-Kombinaten werden große Anstrengungen unternommen, die Konsumgüterproduktion beträchtlich zu steigern.

Künftig werden die sich entwickelnden Konsumgüterlinien auch das Profil der Produktionsmittel-Kombinate mit prägen. Man darf die Konsumgüterproduktion in den Produktionsmittel-Kombinaten nicht als Nebensächlichkeit oder Notlösung beziehungsweise als eine zeitweilige Angelegenheit abtun.

Gegenwärtig liegt der Anteil der Konsumgüterproduktion an der Warenproduktion in vielen Produktionsmittel-Kombinaten noch bei 1 bis 2 %, und nur besonders progressive erreichen 3 % und mehr. Das Kombinat Luft- und Kältetechnik erhöhte beispielsweise den Anteil der Konsumgüterproduktion von 0,9 % im Jahre 1980 auf 3,6 % in diesem Jahr; 1985 soll er 6 % betragen. Neben zahlreichen anderen Konsumgütern werden im VEB Kältetechnik Niedersachswerfen dieses Kombinates 1983 26000 Tiefkühlschränke H 115TK hergestellt. Weitere hochwertige Konsumgüter werden für die Serie vorbereitet, so daß auch künftig ein dynamisches Wachstum gesichert wird. Ähnliche Fortschritte erreichte auch das in unserem Arbeitskreis vertretene Kombinat für Elektronische Bauelemente Teltow.

Aus dem Studium der Erfahrungen dieser Produktionsmittel-Kombinate und Betriebe aber auch von weiteren wie zum Beispiel dem Mansfeld-Kombinat, dem VEB Bergmann-Borsig, EAW Treptow, Elektromaschinenbau, Automatisierungsanlagenbau, Fortschritt-Kombinat, die erfolgreich eine stabile Konsumgüterproduktion aufbauen, lassen sich folgende sechs verallgemeinerungsfähige Hinweise und Wege ableiten:

1. Fortschritte in der Konsumgüterproduktion verlangen klare ideologische Positionen des Generaldirektors und der Betriebsdirektoren unter Führung der Parteiorganisationen. Vor allem darf man nicht allgemein diskutieren und abwarten, bis sich mehr oder weniger zufällig ein geeignetes Erzeugnis ergibt. Es bewährt sich beispielsweise, wenn von vornherein die strategischen Vorstellungen der Kombinatsleitung gewissenhaft konzipiert, zielgerichtet erläutert und umfassend beraten werden. Wichtig ist der Grundsatz, daß die Konsumgüterproduktion in der gesamten Leitungs- und Planungstätigkeit stets gleichberechtigt eingeordnet wird. Das gilt für die langfristig-konzeptionelle Arbeit ebenso wie für die Plandurchführung.

2. Die Konsumgüterproduktion verlangt von Anfang an, konsequent auf ein hohes wissenschaftlich-technisches Niveau und gute Qualität zu achten. Das erfordert, Wissenschaft und Technik und konkret die in der Produktionsmittel-Industrie bestehenden leistungsfähigen Forschungs- und Entwicklungspotentiale für die Konsumgüterproduktion zu nutzen. Es bewährt sich, wenn rechtzeitig F/E-Kollektive für die Konsumgüterproduktion formiert und die erforderlichen Konstrukteure, Entwickler und Technologen aber auch Formgestalter gewonnen werden und konkrete Aufgaben und Zielstellungen erhalten. Zugleich sollte geklärt werden, welche anderen F/E-Potentiale beziehungsweise auch technische, Labor- und Prüfeinrichtungen genutzt werden können und wie die Informationsbeziehungen zu sichern sind. Es gibt in allen Bereichen der Produktionsmittel-Industrie noch zahlreiche Beispiele, daß die Anteile der für die Konsumgüterproduktion verwandten F/E-Mittel und auch eingesetzten F/E-Beschäftigten noch weit geringer sind, als der ohnehin schon geringe Anteil der Konsumgüterproduktion an der Warenproduktion des Kombinates. Genosse Günter Mittag hat darauf besonders hingewiesen.

Aufgrund der leistungsfähigen F/E-Potentiale in den Produktionsmittel-Kombinaten müßte aber gerade darauf geachtet werden, daß diese günstigen Bedingungen auch in der Konsumgüterproduktion zum Ausdruck kommen, so zum Beispiel in einem hohen Veredlungsgrad, wachsender „Q"-Produktion und zunehmenden Exporten. Niveau und Qualität der Konsumgüter müssen adäquat dem Markennamen der Produktionsmittel gestaltet werden.

Eine wichtige Aufgabe sollte darin gesehen werden, noch intensiver nach Wegen zu suchen, wie Erkenntnisse aus der Grundlagenforschung, aber auch aus anderen Forschungsarbeiten, schneller für die Konsumgüterproduktion im eigenen Kombinat sowie in anderen Kombinaten genutzt werden können.

Über die Konsumgüterproduktion besteht die Möglichkeit, hohe Fondsvorschüsse schneller zu realisieren. Es geht hier um wichtige ökonomische Zusammenhänge.

3. Eine sehr schwierige Aufgabe ist die Auswahl eines geeigneten Erzeugnisses, beziehungsweise die Bestimmung des gesamten Konsumgütersortiments. Mindestens folgende drei Seiten müssen in ein optimales Verhältnis gebracht werden: der Bedarf im In- und Ausland, der wissenschaftlich-technische Entwicklungstrend und die im Kombinat und seinen Betrieben vorhandenen konkreten Bedingungen und Ressourcen, wie zum Beispiel das F/E-Potential, die Grund- und Materialfonds sowie Sekundärrohstoffe, die Fachkräfte und Leitungskader.

Die vorhandenen Bedingungen können am besten und effektiv genutzt werden, wenn sich das neue Erzeugnis möglichst gut in das Grundprofil des Kombinates einordnet. Je stärker das vorgesehene neue Konsumgut vom Grundprofil abweicht, um so mehr müssen zusätzliche Bedingungen geschaffen werden, die auch einen höheren Aufwand zum Beispiel an Investitionen verlangen. Unter bestimmten volkswirtschaftlichen Erfordernissen kann dieser höhere Aufwand durchaus gerechtfertigt sein. Volkswirtschaftliche Entscheidungen sind dann nötig.

Für alle Entscheidungen zur Konsumgüterproduktion sind begründete Unterlagen erforderlich. Ihre Erarbeitung ist ein erster hoher Anspruch an Wissenschaft und Technik. Analysen, Studien und auch Konzeptionen sind relativ kurzfristig zu erarbeiten, und zwar auf Gebieten, auf denen zunächst kaum größere Erfahrungen und Kenntnisse vorhanden sind. Vor Ausarbeitung der Pflichtenhefte sollte ausreichende konzeptionelle Klarheit geschaffen werden.

Dabei bewähren sich enge Kontakte zu folgenden Partnern:

- den bilanzverantwortlichen Konsumgüter-Kombinaten und Erzeugnisgruppenleitbetrieben sowie ihren F/E-Einrichtungen, um Doppelentwicklungen zu vermeiden und den vorhandenen Erfahrungsschatz zu nutzen;
- den Binnen- und Außenhandelsorganen, um die Erfordernisse der Märkte besser kennenzulernen und möglichst exakt die Bedarfsgrößen zu bestimmen. Wesentlich größere Stückzahlen als heute sollten erreicht werden, insbesondere auch um Effektivitätsfortschritte zu sichern.
reicht werden, insbesondere auch um Effektivitätsfortschritte zu sichern.

Beide Gruppen von Partnern sollten sich selbst noch stärker auf diese Zusammenarbeit einstellen und ihre Leitungs- und Planungstätigkeit entsprechend qualifizieren.

Es werden drei Möglichkeiten des Vorgehens bei der Auswahl eines neuen Erzeugnisses gesehen, und zwar

- ein völlig neues Erzeugnis herzustellen,
- ein Erzeugnis mit der dazu gehörenden Kooperationskette voll von einem anderen Betrieb zu übernehmen und
- an bereits vorliegenden Entwicklungsunterlagen, wie zum Beispiel A4, K2, K4, anzuknüpfen.

Gute Erfahrungen liegen eigentlich auf allen drei Gebieten vor. Andererseits zeigt sich auch, daß die Übernahme eines mittelmäßigen Erzeugnisses mit ungenügend gefestigten Kooperationsbeziehungen den Einstieg in die Konsumgüterproduktion erschwerden kann.

Den Produktionsmittel-Kombinaten muß im Rahmen der Erzeugnisgruppenarbeit eine echte Chance für eine effektive Produktion gegeben werden. Das geht zum Beispiel nicht über die Auslagerung von Splittersortimenten oder sogenannter unbequemer Produktion.

Mit der Erzeugnisauswahl ist unbedingt auch der Aufbau der Kooperationsbeziehungen zu verbinden. Gute Erfahrungen konnten in den Kombinaten jeweils dann gesammelt werden, wenn entscheidende Zulieferungen im eigenen Kombinat produziert werden können. 65% der 277 Teile der Handbohrmaschine, die im Mansfeld-Kombinat hergestellt wird, stammen aus dem eigenen Kombinat.

4. Reale Fortschritte in der Konsumgüterproduktion werden um so eher durchgesetzt, je enger die Erzeugnisentwicklung mit einer rationellen Fertigung auf der Basis hochproduktiver Technologien verbunden wird. Konsumgüterproduktion eignet sich als Massenproduktion gut für den Einsatz von Robotern. Alle diese Fragen müssen mit großer Sorgfalt und vor allem rechtzeitig gelöst werden. Da Konsumgüter in möglichst hohen Stückzahlen produziert werden, wirken sich bestimmte Mängel in großer Breite aus.

Genaue Überlegungen zum Aufbau der Fertigungsbereiche sind anzustellen. Montage, Prüfung und Versand werden oft komplex eingerichtet, während die mechanische Vorfertigung oder die Oberflächenbearbeitung auch in den Fertigungsstätten der Hauptproduktion durchgeführt werden kann. Bei wachsendem Volumen der Konsumgüterproduktion ist es offensichtlich zweckmäßig, alle entscheidenden Prozesse zusammenzufassen.

Häufig entstehen bei der Organisation der Konsumgüterproduktion zugleich auch neue Ideen für einen rationelleren Produktionsablauf in der Hauptproduktion.

In den Konsumgüterkonzeptionen und anderen Leitungsdokumenten sollten diese Aufgaben gleichrangig neben der Erzeugnisentwicklung behandelt werden. Es erweist sich als vorteilhaft, eine genaue Schrittfolge nach Schwerpunkten festzulegen. Dabei sind auch die Anforderungen an den Rationalisierungs- und Werkzeugbau, an die Bereitstellung von Projektierungskapazitäten herauszuarbeiten, die es mit der Kraft des ganzen Kombinates zu realisieren gilt.

5. Die Erfahrungen lehren, daß es zweckmäßig ist, für die Konsumgüterproduktion selbständige Abteilungen, Betriebsteile oder auch Betriebe einzurichten. Welche Wahl getroffen wird, hängt von zahlreichen Bedingungen ab, so zum Beispiel von der Größe und Kompliziertheit des Sortiments, der Arbeitsteilung im Kombinat, räumlichen und territorialen Bedingungen. Wie bereits im Punkt 4 angedeutet, sollten bei entsprechender Größe, Forschung und Entwicklung, Produktion und Absatz in einem Betrieb zusammengeführt werden.

Grundsätzlich empfiehlt es sich, ganze Betriebe für die Haupterzeugnislinien der Konsumgüterproduktion zu spezialisieren, die für das Kombinat einen hohen Anteil der Konsumgüterproduktion an der Warenproduktion bringen. Sie ermöglichen auch den Einsatz hochproduktiver Technologien. Darüber hinaus leisten alle Betriebe des Kombinates ihren Beitrag zur Konsumgüterproduktion durch weitere Verbesserungen der bereits in Produktion befindlichen Konsumgüter, über eine wirksame Nutzung solcher betrieblicher und territorialer Möglichkeiten wie zum Beispiel von Sekundärrohstoffen, Abfällen, Maschinen und Gebäuden sowie nicht zuletzt durch wichtige Zulieferungen für die Konsumgüterproduktion im eigenen Kombinat oder für andere Abnehmer.

6. Erfolge konnten insbesondere in jenen Produktionsmittel-Kombinaten und Betrieben ereicht werden, wo es von Anfang an gelang, befähigte leitende Kader und qualifizierte Mitarbeiter zu gewinnen. Beim Aufbau einer neuen Produktion – und die Entwicklung der Konsumgüterproduktion in Produktionsmittel-Kombinaten muß so eingeordnet werden – sind ganz besonders Ideenreichtum, Mut und Risiko, Elan und Stehvermögen erforderlich. In hohem Maße bewähren sich junge Kader und ganze Jugendkollektive.

Die Entwicklung der Konsumgüterproduktion in den Produktionsmittel-Kombinaten setzt höhere Maßstäbe an die Leitungs- und Planungstätigkeit der zentralen staatlichen Organe. Insbesondere die konzeptionellen Arbeiten zu grundsätzlichen volkswirtschaftlichen Fragen der Erzeugnisentwicklung, der Kooperation und Materialwirtschaft sowie rationellen Fertigung sollten weiter qualifiziert werden. Das Ziel besteht darin, mit dem Plan für die Produktionsmittel-Kombinate Volumen und Hauptrichtungen der Konsumgüterproduktion vorzugeben und zugleich auch die Fertigungsprozesse beispielsweise durch mehr zentrale Fertigungen zu unterstützen. Dabei muß es noch besser gelingen, die in den Bezirken und Kreisen vorhandenen Initiativen zur Entwicklung der Konsumgüterproduktion in den Produktionsmittel-Kombinaten sinnvoll und efektiv einzuordnen und umfassend zu nutzen.

13/8716

E. Sachse/E. Schipper

Zur strategischen Arbeit auf dem Gebiet des Arbeitsvermögens im Rahmen der Leitungstätigkeit großer Kombinate

Die Kombinate der sozialistischen Industrie haben, wie das auch auf dieser Konferenz herausgearbeitet wurde, einen entscheidenden Platz bei der Sicherung des weiteren Leistungsanstiegs in unserer Volkswirtschaft. Auf dem X. Parteitag der SED war bereits durch E. Honecker als Voraussetzung für die volle Durchsetzung der Intensivierung gefordert worden: „Jedes Kombinat muß das Produktionsprofil herausbilden, das seiner gesamtwirtschaftlichen Verantwortung entspricht, und bestrebt sein, den Produktionsprozeß bis zu den höheren Stufen der Veredelung zu führen. Das geistige und materielle Potential der Kombinate sollte ihnen bestmögliche Voraussetzungen für die intensiv erweiterte Reproduktion bieten."[1]

Dazu ist in verstärktem Maße strategische Arbeit, die zugleich längerfristig angelegte Leitungs- und Planungstätigkeit verlangt, erforderlich. Das gilt für die gesamte Arbeit eines Kombinats wie auch in besonderem Maße für das Gebiet des Arbeitsvermögens, der WAO bzw. der gesamten arbeitswissenschaftlichen Tätigkeit. Wir stoßen hierbei auf sehr komplizierte objektive Probleme: Auf der einen Seite sind langfristige strukturkonkrete Planungen auf dem Gebiet des Bildungswesens, der Qualifikations- und Berufsstruktur erforderlich; andererseits unterliegt die Planung im Wirtschaftsleben und insbesondere der wissenschaftlich-technische Fortschritt einer anderen Dynamik, die solche notwendigen Voraussagen begrenzt.

Aus der Sicht unserer Forschungsarbeiten, die für die Leitungstätigkeit auf dem Gebiet des Arbeitsvermögens in Kooperation mit dem entsprechenden Bereich im Kombinat VEB Leuna-Werke „Walter Ulbricht" betrieben wurden, sollen dazu entsprechende Erfahrungen und Erkenntnisse aus der Praxis verallgemeinert werden. Dabei ist völlig klar, daß die Situation in anderen Kombinaten relativ differenziert ist und entsprechend den jeweiligen Bedingungen schrittweise vorwärts gegangen werden muß.

Sicher wird die Ausgangsthese zur Verstärkung der strategischen bzw. längerfristigen Arbeit unbestritten bleiben; es folgt im allgemeinen aber immer sofort die Frage nach den Bedingungen, nach dem „Wie" der Lösung. Die Anforderungen bei der Durchsetzung unter den Bedingungen eines verschärften Kampfes auf dem Weltmarkt bzw. hinsichtlich der Rohstoffsituation dürfen natürlich keineswegs unterschätzt werden. Dennoch muß gerade aus der Sicht des Kombinates die Anerkennung der Notwendigkeit zur strategischen Arbeit als Mittel zur besseren und effektiveren Lösung der anstehenden Probleme an den Anfang gestellt werden. Aus dieser Position heraus ergeben sich dann auch entsprechende Aufgabenstellungen bzw. strukturelle oder auch instrumentelle Lösungen.

In dieser Beziehung lassen sich auf der Kombinatsebene aus der Sicht des Arbeitsvermögens, der rationellen Entwicklung und Gestaltung der Einsatzbedingungen u. a. folgende objektive Erfordernisse deutlich machen:

1. Die Realisierung von volkswirtschaftlich bedeutenden Investitions- bzw. Rationalisierungsobjekten übersteigt oft den Zeithorizont einer Fünfjahrplanperiode (z. B. bei der Rationalisierung der Caprolactam-Anlage im Werk). Gleiches gilt prinzipiell auch für die Langfristigkeit in der Durchsetzung von Grundrichtungen der Forschung und Entwicklung sowie auch für die RGW-Kooperation bzw. die Marktarbeit. Die bekannte Schwedter Initiative beruht darum auch auf dem Kernstück der Rationalisierungsstrategie, die nun wiederum mit entsprechenden Arbeitskräftekonsequenzen verbunden war.
2. Die sozialistischen Betriebe und Kombinate tragen wachsende Verantwortung für den Einsatz unseres „kostbarsten Potentials". Genosse Honecker sagte dazu auf der 5. Tagung des ZK der SED: „Diesen großen Schatz an Wissen, Erfahrungen und Leistungswillen wirksam einzusetzen, muß das Hauptanliegen sozialistischer Leitungstätigkeit sein. Denn über die Ökonomie entscheidet die Arbeit des Menschen."[2]

In diesem Sinne bildet das Potential des Arbeitsvermögens perspektivisch den ausschlaggebenden Wachstumsfaktor – so wichtig auch materiell-technische Fragen sein mögen. Eine große Anzahl von Werktätigen verbleibt für ein ganzes Arbeitsleben als Stammbelegschaft im Kombinat. Das läßt sich anhand der Dauer der Betriebszugehörigkeit der Werktätigen in Leuna sehr deutlich zeigen:

Dauer der Betriebszugehörigkeit

Jahre	Personen	%
0–5	5985	23,3
6–20	14149	47,1
21–40	8565	28,5
über 41	327	1,1

Darüber hinaus kommt es besonders darauf an, durch eine gute politisch-ideologische Überzeugungs- und Erziehungsarbeit das Kombinat zu einem attraktiven und bestimmenden Faktor für die Berufswahl und Arbeitsaufnahme der jungen Generation zu entwickeln. Entscheidend für eine solche Betrachtungsweise des Kombinates ist die Identifikation mit den Begriffen Stammbelegschaft, Familienbetrieb, Verbundenheit mit dem Gebiet und revolutionärer Arbeitstraditionen, die in ihrer Wirksamkeit noch beträchtlich erhöht werden müssen.

Auch unter den Bedingungen einer dynamischen Wirtschaftsentwicklung wird die Stammbelegschaft ihre Funktionen behalten – jedoch mit neuen Ansprüchen. Dabei geht es um die Weiterentwicklung bzw. Weiterbildung des ganzen Arbeitskräftepotentials entsprechend den perspektivischen Erfordernissen der Produktion und des wissenschaftlich-technischen Fortschritts – nicht um den operativen Austausch von Arbeitskräften. Solche Entwicklungsaufgabe für das Arbeitsvermögen muß jedoch längerfristig angelegt sein.

3. Die ökonomische Entwicklung, die differenzierte Arbeitskräftelage und die Erfordernisse der komplexen Entwicklung in den Territorien verlangen schließlich – ebenfalls mit längerem Zeithorizont als bisher – eine enge Zusammenarbeit zwischen den Kombinaten und den jeweiligen örtlichen Staatsorganen. Die Arbeit mit langfristigen Arbeitskräftekonzeptionen und Reproduktionsrechnungen, die territorial in Gang gesetzt wurde, bietet – bei Anerkennung aller noch offenen Probleme – wachsende Möglichkeiten für eine reale längerfristige Planung des Arbeitskräftebedarfs und seiner Deckung, für die Arbeitskräftegewinnung mit entsprechenden Wiedereinsatzaufgaben und für die Gestaltung der Infrastruktur in Wechselwirkung mit der ökonomischen Entwicklung im Gebiet. Das ist von ganz besonderer Bedeutung für die Ballungszentren. Insgesamt werden wir noch bis zum Jahre 1992 einen leichten und ständig nachlassenden Arbeitskräftezuwachs zu verzeichnen haben. In den meisten Ballungsgebieten herrscht jedoch heute schon eine prinzipiell andere Arbeitskräftelage. Die Schwedter Initiative bedeutet damit für die Industrie im allgemeinen, prinzipiell und langfristig wachsende Leistungen mit gleicher bzw. absolut sinkender Arbeitskräftezahl zu erreichen.

Wie lassen sich nun solche Erfordernisse im Sinne einer Arbeitskräftestrategie leitungs- und planungsseitig im Kombinat realisieren? Es soll an dieser Stelle deutlich gemacht werden, daß die vorhandenen Ansätze im allgemeinen wie auch in Leuna in zwei Richtungen Differenzierungen aufweisen:

- Längerfristige Projekte sind in wissenschaftlich-technischer Hinsicht fundierter ausgeprägt als auf dem Gebiet des Arbeitsvermögens.
- Lösungen im längerfristigen Rahmen sind immer noch beträchtlich untergewichtig gegenüber den Aktivitäten des Jahresplans.

Um so wichtiger ist darum für uns die Verallgemeinerung von praktischen arbeitskräftestrategischen Ansätzen. Das soll anhand einer Prinzipdarstellung des Wesens und der Grundrichtungen der Arbeit deutlich gemacht werden. Hinter jedem Arbeitsschritt stehen natürlich umfassende Leitungsaktivitäten, Aussprachen und Beratungen mit den Werktätigen sowie zielgerichtete politisch-ideologische Maßnahmen der Parteiorganisation, der Gewerkschaft und der anderen gesellschaftlichen Organisationen, worauf in diesem Zusammenhang nicht weiter eingegangen werden kann.

Das Herangehen kann zunächst in allgemeiner Form wie folgt charakterisiert werden:
Erster Arbeitsschritt: Entwicklungslinien des Kombinates,
Zweiter Arbeitsschritt: Ausgewählte Kennziffern für den Komplex Arbeitsvermögen,
Dritter Arbeitsschritt: Bestätigte Dokumente für den Komplex Arbeitsvermögen,
Vierter Arbeitsschritt: Rationelle Nutzung des vorhandenen und künftigen Arbeitsvermögens.

Als Arbeitserfahrung läßt sich festhalten:

- Dem ganzen Prozeß liegt der – an sich bekannte – Gedanke der Planung über drei Zeithorizonte bzw. Ebenen zu Grunde, der jedoch in der betrieblichen Praxis in der Vergangenheit auf erhebliche Schwierigkeiten stieß und auch noch stößt, da hier verschiedene Voraussetzungen in unterschiedlicher Weise entwickelt sind bzw. teilsweise sogar fehlen.
- Den inhaltlichen Ausgangspunkt – und zugleich die unabdingbare Voraussetzung – bilden bestätigte „Strategische Konzeptionen" und „Langfristige Programme".
- Ausgehend von der bestätigten Entwicklungslinie eines Kombinates ist es möglich, ausgewählte Kennziffern für das Arbeitsvermögen abzuleiten. Es handelt sich dabei, im Werk so bezeichnet, um materielle Kennziffern, quantitative Kennziffern und qualitative Kennziffern.

Diese finden sich in bestätigten Plänen, Dokumenten, Konzeptionen und Programmen für die kurz-, mittel- und langfristige Planungsarbeit wieder – ja sie sind dafür die entscheidende Grundlage. Durch die bestätigten Dokumente kann der Planungshorizont in den dargestellten drei Planungsebenen, verbunden mit den territorialen Aspekten und den Forderungen nach einer rationellen Nutzung des vorhandenen und künftigen Arbeitsvermögens, abgedeckt werden.

Wie erfolgt nun das konkrete Herangehen im Leuna-Werk:

1. Bestätigte Entwicklungslinien des Kombinats sind: die Langfristige Entwicklungskonzeption 1986–1990, die Forschungskonzeption, die Veredlungskonzeption, die Konzeption zur Rationalisierung der Produktionshauptprozesse, -hilfsprozesse und Nebenprozesse, die Konzeption zur Sicherung und Stabilisierung der Dampfproduktion und Elektroenergieerzeugung, die Konzeption zur Erhöhung des Niveaus der Technischen Politik, Programme zur tieferen Spaltung des Erdöls bis 1983 und vollständigen stofflichen Veredlung bis 1985, das Mikroelektronikprogramm bis 1985.

2. Ausgewählte Kennziffern für den Komplex Arbeitsvermögen sind:

- materielle Kennziffern wie Grundfondsentwicklung, Produktionsentwicklung, Entwicklung des Durchschnittslohnes und des Betriebsprämienfonds,
- quantitative Kennziffern wie Anzahl der Arbeitskräfte, Arbeitszeitfonds,
- qualitative Kennziffern wie Qualifikationsniveau, Berufsstruktur, Beschäftigtenstruktur.

3. Bestätigte Dokumente für den Komplex Arbeitsvermögen sind:
der Maßnahmeplan „Schwedter Initiative" 1981–1985, das Kaderentwicklungsprogramm 1981–1985, das Qualifizierungs- und Bildungsprogramm 1981–1985, der Maßnahmeplan zur Vervollkommnung der WAO-Arbeit 1981–1985, der Maßnahmeplan zur Durchsetzung der Technischen Arbeitshygiene 1981–1985, der Maßnahmeplan Arbeitsvermögen 1983, die Wettbewerbskonzeption, die Lohnkonzeption 1983, der Jahresarbeitsplan der Aus-, Weiterbildung und Qualifizierung 1983, der Jahresarbeitsplan Soziologie/Psychologie 1983, der Jahresarbeitsplan Technische Arbeitshygiene 1983.

4. Planungshorizonte im Kombinat zur rationellen Nutzung des vorhandenen und künftigen Arbeitsvermögens mit dem Ziel des optimalen Arbeitskräfteeinsatzes, der vollen Nutzung der Arbeitszeit, der bedarfsgerechten Ausbildung und Weiterbildung sowie der ständigen Verbesserung der Arbeits- und Lebensbedingungen aller Werktätigen sind:
- der langfristige Planungszeitraum bis 1990,
- der Fünfjahrplanzeitraum 1981 bis 1985,
- der Jahresplan 1983,
- die territoriale Arbeitskräftebilanzierung und Zuarbeit zu langfristigen Konzeptionen der örtlichen Staatsorgane.

Folgende Arbeitserfahrungen können verallgemeinert werden:
- Strategisch entscheidende Entwicklungsrichtungen für das Kombinat konnten durch entsprechende Programme z.B. für die technische Politik, den Einsatz der Mikroelektronik usw. langfristig vorbereitet bzw. abgesichert werden.
- Ein weiteres grundlegendes Leitungs- und Planungsinstrument bilden Maßnahmepläne für den Fünfjahrplanzeitraum und kürzere Zeiträume, die sich auch in vielen anderen Kombinaten auf dem Gebiet des Arbeitsvermögens bereits bewährt haben.
- Über dieses System wird die Einordnung von Arbeitskräfte- bzw. WAO-Maßnahmen in die entsprechenden staatlichen Pläne und zugleich eine längerfristige, etappenweise Arbeit im Kombinat gesichert.

Dieses Herangehen hat sich in der Kombinatspraxis bewährt. Zu solchen langfristigen Rationalisierungsobjekten mit umfangreichen Arbeitskräftekonsequenzen gehörte die Caprolaktam-Produktion des Leunawerkes, deren Realisierung über zehn Jahre hinweg vollzogen wurde. An diesem Beispiel läßt sich die konkrete arbeitswissenschaftliche Tätigkeit besonders deutlich aufzeigen. Im Zeitraum von 1971 bis 1981 wurde in dieser Anlage
- die Produktion auf 126,6 % gesteigert,
- entwickelte sich die Arbeitsproduktivität auf 193,2 %,
- wurden durch Verringerung der Arbeitsplätze die Arbeitskräfte auf 65,6 % gesenkt,
- wobei der Grundmittelbestand nur unwesentlich auf 106,7 % stieg.

Da auf dem Gebiet des Arbeitsvermögens auf der Kombinatsebene noch viel zu wenig Verallgemeinerungen von entsprechenden Leitungs- und Planungserfahrungen in Form von Berichten bzw. Publikationen verfügbar sind, werden wir das Konzentrat in einer Broschüre bereitstellen und im Rahmen der Arbeit des Wissenschaftlichen Rates für Ökonomie und Organisation der Arbeit einen Erfahrungsaustausch mit der Praxis organisieren.

[1] Bericht des Zentralkomitees der Sozialistischen Einheitspartei Deutschlands an den X. Parteitag der SED, Berichterstatter: Genosse Erich Honecker, Berlin 1981, S. 79.

[2] 5. Tagung des ZK der SED, Mit Tatkraft und Zuversicht die vor uns liegenden Aufgaben zum Wohl des Volkes meistern, Aus dem Schlußwort des Genossen Erich Honecker, Berlin 1982, S. 24.

H. Jetzschmann

Einige Fragen der Entwicklung und Ausschöpfung des Leistungsvermögens bei Arbeitern und Angehörigen der Intelligenz

Im Ringen um eine weitere Steigerung der Leistungsfähigkeit unserer Volkswirtschaft und der effektiveren Nutzung ihrer qualitativen Faktoren besitzen wir heute auch qualitativ neue Möglichkeiten und eine wesentlich erweiterte, günstigere Ausgangsposition.

Einen sehr wichtigen Faktor stellt dabei das vorhandene Arbeitsvermögen dar. Wir verfügen in unserer Republik über eine qualifizierte Arbeiterklasse, die auch zugleich durch ein hohes sozialistisches Bewußtsein, hohe Einsatzbereitschaft, schöpferische Initiative und Disziplin gekennzeichnet ist. Wir haben ein beträchtliches Reservoir gutausgebildeter wissenschaftlicher und technischer Kader. Auch im Bereich der landwirtschaftlichen Produktion verfügen wir über Genossenschaftsbauern und Arbeiter, die eine hohe berufliche Qualifikation repräsentieren. Insgesamt besaßen 1982 von den Berufstätigen in unserer Volkswirtschaft 82,5 % eine abgeschlossene Berufsausbildung. In der sozialistischen Industrie sank in den letzten 10 Jahren der Anteil an an- bzw. ungelernten Arbeitskräften um über 20 %, auf nur noch 18 % der Werktätigen. Und dieser Anteil wird in der Tendenz weiter sinken. Jeder zweite bis dritte Arbeiter in der sozialistischen Industrie ist heute ein Neuerer, der mit seinen Vorschlägen und Initiativen die Rationalisierung der Produktion mit voranbringt und den wissenschaftlich-technischen Fortschritt durchsetzen hilft.

Stark angewachsen, ja nahezu verdoppelt hat sich in den letzten 10 Jahren unser Potential an Hoch- bzw. Fachschulkadern, und auch in der Landwirtschaft besitzen über 80 % der dort beschäftigten Werktätigen die Qualifikation eines Facharbeiters bzw. eine damit vergleichbare Qualifikation. Diese Entwicklung bezeugt, daß die DDR im Hinblick auf die Herausbildung eines hochqualifizierten Arbeitspotentials im Weltmaßstab eine Spitzenposition einnimmt und daß dieses qualitative Arbeitskräftepotential einer unserer größten Schätze ist, die uns befähigen, die Aufgaben bei der weiteren Intensivierung unserer Volkswirtschaft und der beschleunigten Durchsetzung des wissenschaftlich-technischen Fortschritts erfolgreich zu bewältigen.

Durch kluge marxistisch-leninistische Führungstätigkeit werden vorbildliche Initiativen der Arbeiter, der Genossenschaftsbauern und der Angehörigen unserer Intelligenz in unseren Betrieben und Forschungseinrichtungen gefördert und zur weiteren Erhöhung der Effektivität unserer Volkswirtschaft wirksam entwickelt.

Zugleich ist uns natürlich immer bewußt, daß unter den Bedingungen der Zuspitzung der internationalen Lage und der scharfen Klassenauseinandersetzung, besonders auf dem Feld der internationalen Wirtschaftsbeziehungen, die Aufgaben in der nächsten Zeit weiter wachsen und allein mit dem Maßstab von heute nicht erfüllt werden können.

Das verpflichtet uns, daran zu arbeiten und darüber nachzudenken, wie wir die vorhandenen Kräfte voll mobilisieren und Reserven erschließen können.

Eine *Kernfrage* bei der vollen Ausschöpfung dieses Arbeitsvermögens ist der richtige, *ökonomisch effektive Einsatz des Qualifikationspotentials.* Analysen wiesen darauf hin, daß auf diesem Gebiet noch beträchtliche Reserven bestehen.

Vielfach wurden bereits Untersuchungsergebnisse diskutiert, die besagen, daß z. B. annähernd 20 % der Facharbeiter in Kombinaten und Betrieben der sozialistischen Industrie nicht an einem Arbeitsplatz tätig sind, für den sie die entsprechende Qualifikation erworben haben. Hierbei handelt es sich zweifellos um eine Größenordnung, die volkswirtschaftlich ins Gewicht fällt, wo Ausbildungskosten nicht nutzbringend verwendet werden.

Der nicht qualifikationsgerechte Einsatz von Arbeitskräften löst jedoch nicht nur ökonomische Verluste aus. Er ruft in vielen Fällen zugleich auch soziale Folgen hervor, die sich ihrerseits wiederum ökonomisch negativ niederschlagen. So führen andauernde Unterforderungen am Arbeitsplatz vielfach zur Arbeitsunzufriedenheit, auf längere Zeit sogar zum echten Verlust an einmal erworbener Qualifikation. Sie behindern die Entwicklung und Ausschöpfung des Leistungsvermögens, hemmen die Entfaltung persönlicher Fähigkeiten, fördern Disziplinverstöße, häufigen Arbeitsplatzwechsel und sind auch oft Anlaß für Fluktuation.

Besonders gravierend ist die ungenügende Nutzung der erworbenen Qualifikation bei Facharbeitern, die auf dem Wege der Weiterqualifizierung eine Zusatzausbildung erfolgreich abgeschlossen haben. Hier zeigen Untersuchungen in einigen Betrieben, daß diese zusätzliche Qualifikation bis zu 70 % nicht voll genutzt wird.

Dieses Problem des ungenügenden effekiven Einsatzes des entwickelten Qualifikationspotentials zeigt sich auch bei Kadern der wissenschaftlich-technischen Intelligenz, denen bei der beschleunigten Durchsetzung des wissenschaftlich-technischen Fortschritts eine besondere Verantwortung zugewiesen ist. Und zwar betrifft es im besonderem Maße die Hochschulkader. Soziologische Analysen in einigen Kombinaten weisen aus, daß 25 % der Hochschulabsolventen unterhalb ihrer Qualifikation eingesetzt sind. Gleichzeitig jedoch sind 26 % der Arbeitsplätze für Hochschulkader nicht mit entsprechend ausgebildeten Kadern besetzt. Ähnliche Ergebnisse wurden auch vom Bundesvorstand des FDGB aus Untersuchungen in anderen Bereichen vorgelegt.

Die daraus folgende vielfache Unterforderung in den Arbeits- und Forschungsaufgaben wird auch von den Kadern selbst reflektiert. So erbrachten Untersuchungen in Forschungs- und Entwicklungseinrichtungen einiger Kombinate, daß sich nur 58,7% der Hochschulkader qualifikationsgerecht eingesetzt betrachten. 34,7% von ihnen fühlen sich durch die ihnen übertragenen Aufgaben nicht richtig gefordert und ausgelastet und nur 5,7% meinten, teilweise überfordert zu sein.

Eine Forderung, die in diesem Zusammenhang erhoben werden muß, ist, daß bereits bei den Planstellen noch konsequenter zwischen Arbeitsplätzen für Hochschulkader und solchen für Fachschulkader entsprechend dem Niveau der Arbeitsanforderungen unterschieden werden sollte, was in manchen Industriebereichen und Betrieben bisher nur ungenügend erfolgt.

Wichtig ist in diesem Zusammenhang aber vor allem, die Hoch- und Fachschulkader, besonders in der Forschung und Entwicklung, mit Aufgaben zu betrauen, die dem Anspruchsniveau unserer ökonomischen Zielsetzungen auch voll entsprechen.

Die Erfahrungen der Praxis und auch Ergebnisse soziologischer Untersuchungen lassen erkennen, daß es hinsichtlich der Ableitung und Formulierung anspruchsvoller Aufgaben für die Kollektive in Forschung und Entwicklung, für die Nutzung der darin enthaltenen Potenzen zur Stimulierung des Leistungsverhaltens, für eine höhere Effektivität der Arbeit und Forschung und Entwicklung und damit für den ökonomischen Leistungszuwachs der Volkswirtschaft der DDR, beachtliche Reserven gibt. Von den in unserer Untersuchung erfaßten F/E-Kadern in volkswirtschaftlich bedeutsamen Kombinaten haben drei Viertel in den letzten fünf Jahren keine Patente oder Erfindungen erarbeitet bzw. waren an der Entwicklung von Patenten und Erfindungen nicht beteiligt. Dieser – gemessen an den Erfordernissen des Leistungszuwachses der Volkswirtschaft – gewiß unbefriedigende Zustand ist wesentlich eine Folge eines zu niedrig angesetzten Niveaus der Aufgabenstellung. Immerhin schätzen 63% der befragten F/E-Kader ein, daß ihre Arbeitsaufgaben kaum zu patentfähigen Ergebnissen geführt werden können. Das sind knapp zwei Drittel. Dieser Befund wiegt um so schwerer, als sich darunter auch ein erheblicher Teil von Forschern und Entwicklern befindet, die von ihren Kollektivleitern als leistungsstark eingeschätzt werden. Dieser Zustand mindert erheblich die ökonomische Wirksamkeit der Arbeit in Forschung und Entwicklung. Mit diesem Niveau der Aufgabenstellung gehen zugleich auch soziale „Verluste" einher. Maßstäbe und Leistungsansprüche der Kader in Forschung und Entwicklung können sich auf einem relativ niedrigen Niveau einpegeln.

Da das Leistungsvermögen in diesen Fällen nicht oder kaum an seiner oberen Grenze abgefordert wird, wird die erweiterte Reproduktion der Fähigkeiten und des Leistungsvermögens, der Zuwachs an Ideen, Kenntnissen, Fähigkeiten nur schwach bzw. überhaupt nicht stimuliert bzw. vorhandene Fähigkeiten werden, da sie nicht hinreichend abgefordert werden, auch nicht auf dem vorhandenen Niveau reproduziert. *Kurzum – zu den sozialen Wirkungen zu niedrig angesetzter Aufgaben gehört auch die Verlangsamung der Zuwachsrate beim Gewinn an Persönlichkeit, ein Verschleiß an Fähigkeiten, gutem Willen und Moral.* Anspruchsvolle, die Forschung und Entwicklung zu hohen Leistungen motivierende und beflügelnde Aufgaben entstehen dort, wo diese aus den Erfordernissen des ökonomischen Leistungszuwachses der Betriebe und Kombinate richtig abgeleitet werden. Bewährt haben sich in einigen Kombinaten sogenannte „Fortschrittsberichte", in denen am Maßstab „Weltstand" analysiert wird, was, wann und wo erneuert werden muß.

Für die Erarbeitung anspruchsvoller Aufgaben in Forschung und Entwicklung ist es weiterhin bedeutsam, Aufgaben nicht sozusagen „fertig" vorzugeben, sondern die leistungsstärksten Kader in die Erarbeitung der Aufgabenstellung für die jeweilige Strukturebene einzubeziehen und das Auffinden und Formulieren anspruchsvoller Probleme bzw. Aufgabenstellungen selbst als schöpferische Leistung anzuerkennen.

Dabei müssen die Kollektive in Forschung und Entwicklung spüren, daß die anderen Bereiche des Betriebes bzw. der Volkswirtschaft und deren Kollektive und Leitungen das Ergebnis ihrer Arbeit unbedingt erwarten und für die Erfüllung der dortigen Aufgaben auch benötigen. Um zu sichern, daß die F/E-Aufgaben von vornherein keine einseitige Ressortangelegenheit sind, sondern vom ganzen Betriebskollektiv getragen werden, hat es sich in einigen Kombinaten bewährt, die Pflichtenhefte im Beisein von Verantwortlichen z.B. aus Beschaffung/Absatz, Ökonomie und Produktion zu verteidigen.

Insgesamt gilt nach wie vor die Feststellung, die Erich Honecker in seinem Schlußwort auf der 4. Tagung des ZK der SED getroffen hatte, daß „alle unsere Erfahrungen besagen, daß im richtigen Einsatz der Kader unsere größten Reserven liegen", und daß die Lösung der großen ökonomischen Aufgaben, die sich aus unserer Wirtschaftsstrategie ableiten, es vor allem erfordern, „das erhebliche Potential an qualifizierter Arbeit ökonomisch voll wirksam zu machen".

Im Zusammenhang mit den Untersuchungen zu Widersprüchen auf dem Gebiet der effektiven Nutzung des Bildungs- und Qualifikationspotentials, traten in der Diskussion Argumente auf, die davon ausgingen, daß es uns offensichtlich schneller gelungen ist, auf dem Gebiet der Ausbildung und Qualifizierung der Arbeitskräfte ein hohes Tempo zu erreichen, daß es aber nicht im gleichen Maße und gleichem Tempo gelungen ist, das Anspruchsniveau der Arbeitsplätze zu erhöhen. Das ist zweifellos eine längerwährende Aufgabe, die nur im Zusammenhang mit der weiteren Entwicklung der Produktivkräfte, der Durchsetzung des wissenschaftlich-technischen Fortschritts, der Einführung neuer technischer und technologischer Lösungen, erfolgen kann.

Oft wurde daraus kurzschlüssig gefolgert, daß wir es zumindest zeitweilig mit Erscheinungen eines Bildungs- bzw. Qualifikationsüberschusses zu tun haben.

Diese Auffassung ist irrig und ihr ist auch wiederholt widersprochen worden.

Sie berücksichtigt vor allem nicht, daß die Ursachen für diese Widersprüche sehr vielschichtig sind und im gesamtgesellschaftlichen Maße sowohl Mängel der Berufslenkung, Änderung der Berufsprofile, als auch Veränderungen in den Wirtschaftsstrukturen, territoriale ökonomische Umwandlungen usw., einschließen.

Diese Auffassung vom Bildungs- und Qualifikationsüberschuß gilt insbesondere nicht für die Probleme des Einsatzes der Hoch- und Fachschulkader, vor allem dann nicht, wenn man ihre Ausbildung nicht allein auf die Vermittlung von Fachwissen, naturwissenschaftliche und technische Kenntnisse begrenzt, sondern auch die Herausbildung und Anerziehung jener Eigenschaften und Fähigkeiten mit einbezieht, die für ein hohes Leistungsverhalten und hohes Leistungsvermögen auf diesem Arbeitsfeld erforderlich sind.

Im Gegenteil, in mancher Hinsicht muß man eher von einem gewissen „Defizit" an realer, für hohe Leistungen notwendiger Qualifikation sprechen.

Besonders nachdenklich muß z. B. stimmen, daß die ökonomischen Kenntnisse der Forscher und Entwickler wenig entwickelt sind. Dabei geht es nicht um irgendwelche ökonomischen Kenntnisse schlechthin, sondern um solche Kenntnisse, die die F/E-Kader befähigen, ihre Aufgaben und Tätigkeiten von übergreifenden ökonomischen Erfordernissen und Zielstellungen des Betriebes, des Zweiges bzw. der Volkswirtschaft her zu begreifen, und, wenn man so will, absatz- bzw. marktorientiert in den Kategorien Aufwand–Nutzen zu denken. Die bislang relativ schwache Ausprägung dieser ökonomisch orientierten Denkweisen der Forscher erschwert nicht nur allgemein das Erreichen höchster ökonomischer Effekte, sondern wirkt sich – wie die Erfahrungen einiger Kombinate zeigen – auch unmittelbar erschwerend auf eine qualifizierte Arbeit mit den Pflichtenheften aus.

Wie die Einschätzungen durch die Direktoren für Technik der Kombinate ergaben, fehlt es den Kadern in F/E vor allem an Kenntnissen auf dem Gebiet der Ökonomie der Investitionen und der Grundfonds, der Preisökonomie, der Betriebswirtschaft, an Wissen über die Kosten und ihre Zusammensetzung, über Fondsvorschuß sowie über die Erlöse und deren Struktur.

In dem Bemühen, die ökonomischen Kenntnisse der F/E-Kader zu erweitern und ihr ökonomisches Denken zu fördern, haben sich solche Formen bewährt, wie die Erarbeitung „ökonomischer Handbücher", betriebliche Schulungs- und Qualifizierungssysteme, die Beratung ökonomischer Grundfragen in Parteiveranstaltungen sowie gemeinsame Veranstaltungen der Bereiche Ökonomie und F/E.

Nachhaltige Wirkungen auf das ökonomische Denken der F/E-Kader erwachsen auch aus der unmittelbaren Konfrontation mit den Erfordernissen des Marktes, aus eigenem Erleben und Erfahrungen mit seinen „harten Maßstäben", aus der Teilnahme an Verkaufsverhandlungen, zeitweiligem Einsatz in der Abteilung Absatz usw.

Eine wichtige Rolle für die Ausschöpfung des Leistungsvermögens der Angehörigen der wissenschaftlich-technischen Intelligenz, die in der Forschung und Entwicklung tätig sind, gebührt neben der materiellen Stimulierung auch den Fragen der moralischen Anerkennung der Leistungen.

Mängel und Unzulänglichkeiten in der gerechten, auch ideellen Wertung und Anerkennung von Leistungen, werden von F/E-Kadern besonders sensibel wahrgenommen. So wird von einem hohen Prozentsatz der Mitarbeiter in F/E kritisch vermerkt, daß in der täglichen Arbeit exakte Leistungsbewertungen und damit auch Lob und Tadel durch die Leiter zu wenig zur Anwendung kommen. Diese Kritik deutet auf Mängel in der Qualifikation vieler Leiter in diesem Bereich hin. Das ist wiederum in hohem Maße dem Umstand geschuldet, daß sie für die sozialen Aspekte ihrer Tätigkeit nicht genügend geschult und vorbereitet sind. In der Regel als gute und leistungsstarke Forscher bekannt, wurden sie zum Leiter berufen und mußten sich die für die Leitungstätigkeit notwendigen Kenntnisse meist empirisch-autodidaktisch aneignen.

Analysen zeigen, daß für Forschung und Entwicklung typische und – wie die Erfahrung fortgeschrittener Betriebe und Kombinate zeigt – auch erfolgreiche und wirksame Formen der moralischen Anerkennung und Stimulierung allgemein nur recht zögernd zur Anwendung kommen. Das betrifft z. B. die Delegierung zu Fachtagungen, den Besuch von Messen, die Möglichkeiten zur Publikation, die Gewährung von Studienaufenthalten, Namensnennungen des Erfinders im Erzeugnis usw. Zugleich sind in den letzten Jahren in einigen Kombinaten und Betrieben auch neue Formen der materiellen und moralischen Stimulierung entwickelt worden, wodurch bewährte Formen vielfach eine Ergänzung erfuhren. So vergeben einige Kombinate einen „Wissenschaftspreis des Kombinatsdirektors" oder Preise für die beste Rationalisierungslösung, die beste Technologieentwicklung, das beste neue Erzeugnis; mancherorts werden auch Preise des Forschungsdirektors oder des Direktors für Technik vergeben. In einigen Kombinaten werden Mitarbeiter in Forschung und Entwicklung mit Titeln ausgezeichnet, wie „Bestes Forschungskollektiv", „Bester Erfinder des Jahres", „Bestes Ingenieurkollektiv" und ahnliche.

Solche F/E-spezifischen Formen der Stimulierung erweisen sich in der Praxis als recht wirksam, da sie den spezifischen Interessen und Bedürfnissen der wissenschaftlich-technischen Intelligenz entsprechen. Indem maßstabsetzende Leistungen und die ihnen zugrunde liegenden Verhaltensweisen auf diese Weise anerkannt und gewürdigt werden, werden damit zugleich die weitere Herausbildung intelligenzspezifischer Leistungsantriebe und Verhaltensweisen wirksam unterstützt und beeinflußt. Um diese Potenzen voll auszuschöpfen, sollten derartige F/E-spezifische Formen kühner zur Anwendung kommen und ihre Gewährung noch stärker an tatsächlich erbrachte Spitzenleistungen geknüpft werden.

K. Hartmann

Bericht über die Diskussion im Arbeitskreis 2

Das Referat von *Günter Mittag* mit seiner richtungweisenden Orientierung für die wirtschaftswissenschaftliche Arbeit sowohl für den unmittelbaren Zeitraum 1983/84 als auch im Sinne der ökonomischen Strategie über einen längeren Zeitraum prägte den Charakter der Diskussion im Arbeitskreis. Die konstruktive Anwendung der ökonomischen Strategie der SED unter den gegenwärtigen Bedingungen und das optimistische Herangehen unter dem Gesichtspunkt, daß die beiden Aufgaben von strategischer Bedeutung gleichzeitig gelöst werden können, waren für alle Diskussionsredner der Ausgangspunkt ihrer Ausführungen. Alle Beiträge waren vom Bestreben gekennzeichnet, die gestellten Anforderungen in ihrem ganzen Ausmaß zu erkennen und mit konstruktiven Vorschlägen zur Lösung der gestellten Aufgaben beizutragen. In einer schöpferischen streitbaren Atmosphäre wurden Erfahrungen der Entwicklung der Kombinate für die Leistungssteigerung in der Volkswirtschaft, insbesondere bei der Nutzung der qualitativen Faktoren des Wachstums, theoretisch verallgemeinert.

Ein erster Schwerpunkt der Diskussion war Fragen der schöpferischen Anwendung der marxistisch-leninistischen Reproduktionstheorie, besonders den Aufgaben und Wegen zur Beschleunigung und Erhöhung der Effektivität des Produktionsprozesses in seiner Gesamtheit, gewidmet.

Professor Dr. *Anneliese Braun,* Forschungsgruppenleiterin im Zentralinstitut für Wirtschaftswissenschaften der Akademie der Wissenschaften der DDR, ging in ihrem Beitrag auf einige reproduktionstheoretische Fragen der Effektivitätsstrategie beim Übergang zur umfassenden Intensivierung ein. Sie verwies auf die bereits erreichten Fortschritte bei der Erhöhung der Effektivität, machte aber gleichzeitig deutlich, daß noch viel zu tun sei, damit die Intensivierungsmaßstäbe der 80er Jahre voll durchgesetzt werden, wobei aus reproduktionstheoretischer Sicht folgende Aufgaben im Vordergrund stünden:

- Die Spezifik der *Veränderungen in den Wegen der Effektivitätssteigerung* durch umfassende Intensivierung ist noch gründlicher herauszuarbeiten. Umfassende Intensivierung führt zur Überwindung von Ressourcenbegrenzungen, muß aber gleichzeitig unter Bedingungen zunehmender quantitativer Anspannungen bei wichtigen Ressourcen realisiert werden. Das bedeutet, daß den Beziehungen zwischen der Rate der Effektivitätssteigerung sowie ihrer Masse und der Höhe des Produktionswachstums mehr Aufmerksamkeit geschenkt werden muß.
- Die Effektivität ist stärker unter *reproduktivem* Aspekt zu planen und durchzusetzen. Für das Produktionswachstum tritt deshalb als neue Frage auf, die ständige Wiederholbarkeit der Effektivitätssteigerung zu sichern, das heißt nicht nur das vorhandene Effektivitätspotential besser zu nutzen, sondern es auch ständig zu erweitern.
- Die Lösung dieser Aufgaben erfordert es, die aktive Funktion der Effektivitätskriterien durchzusetzen. Das ist keine Frage allein veränderter Kennziffern und Methodiken, sondern letztlich auch ein Problem der weiteren Ausgestaltung der Effektivität im Sinne der Ausnutzung der Vorzüge der sozialistischen Produktionsverhältnisse.

Ausgehend von der Rolle der Landwirtschaft im gesamtgesellschaftlichen Reproduktionsprozeß, insbesondere für die sichere Versorgung der Bevölkerung mit Nahrungsmitteln, als wichtigster primärer Rohstofflieferant, bei der Produktion des Nationaleinkommens und bei der Gestaltung wichtiger Grundproportionen der Volkswirtschaft, bewies Professor Dr. *Günter Hoell,* Sektionsdirektor an der Hochschule für Ökonomie „Bruno Leuschner“, daß die erforderliche Erhöhung der Effektivität und der Leistungskraft der Landwirtschaft die volle Durchsetzung der zehn Schwerpunkte der Wirtschaftsstrategie auch in diesem Bereich verlangt. Der Hauptweg ist auch in der Landwirtschaft die weitere komplexe sozialistische Intensivierung, verbunden mit dem schrittweisen Übergang zu industriemäßigen Produktionsmethoden.

Neue Ergebnisse der Düngungsforschung, Schädlingsbekämpfung oder Fütterung müssen schnell wirksam gemacht werden, wobei der Qualifizierung der Genossenschaftsbauern und der Landarbeiter eine erstrangige Bedeutung zukommt. Eine bedeutende Potenz ist die Vertiefung der Kooperationsbeziehungen im einheitlichen landwirtschaftlichen Reproduktionsprozeß, insbesondere zwischen Pflanzen- und Tierproduktion. Dabei gehe es um ökonomisch begründete und die Interessen der Partner beachtende stabile Kooperationsbeziehungen, die auf ein effektiver erzeugtes höheres Endprodukt gerichtet sind. Ein Grunderfordernis, besonders in der Pflanzenproduktion, besteht darin, den Boden als Hauptproduktionsmittel effektiver zu nutzen. Ein wichtiges Leitungsinstrument hierfür seien die Höchstertragskonzeptionen, die für jeden Schlag die unter Beachtung des wissenschaftlich-technischen Fortschritts und der Intensivierung notwendigen Maßnahmen festlegen, wobei eine umfassende Analyse konkreter Ertragsfaktoren Grundlage ist.

Mit Problemen der Reproduktion des Arbeitsvermögens und der sozialen Reproduktion der Klasse der Genossenschaftsbauern beschäftigte sich Professor Dr. *Kurt Krambach,* Forschungsbereichsleiter an der Akademie für Gesellschaftswissenschaften beim Zentralkomitee der SED. Er verwies darauf, daß die soziale Reproduktion der Klasse der Genossenschaftsbauern ein komplexer Prozeß ist, der zumindest folgende vier Elemente enthält:

- die erweiterte Reproduktion des genossenschaftlichen Eigentums als der entscheidenden klassenspezifischen Existenzgrundlage,
- die erweiterte Reproduktion guter bäuerlicher Erfahrungen als Bestandteil ihrer schöpferischen Fähigkeiten und die Reproduktion guter bäuerlicher Traditionen als Bestandteil sozialistischer Denk- und Verhaltensweisen,
- die personelle Reproduktion der genossenschaftlichen Eigentümerkollektive durch die Gewinnung neuer LPG-Mitglieder,
- die Reproduktion der für die Genossenschaftsbauern klassentypischen dörflichen Existenzweise.

Auf der Grundlage umfangreicher agrarsoziologischer Forschungsresultate, die in Gemeinschaftsarbeit mit dem Institut des Zentralkomitees für sozialistische Wirtschaftsführung und gesellschaftliche Entwicklung in der Landwirtschaft erarbeitet wurden, sei die Erkenntnis gewonnen worden, daß die intensiv erweiterte Reproduktion auf sozialem Gebiet qualitatives Wachstum zur Bedingung und Konsequenz hat. Hier tritt beispielhaft an der Entwicklung der Klasse der Genossenschaftsbauern und des Dorfes die Reproduktion und Ausgestaltung des Besonderen als Moment qualitativen Wachstums immer stärker in Erscheinung.

Ausgehend vom Beitrag des Konsumgüterbinnenhandels zur Gestaltung des Prozesses der intensiv erweiterten Reproduktion in seiner Gesamtheit wurde von Professor Dr. *Walter Klitzsch,* Rektor der Handelshochschule Leipzig, die Notwendigkeit der einheitlichen Wirkungsrichtung von Planung und wirtschaftlicher Rechnungsführung in Produktion und Zirkulation, in der Industrie und im Binnenhandel hervorgehoben. Die Wahrnehmung der gemeinsamen Verantwortung von Handel und Produktion für die Gestaltung eines stabilen und attraktiven Konsumgüterangebots müsse auch ein gemeinsam zu tragendes Risiko mit entsprechenden ökonomischen Konsequenzen einschließen. Das bedeutet, daß die seit Jahren bewährten Sortimentskonzeptionen in dem Maß wirkungsvolles Leitungsinstrument sein können, wie sie durch ökonomische Regelungen und Stimulierung untermauert werden.

Die den volkswirtschaftlichen Erfordernissen entsprechende einheitliche Leitung und Planung von Entwicklung, Produktion und Bereitstellung von Konsumgütern erfordere auch ein entsprechend gestaltetes Informationssystem. Es müsse gewährleisten, daß reaktivierende Informationen über ablaufende Prozesse auf dem Markt gewonnen, verarbeitet und übertragen werden, um alle Möglichkeiten gegebener Disponibilität ausschöpfen und die operative Leitung in der Versorgung sichern zu können. Dazu gehört eine prozeßbezogene Gestaltung des Informationssystems, das heißt zum Beispiel eine artikel- bzw. artikelgruppenkonkrete Widerspiegelung der Herstellung, Bereitstellung, Bestandsbildung sowie des Verlaufs an die Bevölkerung. Moderne Kassentechnik, arbeitsplatzbezogene Mikrorechentechnik und maschinenlesbare Artikelcodierung bilden dafür die materiell-technische bzw. die organisatorische Basis.

Die Transportaufwandssenkung in der Volkswirtschaft der DDR als Bestandteil der intensiv erweiterten Reproduktion wurde von Professor Dr. *Horst Vogel,* Sektionsdirektor an der Hochschule für Verkehrswesen „Friedrich List", in den Mittelpunkt seiner Ausführungen gestellt. Zu den wichtigsten Aufgaben zählen in diesem Zusammenhang:

- Maßnahmen zur Reduzierung der Transportmenge, unter anderem durch die Veredlung von Rohstoffen am Gewinnungsort und die generelle Senkung des spezifischen Materialverbrauchs;
- Optimierung der Lieferbeziehungen als gegenwärtig und in naher Zukunft wichtigste Möglichkeit zur Verringerung der Transportweite und damit der Transportleistungen;
- Analyse der vorhandenen Kooperationsbeziehungen in der Industrie aus transportökonomischer Sicht, in deren Ergebnis langfristig Veränderungen in der Spezialisierung und eine Vereinfachung und Entflechtung der Kooperationsbeziehungen und damit eine Senkung des Transportaufwandes ermöglicht werden;
- Qualifizierung der Leitung und Planung durch die Anwendung von Transportkennziffern und Transportnormativen;
- langfristige Gestaltung von Materialeinflüssen für ausgewählte Gutarten in ihrer Gesamtheit vom Zulieferer bis zum Konsumenten, das heißt, alle Phasen des Materialflusses – Produktionsstufen, Transport-, Umschlag- und Lagerprozesse – sind komplex, planmäßig und nach Effektivitätskriterien zu organisieren.

Zur ökonomischen Sicherung der Landesverteidigung wurden, ausgehend von der außerordentlichen Zuspitzung der internationalen Lage, durch Generalmajor *Wolfgang Kaiser* folgende aktuellen Aufgaben herausgearbeitet:

- unbedingte materielle Sicherung der notwendigen Militärtechnik, wobei die Strukturveränderungen infolge des enormen Tempos des wissenschaftlich-technischen Fortschritts zu beachten sind;
- Vertiefung der militärökonomischen Integration, sowohl durch langfristige Abstimmung als auch kurzfristig flexibel;
- Sicherung der jederzeitigen unbedingten Bereitschaft der Volkswirtschaft, zur Landesverteidigung überzugehen.

Professor Dr. *Kurt Bernheier,* Zentralinstitut für Sozialistische Wirtschaftsführung beim Zentralkomitee der SED, ging in seinem Diskussionsbeitrag auf die Entwicklung der Konsumgüterproduktion in den produktionsmittelherstellenden Kombinaten ein. Er wies nach, daß Spitzenleistungen bei Konsumgütern in dem Maß erreicht werden, wie es gelingt, drei Aspekte möglichst eng zu verbinden:

- neu entstehende Bedürfnisse der Menschen rechtzeitig aufzuspüren und konsequent zum Ausgangspunkt von Forschung und Entwicklung zu machen;
- auf eine rationelle Konsumtion zu wirken, so muß

auch im Gebrauch von Konsumgütern in Größenordnungen Material, Energie, Wasser und Zeit eingespart werden;
- bei der Fertigung von Konsumgütern hochproduktive Technologien (auch mit Hilfe von Industrierobotern) einzusetzen, um mit weniger Material, Energie und Zeit ein größeres bedarfsgerechtes und kostengünstiges Endprodukt zu erzielen.

Aus dem Studium der Erfahrungen erfolgreicher Kombinate wurden folgende verallgemeinerungsfähige Hinweise und Wege genannt:
- Fortschritte in der Konsumgüterproduktion verlangen klare ideologische Positionen des Generaldirektors und der Betriebsdirektoren unter Führung der Parteiorganisationen.
- Von Anfang an muß bei der Konsumgüterproduktion auf ein hohes wissenschaftlich-technisches Niveau und gute Qualität geachtet werden. Das verlangt, Wissenschaft und Technik und konkret die in der produktionsmittelherstellenden Industrie bestehenden leistungsfähigen Forschungs- und Entwicklungspotentiale für die Konsumgüterproduktion zu nutzen.
- Bei der Auswahl eines geeigneten Erzeugnisses bzw. der Bestimmung des gesamten Konsumgütersortiments müssen mindestens drei Seiten in ein optimales Verhältnis gebracht werden: der Bedarf im Inland und im Ausland, der wissenschaftlich-technische Entwicklungstrend und die im Kombinat und in seinen Betrieben vorhandenen konkreten Bedingungen, wie Forschungs- und Entwicklungspotential, Grund- und Materialfonds sowie Sekundärrohstoffe, Fachkräfte und Leitungskader.
- Reale Fortschritte in der Konsumgüterproduktion werden um so eher durchgesetzt, je enger die Erzeugnisentwicklung mit einer rationellen Fertigung auf der Basis hochproduktiver Technologien verbunden wird.
- Für die Konsumgüterproduktion ist es zweckmäßig, selbständige Abteilungen, Betriebsteile oder auch Betriebe einzurichten.

Ebenfalls mit der Produktion von Konsumgütern beschäftigte sich Professor Dr. *Rolf Montag,* stellvertretender Direktor des Ökonomischen Forschungsinstituts der Staatlichen Plankommission. Er begründete die wachsenden gesellschaftlichen und volkswirtschaftlichen Anforderungen an das höhere, insbesondere wissenschaftlich-technische Niveau der Konsumgüterproduktion und legte die Konsequenzen dar, die sich daraus für die weitere Ausgestaltung der Produktions- und Exportstruktur ableiten, wobei es sowohl um neue Gebrauchswerte der Fertigerzeugnisse als auch um neuartige Rohstoffe, Zulieferungen und technologische Verfahren geht. In diesem Zusammenhang wachse die Rolle der vorwiegend produktionsmittelherstellenden Kombinate. Die intensive Nutzung ihres wissenschaftlich-technischen Potentials für die Sortimentserneuerung, die höhere Materialveredlung bei gleichzeitiger Senkung der Kosten seien entscheidend für die bedarfsgerechte, flexible und somit absatzfähige Produktion hochwertiger Konsumgüter.

Ein zweiter Schwerpunkt der Diskussion im Arbeitskreis betraf die Notwendigkeit, einen neuen Schritt bei der Verbindung der Vorzüge des Sozialismus mit den Errungenschaften der wissenschaftlich-technischen Revolution zu tun, und die Aufgaben zur Erhöhung der ökonomischen Wirksamkeit von Wissenschaft und Technik in den Kombinaten.

Professor Dr. *Karl Hartmann,* Direktor des Wissenschaftsbereichs Politische Ökonomie und Wirtschaftswissenschaften an der Parteihochschule „Karl Marx" beim Zentralkomitee der SED, charakterisierte, wie durch konsequente Nutzung der Vorzüge des Sozialismus wesentliche Fortschritte in der Technologie und damit bei der Steigerung der Arbeitsproduktivität erreicht werden können. Er ging davon aus, daß der technologische Fortschritt zu einem Hauptfaktor der Durchsetzung qualitativ neuer Schritte intensiv erweiterter Reproduktion geworden ist. Ohne die Möglichkeiten der Vervollkommnung herkömmlicher Technologien geringzuschätzen, betreffe das vor allem die effektiven Schlüsseltechnologien, die auf völlig neuen Wirkprinzipien beruhen, wie die Mikroelektronik, die breite Anwendung von Industrierobotern und die Biotechnologie. Sie führen zu Umwälzungen in allen Elementen der Produktivkräfte und damit zur Einsparung *mehrerer* Ressourcenarten in *neuen* Dimensionen bei gleichzeitiger Verbesserung der materiellen Arbeitsbedingungen der Werktätigen. Charakteristisch sei dabei ihre große volkswirtschaftliche Breitenwirkung sowie die gute Kombinationsmöglichkeit vieler dieser Technologien mit traditionellen Verfahren und vorhandenen Ausrüstungen. Die Ausbreitung dieser Technologien vollziehe sich international in hohem Tempo. Ihre Beherrschung zum richtigen Zeitpunkt entscheide wesentlich über die Realisierung von Extragewinn für die Volkswirtschaft der DDR auf den Außenmärkten. Zunehmend beruhe der technologische Fortschritt auf Erkenntnissen der Grundlagenforschung sowie auf Erkenntnissen *vieler* Wissenschaftsdisziplinen.

Diese neuen Merkmale und Tendenzen des technologischen Fortschritts stellen höhere Anforderungen an die immer bessere Nutzung der Vorzüge des Sozialismus. In diesem Zusammenhang verwies der Redner unter anderem auf die Vorbereitung der Werktätigen bei der Einführung neuer Technologien, auf ihr aktives Mitwirken in diesem Prozeß. Wie beispielsweise die breite Einführung der Robotertechnik zeigt, sind technologische Veränderungen zugleich auch immer mit sozialen Prozessen verbunden, die einer sorgfältigen und mit Vorlauf betriebenen Planung bedürfen. Der relativ geschlossene Reproduktionsprozeß der Kombinate ist eine wichtige Basis für eine effektive und einheitliche Leitung technologischer Neuerungsprozesse. Dabei wächst die Verantwortung der Kombinate für die Schaffung eines technologischen Vorlaufs als wichtige Grundlage einer höheren ökonomischen und sozialen Qualität des gesamten Reproduktionsprozesses.

Professor Dr. *Wolfgang Schirmer,* Direktor des Instituts für Physikalische Chemie der Akademie der Wissenschaften der DDR, behandelte an Beispielen aus der Chemie den Einfluß des wissenschaftlich-technischen Fortschritts auf den volkswirtschaftlichen Reproduktionsprozeß. Er vertrat unter anderem den Standpunkt, daß es heute zu den hohen Anforderungen an den Grundlagenforscher gehört, zu einem möglichst frühen Zeitpunkt zu erkennen, welche Ergebnisse für die volkswirtschaftliche Praxis besonders wichtig sind. Die Erfahrungen bestätigten, daß wertvolle Forschungsergebnisse viel stärker als bisher multivalent durch die Produktion verwertet werden können. Allerdings müsse der Grundlagenforscher selbst Kenntnisse über verfahrenstechnische und volkswirtschaftliche Zusammenhänge besitzen, um beurteilen zu können, wo Ergebnisse seiner Forschungsarbeit von größtem Nutzen sein können. Zeitgewinn und hohe Effektivität seien vor allem dann erreichbar, wenn der Forscher möglichst vor der Projektierung und Konstruktion alle wichtigen ökonomischen Parameter eines neuen Verfahrens bestimmt. Er müsse um die Anwendung kämpfen und sich zu diesem Zweck mit Vertretern von Kombinaten und Betrieben frühzeitig abstimmen und sich in geeigneter Weise in das System der sozialistischen Planung eingliedern. Maßgebend sei eine rechtzeitige Kooperation zwischen allen Beteiligten.

Auf die ständige Anpassung des Produktionsprofils an die Markterfordernisse und die daraus resultierenden höheren Anforderungen an die wissenschaftlich-technische Arbeit ging *Rudi Rosenkranz*, Generaldirektor des VEB Kombinat Textima, Karl-Marx-Stadt, ein. Die Aufgabenstellungen für Forschung und Entwicklung können das ökonomische Ergebnis wesentlich stärker beeinflussen, wenn dazu eine gründliche Erkundung der Bedürfnisentwicklung und der Markterfordernisse vor der Entwicklungsstufe K1 gesichert wird, wobei Ausgangspunkt der Entwicklung die zahlungsfähige Nachfrage sein muß; nur so würden sich die in den Kombinaten steigenden Aufwendungen für Forschung und Entwicklung in kurzen Fristen amortisieren. Er wies darauf hin, daß die Entwicklungsziele und ihre Realisierung in 24 Monaten anspruchsvolle interdisziplinäre Arbeit erfordern. Hierbei stehe man erst am Anfang eines erfolgversprechenden Weges. Es sei einfach nicht mehr zeitgemäß, Teilaufgaben eines Forschungs- und Entwicklungsthemas in Reihenfolge „nacheinander" abzuarbeiten; ebenso ließen komplizierte Forschungsaufgaben kein „Abschalten" am Freitagnachmittag und ein „Wiederhineindenken" am Montagvormittag zu; vorübergehend veränderte Arbeitszeit, ideale Umweltbedingungen und Nutzung der dem Generaldirektor zugeordneten Stimulierungsmöglichkeiten brächten hier positive Wirkungen; auch die zeitweilige Unterstellung von Mitarbeitern verschiedener selbständiger Betriebe und Institutionen sei Voraussetzung für den Erfolg. Aus der politisch richtigen Motivierung solcher Kollektive und klarer detaillierter Aufgabenstellung für sie leiten sich qualitativ höhere Anforderungen an die Leitungstätigkeit ab. Betont wurde auch, daß es nicht darum gehen könne, Musterbeispiele zu schaffen, wenige spektakuläre Erzeugnisse vorzustellen, die Aufgabe müsse vielmehr darin bestehen, daß die Forschungs- und Entwicklungsarbeit auf die tragenden Prozesse der Strategie des Kombinats ausgerichtet ist und ihre Ergebnisse sich in einer Vielzahl progressiver Veränderungen ausweisen. Auch hier gelte, daß sich die volkswirtschaftliche Aufgabenstellung nur über das Kombinat in seiner Gesamtheit verwirklichen läßt.

Fragen der besseren Nutzung des geistig-schöpferischen Potentials der Kombinate zur Erhöhung der ökonomischen Wirksamkeit von Wissenschaft und Technik wurden von Dr. *Manfred Werner*, stellvertretender Direktor der Forschungsstelle des Ministeriums für Wissenschaft und Technik, diskutiert. Bei aller Hervorhebung der Fortschritte stehe die Aufgabe, eine qualitative Wende zu mehr Neuem in der ganzen Breite der Forschung und in der Mehrzahl der Kombinate zu vollziehen. In das Zentrum der Leitungstätigkeit rücken ganz eindeutig die Fragen nach dem Ausmaß und der Tiefe der Intensivierung der wissenschaftlich-technischen Arbeit selbst, nach dem schöpferischen Niveau und dem Tempo der Forschung sowie der zügigen Nutzung ihrer Ergebnisse. Erfindergeist in Forschung und Entwicklung sei für die Kombinate eine der entscheidenden Voraussetzungen dafür, erfolgreich auf dem internationalen Markt zu bestehen. Deshalb müsse der Leistungsbeitrag aus Erfindungen in der gesamten Volkswirtschaft kurzfristig so erhöht werden, daß er sowohl den volkswirtschaftlichen Erfordernissen als auch den Möglichkeiten des bedeutenden Wissenschafts- und Bildungspotentials der DDR entspricht. Hohe Produktionsstückzahlen, Minimierung von Aufwendungen und Kosten, steigender Umsatz, hohe realisierte Gewinne, insbesondere im Export, sind dabei Ausdruck einer hohen ökonomischen Wirksamkeit der Forschungsresultate. Dabei habe die Entwicklung des Pflichtenheftes zum entscheidenden Kettenglied der Umsetzung der volkswirtschaftlichen Anforderungen in anspruchsvolle ökonomische Ziele für die wissenschaftlich-technische Arbeit entscheidende Bedeutung.

Neue Schritte in der Nutzung der Vorzüge des Sozialismus für die Erhöhung der Wirksamkeit von Wissenschaft und Technik sieht *Erich Müller*, Mitglied des Zentralkomitees der SED, Generaldirektor des VEB Kombinat Leuna-Werke „Walter Ulbricht", vor allem in der noch stärkeren Konzentration des Forschungspotentials auf die Schwerpunkte der Intensivierung und Entwicklung von neuen Leuna-typischen Verfahren sowie in der engeren Verbindung von Plan und wirtschaftlicher Rechnungsführung auf dem wissenschaftlich-technischen Gebiet selbst. Als Hauptmethode zur Erreichung hoher Produktion und Effektivität bei den älteren Anlagen und Verfahren bezeichnete er die planmäßige Durchführung von Prozeßanalysen, wobei das Neue der Prozeßanalysen in der komplexen wissenschaftlich-technischen und technisch-ökonomischen Untersuchung des gesamten Produktionsverlaufs in einer zusammenhängenden Anlagenkette mit dem Ziel ihrer allseitigen Optimierung besteht. Die Untersuchungen erstrecken sich sowohl auf Anlieferung, Lagerung und Qualität der Rohstoffe wie auch auf die einheitliche Stoffumwandlung im chemischen Prozeß bis zur Aufarbeitung der Reaktionsprodukte und der Weiterverwertung von Neben- und Abprodukten. Die Durchführung einer solchen Prozeßanalyse erfordere die Überwindung jeglichen Ressortdenkens sowie des Nebeneinander- oder Nacheinanderarbeitens durch umfassende Gemeinschaftsarbeit von Forschern, Laboranten, Instandhaltungskräften und anderen. Die Kollektive müßten sich auf neue Arbeitsbedingungen flexibel einstellen können. Voraussetzung dafür sei eine entsprechende Information und Motivation der Kollektivmitglieder, wobei zu berücksichtigen ist, daß die Prozeßanalyse selbst und erst recht die Umstellung des Produktionsprozesses zwangsläufig Veränderungen mit sich bringen, die von einem Teil der Werktätigen als störend empfunden werden, weil alte Gewohnheiten und Abläufe sich verändern und in vielen Fällen die Anforderungen an die Werktätigen wachsen. Es sei deshalb von großer Wichtigkeit, daß Arbeiter, Forscher und Ingenieure an der Vorbereitung von Prozeßanalysen und Initiativvorhaben umfassend beteiligt werden und daß ihre Vorschläge bei der Lösung der Aufgabenstellung Beachtung finden.

Zu einigen Anforderungen an den sozialistischen Wettbewerb zur Beschleunigung des wissenschaftlich-technischen Fortschritts und zur rationellen Nutzung des Arbeitsvermögens sprach Professor Dr. *Günter Schmunk*, Lehrstuhlleiter an der Gewerkschaftshochschule „Fritz Heckert" beim Bundesvorstand des FDGB. Untersuchungen hätten die Erkenntnis bekräftigt, daß die mit der dynamischen Entwicklung des wissenschaftlich-technischen Fortschritts zunehmende Komplexität und Kompliziertheit der zu lösenden Aufgaben die interdisziplinäre und interstrukturelle sozialistische Gemeinschaftsarbeit erfordert. Damit seien neue Ansprüche an die Gewerkschaftsleitungen und an die staatlichen Leiter in Kombinaten, Industriezweigen und wissenschaftlichen Einrichtungen hinsichtlich der Organisierung und Leitung der Gemeinschaftsarbeit gestellt. Spezielle Organisationsformen zeitweiliger oder langfristiger Arbeit sind zu schaffen und planmäßige personelle Wechsel in Forschungsgemeinschaften, Themen- und Überleitungskollektiven zu organisieren und zu beherrschen. Das sei auch immer mit einer ganzen Reihe politisch-ideologischer und sozialer Fragen verbunden. Gewerkschaftliche Leitungen richten deshalb in engem Zusammenwirken mit den Parteiorganisationen und den staatlichen Leitern ihre politisch-ideologische und organisatorische Tätigkeit auf die wirkungsvolle Verbindung von Fähigkeiten und Talenten, Wissen und Können der Wissenschaftler, der Konstrukteure und Ingenieure, der Technologen, der Arbeiter und Neuerer im sozialistischen Wettbewerb mit dem Ziel, ein wesentlich schnelleres Zustandekommen wissenschaftlich-technischer Spitzenleistungen und ihre rasche ökonomische und soziale Wirksamkeit zu sichern sowie mögliche Reibungsverluste gering zu halten bzw. zu vermeiden.

Auf Fragen der beschleunigten Entwicklung moderner elektronischer Bauelemente für die Volkswirtschaft ging *Wolfgang Lungershausen*, Generaldirektor des VEB Kombinat Elektronische Bauelemente, Teltow, in seinem Diskussionsbeitrag ein. Ausgehend von der objektiven Notwendigkeit, sich dem internationalen Tempo in der Entwicklung moderner elektronischer Bauelemente zu stellen, entwickelte er eine Reihe von Konsequenzen, die sich für die Beherrschung der qualitativen und der quantitativen Struktur des Wachstums ergeben:

- Erhöhung der Fähigkeit, für die Prozesse des wissenschaftlich-technischen Fortschritts exakter vorauszusagen, was mit Sicherheit bzw. mit hoher Wahrscheinlichkeit in drei bis fünf Jahren sein wird, um darauf die Entwicklungsstrategie im Tempo und im Maßstab der Sache einzustellen, woraus sich die Schlußfolgerung ergibt, die Erkundungs- und Anwendungsforschung als eigene wissenschaftliche Disziplin mit einem hohen Stellenwert zu behandeln und dazu besser die Etappe vor der Entwicklungsstufe K 1 auszunutzen;
- Beherrschung *aller* Wirkungs- und Einflußfaktoren, die höchstes Tempo garantieren, wobei besonders die wachsende Rolle des subjektiven Faktors zu beachten ist, was für den Leiter bei der Organisierung von Spitzenleistungen bedeutet: moralische Stimulierung, bekundetes Interesse für wissenschaftlich-technische Leistungen, klug überlegte, aber angespannte Zielvorgaben und ihre politisch-ökonomische Erläuterung, ihre Anerkennung;
- Beherrschung der Vielfalt der Kooperationsverflechtungen zwischen den Kombinaten, die vor allem auch für hohe Leistungen in der Bauelementeentwicklung erforderlich ist. Im Prinzip ist keine Spitzenleistung mehr möglich ohne aktive Mitwirkung der Vorstufenkombinate;
- Erreichung der geplanten Produktivitätsspitze und Produktionsbreite in kürzester Zeit. Wird nach vollzogener Überleitung die geplante Produktivität erst nach einer Anlaufkurve von zwei Jahren erreicht, dann bleibt der Effekt von Spitzenleistungen eingeschränkt. Daraus ergeben sich neue Ansprüche an die Behandlung der Pflichtenheftverteidigungen und der Zwischenverteidigungen in den folgenden Stufen. Es führt zur Konsequenz, die Einheit von Erzeugnisentwicklung, Technologie und erforderlichen Ausrüstungen zwingend zu lösen.

Dr. *Günter Fielitz*, Abteilungsleiter in der Bezirksleitung der SED Gera, vermittelte Führungs- und Leitungserfahrungen bei der effektiveren Nutzung der Möglichkeiten des Territoriums zur Beschleunigung des wissenschaftlich-technischen Fortschritts. Ausgehend vom Grundanliegen der ökonomischen Strategie der SED legte er dar, wie durch effektive territoriale Organisation der Produktion und der gesellschaftlichen Arbeit auf der Grundlage der Nutzung der Intensivierungsfaktoren der Beitrag des Bezirkes und der Kreise zum Wachstum des Nationaleinkommens erhöht werden kann. In Einheit mit der konsequenten Einstellung der wissenschaftlich-technischen Arbeit in den Kombinaten und Betrieben auf die Erfordernisse der intensiv erweiterten Reproduktion werden zunehmend die Möglichkeiten des Territoriums genutzt, um den Erneuerungsprozeß der Produktion zu beschleunigen und größtmögliche ökonomische Resultate zu erreichen. Es wird erstens alles getan, die Überleitung neuartiger wissenschaftlich-technischer Lösungen in kürzesten Fristen zu realisieren, sie zu hohen Intensivierungseffekten zu führen. Zweitens wird die Einstellung auf hohe Ziele und die Entwicklung einer von Begeisterung und leidenschaftlicher Arbeit gekennzeichneten Atmosphäre in der Partei- und Arbeitskollektiven verbunden mit der Schaffung bestmöglicher territorialer Bedingungen zur Beschleunigung der beschlossenen Hauptstoßrichtungen des wissenschaftlich-technischen Fortschritts. Einen Schwerpunkt bildet dabei die Freisetzung und der gezielte Einsatz territorialer Ressourcen zur schnellen Entwicklung und ökonomischen Wirksamkeit modernster Technologien. Einen zentralen Platz in der Arbeit der Bezirksparteiorganisation nimmt die Aufgabe ein, den großen Vorzug des Sozialismus, die bewußt handelnde sozialistische Persönlichkeit, das geistig-schöpferische Potential der Menschen mit hohem Effekt wirksam zu machen, um auf wissenschaftlich-technischem Gebiet Durchbrüche zu erzielen, Zeitgewinn bei der Erzeugnisentwicklung und Produktionsüberführung zu erreichen und die geplanten Kennziffern der Leistungsbewertung zu überbieten.

Ein dritter Schwerpunkt der Diskussion befaßte sich mit der Vervollkommnung der Leitung, Planung und wirtschaftlichen Rechnungsführung in den Kombinaten.

Von großer theoretischer und praktischer Bedeutung für ein intensives Wirtschaftswachstum ist, betonte Professor Dr. *Hans-Joachim Beyer*, Forschungsbereichsleiter an der Akademie für Gesellschaftswissenschaften beim Zentralkomitee der SED, wie die Kombinate und Betriebe über Nettoproduktion und Gewinn ihren Leistungsbeitrag zum Nationaleinkommen zunehmend erhöhen. Für die ökonomische Forschung und die Wirtschaftspraxis sei es deshalb außerordentlich wichtig, das Wesen der Nettoproduktion als einer leistungs- und effektivitätsorientierten Produktionskennziffer in ihren Beziehungen zum Produktionsverbrauch und zur Warenproduktion tiefgründig zu analysieren. Der Grundgedanke, um den es hierbei geht, besteht in einer hohen Senkung des Produktionsverbrauchs und ihrer Verwandlung in zusätzliche Produktion, in steigendes Produktionsergebnis. Solche Einsparungen und eine höhere Veredlung bringen erst dann den vollen Wachstumseffekt für das Nationaleinkommen, wenn damit erweitert reproduziert, mehr real verteilbares Endprodukt hergestellt wird.

Bei den Größenordnungen der Einsparungen, auf denen der Volkswirtschaftsplan beruht, ist die Senkung des Produktionsverbrauchs aber nicht nur für die materielle Absicherung der Produktion wichtig, sondern genauso für die finanzielle Reproduktionskraft der Kombinate. Mehr als bisher komme es deshalb darauf an, die Senkung der Kosten, insbesondere des Produktionsverbrauchs, als einen wesentlichen Ausgangspunkt für die Erarbeitung des Planes zu verstehen, die Hauptfaktoren des Produktionsverbrauchs, der Nettoproduktion und des Gewinns ökonomisch besser zu begründen und direkt zu planen. Daraus entstehen neue Ansprüche an die Planung, die Begründung der Wettbewerbsziele und ihre Stimulierung, um die qualitativen Faktoren des Wirtschaftswachstums intensiver zu nutzen.

Lothar Teubel, Abteilungsleiter in der Staatlichen Plankommission, beschäftigte sich in seinem Diskussionsbeitrag mit der weiteren Qualifizierung von Leitung, Planung und wirtschaftlicher Rechnungsführung zur vollen Plan- und Bilanzwirksamkeit der Effekte des wissenschaftlich-technischen Fortschritts. Ausgehend von den jüngsten Beschlüssen hob er die Notwendigkeit hervor, Aufgabenstellung, Leitung und Organisation der wissenschaftlich-technischen Arbeit stets im Zusammenhang mit dem Kreislauf der intensiv erweiterten Reproduktion als Ganzes zu sehen. Deshalb genüge es nicht, nur in den Plänen für Wissenschaft und Technik ökonomische Ziele festzulegen, sondern es komme darauf an, in der Leitungstätigkeit zu sichern, daß diese Ziele erreicht werden, die projektierten Ergebnisse real eintreten und vollständig in die Pläne der Kombinate und in die Bilanzen und damit in den Volkswirtschaftsplan eingehen. Die Leitungsarbeit sei in der Richtung zu qualifizieren, daß die Ergebnisse der wissenschaftlich-technischen Arbeit auf alle Elemente des Reproduktionsprozesses wirken.

Für die weitere Vervollkommnung der Leitung der wissenschaftlich-technischen Arbeit arbeitete er insbesondere folgende Schwerpunkte als entscheidend heraus:

- konsequente Durchsetzung der ökonomischen Leitung von Wissenschaft und Technik durch die weitere Qualifizierung der Arbeit mit den Pflichtenheften, wobei weitergehende Schritte darin bestehen sollten, diese Instrumente dazu zu nutzen, die in den Abschlußverteidigungen bestätigen ökonomischen Ergebnisse vollständig in den Plan aufzunehmen und zu bilanzieren;
- spürbare Erhöhung des gemeinsamen Interesses von Forschung und Produktion an hohen ökonomischen Ergebnissen aus Wissenschaft und Technik durch ihre strikte ökonomische Ausrichtung auf die Erfordernisse des Marktes;
- Kauf und Verkauf wissenschaftlich-technischer Ergebnisse zwischen ökonomisch selbständigen Forschungs- und Entwicklungseinrichtungen und Nutzung einer exakten Kosten- sowie Aufwands- und Ergebnisrechnung auch bei nichtselbständigen Forschungseinrichtungen, um die wirtschaftliche Rechnungsführung voll zur Anwendung zu bringen.
- zielstrebigere Durchsetzung des Leistungsprinzips in Forschung und Entwicklung durch breitere Anwendung aufgabengebundener Leistungszuschläge zur unmittelbaren persönlichen materiellen Interessiertheit der Forschungskader an hohen schöpferischen Leistungen.

Dr. *Uwe Möller*, stellvertretender Bereichsdirektor an der Parteihochschule „Karl Marx" beim Zentralkomitee der SED, ging in seinem Beitrag davon aus, daß im Lichte des Kampfes um den Frieden und die allseitige Stärkung des Sozialismus die Fragen der Nutzung der Errungenschaften von Wissenschaft und Technik im internationalen Klassenkampf mit dem Imperialismus beträchtlich an Bedeutung gewinnen. In polemischer Auseinandersetzung mit den Behauptungen der Ideologen des Monopolkapitals wies er nach, daß die sozialistische Planwirtschaft in der Lage ist, den wissenschaftlich-technischen Fortschritt entsprechend den gegenwärtigen Erfordernissen zu beschleunigen. Die Praxis beweise, daß der Sozialismus systemeigene Vorzüge der Nutzung von Wissenschaft und Technik besitzt. Sie zeigen sich in der direkten Umsetzung des wissenschaftlich-technischen Fortschritts in sozialen Fortschritt und hohes ökonomisches Wachstum:

- Es wächst die Bedeutung unserer wissenschaftlich begründeten Gesellschafts- und Wirtschaftsstrategie, weil nur so die Revolutionierung der Produktivkräfte in den Dienst der Verbesserung der sozialen Lebensverhältnisse der Menschen zu stellen ist.
- Es wird möglich, das Ziel sozialistischer Produktion noch umfassender und direkter zu verwirklichen.
- Die wachsende Komplexität der Wirtschaft bei intensiven Reproduktionsformen erhöht das Gewicht von Planmäßigkeit und Proportionalität.
- Das erreichte geistige und materielle Potential der

DDR erlaubt jetzt, die Möglichkeiten der wissenschaftlich-technischen Revolution so zu nutzen, daß den Marxschen Kriterien steigender Arbeitsproduktivität voll entsprochen wird.

Im Zusammenhang mit den Maßnahmen zur weiteren Vervollkommnung der Leitung, Planung und wirtschaftlichen Rechnungsführung sprach *Rudolf Wahl*, Abteilungsleiter im Amt für Preise beim Ministerrat der DDR, zur Ausnutzung der Industriepreisbildung für die Stimulierung der Entwicklung und der Produktion neuer qualitativ hochwertiger Erzeugnisse. Dabei arbeitete er heraus, daß zu den hohen Anforderungen und Maßnahmen hinsichtlich der Kosten- und Preisarbeit, die unmittelbar auf die Ökonomie bei Forschung und Entwicklung wirken, unter anderen folgende gehören:

- die entsprechend den Ausführungen im Referat von *Günter Mittag* notwendige Deckung des volkswirtschaftlichen Aufwands durch die Industriepreise, damit das Rechnen mit Aufwand und Ergebnis in den Kombinaten und Betrieben mit den volkswirtschaftlichen Rechnungen übereinstimmt. Diese Aufgabe wird durch jährliche planmäßige Industriepreisänderungen realisiert;
- die Vorgabe von Obergrenzen für Kosten und Preise als Bestandteil der Pflichtenhefte für die Entwicklung neuer Erzeugnisse;
- die Anwendung von Extragewinnen bei der Preisbildung für neue hocheffektive Erzeugnisse und die Festlegung von Gewinnabschlägen für uneffekte veraltete Erzeugnisse.

Einigen ideologischen Entwicklungsproblemen der Wettbewerbsführung in produktionsvorbereitenden Bereichen bei der Entwicklung von Spitzenerzeugnissen widmete sich Dr. *Rudolf Ellereit*, Lehrstuhlleiter an der Gewerkschaftshochschule „Fritz Heckert" beim Bundesvorstand des FDGB. Ausgehend vom Wesen der Gewerkschaftsarbeit in unserer Gesellschaft als Einheit von Schule des Sozialismus, Motor des sozialistischen Wettbewerbs und Vertreter der Interessen der Werktätigen arbeitete er die Maßstäbe für ein hohes Niveau der Wettbewerbsführung in den Forschungs- und Entwicklungsbereichen heraus. In diesem Zusammenhang wurde die Notwendigkeit betont, das Pflichtenheft als eine Grundlage für den Wettbewerb im Bereich von Forschung und Entwicklung stärker zu nutzen. Von besonderer Bedeutung für die Erreichung von mehr Spitzenleistungen sei es, daß die Werktätigen mehr als bisher in den Prozeß der Entscheidungsfindung für die Aufgaben des Pflichtenheftes einbezogen werden. So könnten sich ihre Initiativen und Schöpferkraft wirkungsvoll entfalten und zu hohen Ergebnissen in Forschung und Entwicklung beitragen. Bedeutend stärker als bisher sollten in den Pflichtenheften auch Aufgaben zur Verbesserung der materiellen Arbeitsbedingungen der Werktätigen bereits vom Projekt her mit aufgenommen und in der Praxis durchgesetzt werden.

Über Fragen des ökonomischen Leistungsvergleichs als Instrument der Kombinatsleitung diskutierte Professor Dr. *Joachim Neumann*, Technische Universität Dresden. Nach der Darlegung der Grundsätze für die Führung des ökonomischen Leistungsvergleichs durch die Kombinatsleitung ging er näher auf den Leistungsvergleich als Methode des sozialistischen Wirtschaftens in den durchführenden Bereichen des Kombinats als Methode zur Erhöhung der Wirksamkeit des wissenschaftlich-technischen Fortschritts ein. Im Zusammenhang mit der zuletzt genannten Methode stellte er fest, daß es unter dem Aspekt des ökonomischen Leistungsvergleichs innerhalb und zwischen den Kombinaten weniger um die ökonomische Bewertung einzelner Maßnahmen des wissenschaftlich-technischen Fortschritts gehe; gefordert sei vielmehr der Ausweis, welchen Einfluß der Plan Wissenschaft und Technik auf die Senkung des Produktionsverbrauchs, die Beschleunigung der Durchlaufzeiten, die Steigerung der Qualität und die Produktion verkaufsfähiger Erzeugnisse nimmt.

Für die komplexe Bewertung des wissenschaftlich-technischen Fortschritts reiche das summarische Aufrechnen des vorkalkulierten Nutzens und Aufwands der einzelnen Maßnahmen nicht aus. Dadurch gehe der reproduktive Zusammenhang des Wertbildungsprozesses verloren. Deshalb seien die Bewertungsmethoden auf die Erfordernisse der Effektivität des Reproduktionsprozesses einzustellen:

- die Steigerung des Erlöses aus abgesetzter Warenproduktion durch die Herstellung von Erzeugnissen hoher Qualität, insbesondere die Sicherung eines hohen Exporterlöses;
- die Senkung der Kosten in allen Phasen des Reproduktionsprozesses;
- die Erfassung der Leistungs- und Kostenverflechtung in allen Leistungsbereichen.

Vorschläge zur Vertiefung der Intensivierung in den Kombinaten wurden im Rahmen eines vierten Diskussionsschwerpunktes unterbreitet.

Rosenkranz machte darauf aufmerksam, daß sich als ein Schwerpunkt zur weiteren Vervollkommnung des Kreislaufs in den Kombinaten herauskristallisiert, die Markterfordernisse noch rechtzeitiger zu erkennen, das Produktionsprofil entsprechend anzupassen und den ganzen Reproduktionsprozeß darauf einzustellen. So konzentriert sich das Kombinat Textima darauf, sich entwickelnde Marktanforderungen rechtzeitig zu erkennen und wenn möglich zu beeinflussen. Es kommt darauf an, die Absatzbereiche des Kombinats und den Außenhandelsbetrieb so zu qualifizieren, daß von ihnen die wesentlichen Impulse für die Forschungs- und Entwicklungsaufgaben und die Pflichtenhefte ausgehen. Der Einsatz qualifizierter technischer Kader und Ökonomen in diesen Bereichen brachte gute Ergebnisse, zu denen gehört, daß 1983 etwa 45 neue Erzeugnisse vorgestellt werden konnten.

Außerordentlich wichtig für mehr Anpassungsfähigkeit an Marktbedürfnisse sei die Eigenentwicklung und Eigenfertigung „textil-maschinentypischer Zulieferungen". Analysen haben gezeigt, daß diese Bauteile und -gruppen zunehmend den Gebrauchswert der Erzeugnisse, die Produktionskosten und die Flexibilität des Kombinats beeinflussen, was eine unabdingbare Voraussetzung zur Verkürzung des Umschlags des Erzeugnisprofils, zur Erhöhung der Reaktionsfähigkeit und zur Verbesserung der Gebrauchswerte ist, wobei solche Erzeugnisse auch zunehmend begehrte Exportprodukte werden, wie das Spindeln, Nähmaschinenteile, Stellglieder und andere beweisen. Auch bei der Entwicklung der „Textimaelektronik" wurde von solchen Überlegungen ausgegangen: niemand könnte eine zweckmäßigere Elektronik für Textilmaschinen entwickeln als die Textilmaschinenbauer selbst.

Zusätzlich zu den genannten höheren Anforderungen an die wissenschaftlich-technische Arbeit wurde die Notwendigkeit angesprochen, einen Teil der Fertigungskapazität flexibel für wechselnde Sortimente einzusetzen. Etwa 30 Prozent der Kapazitäten müßten für solche Aufgaben mit einer Dispositionszeit von 6 Monaten variabel einsetzbar gestaltet werden.

Auf Fragen der Erhöhung der Exporteffektivität und des Exportvolumens von Produktionsmitteln durch komplexere Organisation der Arbeit ging Professor Dr. *Wilma Podewin*, Humboldt-Universität zu Berlin, näher ein. Sie unterbreitete eine Reihe von Vorschlägen, wie wesentliche Erkenntnisse über eine exportmarktbezogene und hocheffektive Forschungs- und Entwicklungsarbeit besser in der Praxis der Kombinate genutzt und rasch einer möglichst großen Zahl von Leitern in Forschung und Entwicklung vermittelt werden können. Diese Vorschläge umfassen solche Maßnahmen wie die Verbesserung des Informationsflusses über technologische Erfordernisse der Anwender von Produktionsmitteln in wesentlichen Exportländern an Forschung und Entwicklung, die genaue Ermittlung der Anwendungsökonomie bei wesentlichen Exportkunden bereits im Stadium von Forschung und Entwicklung, die Realisierung einer leistungsfördernden Leitungs- und Arbeitsorganisation in den Forschungs- und Entwicklungseinrichtungen. Weitere Ausführungen betrafen spezifische politisch-ideologische Probleme und Reserven in der diesbezüglichen Informations- und Agitationsarbeit sowie die dazu erforderlichen Forschungsrichtungen und die daraus zu erzielenden kurz-, mittel- und langfristigen Ergebnisse.

Dr. *Gerhard Nieke*, Leiter der Organisations- und Rechenzentrums des VEB Kombinat Pentacon, Dresden, verwies in seinem Beitrag auf die großen Möglichkeiten, die die Nutzung der elektronischen Datenverarbeitung für die Verwirklichung der ökonomischen Strategie in den Kombinaten und Betrieben bietet. Zu den Problemstellungen, die sich dabei im Interesse der schnellen Nutzung dieser Potenzen für die sozialistische Betriebswirtschaft neu ergeben, zählen:

- Erarbeitung betriebswirtschaftlicher Kriterien für die Auswahl der über EDV zu erfassenden Daten;
- Untersuchung von Kosten und Effekten in den materiellen Prozessen der technischen Vorbereitung, der Produktion, der Materialbeschaffung und des Absatzes bei der ökonomischen Bewertung von neuen Erzeugnissen, Automatisierungs- und Rationalisierungsvorhaben, Investitionen usw.;
- breite Nachnutzung von Projekten und Programmen der Datenverarbeitung, das heißt unter anderem Standardisierung von Abläufen in Planung, Rechnungsführung, Statistik, in der Lenkung von Produktions- und Hilfsprozessen;
- Erarbeitung ökonomisch fundierter Aussagen, in welchem ökonomischen Umfang und in welchen Leitungsebenen Bürocomputer und mit dem Rechner gekoppelte periphere Geräte in Fachabteilungen einzusetzen sind;
- Fragen der ökonomischen Stimulierung des Leitungs- und Verwaltungspersonals, von der ein Teil an die organisatorische Disziplin, ausgedrückt unter anderem in Pünktlichkeit, Vollständigkeit, Fehlerhäufigkeit, Erfüllung von Datenschutzverpflichtungen, gebunden werden sollte, das heißt nicht nur an die Erfüllung solcher Leistungsziele, wie Produktionsausstoß, Beschleunigung von Forschung, Entwicklung, Überleitung neuer Erzeugnisse, Absatz, Export.

Zur Vervollkommnung der sozialistischen ökonomischen Integration sprach Professor Dr. *Manfred Engert*, Institutsdirektor an der Akademie für Gesellschaftswissenschaften beim Zentralkomitee der SED. Ausgehend von der großen Rolle, die die Fragen der planmäßigen Vergesellschaftung von Produktion und Arbeit in der Wirtschaftsstrategie der SED spielen, und der großen volkswirtschaftlichen Verantwortung der Kombinate dabei begründete er, daß der gesamte Zyklus von der Forschung und Entwicklung bis zum Absatz als einheitlicher, aber arbeitsteiliger Prozeß weiter vergesellschaftet werden muß. Diese Vergesellschaftung (und der relativ geschlossene Reproduktionsprozeß) schließe immer die internationale Komponente der Vergesellschaftung ein. Die internationale sozialistische Arbeitsteilung müsse (als notwendiger Effektivitätsfaktor) in allen Phasen dieses Zyklus genutzt werden. Dies sei nicht allein eine Frage des Absatzes, das heißt, daß die Einordnung der Außenhandelsbetriebe in die Reproduktionsprozesse der Kombinate nur ein Aspekt der Einbeziehung außenwirtschaftlicher Fragen ist.

Engert hob hervor, daß die internationale Zusammenarbeit in der sozialistischen ökonomischen Integration besonders auf den für die Effektivität entscheidenden Gebieten zu vertiefen ist. Wird sie (vor allem was die wissenschaftlich-technische Zusammenarbeit betrifft) auf Nebengebiete abgedrängt, dann widerspricht sie dem Sinn der Vergesellschaftung und wird ihrer effektivitätssteigernden Funktion entkleidet. Folglich erfasse die Formel vom relativ geschlossenen Zyklus auch alle Formen der internationalen Zusammenarbeit in ihrem Zusammenhang. In erster Linie sind die wissenschaftlich-technische Zusammenarbeit und die Maßnahmen zur internationalen Spezialisierung und Kooperation (als ein Ausdruck des genannten Zyklus) in ihrem wechselseitigen Zusammenhang zu konzipieren. Der Haupteffekt der wissenschaftlich-technischen Zusammenarbeit liege nicht in der effektivieren Gestaltung des Forschungs- und Entwicklungsprozesses selbst, sondern in der schnellen ökonomischen Verwertung der betreffenden Ergebnisse im gesamten Reproduktionsprozeß der Partner.

Ein Komplex der Diskussion im Arbeitskreis war den Fragen der Mobilisierung der schöpferischen Initiative der Werktätigen in den Kombinaten und Betrieben und der vollen Nutzung des gesellschaftlichen Arbeitsvermögens gewidmet.

Mit der gesetzmäßigen Entwicklung kollektiver Formen der Arbeit beschäftigte sich *Siegfried Lein*, Abteilungsleiter im Zentralen Forschungsinstitut für Arbeit. Dabei hob er hervor, daß mit der Automatisierung der Produktion und der modernen Rationalisierung der Übergang zu kollektiven Formen der Organisation und zur Stimulierung der Arbeit nach den Endergebnissen stärker heranreift. Das treffe nicht nur für die DDR, sondern für weitere sozialistische Länder zu. Die kollektive Arbeitsweise ist ein für den Sozialismus gesetzmäßiger Prozeß. Sie hat natürlich seit langem schon in der Grundstoffindustrie, in der Chemie, in anlagengebundenen Prozessen der Leichtindustrie oder im Bauwesen gute Traditionen. Das Fortgeschrittene drücke sich in Folgendem aus:

- Die Anwendung von Neuerungsprozessen, verbunden mit der Mikroelektronik und der Industrierobotertechnik, in integrierten Fertigungsbereichen führt – besonders in der verarbeitenden Industrie – zu veränderten Formen der Arbeitsteilung und Kooperation.
- Das gewachsene Qualifikationsniveau der Werktätigen, ihre Allgemein- und Berufsbildung, die gestiegene Disponibilität entwickelten sich als wichtige sozialökonomische Faktoren, deren Nutzung durch geeignete Formen der kollektiven Arbeit und wirksame Stimulierung Reserven für den Leistungszuwachs erschließen helfen.
- Die politische, ökonomische und soziale Entwicklung der DDR hat den gesellschaftlichen Charakter der Arbeit so ausgeprägt, daß die Zusammenarbeit und gegenseitige Hilfe, das Arbeitsbewußtsein und die Bereitschaft zu höherer Verantwortung über den eigenen Arbeitsplatz hinaus am besten in Formen kollektiver Arbeit mit Stimulierung nach Endergebnissen der Produktion wirksam gemacht und vor allem weiter gefördert werden können.

In einem gemeinsamen Beitrag äußerten sich Professor Dr. *Hanna Grabley*, Bereichsleiter an der Hochschule für Ökonomie „Bruno Leuschner", und *Gerd Händel*, VEB Petrolchemisches Kombinat Schwedt, zur Verbindung der Gewinnung von Arbeitskräften durch sozialistische Rationalisierung mit dem qualifizierten Einsatz und der Schaffung adäquater Arbeitsplätze für Frauen (Verallgemeinerung von Erfahrungen der Schwedter Initiative). Sie wiesen nach, daß Arbeitskräftebewegungen, die mit der Schwedter Initiative oder anderen Formen der Gewinnung von Arbeitskräften für neue Aufgaben immer unmittelbar verknüpft sind, durch bewußte und unter Nutzung der Ziele, Triebkräfte und Vorzüge des Sozialismus betriebene Gestaltung der damit verbundenen Prozesse ausgenutzt werden können, um auch die Entwicklung der Berufstätigkeit der Frauen in der DDR weiter voranzubringen.

Das Schwedter Beispiel weise ausgereifte Erfahrungen bei der Lösung dieser wichtigen gesellschaftlichen und ökonomischen Aufgaben aus. Folgende Ergebnisse der konzeptionellen und praktischen Arbeit auf diesem Gebiet liegen vor:

- Der Anteil der Frauenarbeitsplätze in den einzelnen Produktionsabschnitten wurde erhöht.
- Die absolute Zahl der Frauenarbeitsplätze wurde um etwa 200 erhöht; davon in der Petrolchemie um 20, in der Raffinerie um 99, in der Energetik um 67 und im Bereich Futtereiweiß um 8.
- Damit wurden vorwiegend für Produktionsgrundarbeiterinnen Arbeitsplätze neu geschaffen, zum Teil aber auch für weibliche Prozeßingenieure.
- Gleichzeitig erhöhte sich schrittweise die Zahl der in der Produktion und im Bereich Technik beschäftigten Frauen.
- Es konnten die Arbeitsinhalte angereichert, die Qualifikation erhöht und die Arbeitsbedingungen verbessert werden.

Eine wesentliche Rolle bei der Erreichung dieser positiven Ergebnisse spielten die klare politische Zielstellung und die Einbindung der Aufgabenstellung in die Konzeption der Schwedter Initiative, also ein klares Leitungskonzept und seine planmäßige Durchsetzung.

In seinen Schlußbemerkungen stellte *Hartmann* fest, daß das von *Günter Mittag* für die Diskussion gestellte Ziel erreicht werden konnte. Es wurden viele Gedanken und Vorschläge zur noch wirkungsvolleren Durchsetzung der Beschlüsse der Partei entwickelt, wertvolle Erfahrungen der Kombinate für die Leistungs- und Effektivitätserhöhung in der Volkswirtschaft verallgemeinert sowie eine ganze Reihe von Vorschlägen und Anforderungen an die wirtschaftswissenschaftliche Forschung herausgearbeitet. Die Diskussion machte deutlich, daß Praxis und Wissenschaft an vielfältigen Wegen zur Verkürzung des Neuerungsprozesses arbeiten. Diese Bemühungen erstreckten sich auf den gesamten Prozeß, von der Grundlagenforschung bis zum Absatz neuer Erzeugnisse. Keine Phase dürfe davon ausgenommen werden.

Für die künftige Forschungsarbeit der Wissenschaftler wurden in der Diskussion vielfältige Vorschläge unterbreitet. Die Hinweise dazu bezogen sich unter anderem auf folgende Probleme:

- Wie müssen die verschiedenen qualitativen Faktoren des Wachstums zusammenwirken, um eine bedeutende Leistungs- und Effektivitätserhöhung zu sichern?
- Auf welche Art und Weise müssen volkswirtschaftliche Entscheidungen über Neuerungsprozesse vorbereitet und getroffen werden, die über einen Bereich der Volkswirtschaft hinausgehen (Fragen der Komplexität, der volkswirtschaftlichen Bewertungen, der Durchführung volkswirtschaftlicher Berechnungen über mehrere Stufen, der Optimierung von Gesamtprozessen und andere)?
- Wie kann die Forschungs- und Entwicklungsarbeit selbst weiter ökonomisiert werden? Welche Einflußfaktoren wirken mit welchem Gewicht? Wie kann der Zusammenhang von Leitung des wissenschaftlich-technischen Fortschritts und Marktentwicklung noch besser beherrscht werden?
- Wie kann die sozialistische ökonomische Integration in der Planung der Volkswirtschaft wie auch bei der Erarbeitung langfristiger Entwicklungsvorstellungen der Kombinate von vornherein als ein entscheidender Faktor für das Leistungs- und Effektivitätswachstum stärker wirksam werden? Wie kann das System der Leitung und Planung diese Einbindung der Sozialistischen ökonomischen Integration in den Reproduktionsprozeß wirkungsvoller fördern?

Diese Überlegungen waren verbunden mit der Bereitschaft, einen konstruktiven Beitrag dafür zu leisten, daß die zwei Aufgaben von strategischer Bedeutung gleichzeitig gelöst werden: die volle Erschließung aller Möglichkeiten des Sozialismus zum Wohle der Menschen und die Schaffung der dafür notwendigen äußeren Bedingungen durch Gewährleistung ihrer Sicherheit.

ARBEITSKREIS 3

E. Prager

Übergang zur intensiv erweiterten Reproduktion erfordert die Beantwortung vieler neuer Fragen in Theorie und Praxis

Auf der Grundlage der richtungsweisenden Worte von G. Mittag wollen wir in unserem Arbeitskreis über aktuelle theoretische Probleme des Übergangs zur intensiv erweiterten Reproduktion in enger Verbindung mit den Erfordernissen unserer Wirtschaftspraxis diskutieren.

Die ökonomische Strategie der SED für die 80er Jahre ist ein umfassendes Konzept für den Übergang zur intensiv erweiterten Reproduktion der Volkswirtschaft der DDR. Sie beruht auf den grundsätzlichen Erkenntnissen der marxistisch-leninistischen Reproduktionstheorie und stellt deren schöpferische Anwendung auf die konkreten Bedingungen der 80er Jahre dar. Die Durchsetzung dieser Strategie erfordert für alle Phasen der Reproduktion und in allen Bereichen unserer Volkswirtschaft die Beantwortung theoretischer Fragen, die für die planmäßige Ausnutzung der ökonomischen Gesetze des Sozialismus unter den neuen Bedingungen von grundsätzlicher praktischer Bedeutung sind.

Je umfassender die Volkswirtschaft der DDR auf dem Weg der intensiv erweiterten Reproduktion voranschreitet, desto wichtiger wird die schöpferische Anwendung und praktische Umsetzung der marxistisch-leninistischen Reproduktionstheorie. Allseitig intensiv erweiterte Reproduktion bedeutet in *erster* Linie stabiles und hohes Wachstum der Wirtschaft bei rasch steigender Effektivität der gesellschaftlichen Arbeit. Durch die volle Nutzung der Errungenschaften der wissenschaftlich-technischen Revolution ist es möglich, den Aufwand je Einheit Produktionsergebnis in allen seinen Arten – den Aufwand an lebendiger und vergegenständlichter Arbeit, die laufenden Aufwendungen für die Durchführung der Produktion und ihre Realisierung durch den Absatz, aber auch den einmaligen Fondsvorschuß in Form der Investitionen und der Aufwendungen für die wissenschaftlich-technische Arbeit – zu senken und gleichzeitig die Produktion bedarfsgerecht zu steigern sowie ihre Qualität zu erhöhen. Das setzt aber auch die von Marx und Lenin praktizierte komplexe Betrachtung des gesellschaftlichen Reproduktionsprozesses unabdingbar voraus. Aus der Erkenntnis der Klassiker, stets die Einheit aller 4 Phasen des Reproduktionsprozesses zu wahren, ergibt sich ein erster Schwerpunkt für intensives Nachdenken. Wie wird eine abgestimmte und zuverlässig funktionierende Zusammenarbeit von Forschung und Entwicklung als Prozeß der Produktionsvorbereitung und dem Absatz als Prozeß der Realisierung und ersten Bewährung der hergestellten Erzeugnisse gewährleistet?

Die ökonomische Strategie der SED stützt sich auf die qualitativ neue Rolle der Wissenschaft im Reproduktionsprozeß, die vor allem darin zum Ausdruck kommt, daß die wissenschaftlich-technische Revolution zur Hauptquelle des Wachstums der Volkswirtschaft und der Effektivität ihrer Produktion geworden ist. Alle nennenswerten Fortschritte in der Entwicklung der Produktivkräfte – und damit auch der Arbeitsproduktivität – haben heute ihren Ausgangspunkt in der Wissenschaft. Auf dem X. Parteitag der SED sagte dazu Erich Honecker. „Immer mehr wird die Entwicklung der DDR als moderner sozialistischer Industriestaat von diesem qualitativen Prozeß des wissenschaftlich-technischen Fortschritts geprägt. In einem neuen Abschnitt seines Weges beweist auch unser Land, wie der Sozialismus die gewaltigen neuen Produktivkräfte zum Wohle des Volkes zu meistern vermag. Sie so zu entfalten, daß wir auch unter veränderten außenwirtschaftlichen Bedingungen, angesichts der verschärften internationalen Klassenauseinandersetzung unsere Wirtschafts- und Sozialpolitik erfolgreich fortführen, darauf kommt es an."[2]

Die Wissenschaft oder, genauer gesagt, die wissenschaftlich-technische Arbeit wird ihrer Funktion im Reproduktionsprozeß aber nur gerecht, wenn nicht irgendwelche, sondern genau die Aufgaben für Forschung und Entwicklung gesucht und gelöst werden, die zur Quelle der qualitativen und quantitativen Höherentwicklung des Reproduktionsprozesses werden. Die Bestimmung anspruchsvoller Aufgaben mit dem erforderlichen zeitlichen Vorlauf zur Entwicklung von konkurrenz- und absatzfähigen Erzeugnissen auf der Grundlage hochproduktiver Technologien ist zur wichtigsten Leitungsentscheidung auf allen Stufen des Reproduktionsprozesses geworden. Sich dabei bereits von der Aufgabenfindung in der Forschung an genau auf die Erfordernisse des Absatzes, also auf die Wünsche der Verbraucher einzustellen, gilt sowohl für den Export, als auch für die Versorgung der Bevölkerung und der Volkswirtschaft. Erst der Absatz oder – noch genauer gesagt – die Bewährung der Produkte beim Endverbraucher und der Rückfluß der Mittel schließt den Kreislauf der Reproduktion wirklich. Aus dieser Erkenntnis heraus ist der Zyklus Wissenschaft–Technik–Produktion stets bis zum Absatz und seiner Rückwirkung auf die Forschung und Produktion – also stets im Sinne der Reproduktion – zu erfassen.

In diesem Zyklus vereinigen sich alle Forschungs-, Investitions-, Rationalisierungs-, Produktions- und Absatzprozesse, die auf die qualitative Höherentwicklung der sachlichen Produktionsbedingungen und der Erzeugnisse gerichtet sind. Er ist ein sich ständig wiederholender Kreislauf aller, aber jeweils verschiedener Arbeiten, die eine qualitative Veränderung der Produktion bewirken, vom planmäßigen Hervorbringen von Ideen bis zur breiten Anwendung der Ergebnisse der wissenschaftlich-technischen Arbeit in der Produktion und ihrer Bewährung im Prozeß ihrer Nutzung. Dieser Zyklus ist ein entscheidendes Merkmal der intensiv erweiterten Reproduktion und die wichtigste Quelle ihrer ständigen, qualitativen Höherentwicklung.

Ein *zweiter* Schwerpunkt für die schöpferische Anwendung der Reproduktionstheorie ist die Erschließung aller Wege zur Erhöhung des Nationaleinkommens und des gesellschaftlichen Reineinkommens bzw. des Gewinns für den Sozialismus. Neben der Steigerung der Produktion wird gerade beim Übergang zur allseitig intensiv erweiterten Reproduktion die Senkung des Produktionsverbrauchs, vor allem die Senkung des spezifischen Material- und Energieverbrauchs je Einheit Produktion zu einer unerläßlichen Quelle für die Erhöhung des Nationaleinkommens. Während in den zurückliegenden Perioden die Steigerung der Produktion die ertragreichste Quelle für das Wachstum des Nationaleinkommens war, und auch in Zukunft eine große Bedeutung haben muß, gilt es jetzt, zusätzlich die Senkung des Produktionsverbrauchs als Wachstumsquelle des Nationaleinkommens voll zu erschließen. Das wird gegenwärtig nicht nur zu einer wichtigen Quelle für das höhere Nationaleinkommen, das ermöglicht es überhaupt erst, das Produktionswachstum auch weiterhin als Quelle für den Nationaleinkommenszuwachs zu erschließen. Der Übergang zur intensiv erweiterten Reproduktion erfordert also z. B., daß die Senkung des spezifischen Material- und Energieverbrauchs je Einheit Produktion die Steigerung der Produktion – in Prozenten ausgedrückt – beachtlich übersteigt.

Natürlich wirft ein solches Erfordernis die Frage auf, ob es überhaupt praktisch möglich ist, über einen längeren Zeitraum die Produktion auf der Grundlage eines sich ständig verringernden Materialfonds zu steigern. Das bisherige Ringen um die Durchsetzung der ökonomischen Strategie der SED hat in der Wirtschaftspraxis bewiesen, daß das tatsächlich möglich ist. Die weitere konsequente und zielstrebige Verringerung des Produktionsverbrauchs setzt allerdings voraus, daß auch hierbei *alle* Wege genutzt werden, von der Beseitigung jeglicher Verschwendung von Material und Energie angefangen, über die Materialeinsparung und die bessere Materialausnutzung, die Verringerung von Materialverlusten, bis hin zur Anwendung von material- und energiesparenden Technologien und Konstruktionen, zur höchstmöglichen Veredlung der Rohstoffe, zur immer umfangreicheren Nutzung von Sekundärrohstoffen und zur Herausbildung geschlossener Stoffkreisläufe. Die Erneuerung des Produktionssortiments unter dem Gesichtspunkt der Verbesserung des Masse-Leistungs-Verhältnisses, die Erhöhung der Qualität und Zuverlässigkeit der Produkte und damit auch die Senkung der Kosten für Ausschuß, Nacharbeit und Garantieleistungen sind weitere erforderliche Schritte.

Auch auf diesem Wege ist Wissenschaft und Technik der wichtigste Schlüssel für neue progressive Lösungen geworden, der es auch ermöglicht, Material einzusparen, ohne daß dabei die Qualität der Erzeugnisse und besonders ihre Lebensdauer beeinträchtigt wird. Letzteres wäre keine progressive Lösung und würde statt der Senkung die Erhöhung des Produktionsverbrauchs zur Folge haben. Nur ein unermüdliches und zähes Ringen um die Erfüllung der anspruchsvollen Aufgaben in Forschung und Entwicklung führt uns hier zum Ziele. Nur so wird sich auch die Senkung des Produktionsverbrauchs in einer Erhöhung des Gewinns in jedem Betrieb und jedem Kombinat niederschlagen.

Gute Ergebnisse in der Material- und Energieökonomie werden eben auch nur dort erreicht, wo politisch-ideologische Klarheit über die Lösung dieser für unsere Volkswirtschaft lebenswichtigen Aufgabe herrscht.

Ein *dritter* Schwerpunkt für intensives Nachdenken auf dem Weg zur intensiv erweiterten Reproduktion ist die durchgreifende Erhöhung der Grundfondsökonomie durch die komplexe Realisierung der einfachen und erweiterten Reproduktion der Grundfonds und der Verlängerung der täglichen produktiven Nutzung der Maschinen, Ausrüstungen und Anlagen.

Der produktive Bereich der Volkswirtschaft der DDR verfügt gegenwärtig über Grundfonds im Wert von ungefähr 550 Mrd. Mark. Der Schwerpunkt der gesamten Grundfondsreproduktion muß deshalb vor allem auf der immer besseren Ausnutzung dieses gewaltigen Volksvermögens liegen. Ein wachsender Anteil der zur Verfügung stehenden Investitionen wird für die Modernisierung dieses Grundfondsbestandes eingesetzt. Die Modernisierung und Rekonstruktion wird immer mehr zur Hauptform der Grundfondsreproduktion. Investitionsmaßnahmen geringeren Umfangs mit kurzen Realisierungsfristen, mit einem geringen Bauanteil, dafür aber mit der Konzentration auf die Erhöhung des wissenschaftlich-technischen Niveaus und der Leistungsfähigkeit der Produktionsausrüstungen rücken in den Vordergrund. Auf diesem Weg dient die einfache Reproduktion – mit allen ihren Formen – nicht mehr nur dem bloßen Ersatz oder der Wiederherstellung der ursprünglichen Leistungsfähigkeit verschlissener Grundfonds, sondern gemeinsam mit den koordinierten Maßnahmen zur Erweiterung der Grundfonds einem schnelleren Wachstum der Leistungsfähigkeit gegenüber dem Wachstum des Grundfondsbestandes und damit der Erhöhung der Grundfondsquote. Im Verlaufe der immer stärkeren Ausprägung dieses Weges der Grundfondsreproduktion gewinnt der Eigenbau an Rationalisierungsmitteln und technischen Spezialausrüstungen ein ständig größeres Gewicht.

Gemeinsam mit den Investitionen zur Einführung grundlegender Neuerungsprozesse, die eine Erweiterung des Grundfondsbestandes erfordern und der Förderung des wissenschaftlich-technischen Fortschritts in weiten Bereichen der Volkswirtschaft dienen, ermöglicht ein solches Herangehen an die Grundfondsreproduktion eine beachtliche Entwicklung der sozialistischen Rationalisierung. Die auf diesem Wege freigesetzten Arbeitskräfte werden dringend zur Erhöhung der Schichtauslastung, der Konsumgüterproduktion, zur Verstärkung des Rationalisierungsmittelbaus oder auch in Einrichtungen des nichtproduktiven Bereichs der Volkswirtschaft benötigt.

Auf einen *vierten* Schwerpunkt kann nur noch verwiesen werden. Die weitere Vertiefung der sozialistischen ökonomischen Integration muß in den Bruderländern diesen Weg zur intensiv erweiterten Reproduktion unterstützen und beschleunigen. Auch über die dafür erforderlichen Wege heißt es überall intensiv nachzudenken.

Die umfassende Intensivierung der Produktion stellt hohe Anforderungen an die schöpferische Anwendung und praktische Nutzung der marxistisch-leninistischen Reproduktionstheorie durch die Leiter in Wissenschaft, Technik und Wirtschaft, sie ist aber vor allem auch eine Herausforderung an die Wirtschaftswissenschaften.

[1] Überarbeiteter Beitrag zur Eröffnung der Diskussion im Arbeitskreis 3.

[2] Bericht des Zentralkomitees der Sozialistischen Einheitspartei Deutschlands an den X. Parteitag der SED, Berichterstatter: Genosse Erich Honecker, Berlin 1981, S. 50.

R. Weiß

Intensiv erweiterte Reproduktion – wissenschaftlich-technische Zusammenarbeit – Direktbeziehungen

Anknüpfend an die von *Günter Mittag* aufgeworfene Aufgabenstellung an die Wirtschaftswissenschaftler zur Analyse und Verallgemeinerung der Direktbeziehungen zwischen den Kombinaten der DDR und den Produktionsvereinigungen der UdSSR einen Beitrag zu leisten, sollen einige Untersuchungsergebnisse zur Diskussion gestellt werden.

Die langfristige Zusammenarbeit in Wissenschaft, Technik und Produktion mit der UdSSR und den anderen RGW-Ländern ist eine wesentliche Grundlage für die weitere dynamische Entwicklung der DDR.

In allen RGW-Ländern steht die intensiv erweiterte Reproduktion auf der Tagesordnung. Sie ist ein objektives Erfordernis, nicht nur weil die quantitativen Faktoren des Wachstums (Zahl der Arbeitskräfte, Rohstoffe, Investitionen) begrenzt sind, sondern weil das Gesetz der Ökonomie der Zeit letztlich nur über die immer günstigere Gestaltung des Verhältnisses zwischen Ergebnis und Aufwand realisiert werden kann.

Der Übergang zum intensiven Reproduktionstyp ist auf das engste mit der Beherrschung des wissenschaftlich-technischen Fortschritts und seiner Nutzung für die sozialökonomische Entwicklung der Länder verbunden.

Davon ausgehend wird sich die wissenschaftlich-technische Zusammenarbeit in den 80er Jahren vor allem orientieren:

- auf die langfristige Erkundung, Förderung und höhere Veredlung von Roh- und Brennstoffen für die Sicherung der materiellen Grundlagen der Energie- und Materialwirtschaft auf dem Gebiet der nichtreproduzierbaren Rohstoffe;
- auf die Schaffung einer modernen materiell-technischen Basis der Industrie, der Land- und Nahrungsgüterwirtschaft, des Bau- und Transportwesens. (Maschinenbau-Roboter, Elektrotechnik/Elektronik – Mikroelektronik, chemische Industrie – Anwendung mikrobiologischer Erkenntnisse und anderes mehr)

Es kommt dabei vor allem darauf an, so heißt es in der Stellungnahme des Politbüros des Zentralkomitees der SED und des Ministerrats der DDR zum Freundschaftsbesuch in der UdSSR „*in nächster Zeit gemeinsame Anstrengungen zur schnelleren Überleitung wissenschaftlich-technischer Erkenntnisse in die Produktion und zur Erhöhung der Qualität der gegenseitigen Lieferungen zu unternehmen und die Zusammenarbeit zwischen den Kombinaten der DDR und Produktionsvereinigungen der UdSSR zum gegenseitigen Nutzen auszubauen*“.[1]

Die Zunahme der Komplexität der Zusammenarbeit von der Forschung über die Spezialisierung und Kooperation der Produktion bis zum Absatz, die wachsende Bedeutung der Entwicklung, Konstruktion und Produktion von Maschinen und Anlagen für die Rekonstruktion und Modernisierung vorhandener Betriebe entsprechend den Anforderungen der intensiv erweiterten Reproduktion, die gemeinsame Standardisierung und Abstimmung der technischen Parameter als Voraussetzung für die künftige Produktionszusammenarbeit, kurz die zunehmende Anwenderbezogenheit der einzelnen Gebiete der Zusammenarbeit, erfordert objektiv die Verstärkung der direkten Zusammenarbeit zwischen den Kombinaten der DDR und den entsprechenden Wirtschaftseinheiten der Partnerländer.

Zuweilen wird noch die Auffassung angetroffen, daß unter Direktbeziehungen nur ein unverbindlicher Erfahrungsaustausch zu verstehen sei. Die Art und Weise der Gestaltung der Direktbeziehungen war bereits in der Vergangenheit, entsprechend den konkreten Aufgaben, die gemeinsam zu lösen waren, vielgestaltig, und sie werden sich künftig weiter quantitativ und qualitativ entwickeln. Es geht dabei nicht nur um den Austausch von Erfahrungen und Informationen, die auch einen großen Nutzen bringen und Grundlage für eine weitergehende Zusammenarbeit sein können, sondern vor allem um

- „*die Ausarbeitung konkreter Maßnahmen zur Realisierung der im Prozeß der Koordinierung der Pläne erzielten Ergebnisse sowie die Teilnahme an der Vorbereitung von langfristigen Abkommen und Verträgen über gegenseitige Lieferungen;*
- *die Zusammenarbeit in der Forschung und Entwicklung . . .,*
- *die Zusammenarbeit bei der Spezialisierung und Kooperation der Produktion und der Auslastung von Produktionskapazitäten;*
- *die Zusammenarbeit bei der Koordinierung der Investitionen . . .;*
- *die Zusammenarbeit in der Standardisierung und Typisierung*“.[2]

In nicht wenigen Kombinaten der DDR haben sich über viele Jahre Direktbeziehungen zu Partnern in Forschung und Produktion in vielfältigen Formen und zunehmend auf vertraglicher Grundlage entwickelt. Dabei konnten sowohl in der bilateralen als auch in der multilateralen Zusammenarbeit bedeutende Ergebnisse zur Steigerung der Effektivität der Produktion erzielt werden.

Neue Anforderungen an die Gestaltung der Direktbeziehungen ergeben sich aus den Maßnahmen zur Rekonstruktion von Betrieben bei unseren Hauptpartnern.

Die Verwirklichung der Generalabkommen auf dem Gebiet der Konsumgüter- und Nahrungsgüterindustrie bezieht sich vorrangig auf die Lieferung kompletter Anlagen sowie „know-how“-Leistungen, auf die Rekonstruktion von Betrieben. Das bedeutet, daß die konkrete Vorbereitung und Durchführung der Vorhaben nur über Direktbeziehungen der Ministerien und Kombinate beziehungsweise Vereinigungen möglich ist. Die ersten Ergebnisse in der Konsumgüterindustrie zeigen, daß eine Zusammenarbeit zum gegenseitigen Vorteil bei der Rekonstruktion von Betrieben und der Lieferung kompletter Anlagen nur auf diese Weise möglich ist.

Obwohl Direktbeziehungen selbst nichts Neues sind, werden sie aber objektiv in breiterem Maße notwendig und entsprechend der Komplexität und Kompliziertheit der Aufgabenstellung auf einem höheren Niveau verwirklicht.

Neue Anforderungen ergeben sich nicht nur aus der Komplexität der wissenschaftlich-technischen Zusammenarbeit, denn komplexe Aufgaben wurden zum Beispiel auch bei der Entwicklung der Technologie zur Herstellung von Silikatbeton oder Polymir 50/60 und der dazu notwendigen Anlagen in direkter Zusammenarbeit gemeistert. Neu ist, daß zunehmend Kombinate unterschiedlicher Industriezweige zusammenwirken. Die Rekonstruktion von Konfektionsbetrieben der UdSSR durch Kombinate der DDR bedeutet, daß vorrangig der Textilmaschinenbau (Maschinenbau) mit Vereinigungen der Konfektionsindustrie (Leichtindustrie) zusammenwirkt. Das heißt, daß Hauptpartner der Direktbeziehungen Betriebe unterschiedlicher Industriezweige sind.

In den meisten Fällen sind dabei vielfältige Kooperationsbeziehungen zu anderen Industriezweigen auch im eigenen Lande zur Verwirklichung der konkreten Maßnahmen der internationalen Zusammenarbeit einzugehen. Die innerstaatliche Kooperation muß durch die vertragschließende juristische Person (Kombinat, Ministerium) gesichert werden.

In der Vergangenheit konnten in allen Industriezweigen positive Erfahrungen für die Nutzung und Gestaltung der Direktbeziehungen gewonnen werden. Dabei kann insbesondere auf Beispiele aus jüngster Zeit, wie die direkte Zusammenarbeit zwischen dem VEB Werkzeugmaschinenkombinat „7. Oktober“ und der Werkzeugmaschinenvereinigung Ordshonikidse (UdSSR) bei der direkten Zusammenarbeit zur Entwicklung und Erprobung numerisch gesteuerter Werkzeugmaschinen und der Spezialisierung und Kooperation der Produktion auf diesem Gebiet oder auf die Zusammenarbeit bei der Entwicklung des Wellenfachwebautomaten und der Organisation seiner Produktion durch das Kombinat TEXTIMA und die Vereinigung für Webmaschinen der UdSSR verwiesen werden.

Auch in der chemischen Industrie, wie zum Beispiel zwischen dem Fotochemischen Kombinat Wolfen und Sojuschimfoto oder dem Chemiefaserkombinat „Wilhelm Pieck“ Schwarza und Sojuschimwolokno konnten bei der Entwicklung von Verfahren, der Entwicklung, der Projektierung und der Produktion von Anlagen ökonomische Effekte erzielt und in der Filmindustrie ein Sortimentsaustausch organisiert werden. Erfahrungen besonders bei der Rekonstruktion von Betrieben beziehungsweise von Betriebsteilen gibt es auch in der Möbelindustrie.

Die Aufgabe der Wirtschaftswissenschaften – insbesondere der Integrationsforschung – besteht vor allem darin, diese Erfahrungen zu verallgemeinern und die Wirtschaftseinheiten bei der Lösung der vor ihnen stehenden Aufgaben zu unterstützen. Die Vielfalt der Direktbeziehungen ist dabei so groß wie die Prozesse der sozialistischen ökonomischen Integration selbst.[3]

Für die intensive Kooperation innerhalb der Zweige in Forschung und Produktion und die Vielfalt der Möglichkeiten ist in der chemischen Industrie der VEB Chemiefaserkombinat „Wilhelm Pieck“ Schwarza ein beachtenswertes Beispiel.

Wie Erfahrungen dieses Kombinats zeigen, muß die schnelle und erfolgreiche Verwirklichung des wissenschaftlich-technischen Fortschritts in der Produktion durch die gegenseitige Nutzung der Erfahrungen und Erkenntnisse vergleichbarer Wirtschaftseinheiten sowie die Konzentration der Forschungspotentiale auf Schwerpunkte Ausgangspunkt und Zielstellung der Direktbeziehungen sein.

In diesem Kombinat wurden und werden vielfältige Formen der Direktbeziehungen praktiziert:

- Auf dem Gebiet der Technologieforschung zur Herstellung von Polyamidseide und Polyesterfaserstoffen wurden gemeinsame (paritätische Forschungskollektive geschaffen. Das geschah im Rahmen von Regierungsabkommen, die auch die Entwicklung, Konstruktion, Produktion von technischen Ausrüstungen einschließen. Damit war gleichzeitig eine enge Zusammenarbeit mit dem Kombinat TEXTIMA und dem Chemieanlagenbau erforderlich. Letzteres geschah kooperativ. Für die Verwirklichung der Ziele der Regierungsabkommen waren vielfältige direkte Kontakte zwischen den Technologieforschern und den Entwicklern, Konstrukteuren und Produzenten der Anlagen sowie zwischen den Kooperationspartnern zur Entwicklung und Herstellung der Anlagen erforderlich. Im Ergebnis dieser langjährigen direkten Beziehungen war es möglich, relativ schnell gemeinsam die Umstellung der Polyesteranlage im VEB Chemiefaserwerk „Herbert Warnke“, Wilhelm-Pieck-Stadt-Guben, von Importrohstoff DMT auf den Rohstoff TPA, der in der DDR produziert wird, zu ermöglichen.
- Zur Erhöhung der Leistungsfähigkeit vorhandener gleichgearteter Produktionskapazitäten, der effektivsten Nutzung der eingesetzten Rohstoffe, der Senkung der Produktionskosten und der Durchsetzung der wissenschaftlichen Arbeitsorganisation wurde auf der Grundlage eines Ministerabkommens zwischen den Ministerien für chemische Industrie der DDR und der UdSSR 1976 eine gemeinsame Intensivierungsbrigade auf dem Gebiet der Chemiefaserstoffe gebildet.

Erste Partnerbetriebe waren in der DDR der Stammbetrieb des VEB Chemiefaserkombinat Schwarza und der VEB Chemiefaserwerk „Herbert Warnke“ und in der UdSSR die Chemiefaserbetriebe in Kursk und Tschernigow.

Auf Grund der guten Ergebnisse und der gesammelten Erfahrungen wurde 1977 die Arbeit der Intensivierungsbrigade auf die Erzeugnislinie Polyesterfaser (Chemiefaserwerk Premnitz–Mogiljow) und 1981 auf die Produktionslinie Zellglas (ZZW Wittenberge-Kiew) erweitert. Diese Brigaden sind ebenfalls paritätisch, aus Technologen, Technikern, Ökonomen, Meistern und Anlagenfahrern zusammengesetzt. Die konkrete Zusammenarbeit richtet sich nach der jeweiligen Aufgabenstellung.

Der direkte Nutzen, der durch die Arbeit der Intensivierungsbrigaden im Zeitraum 1976 bis 1980 erreicht wurde, wird mit 1,8 Millionen Rubel in der UdSSR und 9,1 Millionen Mark in den Betrieben der DDR nachgewiesen. Die erreichte Steigerung der Arbeitsproduktivität lag bei 1 bis 3 Prozent. Gleichzeitig wurde Material eingespart sowie eine Qualitätssteigerung erreicht (die Sortenausbeute stieg) und die Parameter der Faserstoffe wurden verbessert. Das Abkommen wurde bis 1985 verlängert.

Eine besondere Form der mehrseitigen Zusammenarbeit bilden die internationalen Spezialistenbrigaden, die von der Internationalen Wirtschaftsvereinigung (IWV) Interchimwolokno initiiert wurden. In den Brigaden waren Spezialisten aus den jeweiligen Betrieben der beteiligten RGW-Länder vertreten, die zeitweilig zur Analyse des Reproduktionsprozesses und Erarbeitung von Empfehlungen zur gegenseitigen Übernahme von positiven Erfahrungen gebildet wurden.

Die Ergebnisse der Zusammenarbeit bestanden in Empfehlungen zur kurzfristigen gegenseitigen Übernahme von technischen und technologischen Erfahrungen der Partner, die ohne größere Aufwendungen für Investitionen und Forschung möglich waren, sowie in langfristig arbeitsteilig zu lösenden Aufgaben auf dem Gebiet von Wissenschaft und Technik. Nach Bestätigung der Empfehlungen durch die Leitung der Internationalen Wirtschaftsvereinigung und die Generaldirektoren der Wirtschaftseinheiten haben diese Kollektive ihre Aufgabe erfüllt.

Durch diese erfolgreiche Form der direkten kooperativen Zusammenarbeit konnte eine wesentliche Steigerung der Kapazitäten und der Arbeitsproduktivität sowie eine Senkung der Material- und Energieverbrauchsnormen in den beteiligten Betrieben erreicht werden.

Das Chemiefaserkombinat Schwarza unterhält vielfältige direkte Beziehungen zur Qualifizierung von Werktätigen aus Partnerbetrieben der RGW-Länder, insbesondere der Volksrepublik Polen, der Volksrepublik Bulgarien und Kubas.

Vielfältige Direktbeziehungen zur Rekonstruktion von Anlagen der Chemiefaserindustrie haben sich mit der UdSSR, Bulgarien, Rumänien und Jugoslawien entwickelt und werden weiter zunehmen.

Dabei gewinnt auch die Übernahme von Verfahrensträgerschaften durch das Chemiefaserkombinat Schwarza beim Neubau beziehungsweise der Rekonstruktion der Anlagen der Chemiefaserindustrie an Bedeutung. Die Kombinate TEXTIMA und der Chemieanlagenbau sind die Produzenten und Lieferanten der Anlagen. Spezialisten des Chemiefaserkombinats Schwarza und des Kombinats TEXTIMA stehen beim Aufbau und Anfahren einer Reihe von Anlagen in der UdSSR, in Bulgarien, Rumänien und Jugoslawien mit ihren Erfahrungen den Spezialisten des jeweiligen Landes mit Rat und Tat zur Seite.

Für eine erfolgreiche direkte Zusammenarbeit zwischen den Produktionsbetrieben unabhängig von der gewählten Form der Beziehungen, sind eine Reihe von Voraussetzungen und Bedingungen zu beachten. Das sind:

- Für die übereinstimmende Interessenlage ist die Produktion gleicher oder vergleichbarer Waren und die Schaffung der wissenschaftlich-technischen Voraussetzungen dafür eine entscheidende Bedingung.
- Es muß die Bereitschaft der Regierung/des Ministeriums zum Abschluß eines Abkommens beziehungsweise einer Vereinbarung über Form und Inhalt der Direktbeziehungen bestehen.
- Dafür sind klare Festlegungen zum technisch-ökonomischen Inhalt und Zeitraum der Zusammenarbeit (Schwerpunkte der Effektivitätserhöhung zum Beispiel) gemeinsam zu erarbeiten. Maßstab für die technisch-ökonomische Zielstellung ist der Weltstand.
- Festlegungen zur Art und Weise der Gestaltung der Beziehungen zwischen den Wirtschaftseinheiten müssen ebenfalls in den Abkommen beziehungsweise Vereinbarungen enthalten sein. Dabei ist die Arbeit auf der Grundlage von Arbeitsplänen pro Jahr beziehungsweise für zwei Jahre zu organisieren.
- Regelung zur Verrechnung und Bezahlung der erarbeiteten, vermittelten beziehungsweise genutzten wissenschaftlich-technischen Erfahrungen und Leistungen müssen Inhalt des Abkommens beziehungsweise der Vereinbarung sein. Dabei sind Vertraulichkeit und Patentschutz zu sichern.
- Die Übernahme der Kosten für die Durchführung der konkreten Direktbeziehungen sowie die Bereitstellung der materiellen und finanziellen Fonds für die Überführung der Empfehlungen ist zu gewährleisten.
- Die Kontrolle der Erfüllung der Abkommen ist turnusmäßig entsprechend den Festlegungen in den Arbeitsplänen vorzunehmen.

Ausgehend von den jeweils zu lösenden Aufgaben sind Form, Inhalt und Umfang der Direktbeziehungen für die Wirtschaftseinheiten unterschiedlich. Es kommt darauf an, die für die Erfüllung der jeweiligen Aufgabe am besten geeignete Form auszuwählen und sie inhaltlich auszugestalten. Entscheidend für eine erfolgreiche Zusammenarbeit ist das Interesse aller Beteiligten an der zu lösenden Aufgabe und ein vertrauensvolles Klima.

[1] Stellungnahme des Politbüros des ZK der SED und des Ministerrates der DDR zu den Ergebnissen des offiziellen Freundschaftsbesuches der Partei- und Staatsdelegation der DDR unter Leitung Erich Honeckers in der UdSSR, Berlin 1983, S. 31.

[2] Komplexprogramm für die weitere Vertiefung und Vervollkommnung der Zusammenarbeit und Entwicklung der sozialistischen ökonomischen Integration, in: Grunddokumente des RGW, Berlin 1978, S. 93.

[3] Vgl. Sozialistische ökonomische Integration und Kombinat, Berlin 1982, S. 174 f.

H. Wedler

Fragen der Entwicklung der Direktbeziehungen der Kombinate zu den Produktionsvereinigungen der UdSSR

Aus den Erfahrungen bei der Durchführung des Regierungsabkommens Mikroelektronik zwischen der UdSSR und der DDR haben sich folgende Grundbedingungen für eine effektive Zusammenarbeit bestätigt:

- Abkommen zwischen der DDR und der UdSSR müssen in der Regel vom Inhalt her langfristigen Charakter haben, jedoch über die Jahrespläne themenkonkret untersetzt werden und kontrollierbar sein.
- Die Themenkomplexe müssen aus der Sicht beider Partner, beginnend bei der Aufgabenstellung, vom wissenschaftlich-technischen internationalen Höchststand ausgehen, d.h. eine ökonomische Verwertbarkeit und Effektivität muß für beide Partner quantifizierbar nachgewiesen werden.
- In der praktischen Arbeit bedeutet das, in der Vorbereitungsphase der Abkommen die Einheit der wissenschaftlichen Arbeit mit den ökonomischen Effekten zu berechnen und sie den Jahresplänen zugrunde zu legen.

Wesentlich für die Kombinate der DDR ist, einen hohen eigenen Beitrag in Form von wissenschaftlichen und Produktionsleistungen zu den festgelegten Terminen zu erbringen.

Die Fragen in der Bedarfsdeckung sowie die Preisgestaltung müssen in jedem Falle vor Aufnahme der Themenkomplexe geklärt werden.

Aus den mehrjährigen Erfahrungen des Kombinates Mikroelektronik in der Zusammenarbeit mit Produktionsvereinigungen der UdSSR heraus hat es sich bewährt, beispielsweise für komplizierte Themenkomplexe, wie die gemeinsame Entwicklung und den Bau von technologischen Spezialausrüstungen, die Erprobung von Funktionsmustern gegenseitig zu vereinbaren, somit einen bestimmten Forschungs- und Entwicklungskomplex mit Ergebnissen abzuschließen und dann über die Jahrespläne im Rahmen der Länderabkommen gegenseitige Lieferungen in Stück und Preis zu vereinbaren.

Es sollte nicht unterschätzt werden, daß die Applikation von mikroelektronischen Bauelementen in beiden Partnerländern zunehmend an Bedeutung gewinnt und Möglichkeiten zur Erschließung weiterer Reserven für die Volkswirtschaft beider Länder beinhaltet. Das gilt insbesondere für die breite Anwendung von Mikroprozessorsystemen aller Kategorien und für den Einsatz von elektronischen Bauelementen im Konsumgüterbereich.

Es wird vorausgesetzt, daß das Arbeitsregime durch verantwortliche wissenschaftliche Kader, die die Leitung der Themen übernehmen, die gemeinsam durchzuführenden Aktivitäten sowie ihre Kontrolle bis zum Abschlußbericht vor Beginn der Unterzeichnung der Vorhaben fixiert ist und von beiden Seiten durch Unterschriftsleistung bestätigt wird.

Da es mir nicht möglich ist, zu den einzelnen Komplexen des Referates von Günter Mittag zu sprechen, möchte ich zur Grundposition eines Generaldirektors, seiner persönlichen Verantwortung für die wissenschaftlich-technische Arbeit im Kombinat, die ökonomische Verwertung von wissenschaftlich-technischen Leistungen und den Zeitfaktor einige Ausführungen zu machen.

Wenn ich in der „Einheit" 9/82 zu Verantwortung und Risiko bei der Durchsetzung des wissenschaftlich-technischen Fortschrittes einige Erfahrungen dargelegt habe,[1] so muß ich nach ersten Überlegungen zum Inhalt des grundsätzlichen Referates von Günter Mittag zu einem solchen Schluß kommen, die bisher konzipierten Maßstäbe auf dem Gebiet Wissenschaft und Technik nicht zuletzt aus der Sicht der Notwendigkeit einer weiteren Beschleunigung der Entwicklung, Produktion und der Anwendung mikroelektronischer Bauelemente für das Planjahr 1984 zu durchdenken.

Ich meine damit ein solches Herangehen, daß die Wirtschaftswissenschaftliche Konferenz der DDR im Karl-Marx-Jahr 1983, das Referat und die Diskussionsbeiträge in der Leitung des Kombinates ausgewertet werden und die einzelnen Komplexe bei der weiteren Verbesserung der Leistungsziele für das Jahr 1984 des Kombinates zu berücksichtigen sind.

Die Tatsache, daß die Kombinate nicht nur administrative, sondern vor allem organische Beziehungen zum Reproduktionsprozeß besitzen und in diesem Sinne dafür die volle Verantwortung tragen, bestimmt entscheidend den Arbeitsstil eines Generaldirektors und der anderen leitenden Kader im Kombinat.

Für die Arbeit des Generaldirektors steht unter anderem ständig auf der Tagesordnung die Frage nach der Einheit von strategischer Arbeit, der Konzipierung eines anspruchsvollen Jahresplanes und der Organisierung der Durchsetzung der Themen im Plan Wissenschaft und Technik gemeinsam mit den Forschungskollektiven und den Spezialisten in den Produktionsbereichen. Natürlich umfaßt eine solche Arbeitsweise eine stetige konkrete Arbeit zur Ausnutzung und Erhöhung des vorhandenen Potentials, nicht nur des materiell-technischen, sondern der Erhöhung der Leistung der Forschungskollektive, zur Schaffung einer schöpferischen Atmosphäre in Richtung des Ringens um Spitzenleistungen. Die Motivierung unserer Kader ist hierbei nicht in erster Linie eine Frage des Monatsverdienstes, sondern es zeichnen sich auch immer mehr kommunistische Grundzüge der Persönlichkeitsentwicklung, Denk- und Verhaltensweisen, die geprägt sind von der Liebe zur Arbeit und dem Bedürfnis, einen hohen persönlichen Beitrag in Gestalt einer wissenschaftlichen Lösung zur Erreichung und Überbietung der Ziele des Planes Wissenschaft und Technik und damit letztendlich zur Sicherung und Erhaltung des Friedens zu leisten.

Es besteht deshalb für die sozialistischen Leiter im Kombinat Mikroelektronik das Erfordernis, in folgenden Richtungen zu denken und zu handeln:

1. Die Beherrschung des Zeitfaktors im Plan Wissenschaft und Technik nimmt eine vorrangige Stellung ein.
   Auf dem Gebiete der Mikroelektronik müssen wir unsere bisherigen Maßstäbe in der Normierung des Entwurfes eines mikroelektronischen Bauelementes bis zur Überleitung in die Produktion und der ökonomischen Verwertbarkeit ständig neu überprüfen und den Normen, die im Weltmaßstab gesetzt werden, angleichen.
   Nur eine anspruchsvolle Aufgabenstellung wird die erforderlichen ökonomischen Effekte garantieren.
   Die analytische Arbeit vor der Ausarbeitung und mit dem Pflichtenheft muß das Aufwands- und Ergebnisniveau aus der Sicht der Volkswirtschaft garantieren.

2. Die Organisierung des wissenschaftlich-technischen Potentials und die Sicherung einer notwendigen Proportionalität zwischen dem Schaltkreisentwurf, der Bereitstellung von hochgradig automatisierten Spezialausrüstungen (TSA) sowie hochreinsten Materialien und Hilfsmaterialien für die Mikroelektronik, der Organisierung der Prozeßschritte im Scheibenprozeß sowie der Montage- und der Meßtechnik der Schaltkreise müssen letztendlich vom volkswirtschaftlichen Bedarf des Finalerzeugnisses ausgehen.
   Die leitungsmäßige Beherrschung dieses Prozesses ist eine Schlüsselfrage für die Sicherung der qualitativen Faktoren des Wachstums innerhalb des Kombinates sowie in den Anwenderbereichen der Mikroelektronik in der Volkswirtschaft.

3. Unsere Erfahrungen zeigen, daß die Erhöhung der Effektivität der wissenschaftlich-technischen Arbeit immer stärker von wissenschaftlich begründeten Methoden der Steigerung der Produktivität der Forschungs- und Entwicklungsarbeit bestimmt wird.
   Bereits heute sind wir gezwungen, einen beträchtlichen Anteil des Forschungs- und Entwicklungspotentials an derartige Aufgabenstellungen zu binden (zum Beispiel Erarbeitung effektiver Entwurfstechnologien und Prozeßmodelle).
   Damit unmittelbar verbunden ist die Notwendigkeit der Verbesserung der Organisation der Arbeit – begonnen in der Leitung des Kombinates – durch den Einsatz von moderner Büro- und Computertechnik.
   Die hochgradige Auslastung der automatisierten Entwurfssystme von Schaltkreisen und Geräten (CAD-Systeme) bis zur zielgerichteten Anwendung von Prozeßsteuerungen einschließlich der Prozeß-Automatisierung (CAM-Systeme) müssen über Einführungsbeispiele innerhalb des Kombinates organisiert und somit die diesen Systemen immanenten hohen ökonomischen Nutzeffekte einschließlich der sich einstellenden sprunghaften Qualitätserhöhung nachgewiesen und verallgemeinert werden.
   Auch hier muß vorausgesetzt werden, daß bereits vor der Projektierung tiefgründige ökonomische Nutzeffektsberechnungen aus volkswirtschaftlicher Sicht anzustellen sind.

Zur Durchsetzung dieser besonders unter Punkt 3 von mir genannten Aspekte gehört ein klares Konzept. Es sind Leitungsentscheidungen zur Umstrukturierung und Qualifizierung einer größeren Zahl von Kadern notwendig.

Neue Anforderungen an Hardware und Software sowie an den eigenen Ratiomittelbau sind zu bewältigen.

Die konsequente Ausrichtung des gesamten Leitungssystems des Kombinates auf die Nutzung seiner eigenen Vorzüge, die Erschließung seiner eigenen großen Reserven steht an der Spitze des Denkens und Handelns des verantwortlichen Leiters der von unserer Partei geschaffenen bedeutsamen Wirtschaftseinheit.

B. Groche

Erhöhung der Effektivität durch eine straffe Kostenarbeit in den Kombinaten

Im Mittelpunkt der ökonomischen Strategie der SED steht die Erhöhung der Effektivität der gesellschaftlichen Produktion. Ihr Gradmesser ist der reale Zuwachs des produzierten Nationaleinkommens als entscheidende Grundlage für die kontinuierliche Weiterführung der bewährten Wirtschafts- und Sozialpolitik.

Auf der Basis der Beschlüsse des X. Parteitags der SED ist es gelungen, eine Umkehrung der jahrelangen Tendenz des steigenden Anteils des Produktionsverbrauchs am gesellschaftlichen Gesamtprodukt zu erreichen und in zunehmendem Maße den Zuwachs des Nationaleinkommens als Ausdruck fortschreitender Intensivierung aus der Senkung des spezifischen Verbrauchs an Material und Energie zu erwirtschaften. Während der Produktionsverbrauch je Einheit produziertes Nationaleinkommen im Jahre 1981 um 1,1 % gesenkt wurde, waren es im 1. Halbjahr 1983 bereits 3 %.

Daran wird deutlich, wie es immer besser gelingt, den Beschluß des X. Parteitags der SED durchzusetzen, die Kostenarbeit zu einem aktiven Instrument der Mobilisierung von Reserven zu entwickeln. *Erich Honecker* hat in diesem Zusammenhang auf der 5. Tagung des Zentralkomitees der SED zum Ausdruck gebracht, daß die Hauptreserve für das weitere Wachstum unseres Nationaleinkommens in der Verbesserung des Verhältnisses von Aufwand und Ergebnis liegt. *„Der Leiter muß stets nach den Kosten, nach Aufwand und Ergebnis fragen. Unterschiede in den Kosten lenken das Auge auf Unterschiede in der Arbeit und helfen, die besten Methoden zu verallgemeinern. Das ist nicht nur ein finanzielles Problem. Jede Kostensenkung, jede Verringerung des Aufwandes an Energie und Material vergrößert die Fonds unserer Volkswirtschaft und damit ihren Spielraum.“*[1]

Die bereits erreichten Fortschritte bei der Senkung des Produktionsverbrauchs sind für die weitere Gestaltung der entwickelten sozialistischen Gesellschaft in der DDR von nicht zu unterschätzender Bedeutung. Sie gehören zur positiven Gesamtbilanz und spiegeln die bewußte Arbeit von Millionen Werktätigen und die gewachsene Qualität der Führungstätigkeit in den Kombinaten und Betrieben wider.

Wesentliche Grundlage dafür sind die Beschlüsse der SED zur Vervollkommnung der Planung, Leitung und wirtschaftlichen Rechnungsführung, die eine schöpferische Anwendung der Marxschen Lehre von der Reproduktion auf die konkreten Bedingungen in der DDR sind.

Von besonderer Bedeutung war dabei, daß die Kosten von einem bis dahin zu einseitig betriebswirtschaftlich genutzten Instrument in den Mittelpunkt der volkswirtschaftlichen Leitung gerückt wurden. Damit war die weitreichende Konsequenz verbunden, die mit dem Volkswirtschaftsplan beauflagten Kosten durchgängig von den Ministerien bis zu den Betrieben als verbindlichen, unveränderlichen Maßstab der Planerfüllung festzulegen. Dies war zugleich ein wesentlicher Schritt zur Verbindung der Kostensenkung mit dem Wachstum des Nationaleinkommens und der besseren Übereinstimmung von materieller und finanzieller Planung. Das hat sich bewährt, wie das die volkswirtschaftliche Kostenanalyse in diesem Jahr beweist.

Als zu verallgemeinernde Erkenntnis zeigt sich hier, daß unter den Bedingungen der Existenz großer leistungsstarker Kombinate die Weiterentwicklung der wirtschaftlichen Rechnungsführung aus der Sicht der objektiven Anforderungen der volkswirtschaftlichen Entwicklung auf der Grundlage des Plans entsprechend dem demokratischen Zentralismus abgeleitet werden muß. Nur auf diese Weise können die Interessen der Kombinate auf die Lösung der gesamtvolkswirtschaftlichen Aufgaben gerichtet werden. Das ist auch der Inhalt des Beschlusses des Politbüros zur weiteren Vervollkommnung der Leitung, Planung und wirtschaftlichen Rechnungsführung.

Vom Standpunkt der Kostensenkung werden die Kombinate und Betriebe im Jahre 1984 sowohl durch veränderte Rentabilitätsraten als auch durch die veränderten Kriterien der Leistungsbewertung bessere Voraussetzungen für die Senkung des Produktionsverbrauchs haben. Die Analyse der Kostenentwicklung im Jahre 1983 und die Arbeit am Plan 1984 machen deutlich, daß es dringend notwendig ist, weitergehende Überlegungen zur Erhöhung des Tempos zur Verbesserung des Verhältnisses von Aufwand und Ergebnis anzustellen. Im Mittelpunkt muß dabei die Verstärkung der aktiven Rolle der Kostenplanung im Sinne der Einheit von materieller und finanzieller Planung stehen. Es geht darum, mit den geplanten Kosten den sparsamsten Umgang mit den materiellen Ressourcen durchzusetzen und jedes Anspruchsdenken zu unterbinden. Drei Gesichtspunkte sind hier besonders hervorzuheben:

Erstens geht es darum, mit größerer Wissenschaftlichkeit, Exaktheit und mehr Diziplin die Planung der Kosten mit der materiellen Bilanzierung der volkswirtschaftlichen Ressourcen und der Limitierung bestimmter Aufwandsarten in Übereinstimmung zu bringen. Dazu sind zwei Aufgaben zu lösen:

- Zur konsequenten Durchsetzung der Kostendisziplin und zur Einhaltung der Festlegungen der Ordnung der Planung ist zu sichern, daß nicht mehr Kosten geplant werden, als nach den staatlichen Normativen,

Bilanzteilen, Kontingenten und Limiten für die geplante Leistung notwendig sind, und daß die betrieblichen Normen mit den neuesten wissenschaftlich-technischen Erkenntnissen übereinstimmen.

- Durch neue wissenschaftlich-technische Ergebnisse, die in die Produktion überführt werden können und die zu einer hohen Veredlung der Rohstoffe führen sowie auf die Einführung neuer Verfahren und Technologien gerichtet werden, müssen in jedem Jahr rechtzeitig in den Betrieben die Bedingungen für die notwendige Kostensenkung geschaffen werden. Wenn das nicht geschieht, entsteht volkswirtschaftlich ein Widerspruch zwischen der Kostenplanung und den insgesamt verfügbaren Ressourcen.

Zweitens geht es um die richtige Verbindung von Wissenschaft und Technik mit der Planung und Senkung der Kosten. Wie unsere Untersuchungen in Kombinaten zeigen, besteht die Kernfrage darin, Wissenschaft und Technik langfristig auf die Erfordernisse der Senkung der Kosten auszurichten. Solche Anforderungen wie die Senkung des gesellschaftlichen Aufwands um jährlich 3% sind mit den bisherigen Methoden des sparsamen Wirtschaftens oder, wie manche glauben, aus der zunehmenden „relativen“ Kostensenkung nicht zu bewältigen. Davon zeugt die Tatsache, daß gegenwärtig in einzelnen Kombinaten auftretende Kostenüberschreitung zu einem großen Teil daraus resultieren, daß geplante Selbstkostensenkungen nicht durch konkrete Maßnahmen des wissenschaftlich-technischen Fortschritts gesichert sind.

Die SED hat immer wieder darauf hingewiesen, daß ein solches Tempo des Effektivitätszuwachses, wie es jetzt volkswirtschaftlich notwendig ist, nur mit Hilfe wissenschaftlich-technischer Maßnahmen erreicht werden kann.

Dabei ist zu beachten, daß wissenschaftlich-technische Maßnahmen in der Regel erst nach ein bis zwei Jahren produktionswirksam werden. Deshalb besteht die Aufgabe darin, die notwendige Senkung der Kosten der kommenden Jahre durch ökonomische Ziele des wissenschaftlich-technischen Fortschritts, die heute in den Pflichtenheften festgelegt werden müssen, zu sichern. Als wichtiges Leitungsinstrument dafür haben sich in einer Reihe von Kombinaten Kostenkonzeptionen bewährt, mit denen dieser Prozeß straff geleitet wird. Gegenwärtig bereiten wir die Erfahrungen dieser Kombinate auf und arbeiten an ihrer Verallgemeinerung.

Drittens ergeben sich vom Standpunkt der Übereinstimmung der Kostenplanung mit dem volkswirtschaftlichen Ressourceneinsatz beim gegenwärtig erreichten Stand der Einstellung der Volkswirtschaft auf den intensiven Typ der Reproduktion neue Probleme. Entspricht zum Beispiel der Kostensatz als Maßstab des gesellschaftlich zulässigen Aufwandes auch künftig noch den Anforderungen? Dem Kostensatz liegt, läßt man alle Feinheiten weg, letztlich der Gedanke zugrunde, daß sich der Aufwand gesetzmäßig proportional zur Leistung entwickelt. Die Intensivierung erfordert aber, steigende Leistungen ohne zusätzlichen bzw. sogar mit sinkendem Rssourceneinsatz zu realisieren. Daraus entsteht die Aufgabe zu prüfen, ob die jetzt gültigen Maßstäbe für die Höhe der gesellschaftlich zulässigen Kosten mit den Gesetzmäßigkeiten der Intensivierung übereinstimmen.

Neben diesen drei Gesichtspunkten sehe ich noch eine Reihe weiterer Probleme der Vervollkommnung der Arbeit mit den Kosten, die hier nur angedeutet werden können. Das betrifft zum Beispiel die bessere Beherrschung der Wirkungen von Industriepreisänderungen bei der Planung der Kosten und die Sicherung der Einhaltung der für das Jahr geplanten Kosten durch eine straffe Quartalsplanung.

Die SED hat die Arbeit mit den Kosten ständig als ein wichtiges ideologisches Problem angesehen, weil wir, wie auf anderen Gebieten der Klassenauseinandersetzung, auf die Dauer nur Erfolg haben werden, wenn wir bei den Leitern und allen Werktätigen eine richtige Einstellung zur Entwicklung der Kosten erreichen. Von ganz besonderer Bedeutung ist in diesem Ringen die Erziehung der jungen Menschen an den Universitäten, Hoch- und Fachschulen.

Ein Problem besteht gegenwärtig darin, daß die Lehrbücher auf dem Gebiet der Betriebswirtschaft teilweise noch einen Erkenntnisstand widerspiegeln, der den Anforderungen der Durchsetzung der ökonomischen Strategie der SED nicht gerecht wird. Für die Lehrtätigkeit auf dem Gebiet der sozialistischen Betriebswirtschaft müssen ohne weiteren Zeitverzug Grundlagen erarbeitet werden, die den heutigen und den künftigen Anforderungen der ökonomischen Strategie der SED gerecht werden.

[1] Vgl. 5. Tagung des Zentralkomitees der SED, Aus dem Schlußwort des Genossen Erich Honecker, Berlin 1982, S. 28 f.

E. Maier

Zur Erkenntnis der ökonomischen Interessen

Im Referat von G. Mittag fanden, ausgehend von der wachsenden Rolle der Kombinate in unserer Volkswirtschaft, die ökonomischen Interessen außerordentlich große Beachtung – sowohl hinsichtlich der Verantwortung der Kombinate für die Realisierung der volkswirtschaftlichen Interessen (vor allem bei der Senkung des Produktionsverbrauchs, der Realisierung der Bilanzfunktion, der Veredlung der volkswirtschaftlichen Ressourcen usw.), als auch in bezug auf die umfassende Entfaltung der direkten ökonomischen Interessen in jeder Ebene (Kombinat, Kombinatsbetrieb, Abteilung, Brigade).

Auch dort, wo der Begriff ökonomische Interessen gar nicht fiel, sondern von Motivation der Kombinate, dem Einstellen auf den Bedarf der Sowjetunion, Stimulierung von Spitzenleistungen bei Forschern und Entwicklern die Rede war, ging es um die Realisierung der ökonomischen Interessen als Triebkraft des gesellschaftlichen Fortschritts.

Das hat mich bewogen, aus der Sicht des Politökonomen einige Überlegungen zur *Interessentheorie* zur Diskussion zu stellen, denn offensichtlich hängt für die weitere Entfaltung der Vorzüge des Sozialismus viel davon ab, wie es gelingt, die Übereinstimmung der Interessen in vollem Maße als Triebkraft wirksam zu machen.

Diese Interessenübereinstimmung, die sowohl innerhalb des Landes, zwischen den Werktätigen, den Wirtschaftseinheiten und der Gesellschaft insgesamt, als auch in der sozialistischen Staatengemeinschaft, zwischen den Bruderparteien, besteht, betrifft die grundlegenden Interessen, also das Wesentliche der ökonomischen Interessen der verschieden handelnden Subjekte. Mir scheint, daß eine Schlüsselfrage für die vollständige Triebkraftwirkung der Interessenübereinstimmung die Erkenntnis der ökonomischen Interessen darstellt.

Es genügt nicht, zu wissen, daß Interesse (zum Beispiel an der Zusammenarbeit im RGW, am wissenschaftlich-technischen Fortschritt) besteht, sondern recht genau ist zu bestimmen, worin dieses Interesse besteht, welches sein tatsächlicher Inhalt ist, wie es sich verändert, sobald sich bestimmte Bedingungen (politische, militärische, ökonomische; innere, äußere usw.) verändern, welche Rangfolge innerhalb der Interessen existiert usw.

Nicht zu Unrecht wird heute vielfach von der konkreten Interessenlage gesprochen. Die Erkenntnis dieser „Interessenlage" ist notwendige Voraussetzung, um die Interessenübereinstimmung nicht nur allgemein, sondern entsprechend den jeweiligen konkreten Bedingungen für den konkreten ökonomischen Prozeß aufzudekken und mit maximaler ökonomischer Wirksamkeit auszunutzen. Sie ermöglicht, die Differenziertheit und Vielfalt der ökonomischen Interessen der Volkswirtschaften, der Kombinate und Werktätigen zu berücksichtigen und daraus sogar bewußt ökonomischen Nutzen zu ziehen (zum Beispiel durch die Zusammenarbeit von Ländern mit unterschiedlicher Ressourcensituation).

Der sowjetische Gesellschaftswissenschaftler Gleserman unterscheidet drei Schritte bei der Untersuchung der Interessen[1]: *erstens,* die Herausbildung der Interessen als objektive Erscheinung und man müßte hinzufügen: ihre ständige Entwicklung: *zweitens,* ihre Widerspiegelung im Bewußtsein der Menschen, die mehr oder weniger genau, richtig oder verzerrt sein kann und *drittens* – ihre Realisierung durch die praktische Tätigkeit, durch den Kampf.

Im Mittelpunkt der ökonomischen Theorie steht bisher vor allem der dritte Schritt, die Realisierung der Interessen. Die Vervollkommnung des Systems der Leitung, Planung und wirtschaftlichen Rechnungsführung, sowohl hinsichtlich der Qualifizierung der zentralen Planung, Bilanzierung und Verstärkung der Kontrolle als auch in bezug auf die ökonomische Motivation der Wirtschaftseinheiten für einen hohen Beitrag zum volkswirtschaftlichen Leistungszuwachs und nicht zuletzt hinsichtlich der materiellen Interessiertheit der Werktätigen und der Entfaltung ihrer Initiative widerspiegeln den ständigen Prozeß der Vervollkommnung der Interessenrealisierung. Zur Frage der Widerspiegelung der Interessen im Bewußtsein der Menschen, ihrer Erkenntnis (nach Gleserman der zweite Schritt, der der Realisierung vorgelagert ist) haben meines Erachtens in der DDR vorwiegend die Philosophen Vorlauf geschaffen. Vergleicht man zum Beispiel die Diskussionen in den Zeitschriften, so findet man dazu mehr in der „Deutschen Zeitschrift für Philosophie" als in der „Wirtschaftswissenschaft".

Man könnte einwenden, daß heute ganz genau bekannt ist, worin die Interessen der DDR in den 80er Jahren, der anderen Bruderländer, der Kombinate überhaupt – dieses oder jenes Kombinats im konkreten – besteht. Kein Zweifel, das ist allgemein bekannt und auch, daß und wie sich diese Interessen unter den veränderten Reproduktionsbedingungen gegenwärtig entwikkeln.

Aber ausgehend von diesen allgemein bekannten Erkenntnissen über die ökonomischen Interessen verlangt die Bestimmung der tatsächlichen „Interessenlage" deren Präzisierung beziehungsweise Konkretisierung im Sinne der Aufdeckung der Besonderen und Einzelnen gegenüber dem Allgemeinen.

Aus der Sicht der Kombinate zum Beispiel bedeutet das, zu bestimmen

- wodurch sich deren Interessen ausgehend von der grundlegenden Übereinstimmung von denen der Volkswirtschaft unterscheiden und zwar
  a) aus der Sicht eines Teils (Reproduktionsprozeß des Kombinates im Vergleich zum volkswirtschaftlichen Reproduktionsprozeß als Ganzes
  b) als relativ selbständige Wirtschaftseinheit, die nach der wirtschaftlichen Rechnungsführung arbeitet
  c) aufgrund des konkreten spezifischen Platzes des konkreten Kombinates im volkswirtschaftlichen Reproduktionsprozeß, der sich zum Beispiel unterscheiden wird zwischen einem Kombinat der Grundstoffindustrie und einem Kombinat der Leichtindustrie usw.;
- wodurch sich die Interessen der Kombinate, die grundsätzlich übereinstimmen, im Konkreten voneinander unterscheiden (in Abhängigkeit von ihren Aufgaben im Reproduktionsprozeß, von ihrer territorialen Lage, ihrer Importabhängigkeit und ihren Exportaufgaben, dem Niveau der technischen Ausrüstungen, der Qualifizierung der Arbeitskräfte, ihrem Einfluß auf den Neuerungsprozeß der materiell-technischen Basis usw.);
- in welcher Art sich die Interessen der Kombinate, die allgemein stabil und unveränderlich sind, mit dem qualitativen Wandel des Reproduktionstyps und der vielfältigen konkret-historischen Reproduktionsbedingungen verändern und welchen Einfluß ganz konkrete Veränderungen (zum Beispiel der Rohstoffpreise, der Absatzmöglichkeiten, der außenpolitischen Situation, wissenschaftliche Entdeckungen) auf die Interessen der Kombinate haben;
- inwiefern sich die Teil- oder Detailinteressen der Kombinate in sich unterscheiden und eventuell sogar widersprechen (zum Beispiel Interesse an niedrigen Preisen als Verbraucher, Interesse an hohen Preisen als Produzent);
- welcher Unterschied und welche Rangfolge für das Kombinat zwischen seinen grundlegenden und abgeleiteten, zwischen perspektivischen und Gegenwartsinteressen bestehen und wie diese die Entscheidungsfindung beeinflussen.

Diese vielfältigen Unterschiede, die sich aus der Konkretisierung der allgemeinen, prinzipiell identischen Interessen ergeben, sind objektiver Natur und tragen den Charakter nichtantagonistischer Widersprüche. In diesem Sinne sind sie wesentliches Moment der Triebkräfte der ökonomischen Entwicklung des Sozialismus. Ihre Erkenntnis ist eine entscheidende Bedingung, um die Interessenübereinstimmung als Triebkraft auf stets höherem Niveau wirksam zu machen. Hinzu kommt, daß mit fortschreitender gesellschaftlicher Entwicklung nicht nur die Übereinstimmung der ökonomischen Interessen bedeutend zunimmt, sondern auch wächst. Diese Dialektik heben Oblomskaja/Radajew hervor, wenn sie feststellen, daß Inhalt und Erscheinungsformen der ökonomischen Interessen mit fortschreitender Entwicklung des Sozialismus reifer und ihre Realisierung komplizierter werden.[2]

Dieser Reifeprozeß der ökonomischen Interessen befindet sich gegenwärtig in einer besonderen Etappe. Der prinzipielle Wandel des Reproduktionstyps hat vielfältige Veränderungen der ökonomischen Interessen zur Folge.

Eine besonders komplizierte Situation in bezug auf die ökonomischen Interessen und deren Realisierung besteht unter diesen Bedingungen darin, daß Aufgaben und Ziele der ökonomischen Entwicklung durch die Erfordernisse der Intensivierung bestimmt, die Reproduktionsbedingungen (vor allem hinsichtlich der materiell-technischen Basis, der Wirksamkeit des wissenschaftlich-technischen Fortschritts) jedoch noch in hohem Maße durch den extensiven Reproduktionstyp geprägt sind. Daraus ergibt sich zwangsläufig ein nichtantagonistischer Widerspruch zwischen Zukunfts- und Gegenwartsinteressen. Das zeigt sich zum Beispiel im Prozeß der Zusammenarbeit der RGW-Länder darin, daß die Länder zunehmend an den Effekten von Wissenschaft und Technik, also jenen Prozessen, die den wissenschaftlich-technischen Fortschritt beschleunigen, interessiert sind. Wissenschaftlich-technische Zusammenarbeit, technologisch bedingte, den modernen Produktivkräften entsprechende Kooperationsbeziehungen sind dafür erforderlich. Das ist ein grundlegendes langfristiges, auf die Zukunft orientiertes ökonomisches Interesse aller Bruderländer.

Real aber bestimmen naturgemäß in hohem Maße die Aufgaben zur Deckung des Bedarfs der Volkswirtschaften und der Bevölkerung, speziell des Energie-, Roh- und Brennstoffbedarfs und die dafür erforderlichen Exportproduktionen, die gegenwärtigen arbeitsteiligen Beziehungen zwischen den Ländern. Obwohl auch hier und gerade hier die Effekte von Wissenschaft und Technik in hohem Maße wirksam gemacht werden, begrenzen diese notwendigen lebenswichtigen Aufgaben zwangsläufig die Möglichkeiten zur Konzentration von Investitionen und Forschungskapazitäten auf die zukunftsorientierten qualitativen Veränderungen. Das bedeutet nichts anderes, als daß die langfristigen, die Zukunftsinteressen in hohem Maße durch die gegenwärtig unbedingt zu lösenden Aufgaben, durch Gegenwartsinteressen[3], begrenzt werden. Das ist kein spezielles Problem der internationalen Zusammenarbeit, sondern gilt allgemein in allen Ländern, ihre Wirtschaftseinheiten und auch für die Werktätigen selbst.

Dieser Unterschied und nichtantagonistische Widerspruch zwischen Gegenwarts- und Zukunftsinteressen ist objektiv bedingt und nichts Besonderes der gegenwärtigen Bedingungen. Das Besondere steht vielmehr in seiner Zuspitzung durch den Widerspruch zwischen Zielen und Bedingungen in der Phase der qualitativen Wandlung des Reproduktionstyps. Es entsteht zwangsläufig eine Lücke, die sich erst dadurch allmählich schließen läßt, daß mittels des wissenschaftlich-technischen Fortschritts die Bedingungen der Reproduktion vor allem durch Einführung neuer Basistechnologien qualitativ verändert werden und so die Intensivierung in allen Bereichen der Volkswirtschaft „greift". Bei der Umsetzung von Arbeitskräften im Interesse ihres wirksameren Einsatzes in anderen Bereichen werdens solche Wirkungen der Intensivierung bereits erkennbar.

Zur Lösung dieses Widerspruchs ist es notwendig, *erstens* – die Gegenwarts- und Zukunftsinteressen und den Zusammenhang zwischen ihnen möglichst genau zu bestimmen und so die Objektivität dieses Unterschiedes bewußt zu machen;

zweitens – die Strategie seiner Lösung auf den konkreten Gebieten festzulegen.

Das Ziel besteht darin, Gegenwarts- und Zukunftsinteressen bewußt miteinander zu koppeln und so die Lükke schrittweise zu schließen. Dabei ist weder eine Überbewertung der Zukunftsinteressen zulasten der Gegenwartsinteressen noch eine Überbewertung der Gegenwartsinteressen und Vernachlässigung der Zukunftsinteressen zulässig. Ersteres führt umgehend zu akuten Störungen der Wirtschaft, letzteres vor allem zu bedeutenden Wachstums- und Effektivitätsverlusten über lange Zeiträume.

[1] Vgl. G. I. Gleserman, Der kritische Materialismus und die Entwicklung der sozialistischen Gesellschaft, Berlin 1969, S. 76.

[2] Vgl. I. Oblomskaja, W. Radajew, Die ökonomischen Interessen im entwickelten Sozialismus, in: Sowjetwissenschaft, Gesellschaftswissenschaftliche Beiträge, 5/1980, S. 477.

[3] Natürlich besteht auch in der Gegenwart vitales Interesse an wissenschaftlich-technischem Fortschritt, an der Erschließung der qualitativen Wachstumsfaktoren, vor allem des Zeit- und Qualitätseffekts. Insofern ist die Bezeichnung als Zukunfts- und Gegenwartsinteressen nicht ganz exakt.

R. Mückenberger

Die Kooperation fördert Leistungssteigerung der sozialistischen Landwirtschaft und gesellschaftliche Entwicklung auf dem Lande

Wie in allen Zweigen unserer Volkswirtschaft besteht auch in der sozialistischen Landwirtschaft die grundlegende Aufgabe darin, eine hohe Leistungsentwicklung mit geringerem Fondseinsatz zu erreichen und damit das Verhältnis von Aufwand und Ergebnis wesentlich zu verbessern.

Dabei geht es in der Landwirtschaft mit der vom Generalsekretär der SED auf dem XII. Bauernkongreß der DDR gestellten Aufgaben die Getreideimporte vollständig abzulösen und dazu die eigene Futterbasis zu vergrößern, um einen klar definierten, konkreten Beitrag zur Durchsetzung der ökonomischen Strategie des X. Parteitages der SED.

Das erfordert, die Intensivierung bei fondssparender erweiterter Reproduktion konsequent auf dieses Ziel einzustellen und dazu den Boden und all das, was an Technik und baulichen Anlagen, Dünge- und Pflanzenschutzmittel, Tierbeständen und Futtermitteln vorhanden ist, sowie das Arbeitsvermögen der Genossenschaftsbauern und Arbeiter, immer besser zu nutzen und alle Reserven zu erschließen.

Zur Lösung dieser Aufgabe macht uns unsere Partei, die SED, mit der Forderung, alle Potenzen des genossenschaftlichen Eigentums immer besser zu nutzen, nachdrücklich darauf aufmerksam, daß ein rascher Leistungszuwachs in der sozialistischen Landwirtschaft nicht nur die immer vollkommenere Nutzung naturwissenschaftlicher und ökonomischer Wachstumsfaktoren erfordert, sondern gleichzeitig auch gebietet, mit Konsequenz die gesellschaftspolitischen und sozialökonomischen Faktoren sozialistischen Wirtschaftens voll auszuschöpfen.

Eine neue Qualität der Intensivierung in der sozialistischen Landwirtschaft ist deshalb unmittelbar mit der weiteren Vervollkommnung der gesellschaftlichen Organisation der Produktion verbunden. Entsprechend dem Charakter des genossenschaftlichen Eigentums vollziehen sich diese Prozesse in der überwiegend genossenschaftlich organisierten Landwirtschaft der DDR im wesentlichen über die Kooperation. Sie ist ein entscheidender Faktor für die Entwicklung und Festigung jeder LPG und des immer effektiveren Zusammenwirkens der LPG und VEG.

Auf der Grundlage der bewährten Prinzipien des Leninschen Genossenschaftsplanes ist die Entwicklung der Landwirtschaft der DDR seit Beginn des Zusammenschlusses werktätiger Bauern zu landwirtschaftlichen Produktionsgenossenschaften von der ständigen Vervollkommnung der genossenschaftlichen Arbeit gekennzeichnet. Besonders in den 70er Jahren vollzogen sich dabei in den LPG und bei der Gestaltung ihrer Zusammenarbeit untereinander sowie zu den VEG und den Betrieben des landwirtschaftlichen Vorleistungsbereiches und der Verarbeitung bedeutende qualitative Veränderungen. Die Klasse der Genossenschaftsbauern festigte ihre sozialökonomischen Grundlagen und prägte ihre Wirtschaftsprinzipien weiter aus. Unter Führung der Arbeiterklasse und ihrer marxistisch-leninistischen Partei wurden die Genossenschaften gestärkt und Fortschritte bei der weiteren Entwicklung der Produktivkräfte und Produktionsverhältnisse erreicht. Die Prozesse der Konzentration, Spezialisierung und Arbeitsteilung vollzogen sich dabei vorwiegend innerhalb der LPG und VEG durch ihre Entwicklung zu LPG beziehungsweise VEG der Pflanzen- beziehungsweise Tierproduktion.

Die Sicherung des rationellsten Vorlaufs des einheitlichen landwirtschaftlichen Reproduktionsprozesses, der die Pflanzen- und Tierproduktion in ihrer Gesamtheit umfaßt, erfordert nunmehr, die Möglichkeiten und Vorzüge der Kombination der Produktion der ökonomisch und juristisch selbständigen LPG und VEG auf der Ebene der Kooperation der Pflanzen- und Tierproduktion entschieden wirksamer zu nutzen.

In Übereinstimmung mit den neuen Maßstäben der Intensivierung und den Aufgaben zur Verwirklichung der ökonomischen Strategie gewinnt die weitere Vertiefung der Kooperation und Kombination zum engeren Zusammenwirken von Pflanzen- und Tierproduktion zunehmende Bedeutung, um den einheitlichen Reproduktionsprozeß immer effektiver zu gestalten und die qualitativen Faktoren des Leistungszuwachses noch wirksamer zu erschließen. Die weitere Ausprägung der Kooperation und die untrennbar damit verbundene Festigung und Entwicklung der LPG und VEG stehen deshalb im Zentrum aller Maßnahmen zur weiteren Vervollkommnung der Leitung, Planung und wirtschaftlichen Rechnungsführung in der sozialistischen Landwirtschaft.

Auf dem bewährten Weg der Kooperation gilt es, die gemeinsamen Anstrengungen der LPG und VEG noch konsequenter darauf zu richten, hohe Wachstumsraten in Produktion und Effektivität zu sichern, die ungerechtfertigte Differenziertheit zwischen vergleichbaren LPG und VEG zu überwinden und alle Prozesse der Leitung, Planung und wirtschaftlichen Rechnungsführung für die Genossenschaftsbauern und Arbeiter überschaubarer und rationell zu gestalten.

Blicken wir auf die erfolgreiche Entwicklung der sozialistischen Landwirtschaft in der DDR zurück, dann wird auch sichtbar, daß alle Schritte zur Konzentration und Spezialisierung in und zwischen den LPG und VEG sowohl immer mit einer weiteren Vertiefung der Kooperation verbunden waren als auch gleichzeitig immer eine weitere Festigung der inneren Organisation und Struktur jeder LPG und jedes VEG erforderten.

Diese Erfahrung ist heute mehr denn je für die zielgerichtete staatliche Leitung der sich gegenwärtig und künftig vollziehenden Prozesse zur Vervollkommnung der sozialistischen Produktionsverhältnisse auf dem Lande zu nutzen. Dabei bedürfen insbesondere folgende Entwicklungen und Prozesse einer besonderen Förderung und Unterstützung:

1. Die LPG und VEG zu festigen und die Kooperation zu vervollkommnen, bedeutet, Leitung, Planung und wirtschaftliche Rechnungsführung weiter zu vervollkommnen und in den LPG und VEG sowie ihren Kooperationen die sozialistische Betriebswirtschaft auf höherem Niveau durchzusetzen.
Insbesondere gilt es, durch weitere Vervollkommnung der Planung und Abrechnung in den LPG und VEG solche Maßstäbe für die Leistungsbewertung und den Leistungsvergleich zu schaffen, die für die Steigerung der landwirtschaftlichen Produktion und die Verbesserung des Verhältnisses von Aufwand und Ergebnis grundlegende Leistungsmaßstäbe sind und die das ökonomische Interesse aller Genossenschaftsbauern und Arbeiter noch zwingender auf eine schnell steigende Eigenproduktion bei sinkendem Produktionsverbrauch sowie die gewissenhafte Erfüllung aller Aufgaben zur Versorgung der Bevölkerung mit Nahrungsmitteln und der Industrie mit Rohstoffen richten.
Das sind insbesondere solche Kennziffern, wie Eigenproduktion, Nettoproduktion, Kostensatz, Gewinn.
Die Kennziffer Eigenproduktion als Naturalausdruck der zukaufsfreien Pflanzen- beziehungsweise Tierproduktion orientiert auf höchste eigene Leistungen je ha/LN. Ihr entscheidender Vorzug besteht darin, daß sie unmittelbar auf die stets bessere Ausnutzung aller intensiven Wachstumsfaktoren orientiert und Forderungen an die Volkswirtschaft, zum Beispiel zur erhöhten Bereitstellung von Futter aus staatlichen Fonds, keinen Vorteil bringen. Diese Kennziffer wird durch den Ausweis des Nettoproduktes wirksam ergänzt. Die Kennziffer Nettoprodukt stimuliert eine hohe Fondsökonomie und die Beschleunigung des Übergangs zur fondssparenden Intensivierung und erweiterten Reproduktion und orientiert darauf, alle eigenen Reserven zu erschließen und den Beitrag der Genossenschaften und volkseigenen Güter zum volkswirtschaftlich verfügbaren Nationaleinkommen stetig zu erhöhen.
Die Kennziffer Kostensatz, die das Verhältnis der Selbstkosten zum erzeugten Produkt widerspiegelt, ist bei der Vielzahl der Produkte und des unterschiedlichen Produktionsprofils innerhalb der einzelnen LPG und VEG besonders gut geeignet, um den Leistungsvergleich zwischen den Betrieben zu führen.
Schließlich wird mit der Kennziffer Gewinn der Aufgabenstellung der 5. Tagung des ZK entsprochen, in allen Genossenschaften, volkseigenen Gütern und Kooperationen unbestechlich zu prüfen, mit welchen Maßstäben der größte Zuwachs an Gewinn zu erreichen ist und was Verluste verursacht.
Ausgehend vom Beschluß des XII. Bauernkongresses, daß es den bewährten genossenschaftlichen Wirtschaftsprinzipien entspricht, bei der Anwendung des sozialistischen Leistungsprinzips den unmittelbaren Zusammenhang zwischen der Höhe der Produktion und Effektivität sowie der Höhe der Vergütung und Prämiierung herzustellen, werden diese Kennziffern auch der Bildung und Verwendung des Konsumtionsfonds der Genossenschaften zugrunde gelegt.
Damit wirken diese Kennziffern über die genossenschaftliche Vergütung bis zum einzelnen Genossenschaftsbauern.

2. Ein weiterer Schwerpunkt zur effektiveren Nutzung der qualitativen Faktoren des Wirtschaftens besteht in der vollkommeneren Erschließung der Vorzüge territorialer Produktions- und Arbeitsorganisation, sowohl auf der Ebene des Dorfes als auch innerhalb der Territorien der in den Kooperationen zusammenwirkenden LPG der Pflanzen- und der Tierproduktion. Gerade dazu wurden auf dem XII. Bauernkongreß der DDR weitreichende Festlegungen getroffen. So ist zum Beispiel die Entwicklung der territorialen Produktions- und Arbeitsorganisation durch die Bildung von Abteilungen und Brigaden der LPG und VEG mit eigenem Plan, eigener innerbetrieblicher wirtschaftlicher Rechnungsführung und der konkreten Verantwortung für einen bestimmten Teil des Bodenfonds beziehungsweise der Tierbestände der Genossenschaft von großer Bedeutung für die enge Bindung des einzelnen beziehungsweise des Kollektives an einen überschaubaren und hinsichtlich seiner Produktivität unmittelbar beeinflußbarer Teilabschnitt der gesellschaftlichen Produktion und für die immer bessere Realisierung der Miteigentümerfunktion der Genossenschaftsbauern.
Die Ausprägung der Brigade- und Abteilungsorganisation, die Durchsetzung der territorialen Produktionsorganisation in den Dörfern, auf die die SED mit Nachdruck orientiert, gewährleistet nicht nur
   - eine höhere Verantwortung der Kollektive für die Erträge und Leistungen, für die Bodenfruchtbarkeitsentwicklung, die Nutzung aller Produktionsbedingungen,
   - kurze Transportwege für Personen, Technik, Futter, Dünger usw.,
   - bessere Nutzung der Arbeitskraftreserven des Dorfes zur Bewältigung der Arbeitsspitzen,

sondern schafft insgesamt günstigste Bedingungen für die Erschließung der qualitativen Faktoren des Wachstums in jeder Genossenschaft.
Konkrete Verantwortlichkeit der Kollektive, Überschaubarkeit der Produktionsprozesse für den einzelnen, Abhängigkeit der Vergütung vom konkret Meßbaren und von einzelnen unmittelbar beeinflußbaren Ergebnissen sind wichtige Voraussetzungen für gutes Wirtschaften. Deshalb werden zum Beispiel auch innerhalb der LPG (analog auch in VEG) die oben genannten Kennziffern über die Brigadeplanung und den sozialistischen Wettbewerb bis zu den Abteilungen und Brigaden wirksam gemacht, wobei die Ge-

nossenschaften berechtigt sind, entsprechend der Entwicklung dieser Kennziffern im Verantwortungsbereich der jeweiligen Abteilung oder Brigade die genossenschaftliche Vergütung und Prämiierung entsprechend ihres konkreten Anteils an der Steigerung der Produktion und Effektivität in der Genossenschaft differenziert zwischen den Abteilungen und Brigaden festzulegen.

In Genossenschaften, die bereits nach diesen Empfehlungen des XII. Bauernkongresses handeln, zeigt es sich, daß mit der damit verbundenen Erhöhung der Eigenverantwortung der Genossenschaftsbäuerinnen und -bauern für die ökonomische und gesellschaftliche Entwicklung ihrer Genossenschaften und Kooperationen der subjektive Faktor noch wirksamer für Schöpfertum und Initiative in der genossenschaftlichen Produktion erschlossen wird.

Unmittelbar zur Durchsetzung der Abteilungs- und Brigadeorganisation gehört das enge und kameradschaftliche Zusammenwirken der Kollektive der Pflanzen- und Tierproduktion im Dorf. Am günstigsten, unkompliziertesten und am besten überschaubar ist es, wenn die Abteilungen beziehungsweise Brigaden der Pflanzenproduktion mit den LPG und VEG (T) beziehungsweise deren Abteilungen und Brigaden territorial deckungsgleich sind, dann kann sich die Kooperation im Dorf beziehungsweise den Gemeinden am effektivsten entwickeln. Die Abstimmung operativer Arbeiten und die Herstellung vertraglicher Beziehungen zwischen Pflanzen- und Tierproduktion sowie deren Realisierung kann verstärkt in eigener Verantwortung der Produktionseinheiten auf der Ebene des Dorfes beziehungsweise der Gemeinde erfolgen.

Eine solche Organisation fördert wirksam die aktive Teilnahme der Genossenschaftsbauern und Arbeiter an der Leitung der ökonomischen Prozesse zur Erschließung von Reserven und zum Abbau ungerechtfertigter Leistungsunterschiede, ermöglicht, die auf genossenschaftlichen Verteilungsprinzipien beruhende Leistungsvergütung konsequent an das wirtschaftliche Ergebnis des Kollektivs zu binden und garantiert nicht zuletzt auch ein engeres Zusammenwirken mit den örtlichen Staatsorganen in den Gemeinden und Städten bei der Ausschöpfung aller Ressourcen des Territoriums für hohe Produktion sowie weitere Verbesserung der Arbeits- und Lebensbedingungen.

Die weitere Ausprägung der territorialen Produktions- und Arbeitsorganisation auf der Ebene der Abteilungen und Brigaden der LPG und VEG und ihres Zusammenwirkens mit dem im gleichen Territorium tätigen Brigaden der Kooperationspartner ist unmittelbar verbunden mit der weiteren Entwicklung und Festigung der Zusammenarbeit der LPG beziehungsweise VEB Pflanzen- und Tierproduktion in ihren Kooperationen. Das bestätigen die guten Erfahrungen fortgeschrittener Kooperationen Pflanzen- und Tierproduktion, die die dazu über die Kooperationsräte entwickelten Organisationsformen für die gemeinsame Leitung und Planung des einheitlichen Reproduktionsprozesses der Pflanzen- und Tierproduktion im Territorium umfassend erschließen.

Ausgehend vom LPG-Gesetz, wonach die LPG und VEG den Kooperationsräten Rechte und Pflichten zur einheitlichen Leitung und Planung des Reproduktionsprozesses in der gesamten Kooperation übertragen können, haben bereits eine Reihe Kooperationen gemeinsam die Planung, Abrechnung und Kontrolle ihrer Pflanzen- und Tierproduktion organisiert. Die staatlichen Organe unterstützen diesen Prozeß, indem sie die staatlichen Planaufgaben für die LPG und VEG geschlossen an die Kooperationsräte übergeben und grundsätzlich die Verteidigung der Planentwürfe vor dem Rat des Kreises gemeinsam mit allen Kooperationspartnern durchführen.

Als Voraussetzung für eine einheitliche Abrechnung und Leistungsbewertung der Kooperation wurden Empfehlungen für die Anwendung der Kennziffern Eigenprodukt und Nettoprodukt in den Kooperationen erarbeitet und den Genossenschaften vorgeschlagen, in den Kooperationen solche Regelungen zu treffen, daß ihre leitenden Kader bis in die Abteilungen und Brigaden einen Teil ihrer leistungsbezogenen Vergütung beziehungsweise Prämie in Abhängigkeit von der Erfüllung der Kennziffern Eigenprodukt und Nettoprodukt der Kooperation erhalten. Damit werden diese Kader nicht nur auf die Ausnutzung von Reserven ihrer Genossenschaft, sondern auf die der gesamten Kooperation orientiert.

3. Des weiteren ist es notwendig – zur Konzentration aller an der landwirtschaftlichen Produktion beteiligten Betriebe auf ein hohes Endprodukt – die Verantwortung der Betriebe des Vorleistungsbereiches für die landwirtschaftliche Primärproduktion weiter zu erhöhen.

Wichtiger Maßstab der wirtschaftlichen Tätigkeit der Betriebe und Kombinate des Vorleistungsbereiches ist ihr Beitrag zur unmittelbaren Erhöhung der Produktion und Effektivität in den Genossenschaften und volkseigenen Gütern. Im Interesse des gesamten Reproduktionsprozesses ist ihre Rolle für die Sicherung der Einsatzfähigkeit der Technik während der agrotechnischen Einsatzzeiten, ihre Verantwortung für die Rationalisierung der Produktionsprozesse in den LPG, VEG und ihren Kooperationen zur Erhöhung der Leistungen, zur Senkung der Verluste und Einsparung von Energie weiter zu erhöhen. Das geht weit über die Verantwortung dieser Betriebe für die effektive Gestaltung und Durchführung ihres eigenen Reproduktionsprozesses hinaus. So ist zum Beispiel seitens der Kreisbetriebe für Landtechnik erforderlich, daß diese auf der Grundlage exakter Abstimmung und in Übereinstimmung mit den LPG, GPG, VEG und ihren kooperativen Einrichtungen alle Instandsetzungskapazitäten der Landwirtschaft im Territorium bilanzieren und die LPG und VEG bei der Planung und Realisierung des Anteils dieser Leistungen unterstützen, die diese in Abstimmung mit den Kreisbetrieben selbst durchführen.

Um die Kooperation konsequent auf diese Ziele zu richten, kommen künftig in den volkseigenen Betrieben, Kombinaten der Landtechnik sowie des Land-

und Meliorationsbaues Hauptkennziffern zur Anwendung, die exakt deren Beitrag zur unmittelbaren Produktions- und Effektivitätssteigerung in den LPG und VEG ausweisen.
Diese Kennziffern werden gleichzeitig mit Maßstab für die Bildung des Prämienfonds und die Gewährung der Jahresendprämie für leitende Kader.
Von besonderer Bedeutung ist es, die von den LPG und VEG selbst geschaffenen kooperativen Einrichtungen, wie ACZ, Trockenwerke und andere, stärker in den einheitlichen Reproduktionsprozeß einzubeziehen.
In Durchführung der Beschlüsse des Bauernkongresses geht es vor allem darum, die gemeinsame Leitung der kooperativen Einrichtungen durch die LPG und andere Trägerbetriebe weiter auszuprägen. Sie erhalten ihre Aufgabe direkt von ihren Trägerbetrieben. Ihnen obliegt die Pflicht; unmittelbar zur Bewältigung von Arbeitsspitzen in der landwirtschaftlichen Primärproduktion beizutragen. Und damit wächst sowohl die Verantwortung der LPG und anderer Trägerbetriebe für ihre kooperativen Einrichtungen, einschließlich für das ökonomische Ergebnis und auch das Interesse der kooperativen Einrichtungen noch wirkungsvoller auf Leistungen für die Primärproduktion der Trägerbetriebe zu orientieren, werden künftig die Gewinne der kooperativen Einrichtungen nach Bildung des Prämien-, Kultur- und Sozialfonds an die Trägerbetriebe zurückgeführt.
Die Bildung und Verwendung des Prämienfonds in den kooperativen Einrichtungen selbst erfolgt in Abhängigkeit von der Realisierung der durch die Trägerbetriebe gestellten Aufgaben.

Die Ausprägung der territorialen Produktionsorganisation, die Vertiefung der Kooperations- und Kombinatsprozesse zwischen Pflanzen- und Tierproduktion sowie die engere Gestaltung des Zusammenwirkens zwischen den Betrieben des landwirtschaftlichen Vorleistungsbereiches mit den LPG und VEG sowie deren Kooperationen sind gegenwärtig wichtige Grundrichtungen zur Vervollkommnung der gesellschaftlichen Organisation der Produktion auf dem Wege der Kooperation.
Alle bisher vorliegenden Erfahrungen bestätigen dabei, daß die umfassende Entwicklung der Kooperation in der Landwirtschaft

- die Steigerung der Eigenproduktion auf der Grundlage der rationellsten Nutzung der vorhandenen Grund- und Materialfonds sowie des Arbeitsvermögens bei sinkendem Produktionsverbrauch fördert,
- durch die Herstellung geschlossener Reproduktionszyklen und zunehmend optimaler Proportionen die Effektivität der eingesetzten lebendigen und vergegenständlichten Arbeit erhöht,
- die Produktivkraftentwicklung der Organisation der Produktion, insbesondere der Kombination, besser ausschöpft und Reibungsverluste zwischen arbeitsteiligen Prozessen besser überwindet,
- ein höheres Niveau bei der Erschließung von Reserven, insbesondere durch eine bedeutend schnellere Übertragung der Erfahrungen der Besten ermöglicht

und so entscheidend dazu beiträgt, durch weitere Vervollkommnung der Produktivkräfte und Produktionsverhältnisse die ökonomische Strategie unserer Partei zu verwirklichen.

J. Oreschko

Fragen der ökonomischen Sicherstellung der Landesverteidigung bei der Leistungssteigerung der Volkswirtschaft

Die Erreichung eines hohen Effektivitäts- und Leistungszuwachses unserer Volkswirtschaft hat auch für den zuverlässigen militärischen Schutz des Sozialismus eine große Bedeutung.

Wir sehen uns gegenwärtig, wie seit dem zweiten Weltkrieg noch nicht dagewesen, mit der Tatsache konfrontiert, daß die aggressivsten Kreise des Imperialismus die internationale Lage durch totale Konfrontation in gravierender Weise zuspitzen. Mit ihrer rigorosen Hochrüstung soll ein militärisches Übergewicht der NATO über die Staaten des Warschauer Vertrages geschaffen und die Welt an den Rand eines Krieges gedrängt werden. Ihr wahnwitziges Endziel ist die Vernichtung des Sozialismus in einem nuklearen Krieg.

Daß dem USA-Imperialismus dazu jedes Mittel recht ist, zeigen die vielen Provokationen in allen Teilen der Welt und die damit nahtlos gekoppelte antisowjetische Hetz-Kampagne.

Der Generalsekretär des ZK der SED und Vorsitzende des Staatsrates der DDR, E. Honecker, hat wiederholt und eindeutig erklärt, daß es für den Sozialismus nichts Wichtigeres gibt, als die Erhaltung des Weltfriedens.

Die Tatsache, daß es nahezu vier Jahrzehnte gelungen ist, die imperialistischen Aggressoren an der Entfesselung eines neuen Weltkrieges zu hindern, ist letztlich das Ergebnis dieses unnachgiebigen Kampfes der sozialistischen Staaten. Die sozialistischen Armeen, insbesondere die mächtige Sowjetarmee, spielten dabei eine friedenserhaltende Rolle. Das wird auch in der Zukunft so sein.

Von entscheidender Bedeutung dafür, daß die sozialistischen Armeen diese friedenserhaltende Funktion erfüllen können, ist nicht zuletzt ihre materiell-technische Ausstattung mit allem Notwendigen durch die Volkswirtschaften der jeweiligen Bruderländer.

Die Erkenntnisse der Klassiker des Marxismus-Leninismus, daß militärische Macht reale ökonomische Vorbedingungen haben muß, beweist sich gerade in unserer Zeit immer wieder aufs Neue.

Die Gewährleistung einer modernen sozialistischen Landesverteidigung stellt vielfältige und umfassende Anforderungen an die sozialistische Volkswirtschaft.

Die Sicherstellung dieser Anforderungen im hohen Umfang mit großer Effektivität ist eine Aufgabe, die nur mit wissenschaftlichen Methoden, präziser Leitungs- und Planungsarbeit und hoher Organisiertheit möglich ist. Deshalb besteht für die Wirtschaftswissenschaften auch auf diesem Gebiet ein breites und ergiebiges Feld weiterer Forschung. Das Niveau und die Struktur der Volkswirtschaft, die Standortverteilung der Produktivkräfte, die Arbeitsteilung und Kooperation, die Leitung, Planung und ökonomische Stimulierung stehen dabei besonders im Mittelpunkt.

Worin bestehen m. E. die gegenwärtigen und zukünftigen Anforderungen zur ökonomischen Sicherstellung der Landesverteidigung an die Volkswirtschaft?

Erstens: *Der Aufwand an gesellschaftlicher Arbeit für die ökonomische Sicherstellung der Landesverteidigung, insbesondere zur ständigen Erhöhung der Einsatzbereitschaft und Steigerung der Kampfkraft wächst insgesamt und verändert sich strukturell ebenfalls ständig.*

Mit der militärtechnischen Umwälzung ist der Bedarf an den wissenschaftlich-technischen Höchststand verkörpernden Arten der Kampftechnik, Bewaffnung und Ausrüstung, wie Raketen, Flugzeuge, Führungssysteme u. a. an die erste Stelle gerückt.

Darin besteht die *qualitative Seite* des Prozesses.

Wesentliches Kennzeichen ist auch der gewachsene mengenmäßige Bedarf der Streitkräfte an materiellen Mitteln und Leistungen, der sich aus der Erhöhung der Feuerkraft (Munition), der Beweglichkeit (Treib- und Schmiermittel) und des Schutzes (Schutzmittel) ergibt.

Das ist die *quantitative Seite* dieses Prozesses.

Aus diesen Zusammenhängen ergibt sich mit logischer Konsequenz der Schluß, daß sich die militärische Produktion weiter aufgrund des imperialistischen Konfrontationskurses ausweiten wird.

Immer stärker zeichnet sich ab, daß es unter diesen Bedingungen faktisch keinen Industriezweig mehr geben wird, der nicht an der ökonomischen Sicherstellung der Landesverteidigung in dieser oder jener Form, direkt oder indirekt, beteiligt sein wird. Die Praxis zeigt, daß z. B. mikroelektronische Chips genauso in der modernen Rechentechnik wie in Leit- und Lenksystemen komplizierter Raketentechnik einsetzbar sind. Hitzebeständige Fasern finden Anwendung sowohl in der Arbeitsschutzbekleidung der Industrie wie in speziellen Schutzanzügen der Soldaten.

Zweitens: *Die ökonomische Sicherstellung der Landesverteidigung ist heute und zukünftig nur im Prozeß der sozialistischen ökonomischen Integration wirksam möglich.*

Sie gewährleistet die Koordinierung und Verflechtung der militär-ökonomischen Potenzen zu einem Ganzen, mit der Zielstellung, die Kampfkraft der sozialistischen Armeen ständig auf hohem Niveau ökonomisch zu sichern. Sie kulminiert in der Abstimmung und Koordinierung des Bedarfs, in der Spezialisierung und Kooperation der militärischen Forschung, Entwicklung und Produktion sowie materieller Leistungen auf der

Basis einheitlicher, abgestimmter militärischer Zielstellungen.

Die Einführung z.B. modernster Panzerabwehrlenkraketensysteme, die als Vorleistungen einen hohen Aufwand in der Forschung und Entwicklung sowie in der Produktionsvorbereitung erfordern, ist nur noch über eine effektive Kooperation und Spezialisierung der Produktion zwischen den Ländern der Teilnehmerstaaten des Warschauer Vertrages möglich.

Drittens: *Die Volkswirtschaft muß jederzeit zum Übergang auf den Verteidigungszustand bereit sein.*

Im Gegensatz zu der Zeit vor dem zweiten Weltkrieg muß heute von einer anderen Position der ökonomischen Sicherstellung der Landesverteidigung und der ökonomischen Bereitschaft der Wirtschaft ausgegangen werden. Die NATO-Strategie eines Raketen-Kernwaffen-Erstschlages und andere Formen eines möglichen Krieges zwingen dazu, ständig bereit zu sein, die Umstellung der Volkswirtschaft auf den Verteidigungszustand durchzuführen.

Daraus ergibt sich die Notwendigkeit der umfassenden und komplexen Vorbereitung der Volkswirtschaft auf den aktiven Verteidigungszustand. Sie muß die wichtigsten Elemente der Führung, Planung und Sicherstellung beinhalten. Im Falle der direkten Abwehr einer imperialistischen Aggression muß die Volkswirtschaft bereit und in der Lage sein, auch unter den Bedingungen destruktiver Einwirkungen des Gegners, die militärischen Handlungen der sozialistischen Streitkräfte sofort und umfassend zu unterstützen.

Diese in den drei Hauptzügen dargestellten Anforderungen vertiefen zwangsläufig die Wechselbeziehungen besonders zwischen der Ökonomie und dem Militärwesen. Hierin zeigt sich die Abhängigkeit des Krieges vom ökonomischen Kräfteverhältnis der kriegführenden Seiten. Die sich daraus ableitenden Erfordernisse müssen ebenso durchgesetzt werden wie jene Erfordernisse, die sich aus den ökonomischen Gesetzen ergeben.

Militärische Friedenssicherung ist somit zugleich ein hoher Anspruch an die weitere Entwicklung unserer sozialistischen Volkswirtschaft. Diesen Prozeß zu beherrschen und effektiv zu gestalten, erfordert auch umfassende wirtschaftswissenschaftliche Arbeit.

Unsere Volkswirtschaft leistete in den vergangenen nahezu drei Jahrzehnten einen wertvollen Beitrag zur ökonomischen Sicherstellung der NVA und der anderen bewaffneten Organe der DDR sowie zur Stärkung unserer sozialistischen Militärkoalition. Diese positive Entwicklung auf dem Gebiet der ökonomischen Sicherstellung der Landesverteidigung ist entsprechend den vor allem vom USA-Imperialismus ausgelösten Konfrontationskurs und bei insgesamt höheren Anforderungen der 80er Jahre an die Volkswirtschaft zukünftig noch effektiver zu gewährleisten.

Dabei zeigen durchgeführte Analysen, daß mit militärischer Produktion und mit Instandsetzungsleistungen an Militärtechnik auch beachtliche ökonomische Ergebnisse erreicht werden.

Voraussetzung dabei ist jedoch, daß ein hoher Neuheitsgrad der produzierten Technik und Ausrüstung besteht und daß Erkenntnisse von Wissenschaft und Technik schnell und praktikabel umgesetzt werden.

Bei den zu treffenden, vor allem perspektivischen Entscheidungen zur Entwicklung eines Industriezweiges, eines Kombinates bzw. von wichtigen Betrieben sollten deshalb die Erfordernisse der Landesverteidigung und ihrer ökonomischen Sicherstellung prinzipiell, aber auch unter diesem unmittelbaren ökonomischen Effekt noch stärker Beachtung finden.

Das ist eine Aufgabenstellung von aktueller politischer Bedeutung, die sich aus der Notwendigkeit der sozialistischen Landesverteidigung ergibt. Sie ist aber gleichermaßen von Wichtigkeit zur Erhöhung der Effektivität der Produktion. Es kommt darauf an, die Aufgaben der ökonomischen Sicherstellung der Landesverteidigung so in den volkswirtschaftlichen und kombinatsbezogenen Reproduktionsprozeß zu integrieren, daß dafür alle Potenzen mit hoher Effektivität wirksam werden.

In dieser Einheit und Zielstellung besteht eine wichtige Garantie, daß eine enge Verbindung zwischen Wissenschaft und Technik, Produktion und Bedarfssicherung erreicht und ein hoher Leistungszuwachs gesichert wird; damit über diesen bewährten Weg die zu erbringenden Lieferungen und Leistungen im Sortiment, zu den geforderten Terminen und in der notwendigen Qualität der NVA und den Streitkräften unserer sozialistischen Staaten bereitgestellt werden.

Weiterhin gilt es, im wechselseitigen Prozeß zwischen Armee und der Volkswirtschaft alle Kräfte einzusetzen, um die qualitativen Faktoren des Wirtschaftswachstums voll zur Wirkung zu bringen. Die Kriterien und Anforderungen an höchste Effektivität, rationelle Fondsauslastung, Sparsamkeit und Materialökonomie sind sowohl bei der ökonomischen Sicherstellung der Landesverteidigung durch die Volkswirtschaft als auch bei der Nutzung der Ressourcen in der NVA voll umzusetzen. Es gibt hervorragende Beispiele auf diesem Gebiet, die es zu verallgemeinern gilt.

In Zusammenarbeit zwischen NVA und wissenschaftlichen Einrichtungen unserer Republik wurden in diesem Prozeß gute Ergebnisse erreicht. Dabei gibt es aber auch noch Reserven.

Meines Erachtens sollte die wirtschaftswissenschaftliche Forschung verstärkt folgende Komplexe untersuchen:

1. Die weitere Ausnutzung der ökonomischen Gesetze des Sozialismus für die Produktion verteidigungswichtiger Erzeugnisse;
2. Untersuchungen zu ausgewählten Problemen der Standortverteilung der Produktivkräfte und der rationellen Gestaltung der Kooperation;
3. Fragen der Leitung und Planung sowie effektiver Formen und Methoden ökonomischer Stimulierung bei der ökonomischen Sicherstellung der Landesverteidigung;
4. Probleme der Materialökonomie, der Materialsubstitution und moderner Technologien bei der Produktion von militärischer Ausrüstung;
5. Problemstellungen zur weiteren Erhöhung der Effektivität der mit der sozialistischen militärökonomischen Integration verbundenen Prozesse.

Die Lösung solcher Fragen wird uns in die Lage versetzen, unserer gemeinsamen Verantwortung bei der ökonomischen Sicherstellung der Landesverteidigung entsprechend dem Gesetz über die sozialistische Landesverteidigung noch besser gerecht zu werden.

E. Prager

Bericht über die Diskussion im Arbeitskreis 3

Die Aussprache im Arbeitskreis war von dem Grundgedanken geprägt, die ökonomischen Potenzen der Kombinate voll zur Wirkung zu bringen und damit einen Beitrag zur weiteren kontinuierlichen Steigerung der Leistungskraft der Volkswirtschaft der DDR und zur Stärkung der sozialistischen Staatengemeinschaft zu leisten. Alle Diskussionsredner gingen davon aus, daß die Verwirklichung der Wirtschaftsstrategie der SED konsequent auf volkswirtschaftliches Wachstum gerichtet ist. Es gibt keine Alternative zum ständigen Wachstum der Produktion und des Nationaleinkommens, betonte *Günter Mittag* in seinem richtungsweisenden Referat. Dieses Wachstum ist und bleibt die Grundlage für den gesellschaftlichen Fortschritt auf allen Gebieten. Aber mit dem Übergang zur umfassenden Intensivierung der gesellschaftlichen Produktion verändert sich der Charakter des Wachstums. Stärker als je zuvor ist dieses ökonomische Wachstum mit der Entwicklung aller gesellschaftlichen Bereiche verbunden; so mit dem Bildungswesen, mit der Entwicklung der Wissenschaft und mit der Beschleunigung des Kreislaufs der Fonds, der Reproduktion. Vor allem aber *„ist und bleibt entscheidend das bewußte und aktive Handeln der Menschen"* für die Ökonomie des Sozialismus. Grundanliegen der sozialistischen Leitungstätigkeit ist es, die Fülle von Gedanken, Ideen und Talenten der Werktätigen auf die planmäßige und bewußte Nutzung aller Bedingungen, Elemente und Faktoren der Reproduktion zu lenken und sie mit dem höchsten volkswirtschaftlichen Nutzen zum Wohle des Volkes zum Einsatz zu bringen.

Zum theoretischen und praktischen Meinungs- und Erfahrungsaustausch, der von den Grundgedanken des Referats getragen war, trafen sich Vertreter aus Theorie und Praxis. Die Diskussion verlief in einer konstruktiven Atmosphäre, wozu nicht zuletzt die günstige Relation zwischen den Teilnehmern aus wissenschaftlichen Institutionen und der Praxis beitrug.

Einen Schwerpunkt der Diskussion bildete die *sozialistische ökonomische Integration als eine entscheidende Bedingung des intensiv erweiterten Reproduktionstyps.* Die Diskussion dazu wurde von Dr. *Weiß*, Zentralinstitut für sozialistische Wirtschaftsführung beim Zentralkomitee der SED, eröffnet. Im Mittelpunkt ihres Beitrags standen die Direktbeziehungen der Kombinate zu den Produktionsvereinigungen der UdSSR. Die vielfältigsten Formen haben sich auch auf dem Gebiet der wissenschaftlich-technischen Zusammenarbeit entwickelt. Sie reichen vom Erfahrungsaustausch bis zu gemeinsamen zeitweiligen Forschungskollektiven. Die neuen Anforderungen an die Effektivität des Reproduktionsprozesses zwingen aber auch auf diesem Gebiet dazu, eine neue Qualität in der Zusammenarbeit durchzusetzen. Der weiteren Ausgestaltung der Direktbeziehungen zwischen den Kombinaten der DDR und den Produktionsvereinigungen der UdSSR kommt dabei eine besondere Funktion zu. Auf der Grundlage von Abkommen und Verträgen gilt es, die Zusammenarbeit so zu organisieren, daß sie einen *direkten* Einfluß auf die umfassende Durchsetzung der Intensivierung der Produktion der beteiligten Partner ausübt. Diese Direktbeziehungen weiten sich auch immer mehr über den Rahmen gleichgelagerter Kombinate und Produktionsvereinigungen hinaus aus. Das zeigen vor allem Abkommen auf dem Gebiet der Konsumgüter- und Nahrungsgüterwirtschaft. Die Effektivität dieser Zusammenarbeit hängt von einigen Voraussetzungen ab. Wie die Erfahrungen des VEB Chemiefaserkombinat „Wilhelm Pieck" und anderer Kombinate zeigen, kann verallgemeinert werden:

- Die wesentlichste Voraussetzung ist die Möglichkeit, die Interessen der Partner zu verknüpfen.
- Die Bereitschaft der zuständigen Ministerien zum Abschluß von Abkommen und Verträgen muß gegeben sein.
- Die Einigung über eine klare Festlegung der technisch-ökonomischen Zielstellung muß erreicht werden.
- Es gilt, die Organisationsformen der Zusammenarbeit in den Abkommen zu fixieren.
- Zahlungsbedingungen für Leistungen und vereinbarte Lieferungen sowie Fragen des Patentschutzes sind zu regeln.
- Die Fonds zur Überführung von wissenschaftlich-technischen Ergebnissen in die Produktion müssen zur Verfügung stehen.
- Die regelmäßige Kontrolle und Abrechnung der Aufgabenstellung ist zu sichern.

Mit der Frage von Prof. Dr. *Dubrowsky*, Hochschule für Ökonomie „Bruno Leuschner", nach den Motiven der Kombinate zur Herausbildung solcher Direktbeziehungen entspann sich sofort eine lebhafte Diskussion. Als entscheidende Grundlage für effektive Beziehungen zum gegenseitigen Vorteil bezeichnete *Hradilak*, Kombinat VEB Carl Zeiss JENA, die gemeinsamen ökonomischen Interessen von Kombinaten und Produktionsvereinigungen. Am Beispiel mehrerer Erzeugnisse des eigenen Kombinats konnte er belegen, wie die sozialistische ökonomische Integration zu solchen Leistungen herausfordert, die im Rahmen der eigenen Volkswirtschaft nicht oder erst viel später möglich wären. Die klare politische Haltung zur sozialistischen ökonomischen Integration stehe auf einer soliden ökonomischen Basis.

Dr. *Wedler*, VEB Kombinat Mikroelektronik Erfurt, verwies darauf, daß die Volkswirtschaft der DDR nur in Zusammenarbeit mit der Sowjetunion und den anderen sozialistischen Ländern die Mikroelektronik im erforderlichen Tempo entwickeln kann. In den Regierungsabkommen sind langfristig abrechenbare Aufgaben fixiert, die in den Jahresplänen themenkonkret untersetzt sind. Ausgangspunkt ist der wissenschaftlich-technische Höchststand. Die Zusammenarbeit müsse zu einem beachtlichen gegenseitigen Nutzen führen. Ein Schwerpunkt der Zusammenarbeit liegt auf dem Gebiet der technischen Spezialausrüstungen. Die Fragen der Bedarfsdeckung und der Preisgestaltung müßten in jedem Fall vor Aufnahme der Themenkomplexe geklärt sein. Interessenübereinstimmung sei dafür Voraussetzung.

Auch *Heinzmann*, VEB IFA-Kombinat Nutzkraftwagen, unterstrich die grundlegende Bedeutung der Interessenübereinstimmung, wozu die klare Abstimmung der jeweiligen Jahresaufgabenstellung gehört. Dabei geht es nicht nur um die Direktbeziehungen in Forschung und Produktion, sondern zugleich auch um den Erfahrungsaustausch bei der Führung des sozialistischen Wettbewerbs zwischen Kollektiven der Kombinate und der Vereinigungen der UdSSR. Das IFA-Kombinat Nutzkraftwagen habe schon feste Traditionen im Austausch von Arbeitskollektiven, die gemeinsam Produktionsaufgaben lösen, zur Übermittlung neuester Erkenntnisse auf dem Gebiet der Technologie und der Arbeitsorganisation beitragen und die freundschaftlichen Beziehungen festigen.

Dr. *Becker*, Zentralinstitut für sozialistische Wirtschaftsführung beim Zentralkomitee der SED, befaßte sich in ihrem Beitrag mit den gewachsenen Ansprüchen an die langfristige konzeptionelle Arbeit der Kombinate, die aus der neuen Qualität der sozialistischen ökonomischen Integration resultieren. Noch zu langsam wurden die guten Erfahrungen fortgeschrittener Kombinate auf diesem Gebiet verallgemeinert. In das Zentrum der Überlegungen und Vorschläge der Kombinate rückt immer mehr die Frage nach der effektiven Deckung des Bedarfs. Ein entscheidender Druckpunkt für die weitere Qualifizierung der langfristigen konzeptionellen Arbeit der Kombinate ist die planmäßige Verbindung von wissenschaftlich-technischer Zusammenarbeit, Spezialisierung und Kooperation in der Produktion und im gegenseitigen Warenaustausch. Dabei kommt es darauf an, solche Integrationsmaßnahmen zu realisieren, die insgesamt und von denen jede einzeln wesentlich zur Steigerung der volkswirtschaftlichen Effektivität beitragen. Für die DDR ist dabei von größter Wichtigkeit, daß sich die Kombinate immer stärker auf diejenigen Veränderungen in der Volkswirtschaft der UdSSR einstellen, die sich im Prozeß der Intensivierung der gesellschaftlichen Produktion vollziehen.

Professor Dr. *Swoboda*, Akademie für Gesellschaftswissenschaften beim Zentralkomitee der SED, hob in seinem Diskussionsbeitrag hervor, daß sich in den siebziger Jahren bestätigt habe, daß die sozialistische ökonomische Integration immer mehr den Charakter einer Wachstums- und Intensivierungsbedingung für die europäischen Mitgliedsländer des RGW erlangt hat. In den achtziger Jahren geht es nun darum, das entwickelte Netz arbeitsteiliger und kooperativer Beziehungen in Forschung und Produktion unter den neuen Bedingungen zu stabilisieren, in seiner Wirkung auf die Steigerung der Arbeitsproduktivität und die gesamte ökonomische Effektivität spürbar zu erhöhen.

Grundlage dieser effektiven Zusammenarbeit ist die übereinstimmende ökonomische Strategie in der Mehrheit der europäischen Mitgliedsländer des RGW mit ihrer Orientierung auf die intensiv erweiterte sozialistische Reproduktion. In diesem Zusammenhang stellte *Swoboda* vier Thesen auf, die einen Meinungsstreit im Arbeitskreis auslösten.

1. Die Bruderländer vervollkommnen gegenwärtig das System der Leitung, Planung und Stimulierung im Hinblick auf die Erfordernisse der intensiv erweiterten Reproduktion.
2. Die Aufgaben zur Intensivierung der gesellschaftlichen Produktion führen entsprechend den unterschiedlichen Bedingungen in den einzelnen Ländern zu unterschiedlichen Formen und Methoden der Leitung, Planung und Stimulierung.
3. Jedes sozialistische Bruderland ist gleichermaßen Schöpfer und Nutznießer der kollektiven Erfahrungen, und die Besonderheiten in den Ländern können nicht als notwendiges Übel, sondern müssen als reale Bedingungen gesehen werden.
4. Besonderes Gewicht kommt dem kollektiven Erfahrungsaustausch bei der Lösung der komplizierten Probleme auf dem Gebiet der Leitung, Planung und Stimulierung zu. Der kollektive Erfahrungsaustausch ist die Grundlage dafür, daß die gegenseitige kameradschaftliche Zusammenarbeit und gegenseitige Hilfe für eine höhere Effektivität der Arbeit wirksam gemacht wird, auch wenn es in der Wirtschaft der sozialistischen Länder große Unterschiede in den Wegen und Methoden der Lösung von Aufgaben der sozialistischen Entwicklung gibt.

Dubrowsky stellte die Frage, welchen Einfluß die Differenzierung in den Leitungssystemen der RGW-Länder auf die Stimulierung der sozialistischen ökonomischen Integration habe. Er war der Meinung, daß die Differenzierung zurückgedrängt werden müsse, und verwies dabei auf die Aufgabenstellung des XXVI. Parteitags der KPdSU, die positiven Erfahrungen der RGW-Länder zu studieren und eine Annäherung der Leitungssysteme anzustreben.

Prof. Dr. *Proft*, Ökonomisches Forschungsinstitut der Staatlichen Plankommission, erwiderte darauf, daß die analytischen Arbeiten vertieft werden müßten, um den Prozeß der Annäherung der Leitungssysteme der sozialistischen Bruderländer theoretisch besser zu erfassen und in der Praxis zu unterstützen. Diese schrittweise Annäherung der Leitungssysteme sei für eine höhere Effektivität der sozialistischen ökonomischen Integration eine unerläßliche Voraussetzung.

Gegenstand des Diskussionsbeitrags von Professor Dr. *Kohlert*, Technische Hochschule „Carl Schorlemmer", Leuna Merseburg, war die engere Zusammenarbeit von Kombinaten und Außenhandelsbetrieben in der chemischen Industrie. Ihm ginge es vor allem um den Aufbau langfristiger Exportlinien und die daraus resultierende Strukturbedingtheit der Betriebe. Informationen über die Bedürfnisse und den Bedarf der Partner seien zwar eine notwendige, aber allein noch nicht hinreichende Voraussetzung für hohe Effektivität außenwirtschaftlicher Beziehungen. Ohne die Beachtung des Aufwands und der Preisentwicklung lasse sich die Zusammenarbeit nicht zum gegenseitigen Vorteil gestalten. Deshalb sollten die Leitungen in den Kombinaten und den Außenhandelsbetrieben zur weiteren Verbesserung der Außenhandelstätigkeit vor allem folgende Aufgaben berücksichtigen:

- Schaffung von Voraussetzungen in den Kombinaten, um in der Produktion flexibel auf den Bedarf der Kunden eingehen zu können;
- Weiterbildung und Erhöhung des Qualifikationsniveaus der Kader, die auf dem Gebiet des Außenhandels – bzw. der Marktforschung – tätig sind;
- Überwindung von Ressortdenken, das bei den Außenhandelsbetrieben und bei den Kombinaten zum Teil noch vorhanden ist und die enge, auf die höhere Effektivität des Reproduktionsprozesses gerichtete Zusammenarbeit erschwert.

Einen breiten Raum nahm die Diskussion zur steigenden Effektivität als Grundvoraussetzung für ein dynamisches Wirtschaftswachstum ein.

Je weiter die Volkswirtschaft der DDR auf dem Wege des umfassenden Übergangs zur intensiv erweiterten Reproduktion vorankommt, desto wichtiger wird die schöpferische Anwendung und die praktische Umsetzung der marxistisch-leninistischen Reproduktionstheorie, betonte Professor Dr. *Prager*, Direktor des Instituts für politische Ökonomie des Sozialismus an der Akademie für Gesellschaftswissenschaften beim Zentralkomitee der SED. Die ökonomische Strategie der SED für die achtziger Jahre beruht auf grundsätzlichen Erkenntnissen der Klassiker und stellt ein umfassendes Konzept für den Übergang zur intensiv erweiterten Reproduktion der Volkswirtschaft dar. Sie ist die schöpferische Anwendung der marxistisch-leninistischen Reproduktionstheorie unter den konkreten Bedingungen der DDR. Die qualitativen Faktoren des Wirtschaftswachstums werden für einen hohen und stabilen Leistungszuwachs der Volkswirtschaft der DDR genutzt. Dabei ermöglichen es die Errungenschaften der wissenschaftlich-technischen Revolution, daß bei allen Aufwandselementen gleichzeitig eine sinkende Tendenz je Einheit Produktionsergebnis bei Steigerung der bedarfsgerechten Produktion und ihrer Qualität durchgesetzt werden kann. Das setze aber auch die von *Marx* und *Lenin* praktizierte komplexe Betrachtung des gesellschaftlichen Reproduktionsprozesses unabdingbar voraus. Dazu gehöre, daß die Kombinate ihre volkswirtschaftliche Verantwortung qualifiziert wahrnehmen und den Kreislauf der intensiv erweiterten Reproduktion auf das effektivste organisieren.

„Die Beherrschung und Leitung des einheitlichen Kreislaufs entscheidet über das Niveau und den dynamischen Fortgang der intensiv erweiterten Reproduktion.“ An diese Feststellung von *Günter Mittag* in seinem Referat knüpften verschiedene Diskussionsbeiträge an, in denen über Forschungsergebnisse oder auch über Leitungserfahrungen berichtet wurde.

Professor Dr. *Fenzlau*, Karl-Marx-Universität, Leipzig, ging in seinem Beitrag auf eine Hauptfrage der Intensivierung ein: Wie sich durch die Minimierung von Energie, Material, lebendiger Arbeit und Grundfonds höhere Effektivität erzielen läßt. Er regte dazu an, bei künftigen Effektivitätsanalysen nicht nur vom Herstellereffekt auszugehen, sondern langfristig gesehen auch den Anwendernutzen einzubeziehen und dabei auch die Rolle des Zeitfaktors zu berücksichtigen. Aus Untersuchungen im Kombinat Polygraph habe sich ganz klar diese Notwendigkeit ergeben. Sie hätten gezeigt, daß die Abnehmer der Erzeugnisse immer von der Frage ausgehen, welchen Nutzen sie bei der Anwendung dieses Erzeugnisses in der Produktion haben, ebenso auch die Frage nach den Kosten stellen, die ihnen beim Einsatz der jeweiligen Maschinen im laufenden Produktionsprozeß entstehen. Es komme darauf an, den Reproduktionsprozeß so zu gestalten, daß beim Hersteller ein optimales Ergebnis und zugleich auch beim Anwender ein großer Nutzen erreicht wird. Optimierungsrechnungen könnten hierbei wichtige Erkenntnisse für die Leitungstätigkeit liefern.

Hier knüpfte Dr. *Prescher*, WMW Export-Import, mit seinen Ausführungen an und verwies nachdrücklich auf eine konsequentere Marktorientierung im gesamten Reproduktionsprozeß. Die Rationalisierung anstelle extensiver Erweiterung stehe in allen RGW-Ländern auf der Tagesordnung, und um hohe Erlöse erzielen zu können, müßten sich die Hersteller an die entsprechenden spezifischen Bedürfnisse des Anwenders anpassen. *Prescher* vertrat dabei die Auffassung, daß es vor allem vier Wege sind, die zum Erfolg führen:

- Profilierung von fest in den Reproduktionsprozeß integrierter Bedarfs- und Marktforschung für den Zeitraum 1986 bis 1990,
- systematische Einstellung von Wissenschaft und Technik auf die dynamische Entwicklung und Orientierung an der Weltspitze,
- Sicherung eines stabilen Absatzes über langfristige Beziehungen,
- Aufbau eines guten Firmenservice, um ständig präsent zu sein.

An die Adresse der Wirtschaftswissenschaftler gerichtet, forderte er, die Wechselwirkungen von Dynamik, Flexibilität und Stabilität noch gründlicher zu untersuchen und die gewonnenen Erkenntnisse für die praktische Tätigkeit aufzubereiten. Auch in der Sowjetunion sei gegenwärtig eine schnelle Veränderung des Bedarfs zu verzeichnen. Um sich auf diese neuen Bedingungen einzustellen, sind Angebote wesentlich schneller zu erarbeiten und den Kunden zuzustellen. Die Forderungen an die Qualität der Werkzeugmaschinen seien sehr hoch; die sowjetischen Kunden unterziehen die angebotenen Mustermaschinen einem Test, der alle Qualitätsmängel offenbart. Aber wenn eine hohe Qualität der Maschinen erreicht ist, dann sei auch eine wichtige Voraussetzung für den Export dieser Erzeugnisse in dritte Länder gesichert. In diesen Fällen gelinge es auch, einen beachtlichen Teil des Verkaufspreises durch den Absatz von Know-how zu erzielen, während ein gesonderter Verkauf von Know-how kaum möglich ist. Aber genauso wichtig sei die Erfahrung, daß komplette Anlagen und Maschinenreihen nur mit einem entsprechenden Know-how verkaufbar sind. An die Forscher richtete *Prescher* die Aufforderung, heute schon sehr intensiv darüber nachzudenken, wie die Werkzeugmaschinen in

5 Jahren aussehen müssen, damit sie den Anforderungen gerecht werden.

Professor Dr. *Rössel*, Hochschule für Ökonomie „Bruno Leuschner", sprach über die ökonomische und die soziale Effektivität beim Einsatz von Industrierobotern. Er machte deutlich, daß die maßnahmenbezogene Effektivität noch zu wenig mit der Entwicklung der Gesamteffektivität des Reproduktionsprozesses korrespondiert. Das drückt sich sowohl in dem von der wirtschaftlichen Rechnungsführung noch nicht erfaßten Zusammenhang als auch in den technologischen Prozessen aus. Deshalb sei es erforderlich, einerseits den Aufbau und die Einordnung ganzer technologischer Einheiten zu betrachten und andererseits die gesamte Komplexität der Prozesse beim Robotereinsatz in der Abrechnung zu erfassen. Es gelte also, stets die Gesamtheit der Bedingungen eines effektiven Einsatzes der Industrieroboter zu berücksichtigen. Die Hochschule für Ökonomie arbeitet im Rahmen der EPA G1 (Entwicklungs-, Produktions- und Anwendergemeinschaft für Industrieroboter im Raum Berlin) seit etwa 3 Jahren an diesen Problemen. Diese territoriale Gemeinschaft erfaßt eine Reihe von Kombinaten und Großbetrieben sowie verschiedene wissenschaftliche Einrichtungen der Hauptstadt. Gegenwärtig wird an der Systematisierung der Einflußfaktoren, die auf die Effektivität wirken, gearbeitet, um ein handhabbares und aussagefähiges Material für die Einsatzvorbereitung von Industrierobotern zu erarbeiten. Dabei müsse ein besonderes Augenmerk hinsichtlich der Leistungssteigerung der Industrieroboter auf die Erhöhung des Maschinenzeitfonds gerichtet werden.

Dr. *Wedler*, der einen Einblick in die Entwicklung des Kombinats Mikroelektronik gab, machte seine Verantwortung als Generaldirektor für die wissenschaftlich-technischen Leistungen deutlich. Ausgehend von einem rückhaltlosen Weltstandsvergleich werde das vorhandene Potential mit den Aufgabenerfüllungen in den Pflichtenheften auf die Schwerpunktaufgaben konzentriert. Es komme vor allem auf eine weitere Beschleunigung des Tempos von Forschung und Entwicklung entsprechend den internationalen Maßstäben im Kombinat an, was dazu zwinge, die Aufgabenstellungen in den Pflichtenheften zu korrigieren. Wichtig in diesem Zusammenhang war der zielstrebige Einsatz junger Kader, und auch hierbei habe sich das Motto „fördern durch fordern" bestens bewährt. Hinsichtlich des notwendigen rationellen Einsatzes des gesamten Arbeitsvermögens im Kombinat hob *Wedler* hervor, wie wichtig es ist, stets die Bedingungen im Umfeld (Berufsverkehr, Schichtversorgung) im Auge zu behalten. Für eine hohe Effektivität des gesamten Reproduktionsprozesses sei es von grundsätzlicher Bedeutung, Automatisierungslösungen im Komplex der materiellen und der sozialen Erfordernisse anzugehen. Für die Arbeit des Generaldirektors auf dem Gebiet der Leitung der wissenschaftlich-technischen Politik des Kombinats stehe ständig die Frage nach der Einheit von strategischer Arbeit, Konzipierung eines anspruchsvollen Jahresplanes und Realisierung der Themen im Plan Wissenschaft und Technik auf der Tagesordnung.

Dr. *Drewitz*, Forschungsstelle des Ministeriums für Wissenschaft und Technik, sprach in seinen Ausführungen über neue Schritte in der Verbindung von Wissenschaft und Produktion. Ausgehend von der Notwendigkeit, die Vorzüge der sozialistischen Planwirtschaft in vollem Umfang zu nutzen, legte er die neue Qualität in der Arbeit mit den Pflichtenheften als Instrument der Leitungstätigkeit dar. Es gelte,

- die ökonomischen Effekte noch zwingender zum Ausgangspunkt der wissenschaftlich-technischen Arbeit zu machen.
- die in der Aufgabenstellung für die Forschung fixierten ökonomischen Kennziffern für die Produktionsaufnahme verbindlich, das heißt planwirksam zu machen.

Obwohl bereits große Fortschritte bei der Verbindung von Plan und wirtschaftlicher Rechnungsführung in den Forschungseinrichtungen erreicht wurden, sei eine ökonomische Gesamtrechnung noch nicht gewährleistet. Hier liegen Anschlußstücke für weitere Forschungsarbeiten mit praktischen Konsequenzen.

Auf die Anfrage von Professor Dr. *Brendel*, Hochschule für Ökonomie „Bruno Leuschner", ob die Pflichtenhefte auch für die internationale wissenschaftlich-technische Zusammenarbeit verbindlich anzuwenden wären, antwortete *Drewitz*, daß es für die Vorbereitung von Forschungsaufgaben in der internationalen Kooperation klare Festlegungen gebe, die den Anforderungen an die Pflichtenhefte entsprechen.

Professor Dr. *Maier*, Amt für Preise beim Ministerrat, unterstrich die Bedeutung der Konsumgüterproduktion für den Export und die Befriedigung der Bedürfnisse der Bevölkerung. Ausgehend von dem engen Wechselverhältnis zwischen Hauptaufgabe und Effektivität komme es darauf an, neue Erzeugnisse mit hohen Gebrauchswert, geringen Kosten und in den dem Bedarf entsprechenden Mengen bereitzustellen. Erstens bestehe eine unmittelbare Verbindung zwischen Aufwand, Menge und Bedürfnisbefriedigung; dabei ist die Bedarfsdeckung durch enge Kooperationsbeziehungen zwischen den Finalproduzenten und Erzeugnissen anzuwenden, um den wissenschaftlich-technischen Fortschritt auch bei den Konsumgütern wirkungsvoll und sinnvoll zu stimulieren. Es würden aber auch Möglichkeiten für die Kombinate erweitert, einen höheren Gewinn bei Spitzenleistungen zu erzielen.

Die einheitliche Leitung und Planung der Kostenbewegung war Gegenstand des Diskussionsbeitrags von Professor Dr. *Groche*, Finanzökonomisches Forschungsinstitut des Ministeriums der Finanzen. Er ging davon aus, daß nach dem X. Parteitag der SED ein gewaltiger Umkehrungsprozeß im Verhältnis der Entwicklung von Nationaleinkommen und Produktionsverbrauch eingeleitet worden ist. In bezug auf die einheitliche Leitung zur Erhöhung der Effektivität der Produktion gibt es ebenfalls bedeutende Fortschritte. Für die wirtschaftswissenschaftliche Forschung komme es nun darauf an, die gesammelten Erfahrungen der Kombinate im Kampf um die Kostensenkung zu verallgemeinern.

Dabei seien folgende Problemstellungen wichtig

- die Übereinstimmung zwischen den Bilanzen, der Material- und der Kostenplanung;
- die Verbindung der ökonomischen Zielstellung für die wissenschaftlich-technischen Ergebnisse mit einer realen Kostensenkung im Kombinat und Betrieb;

– die Widerspiegelung der Materialeinsparung in den Kennziffern der wirtschaftlichen Rechnungsführung. Bei der Arbeit an den betriebswirtschaftlichen Lehrbüchern auf dem Gebiet der Kosten und der Kostenrechnung seien die neuesten Erkenntnisse und Maßnahmen zur Vervollkommnung der wirtschaftlichen Rechnungsführung zu berücksichtigen. Professor Dr. *George*, Ingenieurhochschule Cottbus, arbeitete die Bedeutung von Optimierungsrechnungen für die Senkung des Produktionsverbrauchs heraus. Er wies darauf hin, daß gemeinsam mit einem Baukombinat aus dem Bezirk Cottbus eine Variantenrechnung für die Gestaltung der Bauproduktion mit den Anteilen Neubau, Rekonstruktion und Modernisierung unter unterschiedlichen territorialen Bedingungen entwickelt wurde, die darauf abzielt, die für die intensiv erweiterte Reproduktion charakteristischen ökonomischen Wachstumsrelationen (Arbeitsproduktivität muß schneller steigen als die Warenproduktion und diese wiederum schneller als die Fondsausstattung, der Produktionsverbrauch, der Durchschnittslohn und die Ausgaben für Wissenschaft und Technik) zu erreichen, die Produktionsaufgaben zu erfüllen, die Kapazitäten – einschließlich der Plattenwerke – in vollem Umfang auszulasten und den Materialverbrauch bedeutend zu senken. Diese Variantenrechnung hat in der praktischen Anwendung die ersten positiven Ergebnisse erreicht. Die Anwendung dieser Optimierungsrechnung wird für zwei weitere Kombinate vorbereitet.

Die Vielseitigkeit dieser Beratung zeigte sich darin, daß auch eine Reihe weiterer Probleme zur Diskussion standen. So widmete sich Professor Dr. *Ostwald*, Staatliche Plankommission, der Prognose territorialer Reproduktionsbedingungen und der Standortverteilung der Produktivkräfte. Die sehr differenzierten Bedingungen gelte es noch zielstrebiger zu berücksichtigen, denn die territoriale Differenziertheit der Reproduktionsbedingungen sei ein zunehmend wichtiger Faktor der Leistungssteigerung der Volkswirtschaft und der weiteren Verbesserung des Lebensniveaus der Bevölkerung. An Beispielen wies *Ostwald* die wachsende Bedeutung territorialer Reproduktionsbedingungen für die intensiv erweiterte Reproduktion nach, was beispielsweise auf die Nutzung der natürlichen Ressourcen, insbesondere der Wasserressourcen, und auf die Gestaltung der Umweltbedingungen zutrifft. Folglich gehe es um die planmäßige Gestaltung differenzierter Bedingungen territorialer Gebiete. Die Forschungen auf diesem Gebiet seien vor allem auf die Beantwortung der Fragen zu richten, welche volkswirtschaftlichen Konsequenzen sich für die Kombinate der Industrie und des Bauwesens, für die Landwirtschaft und andere Bereiche der Wirtschaft ergeben. Es wird für alle Kombinate darauf ankommen, sich mit den zu erwartenden unterschiedlichen Reproduktionsbedingungen im Territorium in ihrer langfristigen Entwicklung vertraut zu machen, um zielgerichtet Maßnahmen der territorialen Rationalisierung zu konzipieren. Die bestehende enge Zusammenarbeit zwischen Kombinat und Bezirksplankommission sollte stärker auf gemeinsame langfristig-konzeptionelle Arbeiten ausgedehnt werden.

Generalmajor Dr. *Oreschko* befaßte sich in seinem Beitrag mit Anforderungen, die die Verteidigungsbereitschaft an die ökonomische Entwicklung stellt. Auch auf dem Gebiet der Verteidigung wachsen die Anforderungen an die Organisation der gesellschaftlichen Arbeit. Sie unterliegt mit der Entwicklung von Wissenschaft und Technik einem Strukturwandel. Die Sicherung des Weltfriedens und damit der Errungenschaften des Sozialismus bedürfen einer ständigen wissenschaftlich-technischen Vervollkommnung der materiell-technischen Basis der Verteidigung und einer effektiven Produktion. Auch hier gelte, höchstes Ergebnis mit dem geringstmöglichen Aufwand für die Gesellschaft zu erbringen. *Oreschko* hob hervor, daß die ökonomische Absicherung der Landesverteidigung nur über eine enge Zusammenarbeit im Rahmen der sozialistischen ökonomischen Integration möglich ist.

Professor Dr. *Mückenberger*, Ministerium für Land-, Forst- und Nahrungsgüterwirtschaft, bezog sich in seinen Ausführungen auf die Ausschöpfung der Vorzüge des Sozialismus in der Landwirtschaft. Das bedeute vor allem die Intensivierung bei fondssparender erweiterter Reproduktion konsequent auf dieses Ziel einzustellen und dazu den Boden und all das, was an Technik und baulichen Anlagen, Dünge- und Pflanzenschutzmitteln, Tierbeständen und Futtermitteln vorhanden ist, sowie das Arbeitsvermögen der Genossenschaftsbauern und der Arbeiter immer besser zu nutzen und alle Reserven zu erschließen. Eine neue Qualität der Intensivierung in der sozialistischen Landwirtschaft sei deshalb unmittelbar mit der weiteren Vervollkommnung der gesellschaftlichen Organisation der Produktion verbunden. Entsprechend dem Charakter des genossenschaftlichen Eigentums vollziehen sich diese Prozesse über die innere Festigung der vorhandenen Strukturen und die Entwicklung der Kooperation. In enger Verbindung damit stehe eine höhere Verantwortung für bestimmte Produktionslinien sowie die Vervollkommnung der wirtschaftlichen Rechnungsführung. Insbesondere gelte es, die Leistungsbewertung auf die Steigerung der landwirtschaftlichen Produktion, die Verbesserung des Verhältnisses von Aufwand und Ergebnis sowie die gewissenhafte Erfüllung aller Aufgaben zur Versorgung der Bevölkerung und der Industrie mit Nahrungsmitteln und Rohstoffen zu sichern.

Auch in diesem Beitrag spielte die territoriale Produktions- und Arbeitsorganisation für die Intensivierung der landwirtschaftlichen Produktion eine wesentliche Rolle. Enge Berührungspunkte bestanden hier teilweise zum Beitrag von *Ostwald*. Durchgängig waren auch Fragen des ökonomischen Interesses aller Genossenschaftsbauern und Arbeiter, die Verwirklichung des Leistungsprinzips und die Entfaltung der Initiative enthalten.

Zum Themenkreis Interessen – Motive – Initiativen in der Leitung der Kombinate sprachen nur zwei Redner direkt; doch waren in fast jedem Diskussionsbeitrag wesentliche Gedanken unter den verschiedenen Aspekten dazu enthalten. Angefangen beim ersten Beitrag, der die Problematik der Interessenlage der Integrationspartner bei der Gestaltung der Direktbeziehungen zwischen den Kombinaten und den Produktionsvereinigungen enthielt, über den Beitrag zur Interessenlage der DDR im Rahmen des Warschauer Vertrages und den ökonomischen Konsequenzen daraus bis hin zu den Beiträgen, die sich mit Fragen der Vervollkommnung der

Leitung, Planung und wirtschaftlichen Rechnungsführung und der Interessiertheit der Kombinate und der LPG beschäftigen. Um dieses Thema rankten sich auch Anfragen und Meinungsäußerungen mehrerer Mitglieder des Arbeitskreises.

Angeregt durch die vorangegangene Diskussion äußerte sich Professor Dr. *Maier*, Hochschule für Ökonomie „Bruno Leuschner“, zur Übereinstimmung grundlegender ökonomischer Interessen als entscheidende Triebkraft im Sozialismus. Die gesellschaftlichen Interessen sind im Sozialismus stets die bestimmenden und auch für die Kombinate die grundlegenden ökonomischen Interessen. Andererseits besteht zwischen den Ländern, zwischen den Kombinaten eine große Differenziertheit der Interessen. Auch innerhalb der Kombinate bestehen zwischen einzelnen Gruppen von Werktätigen, dem Kombinat insgesamt und einzelnen Werktätigen sehr unterschiedliche Interessen. Die Erkenntnisse dieser Interessenunterschiede und ihre reale Widerspiegelung sei eine Schlüsselfrage zur Herstellung stabiler und zuverlässiger Kooperationsbeziehungen einerseits und sozialer Beziehungen zwischen den Menschen andererseits. Hier gebe es ein wichtiges Betätigungsfeld der Wissenschaftler, um Widersprüche aufzudecken, denen zum Beispiel kurz- oder langfristige Interessenunterschiede zugrunde liegen, und sie über die weitere Vervollkommnung der Leitung, Planung und wirtschaftlichen Rechnungsführung einer Lösung zuzuführen.

Professor Dr. *Hahn*, Akademie der Wissenschaften der DDR, sprach über die zunehmende Verkettung von Prozessen in der Ökonomie und in allen anderen gesellschaftlichen Bereichen sowie über die sich damit entwikkelnden Interessen, Motive und Initiativen. Motivationen sind insbesondere
- die Zielsetzung der Arbeitsaufgabe,
- die Schaffung günstiger Arbeitsbedingungen,
- die demokratische Mitwirkung.

Es wirken nur solche Faktoren stimulierend, die auch als entwicklungsbestimmend empfunden werden. Folglich gehe es um die planmäßige Gestaltung differenzierter objektiver Interessen. Die Planwirtschaft dient dabei als entscheidendes Instrument zur Schaffung der Übereinstimmung von persönlichen und gesellschaftlichen Erfordernissen. Engagement zur Aufdeckung von Reserven wird vor allem von den Werktätigen entwickelt, die verantwortlich und zum Nutzen der Gesellschaft mitwirken können. Organisation einer höheren Stufe der Demokratie bei der Durchsetzung konkreter ökonomischer, technischer, sozialer und politischer Entwicklungen ist heute zu einer Lebensfrage des Sozialismus geworden. *„Die sozialistische Demokratie in der Sphäre der materiellen Produktion gewinnt immer größeres Gewicht“* (Programm der SED). Der Mensch mit seinen schöpferischen Potenzen ist der Zweck ebenso wie der Schlüssel aller Intensivierungsprozesse.

ARBEITSKREIS 4

W. Heinrichs

Umfassende Intensivierung und Reproduktionstheorie

Mit dem Volkswirtschaftsplan 1984 haben wir uns Ziele gestellt, die – wie die schon in den zurückliegenden Jahren erzielten Ergebnisse des Leistungswachstums – qualitativ neue Schritte in Richtung auf die umfassende Intensivierung der erweiterten sozialistischen Reproduktion der Volkswirtschaft in der DDR markieren. Auf die für die weitere erfolgreiche Verwirklichung der ökonomischen Strategie bedeutsamen Erfahrungen verweisend, führte der Generalsekretär unserer Partei, Erich Honecker, auf dem 7. Plenum der ZK der SED aus: „Unsere Volkswirtschaft bewegt sich mit Erfolg auf dem von unserer Partei vorgezeichneten Hauptweg der Intensivierung der Produktion. Auf einen Nenner gebracht, geht es darum, diesem Prozeß umfassenden Charakter zu verleihen und stabile Grundlagen für seine Entwicklung auf lange Sicht zu sichern.“[1]

Diese qualitativ neue Etappe in der Einstellung unserer Volkswirtschaft auf eine höhere Stufe der intensiv erweiterten sozialistischen Reproduktion, für die besonders in den 70er Jahren wesentliche wissenschaftlich-technische, ökonomische, aber auch soziale Voraussetzungen geschaffen wurden und in die wir etwa Ende der 70er, Anfang der 80er Jahre eintraten, zeugt davon, „... daß auch auf ökonomischem Gebiet unser Handeln von Stetigkeit geprägt ist.“[2] Neue Anforderungen an die Forschungsarbeit der Politischen Ökonomie des Sozialismus, speziell der marxistisch-leninistischen Reproduktionstheorie, erwachsen ebenfalls aus dieser das weitere Tempo und den Verlauf der erweiterten sozialistischen Reproduktion in den 80er Jahren bestimmenden neuen Intensivierungsetappe vor allem in der Richtung, den wissenschaftlichen Vorlauf zur erfolgreichen Verwirklichung der ökonomischen Strategie weiter auszubauen. Dieser theoretische Vorlauf muß sich sowohl auf die wissenschaftlichen Grundlagen als auch auf die Bedingungen der weiteren Durchsetzung der ökonomischen Strategie erstrecken.

Auf der Wirtschaftswissenschaftlichen Konferenz der DDR Ende September 1983 wurden gerade diese Anforderungen umrissen und im Brief der Konferenzteilnehmer an den Generalsekretär der Partei, Erich Honecker, festgeschrieben.[3] Sie sind von der Überzeugung und der festen Absicht getragen, „... die große Gemeinschaftsarbeit fortzuführen und weiter auszuprägen, die sich zwischen den in den Theorie und Praxis tätigen Ökonomen bereits so fruchtbringend für die Republik entwickelt hat.“[4]

Bei der Charakteristik der Einstellung unserer Volkswirtschaft auf die umfassende Intensivierung als einer qualitativ neuen Etappe des Übergangs zur intensiv erweiterten sozialistischen Reproduktion verwies Günter Mittag in seiner Rede auf der Wirtschaftswissenschaftlichen Konferenz, daß sich ihre Merkmale nicht einfach in der quantitativen Erhöhung bereits erreichter Leistungsdaten bei der Einsparung von Arbeitszeit, der Verringerung des absoluten und relativen Energie- und Materialverbrauchs und des rationellen Einsatzes der Grundfonds erschöpfen.[5] Wäre das nämlich der Fall, würde es sich eben nicht um eine qualitativ neue Etappe der Intensivierung des Reproduktionsprozesses handeln. Eine bloße Fortschreibung bisheriger Entwicklungstendenzen beim Einsatz und bei der Nutzung der Faktoren des Wirtschaftswachstums sowie bei der Nutzung der Resultate des Wirtschaftswachstums selbst, kann auch im Sinne der Politischen Ökonomie nicht als neue Qualität angesehen werden.

Das wissenschaftliche Bemühen um eine exakte Bestimmung der umfassenden Intensivierung als qualitativ neue Etappe des weiteren Übergangs zur intensiv erweiterten sozialistischen Reproduktion und die Vertiefung aller ihrer charakteristischen Tendenzen als die für das künftige ökonomische Wachstum bestimmenden, ist nicht scholastischer Natur. Sie hat für Wirtschaftstheorie, Wirtschaftspolitik und Wirtschaftspraxis gleichermaßen Bedeutung.

Denn diese Bestimmung ist auf das engste mit der Orientierung auf die Entwicklung und wirksame Nutzung neuer Quellen des Leistungswachstums verbunden, die eben in den 60er und 70er Jahren nicht oder noch nicht vorhanden waren bzw. dort, wo sie schon zu wirken begannen, für die volkswirtschaftliche Entwicklung insgesamt noch nicht eine bestimmende Rolle spielten. Gerade sie werden für die erfolgreiche Verwirklichung der ökonomischen Strategie in den 80er Jahren nunmehr aber ausschlaggebend.

Was charakterisiert nun die umfassende Intensivierung als eine qualitativ neue Entwicklungsetappe des Überganges zur intensiv erweiterten sozialistischen Reproduktion? Es sind mehrere grundlegende Merkmale, die die umfassende Intensivierung als qualitativ neue Etappe der sozialistischen Intensivierung überhaupt ausmachen. Eines dieser Merkmale, auf das hier näher eingegangen werden soll, betrifft die Präzisierung und Weiterentwicklung des grundlegenden Kriteriums der intensiv erweiterten sozialistischen Reproduktion, das in Übereinstimmung mit der Marxschen Charakteristik des intensiven Typs der erweiterten sozialistischen Reproduktion bekanntlich in der ständigen Verbesserung des Verhältnisses von Aufwand und Ergebnis auf allen Ebenen der ökonomischen Tätigkeit besteht.[6]

Die vorangegangenen Etappen der Intensivierung des Reproduktionsprozesses in der DDR waren in erster Linie bestimmt von der arbeitszeitsparenden Variante bei der Verbesserung des Verhältnisses auf Aufwand und Ergebnis. Infolgedessen wurde das ökonomische Wachstum in diesen Entwicklungsetappen vor allem durch die Steigerung der Arbeitsproduktivität getragen.[6]

Diese Steigerung der Arbeitsproduktivität war darauf gerichtet, in einer produktiven Arbeitsstunde mehr Gebrauchswerte (vor allem gleicher Art) zu erzeugen. Doch war und ist dieser Ergiebigkeitszuwachs der produktiven lebendigen Arbeit stets mit der Zunahme ihrer Fähigkeit verbunden, in der gleichen produktiven Arbeitsstunde mehr Energie, Rohstoffe von der ersten bis zur letzten Verarbeitungsstufe produktiv zu verbrauchen, d. h. stofflich zu wandeln und deren Wert vollständig auf das jeweilige Stufenprodukt zu übertragen. Das Charakteristische der zurückliegenden Intensivierungsetappe bestand also nicht in der Existenz von Entwicklungsrelationen und Abhängigkeiten zwischen Gebrauchswertzuwachs und Zuwachs des Produktionsverbrauchs als Resultat der Produktivitätssteigerung überhaupt. Sie war mit dem Wirken solcher Entwicklungsrelationen und Abhängigkeiten verbunden, die mit dem Produktivitätszuwachs an einem nahezu linearen Zuwachs des Produktionsverbrauchs führte, der wiederum einen Investitionsbedarf auslöste, der schneller wuchs als die Produktion. Diese widersprüchlichen Entwicklungsrelationen und Abhängigkeiten der produktiven Arbeit im Hinblick auf den Gebrauchswertzuwachs (Produktionszuwachs) und Produktionsverbrauch (Verbrauch an Energie und Materialfonds), die auch widersprüchliche Beziehungen zwischen dem Produktivitäts- und Effektivitätszuwachs zur Folge hatten, waren wesentliche Ursachen dafür, daß die Steigerung der Arbeitsproduktivität und das darauf basierende Produktionswachstum in den zurückliegenden Intensivierungsetappen mit einer Erhöhung des Investitionsaufwandes pro 1 Prozent Zuwachs des produzierten Nationaleinkommens einherging und die Entwicklung des Verbrauchs an Energie und Material trotz bereits schon damals einsetzender Senkung des spezifischen Verbrauchs mehr oder weniger dem Tempo des Produktionswachstums folgte. Es ist verständlich, daß diese arbeitszeitsparende Variante der Intensivierung noch der ständigen zusätzlichen Einbeziehung bestimmter materieller Ressourcen (Investitionen und Energie- und Materialfonds) in den ökonomischen Kreislauf bedurfte. Quantitative Faktoren bestimmen noch maßgeblich Tempo und Verlauf des Wirtschaftswachstums. Wie die Erfahrungen auch anderer sozialistischer Länder bestätigen, ist die arbeitszeitsparende Variante der Intensivierung jene, die am Anfang der beginnenden Einstellung der Volkswirtschaft auf die intensiv erweiterte sozialistische Reproduktion steht.

Die umfassende Intensivierung hingegen wird dadurch charakterisiert, daß alle Produktions- und Reproduktionsfaktoren in den Intensivierungsprozeß einbezogen werden. Dabei wird die arbeitszeitsparende mit der ressourcensparenden Variante in einer solchen Weise kombiniert, daß auf der Basis einer anhaltenden Steigerung der Arbeitsproduktivität und der Arbeitszeiteinsparung die Senkung des Produktionsverbrauchs (einschließlich des in der Zirkulation befindlichen Aufwandes an gesellschaftlich notwendigen Vorräten und Beständen) im wachsenden Maße sich als Quelle des Wirtschaftswachstums entwickelt und für den weiteren Reproduktionsverlauf genutzt wird. Wie die praktischen Erfahrungen gerade der zurückliegenden Jahre in der DDR lehren, beruht diese Kombination von arbeitszeit- und ressourcensparenden Varianten der Intensivierung auf einem System objektiver wechselseitiger Abhängigkeiten zwischen der Steigerung der Arbeitsproduktivität, Senkung des Produktionsverbrauchs und der Ökonomisierung des Grundfondseinsatzes. Sie bedürfen der weiteren ökonomischen Erforschung. Denn das praktische Leben weist darauf hin, daß nicht jede Steigerung der Arbeitsproduktivität mit einer Senkung des Produktionsverbrauchs automatisch einhergeht, wie umgekehrt, die Senkung des Produktionsverbrauchs in differenzierter Weise auf Produktivitätssteigerungen der lebendigen Arbeit einwirkt, wovon wiederum besonders der ökonomische Einsatz der Grundfonds unterschiedlich beeinflußt wird. Die Substitutionsbeziehungen zwischen verausgabter lebendiger und vergegenständlichter Arbeit als laufender Aufwand mit dem einmaligen Aufwand nehmen in ihrem Variantenreichtum als auch ihrer Intensität noch in dieser Etappe zu.

Diese Tendenzen, die noch durch Resubstitutionen infolge Umbewertungen der Energieträger und Rohstoffe verstärkt werden, bedingen ein komplexeres Herangehen an die vollständige Ausschöpfung bereits vorhandener und die Entwicklung und Nutzung neuer Effektivitätsquellen. Sie ergeben sich gerade aus der ökonomischen Verwertung von solchen Richtungen des wissenschaftlich-technischen Fortschritts, die arbeitszeitsparend *und* energie- bzw. materialsparend sind. Gerade die ökonomische Verwertung dieser arbeitszeit- *und* energie- und materialsparenden Varianten des wissenschaftlich-technischen Fortschritts, die längerfristig mit der Herausbildung eines neuen Techniktyps und der Veränderung der technologischen Grundlagen der Produktion verbunden sind, führen zu qualitativen Veränderungen in den Entwicklungsrelationen und Abhängigkeiten, innerhalb der produktiven Arbeit, in einer Zeiteinheit mehr Gebrauchswerte herzustellen und Energie sowie Material produktiv zu konsumieren. Diese Veränderungen verlaufen in einer Richtung, daß im Maßstab der Volkswirtschaft

- das Tempo der Steigerung der Arbeitsproduktivität das Tempo des Produktionszuwachses übertrifft;
- das Tempo der Senkung des spezifischen Verbrauchs an Energie und Material das Tempo des Produktionswachstums übertrifft;
- die Arbeitsproduktivität schneller wachsen muß als der Wertzuwachs der Grundfonds je Arbeitsplatz.

Bringen die beiden ersteren Relationen Beziehungen zwischen *laufendem* Produktionsergebnis und laufendem Aufwand sowohl an vergegenständlichter und lebendiger Arbeit zum Ausdruck, so hat die letztere Relation einen qualitativ anderen ökonomischen Prozeß zum Inhalt. Hier handelt es sich um eine Beziehung, die Ökonomisierungseffekte, ausgedrückt in einer stabilen Senkung des laufenden Aufwands, zum dazu erforderlichen *einmaligen* Aufwand (an Investitionen) herstellt. Der Investitionsaufwand wird hier nicht auf das laufende Produktionswachstum, sondern eben auf die Senkung des dabei auftretenden Aufwandes bezogen. Das entspricht der spezifischen Funktion des einmaligen Aufwands in der intensiv erweiterten sozialistischen Reproduktion, den laufenden Aufwand an lebendiger und vergegenständlichter Arbeit künftigen Produktionswachstums anhaltend und unverkennbar zu senken. Die Effektivität entwickelt sich damit in der Etappe der umfassenden Intensivierung aus einer Kategorie der Produktion immer mehr zu einer Kategorie der Reproduktion. Das bedeutet, daß wachsende Effektivität nicht nur beim laufenden Produktionszuwachs und bei der Entwicklung des produzierten Nationaleinkommens, sondern auch bei seiner Verwendung insgesamt, namentlich aber bei jenem Teil objektiv notwendig wird, der in Gestalt der Akkumulation einschließlich der Wiederverwendung des wachsenden Ersatzfonds produktiv verwendet wird.

Mehr noch: Die über einen längeren Zeitraum zu sichernde Stabilität des Effektivitätszuwachses der laufenden Produktion als eine grundlegende Bedingung der intensiv erweiterten Reproduktion wird immer stärker vom Effektivitätsgrad abhängig, wozu die einmaligen Aufwendungen zur Senkung des laufenden Aufwandes beitragen. Das aber sind schon nicht mehr nur auf die Produktionsphase begrenzte, sondern eben reproduktive Wirkungen der Effektivitätssteigerung. Günter Mittag verwies auf diesen für das Verständnis der umfassenden Intensivierung bedeutsamen Gedanken, „...daß die ökonomischen Voraussetzungen für die schnelle Entwicklung der modernen Produktivkräfte selbst geschaffen werden müssen – durch Erhöhung der Effektivität und Steigerung der Arbeitsproduktivität."[7]

Gerade die reproduktiven Wirkungen des Effektivitätszuwachses entfalten sich in der Einheit von kurz-, mittel- und längerfristigen Zeiträumen. Sie allein nur aus dem augenblicklichen Verlauf des Effektivitätszuwachses zu bewerten, wäre ebenso verfehlt wie eine Strategie, die positive Wirkungen des Effektivitätszuwachses zwar längerfristig anstrebt, aber dabei die kurzfristigen Wirkungen der Effektivitätssteigerung vernachlässigt. Im Hauptreferat sowie in mehreren Diskussionsbeiträgen der Konferenz wurde mit Recht am Beispiel des gegenwärtigen und künftigen Verlaufs des Produktionsverbrauchs in der DDR auf diese Dialektik längerfristiger Wirkungen der Investitionen für die Zwecke der Energieträgersubstitution zugunsten der erhöhten Nutzung einheimischer Braunkohle, einschließlich ihrer Veredlung und der kurzfristigen Wirkungen verwiesen, die aus der Einsparung und der rationellen Verwendung von Energie und Rohstoffen resultiert.

Die reproduktiven Wirkungen des Effektivitätszuwachses in der umfassenden Intensivierung äußern sich auch darin, daß die Aufwandsminimierung nicht allein nur mit einer relativen, sondern in immer stärkerem Maße mit einer absoluten Freisetzung von Ressourcen und ihres effektiven Wiedereinsatzes entweder am Ort der Freisetzung selbst, oder in anderen Bereichen der Reproduktion einhergeht. Die Freisetzung und Wiederverwendung von Ressourcen entwickelt sich aus einem produktiven immer mehr zu einem reproduktiven Vorgang, der eine qualitativ neue Art der Verfügbarkeit von Ressourcen für das Wirtschaftswachstum begründet. Auf diese Weise wird das grundlegende Kriterium der Intensivierung, die Verbesserung des Verhältnisses von Aufwand und Ergebnis präzisiert und entsprechend den Reproduktionserfordernissen der umfassenden Intensivierung weiterentwickelt.

Die Präzisierung und Weiterentwicklung des grundlegenden Kriteriums der Intensivierung wird vor allem von einer neuen Stufe der ökonomischen Verwertung von Wissenschaft und Technik getragen. In jeder Etappe der Intensivierung äußert sich der Verwertungsgrad von Wissenschaft und Technik in einer Verbesserung des Verhältnisses von Aufwand und Ergebnis, das entweder jeweils von der Aufwandsseite (durch Aufwandsminimierung), von der Ergebnisseite (Erhöhung des anwenderorientierten Nutzens, der im Sinne der Politischen Ökonomie eine Erhöhung des gesellschaftlichen Gebrauchswertes darstellt) oder von beiden Komponenten des Aufwand/Ergebnis-Verhältnisses *gleichzeitig* progressiv beeinflußt werden kann und tatsächlich auch beeinflußt wird. In zurückliegenden Intensivierungsetappen erstreckte sich die ökonomische Verwertung von Wissenschaft und Technik vorwiegend auf die Aufwandsminimierung beim Einsatz einzelner Produktionsfaktoren. Hiervon wurde und wird vor allem der Herstellernutzen dynamisiert. Gestützt auf moderne Richtungen der Produktivkraftentwicklung richtet sich nunmehr die ökonomische Verwertung von Wissenschaft und Technik bei der Verbesserung des Ergebnis/Aufwand-Verhältnisses nicht nur auf die Aufwandsminimierung, sondern gleichzeitig auf die Verbesserung des Ergebnisses. Diese Seite der ökonomischen Verwertung von Wissenschaft und Technik dynamisiert vor allem den Anwendernutzen, und zwar in dem Maße, wie Tiefe und Ausbreitungsgeschwindigkeit von wissenschaftlich-technischen Neuerungen im Reproduktionsprozeß verlaufen und ökonomisch genutzt werden. Gerade die gleichzeitige Dynamisierung des Hersteller- und des Anwendernutzens reflektiert neue Effektivitätsbedingungen, resultierend aus der modernen Produktivkraftentwicklung, die dem präzisierten Effektivitätskriterium der umfassenden Intensivierung entspricht.

Aus der neuen Stufe der ökonomischen Verwertung von Wissenschaft und Technik folgt außerdem, daß das aus der progressiven Beeinflussung des Aufwand/Ergebnis-Verhältnisses resultierende Effektivitätspotential nur dann erschlossen und real genutzt werden kann, wenn sich Erzeugniserneuerung und Erneuerung der Technologien als Realisierungsformen der ökonomischen Verwertung des wissenschaftlich-technischen Fortschritts nicht einfach beschleunigen. Im Maßstab eines Kombinats und der ganzen Volkswirtschaft müssen Erzeugniserneuerung und Erneuerung technologischer Verfahren auch aufeinander abgestimmt werden. Beschleunigte Erzeugnisentwicklung, die mit progressiven Veränderungen ihrer technologischen Grundlagen in der Forschung und Entwicklung, der Fertigung, des Absatzes und nach Möglichkeit auch bei der künftigen Wiederverwendung als Sekundärrohstoff einhergehen, erweitern die ökonomischen Realisierungsmöglichkeiten des im Anwendernutzen steckenden Effektivitätspotentials. Sinkender Aufwand für neue Erzeugnisse durch progressive technologische Veränderungen beim Hersteller ist die wichtigste ökonomische Voraussetzung für die Verbreiterung der Anwenderskala in der Volkswirtschaft und auf den Außenmärkten. Gerade von dieser Realisierungsvariante von Wissenschaft und Technik zieht auch der Hersteller neuer Technik den größten ökonomischen Nutzen, der, um den Anwendernutzen vervielfacht, so das Aufwand/Ergebnis-Verhältnis im volkswirtschaftlichen Maßstab sowohl von der Seite des Aufwands als auch von der Seite des Ergebnisses her gleichzeitig durchgreifend positiv beeinflußt. Verlangsamt sich hingegen die Erzeugniserneuerung, werden in den sich verkürzenden Reproduktionszeiträumen veralternde Erzeugnisse nicht durch neue in der Weise ersetzt, daß sie über mehrere Reproduktionszeiträume hinweg den dominierenden Anteil am Erzeugnissortiment ausmachen, so beschränken sich die ökonomischen Wirkungen des wissenschaftlich-technischen Fortschritts lediglich auf die reale Nutzung des in der Aufwandsminimierung steckenden Effektivitätspotentials eines bestehenden, aber veralteten Erzeugnissortiments. Dieses Effektivitätspotential sinkt in dem Maße bis zur Nullgrenze (und kann sogar in realen ökonomischen Verlust umschlagen), wie sich die Absatzbedingungen als Ausdruck des sich sättigenden Bedarfs und Zurückgehens der Nachfrage verschlechtern.

Einige moderne Richtungen der ökonomischen Verwertung von Wissenschaft und Technik, wie die Veredlung, setzen die gleichzeitige Dynamisierung beider Komponenten der Effektivität, des Ergebnisses und des Aufwandes, des Hersteller- und Anwendernutzens geradezu voraus. Die Veredlung entwickelt sich zum wichtigsten Anwendungsfeld, das gewachsene und weiterhin wachsende Qualifikationspotential ökonomisch für die Vertiefung der ressourcensparenden Variante zu nutzen und sie mit der arbeitszeitsparenden Variante auf neuer Grundlage, nämlich auf der Grundlage eines gesellschaftlichen Gesamtarbeiters, miteinander zu kombinieren, dessen produktive Arbeit über ein bedeutend größeres gebrauchswert- und wertbildendes und damit Effektivitätspotential verfügt als der gesellschaftliche Gesamtarbeiter der 50er und 60er Jahre in der DDR. Die ressourcensparende Wirkung der Veredlung leitet sich nicht in erster Linie aus bloßen Einsparungen an Energie und Material bei vorhandenem Erzeugnissortiment her, wenngleich diese herkömmlichen Wege der Energie- und Materialökonomie auch weiterhin von volkswirtschaftlicher Bedeutung sind und bleiben. Sie resultieren vielmehr aus einer Veränderung dieser Erzeugnisse in Richtung auf die Höherentwicklung des gesellschaftlichen Gebrauchswertes, gemessen an einem höheren anwenderorientierten Nutzen, der einem höheren gesellschaftlichen Gebrauchswert gleichkommt. In diesem Fall stellt sich der höhere gesellschaftliche Nutzen in einem sinkenden Energie- und Rohstoffeinsatz pro Gebrauchswerteinheit des Stufen- bzw. Endprodukts dar, was durch vermehrten Einsatz von qualifizierterer (gebrauchswertbildende Potenz) und komplizierterer (wertbildende Potenz) Arbeit bewirkt wird und wodurch gleichzeitig der Anteil des Wertprodukts am Produktwert in wertmäßiger Hinsicht erhöht wird. Stoffwirtschaftliche Veredlung ist der Ausgangspunkt und die materielle Grundlage für Effektivitätssteigerungen. Sie wird aber in reale Effektivitätssteigerungen erst dann umgesetzt, wenn sie mit der wachsenden gebrauchswert- und wertbildenden Potenz der produktiven Arbeit des Gesamtarbeiters vereinigt und die Verbesserung des Aufwand/Ergebnis-Verhältnisses sowohl von der Seite der Aufwandssenkung als auch von der Seite des Ergebnisses aktiv beeinflußt wird.

Aus den neuen wissenschaftlich-technischen Möglichkeiten, sowohl die in der Ergebnisverbesserung als auch die in der Aufwandsminimierung steckenden Effektivitätspotentiale in wachsendem Maße zu nutzen, erwachsen in der umfassenden Intensivierung noch andere Anforderungen. Die Erzeugniserneuerung und progressive Veränderung der technologischen Grundlagen müssen solche Effektivitätszuwächse bei der Steigerung der Arbeitsproduktivität, der Senkung des Energie- und Materialverbrauchs und des ökonomischen Grundfondseinsatzes bewirken, die dem präzisierten Effektivitätskriterium der umfassenden Intensivierung entsprechen. Hierin eingeschlossen ist eine zunehmende „Internationalisierung" der Vergleichs- und Bezugsgrundlagen wissenschaftlich-technischer Errungenschaften und des in ihnen steckenden Effektivitätspotentials. Die Orientierung eigener wissenschaftlich-technischer Neuerungen am fortgeschrittenen internationalen Niveau im Hinblick auf Gebrauchswertparameter und bestimmte Aufwandskennziffern geht mit einer ständigen Beobachtung und dem Studium des Weltfundus der Wissenschaft und der Haupttendenzen ihrer Nutzung durch Erzeugnis- und Technologieerneuerungen einher. Alles das ist Ausdruck eines objektiven Vorganges, der sich auf der Internationalisierung der modernen Produktivkraftentwicklung gründet. In wissenschaftlichen und technischen Neuerungen hat diese Entwicklung ihren Ausgang. Gerade dadurch erhält der zunehmende gesellschaftliche Charakter der Produktivkräfte (über den volkswirtschaftlichen Rahmen hinaus) sein spezifisches Gepräge. „Alle Tatsachen weisen darauf hin, daß die stürmische Entwicklung der Produktivkräfte anhalten wird. Wie wir damit Schritt halten, bestimmt letzten Endes den ökonomischen Rang unseres Landes und das Lebensniveau des Volkes."[8]

Mitunter wird bei der Realisierung des Erfordernisses, eigene wissenschaftlich-technische Neuerungen und das in ihnen steckende Effektivitätspotential mit dem fortgeschrittenen internationalen Niveau zu vergleichen und daraus objektive Bewertungen abzuleiten, die Sorge geäußert, daß damit die Vorzüge der sozialistischen Produktionsverhältnisse „eingeebnet" werden könnten. Die Argumentationskette dafür verläuft etwa so: Ein Vergleich eigener wissenschaftlich-technischer Leistungen einschließlich technischer Lösungen mit dem fortgeschrittenen internationalen Niveau selbst auch dann, wenn dieses fortgeschrittene internationale Niveau noch von entwickelten kapitalistischen Industriestaaten bestimmt wird, würde die Gefahr in sich bergen, damit möglicherweise auch Verzerrungen und Deformationen einer Produktivkraftentwicklung zu übernehmen, die eben dem auf Profit beruhenden Wirtschaftssystem eigen sind. Stützt man sich in der Analyse dieses Problems auf die ganze objektive Dialektik der Entwicklung von Produktivkräften und Produktionsverhältnissen, dann ist die vorgetragene Sorge nicht nur unbegründet, sondern das gerade Gegenteil – also nicht „Einebnung" der Vorzüge, sondern die weitere Ausprägung der sozialistischen Produktionsverhältnisse – ist die Folge. Vergleiche und Orientierungen eigener wissenschaftlich-technischer Leistungen am führenden internationalen Niveau von Wissenschaft und Technik sind kein Selbstzweck, sondern dienen einzig und allein der Nutzung der im internationalen Maßstab durch Wissenschaft und Technik geschaffenen Errungenschaften für die allseitige Stärkung der politischen, wissenschaftlich-technischen, ökonomischen und sozialen Grundlagen bei der weiteren Gestaltung der entwickelten sozialistischen Gesellschaft. Das bedeutet, daß die Vorzüge der sozialistischen Produktionsverhältnisse und deren Funktionsweise bei der Entwicklung der modernen Produktivkräfte und der Nutzung ihrer Errungenschaften für den ökonomischen und sozialen Fortschritt sich in dem Maße ausprägen und real wirksam werden, wie ihr Niveau und ihr Entwicklungstempo nicht nur dem fortgeschrittenen internationalen Niveau mehr und mehr entsprechen, sondern es auch – gestützt auf die Vorzüge der internationalen sozialistischen Arbeitsteilung im Rahmen des RGW – auf einem immer breiteren Feld mitbestimmen. Die Vorzüge der sozialistischen Produktionsverhältnisse und ihre Funktionsweise sind in Abhängigkeit vom Entwicklungsniveau und dem gesellschaftlichen Charakter der Produktivkräfte ebenso einer Entwicklung unterworfen wie die Produktionsverhältnisse selbst. Hierbei spielen internationale Niveaukriterien der Errungenschaften des wissenschaftlich-technischen Fortschritts eine wachsende Rolle.

Vorzüge der sozialistischen Produktionsverhältnisse, die sich andererseits immer umfassender auf eine Produktivkraftentwicklung in materieller Hinsicht stützen und das in ihr steckende Effektivitätspotential für den ökonomischen und sozialen Fortschritt nicht nur der Möglichkeit nach, sondern auch real nutzen können und nutzen, verstärkt die sozialistische Orientierung der ökonomischen und sozialen Entwicklung, auf die die erfolgreiche Verwirklichung der Hauptaufgabe in Übereinstimmung mit den Erfordernissen des ökonomischen Grundgesetzes des Sozialismus gerichtet ist. Der zunehmende internationale Aspekt in den Wechselbeziehungen zwischen Produktivkräften und Produktionsverhältnissen bei der Verbindung der Errungenschaften der wissenschaftlich-technischen Revolution mit den Vorzügen des Sozialismus, die „... an der Spitze unserer ökonomischen Strategie (rangiert)“[9], bedarf in künftigen reproduktionstheoretischen Arbeiten, namentlich bei der vertieften Charakteristik der umfassenden Intensivierung als qualitativ neue Etappe beim weiteren Übergang zur intensiv erweiterten sozialistischen Reproduktion besonderer Aufmerksamkeit. Dafür bieten die Resultate der Wirtschaftswissenschaftlichen Konferenz vielfältige wertvolle Anregungen.

[1] 7. Tagung des ZK der SED, Erich Honecker, In kampferfüllter Zeit setzen wir den bewährten Kurs des X. Parteitages für Frieden und Sozialismus erfolgreich fort, Aus der Diskussionsrede, Berlin 1983, S. 29.

[2] Ebenda, S. 25.

[3] G. Mittag, Ökonomische Strategie der Partei – klares Konzept für weiteres Wachstum, Wirtschaftswissenschaftliche Konferenz der DDR im Karl-Marx-Jahr 1983 am 29. und 30. September in Berlin, Berlin 1983, S. 6/7.

[4] Ebenda, S. 10.

[5] Ebenda, S. 16.

[6] Vgl. H. Koziolek, Intensiv erweiterte Reproduktion – Grundlage vielfältiger theoretischer und praktischer Arbeit der Ökonomen, in: Ökonomische Strategie der Partei – klares Konzept für weiteres Wachstum, Wirtschaftswissenschaftliche Konferenz der DDR im Karl-Marx-Jahr 1983 am 29. und 30. September in Berlin, a. a. O., S. 125; H. Koziolek, Stabiles Wirtschaftswachstum durch umfassende Intensivierung, in: Einheit, 12/1983, S. 1111 ff.

[7] G. Mittag, Ökonomische Strategie der Partei – klares Konzept für weiteres Wachstum, Wirtschaftswissenschaftliche Konferenz der DDR im Karl-Marx-Jahr 1983 am 29. und 30. September in Berlin, a. a. O., S. 14.

[8] 7. Tagung des ZK der SED, Erich Honecker, In kampferfüllter Zeit setzen wir den bewährten Kurs des X. Parteitages für Frieden und Sozialismus erfolgreich fort, Aus der Diskussionsrede, a. a. O., S. 29.

[9] Ebenda.

R. Etten

Sicherung des volkswirtschaftlich notwendigen Effektivitäts- und Leistungsanstiegs im Kombinat

Die auf dem X. Parteitag der SED beschlossene Hauptaufgabe in ihrer Einheit von Wirtschafts- und Sozialpolitik setzen wir auch in den 80er Jahren fort. Sie zu verwirklichen, den sozialen Fortschritt unter den sich verschärfenden internationalen Bedingungen zu sichern, erfordert ein dynamisches und kontinuierliches Wachstum. Deshalb gilt es, ausgehend von der ökonomischen Strategie unserer Partei für die 80er Jahre das notwendige Schrittmaß der Leistungs- und Effektivitätsentwicklung zu sichern.

Mit unserer Wirtschaftspolitik, mit der erfolgreichen Verwirklichung der Beschlüsse unserer Partei schaffen wir die notwendigen Voraussetzungen, der abenteuerlichen Politik des Imperialismus, dem in Form und Intensität sich ständig verschärfenden Wirtschaftskrieg eine vernichtende Niederlage zu bereiten.

Die neuen Anforderungen an die intensiv erweiterte Reproduktion nach dem X. Parteitag charakterisierte Erich Honecker wiederholt auf den Tagungen des Zentralkomitees. Dort hebt er hervor, daß das ökonomische Wachstum unmittelbar von den weiteren Fortschritten der Intensivierung auf allen Gebieten der gesellschaftlichen Produktion abhängt. Die Intensivierung wird – wie im Parteiprogramm begründet – vor allem durch Maßnahmen der sozialistischen Rationalisierung und Rekonstruktion vorhandener Betriebe verwirklicht.

Die konsequente Intensivierung verlangt, wie G. Mittag in seiner Rede unterstrichen hat, das Vorhandene besser zu nutzen. Das ist auch der Kern der sozialistischen Rationalisierung. Zugleich wird es möglich, das Vorhandene zu vervollkommnen, zu erneuern, das technisch-ökonomische Niveau der gesamten Produktion zu heben und die materiell-technische Basis allseitig zu stärken. Intensiv erweiterte Reproduktion bedeutet somit, das Vorhandene mit hoher ökonomischer Effektivität und progressiven sozialen Wirkungen besser zu nutzen und zu verwirklichen.

Im Chemiefaserkombinat konzentrieren wir unsere politische Führungstätigkeit vor allem auf die höhere Veredlung der verfügbaren Rohstoffe, auf eine höhere Material- und Energieökonomie und besonders auf jene Aufgaben, die sich aus der Intensivierung der Produktion von hochwertigen Chemiefaserstoffen ergeben. Bei der Lösung dieser Aufgaben können wir von einer guten Bilanz ausgehen. Wir haben unsere Wettbewerbsziele im Karl-Marx-Jahr 1983 bisher anteilig realisiert und bereiten gründlich den Plan für 1984 vor. Unter gründlicher Beachtung der neuen Maßnahmen zur weiteren Verbesserung der Planung, Leitung und wirtschaftlichen Rechnungsführung nutzen wir die weitere Plandiskussion 1984, um alle Reserven für die Lösung der unseren Kombinatsbetrieben und Arbeitskollektiven vorgegebenen Aufgaben auszuschöpfen.

So haben die Gewerkschaftsgruppen des Viskosefaserbetriebes im Stammbetrieb Schwarza vorgeschlagen, die reparaturbedingten Stillstände zu reduzieren und Störfaktoren zu beheben, um 500 t mehr Viskosefaser zu produzieren. Dabei wird der Anteil Gütezeichen „Q" um 2,2 Prozent erhöht.

Auf die neuen Kennziffern der Leistungsbewertung stellen wir uns immer besser ein. Durch das komplexe Wirken solcher Kennziffern, wie Nettogewinn und Nettoproduktion, werden vor allem unsere Leiter stärker angehalten, alle Fragen kritischer vom Standpunkt der ökonomischen Effektivität zu bewerten. Damit wird zur materiellen Stimulierung der Wettbewerbsleistungen unserer Kollektive wirksam beigetragen.

Zielstrebig bereiten wir in den Partei- und Gewerkschaftsgruppen bereits jetzt die Aufgaben für den sozialistischen Wettbewerb 1984 vor. Verstärkt lenken wir die Aufmerksamkeit auf die Materialökonomie. Abgeleitet aus erreichten Bestwerten haben wir den Kollektiven Ziele für den Materialverbrauch vorgegeben, die durch interdisziplinäre MVN-Themenkollektive mit Hilfe von Leistungsfahrten der Anlagen nachzuweisen sind.

Um die Aufgaben der intensiv erweiterten Reproduktion zu lösen, müssen wir, wie Genosse Günter Mittag hervorhob, Wissenschaft und Technik noch konsequenter ökonomisch wirksam machen. Vom Niveau der zielgerichteten Leitungstätigkeit hängt wesentlich ab, wie wir das vorhandene große geistige Potential auf die Lösung jener Aufgaben richten, die uns bei der weiteren Verwirklichung der Beschlüsse des X. Parteitages erfolgreich voranbringen. Deshalb konzentrieren wir uns darauf, abgeleitet aus unserer langfristigen Entwicklungskonzeption und dem langfristigen Forschungsprogramm die Intensivierung zu vertiefen, die ökonomische Wirksamkeit des wissenschaftlich-technischen Fortschritts und der Rationalisierung zu erhöhen. Damit verbessern wir das Verhältnis von Aufwand und Ergebnis. Es gilt, Spitzenerzeugnisse und -technologien zu entwickeln, die zu einem raschen Leistungszuwachs führen. Mut, Risikobereitschaft und Weitblick sind dabei immer gefragt. Natürlich ist dadurch ein starker Leitungseinfluß auf die Pflichtenhefte notwendig. Ein strenges Rapportsystem über die Erfüllung des Planes Wissenschaft und Technik wird bei uns unter persönlicher Leitung des Generaldirektors ausgeübt.

Die Rationalisierung unserer Produktionsanlagen verbinden wir unmittelbar damit, neu- und weiterzuentwickelnde Chemiefaserstoffe schnell in die Produktion zu überführen. Die Veredlung der eingesetzten Rohstoffe und die Qualität der Erzeugnisse nach dem internationalen Niveau bestimmen immer mehr in der Textilindustrie das Tempo, modische und attraktive Konsumgüter für die Bevölkerung und für den Export herzustellen.

Unseren Beitrag leisten wir vor allem durch Titerverfeinerungen, durch höhere Gebrauchswerte und durch die Erweiterung der Sortimente zur bedarfsgerechten Versorgung der Textilindustrie. Wir haben deshalb bedeutungsvolle Maßnahmen zur Intensivierung der Produktion hochveredelter Chemiefaserstoffe zu realisieren, die zugleich auch Maßnahmen der Intensivierung in den Vorstufen und in der nachverarbeitenden Industrie umfassen. Auf dem Arbeiterjugendkongreß wurde dieses Vorhaben als zentrales Jugendobjekt übergeben.

Die Rationalisierung und Rekonstruktion unserer Anlagen erfolgt nach neuen wissenschaftlich-technischen Verfahren, mit denen wir durch höhere Arbeitsgeschwindigkeiten, durch Integration von Arbeitsstufen, durch neue Kapazitätsgrößen die Arbeitsproduktivität steigern und den Energie- und Materialaufwand senken. So liegt der Rationalisierung der Produktion von Polyamidseide die Schnellspinntechnologie zugrunde, mit der der Reckprozeß in den Spinnprozeß integriert wird. Dieses Verfahren wurde gemeinsam von unseren Forschern mit sowjetischen Spezialisten erarbeitet.

Bei allen Vorhaben wenden wir im wesentlichen eigene Verfahren an mit einem hohen Anteil von Ausrüstungen aus dem Chemieanlagenbau und Textilmaschinenbau. Einen guten Vorlauf in Wissenschaft und Technik konnten wir uns mit unseren Industrieversuchsanlagen erarbeiten. Wir sind uns der hohen Verantwortung bewußt und werden alle Kräfte mobilisieren, um durch schöpferisches Handeln und durch eine enge sozialistische Gemeinschaftsarbeit mit allen Kooperationspartnern gute Voraussetzungen zu schaffen, die an uns gestellten Erwartungen voll zu erfüllen.

Die neuen Maßstäbe an unsere Arbeit zeigen sich vor allem in folgenden Kriterien:

- Das zentrale Jugendobjekt wird in vorhandenen Produktionsanlagen realisiert, d. h., die tägliche Planaufgaben dürfen dabei nicht gefährdet werden und eine hohe Ordnung und Sauberkeit in den Produktionsanlagen sind Voraussetzungen für eine stabile Qualitätsproduktion. Aus unseren im Stammbetrieb bisher gesammelten Erfahrungen wissen wir, daß sich damit hohe Anforderungen an die politisch-ideologische Einstellung der Kollektive ergeben. Zeitweilig werden die Arbeitsbedingungen unserer Werktätigen beeinflußt, und es sind vielfach Risiken notwendig. Gleichzeitig sind die technologischen Parameter und die Grundsätze des Arbeitsschutzes voll zu gewährleisten.
- Die neuen Verfahren an vorhandene Gebäude und Ausrüstungen anzupassen, ist nur als Einheit von Modernisierung, Rekonstruktion und Rationalisierung zu realisieren. Für die Bauarbeiten unter solchen Bedingungen ist es nicht möglich, modernste technische Bau- und Montageverfahren einzusetzen. Es entsteht hoher Aufwand an manuellen Arbeiten; Senkungen sind nur durch erhebliche Einsparungen an Massenbaustoffen denkbar und möglich.
- Durch den Einsatz von Mikroelektronik und Robotertechnik sind die neuen Verfahren sehr eng mit der weiteren Verbesserung der Arbeitsbedingungen, mit der Beseitigung schwerer körperlicher Arbeit verbunden.
- Aus der parallelen Realisierung der Objekte erwächst uns die Aufgabe, bereits heute gemeinsame Arbeiten mit der Textilindustrie zur Einsatzgebietsentwicklung in Angriff zu nehmen. Damit schaffen wir Vorrausetzungen, unsere Produktion bedarfsgerecht und absatzorientiert durchzuführen. Eine solche Gemeinschaftsarbeit wollen wir auch mit einem Betrieb der Textilindustrie entwickeln, der Jugendmode herstellt. Durch das Angebot hochmodischer Kleidung wollen wir unserer Jugend für ihre Arbeit bei der Lösung unserer Intensivierungsmaßnahmen danken.
- Unsere bisher gesammelten Erfahrungen besagen aber auch, daß sich in solch einer komplizierten Phase spezifische Anforderungen an die Leitungstätigkeit ergeben. Es hat sich bewährt, wichtige Nahtstellen von Forschung, Entwicklung, materieller Sicherung und Inbetriebnahme frühzeitig zu erkennen. Das betrifft insbesondere die Verflechtung zwischen Forschung, Technologie und Technik zur terminlichen und kapazitiven Abstimmung. Das betrifft Festlegungen zur Organisation der Leitung, um die Planerfüllung unter den Bedingungen der Rekonstruktion allseitig zu sichern. Das betrifft aber auch organisatorische Regelungen und die Leitungsstruktur während der Rekonstruktion bzw. der Inbetriebnahme.

Für alle Investobjekte haben wir Objektleitungen gebildet, die Organisationsstruktur der Parteiorganisation und der gesellschaftlichen Organisationen neu gestaltet. An den Vorhaben werden kampfstarke FDJ-Organisationen formiert, die im „Friedensaufgebot der FDJ" eine beispielhafte Verbandsarbeit entwickeln. Zeitweilige Jugendkollektive, Jugendforscherkollektive und junge Projektierungskollektive werden uns bei der Lösung dieser Aufgaben aktiv unterstützen. Dabei muß die Wettbewerbsinitiative „Jeder jeden Tag mit guter Bilanz" vorranging durchgesetzt werden.

Den für die Produktionserweiterung anstehenden Arbeitskräftebedarf lösen wir durch neue Verfahren, durch die Schwedter Initiative und die wissenschaftliche Arbeitsorganisation so, daß wir im wesentlichen mit den uns heute bereitstehenden Kräften auskommen.

Mit dem Vorhaben verändert sich eine Vielzahl von Arbeitsaufgaben in unserem Werk. Eine Reihe Arbeitsplätze fallen ganz weg, weil Arbeiten in das Verfahren integriert sind, andere entstehen neu. Die neue Technik stellt neue Anforderungen an ihre Bedienung und Wartung. Diesen Veränderungen müssen wir unsere Arbeitskräftestruktur und unsere Bildungsmaßnahmen anpassen. So benötigen wir mehr qualifizierte Arbeitskräfte für den durchgängigen 4-Schicht-Einsatz und setzen dafür Kräfte aus dem 2-Schicht-System frei. Die Erfahrungen lehren uns, daß ein Arbeitsplatzwechsel, vor allem mit zunehmendem Alter, stets Fragen und Probleme aufwirft. Solche Probleme lösen wir nur, wenn wir gute Beziehungen zu unseren Werktätigen pflegen, brauchbare Vorschläge und Kritiken berücksichtigen und uns vertrauensvoll mit ihnen beraten.

Wir sind uns bewußt, daß wir als staatliche Leiter vor allem politische Leiter von Kollektiven sind. Mit Herz und Verstand müssen wir unseren Menschen die Aufgaben erläutern und sie alle für die Lösung gewinnen. Nur mit Anweisungen sind die anspruchsvollen Aufgaben nicht zu packen. Das erfordert für den vor uns stehenden Prozeß:

- stets eine genaue Kenntnis der Lage,
- sich eng mit den Kollektiven zu verbinden und das Wissen und Können aller Werktätigen für die Lösung der Aufgaben zu nutzen,
- hohe politische Wachsamkeit,
- eine engagierte Einsatzbereitschaft.

Sicher brauche ich nicht besonders zu betonen, daß die Realisierung eines so umfassenden Programmes vielfältige Auswirkungen auf das Territorium hat. Wir haben mit den zuständigen Räten der Bezirke die dazu notwendigen Maßnahmen vereinbart.

Die Intensivierung der Produktion hochveredelter Chemiefaserstoffe stellt an uns hohe Anforderungen. Ausgehend von unserer politischen Verantwortung werden wir, gestützt auf hohes fachliches Können und schöpferische Initiativen

- den komplizierten Prozeß von Forschung und Entwicklung, Investrealisierung, Produktion und Absatz straff leiten,
- gemeinsam mit unseren Kooperationspartnern die anstehenden Fragen unbürokratisch und kameradschaftlich lösen.

Wir wissen, daß wir diese Ziele nur dann erfüllen, wenn wir zugleich auch unsere Tagesaufgaben gut meistern. Das betrachten wir als Einheit und stellen uns dieser komplizierten Aufgaben.

H. Maier

Wissenschaftlich-technische Strategienbildung und Effektivitätswachstum

Die Notwendigkeit des konsequenten Übergangs zur intensiv erweiterten Reproduktion ergibt sich sowohl aus den inneren Wachstumsbedingungen der sozialistischen Gesellschaft als auch aus der sich gegenwärtig vollziehenden Revolution der Produktivkräfte. Als das entscheidende Kriterium der intensiv erweiterten Reproduktion erweist sich hierbei immer mehr der Neuwertzuwachs pro Einheit eingesetzter Ressourcen. Erst mit dem Wachsen der Neuwertschöpfung pro Ressourceneinheit können jene *„disponible Zeit"* und materielle Fonds freigesetzt werden, die für die weitere Gestaltung der entwickelten sozialistischen Gesellschaft und Stärkung der Wettbewerbsfähigkeit unserer Wirtschaft notwendig sind.

Der Übergang zur intensiv erweiterten Reproduktion ist mit einer Reihe neuer komplizierter Probleme verbunden, auf die – wie *Günter Mittag* in seinem Referat ausführte – unsere Kombinate und die gesamte Volkswirtschaft sich einzustellen haben. Das Kernproblem besteht hierbei darin, die Bedingungen für die Beschleunigungen des wissenschaftlich-technischen Fortschritts durch die Erhöhung der Innovationskraft unserer Wirtschaft zu verbessern. Dies deshalb, weil die grundlegenden Elemente des wissenschaftlich-technischen Fortschritts, die Produkt- und Prozeßinnovationen, den Schlüssel zur intensiv erweiterten Reproduktion darstellen.

Wie alle Erfahrung lehrt, ist dieser Schlüssel nicht leicht zu handhaben. Eine grundlegende Voraussetzung ist eine detaillierte und differenzierte Analyse seiner Rolle im Prozeß der intensiv erweiterten Reproduktion. Sie besteht darin, daß die Innovationen, indem sie mit neuen Produkten und Verfahren ein höheres Produktivitätsniveau hervorbringen, gleichzeitig das Effektivitätspotential der bisher dominierenden Produkte und Technologien zerstören.

Dies ergibt sich aus dem ökonomischen Wesenszug der Innovationen, den *Marx* in ihrer Fähigkeit sah, ein höheres Produktivitätsniveau als das bereits vorhandene hervorzubringen, also in ihrer „ausnahmsweisen Produktivkraft". Durch die „ausnahmsweise Produktivkraft" kann sich die Innovation im technologischen Wettbewerb gegen existierende Produkte und Verfahren schrittweise durchsetzen, und zwar so lange, bis sie deren Effektivitätspotential zerstört hat und ihre „ausnahmsweise Produktivkraft" zur allgemein genutzten Produktivkraft wird, oder anders ausgedrückt, bis ihre dynamische Effektivität zur durchschnittlichen Effektivität des Produktionsfelds geworden ist. Von diesem Punkt ab hört das betreffende Produkt oder Verfahren auf, Träger einer „ausnahmsweisen Produktivkraft" und damit eine Innovation zu sein. Es ist daher nur eine Frage der Zeit, bis das mit bestimmten Produkten und Verfahren verbundene überdurchschnittliche Effektivitätspotential durch die „ausnahmsweise Produktivkraft" neuer Produkte und Verfahren zerstört ist.

Die Analyse der Dialektik von dynamischer und durchschnittlicher Effektivität, dieses die Entwicklung der Produktivkräfte vorantreibenden Widerspruchs, ist von ausschlaggebender Bedeutung für die wissenschaftlich-technische Strategienbildung der Kombinate sowie der Volkswirtschaft. Denn nur in dem Zeitraum, in dem die „ausnahmsweise Produktivkraft" der Innovation international noch nicht allgemein genutzt wird, kann jene Produktivitätsrate und Masse des Nettoprodukts realisiert werden, die die enormen Vorleistungen für das Zustandekommen der Innovationen rechtfertigen. Hieraus erklärt sich, daß der Zeitfaktor (Zeitpunkt, Zeitraum, Zeithorizont) das Kernproblem der wissenschaftlich-technischen Strategienbildung ist. Für ein Kombinat besteht hierbei der erste Schritt in der Strategienbildung vor allem darin, zu ermitteln, in welcher Phase des Innovationszyklusses (Einführungsphase, Phase des schnellen Wachstums, Reifephase, Saturationsphase, Veraltungsphase) sich die sein Produktionsprofil bestimmenden Produkte und Verfahren befinden.

Ausgehend von einer solchen Positions-Matrix der vorhandenen Produkte und Verfahren müßte der zweite Schritt der Strategienbildung darin bestehen, Wege und Varianten herauszuarbeiten, wie durch die Nutzung vorhandener bzw. zu erarbeitender wissenschaftlich-technischer Problemlösungen sowie die Mobilisierung der Kräfte und Mittel der Produktionseinheit erreicht werden kann, daß die Mehrzahl der Produkte und Verfahren in der Phase des schnellen Wachstums, der Reife und Saturationsphase positioniert sind, während sich eine hinreichende Anzahl in der Einführungsphase und eine möglichst geringe Anzahl in der Veraltungsphase befinden sollte.

Wer mit überdurchschnittlichen Leistungen in Forschung, technischer Entwicklung, Produktion und Absatz eine solche Positionierung seiner Produkte und Verfahren im Innovationszyklus zu sichern versteht, wird in der Lage sein, eine hohe dynamische Effektivität der Produktion zu sichern. Wer jedoch das mit diesen Innovationen verbundene Effektivitätspotential nicht rechtzeitig erkennt bzw. es nicht zu nutzen versteht, wird selbst das bereits erreichte Produktivitätsniveau nicht halten können.

Das wichtigste Problem bei der Verbesserung von Leitung und Planung der Forschung, technischen Entwicklung und Produktion besteht daher darin, dem Zeitfaktor besser als bisher im Entscheidungsprozeß Rechnung zu tragen. Dies vor allem auf Grund von zwei widersprüchlichen Prozessen, die das Gesicht der gegenwärtigen wissenschaftlich-technischen Revolution kennzeichnen:

- die Veränderung der Ressourcensituation. Damit ist eine Neu- und Umbewertung der natürlichen Ressourcen der Produktion verbunden, die gleichzeitig zu einer Entwertung existierender Erzeugnisse und Technologien führt;
- die Herausbildung eines neuen Potentials an wissenschaftlich-technischen Problemlösungen im internationalen Maßstab, so zum Beispiel auf dem Gebiet der Mikroelektronik, der Informationstechnik, der Automatisierung, der Energie, der Biotechnologien, der modernen Werkstoffe, das unter dem Druck des mit der neuen Ressourcensituation verbundenen ökonomischen Bedarfs dabei ist, einen kräftigen Innovationsschub auszulösen, der zu einer neuen Kombination der Produktivkräfte mit einem qualitativ höheren Produktivitätsniveau führt.

Die Umbewertung der Ressourcen und die Entwertung existierender Erzeugnisse sind mit einem Phänomen verbunden, das *Marx* mit „Wertrevolution" bezeichnet hat. Die Umbewertung der Ressourcen zeigt sich unter anderem darin, daß sich die realen Preise für Erdöl – im Weltmaßstab mit 42 Prozent Anteil nach wie vor die wichtigste Primärenergiequelle – auf dem kapitalistischen Weltmarkt von 1973 bis 1982 um das 10fache erhöhten, nominal sogar um das 18fache. Andererseits zeigt sich bei industriellen Standarderzeugnissen ein drastischer Preisverfall, der hier zu dem niedrigsten Preisniveau seit 30 Jahren geführt hat. Dagegen sind Produzenten, die es vermochten, solche Basisinnovationen, wie die Mikroelektronik, zur Grundlage ihrer Produktinnovationen zu machen, gegenwärtig in der Lage, außerordentlich hohe Wachstumsraten der Produktion zu realisieren, die mit einer Neuwertschöpfung pro Ressourceneinheit verbunden sind, die oftmals die der traditionellen Erzeugnisse um den Faktor 100 übersteigt. Genannt seien nur die Industrieroboter der 2. und 3. Generation, die von 1972 bis 1980 mit 44 Prozent, die computerisierten NC-Maschinen (CNC) mit 56 Prozent, die rechnergestützte Entwicklung (CAD) mit 69 Prozent, die rechnergestützte Fertigung (CAM) mit 40 Prozent jährliche Wachstumsraten von außergewöhnlicher Höhe erzielen konnten.[1] Der erste Prozeß birgt die Tendenz der Verlangsamung des Produktivitätswachstums in sich, während der zweite neue Quellen für das Effektivitätswachstum erschließt.

Ein stabiles Wachstum der Effektivität der Wirtschaft ist nur dann möglich, wenn der Effektivitätsbeitrag des wissenschaftlich-technischen Fortschritts deutlich die Belastungen aus der Veränderung der Ressourcensituation übersteigt. Erst, wenn pro Einheit Ressourceneinsatz ein höheres Produktionsergebnis erzielt wird bzw. wenn die Ressourceneinheit zur Trägerin eines höheren Neuwerts zu werden vermag, entsteht ein ausreichender Spielraum für die intensiv erweiterte Reproduktion. Der Übergang zur intensiv erweiterten Reproduktion erfordert daher, vor allem die Innovationskraft der Volkswirtschaft durch Anstrengung in Forschung und Produktion zu erhöhen. Die Innovationskraft der Volkswirtschaft hängt von einer Vielzahl von Einflußfaktoren ab. Hier soll nur auf zwei dieser Faktoren näher eingegangen werden:

Qualitatives Niveau der strategischen Arbeit

Wissenschaftlich-technische Innovationen sind das Ergebnis der Fusion einer wissenschaftlich-technischen Problemlösung mit einem existierenden bzw. latent verbundenen Bedarf. Um den für die Hervorbringung und Durchsetzung einer Innovation vom Standpunkt der Effektivitätsentwicklung günstigsten Zeitpunkt zu bestimmen, müssen daher diese beiden, eine Innovation konstituierenden Komponenten ständig im Mittelpunkt der strategischen Arbeit stehen. Die strategische Arbeit gewinnt gegenwärtig vor allem aus zwei Gründen an Bedeutung:

- auf Grund der wachsenden Vorleistungen für die Erarbeitung hocheffektiver Problemlösungen. Dies erfordert eine sinnvolle Konzentration der Mittel und Kräfte auf die aussichtsreichsten Innovationsprojekte. Ohne eine qualifizierte strategische Arbeit kann man jedoch hier leicht in die Irre gehen.
- wegen der gegenwärtig beträchtlichen Beschleunigung des wissenschaftlich-technischen Fortschritts. Es hat sich sowohl die Zeitperiode zwischen der Hervorbringung einer Problemlösung und ihrer Realisierung als Innovation verkürzt, als auch das Tempo der Produkterneuerung (Innovationsrate) sowie die Übernahme einer Innovation durch andere Produktionseinheiten (Ausbreitungsgeschwindigkeit oder Imitationsrate) beschleunigt.

Auf dem Gebiet der Mikroelektronik ist das Tempo des Generationswechsels von Halbleiter-Chips gegenwärtig so hoch, daß ein Verzug gegenüber den ersten Nutzern einer Innovation von nur 18 Monaten nur noch 20 Prozent des Neuwertzuwachses sichert, der den Innovations-Pionieren möglich war. Für die gleiche Einheit Neuwert müssen also Produzenten, die 18 Monate nach den ersten Nutzern der Innovation auf den Weltmarkt kommen, das Fünffache an Ressourcen aufwenden. Hierin liegt die Ursache, daß die wissenschaftlich-technische Strategienbildung zum niveaubestimmenden Kettenmitglied in der Ziel-Programm-Planung des wissenschaftlich-technischen Fortschritts auf der Ebene der Kombinate sowie der Volkswirtschaft geworden ist. Erst auf der Grundlage ihrer Ergebnisse ist es möglich, langfristige Programme und konkrete Projekte zur Hervorbringung, Durchsetzung, Ausbreitung und Ökonomisierung von bestimmten Basisinnovationen in Zusammenarbeit von Kombinaten, Akademie und Hochschulwesen zu erarbeiten.

Gegenwärtig wird die Bedeutung der strategischen Arbeit noch oft unterschätzt. Mancher glaubt, strategische Informationen allein durch das Verfolgen der Fachliteratur oder die gelegentliche Befragung von Experten erhalten zu können. Dies reicht bei weitem nicht aus. Auch die hervorragendsten Experten einzelner Wissenschaftsgebiete und Tätigkeitsbereiche können nicht über die eine Innovation konstituierenden Komponenten, ihr Effektivitätspotential, ihre zeitliche Positionierung im Innovationszyklus, ihre relative Effektivität im Vergleich zu den existierenden Produkten und Verfahren, die komparativen Vorteile und Nachteile für ein Kombinat bzw. unser Land bei ihrer Nutzung, die ökonomischen und gesellschaftlichen Folge- und Nebenwirkungen so aussagefähig sein, wie es für die Strategienbildung notwendig ist.

Strategische Informationen müssen in Gemeinschaftsarbeit von Natur- und Gesellschaftswissenschaftlern und Praktikern auf wissenschaftlicher Grundlage mit modernen, rechnergestützten systemanalytischen Instrumentarien erarbeitet werden. Dies ist nicht billig und erfordert spezielle strategische Arbeitsgruppen, die sich der Erarbeitung solcher Informationen voll widmen können. Eine Reihe von Kombinaten und Forschungsinstituten hat sich in der letzten Zeit solche Gruppen geschaffen, ausgehend von der Erkenntnis, daß international wettbewerbsfähige Produktion eine wettbewerbsfähige strategische Arbeit voraussetzt.

Erst auf den Ergebnissen einer qualifizierten strategischen Arbeit aufbauend, können die Prioritäten für den Einsatz der Kräfte und Mittel ermittelt sowie die Koordination der für das Zustandekommen und die Nutzung einer Innovation notwendigen Aktivitäten gesichert werden. Deshalb ist die wissenschaftlich-technische Strategienbildung nicht einfach ein neues Wort für Marktanalysen, konzeptionelle Arbeit, Prognosen und langfristige Planung.

Ein qualitativ hohes Niveau der strategischen Arbeit ist eine grundlegende Voraussetzung, um am gesellschaftlich Notwendigen orientierte Leistungsmaßstäbe für Forschung und Produktion bei der Hervorbringung und Durchsetzung einer Innovation zu erarbeiten. Unsere gegenwärtige Praxis in Forschung, Technik und Produktion leidet noch daran, daß sie sich zu sehr an dem momentan möglichen und nicht genügend an dem gesellschaftlich notwendigen Leistungsniveau orientiert.

Das Kardinalproblem der strategischen Arbeit besteht daher darin, den Widerspruch zwischen dem momentan Möglichen und dem gesellschaftlich Notwendigen aufzudecken und ihn für das Kombinat und die Volkswirtschaft produktiv zu machen, das heißt, Wege zu seiner schrittweisen Überwindung durch die Schaffung der erforderlichen Bedingungen in Wissenschaft und Produktion zu finden.

Die Lösung dieses Widerspruchs ist nur möglich, wenn es gelingt, das System der materiellen und moralischen Stimulierung so zu vervollkommnen, daß die Forscher sich nicht vor der Übernahme hochinnovativer Aufgaben scheuen, sondern untereinander wetteifern, anspruchsvolle Aufgaben zu übernehmen und lösen zu können.

Es ist daher notwendig – in einigen Kombinaten gibt es eine Reihe interessanter Ansätze in dieser Richtung – an bestimmte Problemlösungen Stimulierungsmittel in einer Größenordnung zu binden, die ihrem strategischen Stellenwert entsprechen. Ein solches Vorgehen würde einen Wettstreit der verschiedenen Forscherkollektive um die Übernahme und Realisierung anspruchsvoller Problemlösungen auslösen.

Die effektive Lösung des Überführungsproblems

Für die effektive Gestaltung der Überführung von wissenschaftlich-technischen Problemlösungen in die Produktion ist eine ausreichende Variantenbreite von Problemlösungen die grundlegende Voraussetzung. Da es unmöglich ist, von vornherein zu sagen, welche wissenschaftlich-technische Problemlösung das größte Effizienzpotential in sich trägt, ist die Hervorbringung einer notwendigen Breite von Problemlösungen und die schrittweise Selektion der effektivsten Problemlösungen, die die Chance haben, eine erfolgreiche Produkt- und Prozeßinnovation zu werden, der einzige Weg zu verhindern, daß knappe Investitionsmittel an Problemlösungen gebunden werden, die nicht in der Lage sind, das Effektivitätspotential der Innovationen auszuschöpfen.

Hierbei ist die Erstrealisierung einer bestimmten Problemlösung als Produkt- und Prozeßinnovation besonders kritisch für das Gelingen des Überführungsprozesses. An dieser Nahtstelle von Wissenschaft und Produktion treten daher auch die größten Zeitverluste bei der Realisierung einer Innovation auf. Nach vorliegenden nationalen und internationalen Erfahrungen scheinen die Ursachen hierfür vor allem in folgendem zu liegen:

1. Mit der Übergabe einer wissenschaftlich-technischen Problemlösung an ein industrielles Forschungs- und Entwicklungskollektiv treten Informationsverluste auf. Übergeben wird nur der objektivierte Teil des Informationsgehalts einer Problemlösung. Der nicht objektivierbare Teil – die speziellen Kenntnisse und Erfahrungen der Schöpfer der Problemlösung – sind nicht übertragbar und fehlen dann bei der Lösung der neu auftretenden Probleme. Wenn nach vorliegenden Erfahrungen unserer Industrie 85 Prozent der bei der Überführung auftretenden Probleme in der Grundlagenforschung keine Rolle spielten, hier unwichtig oder nicht sichtbar waren, so heißt dies nicht, daß sie ohne das Spezialwissen und die Erfahrungen der Schöpfer der Problemlösung in einem vertretbaren Zeitraum gelöst werden können.
2. Bei der Übergabe einer wissenschaftlich-technischen Problemlösung ändert sich die Motivationsstruktur der am Überführungsprozeß Beteiligten, wodurch die Gefahr eines antiproduktiven Wettbewerbs entsteht. Vorliegende Erfahrungen zeigen, daß bei der Übergabe von Problemlösungen der Forschungskollektive an industrielle Entwicklungs- und Realisierungskollektive nicht nur die genannten Informationsverluste eintreten, sondern auf Grund der Vielzahl neu auftretender Probleme bei den Mitarbeitern der Entwicklungsabteilungen der Eindruck entsteht, daß von den Forschern eine sehr unvollkommene Arbeit geleistet wurde.

Die Schlußfolgerungen zur Veränderung einer solchen Situation liegen auf der Hand:

- Das hierarchische Prinzip der Übergabe von wissenschaftlich-technischen Problemlösungen von Forschungskollektiven an industrielle Entwicklungsabteilungen ist in vielen Fällen unrationell und zeitaufwendig. Deshalb müssen wir nach Wegen suchen, wie das die Schöpfer der wissenschaftlich-technischen Problemlösungen unter industriellen Bedingungen selbst vollziehen und leiten können. Dabei hat sich erwiesen, daß die vollständige Herauslösung des Forschers aus dem Forschungsprozeß und seine Delegierung in die Industrie durchaus nicht die effektivste Form ist. Vielmehr erweist sich Bildung von Erst-Realisierungs-Kollektiven unter Leitung des Erfahrungs- und Wissensträgers in nicht allzu großer Entfernung von seiner Forschungsbasis als eine sehr zweckmäßige Form für die Erst-Realisierung einer Innovation. Wichtig ist auch die Zusammensetzung der Kollektive für die Erst-Realisierung der Innovationen. Solche Erst-Realisierungs-Kollektive sollten außer dem Schöpfer der Problemlösung Entwicklungsingenieure, Facharbeiter des Gerätebaus sowie erfahrene Ökonomen umfassen.

– Dabei gilt es, neue Wege zu beschreiten und vielfältige Möglichkeiten zu nutzen. So wäre zum Beispiel die Schaffung von finanziellen und materiellen Innovationsfonds im Rahmen der Kombinate und der Volkswirtschaft, die nach sorgfältiger Selektion verschiedener Problemlösungen ihren Schöpfern die Möglichkeit geben, diese kritischste Phase der Realisierung einer Innovation im Rahmen relativ selbständig operierender Kollektive zu meistern, ein wichtiger Schritt in die richtige Richtung. Hierzu gehört auch eine an der strategischen Bedeutung der Innovation orientierte materielle und moralische Stimulierung, die Sicherung des notwendigen Entscheidungsspielraums für den das Risiko tragenden Leiter.

[1] Vgl. H.-D. Haustein/H. Maier, Schlüsseltechnologie der Zukunft, in: Wissenschaft und Fortschritt, 7/1983, S. 281.

H. Andermann

Zu einigen Fragen der Qualifizierung von Weltstandsvergleichen

Das kompromißlose Messen und Vergleichen von ökonomischen Zielstellungen und Ergebnissen am internationalen Stand, der das technisch und ökonomisch Erreichbare repräsentiert, ist ein aktuelles Erfordernis der Umsetzung der ökonomischen Strategie der Partei. Insbesondere in Verbindung mit der Konzipierung und Realisierung wissenschaftlich-technischer Aufgaben kommt es darauf an, daß sich „ihre ökonomischen Leistungsziele eindeutig an den internationalen Markt- und Produktivitätserfordernissen orientieren."[1]

Weltstandsvergleiche sind ein unentbehrliches Hilfsinstrument strategisch-konzeptioneller Arbeit in den Kombinaten, sie sind Bestandteil der Erarbeitung wissenschaftlich-technischer und ökonomischer Aufgaben und Ziele in Vorbereitung der Pflichtenhefte. Ihre Bedeutung wird dadurch unterstrichen,

- daß mit der Konzipierung heutiger Aufgaben in Forschung und Entwicklung und deren ökonomischer Verwertung das künftige Produktions- und Exportsortiment der Volkswirtschaft sowie das Produktivitäts- und Effektivitätsniveau entscheidend beeinflußt werden und
- die Außenwirtschaftsintensität der Volkswirtschaft und in den Kombinaten insbesondere durch die sozialistische ökonomische Integration stark gewachsen ist.

Beides ist in seinem inneren Zusammenhang von großem Einfluß auf die Entwicklung der volkswirtschaftlichen Effektivität, die heute objektive internationale Maßstäbe mit einschließt.

In der Wirtschaftspraxis wird der Orientierung am internationalen Niveau gegenwärtig nur teilweise entsprochen. So werden bei Weltstandsvergleichen in Verbindung mit der Erarbeitung der Pflichtenhefte im wesentlichen technische Parameter und die Gebrauchseigenschaften neu zu entwickelnder Erzeugnisse und Verfahren verglichen, wozu auch entsprechende Methoden entwickelt wurden. Ökonomische Aussagen zum internationalen Niveau werden in einem wesentlich geringeren Umfang getroffen und beziehen sich in der Regel nur auf die Weltmarktfähigkeit bzw. die Zirkulationsphase. Obwohl in den Pflichtenheften die Exportrentabilität anzugeben ist, wird oft die inhaltliche Analyse noch nicht tiefgründig genug durchgeführt, bzw. es werden kaum Rückrechnungen aus einer bestimmten, zu erreichenden Exportrentabilität, auf die maximal zulässige Kostenentwicklung vorgenommen. Oftmals sind die technisch qualitativen Eigenschaften der Exportwaren jedoch nicht, nicht allein oder nicht vorrangig die Ursache für eine niedrige Exportrentabilität. Eine hohe Effektivität, die mit den Zielstellungen in den Pflichtenheften erreicht werden soll, ausgedrückt in der Exportrentabilität, kann jedoch nur unter Beachtung der Gesamtheit des Reproduktionsprozesses gesichert werden.

Die Gebrauchseigenschaften der Erzeugnisse wie die Weltmarktfähigkeit insgesamt, einschließlich der Beachtung der Marktbedingungen und -erfordernisse (wie Bedarfsgerechtheit, Zeitpunkt, Service, Valutapreisarbeit u.a.) sind eine notwendige und sehr wichtige Voraussetzung hoher Valutaerlöse. Die Effektivität – also das Verhältnis von Erlös zu Aufwand, ausgedrückt in der Exportrentabilität – hängt jedoch gleichzeitig auch vom Aufwand für die Forschung, Entwicklung, Produktion und Absatz ab (in Gestalt des Betriebspreises und der Zirkulationskosten), d.h. inwieweit er internationalen Maßstäben und Tendenzen entspricht oder nicht. Beides, sowohl die Erlös- als auch insbesondere die Aufwandsseite kann durch eine konsequente Berücksichtigung internationaler Maßstäbe und Entwicklungstendenzen positiv beeinflußt werden. Weltstandsvergleiche sollten deshalb den technisch-ökonomischen Vergleich des eigenen zum internationalen Niveau jeweils in der dynamischen Entwicklung beinhalten, d.h. die gegenseitige Bedingtheit von Gebrauchswert und Wertkategorien berücksichtigen. Für die wirtschaftspraktische Tätigkeit in den Kombinaten können Weltstandsvergleiche jedoch nur dann zu realen Schlußfolgerungen und Vorschlägen für eine dem internationalen Niveau entsprechende Profilierung der wissenschaftlich-technischen Arbeit und der Produktions- und Zirkulationsprozesse führen, wenn sie mit einer Ursachenanalyse und der Diskussion der Bedingungen und Voraussetzungen verbunden werden.

Die Orientierung am internationalen Niveau in diesem Sinne bzw. ein so verstandener Weltstandsvergleich wirft eine Reihe theoretischer wie praktisch-methodologischer Fragen auf, so z.B.: Was ist unter internationalem Niveau in ökonomischer Beziehung zu verstehen, und wie kann es ermittelt werden?

Die theoretische Diskussion dieser und anderer Fragen und die Ausarbeitung praktikabler Empfehlungen zur Erarbeitung internationaler ökonomischer Vergleiche für die Kombinate ist eng verbunden mit theoretischen Fragen der internationalen Arbeitsteilung, insbesondere mit der von K. Marx begründeten Theorie der internationalen Werte unter Berücksichtigung ihrer Modifizierungen unter den heutigen Bedingungen der Weltwirtschaft. Hierzu gab es in der jüngsten Zeit eine Reihe von theoretischen Diskussionen und Veröffentlichungen. Daraus sind für die Charakterisierung und letztliche Ermittlung des internationalen ökonomischen Niveaus drei Momente von großer Bedeutung:

- Im Kern geht es bei internationalen ökonomischen Vergleichen um internationale Produktivitätsvergleiche (unterschiedliche nationale Intensitätsgrade der Arbeit erscheinen international gesehen in unterschiedlicher Produktivität der Arbeit).
- Für die Quantifizierung des internationalen ökonomischen Niveaus bzw. Produktivitätsniveaus im einzelnen (im Zweig, im Kombinat) ist die Kenntnis des durchschnittlichen Produktivitätsverhältnisses zwischen den am internationalen Markt beteiligten Ländern erforderlich, deren Produzenten maßgeblich den internationalen Wert bestimmen.
- Eine wichtige Rolle spielt weiterhin das Verhältnis der den internationalen Wert bestimmenden Produzenten in ihrem volkswirtschaftlichen Durchschnitt, da sich infolge unterschiedlicher Tempi des wissenschaftlich-technischen Fortschritts und anderer strukturverändernder Prozesse die Produktivitätsentwicklung sich von Zweig zu Zweig sowohl im internationalen als auch im Rahmen eines Landes unterschiedlich vollzieht, die Produzenten im Produktivitätsniveau in der Regel von ihrem volkswirtschaftlichen Durchschnitt abweichen.

Die praktische Konsequenz dieser hier skizzierten Zusammenhänge besteht darin, daß weder die Weltmarktfähigkeit einer Exportware, noch die Höhe der Exportrentabilität oder der Erwirtschaftungsaufwand für eine Valutaeinheit im konkreten Falle allein noch keine Auskunft über das Verhältnis zum internationalen ökonomischen Niveau, zum internationalen Produktivitätsniveau liefert. Dem ökonomischen Inhalt nach besteht die grundsätzliche Aussage der Kennziffer „Exportrentabilität“ darin, das Verhältnis zwischen dem (tendenziellen) volkswirtschaftlichen Durchschnittsaufwand für die Erwirtschaftung einer Einheit fremder Valuta und dem Aufwand im konkreten Falle auszudrücken. Diese Bezugnahme auf den eigenen volkswirtschaftlichen Durchschnitt bedeutet, daß mit der Exportrentabilität nicht unmittelbar die Abweichung vom internationalen Niveau in der Arbeitsproduktivität gemessen werden kann.

Selbst eine überdurchschnittliche Exportrentabilität (größer 1) läßt noch nicht den Schluß zu, daß mit internationaler durchschnittlicher Produktivität produziert oder höchstes internationales ökonomisches Niveau bereits erreicht ist. Die Exportrentabilität stellt zunächst die Beziehung zu dem durchschnittlichen Produktivitätsniveau der Volkswirtschaft her an einem Maßstab, der außerhalb der eigenen Volkswirtschaft entstanden ist. Die Analyse außenwirtschaftlicher Ergebnisse, insbesondere die Exportrentabilität, liefert für internationale ökonomische Vergleiche dann wichtige Anhaltspunkte, wenn das durchschnittliche Produktivitätsniveau der eigenen Volkswirtschaft zum Vergleichsland des oder der international vermeintlich führenden Produzenten beachtet und berücksichtigt wird. Nur über diese „Zwischenstufen“ sind Rückschlüsse zum Verhältnis des eigenen Standes, im konkreten Fall zum internationalen Produktivitätsniveau, möglich.

Jedoch sind Rückschlüsse zum international höchsten Produktivitätsniveau schwierig, denn es ist nicht bekannt, in welchem Verhältnis sich andere Produzenten bzw. Exporteure zu ihrem jeweiligen volkswirtschaftlichen Durchschnitt befinden. Hieraus sowie aus der gebotenen Vorsicht bei der Verwendung internationaler statistischer Angaben darf man m. E. jedoch nicht den Schluß ziehen, daß internationale Produktivitätsvergleiche nicht mit hinlänglicher Genauigkeit praktisch machbar und interpretierbar sind. Überlegungen und Berechnungen in dieser Richtung bewahren zumindest vor Überschätzungen des im konkreten Falle erreichten oder konzipierten Standes.

In Präzisierung dieser globalen Aussage ist es unumgänglich, zugleich für einzelne – das internationale ökonomische Niveau entscheidend beeinflussende – Faktoren, Analysen und Vergleiche anzustellen je nach Spezifik des Industriezweiges. Dazu gibt es in den Kombinaten bereits bestimmte Erfahrungen. Verglichen werden einzelne Aufwandsarten, Ergebnis-Aufwand-Beziehungen und technisch-ökonomische Prozesse, z. B. Rohstoff- und Materialeinsatz, Energieaufwand, Fertigungszeitaufwand pro Erzeugnismenge bei annähernd gleichem Kooperationsgrad, Kilogramm-Preise, Ausbeuteraten bei elektronischen Bauelementen, Prozeßstufen in der chemischen Industrie und Metallurgie, Niveau der Konzentration und Spezialisierung der Produktion u. a.

Sicherlich bedarf die hier behandelte Problematik bis zur Erarbeitung praktikabler methodischer Empfehlungen noch weiterer theoretischer Überlegungen und praktischer Überprüfungen.

Es gilt, die bereits vorhandenen Instrumentarien und Methoden zielstrebiger und breiter zu nutzen. Unter der Bedingung des weltweit raschen Fortschritts von Wissenschaft und Technik und der damit einhergehenden strukturellen Anpassungsprozesse werden internationale technisch-ökonomische Vergleiche immer zwingender.

[1] 5. Tagung des Zentralkomitees der SED, Aus dem Bericht des Politbüros an das Zentralkomitee der SED, Berichterstatter: H. Axen, Berlin 1982, S. 38.

H.-D. Haustein

Zeitfaktor und Effektivität in der Phase der Produktionsvorbereitung

Die Bedeutung des Zeitfaktors und der Prozeßbeschleunigung wurde auf der 5. Tagung des Zentralkomitees der SED besonders unterstrichen. Wir haben uns bei der theoretischen Auseinandersetzung mit diesen Fragen vor allem auf zwei Grundgedanken von Marx gestützt.

Erstens: Beschleunigung des Gesamtprozesses heißt immer Verkürzung der Umschlagszeit bzw. der Reproduktionszeit, die ihrerseits unmittelbar Rate und Masse des Ergebnisses beeinflußt. Die Umschlagszeit ist eine spezifische Zeitgröße, eine Art Zeitdichte, die die Bewegung der Masse der Fonds in den Phasen des Kreislaufs widerspiegelt, und keine einfache Zeitdauer.

Zweitens: Umschlag und Produktivität des „auf großer Stufenleiter kombinierten Gesamtarbeiters" hängen ebenfalls direkt zusammen. Es ist die gesellschaftliche Arbeit im wohldurchdachten Zusammenwirken aller ihrer Funktionen, die die Kontinuität des Gesamtprozesses sichert, und nicht allein die unmittelbare Fertigung.

Wir untersuchen gegenwärtig in einem Kombinat Leitungsprobleme der Effektivität und des Zeitfaktors in der Phase der Produktionsvorbereitung, sowie den Einfluß der Forschung und Entwicklung auf die Prozeßökonomie. *Unter Prozeßökonomie verstehen wir dabei jede Verringerung der Reproduktionszeit eines Erzeugnisses, die zur Erhöhung der Gesamteffektivität führt.* Es ist bekannt, daß die Fertigungszeiten zwar systematisch verringert, die Reproduktionszeiten aber tendenziell immer länger werden. Das ist ein weltweiter Widerspruch der gegenwärtigen Produktivkraftentwicklung. Im Durchschnitt der Leichtindustrie beträgt beispielsweise die Reproduktionszeit 241 Tage, die Auftragsdurchlaufzeit vom Eingang des Auftrags bis zur Auslieferung beispielsweise bei Herrenanzügen 40 bis 60 Tage, die Fertigungszeiten dagegen nur 120 bis 160 Minuten.

Ein ähnliches Beispiel finden wir in der Produktionsvorbereitung, die ihrerseits die Reproduktionszeit durch ihr Ergebnis und dessen Rechtzeitigkeit enorm beeinflußt. Sie umfaßt in der Konfektionsindustrie etwa 240 Tage von der Entscheidung des Betriebsdirektors über die ökonomische Zielstellung bis zur Übergabe der technisch-organisatorischen Unterlagen an die Fertigung. Bei einer Umschlagszeit des Sortiments von 3 bis 4 Jahren beeinflußt sie also etwa 25 bis 33 % eines Reproduktionszyklus insgesamt. Von den 240 Tagen sind etwa nur 40 Tage Gestaltung, Entwicklung und Konstruktion. 5 bis 7 Tage dauert die Gradation und Herstellung der Schnittbilder mit Hilfe der modernen mikroelektronischen Informationstechnik gegenüber früher 40 Tagen. Sie kann noch weiter verkürzt werden. Nach einer japanischen Quelle sind diese Aktivitäten bereits auf eine Stunde reduziert worden.

Solche enormen Zeitreserven können prinzipiell nur mit Hilfe der Basisinnovationen der Informationstechnik erschlossen werden. Heute ist es so, daß ohne das rechnergestützte Gradations- und Schnittbildzentrum die kurzen Orderfristen ausländischer Kunden von etwa 40 Tagen schwerlich zu realisieren wären.

Im Kombinat der Konfektionsindustrie, das die rechnergestützte Gradation und Schnittbilderstellung eingeführt hat, geht man von der Überlegung aus, daß in den kommenden Jahren der Gesamtprozeß der Produktionsvorbereitung auf die neue technische Basis umgestellt werden muß. Den größten Teil dieser Produktionsvorbereitung nehmen informationelle Prozesse ein, wie zum Beispiel Ausarbeitung des Arbeitsfolgeplanes, des Maschinenablaufplanes, des Hauptfristenplanes, Materialbilanzierung, Erarbeitung technischer Kalkulationen, Kapazitätsbilanzierung, Preisbildung u.a.m.

Worin bestehen gegenwärtig die größten Probleme bei der Umgestaltung der Produktionsvorbereitung auf der Grundlage der modernen Informationstechnik? Es gibt vielfach Engpässe in der Bereitstellung bestimmter Komponenten der Hardware, ganz zu schweigen vom Mangel an kundenspezifischen kompletten technischen Lösungen. Nicht selten kommt es auch vor, daß die Hardware schneller da ist als die geeigneten Systemunterlagen und konzeptionellen Arbeitsgrundlagen des Anwenders. Diesen Überraschungseffekt der Hardware gibt es nicht nur bei uns, die rasante technische Entwicklung auf dem Gebiet der Büroautomatisierung bewirkt die gleiche Erscheinung auch in anderen Ländern.

In manchen Fällen aber haben wir einen Software-Vorlauf, den wir ökonomisch noch schneller und wirksamer nutzen müssen.

Ein Beispiel dafür ist das Softwarepaket GRAFIS, das in Weißenfels entwickelt wurde und der dreidimensionalen Gradation und Steuerung der Werkzeugherstellung dient. Dadurch konnte die Auftragsdurchlaufzeit für Werkzeuge der Sohlenherstellung von 24 auf 8 bis 9 Monate verringert werden.

Ich möchte auf einige Innovationshemmnisse in diesem Bereich der Produktionsvorbereitung hinweisen, die den subjektiven Faktor und die Leitungstätigkeit betreffen.

Das ist vor allem die Einstellung der Kader zur modernen Informationstechnik. Hier gibt es drei Probleme:

Erstens besteht ein noch nicht ausreichendes Verständnis der Information als ökonomische Ressource, als Produktionsfaktor und Produktivkraft.

20/8716

Zweitens existiert eine nicht genügende Klarheit darüber, daß eine nachhaltige Beschleunigung des Produktivitätswachstums ohne Anwendung der mikroelektronischen Informationstechnik nicht möglich ist.

Drittens gibt es zu geringe Kenntnisse auf dem Gebiet der Informatik und eine damit verbundene Scheu und Bildschirmangst.

Wie äußern sich diese Faktoren?

Erstens enthalten die Maßnahmen des Plans Wissenschaft und Technik und der Intensivierungskonzeption zu wenig Aufgaben der Analyse und der Gestaltung von Informationsprozessen. Das zeigt Tabelle 1 am Beispiel eines Kombinats der Leichtindustrie.

Tabelle 1: Verteilung des einmaligen Aufwands 1981–1985 für Mikroelektronik und Robotertechnik in einem Kombinat der Leichtindustrie

Bereich	Anteil der Mittel Prozent	Aufwand je freigesetzte Arbeitskraft 1000 M
1. Vorfertigung	27	170
2. Endfertigung	67	86
3. TUL	5	58
4. Informationsverarbeitende Prozesse	1	25

Zweitens werden die Aufgaben der Informationstechnik immer noch zu sehr als Ressortaufgabe von Spezialisten, besonderen Abteilungen und Gruppen angesehen. Wenn wir auch noch lange nicht soweit sind, daß der Terminal und Personalcomputer zum allgemeinen Arbeitsmittel des Leiters wird, müssen wir dieses Ressortdenken doch schon heute überwinden.

Wenn wir feststellen mußten, daß die Gestaltung der Informationsprozesse einen zu geringen Platz im Plan Wissenschaft und Technik einnimmt, entsteht die Frage, inwieweit die Forschung und Entwicklung überhaupt ihren Aufgaben gerecht wird, einen Maßnahmevorlauf für die Prozeßökonomie, für die Reduzierung der gesamten Reproduktionszeit zu schaffen.

Diese Frage haben wir anhand von 127 Pflichtenheften und 120 Schwerpunktmaßnahmen der Intensivierung in einem Kombinat untersucht. Es sind vor allem zwei Grundgedanken, die das Herangehen bestimmen:

1. Entscheidend ist die zusätzliche Neuwertschöpfung durch neue und verbesserte Gebrauchswerte bei hoher Qualität. Es sind weltweit nicht die standardisierten Massengüter, deren Umschlag sich beschleunigt, sondern die neuen, hochveredelten Erzeugnisse.

Es werden neue überraschende und wirksame Produktideen gebraucht. Auf ein Kilogramm Faserstoffe, ein Kilogramm textile Fläche und ein Kilogramm Bekleidungserzeugnisse muß ein zusätzlicher Neuwert produziert und realisiert werden. Manche sehen die Ökonomie nur durch die Brille der Aufwandssenkung, nicht aber durch die Brille der zusätzlichen Wertschöpfung, der Gebiete mit rasant steigender, wenn auch zunächst kleiner Nachfrage, wo es auf den Zeitfaktor besonders ankommt, wo über eine bestimmte Zeit ein Extragewinn erzielt werden kann. Dazu zählen neue Erzeugnisse, hochmodische Erzeugnisse, Erzeugnisse, die auf einer hohen Patentintensität beruhen, Erzeugnisse traditioneller, aber auf dem Markt hochgeschätzter Facharbeit, Erzeugnisse einer besonderen künstlerischen ästhetischen Qualität, Erzeugnisse des gehobenen Genres oder auch nur sogenannte Renner, die man mit den Eintagsfliegen im bekannten Gedicht von Ringelnatz vergleichen kann.

Das durch neue Erzeugnisse ermöglichte zusätzliche Betriebsergebnis müßte im Plan eine größere Rolle spielen.

2. Verringerung des tatsächlichen Arbeitszeitaufwands der Arbeiter und Angestellten in allen Phasen des Reproduktionsprozesses auf zwei grundsätzlichen Wegen.

a) Rationalisierung der vorhandenen Fonds auf Basis bekannter technischer Prinziplösungen.
b) Einführung, Ausbreitung und Ökonomisierung von Basisinnovationen der flexiblen Automatisierung und der Informationstechnik auf Basis der Mikroelektronik in Verbindung mit weiteren Basisinnovationen der Textiltechnik.

Die Dialektik dieser beiden Wege aus der Sicht der Ergebnismasse und der Rentabilität müssen wir beherrschen. Vereinfacht gesagt: die Rationalisierung vorhandener Fonds bringt die Ergebnismasse, auf die Dauer gesehen aber erschöpfen sich diese Möglichkeiten und die Rentabilität sinkt allmählich oder fällt plötzlich ab. Das erleben wir auf dem Weltmarkt und das erleben wir auch in der Planwirtschaft.

Die Einführung, Ausbreitung und Ökonomisierung von Basisinnovationen bringt zunächst nur eine geringe, aber in der Zukunft schnell steigende Ergebnismasse. Die Gewinnrate prinzipiell neuer Erzeugnisse und Verfahren steigt international nach der erfolgreichen Einführung schnell über den Durchschnitt an.

Niemand kann von Basisinnovationen allein leben. Viele leben gut von der Rationalisierung des Vorhandenen, es fragt sich nur wie lange. Beides also brauchen wir. Das eine geht nicht ohne das andere.

Die Prozeßökonomie hat für uns vor allem zwei Dimensionen. Auf der Abzisse tragen wir die Reproduktionszeit in Tagen ab, getrennt nach Materialvorratshaltung, Fertigungszyklus und Zirkulation. Die Basis für die Berechnung dieser Größen sind die Umlaufmittel. Auf der Ordinate stehen die jährlichen Arbeitstage der Arbeiter und Angestellten (Zahl der AA × 256) auf 1000 M Warenproduktion zu Betriebspreisen, und zwar aufgegliedert nach den Bereichen

- Produktionsdurchführung
- Hilfsprozesse
- Vorbereitung
- Leitung
- Beschaffung, Absatz und
- Sonstige.

Es wird also der gesamte spezifische Arbeitsaufwand über der gesamten Reproduktionszeit betrachtet. Der Arbeitsaufwand als wichtigste Ressource wird auf die reale Bewegung der Arbeitsgegenstände durch die einzelnen Phasen der Reproduktion bis zur Realisierung bezogen. Das größte Feld ist immer noch die Produktionsdurchführung. Man muß aber beachten, daß nur ein Bruchteil dieses Aufwands der eigentlichen Fertigung gilt. Hinzu kommt, daß der Anteil der Arbeitsbereiche außerhalb der Produktionsdurchführung ständig ansteigt. Hohe Leistungszuwächse „vor Ort“ werden auf diese Weise abgebremst durch die Verlängerung der Informationsketten, die Erhöhung des Vorbereitungs- und Leitungsaufwandes und Warte- und Liegezeiten der verschiedensten Art.

In dieser Richtung haben wir das FE-Potential des Rationalisierungszentrums eines Kombinats auf neue Art untersucht. Es genügt nicht, einfach in traditioneller Weise den Kaderbestand des FE-Potentials aufzulisten, die Qualifikation zu analysieren etc. Man muß nicht von den Ressourcen, sondern von den Ergebnissen ausgehen. Daher haben wir die Pflichtenhefte als Grundlage der Analyse genommen. Es ist fehlorientierend, wenn man die Forschung und Entwicklung gleichsam isoliert betrachtet oder gar die Hoffnung hegt, daß schnellere Entwicklung und Überleitung automatisch die Lösung des Produktivitätsproblems bringt. *Eine wirksame Innovation ist das Ergebnis aller Reproduktionsphasen, ihres wohldurchdachten Zusammenwirkens und nicht allein die Forschung und Entwicklung.* Was im Labor und auf dem Reißbrett, künftig aber immer mehr am Bildschirm entsteht, ist noch lange keine erfolgreiche Innovation und wenn es noch so hohen Leistungsstand aufweist. Gekonnt haben wir im Sinne der Prozeßökonomie erst dann etwas, wenn wir es in Größenordnungen auf den Markt bringen können. Das zeigt sich am Beispiel eines neuentwickelten Spitzenverfahrens der Konfektionsindustrie, das durch fünf Patente gesichert ist. 1978 begann die Entwicklung. Bisher wurden lediglich drei der neuen Arbeitsmittel produziert, obwohl der Bedarf in der DDR bei 35 liegt und in anderen RGW-Ländern auch keine derartigen Anlagen produziert werden. Hier zeigt sich das generelle Problem, das darin besteht, daß die Fonds und Ressourcen oft auf angespannteste Weise für laufende Aufgaben, für die Aufrechterhaltung der Reproduktion auf vorhandenem und zum Teil veralteten technischem Niveau eingesetzt sind. Daher führt oft kein Weg zu einer großzügigen Mittelausstattung für solche Neuerungen, die in Zukunft enorme Produktivitätseffekte ermöglichen könnten. Diesen Kreislauf müssen wir durchbrechen: *Es kommt keine Innovation im eigentlichen Sinne zur Entfaltung, weil keine Ressourcen verfügbar sind und die Ressourcen sind knapp, weil das Neuerungstempo nicht ausreicht.*

Wie kann diese Situation verändert werden? Aus der Sicht der Produktionsvorbereitung geht es vor allem um notwendige Strukturentscheidungen zum Einsatz und zur Entwicklung des FE-Potentials, die auch durch die weitere Ausgestaltung der wirtschaftlichen Rechnungsführung der Wissenschaftsbetriebe unterstützt werden müßten.

Tabelle 2 zeigt zusammengefaßt ein Ergebnis unserer Analyse. Sie vergleicht den auf die Reproduktionszeit bezogenen spezifischen Arbeitsaufwand nach Bereichen der Prozeßökonomie mit der Struktur der laufenden Intensivierungsmaßnahmen sowie der vorbereitenden FE-Aufgaben. Dabei muß man beachten:

Der Reproduktionszyklus hat eine Dauer von 7,6 Monaten, die Schwerpunktmaßnahmen der Intensivierungskonzeption haben einen durchschnittlichen Zeithorizont von 9 Monaten und der Zeithorizont der FE-Aufgaben auf Basis der durchschnittlichen Bearbeitungsdauer beträgt etwa 20 Monate. Die FE-Themen

Tabelle 2: Struktur der Aufgaben der Intensivierungskonzeption und der Pflichtenhefte nach Bereichen der Prozeßökonomie

Bereiche der Prozeßökonomie	Arbeitsaufwand im Reproduktionsprozeß Prozent	Verteilung der 120 Schwerpunktmaßnahmen der Intensivierungskonzeption* 1983/84 Prozent	Verteilung der 127 Pflichtenhefte 1980/83 Prozent
I. Produktionszyklus	23	61	72
darunter Fertigung	2	52	67
II. Hilfsprozesse	21	5	9
III. Vorbereitung	16	11	11
IV. Leitung	15	11	2
V. Beschaffung	3	10	3
VI. Absatz	4	1	2
VII. Sonstige	19	1	1

* Gewichtet anhand der Selbstkostensenkung der Maßnahmen

zielen also voraus auf etwa drei künftige Reproduktionszyklen.

Die Analyse zeigt erhebliche Disproportionen aus der Sicht der Prozeßökonomie.

Erstens ist der größte Teil des Potentials auf den Produktionszyklus und vor allem auf die unmittelbare Fertigung orientiert. Weder die Arbeitsproduktivität noch die Rentabilität oder andere Effektivitätsgrößen werden aber bezogen nur auf die Fertigung ermittelt.

Zweitens entspricht das für die Hilfsprozesse eingesetzte Vorlaufpotential nicht den objektiven Anforderungen, vor allem unter dem Aspekt, daß der Arbeitsaufwand in den Hilfsprozessen absolut und relativ ansteigt.

Drittens ist die Vorbereitungsphase FE-seitig unterbesetzt. Das ist ebenfalls kritisch zu werten, weil der Aufwandsanteil der Vorbereitung ebenfalls eine steigende Tendenz aufweist.

Viertens sind die mit Leitung und Verwaltung verbundenen Aktivitäten der FE sehr gering in ihrem Anteil.

Die genannten Disproportionen sind nicht nur aus der Sicht der angeführten Momentaufnahme der Tabelle 2 so kritisch einzuschätzen, sondern vor allem im Hinblick auf die Tendenzen in künftigen Reproduktionszeiträumen.

Die Veränderung der Struktur und der Nutzung des FE-Potentials des Rationalisierungszentrums unter den Grundprämissen der Prozeßökonomie ist die wichtigste Schlußfolgerung, die gezogen werden muß.

Vor allem aber ist es erforderlich, das Konzept der Prozeßökonomie bzw. des Zeitfaktors aus der Sicht des gesamten Reproduktionsprozesses allen Leitern und Mitarbeitern zu erläutern. Wir waren sehr beeindruckt von der Zielstrebigkeit, mit der in einem Erfurter Großbetrieb der Leichtindustrie unter Führung der Parteiorganisation solche betriebswirtschaftlichen Fragestellungen aufgegriffen, durchgearbeitet und gelöst werden.

Noch 1972 benötigte der Betrieb 80000 Stunden Umstellungsaufwand, 1981 19683 Stunden, 1982 11817 Stunden und 1983 gelang es, den Umstellungsaufwand auf Null zu verringern. An einem Band laufen gleichzeitig 15 Artikel, während es früher nur 3 bis 4 waren. Solche Erfahrungen der Prozeßökonomie und Flexibilität gilt es schneller zu verallgemeinern und für alle nutzbar zu machen.

K. Henkel

Zur Nutzung des Arbeitsvermögens beim Hervorbringen hoher schöpferischer Leistungen in wissenschaftlich-technischen Bereichen

Im heutigen Hauptreferat ist von Mittag die Schlüsselfunktion einer ökonomisch konsequenten Aktivierung des wissenschaftlich-technischen Arbeitsvermögens für die Intensivierung der Volkswirtschaft herausgearbeitet worden.

Darin ist der gesellschaftliche Anspruch an eine weitaus höhere ökonomische Ergiebigkeit der erfinderischen Arbeit in Forschung und Technik eingeschlossen.

Wie ist das erfinderische Schaffen als qualitativer Intensivierungsfaktor heute zu bewerten?

1. Indem der ökonomische Leistungszuwachs und die Effektivität der Volkswirtschaft zunehmend von der Intensität der wissenschaftlich-technischen Erneuerung der Erzeugnisse und Technologien getragen werden, in dem das Vermögen, progressive technische Lösungen international als erster zu realisieren zunehmend über die ökonomische Position auf dem Markt entscheidet, ist das erfinderische Schöpfertum zu einer der Hauptquellen geworden, um die ökonomische Ergiebigkeit von Wissenschaft und Technik entschieden zu erhöhen.
   Bereits Karl Marx hat nachgewiesen – insbesondere in seinen Untersuchungen zur Ökonomie in der Anwendung des konstanten Kapitals sowie zu den Faktoren, die dem tendenziellen Fall der Profitrate entgegen wirken – daß die „Ökonomie durch Erfindungen" in der intensiv erweiterten Reproduktion durch kein anderes Element des wissenschaftlich-technischen Fortschritts ersetzbar ist.[1]
2. In technisches Neuland vorzustoßen und im internationalen Maßstab erstmalige, ökonomisch vorwärtsweisende technische Ideen zu entwickeln – das verkörpert die höchste Qualität schöpferischer wissenschaftlich-technischer Arbeit.
   Es dokumentiert zugleich, inwieweit mit höchster Zeitökonomie geistiger Vorlauf geschaffen wurde, inwieweit Forschung und Entwicklung mit der wissenschaftlich-technischen Revolution schritthalten und an Boden gewinnen, wie die Vorzüge der sozialistischen Planwirtschaft, Bildung, Qualifikation, volkswirtschaftliches Verantwortungsbewußtsein und Berufsethos der Werktätigen für hohen ökonomischen Leistungszuwachs genutzt werden, wie das Genosse Erich Honecker in seinem Schlußwort zur 5. Tagung des ZK der SED gefordert hat.[2]

Die ökonomische Strategie der Partei für die 80er Jahre hat das Erfinden deshalb endgültig aus der privaten Sphäre herausgehoben und als ein vorrangiges gesellschaftliches Anliegen schöpferischer Arbeit in Forschung und Technik manifestiert.[3]

Durch gewachsene Initiativen der Werktätigen und durch qualifiziertere Leitung haben sich die Leistungen der Erfinder der – DDR auch im internationalen Vergleich – positiv entwickelt:

- 1982 sind aus der Volkswirtschaft 8584 Patentanmeldungen hervorgegangen, an denen 16700 Erfinder beteiligt waren, jede fünfte Erfindung resultierte aus Aufgaben des Staatsplanes Wissenschaft und Technik;
- 11,6% der Ausgaben für Wissenschaft und Technik sind im vergangenen Jahr durch die ökonomische Nutzung von Erfindungen wiedererwirtschaftet worden;
- der durchschnittliche volkswirtschaftliche Nutzen einer eingeführten Erfindung betrug rund 300000M und damit das Fünffache des Nutzens einer kollektiven Neuererleistung und das Fünfzigfache des Nutzens eines Neuerervorschlages mit betrieblicher Neuheit;
- im Zeitraum 1972 bis 1982 haben sich die Anzahl der Patentanmeldungen, der Erfinder sowie der in die Produktion eingeführten Erfindungen verdoppelt und der jährliche ökonomische Leistungsbeitrag aus Erfindungen von 289,6 Mio Mark auf 939,7 Mio Mark erhöht.

In der Welt werden jährlich mehr als 500000 neue erfinderische Ideen hervorgebracht. Sowohl auf neuen als auch auf klassischen Wissensgebieten herrscht eine hohe Erfindungsintensität.

Im Bereich Elektrotechnik/Elektronik/Physik entfällt die Mehrzahl der jährlichen über 150000 neuen Erfindungen auf die Mikroelektronik, die Meß- und Prüftechnik, die Nachrichtentechnik, die Erzeugung, Umwandlung und Verteilung von Energie, die Digitalrechentechnik, die Informationsspeicherung und die Impulstechnik.

Rund 200000 neue Erfindungen charakterisieren den jährlichen wissenschaftlich-technischen Fortschritt im Maschinenbau, vor allem in der Robotertechnik, in der Anwendung der Mikroelektronik im Werkzeug- und Verarbeitungsmaschinenbau, im Fahrzeugbau, in der Gießereitechnik, im Anlagenbau und bei TUL-Prozessen.

Auf stoffwirtschaftliche Prozesse, insbesondere auf neue organische makromolekulare Verbindungen, auf Pflanzenschutz-, Schädlingsbekämpfungsmittel und Wachstumsregulatoren, auf neue Plaste und Elaste, auf Arzneimittel, auf die Erdöl- und Kohleveredlung, auf die Biotechnologien, auf pulvermetallurgische und silikatische Werkstoffe beziehen sich jährlich mehr als 70000 neue Erfindungen.

Unter den Bedingungen dieser hohen Dynamik des

internationalen Forschungs- und Patentgeschehens stellen uns die Beschlüsse der 5. und 6. Tagung des ZK der SED sowie die beschlossenen Maßnahmen zur weiteren Vervollkommnung der Leitung, Planung und wirtschaftliche Rechnungsführung in Wissenschaft und Technik vor die Aufgabe, die wissenschaftliche Produktivität und ökonomische Ergiebigkeit der geistigen Arbeit in Forschung und Entwicklung kurzfristig in neuen Dimensionen zu entwickeln und zu nutzen.

Dazu reicht es nicht mehr hin, daß sich einzelne Elemente der Erfinderarbeit, z. B. die Anzahl der Patentanmeldungen, positiv entwickeln.

Das erfinderische Schöpfertum ist vielmehr organisch mit dem Kreislauf der intensiv erweiterten Reproduktion in den Kombinaten zu verbinden. Das schließt ein, sowohl in jedem einzelnen Kombinat als auch in der Volkswirtschaft insgesamt, das erfinderische Schaffen nach spezifischen ökonomischen Kriterien zu entwickeln, die den Anforderungen der intensiv erweiterten Reproduktion entsprechen. Solche Kriterien sehe ich darin, daß

- die ökonomischen Resultate der Erfinderarbeit längerfristig schneller wachsen, als die Gesamtresultate der Wirtschaftstätigkeit, als die ökonomischen Gesamtergebnisse von Wissenschaft und Technik, als die Aufwendungen für Wissenschaft und Technik und als die Anzahl der Patentanmeldungen;
- die Anzahl der Erfinder schneller wächst als die Anzahl der Kader für Forschung und Entwicklung;
- die Anzahl der zum Patent angemeldeten, der im Ergebnis der staatlichen Patentprüfung vom Amt für Erfindungs- und Patentwesen bestätigten sowie der in Benutzung genommenen Erfindungen eine harmonische Entwicklung nehmen;
- der Anteil der staatlich anerkannten volkswirtschaftlich besonders bedeutsamen Erfindungen, d. h. der technischen Prinziplösungen und der Erfindungen mit tiefgreifender ökonomischer Flächenwirkung schneller wächst als die Anzahl der Patentanmeldungen insgesamt.

Für eine solche ökonomische Intensität in der Nutzung des wissenschaftlich-technischen Arbeitsvermögens gewinnen im Rahmen der engeren Verbindung von Plan und wirtschaftlicher Rechnungsführung in Wissenschaft und Technik folgende Aspekte an Gewicht:

1. Es reicht nicht mehr aus, in den Pflichtenheften lediglich die Anzahl erwarteter Patentanmeldungen vorzugeben. Vielmehr ist mit der wissenschaftlich-technischen Aufgabenstellung exakt und verbindlich zu definieren, welche konkreten technisch-ökonomischen Problemstellungen erfinderisch zu lösen sind.
   Dabei gewinnen folgende Arbeitsschritte an Bedeutung:
   - Die Umsetzung des zu lösenden ökonomischen oder sozialen Problems in konkret technische Aufgaben, d. h. das Herausarbeiten der technischen Widersprüche;
   - Das Prüfen, inwieweit bereits Mittel zur Lösung der technischen Widersprüche international bekannt sind;
   - Die Entscheidung zur Nutzung oder Anpassung an sich bekannter Technik bzw. zur Erarbeitung eigener erfinderischer Lösungen.

Die Beherrschung dieser Dialektik von Ökonomie und Technik bereits bei der Aufgabenfindung ist eine unverzichtbare Voraussetzung für treffsichere ökonomisch wirkungsvolle Erfindungen, für deren rasche und breite Nutzung sowie für eine wesentlich breitere Herausforderung des beträchtlichen Forschungs- und Bildungspotentials der DDR zu hohen schöpferischen Leistungen. Unter Berücksichtigung der vertraglich gebundenen Kapazitäten der Akademien, Universitäten und Hochschulen verfügen die Kombinate über mehrere hundert, auf volkswirtschaftlichen Schwerpunktgebieten sogar über mehrere tausend Mitarbeiter für Forschung und Entwicklung. Das sind durchaus international übliche Größenordnungen. Bisher ist erst jeder siebente dieser hochqualifizierten Kader jährlich an einer erfinderischen Idee beteiligt. Damit wird bedeutendes wissenschaftlich-technisches Arbeitsvermögen erheblich unterfordert. Führende kapitalistische Unternehmen haben vielfach eine höhere Erfindungsintensität ihrer Forschung und Entwicklung durchgesetzt und versuchen rigoros neuestes technisches Wissen mit Hilfe von Patenten zu monopolisieren.

Internationalen Leistungsmaßstäben in der Aktivierung des Arbeitsvermögens der Forschungskader entsprechen solche Kombinate, wie das Mansfeldkombinat, das Leunakombinat, das Gaskombinat, das Kombinat Polygraph und das PCK Schwedt, wo 1982 zwischen 30 und 65 % der Hoch- und Fachschulkader für F/E an Patentanmeldungen beteiligt waren.

Die Mehrzahl der Pflichtenhefte sollte sich auch auf eine noch gewissenhaftere Analyse und Bewertung des nationalen und internationalen Patentgeschehens stützen, um die patentfreien Räume zu nutzen und uneffektives Nachentwickeln zu vermeiden.

Für anspruchsvolle eigene Forschungs- und Entwicklungsaufgaben braucht man aktuelle und fundierte Kenntnisse über folgendes:

- Welches sind die neuesten technischen Prinziplösungen, die grundlegend neue wissenschaftlich-technische Entwicklungsrichtungen eröffnen?
- Mit welchen neuen Erfindungen zu Schlüsseltechnologien können tiefgreifende ökonomische Wirkungen erreicht werden?
- Welche technisch-ökonomischen Merkmale und welche neuesten Erfindungen charakterisieren den fortgeschrittenen internationalen Stand der Technik sowie seine inhaltliche und zeitliche Dynamik und welche Forschungseinrichtungen, Firmen und Spezialisten sind Träger dieser Entwicklung?

Das erfordert in allen Kombinaten und Forschungseinrichtungen eine gut funktionierende Patentinformation, die in der Lage ist, in relativ kurzer Zeit Hunderte – auf besonders dynamischen Gebieten sogar einige Tausende – neuer Erfindungen und Patente zu analysieren und dieses Wissen für fundierte Leitungsentscheidungen zu aktivieren. Im Maßstab der Volkswirtschaft der DDR sind die objektiven Voraussetzungen dafür gegeben, daß sich alle Forschungs- und Entwicklungskader, alle staatlichen Leiter ständig, aktuell und zielgerichtet über die neuesten Erfindungen und Patente aus aller Welt informieren können.

Von den Kombinaten muß dieser Wissensfundus konsequenter genutzt werden.

Internationale Neuheiten bleiben Zufallstreffer, wenn nicht mindestens das erste Viertel des Forschungsaufwandes für eine jede anspruchsvolle, wissenschaftlich-technische Aufgabe der gründlichen Analyse des Weltstandes der Technik anhand der Patent- und Fachliteratur gewidmet wird.

Zu jedem Pflichtenheft gehört eine solide Patentstrategie, um von vornherein die günstigsten ökonomisch-rechtlichen Bedingungen für eine hohe Absatzwirksamkeit von Neuentwicklungen zu schaffen.

Rechtzeitige und gezielte Patentaktivitäten sind eine unverzichtbare Brücke zwischen Forschung und Markt.

Die Pflichtenhefte sollten in diesem Zusammenhang die Erfinderarbeit in noch stärkerem Maße objektkonkret und flächenmäßig herausfordern.

Erfindungen und Patente vermögen nur dann ihre ökonomischen Potenzen voll zu entfalten, wenn es gelingt, zu den entscheidenden Erzeugnissen und Technologien längerfristig tragfähige prinzipielle technische Lösungen zu entwickeln und diese durch eine ständig wachsende Anzahl weiterer Erfindungen mit differenzierter Wertigkeit zu den einzelnen Baugruppen bzw. Verfahrensstufen flächendeckend zu komplettieren und auf diese Weise auch in den Exportländern *marktwirksame Patentkomplexe* aufzubauen.

International konkurrenzfähige Maschinen und Anlagen wie polygraphische, Textil-, Werkzeug- oder Landmaschinen enthalten heute dutzende, moderne elektronische Gerätesysteme, sogar hunderte patentierte Erfindungen.

Nicht alle Kombinate vermögen gegenwärtig im gleichen Maß gewachsene Erfinderinitiative in wirksame Außenhandelseffekte umzusetzen. Zuweilen wird der Patentschutz im Ausland sogar eingeschränkt.

Es verdeutlicht die Größe der vorhandenen Reserven, wenn sich gegenwärtig zwei Drittel aller Auslandspatente der DDR, die im Export benutzt werden, auf lediglich fünf Kombinate konzentrieren und wenn selbst in intelligenzintensiven Bereichen der Volkswirtschaft nur ein Bruchteil der Warenexporte und der Lizenzverkäufe effektiv durch Patente gestützt wird.

2. Der künftige Kauf und Verkauf wissenschaftlich-technischer Ergebnisse kann nachhaltig dazu beitragen, das ökonomische Interesse der Kombinate und Forschungseinrichtungen an erfinderischen Neuheiten weiter zu erhöhen.

   Vor allem kann der vorgesehene Extragewinn – in erforderlichen Fällen auch die Gewinnminderung – bei konsequenter Anwendung dazu beitragen, qualifizierte erfinderische Ideen als geistiges Gerüst wissenschaftlich-technischer und ökonomischer Spitzenleistungen herauszufordern.

3. Jeder Wirtschaftskader, jeder Forschungsleiter, jeder Themenbearbeiter muß im Alltag erleben können, daß *Erfinden keine Ermessensfrage, sondern Pflicht* ist. Erfolgreiche Erfinder sollen – vom Kampf um eine rasche und breite Nutzung neuer Erfindungen bis hin zur Übertragung der anspruchsvollsten und risikoreichsten Forschungsaufgaben – die große gesellschaftliche Wertschätzung ihrer Arbeit spüren.

   Es ist hoch zu bewerten, wenn sie ihre moralische Pflicht erfüllen und in Erfinderschulen, Erfinderzirkeln, im Rahmen des Erfinderwettbewerbes der Jugend, Methoden und Erfahrungen rationeller schöpferischer Arbeit verbreiten und mit ganzer Person das Schöpfertum der jungen Wissenschaftler und Ingenieure fördern.

   Es sollte jedoch ein Aspekt der konsequenten Verwirklichung des sozialistischen Leistungsprinzips in Forschung und Entwicklung sein, daß fehlende erfinderische Ergebnisse, vor allem in der Vorlaufforschung, für konkurrenzfähige Exporterzeugnisse und für weitere, in den Pflichtenheften anvisierte Spitzenleistungen durch keinerlei anderweitige Aktivitäten ersetzbar sind.

4. Die künftig vorgesehene Jahresabschlußrechnung Wissenschaft und Technik ist für die Kombinate ebenso wie der regelmäßige Leistungsvergleich eine gute Gelegenheit, zu prüfen, inwieweit,
   - sich das erfinderische Schöpfertum in der Breite und in der ökonomischen Ergiebigkeit entsprechend den objektiven Anforderungen und Möglichkeiten entwickelt;
   - den eingangs genannten Kriterien entsprochen wird,
   - alle volkswirtschaftlich wichtigen Forschungsarbeiten, vor allem für Exporterzeugnisse und Spitzentechnologien auf erfinderischem Niveau erfolgen;
   - ein ausreichender Vorrat an progressiven erfinderischen Vorschlägen für ein hohes Tempo der technischen Erneuerung der Produktion und für einen breiten Spielraum bei der Auswahl der volkswirtschaftlich günstigsten Variante des wissenschaftlich-technischen Fortschritts existiert;
   - über die beschleunigte ökonomische Verwertung aller erfinderischen Lösungen entschieden wurde sowie systematisch marktwirksame Erfindungs- und Patentkomplexe auf- und ausgebaut werden;
   - aus den Ergebnissen der staatlichen Patentprüfung des Amts für Erfindungs- und Patentwesen Schlußfolgerungen zur Erhöhung des schöpferischen Niveaus von Forschung und Entwicklung gezogen worden sind.

Aus der Sicht der jüngsten weitreichenden Maßnahmen zur Vervollkommnung der Leitung, Planung und wirtschaftlichen Rechnungsführung in Wissenschaft und Technik kristallisieren sich solche Problemstellungen heraus wie
- die weitere Ausgestaltung zwingender Bedingungen für die Entfaltung des wissenschaftlich-technischen Schöpfertums der Werktätigen, vor allem der Erfinder und Neuerer in neuen Dimensionen;
- die Organisation flexibler Reaktionen der naturwissenschaftlichen Forschung auf die internationalen Trends;

- die effektivere Umsetzung wissenschaftlich-technischer Neuheiten in nachhaltige Struktur- und Außenhandelseffekte unter besonderer Berücksichtigung des Zeitfaktors;
- die Methodik rationellen und effektiven geistigen Arbeitens in Forschung und Entwicklung einschließlich des Trainings des individuellen schöpferischen Leistungsvermögens.

Sie erfordern als aktuelle Aufgabenstellung der wirtschaftswissenschaftlichen Forschung eine noch unmittelbarere Gemeinschaftsarbeit der Ökonomen, Naturwissenschaftler, Philosophen und Soziologen zur weiteren erfolgreichen Verwirklichung der ökonomischen Strategie der Partei.

[1] K. Marx, Das Kapital, Dritter Band, in: MEW, Bd. 25, Berlin 1964, S. 87–114 und 242–250.

[2] 5. Tagung des ZK der SED, Mit Tatkraft und Zuversicht die vor uns liegenden Aufgaben zum Wohle des Volkes meistern, Aus dem Schlußwort des Genossen Erich Honecker, Berlin 1982, S. 24.

[3] Direktive des X. Parteitages der SED zum Fünfjahrplan für die Entwicklung der Volkswirtschaft der DDR in den Jahren 1981 bis 1985, Berlin 1981, S. 18–23.

W. Heyde/H. Sabisch

Aufgaben und Probleme der Bewertung des wissenschaftlich-technischen Fortschritts

Im Mittelpunkt der vom X. Parteitag der SED beschlossenen ökonomischen Strategie für die 80er Jahre steht die entscheidende Erhöhung der ökonomischen und sozialen Wirksamkeit des wissenschaftlich-technischen Fortschritts in allen Bereichen der Volkswirtschaft, in allen Kombinaten, Betrieben und wissenschaftlichen Einrichtungen. „Das langfristige stabile Wirtschaftswachstum in der DDR kann nur von der Beschleunigung des wissenschaftlich-technischen Fortschritts getragen werden. Das bedingt noch größere schöpferische Resultate unserer Forschung und Entwicklung."[1]

In allen Forschungs- und Entwicklungskollektiven gilt es deshalb, Potenzen in neuen Größenordnungen für die Leistungs- und Effektivitätssteigerung sowie für die Stärkung der Exportkraft zu erschließen und dabei den Anteil echter Spitzenleistungen in der wissenschaftlich-technischen Arbeit wesentlich zu erhöhen. Dazu ist es unumgänglich, „einen neuen Schritt bei der Verbindung der Vorzüge des Sozialismus mit den Errungenschaften der wissenschaftlich-technischen Revolution zu tun."[2] Insbesondere die Planmäßigkeit der wissenschaftlich-technischen wie der gesamtvolkswirtschaftlichen Entwicklung sowie die bewußte, schöpferische Initiative aller Werktätigen bei der Durchsetzung des wissenschaftlich-technischen Fortschritts ermöglichen und erfordern es zugleich, das vorhandene Potential auf die Lösung jener Aufgabenkomplexe, Aufgaben und Maßnahmen zu konzentrieren, die am besten den gesellschaftlichen Erfordernissen und Bedingungen entsprechen. Dazu ist es notwendig, alle wissenschaftlich-technischen Aufgaben, Maßnahmen und Ergebnisse konsequent in bezug auf die Erfüllung der ihnen zugrunde liegenden gesellschaftlichen Zielstellungen zu bewerten. „Wissenschaft und Technik sind nicht Selbstzweck, sondern Mittel zum Zweck der Verwirklichung unserer Wirtschafts- und Sozialpolitik. Wir messen den Wert technischer Entwicklungen am ökonomischen Ertrag... Das ökonomische Ergebnis ist Maßstab der wissenschaftlich-technischen Arbeit".[3]

Die Erfahrungen der fortgeschrittensten Kombinate bestätigen nachdrücklich, daß die richtige, auf hohen ökonomischen Nutzen ausgerichtete Bewertung wissenschaftlich-technischer Aufgaben und Ergebnisse gegenwärtig eines der Kernprobleme der Leitungs- und Planungstätigkeit bei der Durchsetzung des wissenschaftlich-technischen Fortschritts darstellt. Sowohl die Vorbereitung als auch die Durchführung wissenschaftlich-technischer Maßnahmen sind unmittelbar und mittelbar mit einer Reihe von Bewertungsaufgaben verbunden. Für ihre Lösung existieren gesicherte theoretische Erkenntnisse, praktisch handhabbare Methodiken sowie vielfältige praktische Erfahrungen. Die Analyse des Standes der Bewertung des wissenschaftlich-technischen Fortschritts in der sozialistischen Industrie zeigt jedoch auch, daß es einerseits noch wesentliche Niveauunterschiede zwischen den Kombinaten und Betrieben gibt und daß andererseits auch noch offene Probleme existieren, die dringend der Lösung durch die wirtschaftswissenschaftliche Forschung bedürfen.

In den nachfolgenden Darlegungen soll deshalb versucht werden, zu notwendigem Erkenntniszuwachs auf dem Gebiet der Bewertung und seiner Umsetzung in die Wirtschaftspraxis beizutragen sowie progressive, fortgeschrittenste Erfahrungen zu verallgemeinern.

Inhalt der Bewertung des wissenschaftlich-technischen Fortschritts

In ihrer allgemeingültigsten Definition bedeutet Bewertung stets Beurteilung des Grades der Zielerfüllung, der mit einem bestimmten Bewertungsobjekt erreicht wird. Um bewerten zu können, müssen also die Ziele und der Istzustand hinreichend genau bekannt sein und muß ein Maßstab für die Zielerfüllung existieren.

Davon ausgehend besteht die Bewertung des wissenschaftlich-technischen Fortschritts vor allem darin, wissenschaftlich-technische Aufgaben, Maßnahmen und Ergebnisse bezüglich der Erfüllung der ihnen zugrundeliegenden wissenschaftlich-technischen, ökonomischen, sozialen und anderen gesellschaftlichen Zielstellungen unter Berücksichtigung ihres Zeitverhaltens (Zeitfaktor) zu beurteilen. Die Bewertung geschieht nicht um ihrer selbst willen, sondern muß stets dazu dienen, Reserven aufzudecken, konkrete Schlußfolgerungen und neue Zielstellungen für die wissenschaftlich-technische Arbeit und den gesamten Reproduktionsprozeß abzuleiten.

Die Bewertung des wissenschaftlich-technischen Fortschritts in der sozialistischen Gesellschaft hat verschiedene Untersuchungsebenen, die auch unterschiedliche inhaltliche und methodische Fragen aufwerfen. Dazu zählen insbesondere:

- die Stellung und Potenzen des wissenschaftlich-technischen Fortschritts im System der qualitativen ökonomischen Wachstumsfaktoren und in der internationalen Klassenauseinandersetzung zwischen Sozialismus und Imperialismus;
- die Wirkung des wissenschaftlich-technischen Fortschritts auf die gesamte soziale und geistig-kulturelle Entwicklung (Veränderungen der Arbeitsinhalte und der Qualifikationsstrukturen, Auswirkungen auf das

Bildungssystem und die geistig-kulturellen Bedürfnisse usw.);
- die Beurteilung und Auswahl der volkswirtschaftlichen Schwerpunkte und Hauptrichtungen von Wissenschaft und Technik, die bevorzugte Förderung von speziellen Innovationen (Basisinnovationen) für einen betreffenden Planungszeitraum;
- die Bewertung von Aufgaben, Maßnahmen und Ergebnissen der wissenschaftlich-technischen Arbeit in den Kombinaten, Betrieben und wissenschaftlichen Einrichtungen.

Obwohl alle Betrachtungsebenen unmittelbar miteinander verflochten sind, soll im folgenden vor allem die letztgenannte Problemsituation im Vordergrund stehen.

Entsprechend den bisherigen Darstellungen muß die Bewertung wissenschaftlich-technischer Aufgaben und Ergebnisse vor allem folgende Funktionen erfüllen:

a) Orientierungs- und Zielfunktion

Aus der Ermittlung des erreichten Niveaus und den jeweiligen Ziel- bzw. Bestwerten sind neue Zielstellungen für die weitere Verbesserung der vorhandenen oder geplanten Ergebnisse sowie Vorhaben für die künftige Forschung- und Entwicklungsarbeit abzuleiten. Insbesondere ist zu sichern, daß auf entscheidenden Gebieten der wissenschaftlich-technische Höchststand bestimmt bzw. mitbestimmt wird.

Der Bewertung kommt somit stets eine aktive, effektivitätsbeeinflussende Rolle zu. Sie muß zunehmend dazu beitragen, alle objektiv vorhandenen Effektivitätsreserven planmäßig zu erschließen.

b) Entscheidungsfunktion

Die Bewertung dient in der Regel unmittelbar oder mittelbar der Lösung von Auswahl- und Entscheidungsproblemen. Die *Bewertung führt damit zur Festlegung von Rang- und Reihenfolgen verschiedener Varianten,* zu verbalen Aussagen und Entscheidungsvorschlägen für die Auswahl der günstigsten Variante.

c) Kontrollfunktion

Die Bewertung dient weiterhin dazu, in bestimmten Zwischenetappen der Forschung und Entwicklung die erreichten Ergebnisse mit den Vorhaben des Pflichtenheftes zu vergleichen und damit den Entwicklungsfortschritt zu kontrollieren.

Diese Grundfunktionen charakterisieren das inhaltliche Anliegen der Bewertung. Sie setzen die Anwendung einer Reihe von methodischen Grundbausteinen (Grundelementen), insbesondere das Messen und Vergleichen, voraus. Von theoretischer wie praktischer Bedeutung ist vor allem die Tatsache, daß Bewertung stets auf dem Messen (bzw. Schätzen) einzelner Parameter und Zusammenhänge für das betreffende Bewertungsobjekt beruht. Von der Genauigkeit der Messung bzw. Schätzung der Ausgangsgrößen hängen also wesentlich auch das Bewertungsergebnis und das Niveau des Bewertungsprozesses ab.

Entsprechend den Erfordernissen der ökonomischen Strategie der Partei steht die ökonomische Bewertung im Mittelpunkt der Bewertung des wissenschaftlich-technischen Fortschritts im Sozialismus. Sie wird notwendig ergänzt durch eine Bewertung nach gesamtgesellschaftlichen (politischen), sozialen, arbeitswissenschaftlichen, wissenschaftlich-technischen, kulturell-ästhetischen oder gegebenenfalls nach weiteren Kriterien. Falls die Komplexität des Bewertungsobjektes bzw. der Zielstellung der Bewertungsaufgaben es erfordern, kann durch gleichzeitige Beachtung der verschiedenen Kriterienarten (Kriteriengruppen) auch eine komplexe Gesamtbewertung erfolgen.

Ökonomische Bewertung von Aufgaben, Maßnahmen und Ergebnissen des wissenschaftlich-technischen Fortschritts bedeutet vor allem Ermittlung und Bewertung
- des erforderlichen gesellschaftlichen Aufwands in der Forschung und Entwicklung, bei der Nutzung des wissenschaftlich-technischen Ergebnisses in der Produktion sowie bei der Anwendung des hergestellten Erzeugnisses in der produktiven und nichtproduktiven Konsumtion, unterschieden nach einmaligem und laufendem Aufwand (eine besondere Bedeutung beim laufenden Aufwand kommt der entscheidenden Senkung des spezifischen Material- und Energieverbrauchs sowie des Arbeitszeitaufwandes je Erzeugniseinheit zu);
- der ökonomischen Ergebnisse, die durch die Nutzung wissenschaftlich-technischer Ergebnisse im betrieblichen und gesellschaftlichen Reproduktionsprozeß erzielt werden (dabei muß konsequent von den neuen Maßstäben der Leistungsbewertung der Kombinate und Betriebe hinsichtlich eines hohen Wachstums der Produktion durch Effektivitätssteigerung ausgegangen werden;

  Steigerung der Nettoproduktion und Warenproduktion, Erhöhung des Gewinns, Erhöhung der Produktion für die Bevölkerung und für den Export; weiterhin Erhöhung der Qualität der Erzeugnisse, Erhöhung des Anteils neu- und weiterentwickelter Erzeugnisse an der Gesamtproduktion, Erhöhung des Veredlungsgrades der Produktion usw.);
- der Effektivität durch Gegenüberstellung geeigneter wesentlicher Ergebnis- und Aufwandsgrößen (insbesondere: Arbeitsproduktivität, Rentabilität, Exportrentabilität, Rückflußdauer, Reduktionskosten usw.).

Ihren umfassendsten Niederschlag findet die ökonomische Bewertung in der Effektivitätsermittlung für Maßnahmen des wissenschaftlich-technischen Fortschritts. Obwohl seit 1982 in der DDR dazu eine verbindliche staatliche Regelung besteht[4], ist das Niveau der Effektivitätsermittlung gegenwärtig in den einzelnen Kombinaten und Betrieben noch sehr unterschiedlich.

Die entscheidende theoretische Grundlage für die ökonomische Bewertung bildet die marxistische Werttheorie. Für Marx besteht das allgemeine ökonomische Bewertungskriterium für die Entwicklung der Produktivkräfte stets im gesellschaftlichen Arbeitsaufwand. „Die wirkliche Ökonomie – Ersparung – besteht in Ersparung von Arbeitszeit; (Minimum [und Reduktion zum Minimum] der Produktionskosten); diese Ersparung aber identisch mit Entwicklung der Produktivkraft...

Die Einsparung von Arbeitszeit gleich Vermehren der freien Zeit, d. h. Zeit für die volle Entfaltung des Individuums, die selbst wieder als die größte Produktivkraft zurückwirkt auf die Produktivität der Arbeit“[5].

Marx gibt bei der wissenschaftlichen Begründung des

Gesetzes des tendenziellen Falls der Profitrate eine tiefgründige und allgemeingültige Analyse der ökonomischen Wirkung des wissenschaftlich-technischen Fortschritts. „Steigerung der Produktivität der Arbeit besteht eben darin, daß der Anteil der lebendigen Arbeit vermindert, der der vergangenen Arbeit vermehrt wird, aber so, daß die Gesamtsumme der in der Ware steckenden Arbeit abnimmt; daß also die lebendige Arbeit um mehr abnimmt als die vergangene zunimmt"[6]. Dabei differenziert Marx sehr deutlich zwischen den Grundbestandteilen der vergegenständlichten Arbeit, die in der Durchsetzung des wissenschaftlich-technischen Fortschritts eine unterschiedliche Wirkungsrichtung zeigen (oder zumindest zeigen können) „Der aus Roh- und Hilfsstoff entspringende Wertteil muß sich mit der Steigerung der Produktivität der Arbeit verringern. ... Dabei ist es gerade das Charakteristische der steigenden Produktivkraft der Arbeit, daß der fixe Teil des konstanten Kapitals eine sehr starke Vermehrung erfährt und damit auch der Wertteil desselben, der sich durch den Verschleiß auf die Waren überträgt."[7] Die von Marx verallgemeinerte Gesetzmäßigkeit der Produktivitätssteigerung bezieht sich vor allem auf wissenschaftlich-technische Maßnahmen zur Mechanisierung und Automatisierung der Produktion.

Charakteristisch für die Marxsche Analyse und Wertung des wissenschaftlich-technischen Fortschritts ist, daß er die einzelnen Erscheinungen und Gesetzmäßigkeiten stets in ihren unmittelbaren Beziehungen zu den Produktionsverhältnissen erfaßte. So verallgemeinerte er als Gesamtkriterium für den wissenschaftlich-technischen Fortschritt unter allen gesellschaftlichen Bedingungen: „Diese Verminderung des in die Ware eingehenden Gesamtarbeitsquantums scheint hiernach das wesentliche Kennzeichen gesteigerter Produktivkraft der Arbeit zu sein, gleichgültig, unter welchen gesellschaftlichen Bedingungen produziert wird.

In einer Gesellschaft, worin die Produzenten ihre Produktion nach einem voraus entworfenen Plan regeln, ja selbst in der einfachen Warenproduktion würde die Produktivität der Arbeit auch unbedingt nach diesem Maßstab gemessen."[8]

Jede Bewertungsaufgabe wird durch das konkrete Bewertungsobjekt, die dieses Objekt charakterisierenden Bewertungskriterien mit den für sie festgelegten Zielwerten sowie durch eine spezifische Bewertungssituation bestimmt.

Bewertungsobjekte können u. a. sein:

- vorhandene Erzeugnisse, technologische Prozesse und Verfahren, Leistungen, Rationalisierungslösungen, Organisationslösungen usw.,
- Aufgaben und Maßnahmen der Forschung und Entwicklung (zur Neu- bzw. Weiterentwicklung von Erzeugnissen und Verfahren), Objekte der Grundlagen- und angewandten Forschung),
- Varianten zur Durchführung bestimmter Aufgaben und Maßnahmen,
- wissenschaftlich-technische Ergebnisse (als Zwischenergebnisse und Abschlußergebnisse).

Der Spezifik des jeweiligen Bewertungsobjektes muß beim Prozeß der Bewertung hinreichend entsprochen werden. Dies geschieht vor allem durch die Festlegung der Bewertungskriterien, durch Beachtung des konkreten Bewertungsziels und Auswahl des anzuwendenden Bewertungsverfahrens.

Bewertungskriterien sind die wissenschaftlich-technischen, ökonomischen, sozialen und sonstigen Parameter, die das Bewertungsobjekt hinreichend genau und umfassend charakterisieren. Sie sollten möglichst überschneidungsfrei sein und quantifizierbare Aussagen enthalten. Für Aufgaben des Planes Wissenschaft und Technik müssen sie zumindest die im Pflichtenheft vorgegebenen Zielkriterien enthalten.[9]

Darüber hinaus empfiehlt es sich, solche Objektparameter für die Bewertung heranzuziehen, für die neue Zielstellungen und Vorgaben zur Erhöhung der Effektivität zu erwarten sind.

Die Auswahl der Bewertungskriterien und der Zielwerte wird auch durch den konkreten Zweck der Bewertung (die spezifische Bewertungssituation, wie z. B. Variantenauswahl, Vorbereitung von Entscheidungen zur Bestätigung von Abschluß- oder Zwischenergebnissen usw.) beeinflußt.

Methodik der Bewertung des wissenschaftlich-technischen Fortschritts

Die Bewertung ist ein sehr anspruchsvoller wissenschaftlicher Arbeitsprozeß, der vielfältige Anforderungen an das Bewertungssubjekt (einzelner Leiter oder Mitarbeiter, Kollektiv) sowie an die anzuwendenden Methoden stellt. Dazu zählen vor allem:

- konsequentes politisch-ideologisches Herangehen an alle Bewertungsfragen;
- hohes Fachwissen auf dem betreffenden Gebiet und Problemverständnis;
- konsequentes ökonomisches Denken bei der Lösung aller wissenschaftlich-technischen Aufgaben (daraus leiten sich Anforderungen an die ökonomische Ausbildung der Techniker und Naturwissenschaftler ab);
- die Bereitschaft und das Vermögen zu effektiver interdisziplinärer Arbeit (insbesondere zwischen Konstrukteuren, Technologen, Ökonomen, Arbeitswissenschaftlern und Soziologen);
- die richtige Einordnung der Bewertung in den gesamten Leitungs- und Planungsprozeß des Kombinates bzw. Betriebes (insbesondere enge Verbindung mit einer gründlichen Analyse- und Prognosetätigkeit im Betrieb, ohne die eine richtige Bewertung nicht möglich ist);
- Vorhandensein eines entsprechenden methodischen Wissens zum Problemlösungsprozeß und zur Bewertung.

Die Bewertung von Aufgaben, Maßnahmen und Ergebnissen des wissenschaftlich-technischen Fortschritts muß den spezifischen Bedingungen der wissenschaftlich-technischen Arbeit Rechnung tragen. Dazu zählen insbesondere

- die Unbestimmtheit der zu erwartenden Ergebnisse, deren Grad bei Aufgaben der Grundlagenforschung mit hohem Neuheitsgrad am höchsten ist und über den Entwicklungsprozeß bis zur Überführung in die Produktion ständig abnimmt sowie das damit verbundene ökonomische Risiko;
- die Phasenverschiebung der ökonomischen und sozia-

len Wirkungen des wissenschaftlich-technischen Fortschritts, die sich erst in der späteren materiellen Produktion und der Anwendung exakt messen lassen;
- der schöpferische Charakter der geistigen Arbeit, der zu Schwierigkeiten und Begrenzungen in der Normierbarkeit des Zeit- und Ressourcenaufwandes führt.

Ausgehend von diesen Bedingungen ist die Bewertung in Wissenschaft und Technik vor allem eine Vorausberechnung der zu erwartenden Effektivität für einen künftigen Planzeitraum mit einer bestimmten, vom Typ der Aufgabe abhängenden Wahrscheinlichkeit. Sie beruht auf der Anwendung einer den Bedingungen der wissenschaftlich-technischen Arbeit entsprechenden Bewertungsmethodik und eines Systems von Aufwands- und Proportionsrichtwerten.

Kernprobleme und bewährte Erfahrungen im Bewertungsprozeß

In Verallgemeinerung der fortgeschrittensten Erkenntnisse und praktischen Erfahrungen kommt es bei der Bewertung vor allem auf folgende Positionen an:

1. Bewertung ist stets gesellschaftlich und historisch determiniert, sie ist stets an politisch-ideologische Haltungen der Verantwortlichen gebunden.
   Richtiges politisch-ideologisches Herangehen an die Probleme der Bewertung erfordert in der sozialistischen Industrie vor allem die Durchsetzung progressiver Bewertungsmaßstäbe. Das bedeutet u. a.:
   - auszugehen vom arbeitszeit- und fondssparenden Typ der intensiv erweiterten Reproduktion, der noch unvollkommen theoretisch und praktisch ausgearbeitet ist;
   - konsequentes Überordnen gesamtgesellschaftlicher, volkswirtschaftlicher Erfordernisse über betriebliche Interessen und Überwindung von noch vorhandenen ressortmäßigen und kombinats- bzw. betriebsegoistischen Handlungen;
   - Sicherung der Einheit von Politik, Ökonomie und Technik im Prozeß der Bewertung und Überwindung von engem, einseitigem Herangehen;
   - kompromißlose Vergleiche mit den besten Ergebnissen im eigenen Land und mit dem Welthöchststand, Abbau von Vorbehalten, die noch bestehenden eigenen Schwächen und Rückstände aufzudecken.
2. Bewährt hat sich, die Bewertung als ständiges Arbeitsprinzip in der gesamten Leitungs- und Planungstätigkeit sowie in allen Stufen der wissenschaftlich-technischen Arbeit durchzusetzen. Dabei sind die unterschiedlichen Bewertungssituationen zu berücksichtigen.
   So entstehen z. B. im Konstruktionsprozeß und bei der technologischen Vorbereitung viele Bewertungsaufgaben. Im Interesse einer hohen Wirksamkeit wissenschaftlich-technischer Ergebnisse kommt es auf folgendes an:
   - Vorgabe der Gesamtheit der Ziele (d. h. nicht nur der technischen, sondern auch der ökonomischen und sozialen) im Pflichtenheft;
   - Präzisierung und Detaillierung der wissenschaftlich-technischen Aufgabenstellung und der ökonomischen, sozialen u. a. Ziele;
   - Kennzeichnung der Arbeitsstufen im Bearbeitungsprozeß, in denen Bewertungen unverzichtbar sind;
   - Sichtbarmachen der ökonomischen Auswirkungen technischer Detailentscheidungen (sowohl auf der Stufe der Detaillösung als auch der Gesamtlösung);
   - Unterordnung der technischen Optimierung (sowohl in bezug auf die Gesamtlösung als auch auf Details wie Einzelteile, Baugruppen) unter die planwirksamen, mit der wirtschaftlichen Rechnungsführung verbundenen Kriterien der Leistungsbewertung.
3. Kernproblem jeder Bewertung ist die Festlegung anspruchsvoller Ziele für die wissenschaftlich-technische Arbeit. Es geht vor allem darum, progressive, auf die Mitbestimmung des internationalen Spitzenniveaus und die Ausschöpfung vorhandener Reserven gerichtete wissenschaftlich-technische sowie ökonomische und soziale Ziele maßnahmespezifisch zu bestimmen und in den Pflichtenheften verbindlich festzulegen. Dazu ist ein hohes Niveau der gesamten Leitungs- und Planungstätigkeit im Kombinat, insbesondere der analytischen und prognostischen Arbeit, der Arbeit mit Richtwerten und Normativen, der Erarbeitung von Weltstandsvergleichen, Gebrauchswert-Kosten-Analysen, Bedarfs- und Marktstudien usw. erforderlich.
   Unerläßlicher Bestandteil jeder gründlichen Bewertung von Maßnahmen des wissenschaftlich-technischen Fortschritts ist der Vergleich mit dem internationalen Höchststand auf dem betreffenden Gebiet (Weltstandsvergleich). Die Erarbeitung von kompromißlosen Weltstandsvergleichen und ihre Umsetzung im Leitungs- und Planungsprozeß ist deshalb eine entscheidende Voraussetzung für die Erhöhung der ökonomischen Wirksamkeit von Wissenschaft und Technik. Bereits Marx betonte in seiner ökonomischen Analyse der kapitalistischen Produktion die Bedeutung des internationalen Vergleichs für die Sicherung hoher Rentabilität unter den Bedingungen der internationalen Arbeitsteilung und Handelstätigkeit. „Der industrielle Kapitalist hat beständig den Weltmarkt vor sich, vergleicht, und muß beständig vergleichen seine eigenen Kostpreise mit den Marktpreisen nicht nur der Heimat, sondern der ganzen Welt. Diese Vergleichung fällt in der früheren Periode fast ausschließlich den Kaufleuten zu und sichert so dem Handelskapital die Herrschaft über das industrielle.
   ...Die wirkliche Wissenschaft der modernen Ökonomie beginnt erst, wo die theoretische Betrachtung vom Zirkulationsprozeß zum Produktionsprozeß übergeht."[10]
   Bisher beschränkten sich die meisten der in der Industrie erarbeiteten Weltstandsvergleiche auf die Beurteilung der wissenschaftlich-technischen Parameter der Erzeugnisse. Ein komplexer Gesamtvergleich erfordert jedoch auch die Berücksichtigung wichtiger ökonomischer und sozialer Parameter der Herstellung und Anwendung des Erzeugnisses. Dabei spie-

len insbesondere für Exporterzeugnisse zunehmend marktökonomische Faktoren eine entscheidende Rolle.

Entsprechend der zentralen staatlichen Orientierungen und der Erfahrungen fortgeschrittener Kombinate kommt es neben dem Gebrauchswert-Vergleich vor allem auf einen aussagefähigen marktökonomischen Vergleich an. Darin sollten folgende Kriterien berücksichtigt werden: Preis (Weltmarktpreise zum Vergleichszeitpunkt), Liefer- und Zahlungsbedingungen, Kundendienst und Servicebedingungen (Ersatzteilarbeit, Monteurbereitstellung, Garantieleistungen, Reparatur- und Wartungsdienst, Ausbildung des Bedienungspersonals, Probelauf, Inbetriebsetzung). Bei bestimmten Exporterzeugnissen ist eine weitere Spezifizierung des marktökonomischen Vergleichs für ausgewählte Schwerpunktmärkte bzw. Marktgebiete zweckmäßig.

4. Eine besondere Bedeutung für den Inhalt und das methodische Vorgehen der Bewertung hat die Verwirklichung der Forderung nach Komplexität. Komplexe Bewertung von wissenschaftlich-technischen Aufgaben, Maßnahmen und Ergebnissen bedeutet stets Beurteilung des Erfüllungsgrades gesamtgesellschaftlicher Ziele und kann nicht allein und generell – so hoch der Rang der ökonomischen Wirksamkeit von Wissenschaft und Technik in der ökonomischen Strategie auch ist – auf die ökonomische Bewertung reduziert werden. Dies wäre insbesondere dann nicht vertretbar, wenn es sich um Aufgaben der Grundlagen- und angewandten Forschung mit hohem Vorlaufcharakter, um Entwicklungsmaßnahmen mit hohem Neuheitsgrad oder um technologische Entwicklungen und Produktionsanlagen handelt. In diesen Fällen sind Einschätzungen zur Vorlaufwirkung bzw. zu den sozialen Wirkungen unerläßlicher Bestandteil der Bewertung.

   Die Erhöhung der Komplexität ist ein Schwerpunkt der weiteren Qualifizierung der Bewertung von Maßnahmen des wissenschaftlich-technischen Fortschritts. Komplexe Bewertung bedeutet jedoch nicht, eine einzige (Universal- bzw. synthetische) Kennziffer anzustreben. Die wissenschaftlich-technische, ökonomische und soziale „Seite" der Objekte haben eine relativ eigenständige Bedeutung, die getrennt zu bewerten ist. Dennoch ist die ökonomische Bewertung vom Standpunkt der Reproduktion die schließlich ausschlaggebende.

Trotz der dargestellten, weitgehend verallgemeinerungsfähigen Erkenntnisse und Erfahrungen auf dem Gebiet der Bewertung ist eine Reihe dringender Fragen (sowohl inhaltlicher als auch methodischer Art) noch nicht oder noch nicht befriedigend gelöst.

Dazu zählen unter anderem:

- die richtige Messung und Bewertung der Aufwands- und Ergebnisgrößen für wissenschaftlich-technische Bewertungsobjekte (für ökonomische Bewertungen geht es vor allem um die Messung des Aufwandes und der Ergebnisse im Rahmen der gesamten Volkswirtschaft, die nach Auffassung von V. V. Novožilov eines der grundlegenden Probleme der Wirtschaftswissenschaft darstellt: „Daher hängt auch die richtige Lösung aller Probleme der sozialistischen Ökonomie von der richtigen Messung von Aufwand und Ergebnissen ab"[11];
- die Ermittlung funktioneller Beziehungen zwischen wissenschaftlich-technischen Parametern, ökonomischen Aufwands- und Ergebniskennzahlen, sozialen Ergebnissen und anderen Kriterien;
- die bessere Verbindung von Bewertung wissenschaftlich-technischer Ergebnisse, Planung des Reproduktionsprozesses und Leistungsbewertung der Kollektive (verbunden mit der materiellen und moralischen Stimulierung);
- die Verbesserung des Informationssystems Wissenschaft und Technik und der analytisch-prognostischen Arbeit in den Kombinaten und Betrieben als wichtige Grundlage der Bewertung;
- die Typisierung von Aufgaben, Maßnahmen, Prozessen in Wissenschaft und Technik als Grundlage für die Erarbeitung detaillierter Methodiken der Bewertung bzw. differenzierter methodischer Bausteine;
- die weitere Untersetzung der Effektivitätskriterien in solche Teilkriterien, die den einzelnen Forschungs- und Entwicklungskollektiven als konkrete, tatsächlich von ihnen auch beeinflußbare Ziele (Vorgaben) übergeben werden können;
- die Erarbeitung wissenschaftlich begründeter, progressiver Richtwerte und Normative als Maßstab für die Bewertung bestimmter Kriterien sowie als Eingangsgrößen für notwendige Vorausberechnungen der Effektivität;
- die unmittelbare Einbeziehung der ökonomischen Bewertung in rechnergestützte Prozesse der Konstruktion, technologischen Vorbereitung und Projektierung.

[1] E. Honecker, Bericht des Zentralkomitees der Sozialistischen Einheitspartei Deutschlands an den X. Parteitag der SED, Berlin 1981, S. 51.
[2] Ebenda, S. 49.
[3] G. Mittag, Schlußwort auf dem Seminar des Zentralkomitees der SED mit den Generaldirektoren der Kombinate und den Parteiorganisatoren des ZK vom 5. bis 8. April 1982 in Leipzig, in: Kombinate vergrößern ihren Beitrag zur Erfüllung der Beschlüsse des X. Parteitages, Berlin 1982, S. 70.
[4] Vgl. Anordnung über die Rahmenrichtlinie für die Ermittlung, Planung, Kontrolle und Abrechnung der Effektivität des wissenschaftlich-technischen Fortschritts vom 5. Februar 1982, in: Gesetzblatt der DDR Teil I S. 165–180.
[5] K. Marx, Grundrisse der Kritik der Politischen Ökonomie, Berlin 1974, S. 599.
[6] K. Marx, Das Kapital, Dritter Band, in: MEW, Bd. 25, Berlin 1964, S. 271.
[7] Ebenda.
[8] Ebenda, S. 271.
[9] Vgl. Autorenkollektiv, Grundsätze und Hinweise zur Entwicklung volkswirtschaftlich optimaler Erzeugnisse, Ifl, Schriftenreihe Materialökonomie, Heft 34, Dresden 1981, S. 38.
[10] K. Marx, Das Kapital, Dritter Band, in: MEW, Bd. 25, a. a. O., S. 349.
[11] W. W. Nowoshilow, Messung von Aufwand und Ergebnis, Berlin, 1970, S. 11.

W. Riesner

Beeinflussungsmöglichkeiten des Energiebedarfes der Gesellschaft unter den Bedingungen des Übergangs zur intensiv erweiterten Reproduktion

In seinem Referat hat G. Mittag die Notwendigkeit unterstrichen, qualitativ neue Schritte in Richtung auf den Übergang zur umfassenden Intensivierung zu tun, die nicht einfach nur eine Verringerung des Verbrauchs an Material und Energie schlechthin bedeuten, sondern: „Das sind solche Schritte, die u. a. dadurch gekennzeichnet sind, daß der spezifische Energie- und Materialverbrauch schneller sinken muß als die Produktion wächst...“[1] Das bedeutet, mit einem absolut sinkenden Energie- und Materialverbrauch das vorgesehene Wirtschaftswachstum zu vollziehen. Das verlangt gleichzeitig neuartige, wesentlich komplexere Herangehensweisen an die Problemlösung, die von der Intensivierung und ihren Wirkungen als Ganzes ausgehen müssen. Dazu sollen im folgenden für das Gebiet der Energieökonomie mögliche Realisierungswege näher betrachtet werden, indem die Beeinflussungsmöglichkeiten des Energiebedarfes der Gesellschaft einer Analyse unterzogen werden.

Da die Energetisierung in zunehmendem Maße unser Leben in der materiellen Produktion wie auch im nichtmateriellen Bereich durchdringt, bestehen zahlreiche Möglichkeiten, den Energiebedarf der Gesellschaft zu beeinflussen. Ohne den Anspruch auf Vollständigkeit erheben zu wollen, sollen im folgenden wesentliche Beeinflussungsbereiche gruppiert dargestellt werden.

Beeinflussung des Energiebedarfes über den Direktenergieeinsatz

Unter dem Direktenergieeinsatz soll dabei der Energiebedarf verstanden werden, der unmittelbar für die Herstellung von Produkten (z. B. von Stahl, Zement, Glas) bzw. für die Produktnutzung als Betriebsverbrauch erforderlich ist (z. B. für Kraftfahrzeuge, für Kühlschränke, aber auch für Bauwerke). Seine Beeinflussung war und ist ein wesentliches Ziel des wissenschaftlich-technischen Fortschritts, obwohl die diesbezüglichen Bemühungen den volkswirtschaftlichen Erfordernissen noch nicht voll entsprechen.

In der DDR wird der Energiebedarf der Industrie über zentrale staatliche Vorgaben zur Senkung der Gebrauchs- und Elektroenergieintensität – gemessen als Gebrauchs- bzw. Elektroenergieverbrauch in Naturaleinheiten, bezogen auf die industrielle Warenproduktion zu konstanten Planpreisen in Werteinheiten – beeinflußt, indem Senkungsraten verbindlich vorgegeben werden (vgl. Tabelle 1).

Damit steht seit 1970 vor der Industrie die Aufgabe, mit jährlich etwa 5 Prozent weniger Energiebezug und – als

Tabelle 1: Senkungsraten der Energieintensität der Industrie (Jahreswerte in Prozent)

	Planungszeitraum		
	1971/75	1976/80	1981/85
Gebrauchsenergie-intensität	4,0	4,7...5,0	4,0...5,0
davon Elektroenergie-intensität	2,2	3,1	2,9

spezielle Kennziffer – etwa 3 Prozent weniger Elektroenergiebezug das gleiche Produktionsergebnis zu erwirtschaften[2]. Die Erfüllung und teilweise Überbietung dieses Zieles hat dazu geführt, daß sich seit 1970 die industrielle Bruttoproduktion (zu konstanten Preisen 1980) bis 1981 um über 80 Prozent, der Bezug von Gebrauchsenergie aber um weniger als 12 Prozent und von Elektroenergie um nur 36 Prozent erhöhten.

Ökonomische Rechnungen zeigen, daß auch noch heute der energetische Rationalisierungsaufwand nur ein Drittel bis die Hälfte dessen beträgt, was volkswirtschaftlich die zusätzliche Bereitstellung von Energie an Aufwand fordern würde, die Rationalisierung ist also ein sehr ökonomischer Prozeß. Dabei findet in dieser Rechnung nicht einmal Berücksichtigung, daß eine rationelle Energienutzung gleichzeitig die Umweltbelastung reduziert.

Trotz dieser hohen Senkungsraten der Energieintensität wurden vor allem in den letzten Jahren energetisch sehr wichtige Prozesse bewältigt, indem allein in den letzten zwei Jahren 40 Prozent des Heizöls, 30 Prozent der Steinkohle und 25 Prozent des Steinkohlenkokses durch inländische Rohbraunkohle und ihre Veredlungsprodukte substituiert worden sind[3]. Bekanntlich hat die Rohbraunkohle einen Wasseranteil von 50–60 Prozent, was die Effektivität ihres Einsatzes energetisch ungünstig gestaltet. Gleichzeitig waren diese Prozesse aber auch – wie G. Mittag betonte – die entscheidenden Voraussetzungen für die beachtliche Senkung des spezifischen Produktionsverbrauchs in diesen Jahren, was uns zur Fortsetzung dieser Politik in den kommenden Jahren veranlaßt.

Intensivierung im Bereich des Direkteinsatzes von Energie kann also zu langzeitig sehr positiven Wirkungen führen. Eine wichtige Voraussetzung für die erreichten Ergebnisse stellt in der DDR die Energieplanung dar, die wir seit 1963 in der Industrie eingeführt haben, womit wir in diesem Jahr mit 20 Jahren Energieplanung ein auch international bemerkenswertes Jubiläum feiern.

Beeinflussung über materialökonomische Effekte

Ein wesentlicher Faktor der Intensivierungsstrategie der DDR ist die Erhöhung der Materialökonomie durch Senkung des spezifischen Materialverbrauchs. Da jedes Material über entsprechende energetische Prozesse aus Rohstoffen gewonnen wird, ist es Träger vergegenständlichter Energie[4], die über oftmals sehr energieintensive Prozeßketten zugeführt wird. Tabelle 2 zeigt Beispiele dafür.

Tabelle 2: Vergegenständlichter Energiebedarf in kg Rohbraunkohle-Äquivalent pro kg Material

Material	Vergegenständlichte Energie in kg/kg
Stahl	9
Kupfer	23
Aluminium	60
Polyvinylchlorid	324

Da 70 Prozent der Primärenergie der DDR Rohbraunkohle sind und ihr Anteil weiter steigt, messen wir die Einsparungen in Rohbraunkohle-Äquivalent (gegenüber den international üblichen Erdöl-Äquivalenten). Um also 1 kg Stahl zu erzeugen, wird eine Energiemenge von 9 kg Rohbraunkohle – als Äquivalent – benötigt, bei einem kg Aluminium sind es sogar 60 kg Rohbraunkohle. Für Polyvinylchlorid auf der Basis von Karbid ergibt die Rechnung 324 kg[5].

Materialökonomie bedeutet somit für viele massenhaft verwendeten Materialarten gewichtmäßig ein Vielfaches an Energieeinsparung, weshalb sich die Anstrengungen verstärkt auf solche Materialien richten sollten, die einen hohen vergegenständlichten Energieinhalt besitzen, um gleichzeitig das Energieproblem lösen zu helfen. Auch die Materialökonomie wird bekanntlich in der Industrie über zentrale staatliche Vorgaben gesteuert, wie Tabelle 3 zeigt[6].

Tabelle 3: Senkungsraten der Materialintensität der Industrie (Jahreswerte in Prozent)

	Planungszeitraum		
	1971/75	1976/80	1981/85
Materialintensität	2,0	3,0	5,5–5,5
davon Walzstahl	4,2	5,6	6,3–6,5

Wie ersichtlich, haben sich die Zielstellungen ständig erhöht und übersteigen im gegenwärtigen Planzeitraum mit über 5 Prozent Materialintensitätssenkung pro Jahr die festgelegten Ziele für die Energieintensität. Die Vorgaben sind für die einzelnen Materialien differenziert, sie werden in den Jahresplänen weiter präzisiert und betragen z. B. für 1983[7]:

- 10 Prozent für Walzstahl in der metallverarbeitenden Industrie
- 8 Prozent für Walzstahl im Bauwesen
- 6 Prozent für Zement im Bauwesen.

Der laufende Fünfjahrplan stellt die Industrie vor die Aufgabe, u. a. 2,2 Mio t Walzstahl, 50000 t Aluminium, 15000 t Kupfer und 1,9 Mio t Zement durch materialökonomische Maßnahmen einzusparen.[8] Der vergegenständlichte Energieinhalt dieser Materialien entspricht einem Äquivalent von 26 Mio t Rohbraunkohle. Das sind fast 10 Prozent der gegenwärtigen Jahresförderung von über 270 Mio Tonnen. Daraus wird die Größenordnung materialökonomischer Maßnahmen auf die Energiebilanz der Volkswirtschaft deutlich.

Die Wege zur Lösung dieser Aufgabe sind zum einen ein höherer Veredlungsgrad der zu verarbeitenden Materialien, vor allem der Metalle und Plaste, zum anderen eine höhere Veredlung der zu exportierenden Produkte.

Ein Beispiel für den ersten Weg sind hochwertige Stähle, mit denen z. B. die Festigkeit von Schraubverbindungen bei gleichem Stahleinsatz verdreifacht werden kann. Das ermöglicht bei gleicher Festigkeit eine Massereduzierung um teilweise fast 80 Prozent[9], womit nach überschlägigen Berechnungen allein in diesem kleinen Bereich der Metallverwendung zwischen 6000 und 10000 t Stahl in der DDR einsparbar sind. Das damit eingesparte Rohbraunkohleäquivalent beträgt trotz höherem spezifischem Energiebedarf für den hochfesten Stahl mindestens 50000 t.

Ein Beispiel für den zweiten Weg – höhere Veredlung der zu exportierenden Produkte – ist die Nachrichtentechnik. Hier bedeutet die Entwicklung der Informationsübertragung durch Lichtleiter gegenüber dem heutigen, auf Kupferleitern basierenden Fernsprechnetz, daß ein kg Glas etwa 12 t Kupfer ersetzt. Dem Energiebedarf für das eine kg Glas stehen damit 276 t eingesparte Rohbraunkohle gegenüber. Damit ist für die DDR z. B. sowohl aus energetischer wie auch materialökonomischer Sicht dieses Exportprodukt interessant. Gleichzeitig spart der Inlandeinsatz große Kupfer- und damit Energiemengen, denn ein Fernsprechanschluß erfordert durchschnittlich 7,5 kg Kupfer[10]. Aus dem Bereich der Mikroelektronik lassen sich diese Beispiele fortsetzen. So betrug bei EDV-Anlagen des VEB Kombinat Robotron die materialökonomische Verbesserung von Generation zu Generation bisher jeweils sogar 50 Prozent[11].

Wenn deshalb der Industriezweig Elektrotechnik/Elektronik die höchsten Wachstumsraten hat – im Plan 1983 beträgt z. B. die Wachstumsrate 8,5 Prozent gegenüber 3,8 Prozent für die gesamte Industrie[12] –, so hat das sehr positive Rückwirkungen auf die volkswirtschaftliche Energiebilanz.

Beeinflussung über die Nutzung von Sekundärrohstoffen und Sekundärenergie

Ein weiteres wesentliches Merkmal der intensiv erweiterten Reproduktion der DDR ist eine verstärkte Nutzung von Sekundärrohstoffen (Recycling). Auch diese Form zur anteiligen Deckung des volkswirtschaftlichen Materialbedarfes ist oftmals gleichzeitig mit positiven Wirkungen auf den volkswirtschaftlichen Energiebedarf verbunden. Beispiele dafür zeigt Tabelle 4[13].

So bedeutet der Einsatz von Schrott zur Stahlerzeugung mindestens 50 Prozent Energieeinsparung, da die Roheisenerzeugung als extrem energieintensiver Prozeß umgangen wird. Bei Aluminiumschrott beträgt die Energieeinsparung über 90 Prozent, da die sehr elektroenergieintensive Schmelzflußelektrolyse nicht erforder-

Tabelle 4: Primärintensitätsvergleich zwischen Primärmetallgewinnung und Schrottrecycling

Metallart		Basis: Primärmetall	Basis: Recycling
Magnesium	– aus Seewasser	104	
	– Schrottrecycling		2
Aluminium	– 50 % Alumina	64	
	– Schrottrecycling		2
Stahl	– hochkonz. Erz	4,3	
	– Schrottrecycling		1,7
Kupfer	– 1 % Sulfiderz	15	
	– 98 % Schrott-recycling		1

lich ist. Berücksichtigt man, daß bei metallischen Erzen der Konzentrationsgrad immer geringer wird, was steigenden energetischen Aufwand vor allem für deren Aufbereitung erfordert, so wird die energetische Effektivität der Sekundärrohstoffwirtschaft immer größer. Wenn deshalb G. Mittag in seinem Referat feststellt, daß in der DDR der Schrottanteil bei der Stahlerzeugung 73 Prozent, bei Aluminium gleichfalls 73 Prozent und bei Kupfer 62 Prozent beträgt, so schlägt sich das in erheblichem Umfang positiv in der Energiebilanz nieder. Gleiches gilt für Altpapier, Glasbruch usw.

Vor allem bei Verpackungsmitteln ist es allein aus energetischen Gründen sehr effektiv, ihre Mehrfachnutzung zwingend zu fordern. In der DDR sind Rücklaufflaschen und Gläser mit 70 Prozent am Bedarf der Abfüllindustrie beteiligt, indem etwa 1,1 Mio Stück im Kreislauf bewegt werden. Noch 1979 waren es nur 700000 Stück[14]. Diese zusätzlichen 400000 Stück entlasten die Volkswirtschaft der DDR um ein energetisches Äquivalent von etwa 60000 t Rohbraunkohle.

Große energetische Bedeutung besitzt auch der verstärkte Einsatz von Kraftwerksasche in der Bauindustrie sowie im Straßenbau. Damit werden die sehr energieintensiven Produkte Zement und Bitumen teilweise substituiert. Auch hier bestehen noch große Reserven. Aus diesen Gründen ist die in der Intensivierungsstrategie festgelegte Erhöhung der Sekundärrohstofferfassung und -verarbeitung auch von hoher energetischer Relevanz.

In neuerer Zeit werden Wege gesucht, durch sinnvollere Konstruktionen eine Mehrfachnutzung nicht verschlissener Bauteile von Maschinen, Fahrzeugen usw. zu erreichen und dadurch den Umweg über den Schrott zu umgehen. So wird bei IBM schon in der Entwicklung und Konstruktion berücksichtigt, daß materialintensive Teile bei Neuanlagen Wiederverwendung finden[15]. *Dieser Weg kann weitere energetische Ressourcen freisetzen, denn Maschinenrecycling ist energetisch effektiver als Materialrecycling.*

Als derzeitig energetisch effektivster Weg kann allerdings die Modernisierung statt Maschinen- und Anlagenneuherstellung angesehen werden. So ergaben energetische Rechnungen, daß die Modernisierung einer Werkzeugmaschine weniger als ein Zehntel des gesellschaftlichen Energiebedarfes gegenüber der Neuherstellung erfordert. Gleiches gilt für Wohnungen usw. Deshalb ist dieser Weg der Intensivierung in seiner verstärkten Durchsetzung auch energieökonomisch sehr bedeutsam.

Ein weiteres wesentliches, bisher unzureichend genutztes Potential ist die Sekundärenergie, die vor allem als Abwärme von Verbrennungsgasen, von Brüden, aber auch als Wärme von Schlacken und Fertigerzeugnissen oftmals ungenutzt in die Atmosphäre entweicht und die Umwelt thermisch belastet. Das technisch und ökonomisch nutzbare Potential entspricht einem Energieäquivalent von 40 Mio t Rohbraunkohle. Diese Abwärme wird gegenwärtig erst zu etwa 50 Prozent genutzt. Gemäß dem Gesetz zum Fünfjahrplan ist der Nutzungsgrad auf 75 Prozent bis 1985 zu erhöhen. Damit wird auf diesem Wege ein weiteres Potential von rd. 10 Mio t Rohbraunkohle erschlossen.

Beeinflussung über Formen der Wirtschaftsorganisation

Die Formen der Wirtschaftsorganisation beeinflussen u. a. in starkem Maße den Gütertransport. Deshalb besteht ein Intensivierungsziel darin, den Transport auf ein notwendiges Minimum zu reduzieren und ihn gleichzeitig in maximalem Umfang auf ökonomisch effektive Verkehrszweige zu konzentrieren.

Während im vergangenen Zeitraum die Gütertransportleistung ständig gestiegen ist, gelang es 1981 erstmalig, sie absolut um 2 Prozent zu senken. Auch 1982 wurde der absolute Transportaufwand um weitere 7 Prozent gegenüber 1981 gesenkt[16].

Dabei ist besonders zu beachten, daß diese Senkungen unter der Bedingung erreicht wurden, daß die Ablösung von Heizöl, Steinkohle und Steinkohlenkoks durch Rohbraunkohle erhebliche zusätzliche Transportleistungen verursachte.

Ein zweiter Weg der Intensivierung im Gütertransportbereich ist die Verlagerung des Transports auf die Eisenbahn und die Binnenwasserstraßen, da sie die energetisch effektivsten Transportwege sind, wie Tabelle 5 beispielsweise zeigt[17].

So erhöhte sich 1982 der Anteil der Eisenbahn an der Gütertransportleistung im Binnenverkehr gegenüber 1981 von 67 auf 70 Prozent[18]. Dieser Prozeß ist verbunden mit einer verstärkten Elektrifizierung der Hauptstrecken, um Dieselkraftstoff abzulösen, obzwar das zu einem erhöhten Primärenergiebedarf führt, da Elektroenergie mit etwa 30 Prozent einen vergleichsweise sehr ungünstigen Erzeugniswirkungsgrad besitzt. Auch die Binnenschiffahrt steigerte ihren Anteil am Gütertransport, wobei die absolute Menge aber relativ klein ist. Der Plan 1983 geht davon aus, daß der Gütertransport der Eisenbahn um 4 Prozent und der der Binnenschiffahrt sogar um 7 Prozent zu steigern ist, wobei eine weitere spezifische Reduzierung der Gütertransportleistung angestrebt wird[19].

Mit diesen Verlagerungen der Transporte auf die energetisch effektiven Verkehrszweige wurde der Straßentransport entlastet. Gleichzeitig konnte innerhalb des Straßentransportes seit 1980 erreicht werden, daß der steigende Anteil des Werkverkehrs mit Kraftfahrzeugen aufgehalten werden konnte, indem der Anteil des zentral gelenkten Kraftverkehrs erhöht wurde. Dabei ist das staatliche Normativ für den Kraftstoffverbrauch des Kraftverkehrs um 20 % niedriger als das des Werkverkehrs, womit dieser Entwicklungstrend also weitere energetische Effekte erschließt. Durch die Entwicklung von Werkfahrgemeinschaften wird versucht, den notwendigen Werkverkehr energetisch effektiver zu gestalten. Damit wurden Verbrauchswerte erreicht, die sich dem des Kraftverkehrs nähern[20].

Tabelle 5: Relativer Energiebedarf für den Gütertransport (Eisenbahn = 1)

Transportart	Relativer Transportenergiebedarf
Eisenbahn	1,0
Lastkraftwagen	4,6
Flußschiff	0,7
Flugzeug	41,0
Rohrleitung	0,2

Mittels dieser hier dargestellten Maßnahmen im Gütertransportbereich ist es z. B. 1982 gelungen, den Verbrauch an Dieselkraftstoff gegenüber 1981 um absolut 13% zu senken.

Auf die Darstellung weiterer Möglichkeiten wirtschaftsorganisatorischer Maßnahmen zur Beeinflussung des gesellschaftlichen Energiebedarfes, wie die Zentralisierung der territorialen Wärmeversorgung (Fernwärmeversorgung), kann hier nur hingewiesen werden. Angeführt sei nur, daß sich die Anzahl fernwärmeversorgter Wohnungen seit 1980 mehr als verdreifachte, was gleichermaßen erhebliche energetische Effekte bewirkt.

Abschließend zu diesem Einflußbereich sei noch auf die Tatsache hingewiesen, daß die intensiv erweiterte Reproduktion allein dadurch den spezifischen Energiebedarf senkt, daß der Energieaufwand vor allem für Raumheizung und Beleuchtung annähernd konstant bleibt. Im Durchschnitt haben diese Prozesse einen Anteil von 25% am Energieverbrauch der Industrie, davon werden 75% für Raumheizungszwecke benötigt. In bestimmten Zweigen, wie der Elektrotechnik/Elektronik, beträgt der Nebenverbrauchsanteil sogar bis zu 70%. Auch dieser Einfluß kann also sehr hoch sein. Wenn damit die von G. Mittag erhobene Forderung nach höherer zeitlicher Auslastung der vorhandenen Grundfonds – als größte Effektivitätsreserve – immer besser verwirklicht wird, beeinflußt das gleichermaßen den spezifischen Energiebedarf positiv, denn es beträgt z. B. bei 60% Nebenverbrauchsanteil und 6% auf intensivem Wege gesteigerter Produktion die reale Gebrauchsenergieverbrauchssteigerung nur etwa 2,5%. Hier besitzt unsere Gesellschaft noch große Reserven, die aus Gründen der Produktivität und energetischen Effektivität beschleunigt zu erschließen sind.

Notwendigkeit energetischer Prozeßkettenanalysen

Die Methode der Aufschlüsselung zentraler Zielstellungen zur Senkung der Energie- und Materialintensität, der Sekundärrohstoffnutzung oder auch der Senkung des Transportaufwandes auf Kombinate und Betriebe birgt die Gefahr in sich, daß jeder aus der Sicht seines Bilanzkreises versucht, diese Ziele zu erfüllen. Das kann in einzelnen Fällen bedeuten, daß aus der Sicht der Volkswirtschaft keine oder sogar negative Wirkungen entstehen. Als konstruiertes Beispiel wäre es denkbar, daß ein Großhandelsbetrieb seine Liefertransporte gegenüber dem Einzelhandel reduziert und damit seine Transportkennziffer verbessert, die volkswirtschaftlichen Transporte sich aber durch Einzelabholung erhöhen. Gleiches gilt für die Senkung des Bauaufwandes, wenn bei der Wärmedämmung gespart wird oder bei Investitionsmitteleinsparungen durch das Streichen technologisch nicht erforderlicher, für eine energetisch effektive Fahrweise aber unerläßlicher Meß- oder Regelgeräte. Die Beispiele ließen sich in großer Breite fortsetzen.

Um solchen Fehlentwicklungen vorzubeugen, ist es erforderlich, Prozeßkettenanalysen zur Grundlage solcher Entscheidungen zu machen, die den Bilanzkreis über den Betrieb, das Kombinat, manchmal sogar den Zweig hinaus erweitern und letztendlich aus volkswirtschaftlicher Sicht, unter Einbeziehung vor allem der Interessen des Produktnutzers, erweitern. Dieses Denken und Entscheiden in größeren Bilanzkreisen ist allgemein, vor allem aber im Bereich der Energieökonomie, eine unerläßliche Forderung, deren verstärkte Beachtung noch große gesamtgesellschaftliche Reserven erschließen kann. Ohne Verletzung des Primats der Ökonomie in der Entscheidungsfindung sind die komplexen energetischen Wirkungen auszuweisen, die auch die Einheit von Material und Energie berücksichtigen. Dazu sind weitere methodische Arbeiten erforderlich.

Erreichte energetische Effekte der intensiv erweiterten Reproduktion

Mittels der genannten und weiterer energetischer Wirkungen der intensiv erweiterten Reproduktion stellte der X. Parteitag das Ziel, den Primärenergieverbrauchszuwachs gegenüber vergangenen Planungszeiträumen weiter entscheidend einzuschränken, wie Tabelle 6 zeigt[21].

Tabelle 6: Jährliche Steigerungsrate des Nationaleinkommens und des Primärenergieverbrauchs der Gesellschaft (Angaben in Prozent)

	Planungszeitraum 1971/75	1976/80	1981/85
Steigerung des Nationaleinkommens	5,4	4,1	5,1–5,4
Primärenergieverbrauchszuwachs	1,6	1,8	0,8

Damit sollen die schon in den vergangenen zwei Fünfjahrplanperioden geringen Zuwachsraten der Primärenergie gegenüber der erreichten Nationaleinkommenssteigerung weiter unterboten werden, indem das Nationaleinkommen jährlich um 5% steigen soll, der Primärenergieverbrauchszuwachs aber mit 0,8% geplant und bilanziert ist, also weniger als die Hälfte dessen beträgt, was im Zeitraum 1976–1980 erreicht wurde. Damit steht die Volkswirtschaft der DDR vor der Aufgabe, im Zeitraum 1981–1985 mit maximal etwa 4% Primärenergieverbrauchszuwachs u. a. die folgenden Ziele zu erreichen[22]:

- eine Steigerung der Industrieproduktion auf 128–130%,
- die Wirkungsgradverschlechterung bei der vollständigen Ablösung des Heizöls bei Dampferzeugern und teilweisen Substitution von Steinkohle und Steinkohlenkoks durch Braunkohle zu kompensieren,
- die Versorgung von 600000 Neubauwohnungen zu gewährleisten,
- die steigenden Energiebedürfnisse der Bevölkerung voll abzudecken.

Dabei ist zu beachten, daß für den Verbrauch der Bevölkerung keinerlei Restriktionen bestehen. Die Energiepreise sind einschließlich der Preise für Vergaserkraftstoff seit Jahrzehnten stabil. Sie betragen z.B. für Braunkohlenbrikett nur 10%, bei Fernwärme nur 14% in Mark gegenüber denen in der Bundesrepublik Deutschland in DM[23]. Die damit verbundenen Wirkungen auf den Verbrauch sind in die Bilanz einzubeziehen.

Wo stehen wir bei der Erfüllung dieser gestellten Ziele heute?

- 1980 wurde das Nationaleinkommen gegenüber 1979 um 4,4% gesteigert, der Primärenergieverbrauch aber absolut um 1% gesenkt;
- 1981 betrug die Nationaleinkommenssteigerung 4,8%, der Primärenergieverbrauch wuchs aber nur um 0,3%;
- 1982 stieg das Nationaleinkommen um 2,5%, der Primärenergieverbrauch sank absolut um 1,8%;
- 1983 sieht der Plan eine Nationaleinkommenssteigerung von 4,5% vor, und wir werden voraussichtlich den Primärenergieverbrauch gegenüber 1982 konstant halten können.

Damit ist die geschaffene Basis günstig, denn bisher wurden schon 40% des Heizöls abgelöst. Der Plan des Wohnungsneubaus wurde in den ersten zwei Jahren anteilig mit 41,3% erfüllt, die Planziele sind also überboten worden[24]. Somit ist es seit 1979 gelungen, das Nationaleinkommen um etwa 12% zu steigern, den Primärenergieverbrauch aber absolut um 2,5% zu senken, obzwar der Bevölkerungsverbrauch um über 7% gestiegen ist.

Zusammengefaßt kann also festgestellt werden, daß die intensiv erweiterte Reproduktion als ökonomische Strategie der DDR die in sie gesetzten Erwartungen sowohl allgemein als auch speziell hinsichtlich der Entwicklung des Primärenergiebedarfs erfüllt hat. Wenn es uns gelingt, die komplexe Wirkung der Intensivierungsfaktoren auf den gesellschaftlichen Energiebedarf noch gezielter zu nutzen, werden wir auch die für die weitere Entwicklung eingangs erhobene Forderung, den spezifischen Energieverbrauch schneller zu senken als die Produktion wächst, erfolgreich erfüllen.

1 G. Mittag, Ökonomische Strategie der Partei – klares Konzept für weiteres Wachstum, Wirtschaftswissenschaftliche Konferenz der DDR im Karl-Marx-Jahr 1983 am 29. und 30. September in Berlin, Berlin 1983, S. 16.
2 Direktiven des VIII., IX. und X. Parteitages der SED. Berlin 1971, 1976, 1981.
3 Mitteilung der Staatlichen Zentralverwaltung für Statistik über die Durchführung der Volkswirtschaftspläne 1980, 1981, 1982.
4 K. Richter, Aspekte der Einbeziehung des vergegenständlichten Energieverbrauchs in die rationelle Energieanwendung – dargestellt am Beispiel der Metallverformung, Dissertation an der Ingenieurhochschule Zittau, Sektion Soz. Betriebswirtschaft 1976.
5 K. Richter, J. Wilsdorf, K. Kienast, Energetische Bewertung der Produktion von Rohren für die Gasverteilung aus unterschiedlichen Werkstoffen mit Hilfe der vergegenständlichten Energie, in: Energieanwendung, 1/1981.
6 Direktiven des VIII., IX. und X. Parteitages der SED, Dietz Verlag 1971, 1976, 1981.
7 Gesetz über den Volkswirtschaftsplan 1983, in: Neues Deutschland vom 6. Dezember 1982.
8 Direktive des X. Parteitages der SED zum Fünfjahrplan für die Entwicklung der Volkswirtschaft der DDR in den Jahren 1981–1985, Berlin 1981.
9 B. Kirschner, Neue Rechnung mit Unbekannten, in: Technische Gemeinschaft, 9/1982, S. 14–15.
10 D. Kreß, Informationsübertragung mit Lichtleitern, in: Technische Gemeinschaft, 1/1983, S. 33–34.
11 U. König, Leichtbau ist berechenbar, in: Technische Gemeinschaft, 9/1983, S. 3–5.
12 Gesetz über den Volkswirtschaftsplan 1983, in: Neues Deutschland vom 6. Dezember 1982.
13 L. Schipper, Raising The Productivity of Energy Utilization, in: Annual Review of Energy, Vol. 1, S. 456–517.
14 Statistisches Jahrbuch der DDR 1982, Berlin 1982.
15 Maschinenrecycling, in: Die Wirtschaft, 12/1982, S. 31.
16 Statistisches Taschenbuch der DDR 1983, Berlin 1983.
17 W. Riesner, Rationelle Energieanwendung, (2. Auflage) VEB Deutscher Verlag für Grundstoffindustrie Leipzig, 1982.
18 Statistisches Taschenbuch der DDR 1983, Berlin 1983.
19 Gesetz über den Volkswirtschaftsplan 1983, in: Neues Deutschland vom 6. Dezember 1983.
20 I. Dreßler, u. a., Gemeinsam fährt man billiger, in: Die Wirtschaft, 2/1981, S. 7–8.
21 Direktive des X. Parteitages der SED, Berlin 1981.
22 Ebenda.
23 Elektrizitätswirtschaft, 15/1982, S. 489 (Mitteilung).
24 Mitteilung der Staatlichen Zentralverwaltung für Statistik über die Durchführung des Volkswirtschaftsplanes 1980, 1981, 1982.

W. Heinrichs

Bericht über die Diskussion im Arbeitskreis 4

An der Diskussion im Arbeitskreis, die von Professor Dr. Wolfgang Heinrichs, Direktor des Zentralinstituts für Wirtschaftswissenschaften an der Akademie der Wissenschaften der DDR, geleitet wurde, beteiligten sich *Roland Etten*, VEB Chemiefaserkombinat Schwarza; Professor Dr. *Ronald Gericke*, Zentralinstitut für sozialistische Wirtschaftsführung beim Zentralkomitee der SED; Professor Dr. *Heinz-Dieter-Haustein*, Hochschule für Ökonomie „Bruno Leuschner"; Dr. *Dietmar Hanke*, Ökonomisches Forschungsinstitut der Staatlichen Plankommission; *Klaus Henkel*, Amt für Erfindungs- und Patentwesen der DDR; Professor Dr. *Enno Jordan*, VEB Kombinat Robotron; Dr. *Robert Kunze*, VEB Kombinat Chemieanlagenbau Grimma; Professor Dr. *Gudrun Langendorf*, Akademie für Gesellschaftswissenschaften beim Zentralkomitee der SED; Dr. *Hans Leger*, Forschungsstelle beim Ministerium für Wissenschaft und Technik; Professor Dr. *Harry Maier*, Akademie der Wissenschaften der DDR; Professor Dr. *Karl Morgenstern*, Technische Universität Dresden; Professor Dr. *Harry Nick*, Akademie für Gesellschaftswissenschaften beim Zentralkomitee der SED; Dr. *Dieter Ostermann*, SED-Kreisleitung Frankfurt (Oder); Dr. *Günther Otto*, Nationale Volksarmee; Professor Dr. *Wilhelm Riesner*, Ingenieurhochschule Zittau; Professor Dr. *Helmut Sabisch*, Technische Universität Dresden; Professor Dr. *Dieter Schönknecht*, Technische Hochschule Leuna-Merseburg; Dr. *Stahnke*, Zentralinstitut für Arbeit; Professor Dr. *Joachim Tesch*, Technische Hochschule Leipzig; Dr. *Rudolf Winter*, VEB Kombinat „Fritz Heckert"; Professor Dr. *Gerhard Zscherpe*, Ingenieurhochschule Mittweida. Im Mittelpunkt der Diskussion standen die folgenden Themen:

Erfahrungen und Probleme bei der weiteren Durchsetzung der Intensivierung in den Kombinaten der Industrie, vor allem zur Erhöhung der ökonomischen Wirksamkeit von Wissenschaft und Technik

Bei der erfolgreichen Verwirklichung der ökonomischen Strategie der SED gelang es den Kombinaten immer besser, den wissenschaftlich-technischen Fortschritt von seiner Zielstellung wie von seiner Leitung konsequent auf hohe ökonomische Resultate auszurichten. Die bewußte Gestaltung des Zusammenhangs von wissenschaftlich-technischem und ökonomischem Fortschritt wurde als eine erstrangige, komplizierte und relativ eigenständige Aufgabe sozialistischer Leitungstätigkeit eingeschätzt. Sie erfordert das Zusammenführen der künftigen Bedürfnisse der Anwender mit den in Wissenschaft und Technik absehbaren Lösungsmöglichkeiten und den verfügbaren wirtschaftlichen Ressourcen. Einen grundlegenden Zusammenhang sahen die Diskussionsteilnehmer in den Beziehungen zwischen Wissenschaft und Technik einerseits und dem Markt andererseits, das heißt, schon die Forschungsaufgaben müssen sich konkret an den Erfordernissen des Marktes und an der von den Kombinaten verfolgten Markstrategie orientieren.

Es wurde überzeugend nachgewiesen, daß das Effektivitätspotential von Wissenschaft und Technik nur dann vollständig ausgeschöpft werden kann, wenn der Intensivierungsprozeß alle Abschnitte und Elemente des Kreislaufes erfaßt, beginnend bei der Produktionsvorbereitung über die Fertigung und den Absatz bis hin zur vollen Marktwirksamkeit. Auf der Grundlage analytischer Untersuchungen wurde belegt, daß Produktionsvorbereitung, Absatz und volle Marktwirksamkeit in der Gesamtzeitdauer des Kreislaufes den höchsten zeitlichen Aufwand einnehmen, wohingegen die eigentliche Fertigungszeit den geringsten Anteil hat. Deshalb besteht eine wichtige Aufgabe in der Rationalisierung aller Elemente des Kreislaufes. Im Vordergrund steht dabei die Rationalisierung der Prozesse der Produktionsvorbereitung. Ein wichtiges Mittel dafür wird in der Einführung rechnergestützter Systeme der Entwicklung, Konstruktion und Fertigungsvorbereitung verbunden mit wirksamen organisatorischen und ökonomischen Regelungen gesehen. Zum anderen sollte die Gesamtheit der in den Pflichtenheften erfaßten Aktivitäten der Produktionsvorbereitung zielgerichtet der Verkürzung aller Phasen des Reproduktionsprozesses und der Erhöhung der Produktivität aller Funktionsbereiche der gesellschaftlichen Gesamtarbeit dienen.

Mit praktischen Beispielen konnte der große Einfluß verdeutlicht werden, den die Erzeugnisentwicklung auf die höhere Veredlung des zum Einsatz gebrachten Materials und damit auf die Sicherung des weiteren Leistungszuwachses ausübt. In diesem Zusammenhang sei es von besonderem volkswirtschaftlichem Interesse, die Überleitung der Forschungs- und Entwicklungsergebnisse in die Produktion noch mehr zu beschleunigen und die Produktion neuer Erzeugnisse in kürzerer Zeit auf das geplante hohe Niveau zu heben. Im VEB Werkzeugmaschinenkombinat „Fritz Heckert" gehört es beispielsweise zu den generellen und unumgänglichen Zielen der Erzeugnisentwicklung, daß die Gebrauchswerte jeder Neuentwicklung den Weltstand mitbestimmen und um 50% besser sein müsen als beim Vorgängertyp. Forschungsaufgaben, die mit solch hohen Ansprüchen verbunden sind und jedem Wissenschaftler sowie Konstrukteur engagierten persönlichen Einsatz abverlangen, gelten erst dann als abgeschlossen, wenn die neuen Erzeugnisse mit hoher Produktivität und Effektivität hergestellt werden und auf dem Weltmarkt ihre Bewährungsprobe bestanden haben.

Solche hohen Orientierungen berücksichtigen, daß sich das ökonomische Gewicht des wissenschaftlich-technischen Fortschritts international weiter erhöht hat. Auch in hochentwickelten kapitalistischen Ländern führt diese Tatsache zu verstärkten Anstrengungen auf dem Gebiet von Wissenschaft und Technik. Dabei wird immer deutlicher, daß der ökonomische Wettkampf zwischen dem sozialistischen und dem kapitalistischen Weltsystem auf das engste verbunden ist mit dem Kampf um wissenschaftlich-technische Spitzenpositionen.

Der noch relativ geringe Anteil echter Spitzenleistungen muß bedeutend erhöht werden, damit der ökonomische Nutzen von Ergebnissen aus Forschung und Entwicklung rascher steigt. Das wurde als eine Konsequenz aus Entwicklungstendenzen der letzten Jahre hervorgehoben, in denen der Aufwand für die Erhöhung des wissenschaftlich-technischen Potentials doppelt so schnell anstieg wie die Arbeitsproduktivität. Echte Spitzenleistungen setzen voraus, schon bei der Aufgabenstellung Ziele festzulegen, die das internationale Niveau bestimmen.

Als ein aktuelles Erfordernis der Umsetzung der ökonomischen Strategie wurde das kompromißlose Messen und Vergleichen ökonomischer Zielstellungen und Ergebnisse am internationalen Stand herausgearbeitet. Insbesondere in Verbindung mit der Konzipierung und Realisierung wissenschaftlich-technischer Aufgaben kommt es darauf an, daß sich ihre ökonomischen Leistungsziele eindeutig an den internationalen Markt- und Produktivitätserfordernissen orientieren. Weltstandsvergleiche haben sich als ein unentbehrliches Mittel strategisch konzeptioneller Arbeit in den Kombinaten bewährt, insbesondere wurde ihre Bedeutung für die Erarbeitung der wissenschaftlich-technischen und ökonomischen Aufgaben und Ziele der Pflichtenhefte hervorgehoben. Bei den Weltstandsvergleichen werden mit der Erarbeitung der Pflichtenhefte in der Praxis vorwiegend technische Parameter und Gebrauchseigenschaften neu zu entwickelnder Erzeugnisse und Verfahren verglichen, während die ökonomischen Aussagen zum internationalen Niveau in einem wesentlich geringeren Umfang enthalten sind. Gerade auf die Stärkung dieser ökonomischen Aussagen in den Weltstandsvergleichen sollte die wirtschaftswissenschaftliche Forschung Einfluß nehmen. In diesem Zusammenhang warf die Diskussion eine Reihe theoretisch wie praktisch-methodologischer Fragen zum Weltstandsvergleich auf, insbesondere wie das internationale Niveau in ökonomischer Beziehung zu verstehen ist und wie es ermittelt werden kann.

Im Kern geht es bei internationalen ökonomischen Vergleichen um Produktivitätsvergleiche, deren Quantifizierung auf der Ebene der Kombinate nicht losgelöst vom volkswirtschaftlichen Produktivitätsniveau geführt werden kann. Infolge der unterschiedlichen Tempi des wissenschaftlich-technischen Fortschritts und anderer strukturverändernder Prozesse vollzieht sich die Produktionsentwicklung von Zweig zu Zweig sowohl im internationalen Rahmen als auch innerhalb eines Landes sehr unterschiedlich, was die Gesamtaussage von Produktivitätsvergleichen sehr kompliziert gestaltet. Bei all diesen Problemen bleibt die Steigerung der Arbeitsproduktivität die erste und wichtigste Frage. Das erfordert, den gesamten Prozeß der Anwendung neuer wissenschaftlicher, technischer und organisatorischer Lösungen in ganzer Breite zu gewährleisten und erheblich zu beschleunigen. Der Maßstab der Umsetzung des wissenschaftlich-technischen Fortschritts in ökonomische Effektivität kann daher nur sein, welche Resultate wie im Verhältnis von Aufwand und Ergebnis erreicht werden.

Reproduktionstheoretische Anforderungen und Aufgaben bei der weiteren Vertiefung der Intensivierung der Reproduktion

Im Vordergrund standen die quantitative Bestimmung der Kriterien der umfassenden Intensivierung im engen Zusammenhang mit der ökonomischen Verwertung von Wissenschaft und Technik. Hierbei vollzieht sich ein Funktionswandel in der Rolle des Nettoprodukts und der Senkung des Produktionsverbrauchs bei der Sicherung des stabilen Wirtschaftswachstums. Die qualitativen Faktoren des Wirtschaftswachstums werden immer wirksamer von der Veredlung getragen, die selbst ein wichtiges Anwendungsfeld dafür ist, den erreichten hohen Qualifikationsgrad der Werktätigen in produktive Leistungen umzusetzen.

Die wirtschaftswissenschaftliche Forschung hat tiefer in die Wechselbeziehungen des schnelleren Wachstums der Arbeitsproduktivität gegenüber der Ausstattung der Arbeitsplätze mit Grundfonds sowie in die Wechselbeziehungen zwischen Steigerung der Produktion und Senkung des Produktionsverbrauchs auf der Ebene der Kombinate und der Volkswirtschaft einzudringen. Eine wichtige Aufgabe der reproduktionstheoretischen Arbeit besteht darin, jene Wege und Methoden der Senkung des Produktionsverbrauchs unter den Bedingungen der umfassenden Intensivierung zu bestimmen und ökonomisch zu bewerten, die zu einem stabilen Zuwachs an produziertem Nationaleinkommen führen. Die Senkung des Produktionsverbrauchs wird neben der Steigerung der Arbeitsproduktivität, als Hauptmethode für ein stabiles Wachstum, immer mehr zu einem wichtigen Wachstumsfaktor. Eine Gegenüberstellung, entweder Steigerung der Arbeitsproduktivität oder Senkung des Produktionsverbrauchs, entspricht nicht den Erfordernissen der umfassenden Intensivierung.

Es bestand Übereinstimmung darüber, daß Effektivitätsreserven in der weiteren Beschleunigung der Kreisläufe liegen. Die Aufgabe der Reproduktionstheorie besteht darin, diesen Zeitfaktor in den Effektivitätsrechnungen der Kombinate und Betriebe und der Volkswirtschaft wirksamer zu erfassen und enger mit den Kriterien der Leistungsbewertung zu verbinden. Mit der Vervollkommnung dieser wissenschaftlichen Grundlagen werden wichtige Voraussetzungen für ein klares betriebswirtschaftliches Durchrechnen sowie für den überzeugenden Nachweis des Zusammenhangs zwischen dem Betriebsergebnis und der ökonomischen Lage in den einzelnen Verantwortungsbereichen geschaffen. Das wiederum ist auf das engste mit der Orientierung der Initiativen im sozialistischen Wettbewerb auf die Faktoren der umfassenden Intensivierung verbunden. Es gilt, die Erfolgsfaktoren in der Tätigkeit der Betriebs- und Kombinatsleitungen, die unter Führung der Parteiorganisation auf diesem Gebiet vorangehen, künftig noch stärker theoretisch zu verallgemeinern.

Die Erfahrungen fortgeschrittener Kombinate bestätigen nachdrücklich, daß die richtige, auf hohen ökonomischen Nutzen gerichtete Bewertung wissenschaftlich-technischer Aufgaben und Ergebnisse gegenwärtig eines der Kernprobleme der Leitungs- und Planungstätigkeit bei der Durchsetzung des wissenschaftlich-technischen Fortschritts darstellt. Sowohl die Vorbereitung als auch die Durchführung wissenschaftlich-technischer Maßnahmen sind unmittelbar mit einer Reihe von Bewertungsaufgaben verbunden. Für ihre Lösung liegen sowohl theoretische Erkenntnisse als auch praktisch handhabbare Methodiken sowie vielfältige Erfahrungen vor. Die Analyse des Standes der Bewertung des wissenschaftlich-technischen Fortschritts in der sozialistischen Industrie zeigt, daß es einerseits noch wesentliche Niveauunterschiede zwischen den Kombinaten und Betrieben gibt und daß andererseits auch noch offene Fragen bestehen, die dringend der Lösung durch die wirtschaftswissenschaftliche Forschung bedürfen.

Die Diskussion widmete sich besonders den Fragen der ökonomischen Bewertung des wissenschaftlich-technischen Fortschritts. Es wurde darauf verwiesen, daß eine komplexe Bewertung nach gesamtgesellschaftlichen Kriterien sowohl die ökonomischen Aspekte als auch die sozialen, arbeitswissenschaftlichen, kulturell-ästhetischen und gegebenenfalls noch andere Aspekte umfaßt. Die ökonomische Bewertung von Aufgaben, Maßnahmen und Ergebnissen des wissenschaftlich-technischen Fortschritts erfordert vor allem die Ermittlung und Bewertung

- des notwendigen gesellschaftlichen Aufwands in Forschung und Entwicklung, bei der Nutzung des wissenschaftlich-technischen Ergebnisses in der Produktion sowie bei der Anwendung des hergestellten Erzeugnisses in der produktiven und nichtproduktiven Konsumtion. Dabei ist nach einmaligem und laufendem Aufwand zu unterscheiden.
- der ökonomischen Ergebnisse, die durch die Nutzung wissenschaftlich-technischer Ergebnisse im betrieblichen und gesellschaftlichen Reproduktionsprozeß erzielt werden. Dabei ist konsequent von den neuen Maßstäben der Leistungsbewertung der Kombinate und Betriebe hinsichtlich eines hohen Wachstums der Produktion durch Effektivitätssteigerung auszugehen.
- der Effektivität durch Gegenüberstellung geeigneter Ergebnis- und Aufwandsgrößen, insbesondere der Arbeitsproduktivität, der Exportrentabilität, der Rückflußdauer, der Reduktionskosten.

Als ein unerläßlicher Bestandteil jeder gründlichen Bewertung von Maßnahmen des wissenschaftlich-technischen Fortschritts wurde der Vergleich mit dem internationalen Höchststand hervorgehoben. Die Erarbeitung kompromißloser Weltstandsvergleiche und ihrer Umsetzung im Leitungs- und Planungsprozeß wurde als eine entscheidende Voraussetzung für die Erhöhung der ökonomischen Wirksamkeit von Wissenschaft und Technik charakterisiert. In diesem Zusammenhang wurden Erkenntnisse von *Marx* ausgewertet, der in seiner ökonomischen Analyse der kapitalistischen Produktion die Bedeutung des internationalen Vergleichs für die Sicherung hoher Rentabilität unter den Bedingungen der internationalen Arbeitsteilung und Handelstätigkeit betont hatte. *„Der industrielle Kapitalist hat beständig den Weltmarkt vor sich, vergleicht, und muß beständig vergleichen seine eignen Kostpreise mit den Marktpreisen nicht nur der Heimat, sondern der ganzen Welt. Diese Vergleichung fällt in der frühern Periode fast ausschließlich den Kaufleuten zu, und sichert so dem Handelskapital die Herrschaft über das Industrielle... Die wirkliche Wissenschaft der modernen Ökonomie beginnt erst, wo die theoretische Betrachtung vom Zirkulationsprozeß zum Produktionsprozeß übergeht."*[1]

Die Erhöhung der Komplexität wurde als ein Schwerpunkt der weiteren Qualifizierung der Bewertung von Maßnahmen des wissenschaftlich-technischen Fortschritts hervorgehoben. In der komplexen Bewertung wissenschaftlich-technischer Aufgaben, Maßnahmen und Ergebnisse wird die Beurteilung des Erfüllungsgrads gesamtgesellschaftlicher Ziele gesehen, die nicht allein auf eine ökonomische Bewertung reduziert werden kann. Dies wäre insbesondere dann nicht vertretbar, wenn es sich um Aufgaben der Grundlagen- und angewandten Forschung mit hohem Vorlaufcharakter, um Entwicklungsmaßnahmen mit hohem Neuheitsgrad oder um technologische Entwicklungen und Produktionsanlagen handelt. In diesen Fällen sind Einschätzungen zur Vorlaufwirkung bzw. zu den sozialen Wirkungen unerläßlicher Bestandteil der Bewertung. Dennoch bestand darin Übereinstimmung, daß die ökonomische Bewertung vom Standpunkt der Reproduktion die schließlich ausschlaggebende ist.

Bei der Realisierung des Erfordernisses der umfassenden Intensivierung, daß die Arbeitsproduktivität schneller wächst als die Ausstattung der Arbeitskräfte mit Grundfonds, spielt die Leistungsfähigkeit des Bauwesens, insbesondere hinsichtlich der Senkung des Bauaufwands, eine entscheidende Rolle. Die wirtschaftswissenschaftliche Forschung muß sich künftig stärker mit Fragen der Modernisierung und Rekonstruktion vorhandener Bausubstanzen befassen. Offensichtlich vollzieht sich hier ein Strukturwandel in der Reproduktion der Bausubstanz, was ebenfalls Konsequenzen für die Struktur der Bauproduktion haben wird. Die Anteile des Neubaus werden geringer und die der Modernisierung und Rekonstruktion, der Instandsetzung und Instandhaltung vorhandener Gebäude und Anlagen steigen. Damit verlagert sich das Gewicht der wirtschaftlichen Tätigkeit immer mehr auf die Nutzung vorhandener Bausubstanz, mit der künftig Erweiterungseffekte erzielt werden müssen. Dies wurde in der Diskussion als eine spezifische Form der einfachen Reproduktion angesehen.

Die Nutzung des geistig-schöpferischen Potentials zur Erhöhung der ökonomischen Wirksamkeit von Wissenschaft und Technik in den Kombinaten

Es hat sich in den Kombinaten der Industrie als richtig erwiesen, bereits zu einem sehr frühen Zeitpunkt die Ergebnisse der langfristig-konzeptionellen Arbeit ökonomisch zu bewerten und Anforderungen herauszuarbeiten, wie durch Wissenschaft und Technik die zukünftige Leistungs- und Effektivitätsentwicklung des Kombinats gewährleistet wird. In dieser Arbeit haben sich die Pflichtenhefte als ein entscheidendes Leitungsinstrument in der Praxis bewährt. Dazu wurden Möglichkeiten diskutiert, bei der weiteren Vervollkommnung der Leitung und Planung das Pflichtenheft noch stärker auf den Charakter und die Spezifik der wissenschaftlich-technischen Arbeit auszurichten, wobei die kontinuierliche Arbeit mit dem Pflichtenheft, seine Fortschreibung entsprechend den zunehmenden Erkenntnissen während der Bearbeitung einer wissenschaftlich-technischen Aufgabe bis hin zur Abrechnung der tatsächlich erreichten Ergebnisse hervorgehoben wurde. Das erfordert, die Rolle der Eröffnungs-, Zwischen- und Abschlußverteidigung im Leitungs- und Planungsprozeß bedeutend zu erhöhen. Der differenzierte Charakter der einzelnen wissenschaftlich-technischen Aufgaben sollte bei der Ausarbeitung der Pflichtenhefte stärker berücksichtigt werden. Besondere Aufmerksamkeit wurde im Arbeitskreis der Ausbildung von Hochschulkadern für Forschung und Entwicklung in den Kombinaten gewidmet. Von allseitigem Interesse waren solche Fragen, wie ein hohes Niveau in der Ausbildung künftiger Forschungs- und Entwicklungskader erreicht und gesichert werden kann und wie das erworbene Wissen und Können in der Praxis unmittelbar für einen hohen Effektivitätsfortschritt zu nutzen ist.

Meinungen wurden insbesondere zu Fragen der Intensivierung und Rationalisierung der Prozesse von Forschung und Entwicklung und Produktionsvorbereitung ausgetauscht. In diesem Zusammenhang wurde der Gestaltung und der wirkungsvolleren Nutzung des schöpferischen Arbeitsklimas innerhalb der Kollektive sowie der Nutzung der Initiativen aller gesellschaftlichen Kräfte große Aufmerksamkeit gewidmet. Es wurde davon ausgegangen, daß gegenwärtig in der Volkswirtschaft mit den sich vollziehenden Neuerungsprozessen bedeutsame Veränderungen im Bereich des gesellschaftlichen Arbeitsvermögens verbunden sind. Wie und in welchem Umfang das geschieht, hängt in erster Linie von der Nutzung der schöpferischen Möglichkeiten der Werktätigen ab. Das bedeutet, daß sich der wissenschaftlich-technische Fortschritt in erster Linie über qualifizierte menschliche Tätigkeit durchsetzt. Somit ist die Entwicklung des Qualifikationsniveaus und des schöpferischen Potentials der Werktätigen von großer Bedeutung für die Neuerungen im gesellschaftlichen Reproduktionsprozeß.

Die Diskussion unterstrich die Forderung, das vorhandene wissenschaftlich-technische Potential bei dem sich international in immer höherem Tempo entwickelnden wissenschaftlich-technischen Fortschritt für hohe wissenschaftlich-technische Leistungen in der Volkswirtschaft immer besser zu nutzen. Eine bedeutende Aufgabe wurde darin gesehen, das Qualifikationsniveau in den Kombinaten für die Neuerungsprozesse konzentrierter und wirksamer zum Einsatz zu bringen.

In technisches Neuland vorzustoßen und im internationalen Maßstab erstmalige ökonomisch vorwärtsweisende technische Ideen zu entwickeln, das verkörpert die höchste Qualität schöpferischer wissenschaftlich-technischer Arbeit. Damit ist das erfinderische Schöpfertum zu einer Hauptquelle geworden, um die ökonomische Ergiebigkeit von Wissenschaft und Technik entschieden zu erhöhen. Es dokumentiert, inwieweit mit höchster Zeitökonomie geistiger Vorlauf geschaffen wurde, in welchem Maß Forschung und Entwicklung mit der wissenschaftlich-technischen Revolution Schritt halten und an Boden gewinnen, wie die Vorzüge der sozialistischen Planwirtschaft, Bildung, Qualifikation, volkswirtschaftliches Verantwortungsbewußtsein und Berufsethos der Werktätigen für hohen ökonomischen Leistungszuwachs nutzen.

Erfindungen und Patente wurden als ein echter Maßstab zum internationalen Niveau auf wissenschaftlich-technischem Gebiet eingeschätzt. Es kommt darauf an, zu den entscheidenden Erzeugnissen und Technologien längerfristig tragfähige prinzipielle technische Lösungen zu entwickeln und auf diese Art und Weise in den Exportländern marktwirksame Patentkomplexe aufzubauen. International konkurrenzfähige Maschinen und Anlagen, wie polygraphische Maschinen, Textil- und Werkzeugmaschinen, Landmaschinen, enthalten heute Dutzende moderner elektronischer Gerätesysteme, sogar Hunderte patentierter Erfindungen.

Am Beispiel der Ausbildung von Hochschulkadern in der Elektrotechnik/Elektronik und im Maschinenbau wurden Probleme des qualifikationsgerechten Einsatzes der Absolventen für die weitere Durchsetzung des wissenschaftlich-technischen Fortschritts in der Volkswirtschaft, insbesondere auf dem Gebiet der Mikroelektronik, diskutiert. Interesse fanden die Überlegungen zu den neuen Wegen, die sich durch die Ausnutzung der Vorzüge des Sozialismus im Zusammenhang mit der Realisierung der neuen Konzeption für die Gestaltung der Aus- und Weiterbildung von Ingenieuren und Ökonomen in der DDR ergeben.

Die Wahrnehmung der volkswirtschaftlichen Verantwortung der Kombinate, insbesondere der produktionsmittelherstellenden Industrie, für die Entwicklung und die Produktion hochwertiger technischer Konsumgüter in größerem Umfang

Mehrere Diskussionsredner aus den Kombinaten führten den Nachweis, daß das Schlüsselproblem für die längerfristige Lösung dieser Aufgabe im konzentrierten Einsatz des vorhandenen und je nach den differenzierten Bedingungen der Wirtschaftszweige auch im Ausbau des Forschungs- und Entwicklungspotentials liegt. Es wurde eine Reihe von Konsequenzen für die reproduktionstheoretische Arbeit auf diesem Gebiet gezogen.

Die Erfahrungen lehren, daß für eine erfolgreiche Konsumgüterproduktion in einem produktionsmittelerzeugenden Kombinat die Festlegung des Konsumgüterprofils von großer Tragweite ist. Alle guten Beispiele weisen auf eine enge und umfassende Zusammenarbeit im Rahmen der Erzeugnisgruppe hin. Die kontinuierliche, längerfristige Bedarfsanalyse gemeinsam mit dem Binnen- und Außenhandel wird als eine wesentliche Voraussetzung für das Entstehen attraktiver Konsumgüter eingeschätzt. Solche Arbeiten sind sehr vielschichtig. So ist bei der Entwicklung neuer Konsumgüter der vorhandene Ausstattungsgrad der Haushalte bei gleichen oder ähnlichen Erzeugnissen zu berücksichtigen, gleichermaßen deren Altersstruktur, ihre durchschnittliche Lebensdauer. Es ist von den Kaufabsichten der Bevölkerung, den Entwicklungstendenzen im Ausland und vielem anderen mehr auszugehen.

Bedeutende Erfolge in der Entwicklung und in der Produktion von Konsumgütern wurden überall dort erreicht, wo die Orientierung und die daraus resultierenden Aufgaben für jeden Kombinatsbetrieb zur Erzeugnisentwicklung längerfristig herausgearbeitet und festgelegt sind. In der Regel wird dort eine effektive Produktion von Konsumgütern erreicht, wo diese Erzeugnisse eine gewisse Analogie zur Hauptproduktion aufweisen, eine Serienfertigung gewährleisten, zur besseren Auslastung vorhandener Grundmittel und effektiveren Nutzung des Materials beitragen und die Einbeziehung des vorhandenen Qualifikationsniveaus der Werktätigen in der Produktion sowie der Forschung und Entwicklung sichern. Als Grundsatz gilt, den höheren Leistungsbeitrag der produktionsmittelherstellenden Kombinate auf dem Weg der allseitigen Intensivierung zu vollziehen, was bedeutet,

- das vorhandene Forschungs- und Entwicklungspotential verstärkt für die Entwicklung neuer, attraktiver Konsumgüter zu nutzen;
- einen erheblichen Teil der Ausrüstungen für die Konsumgüterproduktion im eigenen Rationalisierungsmittelbau herzustellen bzw. vorhandene Grundmittel im Kombinat dafür zu nutzen;
- die erforderliche Produktionsfläche und die notwendigen Arbeitskräfte durch Intensivierungsmaßnahmen innerhalb des Kombinats zu gewinnen.

In den produktionsmittelherstellenden Kombinaten haben sich für die Erzeugung von Konsumgütern gleichermaßen zwei Wege bewährt. Ein Weg besteht darin, daß ausgehend von der Hauptproduktion gewissermaßen artverwandte Konsumgüter entwickelt und produziert werden; einen weiteren Weg beschreiten jene Kombinate, die ohne eine engere Verbindung zu ihren Haupterzeugnissen eigene Konsumgüterlinien entwickelt haben und danach erfolgreich produzieren. Auf beiden Wegen erweist es sich zur Erreichung des notwendigen höheren Anteils der Konsumgüter an der Warenproduktion als immer zwingender, nicht vordergründig von einer Vielzahl im Erzeugnissortiment auszugehen, sondern stabile Erzeugnislinien mit hohen Stückzahlen vor allem bei technischen Konsumgütern aufzubauen bzw. zu erweitern.

Insbesondere an der Erzeugnisentwicklung wird deutlich, wie die Produktion und der Absatz von Konsumgütern für die Bevölkerung und den Export immer stärker durch ihr wissenschaftlich-technisches Niveau bestimmt werden. Immer zwingender wird deshalb,

- neueste wissenschaftlich-technische Erkenntnisse für die Beschleunigung des Erzeugnisumschlags zu nutzen, um den Anteil neuer Erzeugnisse am Gesamtvolumen der Konsumgüterproduktion zu erhöhen und dabei insbesondere Spitzenleistungen zu erzielen;
- Entwicklung, Produktion und Anwendung hochproduktiver Verfahren zur besseren stoffwirtschaftlichen Nutzung besonders einheimischer Rohstoffe als Ausgangspunkt für die Entwicklung neuer Technologien und Verfahren der Konsumgüterproduktion und neuer Erzeugnisse zu nehmen;
- große Stückzahlen und eine hohe Qualität von Konsumgütern insbesondere durch die breite Nutzung der Ergebnisse der Mikroelektronik und des Einsatzes von Industrierobotern zu ermöglichen und zugleich die Palette hochwertiger Konsumgüter zu erweitern;
- den wissenschaftlich-technischen Fortschritt stärker für die Senkung des Energie- und Materialaufwands, für neue konstruktive und gestalterische Lösungen, für neue Wirkprinzipien, für die Senkung des Fertigungsaufwands, für die Verbesserung des Masse-Leistungs-Verhältnisses sowie für eine Vereinfachung der Service- oder der Dienstleistungen und für gute Formgestaltung zu nutzen.

Für die Lösung dieser Aufgaben ist vor allem das vorhandene Forschungs- und Entwicklungspotential in viel größerem Maß auf die Entwicklung neuer Konsumgüter zu konzentrieren und im Rahmen der Erzeugnisgruppen zu koordinieren. Die Erfahrungen lehren, daß die Produzenten hochwertiger technischer Konsumgüter dem Aufbau bzw. dem Ausbau ihrer Forschungs- und Entwicklungskapazitäten und ihrer wirkungsvolleren Nutzung große Aufmerksamkeit widmen.

Aufgaben der Kombinate im Prozeß der sozialistischen ökonomischen Integration

Der Meinungsaustausch war von dem Ziel getragen, die Wachstums- und Effektivitätspotenzen der sozialistischen internationalen Arbeitsteilung und der Außenwirtschaftsbeziehungen in ihrer Gesamtheit auf das engste mit den anderen Wachstumsfaktoren zu verbinden. Es wurde von der Erkenntnis ausgegangen, daß die weitere Entwicklung der Produktivkräfte, der sozialistischen Produktionsverhältnisse und der weltwirtschaftlichen Einflüsse ständig neue Erfordernisse, Bedingungen und auch Möglichkeiten der internationalen Arbeitsteilung ergeben, die es zu beachten und klug und planmäßig auszunutzen gilt.

In der Diskussion standen die Aufgaben der Kombinate im Prozeß der sozialistischen ökonomischen Integration, insbesondere bei der zunehmenden Verflechtung der Volkswirtschaften der DDR und der UdSSR, im Vordergrund. Es wurde hervorgehoben, daß die direkten Beziehungen zwischen den Kombinaten der DDR und den ihnen entsprechenden Produktionsvereinigungen in der UdSSR eine wirksame Form der Ausnutzung der Vorzüge der internationalen Arbeitsteilung sind und zur wachsenden Effektivität der Volkswirtschaft dieser Länder führen. Stärker sollten die beschleunigte Entwicklung und die breite Einführung von Spitzentechnologien Gegenstand der internationalen Spezialisierung und Kooperation sein. Es wurde hervorgehoben, daß die jüngsten Beschlüsse zur Leitung, Planung und wirtschaftlichen Rechnungsführung die Erfüllung dieser grundlegenden Aufgabe unterstützen. Der Beitrag der wirtschaftswissenschaftlichen Forschung wird darin gesehen, künftig die Effektivitätsrechnungen der internationalen Spezialisierung und Kooperation in Übereinstimmung mit den Erfordernissen der Intensivierung der Volkswirtschaft in allen Mitgliedsländern des RGW zu vervollkommnen und dabei insbesondere das wachsende Gewicht der Transportkosten zu berücksichtigen.

Wie in den Beschlüssen der SED, der letzten RGW-Tagungen und der paritätischen Regierungskommission DDR/UdSSR festgelegt und in der Praxis erfolgreich begonnen wurde, so muß der Prozeß der qualitativen Weiterentwicklung der sozialistischen internationalen Arbeitsteilung zielstrebig und konsequent fortgesetzt werden. Das bedeutet unter anderem, in den Mittelpunkt der internationalen Spezialisierung und Kooperation die wissenschaftlich-technisch führenden Zweige, die Entwicklung und Produktion neuer produktiverer Technologien und Produktionsmittel sowie Konsumgüter mit international besten Gebrauchswertparametern zu stellen.

Als ein noch zu entwickelndes Gebiet wurde bei der spezialisierten Produktion zwischen den einzelnen Ländern die Koordinierung bzw. die direkte Zusammenarbeit im Absatz, speziell auf Drittmärkten, eingeschätzt und darauf hingewiesen, daß hier die ökonomischen Interessen oft am intensivsten wirken. Deshalb sind die Zusammenhänge zwischen der internationalen Zusammenarbeit in Forschung und Entwicklung, Produktion, Absatz eingehender zu untersuchen, die Kriterien darüber, wann eine Zusammenarbeit nur in einer oder in mehreren Phasen notwendig und angebracht ist, herauszuarbeiten, die zweckmäßigsten Richtungen bzw. Varianten der Verbindung einer solchen Zusammenarbeit konkreter aufzudecken.

[1] K. Marx, Das Kapital. Dritter Band, in: MEW, Bd. 25, a. a. O., S. 349.

ARBEITSKREIS 5

G. Schulz

Zur Komplexität des volkswirtschaftlichen Reproduktionsprozesses und der Erhöhung seiner Effektivität

Günter Mittag hat in seinem Referat zu theoretischen Verallgemeinerungen der Erfahrungen aus der erfolgreichen Entwicklung der Kombinate für die Leistungssteigerung in der Volkswirtschaft unter den Bedingungen der umfassenden Intensivierung zum Wohle des Volkes jene Anforderungen begründet, aus der Sicht der Einheit von ökonomischer Theorie, Wirtschaftspolitik und Praxis in den 80er Jahren kontinuierlich weitere Fortschritte bei der Gestaltung der Wirtschaft des entwickelten Sozialismus zu erzielen. Mit seiner grundlegenden Orientierung wurden Rahmen und Schwerpunkte für die Diskussion in den Arbeitskreisen bestimmt. Wie seit langer Zeit im Wissenschaftlichen Rat für die wirtschaftswissenschaftliche Forschung bei der Akademie der Wissenschaften der DDR üblich, erhoffen wir uns eine kameradschaftliche, kritische, konstruktive und schöpferische Diskussion, Meinungsstreit und Zwischenfragen sind dabei gewünscht.

In meinem Diskussionsbeitrag möchte ich auf einige Probleme unserer Wirtschafts- und Gesellschaftspolitik eingehen, die untrennbar mit dem zentralen Thema unserer Konferenz verbunden sind.

Die sozialistische Planwirtschaft unseres Landes stellt sich wirksam und umfassend auf den intensiven Entwicklungsweg der Volkswirtschaft ein. Der von der Partei begründete Hauptweg der Intensivierung der Produktion und aller weiteren Phasen des Reproduktionsprozesses ist darauf gerichtet, den allseitig ressourcensparenden Typ der intensiv erweiterten Reproduktion zum Wohle des Volkes zu verwirklichen, der zugleich grundlegendes qualitatives Merkmal der Wirtschaft des entwickelten Sozialismus ist.

Im Zusammenhang mit dem im Jahre 1983 erreichten – und zum Teil überbotenen – planmäßigen Steigerungsraten hob Erich Honecker hervor: „Auf diese Weise sichern wir den nötigen Leistungsanstieg, um den Kurs der Hauptaufgabe erfolgreich fortzusetzen. Dazu sind wir fest entschlossen. Auch Boykottversuche bestimmter westlicher Kreise werden uns daran nicht hindern!"[2]

Die Einheit von Wirtschafts- und Sozialpolitik hat sich als gewaltige Triebkraft für die dynamische Entwicklung der DDR erwiesen. Ihre Resultate können sich sehen lassen, zumal zu einer Zeit, wo die Vertreter des Kapitals selbst gegen die von ihnen früher so ausgiebig strapazierte These vom „Wohlfahrtsstaat" polemisieren angesichts der massenhaften Arbeitslosigkeit und Kurzarbeit, der Hochrüstung und Kriegsgefahr, der radikalen Kürzung von Sozialleistungen für die Werktätigen, der Inflation und ständigen Preistreibereien, des grenzenlosen Mietwuchers, der Firmenbankrotte, des Abbaus demokratischer und sozialer Rechte.

Der Volkswirtschaftsplan 1984 ist wiederum voll auf die weitere Realisierung der Einheit von Wirtschafts- und Sozialpolitik gerichtet. Dazu erklärte Erich Honecker: „Politische Stabilität, ökonomische Dynamik, kontinuierliche Fortsetzung der Einheit von Wirtschafts- und Sozialpolitik zum Wohle des Volkes sind von entscheidender Bedeutung für unseren Beitrag zur Sicherung des Friedens."[3]

Mit dieser weit in die Zukunft gerichteten Orientierung befindet sich unsere Partei in völliger Übereinstimmung mit der KPdSU. In der Rede Juri Andropows auf dem jüngsten Plenum des ZK der KPdSU wurde erneut hervorgehoben: „Alle unsere Anstrengungen in der Wirtschaft sind letztendlich auf die Erhöhung des Lebensniveaus des Volkes gerichtet. Das ist das sozialpolitische Hauptziel unserer Pläne... Und der Plan für 1984 sieht ein weiteres Wachstum des Lebensstandards vor."[4] Ständig wächst in der UdSSR das Realeinkommen der Bevölkerung, umfassend wird der Wohnungsbau und der Bau von Kultur- und Dienstleistungsobjekten betrieben. Erfolgreich entwickeln sich Bildung, Gesundheitswesen und Kultur. Große Aufmerksamkeit wird der Realisierung des Lebensmittelprogramms gewidmet, und die Entwicklung der landwirtschaftlichen Produktion steht im Zentrum der Wirtschafts- und Sozialpolitik der KPdSU. Ebenso werden große Anstrengungen unternommen, angesichts der wachsenden Kaufkraft der Bevölkerung und des gestiegenen Versorgungsgrades der Menschen mit Konsumgütern, „die Anforderungen an Sortiment und Qualität der Erzeugnisse"[5] zu erhöhen.

Damit wird der genialen Gesellschaftsprognose von Karl Marx gefolgt, deren grundlegende Richtung darin besteht, daß der Arbeiter im Sozialismus erstmals Zweck und Selbstzweck der Produktion wird.[6] Er bezeichnete es als das „Grundprinzip" des Sozialismus, „die volle und freie Entwicklung jedes Individuums" zu sichern.[7] Ebenso verwies er darauf, daß „die – freie, ungehemmte progressive, und universelle Entwicklung der Produktivkräfte selbst die Voraussetzung der Gesellschaft und daher ihrer Reproduktion ist."[8] W. I. Lenin sah das Ziel der sozialistischen Produktion in der „Sicherung der höchsten Wohlfahrt und der freien allseitigen Entwicklung aller Mitglieder der Gesellschaft".[9]

Das entspricht dem ökonomischen Grundgesetz des Sozialismus, dessen objektive Erfordernisse sich aus dem gesellschaftlichen Eigentum der Produktionsmittel ergeben. Diese Erfordernisse sind weder eine unverbindliche Losung noch willkürlich zusammengestellte Wünsche oder Auffassungen. Dennoch gibt es mitunter Empfehlungen, z. B. besonders die Grenzen des Begriffs „der weiteren Erhöhung des Volkswohlstandes“ zu markieren, wobei pauschal vor einem weiteren Wachstum des Arbeitseinkommens der Werktätigen gewarnt wird. Vereinzelt wird auch eine Art von „Konsumstopp“ für möglich gehalten. Manchmal werden die objektiven Erfordernisse und Zusammenhänge des Systems ökonomischer Gesetze (dessen soziale Wirkungsrichtung durch das ökonomische Grundgesetz bestimmt wird) isoliert voneinander und, wie schon früher gehabt, das ökonomische Gesetz von Angebot und Nachfrage als Regulator für Produktion und Preis im Sozialismus genannt, ohne dieses objektive ökonomische Gesetz aus der Sicht des Systemzusammenhangs von ökonomischem Grundgesetz, des Gesetzes der planmäßigen, proportionalen Entwicklung der Volkswirtschaft, des Gesetzes der Ökonomie der Zeit u. a. zu betrachten. Dabei fehlen bei solchen Erwägungen nicht selten Verallgemeinerungen von Erfahrungen und Konsequenzen der Verwirklichung des sozialistischen Leistungsprinzips in Kombinaten, Betrieben und Einrichtungen und notwendige Hinweise auf Relationen zwischen ökonomischem Leistungsanstieg und wachsendem Volkswohlstand.

Schließlich werden – wenn auch als Ausnahme – persönlich wachsende Arbeitseinkommen so kommentiert, wonach sie den Staat ständig zwingen würden, Produktionen für Sonderwünsche (auch „luxuriöse“ – ohne sie zu definieren) nachkommen zu müssen, obwohl sich die Klassiker wiederholt gegen eine asketische und uniformierte Befriedigung materieller und geistiger Bedürfnisse aller Mitglieder der sozialistischen Gesellschaft gewandt haben. Und das Primat der Produktion sollte nicht als scheinbares Argument gegen Absatz und Konsumtion benutzt werden (und gegen die anderen Momente des Reproduktionsprozesses). Karl Marx hat wiederholt darauf verwiesen, daß die Konsumtion Ziel und Endzweck (nicht kümmerlicher Restposten oder unbedeutender Endpunkt der Reproduktion) ist, und die Distribution und Zirkulation keinesfalls als passive, sich einfach an den Produktionsprozeß anschließende Phasen der Reproduktion zu sehen wären. Er betonte zugleich, daß sich das Produkt erst in der Konsumtion verwirklicht und die Konsumtion zugleich das Bedürfnis zu neuer Produktion, den innerlich treibenden Grund der Produktion darstellt. „Ohne Produktion keine Konsumtion; aber auch ohne Konsumtion keine Produktion, da die Produktion so zwecklos wäre.“[10]

Indem die Kombinate als die wirksamste Form der Verbindung von Wissenschaft und Produktion den Zyklus „Forschung–Entwicklung–Investition–Produktion–Absatz“ optimal gestalten, schaffen sie vor allem aus eigener Kraft die Bedingungen dafür, daß wissenschaftlich-technische Ergebnisse mit hohem Neuheitsgrad schnell in produktions- und absatzwirksame Erzeugnisse, Verfahren und Technologien mit hohem volkswirtschaftlichem Effekt umgesetzt werden können. Für den Erfolg einer Neuerung ist also ein wirkungsvoller Absatz unerläßlich, wozu Marktforschung und -bearbeitung, Vertrieb, Kundendienst und anderes gehören.[11]

Die Resultate und Erfahrungen des in der gesellschaftlichen Praxis bewährten Programms des Volkswohlstandes, des Wachstums und der Stabilität bei Vollbeschäftigung widerlegen die genannten Erwägungen. Im Gegensatz dazu sind folgende Aspekte der Einheit von Wirtschafts- und Sozialpolitik hervorzuheben: Erstens werden entsprechend dem Wesen des Sozialismus von Partei und Regierung die materiellen und kulturellen Bedürfnisse der Menschen, ihre immer bessere Befriedigung und die erforderlichen anspruchsvollen Effektivitätskriterien der Arbeit in allen Bereichen der Gesellschaft an den Anfang aller Überlegungen gestellt. Zweitens ist die Erhöhung des Lebensniveaus untrennbar mit einem dauerhaften kräftigen Aufschwung der Produktion, der Steigerung der Effektivität und Produktivität der Arbeit verbunden. Die Partei wandte sich stets dagegen, die Einheit von Ziel und Mittel der sozialistischen Produktion zu mißachten. Die planmäßige Erhöhung des Lebensniveaus des Volkes erfordert anstrengende, schöpferische Arbeit, entsprechende Mittel und Ressourcen, zumal es heute und künftig darum geht, den allseitig ressourcensparenden Typ der intensiv erweiterten Reproduktion (arbeits-, rohstoff-, energie-, material-, investitionssparsam und umweltfreundlich) zu verwirklichen. Drittens ist diese Einheit von Wirtschafts- und Sozialpolitik geprägt durch das umfangreiche, in unserer Geschichte einmalige sozialpolitische Programm der DDR. Viertens schließlich ist die SED bei der Gestaltung des entwickelten Sozialismus davon ausgegangen, daß es sich bei der planmäßigen Entwicklung von Gesellschaft und Wirtschaft um ein organisches Ganzes handelt, dessen Seiten und Bereiche in abgestimmten Proportionen und Wechselbeziehungen komplex gestaltet werden müssen, daß dabei kein Gebiet des gesellschaftlichen Lebens zurückbleiben darf. „Nur so kann erreicht werden, daß sich die gesellschaftlichen Beziehungen, die Fähigkeiten der Menschen voll entfalten ... Wir mußten nicht nur die materielle Versorgung sichern und weiter verbessern, sondern auch zunehmenden Ansprüchen an Bildung und Kultur gerecht werden.“[12]

Aus dem Reichtum schöpferischer Ideen der Gesellschaftswissenschaftlichen Konferenz des ZK der SED (Dezember 1983), die sich ausführlich mit den Gesetzmäßigkeiten unserer Epoche, mit Triebkräften und Werten des Sozialismus befaßt hat, ist aus dem Referat von Kurt Hager folgende grundlegende Erkenntnis hervorzuheben: „Alle unsere Erfahrungen bestätigen nachdrücklich, daß die Erhöhung des Lebensniveaus wie die weitere Entwicklung aller Gesellschaftsbereiche den dauerhaften Aufschwung von Produktion, Arbeitsproduktivität und Effektivität voraussetzen.“[12a]

Wie Günter Mittag auf der Wirtschaftswissenschaftlichen Konferenz (September 1983) hervorhob, ist es von größter Bdeutung für die gesellschaftliche Entwicklung, „ein höheres Niveau der Produktivkräfte, der sozialistischen gesellschaftlichen Beziehungen und des sozialistischen Bewußtseins der Menschen zu erreichen und zum Wohle des ganzen Volkes wirksam zu machen“.[13] Dabei lenkt die Partei das Hauptaugenmerk auf die organische Verbindung der Errungenschaften der wissenschaftlich-technischen Revolution mit den Vorzügen des Sozialismus, auf den weiteren Vergesellschaftungsprozeß, besonders auf die Entwicklung und Festigung der Kombinate und auf die weitere Vertiefung der sozialistischen ökonomischen Integration, besonders mit der UdSSR.

Zum Gesamtprozeß der planmäßigen Gestaltung des entwickelten Sozialismus gehört als unverzichtbarer Bestandteil die ständige Vervollkommnung der Leitung, Planung und ökonomischen Stimulierung. Das erfordert vor allem, die umfassende Intensivierung im komplexen Sinne bei der Verwirklichung der ökonomischen Strategie des X. Parteitages aus der Sicht der *organischen Einheit des Reproduktionsprozesses* zu verwirklichen, wobei die Wechselbeziehungen zwischen seinen Phasen, Elementen und Seiten, der Einheit von Arbeits- und Wertbildungsprozeß, von gebrauchtswert- und wertmäßiger Seite – also seine „Totalität" (Marx) zu beachten sind. Immerhin geht es um die „Verwohlfeilerung" (Marx) des gesamten Reproduktionsprozesses zum Wohle des Volkes, weshalb punktuelle Ergebnisse bei der Intensivierung (wie der Nutzung des einen oder anderen Wachstumsfaktors) keinesfalls ausreichen.

Bekanntlich existieren in der sozialistischen Planwirtschaft objektiv sozialistische Warenproduktion und auf ihr basierend sozialistische Ware-Geld-Beziehungen (Waren- und Geldzirkulation) sowie das Wertgesetz im System ökonomischer Gesetze des Sozialismus, Wertkategorien und entsprechende Erscheinungsformen. Dennoch kann man von Zeit zu Zeit immer wieder illusionären Vorstellungen begegnen, wonach infolge angeblicher Sinnlosigkeit des Ware-Geld-Systems im Sozialismus (welches noch dazu zur Deformation des Reproduktionsprozesses und der Werktätigen im Sozialismus führen würde) dieses noch im Sozialismus abzuschaffen wäre. In ähnlicher Richtung laufen mitunter angebotene moralische Bewertungen dieser objektiven Tatsachen, womit meist ein Bedauern ihrer unvermeidlichen Existenz verbunden ist.

Nun werden schon seit längerem Fragen der Vervollkommnung der Ware-Geld-Beziehungen und des gesamten Instrumentariums der wirtschaftlichen Rechnungsführung beim Übergang zur intensiv erweiterten Reproduktion im Interesse der planmäßigen Leitung der Volkswirtschaft erneut erörtert. Langwierige, zuweilen scholastische Auseinandersetzungen über die Rolle der Ware-Geld-Beziehungen im Sozialismus schlechthin lenken von der Ausarbeitung aktueller Probleme der weiteren Gestaltung der Wirtschaft des entwickelten Sozialismus ab und führen zur Unterschätzung der wirtschaftlichen Rechnungsführung und der materiellen Stimulierung.

Den Erfordernissen der Praxis folgend – vor allem gekennzeichnet durch die aus dem inneren Wesen des Sozialismus resultierende große Dynamik, den Übergang zur intensiv erweiterten Reproduktion, die Sicherung eines stabilen ökonomischen Wachstums, die wissenschaftlich-technische Revolution, durch volkswirtschaftliche Neuerungsprozesse, Wandlungen in der Volkswirtschaftsstruktur, die Vertiefung der sozialistischen ökonomischen Integration und durch die veränderten äußeren Bedingungen – leisten die KPdSU, die SED und andere Bruderparteien der sozialistischen Gemeinschaft eine große schöpferische Arbeit zur Vervollkommnung der planmäßigen Leitung der Volkswirtschaft.

So enthält die jüngste Rede des Genossen Juri Andropow die Orientierung, „ein Programm zur komplexen Vervollkommnung des gesamten Leitungsmechanismus" auszuarbeiten. Zu seinen grundlegenden Forderungen gehört: „... die Erhöhung der Wirksamkeit der Gesamtheit der ökonomischen Hebel und Stimuli des Wirtschaftsmechanismus, einschließlich der Preisbildung, des Kredit- und Finanzsystems, der Methoden zur Bewertung der Ergebnisse der Wirtschaftstätigkeit usw. ... Nur durch die komplexe und miteinander verbundene Betrachtung der Fragen der Vervollkommnung des Leitungssystems kann die Aufgabe gelöst werden, die Vorzüge auf das Umfassendste zu nutzen, die die sozialistische Produktionsweise in sich birgt. Dies muß ein wichtiger Bestandteil der Neufassung des Programms der KPdSU werden."[14]

Günter Mittag begründete auf der Wirtschaftswissenschaftlichen Konferenz der DDR, daß es im Zusammenhang mit der erfolgreichen Entwicklung der Kombinate erforderlich wurde, „im gesamtvolkswirtschaftlichen Rahmen Maßnahmen zur weiteren Vervollkommnung der Leitung, Planung und wirtschaftlichen Rechnungsführung zu beschließen. Sie bieten sowohl die Möglichkeit als auch den exakten Maßstab dafür, daß die Arbeit der Kombinate jetzt mit aller Zielstrebigkeit auf die Durchführung der ökonomischen Strategie der 80er Jahre gerichtet wird."[15] Ausgehend von der schöpferischen Initiative der Werktätigen für einen hohen Leistungsanstieg der Volkswirtschaft und dem untrennbaren Zusammenhang zwischen der maßgebenden und richtungsweisenden Rolle der Planung, ist die wirtschaftliche Rechnungsführung so weiterzuentwickeln, „daß das, was für die Volkswirtschaft von Nutzen ist, auch für die Kombinate und Betriebe Vorteile bringt," wobei ausführlich die Grundgedanken des Beschlusses des ZK der SED und des Ministerrates der DDR zur weiteren Vervollkommnung der Leitung, Planung und wirtschaftlichen Rechnungsführung erläutert werden.[16]

Es geht also nicht darum, der sozialistischen Planwirtschaft gemäße Bestandteile wie sozialistische Warenproduktion und die darauf beruhenden Ware-Geld-Beziehungen abzuschaffen, sondern sie besser zu nutzen, damit die Vorzüge und Triebkräfte des Sozialismus noch stärker entfaltet werden können. Wer vorzeitig die im Sozialismus objektiv notwendige Warenproduktion, ihre Kategorien, die spezifischen Ware-Geld-Beziehungen und die Formen der materiellen Interessiertheit zur Erhöhung der Effektivität der Arbeit liquidieren möchte, mißachtet die theoretisch wie praktisch bewiesene Tatsache, daß sie durch die neuen, die sozialistischen Eigentums- und Produktionsverhältnisse geprägt werden, daß die von Ausbeutung befreiten sozialistischen Produzenten und Eigentümer der Produktionsmittel in der sozialistischen Planwirtschaft ihre materiellen Güter und Leistungen als Waren produzieren und austauschen, daß kapitalistische und sozialistische Warenproduktion völlig verschiedener gesellschaftlicher Natur sind, und daß die Ware-Geld-Beziehungen Bestandteil der sozialistischen Planung sind. Die Ware-Geld-Beziehungen werden im Interesse der Werktätigen genutzt. Es gibt also keine Warenproduktion an sich, die unabhängig von den verschiedenen Gesellschaftsordnungen existiert, deren Existenz im Sozialismus störend und überflüssig sei, nur weil ihre Kategorien (wie Preis, Selbstkosten, Gewinn, Umsatz) eine formale äußere Ähnlichkeit mit entsprechenden Kategorien im Kapitalismus haben.

Wert- und Geldkategorien sind weder inhaltslose Formen noch nur technische Berechnungsmittel. Sie sind vielmehr verbunden mit realen ökonomischen Verhältnissen, mit der Notwendigkeit, Aufwendungen zu ersetzen, die Arbeitstätigkeit materiell zu stimulieren, effektive Formen der ökonomischen Verbindungen zwischen Stadt und Land sowie zwischen den sozialistischen Betrieben und Kombinaten zu schaffen.

Die Warenproduktion als Bestandteil der sozialistischen Planwirtschaft vollzieht sich auf der Grundlage gesellschaftlichen Eigentums an den Produktionsmitteln und wird in ihrem Wesen und ihrem sozialen Inhalt durch die sozialistischen Produktionsverhältnisse und die diesen eigenen ökonomischen Gesetze bestimmt. Deshalb enthalten die Warenbeziehungen im Sozialismus keinerlei Bedingungen und Möglichkeiten für ein blindes Wirken der Marktkräfte, für Anarchie und Konkurrenz.

Die sozialistische Planwirtschaft basiert also nicht auf gegensätzlichen Grundlagen – der planmäßigen Produktion und dem spontanen Markt –, sondern die planmäßige Leitung der Wirtschaft erfaßt alle Seiten und Phasen des Reproduktionsprozesses. Zugleich ist bei Existenz des gesellschaftlichen Eigentums an den Produktionsmitteln die Arbeitskraft keine Ware mehr, wie der Lohn nicht mehr der Preis der Ware Arbeitskraft sein kann, da die Ausbeutung abgeschafft und die Produzenten zugleich Eigentümer und Herren der Produktion sind, die schwerlich sich selbst ihre Arbeitskraft verkaufen können. Ebenso können sich Geld und die vielfältigen Formen des Nationalreichtums nicht mehr in Kapital verwandeln, sondern der sozialistische Staat gewährleistet ihre Nutzung mit dem Ziel des höchsten Ergebnisses für die Gesellschaft und ihre Mitglieder.[17]

Es ist nicht möglich und auch nicht Aufgabe, die gesellschaftlichen Ursachen für die Notwendigkeit der Warenproduktion im Sozialismus hier zu behandeln, es sei nur soviel gesagt: Ihre objektiv notwendige Existenz resultiert im Sozialismus aus dem Entwicklungsniveau der Produktivkräfte und der sozialistischen Produktionsverhältnisse in der arbeitsteilig organisierten sozialistischen Produktionsweise. Bei hochentwickelter gesellschaftlicher Arbeitsteilung und relativ selbständigen Produzentenkollektiven ist der Austausch der für die Gesellschaft produzierten Erzeugnisse über Ware-Geld-Beziehungen notwendig. Die phantastischen Empfehlungen, Ware-Geld-Beziehungen im Sozialismus abzuschaffen, laufen auf den direkten Produktenaustausch hinaus, wofür es bei dem viele Millionen Erzeugnisse umfassenden Sortiment keine gesellschaftlichen Voraussetzungen gibt und das Geld als allgemeines Äquivalent und universeller Vermittler erforderlich ist. Auffassungen, wonach beim sozialistischen Aufbau die Notwendigkeit des Handels und des Geldes wegzufallen beginne, wurden bereits zu Beginn der 30er Jahre von der KPdSU(B) als „linkes Geschwätz“ bezeichnet (17. Parteikonferenz 1932 und XVII. Parteitag der KPdSU(B) 1934). „Die Erfahrungen lehrten, daß es nach dem Sieg des Sozialismus noch nicht möglich ist, die Ware-Geld-Beziehungen zu beseitigen. Versuche in dieser Richtung fügten der sozialistischen Volkswirtschaft großen Schaden zu.

Der XVII. Parteitag unterstrich, daß Handel und Geld im Verlaufe ... aller sozialistischen Entwicklungsetappen existieren werden.“[18]

Die Ergiebigkeit des gesellschaftlichen Arbeitsvermögens (gemessen am erreichten Niveau der Arbeitsproduktivität) verlangt, daß die sozialistische Produktion, die Verteilung und der Austausch nach äquivalenten Leistungen der arbeitsteilig organisierten Produzentenkollektive erfolgt, womit die Notwendigkeit der ständigen Optimierung der Produktionsressourcen und Realisierungsbedingungen verbunden ist. Die Verteilung nach den Bedürfnissen – das dem Kommunismus adäquate Verteilungsprinzip – erfordert bekanntlich neben vielen gesellschaftlichen Voraussetzungen vor allem ein außerordentlich hohes Niveau der Arbeitsproduktivität, den Produktenüberfluß und ein kommunistisches Bewußtsein der Werktätigen.

Die Konzeption von der raschen Abschaffung der Ware-Geld-Beziehungen läuft im ganzen darauf hinaus, den Sozialismus als kurzfristiges Durchgangsstadium, als Ansammlung von Muttermalen der kapitalistischen Vergangenheit, als Übergangsgesellschaft zu charakterisieren, die durch keine allgemeingültigen Gesetzmäßigkeiten gekennzeichnet und schwerlich zu definieren sei. Mitunter wird soweit gegangen, alles das im Sozialismus als Muttermale des Kapitalismus zu bezeichnen, was es im Kommunismus als höchste Phase der kommunistischen Gesellschaftsformation nicht mehr gibt. Was demnach „abzuschaffen“ wäre, wird deutlich, wenn man sich auf die eigenen Grundlagen des Sozialismus und ihre Entfaltung besinnt, wobei sie durch die Einheit von Gemeinsamkeiten und Unterschieden der beiden Phasen der kommunistischen Gesellschaftsformation gekennzeichnet sind.

Die von der Sowjetunion als Bahnbrecher der neuen Gesellschaft gesammelten Erfahrungen und allgemeingültigen Erkenntnisse besagen: „In der Etappe“ (entwickelter Sozialismus), „in der sich der Sozialismus auf seiner eigenen Grundlage entwickelt, kommen die schöpferischen Kräfte der neuen Ordnung und die Vorzüge der sozialistischen Lebensweise immer umfassender zur Geltung, genießen die Werktätigen in zunehmendem Maße die Früchte der großen revolutionären Errungenschaften.“[19]

Im Ergebnis einer umfassenden internationalen Diskussion werden folgende eigene Grundlagen hervorgehoben: die uneingeschränkt herrschenden sozialistischen Produktionsverhältnisse, die materiell-technische Basis, die dem Sozialismus entsprechende Klassen- und Sozialstruktur, die stabile Arbeiter-und-Bauern-Macht, das entsprechende System der sozialen Beziehungen und die herrschende sozialistische Ideologie.[20] Daher steht in dieser Entwicklungsetappe der kommunistischen Gesellschaftsformation die Aufgabe im Mittelpunkt, alle Vorzüge, Triebkräfte und Potenzen des Sozialismus voll zu entfalten. Unsere Partei weiß sich in Übereinstimmung mit der KPdSU, wenn sie davon ausgeht, daß diese Entwicklungsetappe einen historisch langen Zeitraum in Anspruch nimmt.[21] Nur durch die erfolgreiche Gestaltung der entwickelten sozialistischen Gesellschaft werden grundlegende Voraussetzungen für den allmählichen Übergang zum Kommunismus geschaffen.

[1] Überarbeiteter Beitrag.
[2] E. Honecker, Allen Bürgern ein friedliches und glückliches neues Jahr, in: Neues Deutschland vom 31. 12. 1983/ 1. 1. 1984, S. 1.
[3] E. Honecker, In kampferfüllter Zeit setzen wir den bewährten Kurs des X. Parteitages für Frieden und Sozialismus erfolgreich fort, 7. Tagung des ZK der SED, Berlin 1983, S. 23.
[4] Text der Rede des Generalsekretärs des ZK der KPdSU, Genosse J. W. Andropow, in: Pravda vom 27. 12. 1983, S. 1.
[5] Ebenda, S. 2.
[6] K. Marx, Theorien über den Mehrwert, Zweiter Teil, in: MEW, Bd. 26.2, Berlin 1967, S. 549.
[7] K. Marx, Das Kapital, Erster Band, in: MEW, Bd. 23, Berlin 1962, S. 618.
[8] K. Marx, Grundrisse der Kritik der politischen Ökonomie, Berlin 1974, S. 438.
[9] W. I. Lenin, Bemerkungen zum zweiten Programmentwurf Plechanows, in: Werke, Bd. 2, Berlin 1956, S. 40.
[10] K. Marx, Grundrisse der Kritik der politischen Ökonomie, a. a. O., S. 11–13.
[11] H. Koziolek, Wissenschaft, Technik und Reproduktion, Berlin 1982, S. 61–68.
[12] E. Honecker, Aus meinem Leben, Berlin 1980, S. 244.
[12a] K. Hager, Gesetzmäßigkeiten unserer Epoche – Triebkräfte und Werte des Sozialismus, Berlin 1983, S. 40.
[13] G. Mittag, Ökonomische Strategie der Partei – klares Konzept für weiteres Wachstum, Wirtschaftswissenschaftliche Konferenz der DDR im Karl-Marx-Jahr 1983 am 29. und 30. September in Berlin, Berlin 1983, S. 13.
[14] Text der Rede des Generalsekretärs des ZK der KPdSU, Genosse J. W. Andropow, in: Pravda vom 27. 12. 1983, S. 2.
[15] G. Mittag, Ökonomische Strategie der Partei – klares Konzept für weiteres Wachstum, Wirtschaftswissenschaftliche Konferenz der DDR im Karl-Marx-Jahr am 29. und 30. September in Berlin, a. a. O., S. 48.
[16] Ebenda, S. 48–60.
[17] Vgl. Verfassung der Deutschen Demokratischen Republik, Berlin 1975, Artikel 12.
[18] Autorenkollektiv, Politische Ökonomie, Bd. 4, Die sozialistische Reproduktion, Das Hinüberwachsen des Sozialismus in den Kommunismus, Die Gesetzmäßigkeiten der Entwicklung des sozialistischen Weltwirtschaftssystems, Berlin 1974, S. 480.
[19] Verfassung (Grundgesetz) der Union der Sozialistischen Sowjetrepubliken, Moskau 1977, S. 4/5.
[20] Vgl. Autorenkollektiv unter Leitung von O. Reinhold, Erfolgreiche Jahre, Berlin 1982, S. 13.
[21] J. W. Andropow, Die Lehre von Karl Marx und einige Fragen des sozialistischen Aufbaus in der UdSSR, in: Neues Deutschland vom 25. Februar 1983.

G. Scholl

Zu Fragen der Modernisierung der vorhandenen Grundfonds als Hauptweg der ressourcensparenden erweiterten Reproduktion

Intensivierung und ihre ständige Vertiefung bedeutet unter den Bedingungen der DDR die immer bessere Realisierung der ressourcensparenden erweiterten Reproduktion. Darunter kann man nur verstehen, daß das notwendige Wachstum der Volkswirtschaft mit relativ oder absolut sinkendem Aufwand an Grundfonds, Material und Energie sowie Arbeitskräften realisiert wird.

Für die Grundfondspolitik heißt das, die Investitionstätigkeit auf die umfassende Rekonstruktion und Modernisierung ganzer Betriebe und technologischer Prozesse zu richten. Dabei geht es insbesondere um die gezielte Modernisierung und Ergänzung vorhandener Maschinen und Anlagen. G. Mittag, bezeichnete diese Grundrichtung der Modernisierung der vorhandenen materiell-technischen Basis als den Hauptweg, um das volkswirtschaftlich notwendige Wachstum durch Steigerung der Arbeitsproduktivität zu sichern bei gleichzeitiger Verminderung der Fondsaufwände an Investitionen, Material und Energie. Modernisierung heißt hierbei Umbau vorhandener Maschinen oder kompletter Anlagen in erster Linie durch die Umrüstung ganzer Baugruppen. Das geschieht insbesondere durch Anbau paßfähiger elektronischer Steuerungen, Handhabungstechnik, moderner Meß- und Prüftechnik, differenzierter Antriebstechnik und maschinengebundener Baugruppen, wie Hydraulik, Elektroantriebe u. ä.

Es muß betont werden, daß es dabei nicht um den technischen Selbstzweck geht, sondern solche technischen Veränderungen an dem vorhandenen Maschinenpark müssen immer mit der Zielsetzung wachsender volkswirtschaftlicher Effektivität vorbereitet und realisiert werden. Es ist deshalb durchaus nicht als richtig anzusehen, daß in jedem Falle programmierbare Steuerungen eingesetzt werden, wenn das eigentlich für einen speziellen Produktionsprozeß nicht erforderlich ist. Das führt nur zu unnötigen Investitionskosten und in Wahrheit kann dann eine solche komplizierte Steuerung im technologischen Prozeß nicht oder nicht voll genutzt werden.

Bisherrige Untersuchungen im Maschinenbau haben gezeigt, daß die Umrüstung vorhandener Maschinen Einsparungen gegenüber Neuinvestitionen bis zu 70% bringen kann. Gleichzeitig stellt die Modernisierung eine entscheidende Reserve für Materialeinsparungen dar, denn Maschinenkörper und wichtige mechanische Baugruppen bleiben erhalten. Durch den Austausch von Baugruppen durch den Anbau von Steuerungen, Meß- und Prüftechnik und neuer Antriebe erfolgt eine Erhöhung der Leistung. Gleichzeitig wird hierdurch eine Verlängerung ihrer Lebensdauer erreicht. Insgesamt ergibt sich also, daß mit geringerem Investitionsaufwand gleiche qualitative und quantitative Ergebnisse erzielt werden können wie bei der Investition einer neuen Maschine.

Daß das unter kapitalistischen Bedingungen ein profitables Geschäft ist, haben kapitalistische Unternehmen erkannt. So erschien vor 2 Jahren in den VDI-Nachrichten ein Artikel, der sich mit der Modernisierung von Werkzeugmaschinen beschäftigt. Es heißt dort: „Tausende von bewährten geometrisch und mechanisch einwandfreien Werkzeugmaschinen sind in der deutschen metallverarbeitenden Industrie in Betrieb. Um besonders kostengünstig zu produzieren, fehlt jedoch die moderne Elektronik. Da eine völlige Neuanschaffung oft mit hohen Investitionen verbunden ist, bietet sich eine Alternative an: Umrüstung vorhandener Werkzeugmaschinen mit CNC-Steuerungen, das kostet dann etwa nur 50000 DM gegenüber vielleicht 200000 DM für eine neue Maschine“[1]

In der DDR gibt es Beschlüsse, um im Verlaufe der nächsten Jahre, beginnend im Werkzeugmaschinenbau, im breiten Maße von der Neuinvestition zur Modernisierung vorhandener Werkzeugmaschinen überzugehen. Meines Erachtens ist die Modernisierung ein wichtiger Weg, um der sinkenden Tendenz der Grundfondsquote entgegenzuwirken. Bekanntlich wies E. Honecker auf der 5. Tagung des Zentralkomitees der SED darauf hin, daß die Arbeitsproduktivität langsamer gewachsen ist, als die technische Ausrüstung. Er sagte, „... hätten sich beide im gleichen Schrittmaß entwickelt, könnte eine zusätzliche industrielle Warenproduktion von jährlich 3 Mrd. Mark erzeugt werden. Letzten Endes muß die Produktion schneller zunehmen als die Ausstattung mit Grundmitteln. Erst das bedeutet Intensivierung der Produktion auf der Höhe der Zeit.“[2]

Welchen Stand der Modernisierung haben wir bisher in der DDR erreicht?

Das Kombinat Umformtechnik Erfurt hat ermittelt, daß von den 18500 Pressen, die in der DDR im Einsatz sind, mindestens die Hälfte zur Modernisierung entsprechend dem wissenschaftlich-technischen Fortschritt geeignet ist. Es wird eine Steigerung der Arbeitsproduktivität von 300 bis 500%, eine Freisetzung von etwa 5000 Arbeitskräften und eine Energieeinsparung von weit über 50% erwartet. Berücksichtigt man dabei noch die Einsparung an Investitionen, die zwischen 30 bis 70% liegt, so sind das Millionen Beträge an Investitionen, die eingespart werden können bei wachsender Leistung und steigendem Automatisierungsgrad der vorhandenen Pressen.

Im VEB Geräte- und Reglerwerk Teltow wurde zur Schaffung einer Fertigungszelle durch Kopplung zweier

Drehmaschinen unterschiedlicher Generation mit einem Industrieroboter aus dem VEB Berliner Werkzeugmaschinenfabrik Marzahn der Umbau der älteren Drehmaschine erforderlich. Während die Anschaffung einer neuen Drehmaschine ca. 500000M gekostet hätte, beliefen sich die Umrüstungskosten der älteren auf ca. 90000 M.

Im Kombinat Zellstoff/Papier wurden bis zum Ende des vergangenen Jahres im Zuge der Rekonstruktion 7 Papiermaschinen mit modernen Prozeßleitsystemen der Mikroelektronik ausgestattet. An ökonomischen Ergebnissen ergab sich eine

- Produktionssteigerung zwischen 3–10 %
- Einsparung an Rohstoffen und Energie von 2–5 %
- Qualitätssteigerung durch Streubreiteneinengung von 30–50 %.

Analysen haben ergeben, daß wir in der DDR viele gute Einzelbeispiele der Modernisierung von Ausrüstungen bereits realisiert haben. Weitere sind z. Z. in Vorbereitung und werden geplant. Was wir aber brauchen, ist die schnelle und flächenwirksame Durchsetzung der Modernisierung als Hauptweg sozialistischer Intensivierung. Daraus ergeben sich neue Anforderungen sowohl an die Hersteller von Maschinen als auch an die Anwender von Maschinen und kompletten Anlagen.

Unsere Untersuchungen haben ergeben, daß die breitenwirksame Durchsetzung der Modernisierung und Rekonstruktion vorhandener Ausrüstungen und Maschinen der metallverarbeitenden Industrie vor allem einen zunehmenden Einsatz von Vorleistungs-, Konstruktions- und Produktionskapazitäten sowohl durch den Hersteller- als auch durch den Anwenderbereich der Ausrüstungen notwendig macht. Gleichzeitig brauchen wir überdurchschnittliche Wachstumsraten ausgesprochener Modernisierungsbaugruppen bei den spezialisierten Herstellerbetrieben des Maschinenbaus und der Elektrotechnik/Elektronik.

Die Erfahrungen haben gezeigt, daß in den Anwenderbereichen mindestens folgende Maßnahmen konsequent durchgesetzt werden müssen.

1. die schnellere Entwicklung der Kapazitäten der laufenden Instandhaltung,
2. die prinzipielle Umkehrung der in der Volkswirtschaft zeitweilig rückläufigen Entwicklung der Generalreparaturkapazitäten. Bei der Schaffung der erforderlichen materiellen und personellen Voraussetzungen hierzu sollte die Verknüpfung von Generalreparatur und Modernisierung einer Maschine verbindlich geregelt werden,
3. die Fortsetzung des forcierten Ausbaus der Kapazitäten des Rationalisierungsmittelbaus in den Anwenderbereichen. Dabei stehen solche Schwerpunkte im Vordergrund wie die Anpassung der Industrierobotertechnik, der Bau von Zu- und Abführungseinrichtungen, Verkettungseinrichtungen sowie Ausrüstungen für den innerbetrieblichen Transport, Umschlags- und Lagerwesen.

Alles das erfordert wachsenden ingenieurtechnischen Aufwand. Deshalb muß m. E. der Anteil des ingenieurtechnischen Personals im Rationalisierungsmittelbau noch schneller wachsen als das Wachstum des Rationalisierungsmittelbaus selbst.

Gerade auf dieses Problem weist Prof. K. H. Jentsch, Generaldirektor des Mansfeld-Kombinats „Wilhelm Pieck“, im „Neuen Deutschland“ vom 18. Juli 1983 hin. Unter anderem betont er, daß sie beim Aufbau eines Werkes für Anlagen- und Gerätebau mit 3800 Beschäftigten dafür gesorgt haben, daß knapp die Hälte Spezialisten für BMSR-Technik und Mikroelektronik sind und rund ein Viertel Fachleute für Maschinen und Ausrüstungen. Er sagt: „Unsere Erfahrungen besagen: Man kann sich nicht darauf beschränken, ein paar Schlosser und ein paar Elektriker aus dem Betrieb zusammenzuziehen und zu sagen, ihr baut jetzt Rationalisierungsmittel.“

Was den Herstellerbereich, die metallverarbeitende Industrie, betrifft, so haben diese Betriebe in erster Linie die Verantwortung, für die von ihnen früher hergestellten Maschinen wissenschaftlich-technische und ökonomische Lösungen für die Modernisierung anzubieten. Es muß unbedingt die geistige Verantwortung des Herstellers gesichert werden, indem z. B. Konsultationsstützpunkte und Leitbetriebe der Modernisierung gebildet sowie Typenlösungen für ausgewählte Maschinengruppen zur breitenwirksamen Nachnutzung angeboten werden.

In Diskussionen hört man relativ oft den Standpunkt, daß die breite Durchsetzung der Modernisierung in der Volkswirtschaft im Bereich der metallverarbeitenden Industrie zusätzliche wissenschaftlich-technische und auch Produktionskapazitäten erfordere. Dem kann man nicht ohne weiteres zustimmen. Modernisierung erreicht mit weniger Produktionsaufwand gleiche Ergebnisse wie der komplette Neubau. Man kann auch davon ausgehen, daß der wissenschaftlich-technische Aufwand für die Modernisierung in der Regel geringer ist als für einen kompletten Neubau. Im Kern geht es doch darum, eine früher produzierte Maschine dem technischen Niveau einer Maschine der heutigen Generation anzugleichen.

Nach einer gewissen Anlaufperiode sparen wir also bei gleichen volkswirtschaftlichen Ergebnissen wissenschaftlich-technische Vorbereitungskapazität. Diese brauchen wir dringend für die schnellere Erneuerung der Produktion, für die weitere Verbesserung der Technologie usw.

Meines Erachtens ist das Problem der breitenwirksamen Modernisierung nur dann im volkswirtschaftlich notwendigen Tempo lösbar, wenn ein erheblicher Teil der derzeit vorhandenen Neubaukapazitäten umprofiliert wird auf die technische Vorbereitung und Produktion kompletter Modernisierungslösungen. Es paßt doch auch nicht in das Zeitalter der Intensivierung, wenn die materiell-technischen Voraussetzungen für die Modernisierung etwa durch Neuinvestitionen realisiert werden sollten. Das stünde im Widerspruch zur gesamtvolkswirtschaftlichen Aufgabenstellung.

Entscheidend ist vielmehr eine echte und ehrliche Gemeinschaftsarbeit zwischen Hersteller und Anwender, bei der nicht einer auf die Aktivität des anderen wartet. Das gilt auch ganz besonders für die materiell-technische Absicherung der für die Modernisierung erforderlichen Zulieferungen. Hier müssen höhere Wachstumsforderungen an die spezialisierten Betriebe der Ministerien für Elektrotechnik und Elektronik und Schwermaschinenbau gestellt werden. Es werden solche Zulieferteile in volkswirtschaftlich notwendigen Mengen benötigt, wie moderne elektronische Steuerungen, Industrierobotertechnik einschließlich Zufuhr- und Abführeinrichtungen.

Notwendig sind Maschinenbaugruppen und -elemente wie Wälzlager, Kraftspannfutter, Speicher, Paletten und ähnliches. Unumgänglich sind leistungsfähige Antriebssysteme unterschiedlicher Größe, den jeweils speziellen betrieblichen Bedingungen anpaßbar sowie moderne Meß- und Überwachungstechnik. Ohne solche Zulieferungen ist die volkswirtschaftlich notwendige Breite der Modernisierung – bei eigenem Bau von Rationalisierungsmitteln – nicht zu erreichen.

Die Modernisierung der vorhandenen materiell-technischen Basis darf nicht als eine zeitweilige Aufgabe betrachtet werden. Es ist auch nicht ein Problem des Mangels an Investitionsmitteln. Es ist eine entscheidende gesellschaftlich notwendige Grundrichtung der weiteren Gestaltung der materiell-technischen Basis für lange Zeit. Sie ist erst in dieser Form möglich, wenn eine breit ausgebaute materiell-technische Basis vorhanden ist – und sie ist es zum großen Teil –, aber dann ist sie objektiv notwendig. Wenn man dieser Erkenntnis zustimmt, dann bedeutet das, auch bei dieser Grundrichtung der Investitionstätigkeit den einheitlichen Reproduktionsprozeß von der Forschung und Entwicklung bis zum Absatz von Modernisierungslösungen durchzusetzen.

Das bedeutet zum Beispiel auch, *daß bereits bei der Konstruktion neuer Generationen von Maschinen die spätere Umrüstung durch „umrüstungsfreundliche" Projektierung und Konstruktion begünstigt wird.* Dafür gibt es in den verschiedenen Bereichen der Industrie bereits gute Voraussetzungen durch Standardisierung, modularen Aufbau der Maschinen und ähnliches.

Die Modernisierung von Maschinen und Anlagen kann nicht nur als eine Grundrichtung der Investitionsstrategie innerhalb der DDR gesehen werden. Die DDR ist ein Land, das in breitem Maße in die sozialistischen Länder und auch in kapitalistische Länder Ausrüstungen exportiert hat und sie weiter exportieren wird. Die dortigen Anwender unserer Maschinen haben sicher ein Interesse daran, daß unsere früheren Maschinenlieferungen in einen solchen Modernisierungsprozeß einbezogen werden. Deshalb darf das bei volkswirtschaftlich notwendigen Veränderungen der Produktions- und Exportstruktur nicht vergessen werden. Hier bieten sich neue und effektive Exportlinien an. Die Käufer der von uns in früheren Jahren exportierten Maschinen sind sicher daran interessiert, vom Hersteller angebotene Modernisierungslösungen zu kaufen, bevor sie auf andere Lieferer zurückgreifen. Sie sind auch sicher bereit, die geistige Leistung effektiver Modernisierungslösungen zu honorieren, denn unterm Strich wird für sie die Modernisierung billiger als der Import einer kompletten neuen Maschine.

Natürlich darf nicht übersehen werden, daß es auf dem kapitalistischen Weltmarkt auf diesem Gebiet bereits eine Konkurrenz gibt. Aus der Literatur kann man entnehmen, daß die BRD-Firma Anilam-Elektronic in Rodgau z.B. Werkzeugmaschinen nach gründlicher Überholung mit elektronischen Steuerungen ausrüstet. In Japan spezialisieren sich Kleinbetriebe auf die Modernisierung von Maschinen und Anlagen. In Frankreich gibt es 20 Unternehmen, die Ausrüstungen modernisieren und entsprechende Lösungen anbieten. Es sollen 300 bis 400 Unternehmen dieser Art in Frankreich entstehen. Auch in sozialistischen Ländern entwickelt sich diese Richtung der Modernisierung. Wie auf anderen Gebieten entscheidet auch hier das Tempo des wissenschaftlich-technischen Fortschritts, die Organisierung wissenschaftlich-technischen Vorlaufs über den Erfolg auf den internationalen Märkten.

[1] VDI-Nachrichten, 37/1981, S. 24.

[2] 5. Tagung des ZK der SED, Mit Tatkraft und Zuversicht die vor uns liegenden Aufgaben zum Wohl des Volkes meistern, Aus dem Schlußwort des Genossen Erich Honecker, Berlin 1982, S. 25.

H. Richter

Zu einigen Fragen der wirtschaftlichen Rechnungsführung in den Kombinaten

Das Referat von *Günter Mittag* enthält eine Fülle von Anregungen und Aufgaben, die auch für die Lehre von erstrangiger Bedeutung sind.

Als Franz-Mehring-Institut der Karl-Marx-Universität, Leipzig, dem die Aufgabe obliegt, Lehrer für Marxismus-Leninismus weiterzubilden, das heißt mit den neuesten Erkenntnissen des Marxismus-Leninismus in der Einheit seiner Bestandteile vertraut zu machen, sehen wir in Auswertung dieser Rede unsere wichtigste Aufgabe darin, den Teilnehmern der Weiterbildungslehrgänge die Vielzahl der neuen Fragestellungen zur intensiv erweiterten Reproduktion und zum erforderlichen weiteren Leistungsanstieg der Kombinate bewußtzumachen und sie zu befähigen, die Studierenden so auszubilden und weltanschaulich zu erziehen, daß sie alle ihre Kenntnisse und Fähigkeiten zur Lösung dieser Aufgaben mit einsetzen.

Im Referat ist zugleich die Orientierung für die Forschungsarbeit auf dem Gebiet der politischen Ökonomie des Sozialismus enthalten.

Die in der DDR existierenden 156 zentralgeleiteten und 66 bezirksgeleiteten Kombinate werfen für die politökonomische Forschung und Lehre eine Reihe Fragen auf, zu denen zweifellos die Bestimmung der *Grundeinheit* der Volkswirtschaft, die weitere Erforschung der Reproduktionsphasen der Kombinate, vor allem der Einschluß von Wissenschaft und Technik in die Gesamtreproduktion der Kombinate, die Stellung der Kombinatsbetriebe im Kombinat und die Gestaltung der wirtschaftlichen Rechnungsführung im Kombinat gehören.

Mit den Maßnahmen zur weiteren Vervollkommnung der Leitung, Planung und ökonomischen Stimulierung wurde der Rang der wirtschaftlichen Rechnungsführung sowohl für die Praxis als auch für die theoretische Arbeit beträchtlich erhöht. Es gilt, die anspruchsvolle Aufgabe zu verwirklichen, die wirtschaftliche Rechnungsführung als wichtiges Glied im Gesamtsystem von Leitung, Planung und ökonomischer Stimulierung voll auf die Verwirklichung der intensiv erweiterten Reproduktion als Hauptweg zur weiteren Gestaltung der Ökonomie der entwickelten sozialistischen Gesellschaft auszurichten.

Bekanntlich besteht der wesentliche Unterschied zur extensiven Reproduktion darin, daß der Leistungszuwachs in der Hauptsache auf Effektivitätszuwachs beruht. Bei intensiv erweiterter Reproduktion handelt es sich um ein Produktionswachstum, bei dem das Effektivitätswachstum größer ist, als das Ressourcenwachstum.

Dieser wichtige, aus der marxistisch-leninistischen Reproduktionstheorie resultierende Zusammenhang liegt der auf dem X. Parteitag der SED formulierten Aufgabe zugrunde: *„Die entschiedene Veränderung des Verhältnisses von Aufwand und Ergebnis ist das grundlegende volkswirtschaftliche Erfordernis der kommenden Jahre. Diese Wahrheit muß sich voll in der ökonomischen Lage der Kombinate und Betriebe und in den Produktionskollektiven widerspiegeln."*[1]

Für die Bestimmung des Inhalts und des Anliegens der wirtschaftlichen Rechnungsführung ist dieses Erfordernis von grundlegender Bedeutung, da es unter den Bedingungen der intensiv erweiterten Reproduktion bei der wirtschaftlichen Rechnungsführung nicht schlechthin um die Gegenüberstellung von Aufwand und Ergebnis gehen kann, auch nicht um die Erziehung von Gewinn schlechthin, denn Gewinn kann auch unter Bedingungen der extensiv erweiterten Reproduktion erwirtschaftet werden, sondern die wirtschaftliche Rechnungsführung als Methode der Wirtschaftsführung ist vielmehr so zu gestalten und zu handhaben, daß sich in der wirtschaftlichen Tätigkeit der Kombinate und Betriebe das Verhältnis von Aufwand und Ergebnis grundlegend verändert, daß vor allem qualitativen Faktoren des Wirtschaftswachstums für den Leistungsanstieg der Kombinate erschlossen werden. Die intensiv erweiterte Reproduktion beeinflußt somit den Inhalt der wirtschaftlichen Rechnungsführung. Die Erfordernisse des Gesetzes der Ökonomie der Zeit werden immer mehr zum bestimmenden Kriterium für die Durchsetzung der wirtschaftlichen Rechnungsführung.

Eine wichtige Frage der weiteren Ausgestaltung der wirtschaftlichen Rechnungsführung in den Kombinaten und ihren Betrieben ist, wie bei ökonomisch und juristisch selbständigen Kombinatsbetrieben eine qualitativ eigenständige wirtschaftliche Rechnungsführung des Kombinats entwickelt werden kann.

Um eine Antwort auf diese Frage zu finden, sind zunächst zwei extreme Auffassungen auszuschließen: Einerseits bedeutet Aufbau einer wirtschaftlichen Rechnungsführung des Kombinats nicht Abbau der ökonomischen Selbständigkeit der Kombinatsbetriebe. In den Dokumenten des X. Parteitags der SED heißt es ausdrücklich: *„Die Entwicklung erfordert, die Kombinate als Ganzes weiter auszugestalten. Das geht nicht ohne leistungsfähige Betriebe, die als eigenverantwortlich planende und abrechnende Wirtschaftseinheiten der Kombinate arbeiten."*[2]

Andererseits kann eine *eigenständige* wirtschaftliche Rechnungsführung der Kombinate nicht als bloße Zusammenfassung betrieblicher wirtschaftlicher Rechnungsführung verstanden werden oder die Anwendung einzelner ihrer Grundkategorien auf Kombinatsebene bedeuten. Vielmehr hat die wirtschaftliche Rechnungsführung der Kombinate einen eigenen Gegenstand und einen eigenen Inhalt, denen der Reproduktionsprozeß und der Fondskreislauf des Kombinats zugrunde liegen.

Der Reproduktionsprozeß im Kombinat erfordert eine Neubestimmung der relativen ökonomischen Selbständigkeit der Kombinatsbetriebe. Mit den Kombinaten haben sich neue Grundeinheiten des volkswirtschaftlichen Reproduktionsprozesses herausgebildet, ohne daß der Betrieb, der zu einem Kombinat gehört, seine wesentlichen Merkmale als Grundeinheit des volkswirtschaftlichen Reproduktionsprozesses verliert. Es entstehen zwei Grundeinheiten unterschiedlicher Qualität: Kombinat und Kombinatsbetrieb.[3]

Das Kombinat ist der unmittelbare Adressat staatlicher Aufgaben, Partner der zentralen Staatsorgane und wirtschaftsleitendes Organ gegenüber den Kombinatsbetrieben, die mit ihren ökonomischen Handlungen in die Gesamtaufgabenstellung des Kombinats eingeordnet sind.

Es ist eine komplizierte dialektische Wechselwirkung zwischen Kombinat und Kombinatsbetrieb entstanden, die es bei der weiteren Erforschung der sozialistischen Produktionsverhältnisse und der Gestaltung der wirtschaftlichen Rechnungsführung zu beachten gilt.

Der Reproduktionsprozeß der Betriebe ist zwar relativ selbständig, er ist aber zugleich Teil des Reproduktionsprozesses des Kombinats. Mit der planmäßigen Entfaltung des Vergesellschaftungsprozesses im Kombinat reduziert sich für den Kombinatsbetrieb nicht seine ökonomische Verantwortung, es verändert sich aber sein Reproduktionsprozeß. Bestimmte ökonomische Prozesse, wie zum Beispiel Forschung und Entwicklung, Rationalisierungsmittelbau befinden sich im Verantwortungsbereich des Kombinats. Durch ihre Konzentration entstehen Effekte für das Wirtschaftswachstum, die auf Betriebsebene nicht möglich sind. War bisher der mehr oder weniger geschlossene Reproduktionsprozeß der Betriebe der Anwendungsbereich ihrer wirtschaftlichen Rechnungsführung, so ist er jetzt ein Abschnitt, ein Teil des umfassenden, relativ geschlossenen Reproduktionsprozesses des Kombinats. Für die Gestaltung der wirtschaftlichen Rechnungsführung bedeutet dies, daß sie auf die Aufstellung und Erfüllung bzw. Übererfüllung der Planaufgaben des Kombinats zu orientieren ist; denn in den Aufgaben des Kombinats finden die Interessen der Gesellschaft ihren konzentrierten Ausdruck und zugleich muß die spezielle Reproduktionsfunktion der Kombinatsbetriebe berücksichtigt werden.

In das Zentrum der wirtschaftlichen Rechnungsführung sind die Aufgaben zu stellen, die sich aus dem einheitlichen Reproduktionsprozeß der Kombinate ergeben. Insofern deckt sich das Grundanliegen der wirtschaftlichen Rechnungsführung der Kombinate und ihrer Betriebe. Damit aber die Kombinatsbetriebe ihre relative ökonomische Selbständigkeit erhalten, muß die wirtschaftliche Rechnungsführung der Kombinate so gestaltet sein, daß sich die relative ökonomische Selbständigkeit der Betriebe immer wieder reproduziert. Das erfordert, den Status der Betriebe als *warenproduzierende* Einheit zu beachten. Hierin liegt auch begründet, warum die ökonomischen Beziehungen innerhalb der Kombinate den Charakter von echten Ware-Geld-Beziehungen annehmen, warum für das Funktionieren der wirtschaftlichen Rechnungsführung im Kombinat und in den Kombinatsbetrieben die wissenschaftlich begründete Preisbildung und geldmäßige Bewertung der in den Reproduktionsprozeß eingesetzten Ressourcen von so großer Bedeutung ist. Nur dann, wenn mit Hilfe des Preises ein äquivalenter Austausch stattfindet, kann die relative ökonomische Selbständigkeit der Betriebe gewährleistet, können die erforderlichen Fonds gebildet werden von denen die Wirksamkeit der wirtschaftlichen Rechnungsführung abhängig ist. Obwohl die Interessen des Kombinats und der Kombinatsbetriebe prinzipiell übereinstimmen, ist es gleichzeitig nicht ausgeschlossen, daß Interessenwidersprüche zwischen ihnen auftreten können. Bereits *Lenin* gab den Hinweis, daß *„in Verbindung mit dem unvermeidlichen Ressortinteresse und der Übertreibung des Ressorteifers“* unausbleiblich ein gewisser Interessengegensatz erzeugt wird.[4]

Das dialektische Wechselverhältnis zwischen Kombinat und Kombinatsbetrieb und den darin eingeschlossenen Widerspruch gilt es bei der weiteren Vervollkommnung der wirtschaftlichen Rechnungsführung zu berücksichtigen. Gelegentlich wird nach wie vor in der Literatur die Meinung vertreten, daß die Betriebe nur technische, nicht aber im Rahmen des Volkseigentums und auf der Grundlage des Planes ökonomisch und juristisch selbständig wirtschaftende Einheiten sind.[5] Abgesehen davon, daß einer solchen Meinung eine vom wirklichen Leben abgewandte Auffassung zugrunde liegt, entzieht sie der wirtschaftlichen Rechnungsführung in den Betrieben ihre ökonomische Grundlage.

Es sind folgende Grundfragen, die bei der weiteren Gestaltung der wirtschaftlichen Rechnungsführung in den Kombinaten eine Rolle spielen:

Erstens: Wirtschaftliche Rechnungsführung und Leistungsbewertung sind voll mit den Erfordernissen der intensiv erweiterten Reproduktion in Übereinstimmung zu bringen. Die ökonomischen Interessen der Kombinate sind sowohl bei der Planaufstellung als auch bei der Planerfüllung auf ein hohes Produktionswachstum bei sinkendem Produktionsverbrauch und auf einen steigenden Beitrag zur Erhöhung des volkswirtschaftlichen Endprodukts in höchster Qualität für die Versorgung der Volkswirtschaft, der Bevölkerung und für den Export auszurichten. Basis und Hauptkennziffern der Leistungsbewertung müssen der volkswirtschaftliche Nutzeffekt der von den Kombinaten und Betrieben hervorgebrachten Leistungen sein. Die neu festgelegten Hauptkennziffern der Leistungsbewertung Nettoproduktion, Gewinn, Erzeugnisse und Leistungen für die Bevölkerung und den Export werden diesem Erfordernis besser gerecht. Die Kennziffer Nettoproduktion ermöglicht die bessere Erfassung der Intensivierungsfaktoren, sie schließt Vorstufenergebnisse und Kooperationsbeziehungen aus der Leistungsbewertung aus und orientiert die Kombinate und Betriebe

- auf einen hohen Beitrag zum Nationaleinkommen durch eigene Leistungen und Ausschöpfung eigener Reserven,
- auf die Senkung des Produktionsverbrauchs, besonders des Materialverbrauchs.

Eine ähnliche Wirkung wird bei Existenz bestimmter

Voraussetzungen durch die Leistungskennziffer Gewinn erzielt. Nettoproduktion und Gewinn sind Wertkennziffern. Sie erfassen in Geld ausgedrückten Aufwand. Der volkswirtschaftliche Nutzeffekt der Leistungen der Kombinate und Betriebe muß sich aber in gebrauchsfähigen Produkten mit einem hohen Anwendernutzen niederschlagen. Dieses Merkmal der volkswirtschaftlichen Effektivität wird von den Kennziffern Nettoproduktion und Gewinn nicht erfaßt. Insofern fordert die volle Ausrichtung der wirtschaftlichen Rechnungsführung auf die intensiv erweiterte Reproduktion bei der Leistungsbewertung der Kombinate und Betriebe, den Gebrauchswertkennziffern Erzeugnisqualität, Stand zu Spitzenerzeugnissen in der Welt, Anwendernutzen und anderen einen hohen Rang einzuräumen. Wie das hergestellte Produkt als Ware Einheit von Wert und Gebrauchswert ist, so muß sich auch in der Leistungsbewertung der Kombinate und Betriebe diese Einheit im Kennziffersystem widerspiegeln.

Zweitens: Eine Grundfrage für die Entwicklung der wirtschaftlichen Rechnungsführung in den Kombinaten ist die entschiedene Senkung der Selbstkosten. Nach wie vor hat die Bemerkung von *Günter Mittag* Gültigkeit, daß für die Sicherung des Wirtschaftswachstums der 80er Jahre die Kostensenkung immer mehr zu einer Wachstumsquelle von ausschlaggebender Bedeutung wird. *„Das betrifft insbesondere die entschiedene Verminderung des Produktionsverbrauchs wie auch das Vermeiden jeglicher Verluste."*[6] Nach dem X. Parteitag der SED wurden vielfältige Maßnahmen eingeleitet, die die Erhöhung der Effektivität durch Senkung der Selbstkosten zum Kernstück der wirtschaftlichen Rechnungsführung machen.

Das aber bedeutet, die Kategorien der wirtschaftlichen Rechnungsführung in ihrer Einheit von Meß-, Stimulierungs- und Verteilungsfunktion konsequent durchzusetzen und zu sichern, daß von der Erwirtschaftung, über die Bildung bis hin zur Verwendung der Fonds aus Kosten und Gewinn ein stärkerer Druck auf die Selbstkosten ausgeht.

Die materielle Interessiertheit der Kombinate und Betriebe an der Kostensenkung ist dann gegeben, wenn die Bildung der Stimulierungsfonds von der Erhöhung der Nettoproduktion bzw. des Nettogewinns abhängig gemacht wird. Diesen Zusammenhang gilt es noch wirksamer zu realisieren.

Drittens: Eine weitere Grundfrage der Gestaltung der wirtschaftlichen Rechnungsführung in den Kombinaten ist die effektivitätsstimulierende Gestaltung der Gewinnverwendung. Der Gewinn übt seine stimulierende Wirkung vor allem über seine Verteilung und Verwendung aus. Natürlich sind bei der Gewinnverteilung vielfältige Faktoren zu berücksichtigen. Der von den Kombinaten und Betrieben erwirtschaftete Gewinn ist zunächst so zu verteilen, daß die Bedürfnisse der sozialistischen Gesellschaft befriedigt werden. Der effektivitätsstimulierenden Gestaltung der Gewinnverwendung auf Kombinatsebene liegt aber folgender objektiver Sachverhalt zugrunde. Indem der Reproduktionsprozeß von der Forschung und Entwicklung über die Produktion bis hin zum Absatz der Erzeugnisse in jedem Kombinat materiell geschlossen wird, schafft das Kombinat die ökonomischen Voraussetzungen für die intensiv erweiterte Reproduktion durch Nutzung der qualitativen Wachstumsfaktoren und erwirtschaftet dazu die notwendigen Mittel.

Damit die erwirtschafteten Mittel zum Zwecke der Intensivierung des Reproduktionsprozesses der Kombinate wirksam eingesetzt werden können, ist die Geschlossenheit des finanziellen Reproduktionsprozesses des Kombinats so zu erhöhen, daß er der materiellen Geschlossenheit entspricht und sich steigende Effektivität für die Kombinate auch ökonomisch vorteilhaft erweist.

Gibt es eine zu hohe Zentralisation der Gewinnverwendung im Staatshaushalt, dann ist auf Kombinatsebene die Geschlossenheit der finanziellen Reproduktion nicht mehr gewährleistet. Als Folge schlagen sich effektivitätserhöhende Maßnahmen der Kombinate nur gering im Nettogewinn nieder, so daß die materielle Stimulierung der Effektivitätserhöhung wiederum gering ist. Wenn die Kombinate durch die Endergebnisse ihrer Produktion selbst die ökonomischen Voraussetzungen für die Fortführung des allseitigen Intensivierungsprozesses zu schaffen haben, schließt das auch ein, den Zusammenhang zwischen Effektivitätsentwicklung und Verwendung des Nettogewinns in eigener Verantwortung bedeutend enger zu gestalten, um eine reale, tatsächlich vollständige wirtschaftliche Rechnungsführung der Kombinate durchsetzen zu können. Die Gewährleistung der Einheit von materiellen und finanziellen Prozessen auf Kombinatsebene ist eine wichtige Bedingung für die Wirksamkeit der wirtschaftlichen Rechnungsführung. Durch Zentralisierung der Fonds Wissenschaft und Technik, Investitionen sowie des Leistungsfonds in den Kombinaten als Ausdruck des Vergesellschaftungsprozesses innerhalb der Kombinate wird der wissenschaftlich-technische Fortschritt beschleunigt und seine ökonomische Wirksamkeit erhöht. Durch die Interessenübereinstimmung zwischen Kombinat und Kombinatsbetrieben wird effektive Tätigkeit der Betriebe zur Erhöhung der Kombinatsleistung stimuliert.

Insofern zeigt sich in der Größe und Dynamik sowie den Bedingungen der Bildung und Verwendung der Fonds der Kombinate der Grad der auf das Kombinat als grundlegender Wirtschaftseinheit ausgerichteten wirtschaftlichen Rechnungsführung.

Was die Kombinatsbetriebe betrifft, so kommt es bei der Ausgestaltung ihrer wirtschaftlichen Rechnungsführung darauf an, ihre ökonomische Initiative auf die Leistungs- und Effektivitätsentwicklung des Kombinats insgesamt zu lenken, alle ökonomischen Voraussetzungen dafür zu schaffen, daß sie ihrer Verantwortung im einheitlichen Reproduktionsprozeß der Kombinate voll gerecht werden können und sich ihre Reproduktion als Wirtschaftseinheiten auf Basis eigener Leistungen vollzieht.

*

Es ist interessant, daß neue Fragen der wirtschaftlichen Rechnungsführung unter den Bedingungen der intensiv erweiterten Reproduktion sehr ausführlich in der sowjetischen Literatur diskutiert werden (vgl. zum Beispiel Radajew, „Intensivierung der Produktion und wirtschaftliche Rechnungsführung", „Woprossy ekonomiki", Heft 7/1983; Monographie „Methodologische Grundlagen der Theorie der wirtschaftlichen Rechnungsführung", unter Redaktion von W. Radajew, Verlag Mysl, Moskau 1982). Von besonderem Interesse sind dabei die neuesten Beschlüsse des Zentralkomitees der KPdSU und des Ministerrates der UdSSR „Über zusätzliche Maßnahmen zur Erweiterung der Rechte der Produktionsvereinigungen (Betriebe) der Industrie in der Planung und wirtschaftlichen Tätigkeit und zur Erhöhung ihrer Verantwortlichkeit für die Ergebnisse ihrer Arbeit" („Prawda" vom 26.7.1983) und „Über Maßnahmen zur Beschleunigung des wissenschaftlich-technischen Fortschritts in der Volkswirtschaft" („Prawda" vom 28.8.1983). Der erste Beschluß sieht unter anderem die experimentelle Erprobung von Fünfjahrplannormativen der wirtschaftlichen Rechnungsführung vor, wodurch eine Synchronität zwischen Fünfjahrplan und wirtschaftlicher Rechnungsführung der Produktionsvereinigungen herbeigeführt werden soll.

Das in der sowjetischen Industrie auf der Grundlage des angeführten Beschlusses durchgeführte Experiment verdient große Aufmerksamkeit, da Erfahrungen gesammelt werden, die auch für uns nützlich sind, den demokratischen Zentralismus als das wichtigste und grundlegende Prinzip der sozialistischen Planwirtschaft weiterhin zu festigen.

Ebenso wie unsere Erfahrungen belegen auch die der Sowjetunion, daß die Weiterentwicklung des Systems der Leitung, Planung und wirtschaftlichen Rechnungsführung zur Durchsetzung des Typs der intensiv erweiterten Reproduktion nur auf der Grundlage der Prinzipien der sozialistischen Planwirtschaft möglich ist, die sowohl die Festigung der zentralen Planung, als auch die Erhöhung der Verantwortung der wirtschaftenden Einheiten bei konsequenter Ausnutzung der Ware-Geld-Beziehungen einschließt. Es ist eine Fehlspekulation des Gegners, wenn er meint, daß die komplizierten Fragen der intensiv erweiterten Reproduktion nur dann gelöst werden können, wenn Zugeständnisse an eine sogenannte sozialistische Marktwirtschaft und Abstriche an der sozialistischen Planwirtschaft gemacht würden.

[1] Bericht des Zentralkomitees der SED an den X. Parteitag der SED, Berichterstatter: Genosse Erich Honecker, Berlin 1981, S. 80.
[2] Ebenda, S. 79.
[3] Vgl. G. Friedrich, Kombinat und Kombinatsbetrieb im Vergesellschaftungsprozeß, in: Wirtschaftswissenschaft, 6/1983, S. 810.
[4] W. I. Lenin, Werke, Berlin 1965, Ergänzungsband 1917 bis März 1923, S. 393.
[5] Vgl. V. Vygodskij/R. Chell'born, Metodologija K. Marksa i neobchodimost' tovarno-deneżnych otnošenij pri socializme, in: Voprosy ėkonomiki, 5/1983.
[6] G. Mittag, Kombinate vergrößern ihren Beitrag zur Erfüllung der Beschlüsse des X. Parteitages, Berlin 1982, S. 78.

G. Richter

Zur Vervollkommnung einer intensivierungs- und effektivitätsfördernden Bewertung

Günter Mittag hat in seinem Referat unterstrichen: *„Unsere marxistisch-leninistische Wirtschaftswissenschaft geht davon aus, daß die Volkswirtschaft der Deutschen Demokratischen Republik wachstumsorientiert ist und bleibt. Denn es gibt nur diesen Weg für das Wohl des Volkes.“*[1]

In dem Maße, wie dieses Wachstum durch erhöhte Effektivität zu sichern ist und wie demzufolge *„die Kennziffern der Effektivität aus ihrem Schattendasein herausgetreten und mehr und mehr in den Vordergrund des Kampfes um die Erfüllung der staatlichen Planziele gerückt sind“*[2], kommt den Bewertungsfragen zunehmend eine wirtschaftspolitische Schlüsselstellung zu. Das wird durch die gezielte kontinuierliche Vervollkommnung entsprechender Regelungen bestätigt. Auch die theoretische Arbeit muß dem verstärkt Rechnung tragen, will sie ihren Beitrag zur weiteren Stärkung der Volkswirtschaft der DDR allseitig leisten. Einige reproduktionstheoretische Aspekte dieses Wechselverhältnisses von Bewertung und Effektivität beim gegenwärtig erreichten Stand unserer Volkswirtschaft sollen in meinem Diskussionsbeitrag behandelt werden.

Mitunter findet man die – meines Erachtens vereinfachte – Auffassung, für uns als marxistisch-leninistische Ökonomen können alle Bewertungsfragen im Prinzip gelöst werden, wenn wir uns nur konsequent und mit der nötigen Sachkenntnis auf die Arbeitswerttheorie stützen; Bewertung wird also gleichgesetzt mit der Anwendung der Arbeitswerttheorie. Zweifellos hat Bewertung etwas mit Wert zu tun. Aber wenn auch das ökonomische System das für den Charakter einer Gesellschaftsformation Bestimmende darstellt, so ist doch die Art und Weise der Wertbestimmung der Produkte nicht der Schlüssel zur Lösung aller Bewertungsfragen.

Als Politökonomen verwenden und verstehen wir den Wertbegriff im Sinne einer dynamischen, vom gesellschaftlich notwendigen Arbeitsaufwand und seiner Entwicklung determinierten Kategorie. Der ständige harte Kampf um die Senkung der Selbstkosten ist zugleich ein Kampf um die Senkung des Wertes in diesem politökonomischen Sinne. Das heißt, die Anstrengungen zur Steigerung der Arbeitsproduktivität sind zugleich auf die Senkung des Wertes als Tendenz gerichtet. Diese Entwicklung ist notwendig, zum einen als Weg zur Schaffung von disposable time, Gradmesser des gesellschaftlichen Reichtums, und zum anderen als Bedingung, um beim Absatz der Produkte deren vollen Aufwand ersetzt zu bekommen. Mir scheinen Versuche untauglich, alle Fragen der Bewertung auf diesen Wert reduzieren zu wollen. Um Mißverständnissen vorzubeugen: Der Wert als grundlegende Kategorie der politischen Ökonomie auch des Sozialismus ist damit in keiner Weise in Frage gestellt.

Für wesentlich enger halte ich vielmehr den Bezug zwischen der Bewertung in diesem umfassenden Sinn und den Interessen. Aus den Interessen leiten sich Präferenzen ab, die in ihrer verallgemeinerten Form die Grundlage der gesellschaftlichen Bewertung bilden, also jener Bewertungen, die die Grundstruktur des Planes bestimmen. So wie es den Gebrauchswert auf gesellschaftlicher Potenz gibt, kann man auch von Interessen auf gesellschaftlicher Potenz sprechen. Sie bestimmen den Plan und werden in gesellschaftlicher Aktion durchgesetzt. Sie liegen der Hauptaufgabe in ihrer Einheit von Wirtschafts- und Sozialpolitik zugrunde, von der *Günter Mittag* sagte, daß sie *„bereits zu einer geschichtlichen Erfahrung unseres ganzen Volkes geworden ist“.*[3]

In diesem Prozeß kann und wird die subjektive Interessenlage sehr unterschiedlich sein. Wer keine eigene Wohnung besitzt, aber vielleicht ein Auto, wird aus seiner ganz persönlichen Situation heraus das Wohnungsbauprogramm anders werten als jemand, der eine schöne Wohnung hat und kein Auto. Solche unterschiedlichen Interessenlagen mit *bedingt* alternativem Charakter sind außerordentlich vielgestaltig und erfordern unterschiedliche Wege ihrer Lösung. Denken wir beispielsweise – ich vereinfache dabei, denn es geht nicht um ein Entweder-Oder, sondern um ein ausgewogenes Verhältnis vor allem bei der Verwendung des Effektivitätszuwachses – an die Entscheidung zwischen mehr Produktion oder mehr Freizeit, zwischen sauberer Luft oder günstigeren Verkehrsverbindungen, zwischen mehr Akkumulation oder mehr Konsumtion. Schließlich muß jede Mark erst erwirtschaftet werden, und sie kann auch nur einmal ausgegeben werden. Auch die Interessen unter anderem der Kinder, der Alten, der Mütter, der Kranken, der Sportler binden gesellschaftliche Ressourcen.

Je besser der Plan den objektiven Erfordernissen entspricht, um so abgewogener ist der Interessenausgleich, und umgekehrt. Der Spielraum dafür ist im Sozialismus mit seiner prinzipiellen Interessenübereinstimmung zwischen Individuum und Gesellschaft von ganz anderer Qualität als in der antagonistischen Klassengesellschaft und eine Bewährung für die organische Verbindung der Vorzüge des Sozialismus mit den Errungenschaften des wissenschaftlich-technischen Fortschritts, für die sozialistische Demokratie und das Schöpfertum der Werktätigen. Dagegen wird die antagonistische Klassengesellschaft zunehmend unfähiger, die Entwicklung der Produktivkräfte in soziale Verbesserungen umzusetzen.

Das ist einer der Gründe für die wachsenden Aggressionstendenzen nach innen und außen.

In die Abstimmung der Interessen müssen viele Wissensgebiete einbezogen werden. Die Bewertung ist mehrdimensional und nicht auf Mark und Pfennig reduzierbar. Die internationale Situation hat ganz erheblichen Einfluß darauf. Letztendlich erhält diese Art der Bewertung ihre Maßstäbe aus dem in Raum und Zeit gestellten Ziel, die Selbstverwirklichung des Menschen als allseitig entwickelte Persönlichkeit zu ermöglichen. Daß diese Maßstäbe schwierig zu finden und zu handhaben sind, stellt eine der Herausforderungen an die interdisziplinäre Arbeit der Wirtschaftswissenschaften dar. Diese Herausforderung leitet sich aus der Stellung der Wirtschaft in der sozialistischen Gesellschaft und für die sozialistische Gesellschaft ab und schlägt sich in komplex begründeten Strukturkonzeptionen und langfristigen Programmen (Wohnungsbauprogramm, Mikroelektronikprogramm) nieder. So wird die Rolle der zentralen Planung gestärkt, was positiv auf die Kontinuität und damit die Effektivität des Reproduktionsprozesses wirkt.

Im realen Wirtschaftsprozeß geht es darum, die im Plan gesetzten ökonomischen Ziele mit geringstem Aufwand an gesellschaftlicher Arbeit und an Naturressourcen zu erreichen und in Übereinstimmung mit den gesellschaftlichen Erfordernissen möglichst zu überbieten. Bei der Sicherung der Einheit von rationeller Planerfüllung und flexibler Planüberwachung steht der Wirtschaftsmechanismus auf dem Prüfstand. Die Prüfwerte ergeben sich aus den jeweiligen Reproduktionsbedingungen, wobei die Eignung des Wirtschaftsmechanismus zur beschleunigten Durchsetzung des wissenschaftlich-technischen Fortschritts in unserer Zeit den entscheidenden Indikator bildet.

Die sozialistische Planwirtschaft der DDR hat historisch bleibende Leistungen vollbracht; also hat sich auch der Wirtschaftsmechanismus bewährt. Bei seiner Gestaltung hilft uns das Prinzip: Was der Gesellschaft nützt, muß auch für das Kollektiv und den einzelnen vorteilhaft sein. Das gilt aber auch für die Umkehrung, sogar im doppelten Sinne: Erstens muß, was der Gesellschaft schadet, auch für das Kollektiv und den einzelnen spürbar werden; zweitens darf – die erfahrungsgemäß wohl wichtigere Seite der Umkehrung – für den einzelnen und das Kollektiv nur vorteilhaft sein, was auch der Gesellschaft nützt! Die Auswirkungen einer Überbetonung der Bruttoproduktion als Leistungskennziffer weisen darauf hin, daß ungewollte Erscheinungen ihre Wurzel in der ungenügenden Sicherung dieser zweiten Seite der Umkehrung haben.

Ein altes Sprichwort sagt: Das Hemd ist mir näher als der Rock. Sicher hat es unter unseren gesellschaftlichen Bedingungen viel von seiner Allgemeingültigkeit eingebüßt. Werden jedoch das Kollektiv oder der einzelne in den objektiv vermeidbaren Interessenkonflikt zwischen eigenem Vorteil und gesellschaftlichem Nutzen gebracht, so übt das auf das ökonomische Verhalten durchaus noch Wirkung aus. Hier liegt die grundlegende Aufgabe des Wirtschaftsmechanismus im Sozialismus: die *prinzipielle* Interessenübereinstimmung zwischen dem einzelnen, dem Kollektiv und der Gesellschaft *konkret* zu gestalten und so beizutragen, alle Triebkräfte des Sozialismus wirksam zu machen. Oder, um im Bilde des Sprichworts zu bleiben, zu sichern, daß die Sorge um das Hemd auch dem Rock zugute kommt.

Diese „Interessengleichrichter-Funktion" des Wirtschaftsmechanismus ist mit den vier Kennziffern der Leistungsbewertung wesentlich vervollkommnet worden. Zunahme der eigenen Leistung des Kombinats oder des Betriebes in Form der Nettoproduktion ist Zunahme an Nationaleinkommen, Zunahme an verfügbarem Endprodukt. Dafür gewährte Vorteile unterstützen gesellschaftliche Erfordernisse. Diese Kennziffer ist geeigneter als die Summierung der erzeugnisgebundenen „normativen Nettoproduktion", vor allem deshalb, weil sie auf die Veränderungen im Verbrauch bei *allen* Aufwandsarten reagiert, während sich auf die normative Nettoproduktion beispielsweise Einsparungen an spezifischem Material- oder Energieverbrauch nicht auswirken.

Wenn Nettoproduktion als Leistungskennziffer, warum dann noch Gewinn, der ja ein Teil davon ist? Dafür sprechen mehrere Gründe. Gewinn ist vom Prinzip her noch verfügbar, während der Lohn als der andere große Teil der Nettoproduktion im Prozeß des Erwirtschaftens bereits verausgabt wurde. Bei kostenneutraler Substitution lebendiger durch vergegenständlichte Arbeit verringert sich die Nettoproduktion, aber die Höhe des Gewinns bleibt unverändert, und bei kostensenkender Substitution – also dem Regelfall – nimmt die Nettoproduktion der Wirtschaftseinheit ab und der Gewinn steigt. Bei gleicher Nettoproduktion kann der Gewinn recht unterschiedlich sein, etwa wenn die Kontinuität der Produktion von Dekade zu Dekade nicht gesichert wird und die Produktion mit Überstunden und unplanmäßiger Sonntagsarbeit gebracht werden muß. Das führt zum Ansteigen der Geldeinnahmen der Bevölkerung, denen keine Zunahme an verteilbarem Produkt gegenübersteht. Die für das effektive Funktionieren der Warenproduktion im Sozialismus außerordentlich wichtige Proportion Geldeinnahmen–Warenfonds wird gestört und dem Staat fehlen Einnahmen. Diese Beispiele verdeutlichen die Zweckmäßigkeit, sowohl die Nettoproduktion als auch den Gewinn als Leistungskennziffern zu nutzen.

Der Wirtschaftsmechanismus der entwickelten sozialistischen Gesellschaft zielt auf die Gesamteffektivität des Reproduktionsprozesses von der Entnahme der Rohstoffe aus der Natur bis hin zur individuellen und gesellschaftlichen Konsumtion. Gesamteffektivität ist mit umfassender Ökonomie der Zeit identisch, denn nach *Marx* löst sich alle Ökonomie in Ökonomie der Zeit auf. Dieser ökonomische Generalnenner ist trotz der enger gewordenen Wechselbeziehungen zur Ökonomie der Naturressourcen in Form des zunehmenden ökonomischen Gewichts von Rohstoff- und Energieökonomie noch immer gültig. Wer die Zeitökonomie beherrscht, der verfügt auch über Naturressourcen.

In dieser komplexen Zeitökonomie gewinnt neben der Zeit als Maß der verausgabten Arbeitsmenge die Zeit im Sinne eines frühen Zeitpunktes bzw. eines kurzen Zeitraumes zunehmende Bedeutung. Es wächst das ökonomische Gewicht der Zeit in ihrem Bezug zur realen Zeitachse, als irreversible Größe, im Vergleich zu ihrer Aussage über das Volumen. Wenn *Günter Mittag* feststellt, daß im *„Interesse einer höheren Flexibilität der sozialistischen Planwirtschaft ... die Bestell- und Lieferfristen wesentlich zu verkürzen“*[4] sind, so wird der Ökonomie der Zeit in dieser umfassenden Weise Rechnung getragen.

Das reproduktionstheoretische Denken in Zeitkategorien ist eine unverzichtbare Notwendigkeit, um die bestmögliche Durchsetzung der Ökonomie der Zeit in ihrer über die Kategorien der Warenproduktion vermittelten Form zu verstehen und handhabbar zu gestalten. Damit wird die Bedeutung der Wertkategorien in keiner Weise geschmälert, im Gegenteil, ihre bewußte Nutzung erfordert theoretisches Verständnis und höchste wirtschaftspolitische Sachkenntnis. In Geldgrößen erfaßte Ökonomie kann und soll im Sozialismus Mittel zur umfassenden Zeitökonomie sein und darf sich nicht verselbständigen, von den Gebrauchswerten lösen. Denn schließlich ist der notwendige Übergang zur allseitigen Intensivierung letztlich der Übergang zur allseitigen Ökonomie der Zeit unter den Bedingungen und Erfordernissen der Gegenwart mit dem Ziel der Produktion von mehr und besseren Gebrauchswerten zur weiteren Erfüllung der Hauptaufgabe.

Für *Marx* war die Einsparung von gesellschaftlicher Arbeit überhaupt das entscheidende Kriterium, das im Sozialismus die Grenze für die Anwendung der Maschinerie, also für die Hauptform der Substitution lebendiger durch vergegenständlichte Arbeit, bestimmt. Im Unterschied zum Kapitalismus, wo diese Grenze durch die Einsparung von bezahlter Arbeit gegeben ist.[5] Die Abweichungen im Effektivitätsausweis können beträchtlich sein; denn bei einem Verhältnis von 0,4:0,6 zwischen Produkt für sich und Produkt für die Gesellschaft, wie es für unsere Industrie etwa gegeben ist, wird im Durchschnitt für 1 Mark Lohn das 2,5fache an Arbeit verausgabt gegenüber der Menge, die für den gleichen Betrag als vergegenständlichte Arbeit gekauft werden kann. Dieser aus den Produktionsverhältnissen abgeleitete *„ganz andre Spielraum der Maschinerie“*[6] im Kommunismus ändert nichts daran, daß unter den gegenwärtigen Reproduktionsbedingungen bei jedem Investitionsvorhaben um höchste Effektivität und geringste Realisierungs- und Rückflußzeiten gerungen werden muß.

Mit dem abzuführenden Beitrag für gesellschaftliche Fonds in Höhe von 70% der Lohnsumme als Bestandteil der Selbstkosten, wie er für die Industrie ab 1984 und für die Bauwirtschaft ab 1985 wirksam wird, erhöht sich die zulässige Investitionssumme, die bei vorgegebener Nutzungsdauer, Rückflußdauer und Einsparung von Arbeitskräften – etwa für einen Roboter – verausgabt werden kann. Unter sonst gleichen Bedingungen ergibt sich bei einer Einsparung von 2,5 Arbeitskräften das gleiche ökonomische Ergebnis wie bei 4,25 eingesparten Arbeitskräften ohne diesen Beitrag. Diese Erhöhung zulässiger Investitionssummen durch die kalkulatorische Einbeziehung gesellschaftlicher Kosten in die wirtschaftliche Rechnungsführung darf nicht als Konzession an hohe Preise für Investitionsgüter, speziell solcher mit Mikroelektronik, angesehen oder als Aufweichung strenger Effektivitätsmaßstäbe fehlinterpretiert werden. Vielmehr stellt diese Vervollkommnung der Kostenrechnung im Rahmen der wirtschaftlichen Rechnungsführung die Substitutionsprozesse lebendiger durch vergegenständlichte Arbeit verstärkt in den gesellschaftlichen Effektivitätsbezug, indem die bezahlte Kost der wirklichen Kost angenähert wird.

Sicher wird man die Wirkung auch dieser Veränderung aufmerksam verfolgen und analysieren müssen. Mit jeder eingesparten Arbeitskraft ist zunächst verbunden, daß gesellschaftliches Arbeitsvermögen für den gegebenen Produktionsumfang nicht mehr benötigt wird, und dem Staatshaushalt gehen über die Verringerung der Lohnsumme Einnahmen in Form des Beitrags für gesellschaftliche Fonds verloren. Es besteht somit die dringende soziale und ökonomische Notwendigkeit, die Arbeitskräfte an anderen, nach Möglichkeit produktiveren Arbeitsplätzen einzusetzen. Erst dann entsteht zusätzliches Endprodukt bei positivem Struktureffekt. Mehr „Schwedter Initiative“ ist gefragt!

Neben der Höhe der Einsparung von *laufendem* Aufwand als Differenz zwischen weniger lebendiger und mehr vergegenständlichter Arbeit ist für die Substitutionseffektivität entscheidend, mit wieviel *vorgeschossenem* Aufwand diese Einsparung erreicht wird. Es ist nicht zufällig, daß ich von vorgeschossenem Aufwand spreche und die synonym verwendete Bezeichnung einmaliger Aufwand vermeide. Reproduktionstheoretisch gesehen ist dieser Aufwand wohl vorgeschossen, muß vor dem Produktionsbeginn getätigt werden; aber er ist keineswegs einmalig im Unterschied zu laufend. Er ist laufender Aufwand in *der* Periode, in der diese Arbeit für Akkumulationszwecke verausgabt, aufgehäuft wird. Und die entstandenen und nun eingesetzten Grundmittel verursachen auch ohne ihre Erweiterung ständigen laufenden Aufwand im Rahmen ihrer einfachen Reproduktion. Und schließlich stellen sie auch im Umfang ihres physischen und moralischen Verschleißes laufenden Aufwand für die mit ihrer Hilfe gefertigten Produkte dar.

Die zusammenfassende Bewertung von vorgeschossenem und laufendem Aufwand gehört zu den meistdiskutierten Problemen der Effektivitätstheorie. Meines Erachtens ist es sehr fraglich, ob die Lösung über einen rein ökonomisch begründeten idealen Vergleichskoeffizienten gefunden werden kann. Das eigentliche reproduktionstheoretische Problem der Ökonomie von vorgeschossenem und laufendem Aufwand liegt *nicht* in der Vergleichbarkeit der *Art* des Aufwands; beide Formen sind Ergebnis der gesellschaftlichen Arbeit. Es liegt vielmehr in der *Funktion* und somit in der den jeweiligen Bedingungen entsprechenden komplexen sozialen und ökonomischen Wertung des objektiv bedingten Unterschieds der Zeiträume bzw. Zeitpunkte zwischen dem *Entstehen* des Aufwands und seinem „Ankommen“ als *Beitrag* zur Bedürfnisbefriedigung. In diese Bewertung ist der erwartete konsumtive „Verstärkereffekt“ in Form der Zunahme an verteilbarem Endprodukt einzubeziehen, der erst einen solchen Zeitverzug rechtfertigt.

Letztlich ist Substitution lebendiger durch vergegenständlichte Arbeit Anhäufung gesellschaftlicher Arbeitszeit mit dem Ziel des Zeitgewinns, der Schaffung von disposable time. Ökonomie der Zeit im weitesten Sinne umfaßt in diesem Zusammenhang: Möglichst geringen Arbeitszeitvorschuß für eine möglichst große Arbeitszeiteinsparung bei minimaler Zeitverschiebung zwischen Vorschuß und Einsparung einschließlich des Wirksamwerdens zu einem möglichst frühen Zeitpunkt. Es handelt sich also um ein Beziehungssystem zwischen Akkumulation, Steigerung der Arbeitsproduktivität, Rückflußdauer und sozialer Wirkung.

Als grundlegende Aufgabe mit weitreichender Bedeutung und von besonderer Wichtigkeit für die wirtschaftswissenschaftliche Forschung hat *Günter Mittag* die weitere Vervollkommnung der wirtschaftlichen Rechnungsführung gekennzeichnet. Dabei hat er insbesondere die Notwendigkeit betont, *„die Wirkungszusammenhänge zwischen der bewußten Ausnutzung des Wertgesetzes und den Erfordernissen der planmäßig proportionalen Entwicklung tiefer zu durchdringen"*[7]. Dafür kann es tragfähig sein, von folgenden Ansatzpunkten auszugehen: Arbeit und Natur sind die Quellen des gesellschaftlichen Reichtums. Über die Arbeit vollzieht sich die Aneignung der Natur. Das produktive Potential für diese Aneignung bilden die mit Grundmitteln ausgestatteten Arbeitskräfte. Das verteilbare Ergebnis dieses Aneignungsprozesses ist das Nationaleinkommen. Der Beitrag der Wirtschaftseinheiten dazu findet über ihre Nettoproduktion statt.

Die Nettoproduktion als anteiliges Nationaleinkommen ist eine der vier Kennziffern der Leistungsbewertung der Kombinate und Betriebe. Sie wird mit einem anteiligen produktiven Potential hervorgebracht, das in relativer Selbständigkeit nach den Prinzipien des demokratischen Zentralismus von den Wirtschaftseinheiten genutzt und im Rahmen der wirtschaftlichen Rechnungsführung erfaßt wird. Aus diesem Zusammenhang ergibt sich die Frage, ob für die Effektivitätsaussagen, für die Einflußnahme auf das Effektivitätsverhalten, für die Wertbestimmung und die Wertmodifikation oder auch für den Zuwachs und die künftigen Proportionen der Nettoproduktion nicht noch mehr an Erkenntnis gewonnen werden könnte, wenn man das anteilige Ergebnis Nettoproduktion mit dem anteiligen produktiven Potential Arbeitskräfte plus Grundfonds in Beziehung bringt. Für den Kapitalismus hat *Marx* eine entsprechende Beziehung herausgearbeitet, indem er über Mehrwert, Mehrwertrate und Profitmasse letztlich die Profitrate, die Beziehung zwischen Profitmasse und eingesetztem Kapital, als das wesentliche Kriterium für die auf das Verwertungsstreben des Kapitals gerichtete ökonomische Effektivität entwickelte. Ob unter sozialistischen Bedingungen Nettoproduktion oder Gewinn hierfür besser geeignet sind, erscheint zweitrangig gegenüber der weiteren Klarheit darüber, was mit einer solchen potentialbezogenen Effektivitätskennziffer gewonnen und bewegt werden kann. Diese Fragestellung hat meines Erachtens auch direkten Bezug zu der Feststellung von *Günter Mittag*, daß die Betriebspreise ihrer Rolle am besten gerecht werden, *„wenn sie kostendeckend sind und einen normalen Gewinn enthalten"*.[8]

Sicher wäre es problematisch, als Bezugsbasis für diesen normalen Gewinn die Selbstkosten zu verwenden, weil damit das Streben nach materialintensiver Produktion neu belebt werden könnte. Beim reinen Fondspreis bleibt die lebendige Arbeit – einzige Quelle von Neuwert – völlig ohne Einfluß auf den Gewinn, da der Beitrag für gesellschaftliche Fonds Bestandteil der Kosten ist. Andererseits läßt der Lohn als Bezugsbasis den ständig steigenden Fondsvorschuß unberücksichtigt. Ökonomisch ausgewogen ist demgegenüber die Relation des Gewinns zum produktiven Potential.[9]

In der Forschung über die Zweckmäßigkeit und die Realisierbarkeit des Potentialbezugs für Effektivitätsaussagen hat sich die Meinung gefestigt, daß auf diese Weise auch die normative Untersetzung vor allem der mittelfristigen Planung hinsichtlich der Entwicklung des Beitrags der Bereiche, Kombinate und Betriebe zur Steigerung des Nationaleinkommens über die geplante Entwicklung von Arbeitskräften und Grundfonds nach objektiven Kriterien möglich ist.

Die weitere forschungsmäßig verstärkte Durchdringung der Abhängigkeiten und Wechselbeziehungen zwischen Bewertung, ökonomischem Verhalten und Intensivierung ist ein nützlicher Beitrag, um das Wachstum des Nationaleinkommens über die Erhöhung der Gesamteffektivität zu sichern.

[1] G. Mittag, Ökonomische Strategie der Partei – klares Konzept für weiteres Wachstum, Berlin 1983, S. 36.
[2] 5. Tagung des Zentralkomitees der SED, Aus dem Schlußwort des Genossen Erich Honecker, Berlin 1982, S. 30.
[3] G. Mittag, Ökonomische Strategie der Partei – klares Konzept für weiteres Wachstum, a. a. O., S. 28.
[4] Ebenda, S. 52.
[5] K. Marx, Das Kapital, Erster Band, in: MEW, Bd. 23, Berlin 1964, S. 414.
[6] Ebenda, Fußnote 116a.
[7] G. Mittag, Ökonomische Strategie der Partei – klares Konzept für weiteres Wachstum, a. a. O., S. 56.
[8] Ebenda, S. 57.
[9] Vgl. H. J. Beyer/G. Richter, Effektives Wirtschaftswachstum und Leistungsbewertung, in: Wirtschaftswissenschaft, 12/1982, S. 1781 ff.

D. Weger

Erfahrungen der Arbeit mit der Schwedter Initiative im Bezirk Frankfurt (Oder)

Im Referat hat *Günter Mittag* die Steigerung der Arbeitsproduktivität sehr nachhaltig als grundlegendes Erfordernis für die erfolgreiche Fortführung der Politik der Hauptaufgabe dargestellt. Die im Oderbezirk unter der Losung „Weniger produzieren mehr" ausgelöste Schwedter Initiative hat sich in den zurückliegenden fünfeinhalb Jahren als gangbarer Weg erwiesen, die Produktivität des Arbeitsvermögens, des „kostbarsten Potentials unseres Landes", spürbar zu erhöhen. Mit ihr konnten, wie im Referat betont, beachtliche Reserven mobilisiert werden und ihre Potenzen sind auch bei weitem noch nicht ausgeschöpft.

Von Beginn an – also seit dem 4. Januar 1978 – haben sich die Bezirksleitung, die Kreisleitungen und Grundorganisationen, die Gewerkschaften und die Leiter bei der Führung dieser Rationalisierungsinitiative davon leiten lassen, daß sie nur dann wirklich Erfolg bringt, wenn sie vom jeweils ganzen Betriebskollektiv in enger Zusammenarbeit mit den örtlichen Volksvertretungen und Staatsorganen getragen wird. Überall, wo im Betrieb lebendige Arbeit verausgabt wird, bestimmen die Werktätigen durch eine umfangreiche analytische Arbeit selbst die Ansatzpunkte, um den gesamten Wirkungsbereich menschlicher Arbeit zu vervollkommnen. So sparen sie Arbeitsplätze ein und gewinnen sich selbst für noch effektivere Arbeitsaufgaben.

Günter Mittag bezeichnete im Zusammenhang mit dem Kampf zur Steigerung der Arbeitsproduktivität die wissenschaftliche Arbeitsorganisation (WAO) als Kampffeld der aktiven Mitwirkung der Werktätigen an der sozialistischen Rationalisierung. Die Schwedter Initiative ist ein Beweis dafür. In den mit ihr arbeitenden Betrieben wurde die WAO auf ein wesentlich umfassenderes und höheres Niveau gehoben. In den Betrieben spielen dabei die ehrenamtlichen WAO-Kollektive eine große Rolle. Im Eisenhüttenkombinat Ost sind es 271, in denen etwa 2500 Werktätige wirken. Unter vier Bedingungen erlangen diese Kollektive eine hohe Wirksamkeit. Den Kollektiven sind *erstens* herausfordernde und klare Aufgaben übertragen. *Zweitens:* In den ehrenamtlichen WAO-Kollektiven wirken erfahrene Werktätige aus den jeweiligen Bereichen mit, wobei eine enge Zusammenarbeit mit den zuständigen gewerkschaftlichen Leitungen, Spezialisten der WAO und anderen technischen Kadern ein guter Boden für den Erfolg ist. *Drittens* werden gute Rationalisierungseffekte dann erzielt, wenn die WAO-Kollektive die Gedanken und Erfahrungen vieler Werktätiger und insbesondere der Neuerer ihres Bereichs nutzen. Und *viertens* sollte der jeweilige Leiter an der Spitze des ehrenamtlichen WAO-Kollektivs stehen.

Dabei richten die Betriebskollektive ihre Aktivitäten verstärkt darauf, den wissenschaftlich-technischen Fortschritt zielstrebig in vorhandene Technologien und Verfahren einzuführen. Industrierobotertechnik und Mikroelektronik haben einen wichtigen Platz. Vorhandene Technik auf diese Weise zu modernisieren, zu vervollkommnen und leistungsfähiger zu machen, bringt, wie hier in der Diskussion bereits betont, beträchtliche Effekte. Natürlich ist dieser Weg mit der Überwindung von Althergebrachtem und der Schaffung klarer Kampfpositionen verbunden. Ein bezirklicher Arbeitskreis, kreisliche Anwendergemeinschaften und die Betriebskollektive richten ihr ganzes Augenmerk darauf, bis 1985 2000 bis 2500 Geräte der Industrierobotertechnik zum Einsatz zu bringen. Das ist das Doppelte der ursprünglichen Ziele für den Zeitraum 1981 bis 1985. 1020 sind derzeitig davon wirksam. So wird mit der Initiative „Weniger produzieren mehr" der Marxsche Grundsatz verwirklicht, wonach ein kleineres Quantum lebendiger Arbeit die Fähigkeit erwirbt, ein größeres Quantum an Gebrauchswerten herzustellen.

Auf diesem Wege gewannen die Schwedter Kollektive bisher aus vorhandenen Arbeitsbereichen 2400 Werktätige, um realisierte Vorhaben zur tieferen Spaltung des Erdöls mit hoher Effektivität betreiben zu können. Nunmehr durchdringen sie in einer 2. Etappe dieser Initiative auch die Neuanlagen, um aus ihnen ohne größere Investitionen wiederum Arbeitskräfte für andere Aufgaben zu gewinnen. Auf unserer diesjährigen Bezirksmesse der Meister von morgen stellten Jugendkollektive aus dem neuen Spalt- und Aromatenkomplex des PCK Schwedt ihr Sollprojekt unter der Devise vor, 122 gewinnen 20 für neue anspruchsvolle Tätigkeiten, unter anderem für die Produktion industrieller Konsumgüter auf der Basis hochveredelter Erdölprodukte. Insgesamt sollen in dieser 2. Etappe weitere 820 Arbeitskräfte aus der Arbeitsplatzeinsparung gewonnen werden.

Das Schwedter Führungsbeispiel hat sich bewährt und bewährt sich auch weiterhin. 180 Betriebskollektive des Oderbezirks bestätigen heute den folgenden Grundsatz einer breiten Verallgemeinerung dieser Initiative: Aus den Schwedter Erfahrungen können alle Betriebe Nutzen ziehen, wenn sie diese schöpferisch auf die jeweiligen betrieblichen Bedingungen und speziellen technologischen bzw. betriebsorganisatorischen Erfordernisse übertragen. Da die Schwedter Initiative fester Teil der gesamten Entwicklung des gesellschaftlichen Arbeitsvermögens im Territorium ist, wird mit ihrer breiten Entfaltung ein enges Zusammenwirken zwischen Be-

25/8716

trieben und örtlichen Volksvertretungen sowie Staatsorganen immer bedeutsamer.

Von Beginn an hatte die Initiative „Weniger produzieren mehr“ ihren Ausgangspunkt darin, den gesamten Wirkungsbereich menschlicher Arbeit zu vervollkommnen, um daraus jenes Arbeitsvermögen zu gewinnen, das die Gesellschaft für die Sicherung der intensiv erweiterten Reproduktion benötigt. So hatte und hat stets die Frage das Primat, wofür aus der sozialistischen Rationalisierung Arbeitskräfte zu gewinnen sind. Gerade darin liegt einer der großen Vorzüge der Rationalisierung unter unseren sozialistischen Produktionsverhältnissen.

Als Resultat des bewußten Ausschöpfens dieser Erfahrungen wurden im Oderbezirk von Januar 1978 bis zum 30. Juni 1983 aus der Arbeitsplatzeinsparung 13330 Werktätige für andere Aufgaben gewonnen. 11540 wurden im eigenen Betrieb wirksam, davon 27,6% für eine höhere Auslastung vorhandener Grundfonds. 1218 Werktätige sind zusätzlich im eigenen Rationalisierungsmittelbau wirksam geworden und 234 arbeiten in neugeschaffenen bzw. erweiterten Abteilungen für die Herstellung industrieller Konsumgüter. An neugeschaffenen Arbeitsplätzen sind 5267 der aus der Initiative „Weniger produzieren mehr“ gewonnenen Arbeitskräfte eingesetzt.

1739 Werktätige nahmen im Ergebnis konsequenten Beschreitens dieses Weges eine Tätigkeit in der sozialistischen Landwirtschaft auf, wobei wir den Anteil für die Tierproduktion als noch zu gering bewerten.

Der Schichtfaktor des Produktionspersonals beträgt heute im Schnitt des Bezirks 1,5. Allein in den ersten fünf Monaten 1983 nahm die Zahl der in Schichten arbeitenden Werktätigen um 577 zu. Ein weiterer Effekt besteht darin, daß der Anteil des Produktionspersonals an der Zahl der Gesamtbeschäftigten seit dreieinhalb Jahren im Bezirk kontinuierlich ansteigt.

Mit den heute erfüllten Arbeitskräfteplänen nähern wir uns in der Industrie des Bezirks der gewollten Situation, daß jede Überbietung der Arbeitsproduktivität auch einhergeht mit zusätzlicher Produktion von Gebrauchswerten, und das zunehmend aus eingespartem Material. Natürlich bedurfte und bedarf das auch noch mancher Auseinandersetzung, weil damit hohe Ansprüche an die komplexe Nutzung aller Intensivierungsfaktoren gestellt sind.

Bis 1985 sollen im Bezirk mit dieser Initiative aus einer nachweisbaren Arbeitsplatzeinsparung weitere 7900 Arbeitskräfte gewonnen werden. Sie werden benötigt für die Fertigung und den Einsatz der Industrierobotertechnik, eine weitere dynamische Steigerung der Konsumgüterproduktion, die Sicherung der Energieträgerumstellung, die Entwicklung des Arbeitsvermögens in der Tierproduktion und im kreisgeleiteten Bauwesen sowie die Besetzung weiterer neu entstehender Arbeitsplätze, unter anderem im Konverterstahlwerk des Eisenhüttenkombinats Ost, im Zentrum der Mikroelektronik in Frankfurt (Oder) oder in den Vorhaben zur Herstellung hochveredelter Chemieprodukte.

So ist die Initiative „Weniger produzieren mehr“ mit ihrem Grundanliegen, die Arbeitsproduktivität in neuen Dimensionen zu steigern, darauf gerichtet, wichtige Grundlinien der Wirtschaftsstrategie der Partei für die achtziger Jahre, wie die höhere Veredlung, die wachsende Produktion von Erzeugnissen für den Export, eine höhere Effektivität der Investitionen oder eine wachsende Leistungsfähigkeit der Tierbestände in der sozialistischen Landwirtschaft sichern zu helfen. Darin liegt auch ihre Perspektive. Deshalb gibt es im Bezirk in den Leitungen der Partei, den örtlichen Volksvertretungen sowie in den Kombinaten bzw. Betrieben bereits erste Überlegungen, wie dieser Weg, sozialistisch zu rationalisieren, auch über 1985 hinaus fortgesetzt wird.

Die höheren Leistungs- und Produktivitätserfordernisse der nächsten Jahre zu sichern erfordert auch künftighin, in der Mehrzahl der 180 bisher nach dieser Initiative arbeitenden Betriebe des Bezirks jährlich mindestens 3% der vorhandenen Arbeitskräfte für andere Aufgaben zu gewinnen. Damit sind beträchtliche Prozesse der Proportionierung, qualitativen Entwicklung und des effektiven Einsatzes des Arbeitsvermögens entsprechend den Erfordernissen der Intensivierung verbunden.

Mehrfachqualifizierungen, die Beherrschung einer größeren Zahl von Arbeitsplätzen, erweiterte Verantwortungsbereiche und Bedienzonen ermöglichen erst endgültig, daß weniger mehr produzieren können. Daraus ergibt sich auch, daß es um die Gewinnung von Arbeitskräften immer für ganz konkret bestimmte Aufgaben im Territorium bzw. Kombinat oder Betrieb geht.

Gegen eine Arbeitskräftefreisetzung an sich haben wir uns bei dieser Initiative von vornherein gewandt, weil sie letztlich auch dem Wesen sozialistischer Rationalisierung widerspricht. Die Produktivitäts- und Effektivitätserfordernisse unseres Kurses der Hauptaufgabe, seiner Weiterführung unter den veränderten Bedingungen der Klassenauseinandersetzung sind entscheidender Ausgangspunkt des Schwedter Weges sozialistischer Rationalisierung und seiner Verallgemeinerung. Über den Betrieb hinausgehende Umgruppierungen des Arbeitsvermögens wurden im Bezirk bewußt auf ein Minimum reduziert. Über 90% der gewonnenen Arbeitskräfte übernahmen produktivere Tätigkeiten im eigenen Betrieb.

Gezielt wird in diesem Sinne auch weiter daran gearbeitet, Arbeitsplätze ohne Investitionen über die höhere zeitliche Auslastung der Grundfonds zu schaffen, um im Interesse der Steigerung der Arbeitsproduktivität aus der Arbeitsplatzeinsparung gewonnenes Arbeitsvermögen am Ort, im eigenen Betriebskollektiv – in dem man mitunter über Jahrzehnte fest verwurzelt ist – belassen zu können. Ein solches Vorgehen hat sich prinzipiell bewährt. Damit einhergehend können auch jene erforderlichen Tendenzen einer intensiven Grundfondsökonomie stärker zum Tragen gebracht werden, die *Günter Mittag* in seinem Referat charakterisierte.

Wir gehen insgesamt davon aus, die Fragen der rationellsten Nutzung des Arbeitsvermögens weitestgehend auf Ebene des Kreises bzw. Stadtkreises zu lösen. So bestehen die Aufgaben der territorialen Organe nicht vordergründig darin, einen Arbeitskräftewechsel aus „Weniger produzieren mehr“ sozusagen als Dienstleistung für die Betriebe zu organisieren, sondern darin, in gemeinsamer Arbeit alle Voraussetzungen zu schaffen, daß mit dieser Initiative die Arbeitsproduktivität in bisher ungewohntem Maße gesteigert wird.

Das reicht von den Fragen der territorialen Standortverteilung des Wohnungsbaus über die Gestaltung des Berufsverkehrs bis hin zu Öffnungszeiten von Handels- und Dienstleistungseinrichtungen sowie zum für den Patienten zeitsparenden engeren Zusammenwirken von betrieblichen und territorialen Gesundheitseinrichtungen. Bedingung dafür sind eine langfristig orientierte Arbeit, territoriale Konzeptionen der quantitativen und qualitativen Entwicklung des Arbeitsvermögens und seines effektiven Einsatzes entsprechend den gesamtgesellschaftlichen Erfordernissen.

Um dabei von vornherein ein enges Zusammengehen von Betrieb und Territorium zu gewährleisten, wurden die Konzeptionen aller 180 Betriebe zu dieser Initiative vor den Sekretariaten der Kreisleitungen bzw. deren Kommissionen für Intensivierung verteidigt. Auf dieser Grundlage fand die Gewinnung von 17000 Arbeitskräften aus dieser Initiative auch verbindlich Eingang in den Fünfjahrplan 1981 bis 1985 des Bezirks. Ebenso geschieht das in der Jahresplanung.

Die Kreisleitungen führen diesen Prozeß auf der Grundlage komplexer kreislicher Konzeptionen zu dieser Initiative, in denen entsprechende Aufgaben für alle daran beteiligten Leitungen gestellt sind, zum Beispiel für die örtlichen Volksvertretungen, die Kreis- bzw. Stadtplankommissionen, die Kreisvorstände des FDGB, die Kreisleitung des Jugendverbandes sowie auch die Kreisaktivs der Kammer der Technik.

Was hat sich an dieser Arbeit bewährt?

Es ist *erstens* hervorzuheben, daß die konkrete Diskussion und Verteidigung der betrieblichen Dokumente es ermöglichte, langfristig orientierte Beschlüsse zu erarbeiten, die ein gute Grundlage für die politische Führung und territoriale Arbeit sind.

Es hat sich *zweitens* ausgezahlt, daß in diesen kreislichen Konzeptionen verbindliche Aufgaben für alle Partei- und Betriebskollektive gesetzt sind

- zur kreisbezogenen Zielstellung, wofür Arbeitskräfte aus der Arbeitsplatzeinsparung zu gewinnen sind;
- zur regelmäßigen Abrechnung über die Verwirklichung der verteidigten betrieblichen Konzeptionen;
- zur jährlichen Präzisierung und Qualifizierung der betrieblichen Dokumente und Zielstellungen;
- zu den notwendigen politischen Führungsaktivitäten der Grundorganisationen und zu den Leitungskonzeptionen der Betriebs- bzw. Generaldirektoren;
- zur Arbeit aller gesellschaftlichen Kräfte im Territorium mit dieser Initiative.

So ist die gesamte Arbeit mit dieser Initiative zugleich konsequent darauf gerichtet, bei wachsender Produktivität die Vollbeschäftigung als grundlegende soziale Errungenschaft und das Recht auf Arbeit für jeden Bürger zu sichern.

Mit der breiten Durchsetzung der Schwedter Initiative hat sich insgesamt eine geschlossenere Führung dieser Prozesse der effektiven Nutzung des gesellschaftlichen Arbeitsvermögens herausgebildet, die durch ein enges Zusammenwirken von Betrieben, Kombinaten, Gemeinden und Städten, Kreisen und Bezirk charakterisiert wird. Wertvolle Anregungen stellten dabei für den Oderbezirk auch die Staßfurter Erfahrungen dar.

Aus all dem folgt zugleich, daß die umfassende sozialistische Rationalisierung ökonomische und soziale Aspekte hat. Die sozialen Seiten dieses Prozesses werden unter sozialistischen Produktionsverhältnissen als von Ausbeutung und Konkurrenz freien gesellschaftlichen Verhältnissen zu echt fördernden Faktoren. Diese Fragen bedürfen jedoch einer noch tieferen theoretischen und praktischen Durchdringung, um ihre fördernden Potenzen noch besser ausschöpfen zu können.

Das betrifft zum Beispiel die Wechselbeziehungen zwischen der Gestaltung einer effektiven Produktion, der Gebundenheit an das eigene Betriebskollektiv und an das Dorf oder die Stadt, in der man wohnt und vielfältige soziale Bindungen besitzt. Zu solchen Problemen gehört weiter die Sicherung frauengerechter Arbeitsplätze auch unter den Bedingungen, daß in den Anlagen und Bereichen künftig bis zu einem Viertel Werktätige weniger die wachsenden Aufgaben meistern. Ebenso zählt dazu auch die Sicherung einer hohen Bildungsökonomie.

Dieser Art sozialistisch zu rationalisieren, wie es mit der Initiative „Weniger produzieren mehr“ durch die Werktätigen selbst geschieht, hat das gnadenlos profitorientierte kapitalistische Vorgehen bei der Rationalisierung nichts entgegenzusetzen. Wir können heute konstatieren: „Weniger produzieren mehr“ ist eine theoretisch fundierte, gründlich analysierende, komplex konzipierende und die Prozesse aktiv verändernde Arbeit Tausender Werktätiger, die darauf abzielt, noch produktiver und effektiver zu produzieren.

Die Bezirksleitung Frankfurt (Oder) hat in Auswertung der Rede *Erich Honeckers* vor den 1. Sekretären der Kreisleitungen und des Leipziger Seminars mit den Generaldirektoren und Parteiorganisatoren der Kombinate aufgefordert, diese Initiative mit noch größerem Effekt fortzuführen. Damit wird dazu beigetragen, daß die sozialistische Gesellschaft weitere größere Ergebnisse aus der sozialistischen Rationalisierung einsetzen kann für die Fortführung unseres dem Wohle des Volkes dienenden anspruchsvollen Programms der Einheit von Wirtschafts- und Sozialpolitik.

M. Düsterwald

Die Nutzung der Robotertechnik zur umfassenden Rationalisierung und die Bewertung ihrer Wirkung nach der Leistungssteigerung

G. Mittag hat in seinem Referat im Zusammenhang mit der zielstrebigen Nutzung von Wissenschaft und Technik nachdrücklich auf die Bedeutung der Robotertechnik hingewiesen.

Auf der Grundlage von Untersuchungen in mehreren Kombinaten möchte ich hauptsächlich über Erfahrungen bei der komplexen prozeßorientierten Bewertung von Rationalisierungsmaßnahmen mit Robotertechnik sprechen.

Wichtige Voraussetzungen für die Bewertung von Aufgaben und Maßnahmen von Wissenschaft und Technik, darunter für die Robotertechnik, wurden mit solchen Dokumenten geschaffen, wie

- der „Anordnung über die Rahmenrichtlinie für die Ermittlung, Planung, Kontrolle und Abrechnung der Effektivität der Maßnahmen des wissenschaftlich-technischen Fortschritts";
- der „Methodik für die ökonomische Bewertung des Einsatzes der Industrierobotertechnik";
- dem „Handbuch der Effektivitätsberechnung, Teil III, Grundlagen für die ökonomische Bewertung von Vorhaben und Maßnahmen mit Einsatz von Industrierobotern";
- der „Pflichtenheft-Verordnung".

Von strategischer Bedeutung für die Erhöhung des Leistungswachstums auf dem Weg der Intensivierung, namentlich für die Steigerung des eigenen Beitrags der Kombinate und Betriebe zum volkswirtschaftlich verteilbaren Endprodukt – und damit für die umfassende Nutzung der Ergebnisse von Wissenschaft und Technik, ist der „Beschluß über Maßnahmen zur weiteren Vervollkommnung der Leitung, Planung und wirtschaftlichen Rechnungsführung". Mit ihm wird ausgegangen von den Reproduktionsbedingungen der Volkswirtschaft und die ökonomischen Interessen der grundlegenden Wirtschaftseinheiten werden konsequent auf den ökonomischen Fortschritt gelenkt. Er orientiert darauf, qualitativ neue Schritte bei der umfassenden Intensivierung zu gehen und durch die Nutzung wissenschaftlich-technischer Ergebnisse eine hohe Produktivität und Effektivität, Dynamik und Flexibilität der Volkswirtschaft zu gewährleisten.

Die mit dem Beschluß herausgearbeiteten neuen Maßstäbe der Leistungsbewertung der Kombinate und Betriebe sind zugleich die entscheidenden Maßstäbe für den Nutzen der Ergebnisse aus Wissenschaft und Technik, denn Wissenschaft und Technik sind zur unmittelbaren und entscheidenden Quelle des Wirtschaftswachstums geworden. Es gilt, die Errungenschaften revolutionärer Produktivkraftentwicklung auf die rationellste Art und Weise anzuwenden.

Bezogen auf die Robotertechnik erfordert das, eine enge, zwingende Verbindung von Leistungsbewertung und Bewertung des Nutzens aus dem Einsatz dieser Technik zu gewährleisten.

Aus der bisherigen Einführung der Robotertechnik ergeben sich wichtige Erfahrungen für die komplexe prozeßorientierte Bewertung, für den Nutzen dieser Technik aus volkswirtschaftlicher Sicht. Sie zielen darauf, das Effektivitätspotential der Robotertechnik umfassender zu erschließen und höhere ökonomische und soziale Ergebnisse zu erreichen. Dazu gehören nach unseren Untersuchungen vor allem folgende – ausgewählte – Erfahrungen:

1. Es ist notwendig, den Einsatz von Robotertechnik, ausgehend von der Strategie der Leistungsentwicklung des Kombinats, eindeutig ökonomisch zu begründen.
2. Richtwerte für den Nutzen der Robotertechnik, für höhere und komplexere Wirkungen ihres Einsatzes zu nutzen. Sie bestehen
   - in den verbindlichen staatlichen Mindestforderungen an Vorhaben und Maßnahmen mit Robotertechnik;
   - im Beitrag zur Leistungsentwicklung und zur Planerfüllung der Wirtschaftseinheiten, der durch die Einführung von Robotertechnik-Einheiten erreicht wird;
   - in Bestwerten bei geplanten und realisierten Wirkungen aus vergleichbarer Robotertechnik unter vergleichbaren Bedingungen (Wirkungs-Vergleich) innerhalb und zwischen Kombinaten. Dabei geht es hauptsächlich um Einsparungs- und Effektivitätswirkungen.
3. Der Einsatz von Robotertechnik verlangt eine Analyse der Anwenderforderungen an das Erzeugnis, an dessen Bauelemente und Teile, die mit Robotertechnik hergestellt werden sollen, und eine genaue Prozeßanalyse der bisherigen Fertigung sowie die Festlegung der erforderlichen Veränderungen in Erzeugnisentwicklung und Prozeßgestaltung (veränderte oder neue Technologien usw.).
4. In die Bewertung muß eingehen, welcher Beitrag mit dem Robotereinsatz zur effektivitätswirksamen umfassenden Rationalisierung, namentlich zur komplexen flexiblen Automatisierung geleistet wird. Zugleich ist der Bewertung zugänglich zu machen, in welchem Maß die Erzeugnisentwicklung bereits roboter- bzw. automatisierungsfreundlich ist.
5. Von zunehmender Bedeutung für den effektiven Einsatz von Robotertechnik ist die wirksame Verknüpfung aller ökonomischen und sozialen Wirkun-

gen und Bedingungen sowie deren kennziffernmäßiger Ausweis.

6. Im Zusammenhang mit komplexen bedienarmen Automatisierungsvorhaben wird in mehreren Bereichen der Industrie begonnen, von der einsatzfallbezogenen zur komplexbezogenen Bewertung umfassender Lösungen überzugehen. Als Schlüsselfragen erweisen sich dabei:
   - Die Einordnung der Robotertechnik als Element komplexer Vorhaben in den Reproduktionsprozeß der Wirtschaftseinheiten;
   - die Ableitung der Effektivitätsvorgaben für den Robotereinsatz aus den ökonomischen Zielstellungen des Kombinates bzw. des Betriebes;
   - neben der Effektivitätsbetrachtung eine zutreffende Gesamteinschätzung der Fertigungssysteme;
   - die potentialbezogene Leistungsbeurteilung der komplex eingesetzten Technik;
   - die Anwendung der Grundrelation: Leistungszuwachs aus Robotertechnik (wertmäßiges Produktionsvolumen zu Betriebspreisen) größer als Preiszuwachs der Robotertechnik (Bruttowertzuwachs) gegenüber der Basisvariante;
   - die gründliche Prozeßanalyse und die sorgfältige ökonomische Untersuchung der Basisvariante, insbesondere der Zuverlässigkeitsfaktoren;
   - der eindeutige Vergleich von derzeitigem Ist-Zustand, Kostenvorausberechnung für Leistungszuwachs auf gleichem technisch-ökonomischem Niveau, vergleichbarer Basisvariante und Zielvariante; die Arbeit mit Varianten;
   - die Erarbeitung von Gestaltungsvorschlägen der WAO für den Einsatz der Robotertechnik vor dem technologischen Projekt, die auf der Prozeßanalyse von Fertigungsabschnitten beruhen.

Die Nutzung der – ausgewählten – Erfahrungen und die erfolgreiche Lösung der damit verbundenen Aufgaben ermöglichen das Erschließen großer Reserven bei der ökonomischen Verwertung des Robotereinsatzes, bei seiner Anwendung zur Intensivierung der Reproduktion.

Wie Untersuchungen zeigen, werden gute Resultate bei den Prozessen der Einführung und Anwendung der Robotertechnik erzielt bei politisch-ideologischer Führung durch die Parteiorganisation. Bewährt haben sich dafür Parteiaktivs und Parteikommissionen der Kombinate und Betriebe sowie Parteigruppen in Einführungskollektiven für Robotertechnik. Zu sichern ist die breite Mitarbeit der Werktätigen. Von großer Bedeutung für die erfolgreiche Einführung von Robotertechnik ist die unbedingte Sicherung einer einheitlichen Verantwortung für den gesamten Prozeß.

G. Schulz

Bericht über die Diskussion im Arbeitskreis 5

Die Diskussion im Arbeitskreis war geprägt durch das grundlegende und weit in die Zukunft orientierende Referat von *Günter Mittag.* In allen Diskussionsbeiträgen spiegelten sich seine Anforderungen an den Übergang zur intensiv erweiterten Reproduktion und der feste Wille der Arbeitskreisteilnehmer, in jeder Hinsicht an der Erfüllung der Beschlüsse der Partei zur Lösung der anspruchsvolen Intensivierungsaufgaben mit ganzer Kraft mitzuwirken, wider.

Folgende Merkmale der konstruktiven, durch Meinungsstreit und Anfragen belebten Diskussion sollen schon hier hervorgehoben werden: Erstens stellten sich die meisten Diskussionsredner auf die qualitativ neuen Anforderungen des Übergangs auf den allseitig ressourcensparenden Typ der intensiv erweiterten Reproduktion bei veränderten inneren und äußeren Bedingungen der 80er Jahre ein. Zweitens wurde davon ausgegangen, daß die DDR über gute Resultate und bedeutende Potenzen verfügt, die neuen Aufgaben der ökonomischen Strategie der SED zu lösen. Dazu gehören vor allem: die gewachsene Leistungsfähigkeit der Volkswirtschaft, das erreichte geistig-schöpferische Potential, gefestigte sozialistische Produktionsverhältnisse und die erreichten sozialen Errungenschaften, eine leistungsfähige materiell-technische Basis, die enge Zusammenarbeit mit der Sowjetunion und den anderen Ländern der sozialistischen Gemeinschaft im RGW, die Initiative der Werktätigen sowie die Erfahrungen der planmäßigen Leitung von Wirtschaft und Gesellschaft durch Partei und Staat. Es geht um die alles beherrschende Aufgabe, die qualitativen Faktoren des Wirtschaftswachstums auf der Grundlage der umfassenden Nutzung unseres starken materiellen und geistigen Potentials voll zu nutzen, wobei Anforderungen des Konfrontationskurses und Wirtschaftskrieges des USA-Imperialismus gegen die sozialistischen Länder und des verschärften Konkurrenzkampfes auf dem kapitalistischen Markt als Herausforderung an die eigenen Fähigkeiten, an die gesamte Wirtschafts- und Sozialpolitik, die Diskussion prägten.

Die Diskussion war zugleich ein Gradmesser des erreichten Fortschritts im Denken und in der Verhaltensweise der Leiter von Wirtschaftseinheiten und der Wissenschaftler, bezogen auf den Prozeß des Übergangs zur intensiv erweiterten Reproduktion. Das kam besonders zum Ausdruck

- in dem konstruktiven Erfahrungsaustausch zur praktischen Verwirklichung des Beschlusses des Zentralkomitees der SED und des Ministerrats der DDR zur weiteren Vervollkommnung der Leitung, Planung und wirtschaftlichen Rechnungsführung;
- in Vorschlägen zur Beschleunigung des Kreislaufs der intensiv erweiterten Reproduktion der Kombinate und Betriebe, besonders zur Verkürzung des Zyklus Forschung – Entwicklung – Investition – Produktion – Absatz – Bedürfnisbefriedigung;
- in praktischen Erfahrungen der Kombinate und Betriebe bei der Organisierung einer größeren Breitenwirkung von Wissenschaft und Technik mit höheren ökonomischen Ergebnissen;
- in neuen Überlegungen zur Bewältigung der wachsenden Anforderungen an den Absatz und den Export sowie zur Rückkopplung von Absatz auf Forschung und Entwicklung.

Einleitend ging Professor Dr. *Gerhard Schulz*, Prorektor für Forschung an der Akademie für Gesellschaftswissenschaften beim Zentralkomitee der SED, auf neue Aspekte beim Übergang zur intensiv erweiterten Reproduktion aus der Sicht der Komplexität dieses Prozesses ein. Er betonte, daß *„Reproduktion auf höherer Stufenleiter“ (Marx)* stets Reproduktion des gesellschaftlichen Gesamtprodukts, Reproduktion der sozialistischen Produktionsverhältnisse und rationelle Reproduktion der Naturressourcen verbunden mit der planmäßigen Gestaltung der sozialistischen Lebensweise ist. Der allseitig ressourcensparende Typ der intensiv erweiterten Reproduktion erfordere die zusammenhängende Analyse der vier Phasen des Reproduktionsprozesses und seiner Seiten. Es gehe dabei immer um die höhere Effektivität der Produktion und der anderen Phasen des Reproduktionsprozesses, besonders um wirksame Bedingungen für den Absatz, verbunden mit einem hohen Anwendernutzen und einer effektiven Marktpflege.

Angeregt durch die Feststellung von *Günter Mittag*, daß für einen kräftigen Leistungsanstieg der Volkswirtschaft der DDR in den Kombinaten *qualitativ neue* Schritte für den Übergang zur umfassenden Intensivierung erforderlich sind, berichteten Generaldirektoren, wie sich die Kollektive ihrer Kombinate ihrer Kombinate dieser wichtigen Aufgabe konsequent stellen.

Günter Wirth, Generaldirektor des Kombinats VEB Keramische Werke Hermsdorf, sprach über die Verantwortung der Kombinate, ein hohes Wachstum der Produktion auf dem Wege steigender Effektivität zu sichern. Um 1983 und 1984 sowie in den Folgejahren eine schnelle Entwicklung der Produktion keramischer Erzeugnisse für die Volkswirtschaft, die Bevölkerung und den Export zu gewährleisten, müssen im Kombinat hohe Effektivitätsziele realisiert werden. Jährliche Steigerungsraten bei der Nettoproduktion, des Nettogewinns und der Konsumgüterproduktion um 10 Prozent, beim Export noch höher, machen das deutlich. Unter den Bedingungen eines Zulieferkombinats mit 60000 Erzeugnispositionen sei die Konzentration auf Haupterzeugnislinien und die Ausarbeitung von Intensivierungsstrategien entsprechend dem wissenschaftlich-technischen Höchststand entscheidend. Große Aufmerksamkeit müsse einer gründlichen Arbeit bei der Bestimmung der Bedarfsgrößen in enger Abstimmung mit den Finalproduzenten gewidmet werden. Ein wesentliches Kettenglied sei dabei die Beherrschung der Technologie. Bewährt hat sich im Kombinat Keramische Werke Hermsdorf eine enge Zusammenarbeit aller beteiligten Verantwortungsbereiche in sogenannten Erzeugnisgruppenfachausschüssen.

Professor Dr. *Hansjoachim Hahn*, Generaldirektor des Kombinats VEB Elektromaschinenbau Dresden, legte seine Erfahrungen bei der Leitung des einheitlichen Kreislaufs der intensiv erweiterten Reproduktion unter den Bedingungen zunehmender Dynamik und stark gewachsener Marktanforderungen dar. Er bezeichnete die Qualität der strategisch-konzeptionellen Arbeit, die sich an den Anforderungen der Effektivität und des Absatzes orientieren muß, als wichtige Grundlage für hohe ökonomische Ergebnisse des Kombinats. Die Notwendigkeit einer schnelleren und beweglichen Reaktion auf die Erfordernisse des Absatzes auf nationalen und internationalen Märkten verlange, bei der Festlegung absatzgerechter Sortimente im Kombinat neue Wege zu beschreiten. Das betreffe die Zusammenarbeit mit dem Außenhandel und die Einwirkung des Generaldirektors auf die Pflichtenhefte ebenso wie die Schaffung von Voraussetzungen für kürzere Umstellungszeiten und die Einhaltung oder Verkürzung der marktüblichen Lieferfristen. Für den ökonomischen Erlös des Kombinats sei, wie die Erfahrungen zeigen, eine flexible Endfertigung entsprechend den konkreten bzw. veränderten Kundenwünschen mit entscheidend.

Einen wichtigen inhaltlichen Schwerpunkt der Diskussion stellten Fragen der vollen Einstellung der Leitung, Planung und wirtschaftlichen Rechnungsführung auf den Übergang zur intensiv erweiterten Reproduktion dar. In mehreren Diskussionsbeiträgen wurden theoretische und praktische Aspekte der Entwicklung der Planung und der wirtschaftlichen Rechnungsführung bei der weiteren Vertiefung der Intensivierung, der Wirksamkeit ihrer Kategorien und des Instrumentariums im gesamten Kreislauf der Reproduktion bei der bewußten Ausnutzung des Wertgesetzes für ein intensiveres Wirtschaftswachstum herausgearbeitet. Erste praktische Erfahrungen bei der Umsetzung des Beschlusses des Zentralkomitees der SED und des Ministerrats der DDR zur weiteren Vervollkommnung der Leitung, Planung und wirtschaftlichen Rechnungsführung vermittelten Leitungskader aus Kombinaten und Betrieben der Industrie.

Professor Dr. *Horst Richter*, Direktor des Franz-Mehring-Instituts der Karl-Marx-Universität, Leipzig, ging auf die Stellung der Kombinatsbetriebe im Kombinat und die Gestaltung der wirtschaftlichen Rechnungsführung ein. Ausgehend von den tiefgreifenden Veränderungen des Reproduktionsprozesses gelangte er zu der Frage, wie bei ökonomisch und juristisch selbständigen Kombinatsbetrieben eine *qualitativ eigenständige* wirtschaftliche Rechnungsführung des Kombinats entwickelt werden könne. War bisher der mehr oder weniger geschlossene Reproduktionsprozeß der Betriebe der Anwendungsbereich ihrer wirtschaftlichen Rechnungsführung, so sei er jetzt ein Abschnitt, ein Teil des umfassenden, relativ geschlossenen Reproduktionsprozesses des Kombinats. In das Zentrum der wirtschaftlichen Rechnungsführung seien deshalb die Aufgaben zu stellen, die sich aus dem einheitlichen Reproduktionsprozeß der Kombinate ergeben. Damit aber die Kombinatsbetriebe ihre relative ökonomische Selbständigkeit behalten, müsse die wirtschaftliche Rechnungsführung der Kombinate so gestaltet sein, daß diese ökonomische Selbständigkeit der Betriebe immer wieder reproduziert wird. Bedingungen dafür sind echte Ware-Geld-Beziehungen innerhalb der Kombinate, die Bildung von Fonds in den Betrieben und eigene ökonomische Interessen der Kombinatsbetriebe.

Professor Dr. *Hans Luft*, Forschungsbereichsleiter am Institut für politische Ökonomie des Sozialismus der Akademie für Gesellschaftswissenschaften beim Zentralkomitee der SED, griff im weiteren Verlauf nochmals diesen Gedankengang von *H. Richter* auf. Unter Hinweis auf die Stellung von Klein- und Mittelbetrieben der bezirksgeleiteten Industrie im Prozeß der Vergesellschaftung warf *Luft* die Frage auf, ob diese kleineren Betriebe ihre spezifischen Aufgaben bei der Leistungssteigerung nicht auch dann erfüllen können, wenn sie wie bisher nach der vereinfachten Planung und wirtschaftlichen Rechnungsführung arbeiten.

Einen breiten Raum nahmen in der Diskussion die neuen Maßstäbe der Leistungsbewertung der Kombinate und Betriebe ein. Die neu festgelegten Hauptkennziffern der Leistungsbewertung, Nettoproduktion, Gewinn, Erzeugnisse und Leistungen für die Bevölkerung und Export, orientieren diese Wirtschaftseinheiten auf ein hohes Leistungswachstum durch Intensivierung und auf einen größeren eigenen Beitrag zum volkswirtschaftlich real verteilbaren Endprodukt. Hiervon ausgehend müsse – wie *H. Richter* in seinem Beitrag herausarbeitete – die Aufgabe gelöst werden, die Geschlossenheit des finanziellen Reproduktionsprozesses des Kombinats so zu erhöhen, daß er der materiellen Geschlossenheit entspricht und sich steigende Effektivität für die Kombinate auch als ökonomisch vorteilhaft erweist. *Hahn* betonte, daß die beschlossenen Maßnahmen neue Möglichkeiten und exakte Maßstäbe für die Wahrnehmung der volkswirtschaftlichen Verantwortung der Kombinate beim beschleunigten Übergang zur intensiv erweiterten Reproduktion bieten. Um die Grundgedanken des Beschlusses für einen weiteren ökonomischen Leistungsanstieg, höhere Produktivität und Effektivität der Produktion voll zur Wirkung zu bringen, komme es aber unbedingt darauf an, in den Kombinaten, Betrieben und Kollektiven der Werktätigen ein neues inhaltliches Herangehen an die Fragen der Leitung und Planung durchzusetzen, bisherige, an der extensiven Reproduktion orientierte Verhaltensweisen zu überwinden und Initiativen auf allen Verantwortungsebenen im Interesse des intensiven Wirtschaftens zu wecken. Hohe Effektivität und Flexibilität der Produktion entstehen nicht schlagartig durch die Veränderung methodischer Regelungen, sondern im Ergebnis eines angestrengten Ringens um die Veränderung der kombinatlichen Reproduktion aus der Sicht der Intensivierung, stets eingeschlossen die Absatzerfordernisse. Nach den Erfahrungen des Kombinats Elektromaschinenbau habe sich als richtig erwiesen, Schlußfolgerungen und Konsequenzen für die Verwirklichung des Beschlusses im Kombinat nicht nur aus der Sicht von Einzelmaßnahmen und notwendigen Veränderungen in einzelnen Fachbereichen abzuleiten. *Hahn* unterstrich vielmehr die Notwendigkeit, ein komplexes, auf den gesamten Reproduktionsprozeß des Kombinates gerichtetes Herangehen bei der Durchsetzung des Grundanliegens aller Maßnahmen anzustreben. Für die praktische Umsetzung des Beschlusses im Kombinat und seine Wirkung bis zu den Arbeitskollektiven und den einzelnen Werktätigen seien ebenfalls eine Weiterentwicklung der innerbetrieblichen wirtschaftlichen Rechnungsführung, die Anpassung der Datenverarbeitung sowie die Umstellung des Leistungsvergleichs der Kombinatsbetriebe auf die neuen Kennziffern und Effektivitätsansprüche von außerordentlicher Bedeutung.

Professor Dr. *Gerhard Richter*, Zentralinstitut für Wirtschaftswissenschaften der Akademie der Wissenschaften der DDR, stellte Fragen der Bewertung in ihrer Wirkung auf das ökonomische Verhalten der Kombinate und Betriebe in den Mittelpunkt seines Beitrags. Davon ausgehend, daß die Volkswirtschaft der DDR wachsstumsorientiert ist und bleibt und das Wachstum des Nationaleinkommens in den kommenden Jahren fast ausschließlich über die Steigerung der Effektivität in ihren vielfältigen Formen zu erbringen ist, leitete er die zunehmende Bedeutung der Bewertung für das Erreichen wirtschaftspolitischer Zielstellungen ab. Das widerspiegele sich in den Festlegungen zur weiteren Vervollkommnung von Leitung, Planung und wirtschaftlicher Rechnungsführung und sei zugleich Verpflichtung zu vertiefter theoretischer Arbeit auf diesem Gebiet.

G. Richter ging auf drei Aspekte dieser Thematik ein: Bewertung und Wirtschaftsmechanismus, Bewertung und Substitutionseffektivität, Bewertung und Ressourcenbindung. Als Aufgabe der Bewertung im Rahmen des Wirtschaftsmechanismus bezeichnete er, die prinzipielle Übereinstimmung der Interessen von Gesellschaft, Kollektiv und Werktätigen für das konkrete wirtschaftliche Handeln überzeugend zu gestalten und auftretende Widersprüche zu lösen. Mit der Nettoproduktion als Leistungskennziffer sei hierbei ein wesentlicher Schritt getan worden. Bezüglich der Bewertung nach Ressourcenbindung bemerkte *G. Richter*, daß die Effektivitätsaussage der Nettoproduktion und des Gewinns weiter erhöht werden könne, wenn diese in Verbindung mit dem eingesetzten produktiven Potential an Arbeitskräften und Grundfonds gewertet würden. Eine solche Beziehung sei auch geeignet, die mittelfristige Planung der Nettoproduktion normativ zu untersetzen. Im Zusammenhang von Bewertung und Substitutionseffektivität ging er auf den Beitrag für gesellschaftliche Fonds in Höhe von 70 Prozent der Lohnkosten ein, womit nach seiner Auffassung eine Präzisierung der gesellschaftlichen Kosten innerhalb der wirtschaftlichen Rechnungsführung erzielt wird. Das dürfe jedoch nicht als Aufweichung hoher Effektivitätsziele fehlinterpretiert werden. Vielmehr stelle die Vervollkommnung der Kostenrechnung im Rahmen der wirtschaftlichen Rechnungsführung die Substitutionsprozesse lebendiger durch vergegenständlichte Arbeit verstärkt in den gesellschaftlichen Effektivitätsbezug, indem die bezahlte Kost der wirklichen Kost angenähert wird.

Dr. *Wolfgang Packebusch*, stellvertretender Direktor der Sektion Marxismus-Leninismus an der Pädagogischen Hochschule Dresden, ging in seinem Beitrag ebenfalls auf Fragen der Bewertung der lebendigen Arbeit und der rationellen Nutzung des Arbeitsvermögens ein. Er hob hervor, daß mit der konsequenten Einbeziehung des realen gesellschaftlichen Aufwands für die Reproduktion des gesellschaftlichen Arbeitsvermögens in die ökonomische Bewertung der lebendigen Arbeit ein entscheidender Schritt getan wurde, um die Wirtschaftseinheiten wesentlich unmittelbarer an der rationellen Nutzung des Arbeitsvermögens, besonders der planmäßigen Freisetzung und dem untrennbar damit verbundenen Wiedereinsatz von Arbeitskräften und der vollständigen Nutzung des Qualifikationsniveaus bei höherer Effektivität der künftigen Tätigkeit, *ökonomisch* zu interessieren. Damit sei eine Reihe weiterer Fragen aufgeworfen, unter anderen die Notwendigkeit der Vervollkommnung der Planung der besseren Nutzung und der Höherentwicklung des Arbeitsvermögens in den Kombinaten entsprechend den Erfordernissen der Intensivierung.

Professor Dr. *Karl-Heinz Stiemerling*, Direktor der Sektion Wirtschaftswissenschaften an der Humboldt-Universität zu Berlin, ging auf die wachsende Bedeutung der wirtschaftlichen Rechnungsführung und der Rolle des Geldes für ein stabiles, intensiveres Wirtschaftswachstum ein. Auf der unverrückbaren Grundlage der sozialistischen Planwirtschaft und ihrer unablässigen Vervollkommnung entsprechend den neu herangereiften Bedingungen und Erfordernissen komme es darauf an, über die Wert- und Geldkategorien die Triebkräfte und Vorzüge der sozialistischen Gesellschaft effektiver zu nutzen und von dieser Seite her den Einfluß auf die planmäßige Gestaltung gesellschaftlicher Proportionen zu vergrößern.

Eine zentrale theoretische Frage von großer praktischer Bedeutung sei die untrennbare Verbindung der Warenproduktion im Sozialismus mit der Planung der Volkswirtschaft, der wirtschaftlichen Rechnungsführung, dem Äquivalenzprinzip und dem sozialistischen Leistungsprinzip. Deshalb sollte den Wechselbeziehungen des Wertgesetzes und der objektiven Funktionen des Geldes mit anderen ökonomischen Gesetzen des Sozialismus stärkere Aufmerksamkeit geschenkt werden. Nachdrücklich wandte sich *Stiemerling* gegen Positionen der Unterschätzung des Geldes und gegen Versuche, materielle und finanzielle Reproduktion der Kombinate voneinander unabhängig zu betrachten. Er unterstrich die große Bedeutung von Nettoproduktion und Gewinn sowohl für die Erwirtschaftung eines hohen Reineinkommens der Gesellschaft als auch für ein hohes Produktionswachstum.

Einen wichtigen Platz in der Diskussion nahmen konkrete Erfahrungen der Kombinate und Betriebe ein, wie durch die zielstrebige Nutzung von Wissenschaft und Technik der notwendige Vorlauf für die intensiv erweiterte Reproduktion gewährleistet werden kann. Es wurde nachdrücklich die Feststellung im Referat von *Günter Mittag* unterstrichen, daß das ökonomische Ergebnis die unbestechliche Meßlatte für die Wirksamkeit der wissenschaftlich-technischen Arbeit bilden muß.

Wirth veranschaulichte die Notwendigkeit, mehr und schneller neue Erzeugnisse – besonders in der Mikroelektronik und in der technischen Keramik – durch Technologien mit Spitzenleistungen und gezielte Arbeit in Wissenschaft und Technik zu entwickeln. Er persönlich lege deshalb ein Hauptaugenmerk darauf, daß

- die Arbeit mit Pflichtenheften – besonders in der Vorbereitungsphase – eine Sache aller Fachbereiche ist;
- langfristige Forschungs- und Entwicklungskonzeptionen, die auf gründlichen Weltstandsanalysen aufbauen, der gesamten wissenschaftlich-technischen Arbeit zugrunde liegen;
- die schnelle ökonomische Verwertung wissenschaftlich-technischer Ergebnisse gewährleistet wird;
- eine richtige Rang- und Reihenfolge bei der Lösung der Aufgaben in der wissenschaftlich-technischen Arbeit durchgesetzt wird.

Dr. *Edgar Riedel*, Direktor für Ökonomie im Kombinat VEB Carl Zeiss JENA, legte Erfahrungen bei der Verwirklichung neuer Formen der ökonomischen Leitung wissenschaftlich-technischer Neuerungsprozesse dar. Angesichts der zunehmenden Dynamik des wissenschaftlich-technischen Fortschritts und des sich immer rascher vollziehenden Erzeugnisumschlags wird die Verweildauer der Erzeugnisse in der Produktion immer kürzer. Dadurch ergibt sich objektiv, daß entscheidende Effektivitätssteigerungen nicht mehr während der Produktionsdurchführung erreicht werden können, sondern bereits mit der Effektivitätszielstellung für das Forschungs- und Entwicklungsthema gesichert werden müssen. Im Kombinat VEB Carl Zeiss JENA werde deshalb der Schwerpunkt bei der Erschließung der ökonomischen Möglichkeiten des wissenschaftlich-technischen Fortschritts in der langfristig konzeptionellen Phase der Arbeit mit den Pflichtenheften gesehen. Es gehe hier vor allem darum, die Aktualität der ökonomischen Zielstellungen ständig zu gewährleisten und dabei von den Effektivitätsansprüchen des künftigen Produktionsbetriebes auszugehen. Bei der Anwendung der neuen Beschlüsse über Kosten- und Preisobergrenzen reiche eine formale Errechnung dieser Limite aus dem Exportpreis nicht aus. Vielmehr komme es darauf an, in der Verantwortung des ökonomischen Direktors konkrete Schritte zum Abbau der Differenzen zwischen Aufwandspreis und Preisobergrenze durchzusetzen. Sehr große Aufmerksamkeit bei der ökonomischen Zielfindung müsse auch der Absatzrentabilität beigemessen werden. Neben den konkreten Marktanforderungen an das Erzeugnis seien ökonomische Konsequenzen für die Erzeugniseffektivität aus der absetzbaren Seriengröße und dem erzielbaren Valutapreis abzuleiten.

Professor Dr. *Gerhard Scholl*, Abteilungsleiter in der Staatlichen Plankommission, befaßte sich mit Fragen der Rationalisierung und Modernisierung der vorhandenen Grundfonds als Hauptweg der ressourcensparenden Reproduktion. Anhand von Untersuchungsergebnissen im Maschinenbau wies er nach, daß die Umrüstung vorhandener Maschinen Einsparungen gegenüber Neuinvestitionen bis zu 70% erbringen kann. Gleichzeitig kennzeichnete er die Modernisierung als eine entscheidende Reserve für Materialeinsparungen, weil Maschinenkörper und wichtige mechanische Baugruppen erhalten bleiben. Durch den Anbau paßfähiger elektronischer Steuerungen, Handhabungstechnik, moderner Meß- und Prüftechnik und neuer Antriebe werde sowohl eine Erhöhung der Leistung als auch eine Verlängerung der Lebendsdauer der Maschinen erreicht. *Scholl* belegte, daß mit geringerem Investitionsaufwand gleiche qualitative und quantitative Ergebnisse erzielt werden können wie bei der Investition einer neuen Maschine. So hat beispielsweise das Kombinat Umformtechnik „Herbert Warnke" Erfurt ermittelt, daß von den 18500 Pressen, die in der DDR im Einsatz sind, mindestens die Hälfte zur Modernisierung entsprechend dem wissenschaftlich-technischen Fortschritt geeignet ist. Es wird eine Steigerung der Arbeitsproduktivität von 300 bis 500%, die Gewinnung vieler Arbeitskräfte für die Lösung anderer wichtigerer und effektiverer volkswirtschaftlicher Aufgaben, eine Energieeinsparung von weit über 50% und eine Einsparung von Investitionen erwartet, die zwischen 30 und 70% liegt. Im VEB Geräte- und Reglerwerk Teltow wurde zur Schaffung einer Fertigungszelle durch Kopplung zweier Drehmaschinen unterschiedlicher Generationen mit einem Industrieroboter aus dem VEB Berliner Werkzeugmaschinenfabrik Marzahn der Umbau einer älteren Drehmaschine erforderlich. Während die Anschaffung einer neuen Drehmaschine etwa 500000 Mark gekostet hätte, beliefen sich die Umrüstungskosten der älteren Maschine auf etwa 90000 Mark. Diese und weitere Beispiele nutzte *Scholl*, um die volkswirtschaftliche Bedeutung der Modernisierung sichtbar zu machen. Wichtig sei deshalb, die Modernisierung als Hauptweg der sozialistischen Rationalisierung schnell und in die Breite gehend durchzusetzen. Hieraus und aus neuen internationalen Entwicklungstendenzen der Modernisierung der vorhandenen materiell-technischen Basis leitete er die Notwendigkeit ab, Vorschläge zur besseren Nutzung der Grundmittel zu machen und Wege zur Erhöhung der Grundfondsquote abzustecken. *Scholl* hob die Herausbildung von Industriezweigen, die sich speziell mit Modernisierungslösungen befassen und gleichzeitig weitere rentable Exportlinien darstellen, hervor, wobei seines Erachtens folgende Maßnahmen durchzusetzen sind:

- die schnellere Entwicklung der Kapazitäten der laufenden Instandhaltung;
- die Umkehrung der in der Volkswirtschaft zeitweilig rückläufigen Entwicklung der Generalreparaturkapazitäten. Bei der Schaffung der erforderlichen materiellen und personellen Voraussetzungen hierzu sollte die Verknüpfung von Generalreparatur und Modernisierung einer Maschine verbindlich geregelt werden;
- die Fortsetzung des forcierten Ausbaus der Kapazitäten des Rationalisierungsmittelbaus in den Anwenderbereichen. Dabei stünden solche Schwerpunkte im Vordergrund wie die Anpassung der Industrierobotertechnik, der Bau von Zu- und Abführungseinrichtungen, Verkettungseinrichtungen sowie Ausrüstungen für das innerbetriebliche Transport-, Umschlags- und Lagerwesen.

Die Käufer der in früheren Jahren exportierten Maschinen seien sicher daran interessiert, vom Hersteller angebotene Modernisierungslösungen zu kaufen, bevor sie auf andere Lieferer zurückgreifen, und auch sicher bereit, die geistige Leistung effektiver Modernisierungslösungen zu honorieren, da für sie letztlich die Modernisierung billiger wird als der Import einer kompletten neuen Maschine.

Josef *Möckl*, Betriebsdirektor des VEB Robotron-Optima Büromaschinenwerk Erfurt, sprach zur demokratischen Mitwirkung der Werktätigen beim Übergang zur intensiv erweiterten Reproduktion. Mit über 7000 Beschäftigten, darunter 46% Frauen, präge der Betrieb das soziale Klima der Bezirksstadt Erfurt wesentlich. Als alleiniger Hersteller von mechanischen und elektromechanischen und seit 1981 auch von elektronischen Büromaschinen in der DDR, der 90% der Erzeugnisse in über 60 Ländern exportiert, befinde sich der Betrieb gegenwärtig in einem Prozeß der Umprofilierung des Erzeugnissortiments. Die Anstrengungen des gesamten Betriebskollektivs seien darauf gerichtet, alle Potenzen voll auszuschöpfen, um den Übergang zur Mikroelektronik zu forcieren. Unter Führung der Parteiorganisation und durch Einbeziehung der 7000 Beschäftigten des Betriebes sowie aller gesellschaftlichen Kräfte sei es gelungen, mit großer Unterstützung des Kombinats und der territorialen Partei- und Staatsorgane sowie gesellschaftlicher Organisationen neue Möglichkeiten der Ausschöpfung des vorhandenen Potentials zu erschließen. Dies konnte erreicht werden, weil den Werktätigen die Notwendigkeiten, Erfordernisse und Zusammenhänge gründlich erläutert und der Prozeß straff geleitet wurde. Anschaulich legte *Möckl* dar, wie das gesamte Betriebkollektiv bei umfassender demokratischer Mitwirkung bei der Durchsetzung der hohen Effektivitätsanforderungen Kampfpositionen bezieht: Der Betrieb hat sich die Aufgabe gestellt, bis 1985 220 Roboter bzw. Handhabetechniken einzusetzen. 1983 wurde diese Aufgabe mit 74% realisiert und bis zum Ende des Jahres 1984 werden es 97% sein. Durch komplexe Rationalisierung konnte gegenwärtig eine planmäßige Freisetzung von 2,7 Arbeitsplätzen je Einsatzfall (verbunden mit betrieblich gewährleistetem Wiedereinsatz) erreicht werden. Vorfristig konnte mit Unterstützung des Kombinats das Vorhaben Sintertechnik, eine hochproduktive Technologie, der Produktion übergeben werden. Fortschritte wurden bei Verbesserung der Arbeits- und Lebensbedingungen beim Übergang zur rollenden Dreischichtarbeit in wichtigen Bereichen erzielt. Beispielsweise arbeitet nunmehr die gesamte Plastefertigung durchgängig dreischichtig. Schrittweise ist das auch im Organisations- und Rechenzentrum der Fall. *Möckl* berichtete, daß hierzu eine gründliche Vorbereitung und viele Gespräche notwendig waren, um mit jedem einzelnen die berechtigten sozialen und ökonomischen Fragen und Probleme zu beraten, von Transportproblemen und Kinderunterbringung bis hin zur materiellen Stimulierung. Durch diese Maßnahmen – verbunden mit einer überzeugenden Argumentation, daß das Anwachsen des Grundmittelbestands von 180 Millionen Mark im Jahre 1976 auf 270 Millionen Mark im Jahre 1983 eine weit höhere zeitliche Auslastung der hochproduktiven Technik erfordere – stieg die Auslastung von 15,6 Stunden auf 16,6 Stunden. Untrennbar damit verbunden ist die systematische Verbesserung der Arbeitsbedingungen und Arbeitsinhalte für die Werktätigen. Die Arbeitszufriedenheit wuchs, das betriebliche Klima verbesserte sich weiter, woraus sich neue Initiativen für die Erhöhung der Effektivität entwickeln. Das finde seinen Ausdruck darin, daß im Prozeß der Plandiskusion über 700 Vorschläge unterbreitet wurden, wobei sich 60% direkt auf die bessere Nutzung der Intensivierungsfaktoren konzentrierten. Diese Vorschläge bringen fast 4 Millionen Mark Nutzen. Die weitere Ausprägung neuer, an der Intensivierung orientierter Denk- und Verhaltensweisen der Werktätigen begründete *Möckl* ausgehend von den Leistungszielen des Jahres 1984. Gegenüber dem Vorjahr wird die industrielle Warenproduktion um 21,4% die Nettoproduktion um 59% und der Export in das nichtsozialistische Wirtschaftsgebiet um 40,8% steigen. Dabei sollen die Grundmaterialkosten je 100 Mark Warenproduktion auf 90,7% und die Selbstkosten auf 84,1% sinken.

Dr. *Dieter Rost*, Direktor für Planung und Ökonomie im VEB Erntemaschinen Bischofswerda des Kombinats VEB Landmaschinenbau „Fortschritt" Neustadt, legte Erfahrungen der Profilierung eines Zulieferbetriebes für Finalerzeugnisse dar. Es ging dabei um die vollständige Rekonstruktion des Betriebes bei laufender Fertigung, um die Produktion des Mähdreschers E516 – der bisher in einem anderen Betrieb produziert wurde – entscheidend zu steigern. Im Zusammenhang mit dem Einsatz von Industrierobotern werden dabei völlig neue technologische Lösungen entwickelt. Grundlage dafür ist die entschiedene Vergrößerung der Kapazitäten des Rationalisierungsmittelbaus im Betrieb bzw. im ganzen Kombinat, von etwa 7 Millionen Mark 1983 auf 10,5 Millionen Mark 1984. Bei der Gestaltung des Fließbandes für die Montage wurden die Arbeitsplätze komplex besser gestaltet, um eine größere Wirksamkeit der Qualifikation und des Bildungspotentials und wachsende soziale Aktivität zu sichern. Rund 30% aller Werktätigen der Hauptproduktion waren durch Qualifizierungsmaßnahmen auf die neuen Arbeitsplätze und die neuen Fertigungsanforderungen vorzubereiten. Die Rekonstruktion des Betriebes in einer relativ kurzen Zeit habe gezeigt, daß die Effektivität der sozialistischen Rationalisierung nur auf der Basis eines möglichst raschen Umsetzens neuer wissenschaftlich-technischer Erkenntnisse möglich ist. Kurze Entwicklungs- und Überleitungszeiten müßten deshalb ein charakteristisches Merkmal der Eigenproduktion von Rationalisierungsmitteln sein. *Rost* hob hervor, daß Eigenproduktion der Rationalisierungsmittel und Leistungen der betriebseigenen Bauabteilungen aufeinander abgestimmt sein müssen. Besonders dieses Herangehen habe sich als eine wichtige Seite der Effektivität des Eigenbaus von Rationalisierungsmitteln erwiesen. Leistungsreserven innerhalb des Betriebes selbst lassen sich erschließen, wenn die Bauabteilung rationalisiert und mit produktiveren Arbeitsmitteln ausgestattet wird. Bewährt habe sich bei der Rekonstruktion ein enges Zusammenwirken von Baubetrieb und betriebseigenem Rationalisierungsmittelbau mit dem zentralen Sondermaschinen- und Rationalisierungsmittelbau des Kombinats.

Professor Dr. *Franz Pleschak*, Technische Universität Dresden, Sektion Sozialistische Betriebswirtschaft, behandelte Fragen des Einflusses der sozialistischen Prozeßrationalisierung auf die Effektivität der Erzeugnisse. Die Integration produktionsverarbeitender Prozesse durch Nutzung druchgängiger Programmsysteme für die konstruktive, technologische und organisatorische Vorbereitung der Produktion und arbeitsplatznaher Rechentechnik gestatte Verkürzungen der Zeitdauer um 75 bis 85 %. Integrierte automatisierte Fertigungssysteme, die Bearbeitungsprozesse, Transportprozesse, Werkzeug- und Werkstückwechselprozesse sowie Lenkungs- und Kontrollprozesse einschließen, ermöglichen je nach Niveaustufe der Automatisierung Durchlaufzeitverkürzungen in der höchsten Niveaustufe, dem integrierten Maschinensystem, bis zu 75 %. Untersuchungen hätten gezeigt, daß die genannten Vorteile nur wirksam werden, wenn der Gesamtablauf in den Mittelpunkt der Aufmerksamkeit gestellt wird, einzelne isolierte Maßnahmen, die ohne Berücksichtigung des Gesamtzusammenhangs realisiert werden, nicht zu den erforderlichen ökonomischen Wirkungen führen.

Pleschak wies darauf hin, daß die zunehmend differenzierter werdenden Forderungen nach bestimmten Gebrauchseigenschaften, die Beschleunigung des Erzeugnisumschlags und die Erhöhung der Erneuerungsrate sowie die Ausweitung der kundenwunschorientierten Produktion im Interesse eines hohen Marktanteils und schnellerer Lieferbarkeit es notwendig machen, wechselnden Enwicklungs- und Produktionsaufgaben mit kurzer Verzögerungszeit und geringem Umstellungsaufwand nachzukommen. Dem schnellen Tempo des Erzeugnisumschlags könne aus ökonomischen Gründen der Umschlag der Grundmittel nicht folgen. Deshalb seien flexible Grundmittel zu entwickeln, die modular aufgebaut und frei programmierbar sind sowie eine variable Werkzeug- und Werkstückbereitstellung ermöglichen.

Hauptanliegen des Diskussionsbeitrags von Dr. *Michael Düsterwald*, stellvertretender Direktor für Forschung der Sektion Marxismus-Leninismus an der Karl-Marx-Universität, Leipzig, war, Erfahrungen der Kombinate und Betriebe bei der komplexen prozeßorientierten Bewertung von Rationalisierungslösungen mit Robotertechnik zu vermitteln. Die Einführung dieser qualitativ neuartigen Technik müsse langfristig ein Reproduktionserfordernis darstellen, zu dem es keine wirtschaftliche Alternative gibt. Der Nutzen der Robotertechnik sei hauptsächlich an den Einsparungs- und Effektivitätswirkungen zu bewerten. In die Bewertung müsse aber auch eingehen, welcher Beitrag mit dem Robotereinsatz zur komplexen flexiblen Automatisierung geleistet wird. Bei der weiteren Qualifizierung der Bewertung erweisen sich besonders Fragen von besonderem Gewicht:

- die Einordnung der Robotertechnik als Element komplexer Vorhaben in den Reproduktionsprozeß der Wirtschaftseinheiten,
- die Ableitung der Effektivitätsvorgaben für den Robotereinsatz aus den ökonomischen Zielstellungen des Kombinats bzw. Betriebes,
- die potentialbezogene Leistungsbeurteilung der komplex eingesetzten Technik und
- neben der Effektivitätsbetrachtung eine zutreffende Gesamteinschätzung der Fertigungssysteme.

Dr. *Ursula Reichenberg*, Forschungsstelle beim Ministerium für Wissenschaft und Technik, äußerte sich zur zwingenderen Orientierung von Wissenschaft und Technik auf das Leistungs- und Effektivitätswachstum. Um die zu erreichenden ökonomischen Ergebnisse zum Ausgangspunkt der wissenschaftlich-technischen Arbeit und zur entscheidenden Grundlage ihrer Leistungsbewertung zu machen, seien Mittel der wirtschaftlichen Rechnungsführung, wie der Kauf und Verkauf wissenschaftlich-technischer Ergebnisse und exakte Aufwands- und Ergebnisrechnungen, verstärkt anzuwenden. Vor allem die Jahresendabrechnung der ökonomischen Ergebnisse von Wissenschaft und Technik könne in den Kombinaten dazu beitragen, eine konkrete Übersicht über den Beitrag jedes Forschungs- und Entwicklungsthemas zum ökonomischen Gesamtergebnis zu erhalten. Entscheidend für diese Bewertung sei der ökonomische Vorteil, der im Produktionsprozeß real wirksam wird und an der Verbesserung des Verhältnisses von Aufwand und Ergebnis der Produktion gemessen werden kann.

Professor Dr. *Harry Milke*, Parteihochschule „Karl Marx" beim Zentralkomitee der SED, behandelte aktuelle Fragen der Vergesellschaftung von Produktion und Arbeit, die bei der weiteren Verwirklichung der ökonomischen Strategie der SED aufgeworfen werden. Notwendig sei die weitere theoretische Arbeit zu den Entwicklungstendenzen und den Formen der Vergesellschaftung, die für die Bewältigung von Neuerungsprozessen notwendig sind. Einen neuen Schritt bei der Verbindung der Errungenschaften der wissenschaftlich-technischen Revolution mit den Vorzügen des Sozialismus zu erreichen, verlange beispielsweise, den künftigen Welthöchststand und nicht das internationale Spitzenniveau bei Aufnahme der Entwicklungsarbeiten den Pflichtenheften zugrunde zu legen. Deshalb seien unbedingt neue Formen der Kooperation zwischen der Grundlagenforschung an der Akademie der Wissenschaften und den Kombinaten zu finden. Grundsätzlich erhöht hat sich die Bedeutung der Absatzerfordernisse für die gesellschaftliche Organisation der Produktion. Angesichts dessen sollte verstärkt darüber nachgedacht werden, welche Konsequenzen sich aus dieser objektiven Aufgabe für die Verflechtung von Forschung, Produktionsvorbereitung und Absatz ergeben und wie eine integrative Verflechtung zwischen diesen Bereichen leitungsmäßig gesichert werden muß. Bei der weiteren Ausgestaltung der Kombinate erhalte die Optimierung des Kreislaufs der Reproduktion für ein höheres verfügbares volkswirtschaftliches Endergebnis ein wachsendes Gewicht, wozu die Durchsetzung effektivster Formen der Arbeitsteilung im Kombinat bei minimalstem Transportaufwand gehört. *Milke* verwies darauf, daß Arbeitsteilung und Kooperation aus der Sicht sowohl der Produktionsverhältnisse als auch der Produktivkräfte weiter zu untersuchen sind. Die Vergesellschaftung müsse gewissermaßen als Knotenpunkt der Dynamik der Entwicklung von Produktionsverhältnissen und Produktivkräften verstanden werden, woraus sich Schlußfolgerungen für die weitere Entwicklung des Kombinats als sozialer Organismus ergeben.

Luft hob hervor, daß Bestell- und Lieferfristen, Fristen zur Inbetriebnahme eines Investitionsvorhabens, Zuverlässigkeit der Kooperationsbeziehungen zwischen

Finalproduzenten wie überhaupt die Abnehmer-Liefer-Beziehungen einschließlich des Kundendienstes, die Mobilität der Produktionsfaktoren bei höherer Effektivität des Wiedereinsatzes eingesparten Materials, Investitionen und Arbeitszeit in der Volkswirtschaft wichtige Indikatoren eines effektiven gesellschaftlichen Zusammenhangs zwischen den auf Grundlage des sozialistischen Eigentums an den Produktionsmitteln arbeitsteilig produzierenden Wirtschaftseinheiten sind. Hierin bestünden ebenso wie in der Vorrangigkeit der Arbeit in der gesellschaftlichen Produktion, im sozialistischen Arbeitskollektiv, wo die größten Möglichkeiten zur Steigerung der Leistungsfähigkeit der Volkswirtschaft liegen, wichtige Kriterien der tatsächlichen Vergesellschaftung der Produktion im Leninschen Sinne als Hauptentwicklungsrichtung der sozialistischen Produktionsverhältnisse. Entsprechend diesen Maßstäben erwiesen sich die Kombinate in Industrie und Bauwesen als geeignetste Form für die fortschreitende Vergesellschaftung der Produktion auf Grundlage des Volkseigentums, weil hier Produktionsbetriebe für ein bestimmtes Sortiment von Erzeugnissen und die dazugehörende Forschungs-, Entwicklungs- sowie Projektierungskapazitäten, der eigene Rationalisierungsmittelbau, die Produktion niveaubestimmender Zuliefererzeugnisse, die Fertigung hochwertiger Konsumgüter sowie Absatz- und Exportorganisationen bei Wahrung ihrer wirtschaftlich-operativen Selbständigkeit unter einer einheitlichen Leitung zusammengeführt wurden.

Angeregt durch die Diskussion im Arbeitskreis, unterstützte *Luft* den Gedanken, daß alle Anstrengungen zur Durchsetzung eines ressourcensparenden Wirtschaftswachstums ökonomisch nur dann voll zur Geltung kommen, wenn bedarfsgerecht produziert wird. Nichtbedarfsgerechte Produktion sei immer, auch mit noch so geringen Kosten und Investitionsaufwendungen, uneffektiv, weil die verausgabte Arbeit nicht ersetzt werden kann. Diesbezüglich verwies er auf die Bemerkung von *Marx* im „Kapital": *„Endlich kann kein Ding Wert sein, ohne Gebrauchsgegenstand zu sein. Ist es nutzlos, so ist auch die in ihm enthaltene Arbeit nutzlos, zählt nicht als Arbeit und bildet daher keinen Wert.*"

Professor Dr. *Otto Stumpf*, Direktor der Sektion Marxismus-Leninismus der Handelshochschule Leipzig, ging in seinem Beitrag auf qualitative Wachstumsfaktoren der Zirkulation und ihre Nutzung für die ökonomische Strategie der SED ein. Er begründete, den bestimmenden Einfluß der Bedarfsgerechtheit des produzierten Endprodukts auf alle anderen Wachstumsfaktoren der Zirkulation, auf die Rationalität der Versorgungs- und Warenumschlagsprozesse, die Erhöhung der Umschlagsgeschwindigkeit der Bestände, die Entwicklung der Zirkulations- bzw. Handelskosten und die Verhinderung von Warenverlusten. Hinsichtlich der Erschließung dieser Reserve, untersuchte *Stumpf* folgende Fragen:

- Wie kann die Wirkung dieses Wachstumsfaktors gemessen werden?
- Welche Bedingungen sind wichtig, um ihn besser erschließen zu können?
- Wo liegen in der Zirkulationskette die entscheidenden Ansatzpunkte, um seine Wirksamkeit zu erhöhen?

Professor Dr. *Rudolf Gerisch*, Abteilungsleiter am Zentralinstitut für Sozialistische Wirtschaftsführung beim Zentralkomitee der SED, legte die wirtschaftsorganisatorischen Konsequenzen dar, die mit der Entwicklung des relativ geschlossenen Reproduktionsprozesses in den Kombinaten verbunden sind, um auf dem Weg der Intensivierung die weitere Effektivitäts- und Leistungssteigerung zu sichern: vor allem die weitere Profilierung leistungsfähiger Kombinatsbetriebe entsprechend ihrer Funktion im Reproduktionsprozeß, die rationelle wirtschaftsorganisatorische Gestaltung und leitungsorganisatorische Einordnung zentralisierter Kapazitäten, beispielsweise des wissenschaftlich-technischen Potentials sowie die Entwicklung zweckmäßiger Organisationsformen der Kooperation und Koordinierung zur einheitlichen Leitung des Reproduktionsprozesses und zur Bewältigung von Neuerungsprozessen in den Kombinaten. Anhand von Untersuchungen wurde von *Gerisch* herausgearbeitet, wie die Entwicklung leistungsfähiger Kombinatsbetriebe durch die Differenzierung in Erzeugnissortimenten, die notwendige Beschleunigung des Gesamtprozesses der Reproduktion und Erhöhung der Flexibilität sowie durch die volle Nutzung territorialer Ressourcen wesentlich bestimmt wird. In diesem Zusammenhang wies er nach, daß in Kombinaten mit territorial zersplitterten Kapazitäten der Ausgestaltung ihrer Eigenverantwortung und leistungsmäßigen Einordnung besonderes Gewicht zukommt. Zugleich begründete er Kriterien und Wege der Herausbildung von Stammbetrieben und der schrittweisen Vorbereitung des Übergangs selbständiger Kombinatsleitungen zur Leitung über einen Stammbetrieb.

Professor Dr. *Manfred Hentzschel* und Professor Dr. *Werner Maiwald*, beide Karl-Marx-Universität, Leipzig, nahmen in ihrem Beitrag zur Weiterentwicklung der sozialistischen Produktionsverhältnisse in den Kombinaten und Betrieben der DDR Stellung. Die heute mit der Entwicklung der Kombinate als grundlegende Wirtschaftseinheiten in diesem Prozeß zu formulierenden Antworten ließen sich nicht aus einer einfachen Darstellung der Elemente der Produktionsverhältnisse, sondern im wachsenden Maße nur noch aus der Erkenntnis der vielfältigen wechselseitigen Bedingtheiten und Wechselwirkungen aller Seiten der Produktionsverhältnisse und ihrer Dialektik mit den Produktivkräften ableiten. Hierbei gewinne die Klassifizierung der sozialistischen Produktionsverhältnisse nach ökonomischen Interessenebenen für die Gestaltung des Reproduktionsprozesses der Kombinate steigende Bedeutung. Durch diese Methode wird es möglich, aus den vielfältigen Beziehungen und Verhältnissen jene herauszufinden, die für die Weiterentwicklung der Produktionsverhältnisse besondere Bedeutung haben und der Vervollkommnung des Leitungs- und Planungssystems zugrunde zu legen sind.

Hentzschel und *Maiwald* heben hervor, daß die bei der Entwicklung der einheitlichen Reproduktionsprozesse der Kombinate gesammelten Erkenntnisse deutlich machen, daß die bewußt organisierte und planmäßig hergestellte Verbindung der ökonomischen Interessen der Gesellschaft mit den Interessen des Kollektivs und der Werktätigen eine starke Triebkraft und Bedingung dafür ist, das Handeln der Kombinats- und Betriebskollektive und jedes Werktätigen auf höchste volkswirtschaftliche Effektivität und Qualität der Arbeit zu orientieren. Die kollektive Ebene der Kombinate und Betriebe erweist sich insofern als entscheidend, weil hier die materielle Produktion unmittelbar durchgeführt wird, sich die wichtigsten Prozesse der Verbindung von gesellschaftlichen und persönlichen Interessen durch die Gestaltung der wirtschaftlichen Rechnungsführung und die persönliche materielle Interessiertheit vollziehen.

Bezugnehmend auf die Ausführungen von *Günter Mittag*, daß die Steigerung der Arbeitsproduktivität grundlegendes Erfordernis zur erfolgreichen Fortführung der Politik der Hauptaufgabe ist, sprach Dr. *Dieter Weger*, Abteilungsleiter der Bezirksleitung der SED Frankfurt (Oder), zur weiteren Verallgemeinerung der Erfahrungen der Schwedter Initiative „Weniger produzieren mehr" und ihrer Übertragung auf andere Bereiche. Die im Oderbezirk ausgelöste Schwedter Initiative habe ich in den zurückliegenden Jahren als gangbarer Weg erwiesen, die Produktivität des Arbeitsvermögens, des *„kostbarsten Potentials unseres Landes"*, spürbar zu erhöhen. Mit ihr konnten beachtliche Reserven mobilisiert werden, und ihre Potenzen sind noch nicht ausgeschöpft. Von Beginn an hatte die Initiative ihren Ausgangspunkt darin, den gesamten Wirkungsbereich menschlicher Arbeit zu vervollkommnen, um daraus jenes Arbeitsvermögen zu gewinnen, das die Gesellschaft für die Sicherung der intensiv erweiterten Reproduktion benötigt. So hatte und hat stets die Frage das Primat, *wofür* aus der sozialistischen Rationalisierung Arbeitskräfte zu gewinnen sind. Gerade darin liegt – wie *Weger* betonte – einer der großen Vorzüge der Rationalisierung unter sozialistischen Produktionsverhältnissen. Als Resultat des bewußten Ausschöpfens dieser Erfahrungen wurden im Bezirk Frankfurt (Oder) von Januar 1978 bis zum 30. Juni 1983 aus der Arbeitsplatzeinsparung 13330 Werktätige für andere Aufgaben gewonnen. 11540 wurden im eigenen Betrieb wirksam, davon 27,6% für eine höhere Auslastung vorhandener Grundfonds. 1218 Werktätige sind zusätzlich im eigenen Rationalisierungsmittelbau wirksam geworden, 234 arbeiten in neugeschaffenen bzw. erweiterten Abteilungen für die Herstellung industrieller Konsumgüter. An neugeschaffenen Arbeitsplätzen sind 5267 der aus der Initiative „Weniger produzieren mehr" gewonnenen Arbeitskräfte eingesetzt. 1739 Werktätige nahmen im Ergebnis konsequenten Beschreitens dieses Weges eine Tätigkeit in der sozialistischen Landwirtschaft auf. Der Schichtfaktor des Produktionspersonals beträgt heute im Schnitt des Bezirkes 1,5. Allein in den ersten fünf Monaten 1983 nahm die Zahl der in Schichten arbeitenden Werktätigen um 577 zum Vorjahr zu. Ein weiterer Effekt besteht darin, daß der Anteil des Produktionspersonals an den Gesamtbeschäftigten im Bezirk sein dreieinhalb Jahren kontinuierlich ansteigt.

Weger hob hervor, daß der Sinn der sozialistischen Rationalisierung niemals in der „Arbeitskräftesetzung an sich" besteht, sondern es geht immer um die Einheit von zweckbestimmter Freisetzung, planmäßigem Wiedereinsatz und der Sicherung einer höheren Effektivität der Arbeit im neuen Arbeitsbereich bei Verbesserung der Arbeits- und Lebensbedingungen für die Werktätigen. Um mit der Schwedter Initiative künftig eine noch höhere Wirksamkeit des gesellschaftlichen Arbeitsvermögens erreichen zu können, werden die weitere Erforschung der Wechselbeziehungen zwischen der Gestaltung einer effektiven Produktion, der Gebundenheit an das eigene Betriebskollektiv und an das Dorf oder die Stadt, die Sicherung frauengerechter Arbeitsplätze sowie einer hohen Bildungsökonomie als wichtige Fragen erachtet. Da die Schwedter Initiative fester Teil der gesamten Entwicklung des Arbeitsvermögens ist, wird mit ihrer breiten Entfaltung auch das enge Zusammenwirken zwischen Betrieben und örtlichen Volksvertretungen sowie Staatsorganen immer bedeutsamer.

Professor Dr. *Gerhard Tietze*, Gewerkschaftshochschule „Fritz Heckert" beim Bundesvorstand des FDGB, stellte Untersuchungsergebnisse zur differenzierten sozialen Förderung der Schichtarbeiter vor. Er unterstrich die Einschätzung im Referat *Günter Mittags*, daß die höhere zeitliche Auslastung der vorhandenen Grundfonds die gegenwärtig größte Reserve zur Steigerung der Leistungen und zur Erhöhung der Effektivität der Volkswirtschaft der DDR darstellt. Das erfordere den verstärkten Übergang zur Schichtarbeit und gleichzeitig die besondere Fürsorge der sozialistischen Gesellschaft für die soziale Gruppe der Schichtarbeiter sowie die Gestaltung solcher Arbeitsbedingungen, die sowohl die Produktivität der Arbeit erhöhen als auch die Persönlichkeitsentwicklung und die Arbeitsfreude der in Schicht arbeitenden Werktätigen positiv beeinflussen. Damit wird zugleich ihre gesellschaftliche Leistung gewürdigt und die Bereitschaft, zur Mehrschichtarbeit überzugehen, stärker entwickelt. Auf der Grundlage konkreter Untersuchungen in 22 Betrieben mit etwa 18000 Schichtarbeitern vermittelte *Tietze* interessante Überlegungen und Erfahrungen beim verstärkten Übergang zur Schichtarbeit in den Kombinaten und Betrieben. So wies er unter anderem auf den engen Zusammenhang zwischen der notwendigen quantitativen Ausdehnung der Zahl der Schichtarbeiter und der Schaffung wissenschaftlich-technischer Möglichkeiten zur bedienungsarmen Gewährleistung der vollen Auslastung der Grundmittel hin. Bei zeitweilig größeren Problemen bestimmter Gruppen von Werktätigen, wie Müttern mit Kleinkindern, bei der Arbeit in Schichten, habe es sich im VEB Obertrikotagenwerk Wittstock als günstig erwiesen, spezielle Bereiche zu schaffen, in denen diese Werktätigen vorübergehend in der Normalschicht arbeiten können. Ausführlich ging *Tietze* weiterhin auf die zeitliche Gestaltung der Schichtarbeit und des Schichtrhythmus sowie auf Erfahrungen bei der materiellen und moralischen Stimulierung der Schichtarbeit ein.

Professor Dr. *Horst Rehtanz*, Direktor des Zentralinstituts für Arbeitsschutz, untersuchte den Einfluß des Gesundheits- und Arbeitsschutzes auf die volle Nutzung des gesellschaftlichen Arbeitsvermögens. In der sozialistischen Gesellschaft erfülle der Gesundheits- und Arbeitsschutz wichtige politische, soziale, ökonomische und humanitäre gesellschaftliche und individuelle Anliegen. Eine gesundheitsfördernde Arbeitsgestaltung wird im Programm der SED gefordert, ist ein Grundanliegen jedes einzelnen und verbindet die gesellschaftlichen und persönlichen Interessen unmittelbar am Arbeitsplatz. Die leistungs- und persönlichkeitsfördernden Wirkungen des Gesundheits- und Arbeitsschutzes würden besonders dann erreicht, wenn die Leiter – vom Generaldirektor bis zum Brigadier – dafür sorgen, daß die Forderungen des Arbeits- und Gesundheitsschutzes konsequent verwirklicht werden. Zugleich komme es darauf an, den Kampf um höhere Effektivität eng mit der Verbesserung der Arbeits- und Lebensbedingungen zu verbinden und diese Prozesse wissenschaftlich zu leiten und zu planen.

Die Durchsetzung von Maßnahmen der sozialistischen Intensivierung in untrennbarem Zusammenhang mit der Lösung sozialer Fragen waren Mittelpunkt der Überlegungen von Dr. *Wilfried Meißner*, Beauftragter des Generaldirektors für Fragen der Sozialpolitik im VEB Kombinat Trikotagen Karl-Marx-Stadt. Er stellte Grundrichtungen der Sozialpolitik im Kombinat vor. Auf der Grundlage eines Führungsdokuments der Kombinatsleitung geht es in den 64 Kombinatsbetrieben um die zielstrebige und schrittweise Lösung solcher Aufgaben wie

- die durchgängige Verbesserung der gesundheitlichen Betreuung der Werktätigen,
- die Aktivierung und Qualifizierung der Zusammenarbeit zwischen dem Betrieb und dem Betriebsgesundheitswesen,
- die Verringerung von Niveauunterschieden der Arbeits- und Lebensbedingungen zwischen den Kombinatsbetrieben und ihren Produktionsstätten,
- die gezielte Orientierung der Bereiche Forschung und Technikentwicklung auf produktivitätswirksame und zugleich gesundheitsförderliche Lösungen.

Professor Dr. *Siegfried Wolf*, Bergakademie Freiberg, stellte in seinem Kurzvortrag Methoden zur Ermittlung und Beurteilung des spezifischen Produktionsverbrauchs vor und interpretierte volkswirtschaftliche Zusammenhänge zwischen dem Wachstum des Nationaleinkommens und der Senkung des Produktionsverbrauchs.

Ökonomische Probleme der Sicherung der Landesverteidigung unter den Bedingungen der Verschärfung der internationalen Lage behandelte Oberst Dr. *Dieter Müller*.

Professor Dr. *Peter Sydow*, Zentralinstitut für Wirtschaftswissenschaften der Akademie der Wissenschaften der DDR, wies auf den Zusammenhang zwischen der Steigerung der Exportkraft und der Beschleunigung des Intensivierungsprozesses hin. Er hob hervor, daß das erreichte Entwicklungsniveau der Produktivkräfte und der Reifegrad der Produktionsverhältnisse in der Volkswirtschaft der DDR sowie die dynamischen Veränderungen auf den internationalen Märkten den Außenhandel und die internationale Arbeitsteilung objektiv noch stärker zu einer Grundbedingung der intensiv erweiterten Reproduktion werden lassen. Deshalb sei es notwendig, den gesamten Reproduktionsprozeß der Kombinate, von der Forschung bis zum fertigen Erzeugnis, an den Parametern international führender Produzenten zu orientieren und die internationale sozialistische Spezialisierung und Kooperation, vor allem mit der Sowjetunion, als wesentliche Bedingung für Entwicklung, Produktion und Absatz von Spitzenerzeugnissen zu nutzen. Um den Leistungsbeitrag der Kombinate zum verfügbaren Nationaleinkommen zu steigern, sei es wichtig, aus der flexiblen Anpassung an die Markterfordernisse einen ökonomischen Vorteil zu erzielen und die Exportrentabilität in das Zentrum der Aufmerksamkeit zu stellen.

Abschließend dankte der Leiter des Arbeiterkreises den Teilnehmern der Diskussion für die schöpferische und an den Erfordernissen der Wirtschaftspraxis orientierte Diskussion. Er wertete ihren erfolgreichen Verlauf als Ausdruck der Bereitschaft und des hohen Verantwortungsbewußtseins der Teilnehmer, ihr Wissen und Können für die Lösung der entscheidenden ökonomischen Aufgaben einzusetzen.

[1] K. Marx, Das Kapital. Erster Band, in: MEW, Bd. 23, Berlin 1968, S. 55.

ARBEITSKREIS 6

K. Steinitz

Effektivitätsentwicklung und intensiv erweiterte Reproduktion

In der Intensivierung und Effektivitätssteigerung kulminieren heute alle Aufgaben und Anstrengungen, um jenes Wirtschaftswachstum zu gewährleisten, das es uns ermöglicht, auch unter den Bedingungen der scharfen internationalen Klassenauseinandersetzung die Republik allseitig zu stärken und weiter die entwickelte sozialistische Gesellschaft zu gestalten. Um so mehr gilt es, an „alle Fragen der Produktion, von der Vorbereitung bis zum Absatz..., unbestechlich vom Standpunkt der Effektivität heranzugehen. Nüchtern muß geprüft werden, was unserer Republik, was dem Kombinat, dem Betrieb Gewinn bringt und was Verlust."[1]

Mit alldem ist die ökonomische Forschung herausgefordert, tiefer die Bedingungen der künftigen Effektivitätsentwicklung zu ergründen und die höheren Anforderungen an die Effektivitätssteigerung zu analysieren, die beim Übergang zur umfassenden intensiv erweiterten Reproduktion entstehen. Dabei ist stets davon auszugehen, daß die Effektivität und ihre Dynamik Zusammenhänge und Tendenzen der Entwicklung von Aufwand und Ergebnis im einheitlichen Reproduktionsprozeß, in allen seinen Phasen und Stufen, zum Ausdruck bringen. Nur bei solch einem Herangehen in der ökonomischen Forschung können praktikable Schlußfolgerungen für die weitere Verwirklichung der Wirtschaftsstrategie gezogen, kann zugleich die Reproduktionstheorie weiterentwickelt werden.

Welche Kernfragen stellen sich für die Effektivitätsentwicklung, welche Konsequenzen ergeben sich daraus für die konkreten Wege künftigen Wirtschaftswachstums, für das Aufdecken von Reserven der Leistungssteigerung in den Kombinaten, ja in der gesamten Volkswirtschaft?

Intensivere Wechselbeziehung von wissenschaftlich-technischem Fortschritt und Effektivität

Eine langfristig stabile Effektivitätssteigerung in unserer Volkswirtschaft und in den Kombinaten hat zur wesentlichen Voraussetzung, mit dem internationalen Tempo des wissenschaftlich-technischen Fortschritts Schritt zu halten, ja das Spitzenniveau auf ausgewählten Gebieten mitzubestimmen. Die Quellen, die Richtungen und das Ausmaß der Effektivitätsentwicklung werden zunehmend von Wissenschaft und Technik bestimmt, wobei insbesondere tiefgreifende, wahrlich revolutionierende Veränderungen in den Produktionsbedingungen und -resultaten von immer größerer Bedeutung sind. In den nächsten 10 bis 15 Jahren werden die hauptsächlichen Effektivitätswirkungen zweifellos von solchen zukunftsträchtigen Schlüsseltechnologien wie der Mikroelektronik und ihrer Umsetzung in die moderne Automatisierungs- und Informationstechnik ausgehen. Auf der 7. Tagung des Zentralkomitees sprach Erich Honecker gerade in diesem Sinne von einem weiteren Schritt zur Verwirklichung der ökonomischen Strategie: „Durch neue Technologien und neue Produkte zu höherer Effektivität."[2]

Für Betriebe und Kombinate heißt das, sich rechtzeitig auf diese die Produktivkräfte revolutionierenden Technologien einzustellen und ihren Einsatz, hauptsächlich in Form komplexer technologischer Lösungen, systematisch vorzubereiten. Zeitpunkt und Zeitdauer der Realisierung derartiger Innovationen gewinnen zunehmendes Gewicht für den möglichen Effektivitätsgewinn. Mit dem internationalen Tempo Schritt zu halten ist zweifellos entscheidend für den erreichbaren Effektivitätsfortschritt. Mehr noch: Es wird immer mehr zur Bedingung, um selbst das bereits erreichte Effektivitätsniveau zu halten und Effektivitätsverluste zu vermeiden. Und umgekehrt werden die Rückwirkungen der Effektivität auf den wissenschaftlich-technischen Fortschritt immer stärker, wird Effektivitätszuwachs zu einer unerläßlichen Bedingung für die umfassende Anwendung und rasche Ausbreitung neuer wissenschaftlich-technischer Erkenntnisse.

Um in Theorie und Praxis den richtigen Zugang zu allen Fragen des Effektivitätswachstums zu finden, ist es notwendig, immer davon auszugehen, daß Effektivität als Kategorie des gesamten einheitlichen Reproduktionsprozesses zu bestimmen ist. Das gebietet, sowohl in der Analyse- und Planungsarbeit als auch in der wirtschaftswissenschaftlichen Forschung den Akzent von Teilkomplexen der Effektivität auf die Probleme, Zusammenhänge und Tendenzen der Effektivität des gesamten Reproduktionsprozesses zu verlagern. Dabei gilt es, zwei Extreme zu vermeiden: einerseits eine isolierte Betrachtung der Effektivität der einzelnen Phasen des Reproduktionsprozesses – der Produktion, der Zirkulation, der produktiven und persönlichen sowie gesellschaftlichen Konsumtion; und andererseits eine Unterschätzung der Rolle der Produktion als der Ausgangsphase des Reproduktionskreislaufs. So wichtig die Effektivität des Absatzes, insbesondere die Exporteffektivität, die Effektivität des Investitionsprozesses, die Effektivität der Konsumtion auch sind, stets ist in Rechnung zu stellen, daß letztlich die Produktion die Effektivität des Gesamtprozesses der Reproduktion entscheidend bestimmt. Sie fundiert gewissermaßen als „Weichensteller" und Grundlage künftiger Effektivitätsdynamik, kann allerdings ihre Funktion nur in der Einheit und Verflechtung mit den ihr vorgelagerten Phasen Forschung und Entwicklung, Rationalisierung, Bildung und Qualifizierung der Werktätigen und ebenso in Verbindung mit den nachfolgenden Phasen der Reproduktion verwirklichen. Gerade durch die immer bessere Übereinstimmung der Effektivitätswirkungen der einzelnen Phasen, dadurch, daß in jeder Stufe die Beziehungen zwischen Aufwendungen und Ergebnissen primär nicht nur unter dem Aspekt ebendieser Stufe, sondern des größtmöglichen Beitrages für die Effektivität des gesamten Reproduktionsprozesses betrachtet werden, lassen sich bedeutende Effektivitätsreserven auf volkswirtschaftlicher Ebene wie auch auf der Ebene jedes Kombinats und Betriebes erschließen. Daraus ergibt sich:

Einerseits müssen die Anstrengungen der jeweils vorgelagerten Stufe darauf gerichtet sein, bei möglichst geringen eigenen Aufwendungen solche Leistungen zu vollbringen (in bezug auf den Neuheitsgrad der wissenschaftlich-technischen Leistungen sowie der Produktions- und Prozeßinnovation, hinsichtlich der Qualität und Sortimentsbreite der bereitgestellten Maschinen, Werkstoffe, Hilfsmaterialien entsprechend den Anwenderbedürfnisse), die den Effektivitäts- und Leistungszielen der folgenden Stufen entsprechen und von ihnen auch voll genutzt werden können.

„Ein neues, besseres Erzeugnis muß sich vor allem durch seine höhere Effektivität bestätigen",[3] unterstrich Erich Honecker auf der 7. Tagung des Zentralkomitees. Werden zum Beispiel Materialeinsparungen beim Zulieferer erzielt, die beim Anwender zu höherem Ausschuß, geringerer Zuverlässigkeit und kürzerer Lebensdauer der Erzeugnisse führen, so kann natürlich von einer Effektivitätssteigerung ebensowenig die Rede sein wie im Falle von Aufwandserhöhungen für technisch-ökonomische Verbesserungen der Erzeugnisse, die weder in der eigenen Volkswirtschaft noch beim Export vollständig realisiert werden können. Im Sinne des Beschlusses des ZK der SED und des Ministerrats der DDR zur weiteren Vervollkommnung der Leitung, Planung und wirtschaftlichen Rechnungsführung – zu dessen Hauptanliegen es gehört, die volkswirtschaftlichen Erfordernisse stärker zur Grundlage der Leistungsbewertung der Betriebe und Kombinate zu machen – gilt es weiter daran zu arbeiten, daß die volkswirtschaftlichen Effektivitätswirkungen noch umfassender mit den Interessen der Betriebe und Kombinate übereinstimmen. Gerade hierin besteht eine wichtige Aufgabe, um die Vorzüge des Sozialismus noch stärker für eine hohe Effektivitätsdynamik zu nutzen.

Andererseits ist zu sichern, daß die mit den hervorgebrachten wissenschaftlich-technischen Leistungen und materiellen Gebrauchswerten geschaffenen Effektivitätspotentiale in den nachfolgenden Stufen möglichst vollständig ausgeschöpft und vergrößert werden. Das bedeutet, Forschungs- und Entwicklungsergebnisse mit einem im internationalen Maßstab hohen Neuheitsgrad rascher und umfassender als bisher zu nutzen. Beispielsweise sind hochveredelte Materialien zu Endprodukten weiterzuverarbeiten, die die Gebrauchswerteigenschaften dieser Materialien voll verwerten und die mit günstigen Erlösen exportiert werden können.

Konsequenzen der Ressourcenproblematik für die künftige Effektivitätsentwicklung

Eine Grundfrage unseres künftigen Wirtschaftswachstums ist es, unsere Volkswirtschaft auf die veränderten Bedingungen bei der Reproduktion der Ressourcen einzustellen. Die insbesondere gegenüber den 60er und 70er Jahren einschneidend geringeren – bzw. überhaupt nicht vorhandenen – Erweiterungsmöglichkeiten für den Einsatz von Energie und Rohstoffen sowie von Investitionen und die steigenden Aufwendungen je Energie- und Rohstoffeinheit führen zu weitgehenden Konsequenzen für die zukünftige Effektivitätsentwicklung.

Im Vergleich zu der Zeit bis Mitte der 70er Jahre gewinnt die Einsparung an vergegenständlichter Arbeit erhöhtes Gewicht für die Effektivitätsdynamik. Der Anteil der vergegenständlichten Arbeit am Produktionswert hat sich im Verhältnis zur lebendigen Arbeit vergrößert. Die volkswirtschaftlichen Einsparungen, je Prozent der Senkung des Produktionsverbrauchs, betrugen 1982 mit rund drei Milliarden Mark ungefähr das Doppelte der Einsparungen je Prozent Senkung der lebendigen Arbeit. Bei diesen Größenordnungen ist natürlich auch in Rechnung zu stellen, daß sich seit Mitte der 70er Jahre der Aufwand für den Materialverbrauch stark erhöht hat. So sind seit 1975 die Preise je mengenmäßige Einheit Energie und Rohstoffe im Vergleich zu den Lohnkosten je Arbeitsstunde um das Mehrfache schneller gestiegen.

Auch die Relationen zwischen den Einsparungsraten an lebendiger Arbeit und der an Energie und Rohstoffen haben sich grundlegend verändert. Lagen die Steigerungsraten der Arbeitsproduktivität im Zeitraum 1961 bis 1975 mehr als doppelt so hoch wie die Senkungsraten für volkswirtschaftlich wichtige Rohstoffe, Energieträger und Materialien, so trat in den ersten drei Jahren des laufenden Fünfjahrplanes eine grundlegende Veränderung ein. Erstmalig überholten die Einsparungsraten an Rohstoffen und Energieträgern die Steigerungsraten der Arbeitsproduktivität. Bei einem Wachstum der volkswirtschaftlichen Arbeitsproduktivität (Nationaleinkommen je Berufstätiger) von 3,5 % im Durchschnitt der Jahre 1980 bis 1982 betrugen die auf das Nationaleinkommen bezogenen jährlichen Senkungsraten des spezifischen Verbrauchs an Energieträgern sowie Roh- und Werkstoffen 6,7 %. Hierin zeichnet sich eine Tendenzumkehr ab, die für den weiteren Übergang zur umfassenden Intensivierung von prinzipieller Bedeutung ist, denn die Steigerung der Arbeitsproduktivität selbst wird zukünftig immer mehr von der Einsparung an vergegenständlichter Arbeit bestimmt.

Aus den steigenden Aufwendungen für die Reproduktion einer gleichbleibenden Menge Rohstoffe und Energie ergibt sich eine weitere Konsequenz: Eine mengenmäßige oder natural-stoffliche Einsparung führt nur dann zu einer Steigerung der volkswirtschaftlichen Effektivität, wenn die tatsächlichen Aufwendungen je Erzeugnis- bzw. Gebrauchswerteinheit gesenkt wird.

Bis Anfang der 70er Jahre führte die mengenmäßige Senkung des Energie- und Rohstoffeinsatzes – insbesondere infolge der relativ geringen Preiserhöhung für Energie und Rohstoffe auf dem Weltmarkt – zu einer fast proportionalen kostenmäßigen Einsparung. Diese Situation hat sich bedeutend verändert. Mit der spürbaren Erhöhung der Industriepreise für Rohstoffe und Energieträger haben sich seit 1975 trotz der wesentlich höheren mengenmäßigen Einsparungsraten die spezifischen Kosten des Energie- und Rohstoffverbrauchs deutlich erhöht. Hieraus ergibt sich die Notwendigkeit, bei der Analyse und Planung der Effektivität nicht bei den stofflich-mengenmäßigen Einsparungen stehenzubleiben, sondern unter Zugrundelegung der Preisentwicklung die realen Kosten für den Rohstoff-, Energie- und Materialeinsatz in die Effektivitätsuntersuchungen einzubeziehen. Je höher die Preise für Energie und Rohstoffe klettern, desto mehr Energie und Rohstoffe sind einzusparen und desto größer müssen auch andere Einsparungseffekte sein, um diese Mehraufwendungen auszugleichen.

Veränderte Substitutionsbeziehungen

Die zukünftige Effektivitätsentwicklung wird durch wesentliche Veränderungen in den Substitutionsbeziehungen zwischen den Elementen des Reproduktionsprozesses bestimmt. Es verändern sich sowohl die Substitutionsbeziehungen zwischen den Produktions- und Wachstumsfaktoren – insbesondere zwischen Arbeitskräften, Arbeitsmitteln, Energie und Rohstoffen – als auch innerhalb der einzelnen Produktions- und Wachstumsfaktoren (zum Beispiel treten an die Stelle von Massenstählen höher veredelte Qualitätsstähle). Derartige Veränderungen ergeben sich einerseits aus den veränderten Bedingungen bei der Ressourcenreproduktion (geringes quantitatives Wachstum aller Ressourcen einschließlich Investitionen; steigende Aufwendungen für Rohstoffe und Energieträger, wobei die Preiserhöhung für die einzelnen Rohstoffarten und Energieträger sehr unterschiedlich verläuft) und andererseits aus dem größeren Effektivitäts- und Produktivitätspotential der auf der Mikroelektronik beruhenden Automatisierungs- und Informationstechnik und weiterer Hauptrichtungen der wissenschaftlich-technischen Revolution.

Bislang war für Substitutionsprozesse typisch, daß die Einsparung eines Produktionsfaktors im Ergebnis des Mehreinsatzes eines anderen Produktionsfaktors erfolgte. So führte die hierfür typische Substitution lebendiger Arbeit durch Maschinen (Grundfonds) und Energie in der Regel dazu, daß die von der Einsparung lebendiger Arbeit ausgehende Effektivitätserhöhung durch die Mehraufwendungen an vergegenständlichter Arbeit zumindest erheblich eingeschränkt wurden. Das kam unter anderem in der schnelleren Steigerung der Grundfondsausstattung der Arbeitskräfte gegenüber der Arbeitsproduktivität zum Ausdruck. Sie stieg in der Industrie von 1970 bis 1982 auf das 1,80fache gegenüber einem Zuwachs der Arbeitsproduktivität auf das 1,73fache.

Damit künftig Substitutionsprozesse vor allem mehr zur Gesamteffektivität beitragen, ist es notwendig, daß Substitutionsrichtungen wie die folgenden stärker in den Vordergrund treten:

– Die auf wissenschaftlich-technischem Fortschritt beruhende Substitution herkömmlicher Werkstoffe, Bauteile, Maschinen durch solche höherer Qualität, besserer technisch-ökonomischer Leistungsparameter, höherer Zuverlässigkeit, höherer zeitlicher Verfügbarkeit und längerer Lebensdauer abzulösen. Es geht also gewissermaßen um die Substitution von Quantität durch bessere Qualität.

– Die Substitution von Ressourcen, die nur eingeschränkt und mit stark wachsendem Aufwand reproduzierbar sind, durch solche, die beliebig oder leichter reproduzierbar sind oder sich infolge ihrer Umbewertung ökonomisch günstiger bereitstellen lassen. Hierzu gehört zum Beispiel der Ersatz von Primärrohstoffen durch Sekundärrohstoffe und von Erdöl/Heizöl durch Braunkohle. Eine perspektivisch äußerst wichtige Rolle spielen die auf der modernen Informationstechnik beruhenden Möglichkeiten, lebendige Arbeit, Material und Energie durch Information zu ersetzen. Information, ist sie erst einmal hervorgebracht und ist die erforderliche technische Basis für ihre Erfassung, Verarbeitung, Übertragung und Speicherung geschaffen, kann in beliebigem Ausmaß, von einer beliebigen Anzahl von Anwendern genutzt werden, ohne daß sie verbraucht wird. Die rationelle Kombination von Energie, Stoff und Information kann bei der künftigen Entwicklung des volkswirtschaftlichen Reproduktionsprozesses wesentlich zur Einsparung an lebendiger Arbeit, Material und Energie und damit zur Steigerung der Effektivität beitragen.

Wachsendes Gewicht der Qualität

Zur Schlüsselfrage volkswirtschaftlichen Effektivitätswachstums wird zunehmend die Qualitätserhöhung der Produktionsergebnisse infolge von Produkterneuerung und Strukturveränderungen. Langfristig ist sie der wichtigste Faktor, um das vorhandene Effektivitätspotential auf Dauer zu erhalten und systematisch zu vergrößern. „Qualitätsarbeit entscheidet mehr denn je über die ökonomische Effektivität. Qualität bedeutet, daß das Erzeugnis neueste wissenschaftlich-technische Erkenntnisse verkörpert und mit modernsten Technologien auf die produktivste Weise hergestellt worden ist.“[4]

Die notwendigen höheren Einsparungsraten für Energie und Rohstoffe können dauerhaft nur auf dem Wege bedeutender Fortschritte bei der Veredlung, vor allem durch die Verbesserung der Produktqualität und die Veränderungen der Produktionsstruktur zugunsten moderner, qualifikationsintensiver Erzeugnisse erreicht werden. Dabei ist stets darauf zu achten, daß eine bedeutende Qualitätserhöhung von Erzeugnissen auf Grundlage neuester wissenschaftlich-technischer Erkenntnisse sich auch in angemessener Weise im Export und in der produktiven und nichtproduktiven Konsumtion auszahlen muß.

Dem Zeitfaktor mehr Aufmerksamkeit widmen

Das Ausmaß der Effektivitätssteigerung in unserer Volkswirtschaft, das im Ergebnis umfassender Intensivierung erreicht wird, hängt immer stärker von der richtigen Wertung und Berücksichtigung des Zeitfaktors ab. So ist für die Effektivität der Volkswirtschaft nicht ohne Belang, „zu welchem Zeitpunkt ein neues Erzeugnis in die Produktion aufgenommen, eine neue Technologie wirksam, eine neue Kapazität in Betrieb genommen wird. Die Verkürzung dieser Perioden im Zyklus der intensiv erweiterten Reproduktion hat mindestens eine ebenso große Bedeutung für die Steigerung der Effektivität wie die Einsparung an Arbeitszeit selbst.“[5]

Worum es hier insbesondere geht, ist das höhere Tempo wissenschaftlich-technischer Neuerungsprozesse, um die in ihnen enthaltene „ausnahmsweise Produktivkraft“[6] für einen Effektivitätsgewinn zu nutzen. Sie beruht darauf, daß infolge der Anwendung effektiverer Produktionsmethoden oder eines zeitlichen Vorsprungs in der Erzeugnisentwicklung, der individuelle Wert unter den gesellschaftlichen oder der nationale unter den internationalen gesenkt wird und dadurch ein Extragewinn erzielt werden kann. Beim Export wird das in Zukunft in weitaus stärkerem – und auch extremerem – Maße als früher eine Rolle spielen. Praktische Erfahrungen bestätigen, daß die Erzeugniserneuerung an sich noch lange kein Garantieschein für höhere Erlöse und einen Effektivitätszuwachs ist. Trotz Gebrauchswertverbesserungen können Effektivitätsverluste auftreten, wenn das Tempo der Gebrauchswertverbesserung und der Aufwands- und Kostensenkung je Gebrauchswerteinheit, am internationalen Maßstab gemessen, nicht ausreicht. Man muß immer wieder betonen: Um in dem für unsere Volkswirtschaft notwendigen Ausmaß mit dem internationalen Tempo der Erneuerung der Erzeugnisse und des technologischen Fortschritts Schritt zu halten, ist es unerläßlich, der Forderung unserer Partei entsprechend „die Struktur unserer Ökonomie mit größerem Tempo zu verändern. Vor allem muß sie stärker als bisher von der modernen Wissenschaft und Technik bestimmt sein, die stürmisch fortschreiten. Forschungsergebnisse vorzuweisen, reicht nicht aus. In immer größerer Breite und Schnelligkeit gilt es vielmehr, die geistigen Resultate über neue Erzeugnisse und moderne Technologien ökonomisch wirksam zu machen ... Wir haben der zunehmenden Geschwindigkeit Rechnung zu tragen, mit der sich die internationalen Prozesse abspielen, sonst würden sie an uns vorbeilaufen.“[7]

Zusammenfassend seien zwei Schlußfolgerungen hervorgehoben: Es kommt erstens darauf an, die Bedingungen dafür zu analysieren und zielstrebig zu verbessern, daß das Effektivitätspotential ständig erhalten und erweitert wird, um seine kontinuierliche Reproduktion auf höherem Niveau und erweiterter Stufenleiter zu gewährleisten. Es geht immer um die intensiv erweiterte Reproduktion der gesellschaftlichen, wissenschaftlich-technischen und materiellen Bedingungen, damit das erreichte Effektivitätsniveau und die erzielten Effektivitätsfortschritte stabil reproduziert sowie kurz- und langfristige Effektivitätswirkungen richtig miteinander verbunden werden können.

Zweitens geht es darum, die Effektivität selbst unter dem Aspekt des Kreislaufs des Reproduktionsprozesses zu untersuchen. Das bedeutet, die Gesetzmäßigkeiten und die konkreten Prozesse der Effektivitätsentwicklung als untrennbare Bestandteile der intensiv erweiterten Reproduktion zu analysieren, die Entstehung der Effektivität, ihre Bewegung und Dynamik in der Zeit sowie ihre Verwendung für die Verwirklichung der sozialökonomischen Ziele des Sozialismus.

Bei all diesen Überlegungen zur künftigen Effektivitätsentwicklung geht es im Kern darum, entscheidende Voraussetzungen zu schaffen, um entsprechend den Beschlüssen unserer Partei die Hauptaufgabe in ihrer Einheit von Wirtschafts- und Sozialpolitik erfolgreich fortzuführen.

[1] 5. Tagung des ZK der SED, Mit Tatkraft und Zuversicht die vor uns liegenden Aufgaben zum Wohl des Volkes meistern, Aus dem Schlußwort des Genossen Erich Honecker, Berlin 1982, S. 23/24.

[2] E. Honecker, In kampferfüllter Zeit setzen wir den bewährten Kurs des X. Parteitages für Frieden und Sozialismus erfolgreich fort, 7. Tagung des ZK der SED, Berlin 1983, S. 30.

[3] Ebenda, S. 32.

[4] G. Mittag, Ökonomische Strategie der Partei – klares Konzept für weiteres Wachstum, Wirtschaftswissenschaftliche Konferenz der DDR im Karl-Marx-Jahr 1983 am 29. und 30. September 1983 in Berlin, Berlin 1983, S. 93.

[5] Ebenda, S. 82.

[6] K. Marx, Das Kapital, Erster Band, in: MEW, Bd. 23, Berlin 1962, S. 337.

[7] 4. Tagung des ZK der SED, Aus dem Schlußwort des Genossen Erich Honecker, Berlin 1982, S. 101.

H. Bachmann

Aufgaben für die wirtschaftswissenschaftliche Forschung und Praxis bei der Versorgung der Volkswirtschaft mit Roh- und Brennstoffen und deren rationellen Nutzung

Die sichere und möglichst kostengünstige Versorgung mit Roh- und Brennstoffen und deren effektive und rationelle Nutzung gehören zu den fundamentalen Voraussetzungen für das Funktionieren einer Volkswirtschaft. Das gilt in besonderem Maße für die wachstumsorientierte Volkswirtschaft der DDR, die bei der Versorgung mit primären Rohstoffen zu mehr als 50% auf Rohstoffimporte angewiesen ist. Günter Mittag hat in seiner Eröffnungsansprache anläßlich des Berg- und Hüttenmännischen Tages 1982 in Freiberg aus dieser Tatsache folgende Schlußfolgerung gezogen: „Wie eine industriell hochentwickelte Volkswirtschaft auf die neuen Bedingungen in der Rohstoffversorgung und die Rohstoffverteuerung reagiert, darin zeigt sich in hohem Maße überhaupt die Fähigkeit einer Gesellschaft, Gegenwart und Zukunft zu meistern."[1]

In den Beschlüssen des X. Parteitages und als Bestandteil der ökonomischen Strategie der SED sind für die langfristige Gestaltung unserer Energie- und Rohstoffwirtschaft drei Hauptwege vorgezeichnet:

1. Die umfassende, komplexe und verlustarme Nutzung der Lagerstätten einheimischer Roh- und Brennstoffe;
2. Die weitestgehende Wiederverwendung von Abfällen und Altstoffen des Produktions- und Konsumtionsprozesses als Sekundärrohstoffe;
3. Die Senkung der Energie- und Rohstoffintensität des Nationaleinkommens durch höhere Rohstoffveredlung, Substitution, Senkung der Verarbeitungs-, Transport-, Lager- und Anwendungsverluste u. a.

Alle Maßnahmen, die auf diesen drei Wegen in den letzten Jahren in Angriff genommen und realisiert wurden oder längerfristig geplant sind, stellen eine eindeutige Hinwendung zur Intensivierung auf dem Rohstoff- und Energiesektor dar. Auch bei der Gewinnung, Aufbereitung und Verarbeitung der Rohstoffe werden verstärkt die qualitativen Wachstumsfaktoren wirksam gemacht. Angesichts der gestiegenen Aufwendungen für Rohstoffimporte, der hohen Grundfondsintensität in der eigenen Montanindustrie, der ungünstigeren geologischen Lagerstättenbedingungen und der verringerten Qualität der bergbaulichen Förderung sind Wissenschaft, Technologie, Organisation und die ökonomisch effektive Gestaltung des Reproduktionsprozesses in der rohstoffgewinnenden und -verarbeitenden Industrie in hohem Maße gefordert, um die ungünstigeren natürlichen und außenwirtschaftlichen Reproduktionsbedingungen ökonomisch zu kompensieren.

In den Kombinaten und Betrieben der Grundstoffindustrie ist es in den vergangenen Jahren gelungen, das Aufkommen volkswirtschaftlich wichtiger Rohstoffe durch die verstärkte Nutzung einheimischer Lagerstätten beachtlich zu erhöhen. Im Braunkohlenbergbau der DDR konnte in den letzten Jahren außer dem Kapazitätsersatz ausgekohlter Felder die größte Fördersteigerung an Rohbraunkohle seit Jahrzehnten erzielt werden. Die Produktion von sogenannten Begleitrohstoffen aus den Braunkohlenlagerstätten wie Kies, Kiessande und Tone ist auf über 10 Mio t jährlich angewachsen. In der Kaliindustrie konnte die jährliche Produktion auf über 3,4 Mio t K_2O gesteigert werden. Durch den Kaliexport in 52 Länder der Erde trägt die Kaliindustrie wesentlich zu den Exporterlösen der Volkswirtschaft bei. Das Bergbau- und Hüttenkombinat „Albert Funk" konnte im Zinnerzbergbau durch die Entwicklung und Produktionsüberführung von Weltniveau bestimmenden Aufbereitungs- und Verhüttungstechnologien bei der Verarbeitung von Zinnerzen das Metallausbringen aus den Erzen im letzten Jahrzehnt um ein Drittel erhöhen. Durch komplexe Nutzung konnten im Flußspatbergbau der DDR internationale Spitzenwerte im Ausnutzungsgrad der Lagerstättenvorräte erzielt werden. Der Anteil von Sekundärrohstoffen am Gesamtaufkommen von metallischen und nichtmetallischen Rohstoffen, besonders von Papier und Glasflaschen, konnte durch die aktive Mitarbeit der Bevölkerung und durch die zielstrebige Arbeit der Kombinate Metallaufbereitung und Sekundärrohstoffe im vergangenen Jahr weiter erhöht werden. Das Gesamtaufkommen an Sekundärrohstoffen ist 1982 auf über 27 Mio t angewachsen und hat sich damit, wie Günter Mittag im Referat feststellen konnte, schneller entwickelt, als das Eigenaufkommen an mineralischen Rohstoffen insgesamt.

Durch die zielstrebige Arbeit in allen Bereichen der Volkswirtschaft konnte in den vergangenen Jahren auch der spezifische Verbrauch an Rohstoffen und Energie in einem solchen Maße gesenkt werden, daß die Zuwachsraten des produzierten Nationaleinkommens erstmalig höher waren als die des Produktionsverbrauchs.

Die Kombinate der Grundstoffindustrie besitzen die besten Voraussetzungen, um die Intensivierung bei der Gewinnung und Verarbeitung der Rohstoffe auf allen drei genannten Hauptwegen komplex durchzuführen. Der große Vorzug dieser Industriekombinate liegt in der vertikalen Zusammenfassung aller Produktionsstufen von der Rohstoffgewinnung über die ersten Verarbeitungsstufen bis hin zum Halbzeug und Halbfertigprodukt. Auf diese Weise können in diesen Wirtschaftseinheiten die Produktionselemente in der ökonomisch jeweils günstigsten Weise kombiniert werden. Die Kombinate der Grundstoffindustrie verfügen außerdem über ein hohes wissenschaftlich-technisches Potential, das sie in Zusammenarbeit mit Instituten der Akademie der Wissenschaften der DDR und den Hochschulen schwerpunktorientiert einsetzen können.

In der wirtschaftswissenschaftlichen Forschung und bei der volkswirtschaftlich effektiven Gestaltung des Reproduktionsprozesses bei der Gewinnung, höheren Veredlung und bei dem rationellen Einsatz von Roh- und Brennstoffen harrt eine Reihe neuer Fragen und Probleme einer Lösung, die nachfolgend an einigen Beispielen sichtbar gemacht werden sollen. In allen Fällen sind auf der Grundlage und mit den theoretisch gesicherten Erkenntnisse der marxistisch-leninistischen Ökonomie praktisch verwertbare Lösungen zu finden und in der Leitung und Planung zu realisieren, die geeignet sind, die volkswirtschaftlichen, betrieblichen und kollektiven Interessen ständig besser in Übereinstimmung zu bringen.

1. Bei der Rohstoffgewinnung durch den Bergbau entstehen aus unterschiedlichen Gründen Verluste an erkundeten Lagerstättenvorräten, die einer volkswirtschaftlichen Nutzung endgültig entzogen sind (sogenannte Abbau-, Gewinnungs- und Förderverluste). Ihre Höhe liegt in den verschiedenen Bergbauzweigen zwischen 15 und 60%. Da Rohstofflagerstätten den Bergbaubetrieben bisher mit Ausnahme der relativ geringen Aufwendungen für die geologische Detailerkundung praktisch als kostenloses Geschenk der Natur (des Staates) für die Rohstoffgewinnung zur Verfügung gestellt worden sind und technologische Maßnahmen des Bergbaubetriebes zur Senkung der Vorratsverluste in der Regel zu einer Kostenerhöhung führen, fehlen wirksame ökonomische Anreize zur vollständigen Gewinnung einer Lagerstätte. Über das damit verbundene Problem der ökonomischen Bewertung von Lagerstätten ist in den vergangenen Jahren ein lebhafter Meinungsstreit geführt worden. Die dabei gewonnenen Erkenntnisse haben bisher nur unzureichend zu notwendigen ökonomischen Regelungen geführt. Entsprechende Vorschläge liegen vor (Erhebung von Vorratsabgabe, Berücksichtigung in den Kennziffern für die Leistungsbewertung von Bergbaubetrieben und normative Verlustlimite).
2. Die rationelle und effektive Nutzung einheimischer Rohstoffe erfordert die Erhöhung der Qualität der Bergbauprodukte und ihre volkswirtschaftlich günstigste Verwendung. Trotz der durch die geologischen Bedingungen verursachten Qualitätsverringerung der bergbaulichen Rohförderung (z. B. sinkende Gehalte an Nutzkomponenten, Zunahme der Schadstoffgehalte), konnte in einigen Bergbauzweigen vor allem bei Exportrohstoffen wie bei Kalierzeugnissen und Flußspat eine beachtliche und international konkurrenzfähige Qualitätsverbesserung der Bergbauprodukte erzielt werden. Allerdings zahlt sich die Qualitätserhöhung für die Bergbaubetriebe ökonomisch noch unzureichend aus; in manchen Fällen können die Bergbaubetriebe bei Erzeugung mittlerer oder geringer Qualitäten infolge eines dadurch möglichen höheren Werkstoffausbringens ihre Gesamterlöse günstiger gestalten. Beim Inlandabsatz wird dieser Weg dann auch tatsächlich beschritten. Eine stärkere Differenzierung der qualitätsabhängigen Industrieabgabepreise würde für die Bergbaubetriebe als ökonomischer Anreiz zur Gebrauchswerterhöhung des Produktionssortimentes wirken. In stärkerem Maße sind auch bei der Preisbildung für Bergbauprodukte volkswirtschaftlich günstige Anwendereffekte zu berücksichtigen (Verringerung des Transportaufwandes, Einsparung von Grund- und Hilfsmaterial, bessere Kapazitätsausnutzung u. a.). Bei starken Schwankungen der Weltmarktpreise für Importrohstoffe, zum Beispiel der Rohstoffe für die Stahlveredlung, sollte außerdem geprüft werden, in welchem Maße durch eine flexible Festlegung der Industrieabgabepreise die Verarbeitungsbetriebe selbst zu einem flexiblen Rohstoffeinsatz stimuliert werden können.
Andererseits sind verschiedene Fälle bekannt, in denen für die Rohstoffverarbeitung auch niedrigere Qualitäten eingesetzt werden könnten, ohne daß dadurch eine Qualitätsminderung des Endprodukts eintritt (z. B. Glassande, Gießereisande, Betonzuschlagstoffe, mineralische Füllstoffe). Auf diese Weise könnten volkswirtschaftliche Einsparungen, zumindest aber die Verlängerung des Versorgungszeitraumes mit höherwertigen einheimischen Rohstoffen durch eine volkswirtschaftlich optimierte Rohstoffverwendung erzielt werden. Auch das ist offensichtlich eine Frage der Preisgestaltung und der fachlich qualifizierten Wahrnahme der Bilanzverantwortung.
3. Für die kostengünstige Versorgung der Bauwirtschaft mit schweren Zuschlagstoffen wie Kies, Kiessand und Splitt, von denen jährlich in der DDR weit über 100 Mio t gewonnen werden, ist folgender Zusammenhang von Bedeutung. Diese Rohstoffe – oft auch als Massenrohstoffe bezeichnet – zeichnen sich durch relativ niedrige Gewinnungskosten von 2–4 M/t aus, verursachen jedoch hohe Transportkosten vom Ort ihrer Gewinnung bis zum Verbraucher. Die spezifischen Transportkosten liegen 4- bis 5mal so hoch wie die Gewinnungskosten. Volkswirtschaftliches Kriterium für eine kostengünstige Versorgung muß in diesen Fällen die Summe aus Gewinnungs- und Transportkosten (Baueinstandskosten) sein. Bei Anwendung dieses Kriteriums – es könnte zum Beispiel in territorial differenzierten Preisen in der Form von Betriebsabgabepreisen widerspiegeln – *erweist sich die Nutzung auch kleiner Lagerstätten volkswirtschaftlich vorteilhaft,* die infolge ungünstiger geologischer Bedingungen höhere Gewinnungskosten verursachen als der einheitliche IAP zuläßt, aber wegen des Standortvorteils niedrigere Transportkosten bis zu den Hauptverbrauchern verursachen. Wie Untersuchungen zeigen, läßt sich der volkswirtschaftliche Gesamtaufwand durch solcherart Nutzung örtlicher Baustoffreserven spürbar senken. Seit Jahren liegen dazu an der Bergakademie Analysen und Aussagen vor, die bisher nur in Einzelfällen zu entsprechenden Entscheidungen in Leitung und Planung geführt haben.
4. Eine bisher m. E. noch nicht ausreichend theoretisch durchdrungene und für die Wirtschaftspraxis aufbereitete Problematik im Zusammenhang mit der Senkung des spezifischen Energie- und Rohstoffver-

brauchs ist die Ermittlung des Einsparungspotentials aus der Gegenüberstellung des Freisetzungs-Erweiterungsaufwandes für Rohstoffe.
Wie sind zum Beispiel die Niveaueffekte und die dynamischen Effekte von Substitutions- und Freisetzungsmaßnahmen für Rohstoffe bezüglich der einzelnen Elemente des Produktionsprozesses, vor allem des Arbeitskräfte-, Energie- und Investitionsaufwandes unter Berücksichtigung der voraussichtlichen Entwicklung der Importpreise und des Austauschverhältnisses im Außenhandel zu beurteilen und methodisch vergleichbar zu machen?
Für die volkswirtschaftlich effektive Lösung dieser wie auch der anderen genannten Probleme ergeben sich sehr komplexe wirtschaftswissenschaftliche Fragestellungen. Sie sind eine Herausforderung an die energie- und rohstoffökonomische Forschung, von der praktisch verwertbare Lösungen erwartet werden.

[1] G. Mittag, Weiterer Zuwachs der Produktion bei sinkenden Rohstoffen, 33. Berg- und Hüttenmännischer Tag, in: Die Wirtschaft, 1982, S. 4.

G. Schilling

Die zentrale staatliche Planung – die entscheidende Grundlage effektiver Wirtschaftsführung sozialistischer Kombinate

Die Verwirklichung der ökonomischen Strategie der Partei und damit die konsequente Umstellung der Wirtschaft auf dem Wege der intensiv erweiterten Reproduktion stellt an die Leitung, Planung und ökonomische Stimulierung höhere, vielfach qualitativ neue Anforderungen. Mit dem Beschluß des Politbüros des ZK der SED und des Ministerrates der DDR über „Maßnahmen zur weiteren Vervollkommnung der Leitung, Planung und wirtschaftlichen Rechnungsführung" vom 15.2.1983 bzw. 24.2.1983 wurde in dieser Hinsicht eine wichtige Etappe der weiteren Vervollkommnung der sozialistischen Planwirtschaft eingeleitet. Mit Konsequenz und Kontinuität wird unter Führung der Partei das System der planmäßigen Leitung der sozialistischen Volkswirtschaft entsprechend den sich veränderten Wirkungs- und Ausnutzungsbedingungen der ökonomischen Gesetze verändert und so neue Entfaltungsmöglichkeiten für die Produktivkräfte geschaffen.

Dabei werden die grundlegenden Wesensmerkmale der sozialistischen Planwirtschaft weiter ausgeprägt. Im besonderen gilt das für die Leitung und Wirtschaft durch den sozialistischen Staat unter Führung der Partei. Das ist nicht nur ein konstitutives Element der sozialistischen Planwirtschaft schlechthin, sondern der bedeutende Faktor seiner Überlegenheit über das kapitalistische Wirtschaftssystem.

Nur mittels der Leitung der Wirtschaft durch den sozialistischen Staat ist es möglich,

- eine einheitliche Leitung des vergesellschafteten Reproduktionsprozesses zu sichern und so die ökonomisch relativ selbständigen Kombinate und Betriebe zu einem einheitlichen Wirtschaftsorganismus zusammenzuschließen;
- die modernen Produktivkräfte mit höchstem volkswirtschaftlichem Effekt und ohne soziale Konflikte zur Wirkung zu bringen;
- die Proportionalität des volkswirtschaftlichen Reproduktionsprozesses bei gleichzeitigen progressiven Strukturveränderungen zu gewährleisten;
- für die einzelnen Kombinate und Betriebe volkswirtschaftlich begründete Entwicklungsziele und -bedingungen zu schaffen;
- die sozialistische Demokratie zu entfalten und die vielfältigen Aktivitäten und Initiativen der Werktätigen auf ein einheitliches Ziel auszurichten.

Diese Fakten immer wieder zu betonen, ist deshalb wichtig, weil der Gegner gerade auf dieses entscheidende sozialökonomische Wesensmerkmal des sozialistischen Wirtschaftssystems seine Angriffe richtet. Ohne auch nur im Ansatz einen Wahrheitsbeweis zu erbringen, postuliert er eine Unvereinbarkeit von Leitung der Wirtschaft durch den sozialistischen Staat und intensiv erweiterter Reproduktion. Bei dem in letzter Zeit verstärkt in Erscheinung tretenden Peter Robejšek liest sich das dann wie folgt: „Zum ersten ist die Zentralverwaltungswirtschaft (ZVW) denkbar schlecht dazu geeignet, ein Wirtschaftssystem aus dem Stadium des extensiven in das Stadium des intensiven Wachstums (das namentlich durch technologische Entwicklung getragen wird) überzuleiten. Die Planwirtschaft kann zwar in den frühen Industrialisierungsphasen brauchbar sein, aber in den entwickelten Volkswirtschaften wie der DDR erweist sie sich als untauglich, weil sie den Aufschwung blockiert."[1] (!)

Zumeist wird weiter behauptet, daß die zentrale Leitung und Planung die Entfaltung der Demokratie ausschließe und die Bedürfnisse der Menschen ignoriere. Als „Alternative" werden pseudo-sozialistische Wirtschaftsmodelle, wie die „sozialistische Marktwirtschaft" oder die anarcho-syndikalistische Selbstverwaltung der Produzenten" empfohlen. Und das, obwohl angesichts der Millionenarmee von Arbeitslosen, des rigorosen Sozialabbaus, der enormen Staatsverschuldung, der Strukturkrisen usw. tagtäglich für jedermann sichtbar die Unfähigkeit der kapitalistischen „Marktwirtschaft" (die es ihrem Wesen nach ohnehin gar nicht mehr ist) nachdrücklich bewiesen wird.

Natürlich ist bürgerlichen Ideologen die Wirksamkeit der sozialistischen Planwirtschaft im Grunde völlig gleichgültig. Ihre „Empfehlungen" zur „Verbesserung des sozialistischen Wirtschaftssystems" haben ein ganz anderes Ziel, was gelegentlich auch ausgesprochen wird, wie auch von dem bereits zitierten P. Robejšek: „Die Alternative wäre Dezentralisierung, Machtverzicht und folglich der Verlust der dominierenden Rolle der Kommunistischen Partei."[2] Es geht um die Beseitigung der Wesensgrundlagen und damit der Vorzüge und Triebkräfte des sozialistischen Wirtschaftssystems. Es geht um die Aushöhlung des Sozialismus überhaupt.

Im übrigen, viel Neues ist den „modernen Planwirtschaftskritikern" nicht eingefallen, denn es ist die alte Platte, die bereits die Alt-Liberalen wie W. Eucken, F. A. Hayek oder nach dem Kriege K. P. Hensel u. a. aufgelegt haben, die aber um keinen Jota an Wahrheit gewinnt, auch wenn sie noch so oft abgespielt wird.

Aber so sehr der Gegner auch spekuliert – das wurde erst kürzlich im Zusammenhang mit den Maßnahmen zur Vervollkommnung des Wirtschaftsmechanismus in der UdSSR deutlich – es wird keine Rückkehr zu irgendwelchen „marktwirtschaftlichen Modellen", keinen Abbau der zentralen staatlichen Leitung und Planung geben. Der Marxismus-Leninismus geht von der wichtigen

Gesetzmäßigkeit der gesellschaftlichen Entwicklung aus, daß die Vergesellschaftung der Produktion gesellschaftliche Produktionsverhältnisse erfordert und diese wiederum eine gesellschaftliche Leitung durch den sozialistischen Staat unerläßlich macht. Aus diesem Grunde ist und bleibt die zentrale staatliche Leitung und Planung – so wie es in dem bereits zitierten Beschluß zur Vervollkommnung der Leitung, Planung und wirtschaftlichen Rechnungsführung heißt – die entscheidende Grundlage sozialistischer Wirtschaftsführung.

Der Übergang auf den Weg der intensiv erweiterten Reproduktion stellt natürlich auch an die zentrale staatliche Leitung und Planung wesentlich höhere Anforderungen. Das hat Günter Mittag in seinem Referat auf unserer Konferenz deutlich gemacht. Die weitere Beschleunigung des wissenschaftlich-technischen Fortschritts und Erhöhung seiner ökonomischen Wirksamkeit, die grundlegende Veränderung des Verhältnisses von Ressourceneinsatz und Leistungswachstum, die bedeutenden Strukturveränderungen der Volkswirtschaft, die Vertiefung der Verflechtung zwischen den einzelnen Bereichen der Volkswirtschaft, die bedeutende Vertiefung der internationalen Arbeitsteilung und Kooperation im besonderen zwischen den Ländern des RGW u. a. m. erfordern eine weitere bedeutende Erhöhung des Niveaus und des Direktivcharakters der zentralen staatlichen Leitung und Planung. Neben der weiteren Vervollkommnung der Methoden und Instrumente der zentralen staatlichen Wirtschaftsleitung, insbesondere der Bilanzierung, ist vor allem ein noch höheres Maß an schöpferischer Arbeit notwendig, um die volkswirtschaftlich effektivste Variante der intensiv erweiterten Reproduktion ermitteln und verwirklichen zu können. Das ist zugleich die entscheidende Basis für die volkswirtschaftlich effektivste Entwicklung der einzelnen Kombinate.

Gleichermaßen bedeutungsvoll für die Funktionsfähigkeit der planmäßigen Leitung der sozialistischen Volkswirtschaft im besonderen beim Übergang auf die intensiv erweiterte Reproduktion, sind die Beziehungen zwischen der zentralen Wirtschaftsleitung und den Kombinaten nach den Erfordernissen des demokratischen Zentralismus. Mit den Kombinaten wurden günstigere Bedingungen geschaffen für die direkte Einbeziehung der wirtschaftenden Einheiten in die Ausarbeitung des Volkswirtschaftsplanes sowie für die Umsetzung gesellschaftlicher Anforderungen und Maßstäbe in den Kombinaten und Betrieben. Die Hauptmethode ist dabei die Planung. Große Bedeutung speziell für die Erschließung von Leistungsreserven kommt dem Leistungsvergleich zu. Entscheidenden Einfluß auf das Funktionieren der Beziehungen zwischen der Zentrale und den Kombinaten hat jedoch auch die Sicherung der konkreten Übereinstimmung der ökonomischen Interessen der Kombinate mit den gesellschaftlichen Interessen. Bereits Marx und auch Lenin haben bekanntlich auf die grundlegende Bedeutung der Interessen speziell für die ökonomische Entwicklung aufmerksam gemacht und vor einer Unterschätzung gewarnt. Der Verwirklichung des Grundsatzes: „Was für die Volkswirtschaft von Nutzen ist, das muß auch für die Kombinate und Betriebe von Vorteil sein!", die sich in der Praxis als wichtige Triebkraft erweist, gilt es deshalb große Aufmerksamkeit zu widmen. Bei Existenz von Warenproduktion sind die ökonomischen Interessen mit solchen Kategorien wie Preis, Kosten, Gewinn, Eigenerwirtschaftung der Fonds usw. zu verbinden. Sowohl die theoretischen Erkenntnisse als auch die praktischen Erfahrungen belegen eindeutig, daß diese Kategorien dann am wirkungsvollsten die ökonomischen Interessen der Kombinate und Betriebe auf gesamtgesellschaftliche Erfordernisse und damit auch auf die intensiv erweiterte Reproduktion ausrichten, wenn ihrem durch die ökonomischen Gesetze des Sozialismus begründeten Inhalt entsprochen wird, wenn in diesen Kategorien die gesellschaftlichen Verhältnisse real widergespiegelt werden. Konkret erfordert das eine weitgehende Angleichung der Preise an den Wert als wichtige Voraussetzung für die Widerspiegelung realer Aufwand-Energie-Verhältnisse.

Mit der Realisierung des bereits genannten Beschlusses werden in dieser Beziehung wesentliche Fortschritte erreicht. In der damit eingeschlagenen Richtung, der stärkeren Nutzung und Ausrichtung der ökonomischen Interessen der Kombinate und Betriebe zur konsequenten Intensivierung gilt es m. E., ganz im Sinne des Beschlusses der engeren Verbindung von Planung und wirtschaftlicher Rechnungsführung, weitere Überlegungen anzustellen. Es geht dabei vor allem um folgende Fragen:

1. Die noch konsequentere Ausrichtung der ökonomischen Interessen der Kombinate und Betriebe auf die volle Sicherung der Bedarfsgerechtheit der Produktion, die für die intensiv erweiterte Reproduktion grundlegende Bedeutung besitzt. Eine bedarfsgerechte Produktion erweist sich volkswirtschaftlich immer als die effektivste Produktion. Zweifellos ist dies eine komplexe Problematik und nicht allein durch diese oder jene Einzelmaßnahme zu realisieren, zumal es sich vorrangig um ein qualitatives Problem, um ein Problem des wissenschaftlich-technischen Niveaus der Erzeugnisse handelt. Es ist aber auch der Zustand noch nicht überwunden, daß Kombinate und Betriebe Erfordernisse einer vor allem sortimentsgerechten Produktion verletzen, ohne daß entsprechende ökonomische Konsequenzen wirksam werden.

2. Der Erhöhung der Rolle der Fondsrentabilität. Gegenwärtig werden eine Reihe Maßnahmen eingeleitet, um die Aussage- und Funktionsfähigkeit des Gewinns im System der Planung, wirtschaftlichen Rechnungsführung und Leistungsbewertung zu erhöhen. Muß nicht untersucht werden, ob nach Schaffung dieser Voraussetzungen der Fondsrentabilität, die die tatsächlichen Aufwand-Ergebnis-Verhältnisse (im Sinne des Gesamtaufwandes als laufender und einmaliger Aufwand) realer widerspiegelt, im Rahmen der Planung, wirtschaftlichen Rechnungsführung und Leistungsbewertung ganz im Interesse intensiv erweiterter Reproduktion ein höherer Stellenwert zukommt?

3. Der noch konsequenteren Anwendung von (internationalen) Bestwerten und ökonomischen Normativen im Rahmen der Planung, wirtschaftlichen Rechnungsführung und Leistungsbewertung. Auch hier

gibt es in letzter Zeit Fortschritte. Mir scheint nur, daß noch nicht alle Möglichkeiten ausgenutzt sind. Zweifellos repräsentiert der Plan die gesellschaftlichen Anforderungen an die einzelnen Wirtschaftseinheiten und stellt somit einen wichtigen Leistungsmaßstab dar. Es sollte m. E. aber weiter geprüft werden, ob durch die noch konsequentere Anwendung und Einbeziehung von (internationalen) Bestwerten und ökonomischen Normativen als absolute Leistungsmaßstäbe in den Wirkungsmechanismus der planmäßigen Wirtschaftsleitung verbunden mit entsprechenden ökonomischen Konsequenzen, die ökonomischen Interessen der Kombinate und Betriebe noch wirkungsvoller und zielgerichteter auf die Aufdeckung und Nutzung von Leistungsreserven und damit auf die Realisierung der volkswirtschaftlichen Erfordernisse der intensiv erweiterten Reproduktion ausgerichtet werden können.

[1] P. Robejšek, Ineffizienz als Herrschaftsinstrument? in: Deutschland-Archiv, 1/1983, S. 38/39.

[2] Ebenda.

L. Hummel

Forschungsaufgaben zur verstärkten Nutzung des qualitativen Potentials an Arbeitsvermögen

In den Beschlüssen der SED – speziell im Zusammenhang mit der Orientierung auf eine verstärkte Steigerung der Arbeitsproduktivität – wurde den Fragen der weiteren Entwicklung und Nutzung der Fonds an lebendiger Arbeit gerade in letzter Zeit große Aufmerksamkeit geschenkt.

Auch in der gemeinsamen Direktive des Politbüros des ZK der SED, des Ministerrates und des Bundesvorstandes des FDGB zur Ausarbeitung des Volkswirtschaftsplanes 1984 wird im Zusammenhang mit der Orientierung auf die konsequente Verwirklichung der Wirtschaftsstrategie „die volle Nutzung des gesellschaftlichen Arbeitsvermögens, die Erhöhung der Arbeitsdisziplin und die Einsparung von Arbeitsplätzen mit Hilfe der Schwedter Initiative" betont. Im Vergleich zu vergangenen Jahren, wo ein wichtiger Schwerpunkt der Leistungstätigkeit darauf lag, die erforderliche Zahl an Arbeitskräften in der Volkswirtschaft zum Einsatz zu bringen und Investitionsschwerpunkte abzusichern, erhöht sich mit der intensiv erweiterten Reproduktion die Forderung an Leitung und Planung den qualitativen Aspekten des gesellschaftlichen Arbeitsvermögens größere Aufmerksamkeit zu schenken.

Günter Mittag betonte an verschiedenen Stellen das Gewicht, welches der Nutzung des gesellschaftlichen Arbeitsvermögens im Rahmen der qualitativen Faktoren des Wirtschaftswachstums zukommt.

Vor allem im Zusammenhang mit der sozialistischen Rationalisierung nach dem Schwedter Beispiel wurden in den Kombinaten bedeutende Reserven auf diesem Gebiet erschlossen.

Hohe Anforderungen stehen jedoch auch vor den Wirtschaftswissenschaftlern, diese Erfahrungen zu verallgemeinern und den Kombinaten zu helfen, sie unter ihren spezifischen Bedingungen anzuwenden.

Zugleich erwachsen neue Aufgaben für Forschung und Lehre. Ich möchte hierzu einige Überlegungen unterbreiten.

Analysiert man die Konsequenzen, die die Intensivierung an die Leitung auf dem Gebiet der lebendigen Arbeit stellt, dann kommt man zum Schluß, daß vor allem zwei Fragen wachsendes Gewicht erhalten:

1. die planmäßige Lenkung des Arbeitsvermögens auf die zweiglichen und territorialen Schwerpunkte der wirtschaftlichen Entwicklung und die damit zusammenhängende Bewältigung der Anforderungen an die Planung. Es wachsen die Anforderungen an langfristige Vorausschau der notwendigen Entwicklung des gesellschaftlichen Arbeitsvermögens, besonders die konzeptionelle Beherrschung der Ausbildung, der Lenkung und Qualifizierung der Werktätigen zur Lösung volkswirtschaftlicher Ziele. Und das unter den Bedingungen einer diskontinuierlichen Bevölkerungsentwicklung in den kommenden Jahren;
2. die zunehmende Erschließung der qualitativen Potenzen des Arbeitsvermögens in den Kombinaten und Betrieben selbst und zwar so, daß den wachsenden Forderungen der ökonomischen Strategie Rechnung getragen, daß eine höhere Effektivität und Flexibilität der Betriebe, deren Reaktionsfähigkeit auf Leistungserfordernisse, auf Fondsauslastung usw. gewährleistet werden.

Die zweite Aufgabenstellung ist also auf die qualitative Nutzung des bereits zum Einsatz kommenden Arbeitsvermögens im Kombinat, im Betrieb, am Arbeitsplatz und im Arbeitsprozeß gerichtet. Aus der Sicht der Leitung von Kollektiven sind zur Erschließung von Leistungsressourcen vor allem zu beachten:

1. der Einsatz der Hoch- und Fachschulkader aller Ausbildungsrichtungen;
2. die Wirksamkeit der Leiter, wobei die unmittelbaren Leiter von Kollektiven, vom Themenleiter bis zum Meister, größere Aufmerksamkeit verdienen;
3. die Nutzung des Qualifikationspotentials der Facharbeiter einschließlich der Wirkung auf höhere Disponibilität und Fondsauslastung gerade durch qualifikations- und berufsgerechten Einsatz;
4. die Erhöhung der Leistungsbereitschaft und die Nutzung solcher Vorzüge wie Stammbelegschaften, Leistungsvergleich und Wettbewerbsführung, materielle und moralische Stimulierung, sowie Qualifizierung im Arbeitsprozeß in konsequenter Fortsetzung der Ausbildung.

In welcher Richtung sind einige Konsequenzen hinsichtlich der Forschung zu ziehen?

Bisherige Analysen zum Einsatz des gesellschaftlichen Arbeitsvermögens hatten mitunter zu stark das Arbeitsvermögen „an sich" zum Gegenstand. Also: berufsgerechter Einsatz, qualifikationsgerechter Einsatz, anteilige Nutzung der Arbeitszeit, Methoden der Gewinnung von Arbeitskräften und ähnliches. Mehr aber muß von der ökonomischen Wirksamkeit, von dem ökonomischen Ziel des Einsatzes des Arbeitsvermögens ausgegangen werden. Das gilt besonders für den Wiedereinsatz der Arbeitskräfte zur Lösung neuer Aufgaben.

Gerade das größere Gewicht, das wir auf die Nettoproduktion und Nettogewinn legen sowie die Einführung des Beitrages für gesellschaftliche Fonds zwingen in der Forschung dazu, die Wirkung des gesellschaftlichen Arbeitsvermögens auf wichtige Leistungskennziffern der Kombinate und Betriebe gründlich zu analysieren und, ausgehend von diesen ökonomischen Erfordernissen, den Einsatz des gesellschaftlichen Arbeitsvermögens strenger bezogen auf ökonomische Leistungskennziffern zu planen und zu organisieren. Erfolgreiche Kombinate gehen mehr und mehr dazu über, von diesem Endziel her die entsprechende Struktur, den Einsatz, die Qualifizierung und Stimulierung des Arbeitsvermögens zu gestalten. Untersuchungen und Aussprachen in jüngster Zeit belegen, daß die Kombinate und Betriebe intensiv daran arbeiten, wie die Kennziffer Nettoproduktion beispielsweise unmittelbarer motivierend auf die Leistungsvorgaben der Arbeitskollektive zur Anwendung kommen kann.

Die Betriebe brauchen dabei unsere Unterstützung, wie diese im starken Maße betriebliche Kennziffer umzusetzen ist auf die Meisterbereiche, Brigaden und Arbeitsplätze.

Es ist herauszuarbeiten, welche Kennziffernvorgaben, beispielsweise unter Nutzung der Erfahrungen mit dem Haushaltsbuch, für die Zielstellungen im Wettbewerb genutzt werden können, deren Erfüllung dann unmittelbarer auf die Nettoproduktion orientiert. Das gilt nicht nur für Kennziffern der Kostensenkung, sondern auch für qualitative hochwertige lebendige Arbeit und deren Nutzeffekt, das gilt für Fondsausnutzung durch lebendige Arbeit und reicht bis zur Anwendung von Lohnformen, die diese Leistungen wirksam stimulieren.

Oder nehmen wir zum Beispiel den Nachweis der Nutzung eingesparter Arbeitsstunden. Eingesparte Arbeitsstunden müssen in jedem Falle ihren Ausdruck in einer erhöhten Arbeitsproduktivität finden. Entweder, indem Arbeitsplätze eingespart und Arbeitskräfte für neue Aufgaben gewonnen werden oder, indem die freigewordene Zeit am gegebenen Arbeitsplatz oder im Rahmen des jeweiligen Arbeitskollektivs anderseitig und produktiver verwendet wird, d.h. eine Produktionssteigerung eintritt.

Einem Großteil der durch WAO und wissenschaftlich-technische Maßnahmen ausgewiesenen Arbeitszeiteinsparung steht jedoch häufig keine ausreichende Effektivitätsrechnung gegenüber. Ergebnisse der Arbeitszeiteinsparung gehen in die allgemeine Leistungsentwicklung des Betriebes ein und sind ökonomisch nicht gesondert ausweisbar.

Dabei handelt es sich aber um erhebliche Größenordnungen. 1981 wurden 480 Mio Std., 1982 509 Mio Std. und 1983 wurden 590 Mio Std. Arbeitszeit eingespart.

Ihre Gesamtsumme entspräche etwa dem Arbeitsfonds von über 800000 Werktätigen. Mitunter aber kann nur bis zu 50 und 60% die produktive Wiederverwendung dieser gewonnenen Arbeitszeit durch Produktivitätskennziffern nachgewiesen werden.

Hinzu aber kommt, daß der fehlende Nachweis über die Details der Arbeitszeiteinsparung und deren Wiederverwendung wichtige Möglichkeiten für den Leistungsvergleich im Einsatz des Arbeitsvermögens unerschlossen läßt.

Bewährt hat sich, wenn in Betrieben von Anfang an durch den Leistungsvergleich im Einsatz des Arbeitsvermögens wichtige Möglichkeiten der Arbeitszeiteinsparung erschlossen werden.

Bewährt hat sich auch, wenn in Betrieben das ökonomische Ziel der Arbeitszeiteinsparung ausgewiesen und danach auch abgerechnet wird. Also: objektbezogene Arbeitszeiteinsparung und zwar

- zum Zwecke der Gewinnung und Nutzung zusätzlicher Leistungskapazitäten.
- zum Zwecke der Einsparung von Arbeitsplätzen,
- zum Zwecke der Gewinnung von Arbeitskräften für die Lösung vorherbestimmter zusätzlicher Aufgaben usw.

Diese Forderung nach stärkerer Zielbestimmung des Einsatzes von gewonnenem Arbeitsvermögen wird beispielsweise auch durch die Tatsache erhärtet, daß gegenwärtig etwa nur 10% der aus Leitung und Verwaltung gewonnenen Kader in den Bereichen der Produktionsvorbereitung zum Einsatz kommen. Das entspricht weder den Möglichkeiten ihres Einsatzes (natürlich unter Beachtung notwendiger Weiterbildung) noch den Erfordernissen der Leistungssteigerung in Forschung und Entwicklung, der Produktionsleitung und Organisation, der Überleitung neuer Erzeugnisse und technologischer Verfahren in die Produktion.

Für die qualitative Nutzung des Arbeitsvermögens sind auch wichtige Kennzahlen im Leistungsvergleich heranzuziehen. So gibt es beispielsweise zwischen Bergbaubetrieben Unterschiede, die auch bei wachsender Gesamtzahl der Arbeitskräfte – setzt man diese ins Verhältnis zum Wachstum der industriellen Warenproduktion – auf erhebliche unterschiedliche Leistungen des Arbeitsvermögens hindeuten. Ins Verhältnis zum Wachstum der industriellen Warenproduktion gesetzt, betrug 1982 das Verhältnis wachsende Zahl der Arbeitskräfte zu Erhöhung der Warenproduktion im Mansfeld-Kombinat 1:28, im Kalibergbau 1:7,5 und in den Braunkohlebetrieben 1:2,0. Sicher liegen dem auch eine Reihe objektiver Ursachen zugrunde, aber solche Kennzahlen sind stets Signale und sollten zum Ausgangspunkt für tiefergehende Forschungen und planmäßige Veränderungen genommen werden. Sie sind eine Quelle zur Aufdeckung von Leistungsreserven in Richtung auf hohe Ökonomie im Einsatz der lebendigen Arbeit.

Wesentlich zur Unterstützung der Leitung bei Entscheidungen zur Strukturierung des Arbeitsvermögens tragen in den Betrieben die Effektivitätsrechnungen bei.

Sie sind so zu gestalten, daß daraus ökonomisch begründete Leitungsschlußfolgerungen für die Rationalisierung und eine Umverteilung der Arbeitskräfte gezogen werden können. Großteils wird der Nutzen der Umverteilung, der Nutzen aus veränderten Einsatzstrukturen z. Z. nicht berücksichtigt. Das gehört aber m. E. dazu, um alle Aspekte in das Kosten-Nutzen-Verhältnis einzubeziehen und das ökonomische Herangehen an die Einsparung von Arbeitsplätzen zu verstärken.

Enge Zusammenarbeit bestehen zwischen höherer Flexibilität, besserer Auslastung der Grundfonds durch Schichtarbeit, neuen Erzeugnissen bzw. Verfahren, dem Qualifikationspotential und der Einsatzbereitschaft der Werktätigen:

- Erhöhte Flexibilität der Betriebe beispielsweise, d.h. schnelleres Reagieren auf Kundenwünsche oder die Umstellung auf neue Erzeugnisse und Verfahren sind ohne Disponibilität des Arbeitsvermögens nicht möglich.

Höhere Disponibilität setzt aber höhere Qualifikation, engere Bindung an den Betrieb, bewußtseinsmäßige Einstellung auf wechselnde Erfordernisse, ja selbst arbeitsrechtliche Festlegungen voraus.

- Erhöhte Auslastung der Grundfonds erfordert sowohl einen verstärkten Einsatz von Werktätigen in der Schichtarbeit, als auch die Erhöhung von Mechanisierungsgrad und Automatisierungsgrad und die Bewältigung der damit zusammenhängenden Aufgaben im Einsatz der Arbeitskräfte, wie das der Robotereinsatz zeigt.
- Der Aufbau neuer Fertigungsbereiche wie Rationalisierungsmittelbau, der Einsatz und die Wartung von mikroelektronischen Steuerungen, die Neuaufnahme der Produktion von Konsumgütern usw. stellen erhöhte Anforderungen an die Gestaltung der qualitativen Struktur der in diesen Bereichen neu zum Einsatz kommenden Werktätigen.

All diese Fragestellungen eröffnen der Forschung, speziell auf dem Gebiet der Leitung des Arbeitsvermögens, ein breites Feld. Sie machen vor allem die wirksame Vermittlung von Leitungserfahrungen zu einer wichtigen Aufgabe.

Einige Gedanken zum Einsatz der Hoch- und Fachschulkader. Es gibt eine Vielzahl von sehr wertvollen soziologischen Studien über Leistungsvoraussetzungen und Leistungsverhalten von Angehörigen des ingenieurtechnischen Personals, speziell auch von Absolventen. Ich verweise u. a. auf den Artikel von Adler/Winzer in der Einheit Nr. 5/83. Alle Studien dieser Art stellen übereinstimmend folgende Faktoren fest, die eine entsprechende Rolle bei der Nutzung des Leistungspotentials in der Leitungstätigkeit spielen:

- das Niveau der Forderungen, die Aufgabenstellung
- die vorhandene Qualifikation
- die Leistungsbereitschaft
- die kadermäßige Zusammenarbeit
- das Niveau der Organisation
- die materiell-technische Ausgestaltung
- Kooperationsvermögen und Kooperationsbereitschaft.

In einer Reihe von Betrieben ist festzustellen, daß solche Studien zwar Motive und Meinungen aufdecken, sie auch von der Leitung registriert, aber noch zu wenig in kontrollierbare Leitungsaktivitäten umgesetzt werden. Bei anderen dagegen wurden Erfolge dadurch erzielt, daß die gesamte Palette von Motiven und deren Umschlag in Verhalten, die gesamte Palette von Bedingungen und ihrer Wirkung auf aktives Handeln systematisch jenen Fachgebieten zugeordnet wurde, die im Betrieb als Leitungsfunktionen Verantwortung für die Umsetzung tragen.

In diesen Betrieben wird exakt festgelegt:

- welche Aufgaben der ökonomische Direktor auf dem Gebiet der Stimulierung zu lösen hat,
- wie die Qualifizierung durch den Direktionsbereich Kader und Bildung erfolgt,
- wie der Bereich Beschaffung und Absatz Einfluß auf die Motivierung der Kader nimmt,
- welche guten Erfahrungen verbindlicher in den Kombinaten durch den Direktor für Wissenschaft und Technik in der Leitung von Forschungskollektiven umzusetzen sind.

Konsequenzen sind auch für die Nutzung des Potentials an ökonomischen Kadern zu ziehen.

Das muß einhergehen mit Veränderungen in der Ausbildung als einheitlicher, sich gegenseitig beeinflussender Prozeß.

Mit Recht orientieren wir in der Arbeit zur Erhöhung der Wirksamkeit von Hoch- und Fachschulkadern schwerpunktmäßig auf die naturwissenschaftlich-technischen Kader. Sie bilden in der Tat das entscheidende Potential zur Verwirklichung des wissenschaftlich-technischen Fortschritts. Aber die gesamte Effektivität und Produktivität der Arbeit unserer Kombinate und Betriebe wird nicht von einzelnen Bereichen bestimmt, sondern ist das Ergebnis der kombinierten Tätigkeit vieler Fachrichtungen. Gerade die ökonomische Wirksamkeit von Wissenschaft und Technik verlangt auch die Frage aufzuwerfen, wie neben dem wissenschaftlich-technischen Potential das ökonomische Potential an Hoch- und Fachschulkadern zur Wirkung gelangt.

Wir sollten also als Ökonomen auf dem Gebiet der Kaderarbeit auch die Forschung in eigener Sache nicht vernachlässigen.

Im Vergleich zu den Analysen über die Wirksamkeit der Kader in Forschung und Entwicklung sind beispielsweise unsere Aussagen über die Wirksamkeit der großen Zahl von Ökonomen aber auch der Soziologen und Psychologen m. E. noch zu gering. Das gilt z. B.:

1. In bezug auf die Handhabung moderner Erkenntnisse und Methoden des eigenen Fachgebietes in der konkreten praktischen Anwendung, in der Ausübung der Funktion als Planer, als Analytiker, als Betriebswirtschaftler, als Arbeitsökonom usw. Dabei besteht auch hier das Ziel, den Aufwand an ökonomischer Arbeit mit einer geringeren Zahl an Kräften, aber qualifizierter zu bewältigen.
2. In der Verschärfung der Anforderungen an die eigene ständige Qualifizierung, um sowohl das Fachgebiet als auch angrenzende Gebiete besser zu überschauen – die Betriebsökonomie insgesamt zum Gradmesser des Handelns zu machen, in höherem Maße kooperationsfähig zu sein.
3. In einer engeren unmittelbaren Zusammenarbeit mit den naturwissenschaftlich-technischen Kadern in den Bereichen der Produktionsvorbereitung. Oftmals wird von der Notwendigkeit einer engen Kooperation der Techniker mit Mathematikern, Physikern, Psychologen usw. gesprochen. Können wir aber schon mit der Kooperation von wissenschaftlich-technischen Kadern und Ökonomen zufrieden sein?

Die Erhöhung der ökonomischen Wirksamkeit von Wissenschaft und Technik verlangt, verstärkt ökonomische Kader in den Bereichen der Produktionsvorbereitung speziell von Forschung und Entwicklung, Konstruktion, Projektierung, aber auch der Technologie einzusetzen und von den Ökonomen sind mehr technische Kenntnisse im Rahmen dieser Tätigkeit zu fordern. Unbefriedigend ist auch die Nutzung der umfassenden mathematischen Kenntnisse, die die Ökonomen aus der Ausbildung mitbringen.

Untersuchungen in einem Kombinat der Elektrotechnik/Elektronik ergaben z. B., daß im Bereich Forschung und Entwicklung Ökonomen in starkem Maße verantwortlich sind für die Planung, Abrechnung und Organisation von Verteidigungen des Planes Wissenschaft und Technik, spezieller Staatsaufträge, der dazu notwendigen organisatorischen Abstimmungen mit den verschiedenen staatlichen Organen und ähnlichem. Verstärkt werden muß dagegen die Wirksamkeit der Ökonomen in der unmittelbaren Zusammenarbeit mit den Forschungs- und Entwicklungskollektiven in den einzelnen Phasen der Forschungsarbeit, ihr unmittelbarer Anteil an der Ausarbeitung von Pflichtenheften usw. Gute Ergebnisse wurden dort erzielt, wo in verstärktem Maße Ökonomen für Aufwands- und Ergebnisrechnungen, für Preiskalkulationen, für ökonomische Variantenvergleiche bei Erzeugnissen und Verfahren, und auch als „Ideenbringer" für die ökonomische Nutzbarmachung neuer wissenschaftlich-technischer Erkenntnisse wirksam wurden.

Weitere Aspekte der verstärkten Nutzung qualitativer Faktoren des Arbeitsvermögens lassen sich für

- das Neuererwesen
- die Nutzung der Vorzüge von Stammbelegschaften
- die Entwicklung sozialistischer Kollektive und ihrer inneren Organisation der Arbeit, für die Gemeinschaftsarbeit
- die Leitungstätigkeit unmittelbarer Leiter von Kollektiven ableiten, um nur einige zu nennen, die der Forschung wesentliche Aufgaben stellen, um zur Erschließung von Leistungsreserven beizutragen.

Ich glaube in dieser Richtung sollten verstärkt unsere Überlegungen gehen, um mit der Forschung dazu beizutragen, daß die vorhandenen Potentiale an Arbeitsvermögen verstärkt entsprechend den Erfordernissen der Intensivierung zum Tragen kommen.

U. Gabler

Einige Erfahrungen bei der Gestaltung effektiver Produktions- und Exportprogramme in Industriekombinaten

Die Durchsetzung der ökonomischen Strategie der SED in den 80er Jahren, insbesondere der umfassende Übergang zum Typ der intensiv erweiterten Reproduktion, stellen neue Anforderungen an die Gestaltung der Produktions- und Exportprogramme in den Industriekombinaten und werfen einige Fragen auf, die beantwortet werden müssen.

Zum Beispiel:

Entspricht dieses Sortiment neuen Exporterfordernissen, fördert es die schnelle und breite Durchsetzung des wissenschaftlich-technischen Fortschritts, ist es mit der bestehenden technologischen Basis bei begrenzten, knappen und verteuerten Ressourcen überhaupt weiter produzierbar? Als Beitrag zur weiteren Vervollkommnung der volkswirtschaftlichen Produktionsstruktur werden zurecht von den Kombinaten entsprechende Analysen, Konzeptionen und vor allem bewertete Alternativen zu den Produktions- und Exportsortimenten erwartet.

Der volkswirtschaftlich erforderliche Leistungs- und Effektivitätszuwachs wird immer weniger durch bloße Sortimentsverschiebungen erreicht. Aber auch ein hoher Anteil wertmäßig erneuerter Produktion ist dafür kein Garant. Der beschleunigte Anlauf neuer Erzeugnisse reicht nicht aus, wenn diese Erzeugnisse nicht rationell herstellbar, nicht in ein exportfähiges und rentables Sortiment eingebettet sind, ihr Markt nicht aufbereitet ist, gestiegene Gebrauchseigenschaften vom Käufer nicht anerkannt werden, d.h., Effektivitätsziele nicht erreicht werden.

Es ist keine Hypothese mehr, sondern längst bestätigte Erfahrung, daß die bedarfs- und marktgerechte Erneuerung des Produktionsprogramms so zu vollziehen ist, daß die Vorzüge des einheitlichen Reproduktionsprozesses im Kombinat *ökonomisch* genutzt werden und das gesamte Produktionsprogramm des Kombinates einen höheren Anteil exportfähiger und exportrentabler Erzeugnisse und Sortimente aufweist. An dem dazu erforderlichen strategischen Konzept wird in allen Kombinaten gearbeitet.

Bekannt sind die zu meisternden Hauptrichtungen des wissenschaftlich-technischen Fortschritts in der Volkswirtschaft. Die Kombinate kennen die Effektivitätsansprüche und wichtigen Ressourcenbegrenzungen und die existierende internationale Arbeitsteilung mit sozialistischen Ländern und deren Weiterentwicklung. Das Herangehen der Kombinate an die Gestaltung ihrer Produktions- und Exportprogramme ist geprägt durch die ökonomische Strategie der Partei, die volkswirtschaftlichen Ziele und Bedingungen und die Wachstums- und Strukturprobleme, die im Kombinat zu bewältigen sind.

Ich möchte zu drei Problemen sprechen, *1.* zum Studium der Anwendererfordernisse, *2.* zur Nutzung von Ähnlichkeiten zwischen neuen Erzeugnissen oder neuen Sortimenten und der laufenden Produktion und *3.* zur Gestaltung von Exportsortimenten.

Zum ersten Problemkreis:

Für viele Kombinate ist die Analyse der heutigen und zukünftigen Anwendererfordernisse von größter Bedeutung.

Diese Analyse ist so differenziert durchzuführen, wie das der Bedarfsdeckung im Inland und den Exportabsichten entspricht. Es ist unerläßlich zu wissen, ob die Hauptanwender auf Produktivitätssteigerung im Rahmen ihrer bestehenden Technologie orientieren, oder ob sich technologische Umschläge abzeichnen. Wird der Export in verschiedene Länder und Länderbereiche angestrebt, wächst die Verschiedenheit der genutzten Technologien. Wie schnell vollzieht sich die Automatisierung bei den verschiedenen Anwendern auf verschiedenen Märkten, welcher Wandel im Bedarf tritt auf und wie stark ist die internationale Konkurrenz? Wenn es so ist, daß der Anwender nicht einfach „ersetzen“ will, sondern selbst erneuert, also „Innovationen“ durchsetzen will, benötigt er nicht schlechthin neue Erzeugnisse, sondern will sein Problem gelöst wissen. Problemlösungen mit entsprechender Hard- und Software werden erwartet. Eine Sortimentsgestaltung durch Innovationen setzt wesentlich bessere Problemkenntnis bei den Anwendern voraus. Es ist immer wieder zu überprüfen, ob uns bekannte Anwendererfordernisse zukunftsträchtig bleiben oder ob sie weginnoviert oder wegrationalisiert werden.

Dieses Wissen wird mit den verfügbaren naturwissenschaftlich-technischen und ökonomischen Lösungen für die Erneuerung des Produktionsprogramms untersetzt. Werden die veränderten Anwendererfordernisse am besten über neue einzelne Erzeugnisse befriedigt, oder über Erzeugnissysteme – oder bedarf es beim Hersteller eines Generationswechsels?

Der Rang, den die Analyse der Anwendererfordernisse für die Erneuerung des Produktionsprogramms hat, ist nicht in allen Kombinaten und nicht für alle Erzeugnisse gleich. Das hängt vor allem davon ab,

- ob sich die Erzeugnisgruppe international in der Phase ihrer Ausprägung, ihres Wachstums oder ihrer Sättigung befindet,
- wie wissenschaftsintensiv die Produktion und die Anwendung dieser Erzeugnisse ist,
- ob es sich um eine international stark spezialisierte

Produktion für ein Land oder für verschiedene Exportländer handelt.

Um einige Extreme zu nennen:

1. Für Erzeugnisse des wissenschaftlichen Gerätebaues, die sich international in der Wachstumsphase befinden, sind die Anwendererfordernisse auf das Engste mit den neuen Lösungen der Mikroelektronik und Automatisierung verknüpft. Ohne Erforschung der Anwendererfordernisse und den verfügbaren wissenschaftlich-technischen Lösungsvorrat keine tragfähigen Neuerungen, kein Export!
2. Für Erzeugnisse des Landmaschinenbaues, die hochgradig spezialisiert und dominierend in die UdSSR exportiert werden, ist die Spezifik der Anwendererfordernisse und Kundenwünsche entscheidend dafür, ob und in welcher Rangfolge das Produktionssortiment erneuert wird.
3. Die Produktion von Handwerkzeugen vollzieht sich international in der Sättigungsphase. Neuerungen beziehen sich weniger auf neue Erzeugnisse oder Sortimente, sondern auf bessere Gebrauchseigenschaften der Erzeugnisse (höhere Standzeiten) und die Rationalisierung und Automatisierung ihrer Produktion. Hierzu bedarf es technologischer und produktionsorganisatorischer Neuerungen, die gleichzeitig material- und energieökonomisch sind.

Wird für Themenentscheidungen in Forschung und Entwicklung der Wandel der Anwendererfordernisse nicht gründlich und alternativ untersucht, weil das natürlich aufwendig ist, vieler Informationen und hoher Kreativität bedarf, um Sättigungseffekte oder qualitative Umschläge oder Marktchancen aufzuspüren, besteht die Gefahr von Pseudoinnovationen. So ist eine Arbeitsweise gekennzeichnet, die statt der Anwendererfordernisse das Erzeugnis und seine weitere Vervollkommnung oder Leistungssteigerung zum Ausgangspunkt nimmt. Das führt zwangsläufig zu Weiter- und Nachentwicklungen, zu einem zeitlichen Zuspätkommen auf internationalen Märkten und zu ökonomischen Verlusten. Zu ökonomischen Verlusten deshalb, weil geringe Stückzahlen und kleine jährliche Stückzahlsteigerungen nicht zu Kostensenkungen führen und der Rückfluß des gesamten einmaligen Aufwandes gefährdet ist, weil niedrige Exportpreise und Exporterlöse erzielt werden.[1] Sind die Anwendererfordernisse ausreichend sicher erforscht, ist mit der wissenschaftlich-technischen Aufgabenstellung der Lösungsweg zu konzipieren. Er soll eine Erneuerung des Produktionsprogramms mit hoher ökonomischer Effektivität bewirken. Es genügt m. E. nicht zu fordern, daß die laufende Produktion so effektiv sein muß, daß sie den erhöhten Aufwand aus dem Anlauf neuer Erzeugnisse mit trägt bzw. kompensiert.

Damit ist ein zweiter Problemkreis genannt.

Wie, auf welchem Wege ist für das gesamte Produktionsprogramm ein hoher Effektivitätszuwachs erreichbar? Wie sind Kostensenkungen erreichbar, wenn kein technologischer Wandel vollzogen wird und wenn das Gesetz der großen Serie nicht nutzbar ist?

Sie sind erreichbar durch die bewußte Nutzung von „Ähnlichkeiten“, von Ähnlichkeiten des Neuen zu existierenden Strukturelementen und Potentialen.

1. Liegt eine neue wissenschaftlich-technische Lösung vor, ist deren multivalente Nutzung zu prüfen. Es kann sich dabei um ein neues Funktionsprinzip handeln oder um einen neuen Lösungsweg, sie kann eine konstruktive und technologisch optimierte Lösung darstellen oder sich auf die Optimierung einzelner Parameter beschränken. Für welche anderen Erzeugnisse oder Verfahren läßt sich dieses Resultat nutzen? Die Suche nach multivalenter Nutzung erstreckt sich auf Produktionsmittel. Die Mehrfachnutzung durch ein breites Spektrum verschiedener Sortimentspositionen gestattet eine schnelle ökonomische Verwertung der FE-Leistung und ermöglicht den Rückfluß der FE- und Investitionsaufwendungen.

2. Die Erneuerung des Produktionsprogramms erfolgt unter Nutzung der konstruktiven und technologischen Ähnlichkeit zum laufenden Produktionssortiment und den beherrschten Technologien. Eine hohe konstruktive und technologische Ähnlichkeit des Einzelteile- und Baugruppensortimentes schafft über die Produktion in wirtschaftlichen Losgrößen Voraussetzungen für eine Kostensenkung, wenn die entsprechende Organisation und Steuerung der Produktion beherrscht wird.
Das Streben nach hoher konstruktiver und technologischer Ähnlichkeit behindert Neuerungen nicht. Es soll gewährleisten, daß auch aus ökonomischer Sicht entschieden wird, ob es neuer Originale (Einzelteile oder Baugruppen) bedarf, z. B. welche Gebrauchswertsteigerung damit im Verhältnis zur Kostensteigerung auftritt, ob damit der Sprung in eine neue Qualität vorbereitet wird, wie z. B. konstruktive und technologische Überarbeitung eines ganzen Sortimentes für die automatisierte Fertigung oder wie schnell die neue Lösung innerhalb der Erzeugnisgruppe wiederverwendbar ist.

3. Die Erneuerung des Produktionsprogramms ist daraufhin zu überprüfen, ob sie eine vollständige oder verbesserte Material- und Energienutzung erwarten läßt, welche Lösungen für ein wirtschaftliches Recycling und für bestehende Umweltprobleme existieren. Ökonomische Effekte sind sinkende Material- und Energieverluste, verringerter Transportaufwand, geringere Belastungen für Infrastruktur und Umwelt.

4. Erfolgt die Erneuerung unter Nutzung der anwendungsseitigen Ähnlichkeit? Es ist zu prüfen, ob die neuen Erzeugnisse solo oder kombiniert mit Erzeugnissen der laufenden Produktion auf den bereits bearbeiteten Märkten von traditionellen Anwendern gekauft werden. Eine hohe anwendungsseitige Ähnlichkeit, d. h., bekannter Markt, bekannte Käufer, gutes Rufbild, Markenerzeugnisse, existierende Service- und Kundendiensteinrichtungen mindern das Risiko der Markteinführung. Das sind gute Startbedingungen für eine beabsichtigte Erweiterung der Exportmärkte und Kundenkreise. Es können Referenzen vorgelegt werden.

Die hohen Exportverpflichtungen der Kombinate initiieren direkt Neuerungen für bearbeitete Märkte und bekannte Kundenkreise. Über diesen Weg lassen sich höhere Marktanteile erreichen.

Auch Entscheidungen der Produktionsverlagerung zwischen Kombinatsbetrieben und Betriebsteilen und Anlaufentscheidungen für neue Erzeugnisse und Verfahren sollten nicht nur nach dem Kriterium frei verfügbar oder freilenkbarer Produktionskapazität getroffen werden, sondern ein hohes Maß an Ähnlichkeiten anstreben. Das erleichtert die leitungsmäßige Beherrschbarkeit des Reproduktionsprozesses und bietet neue Möglichkeiten zur Effektivitätssteigerung und befähigt zu schneller Reaktion auf Störungen.

Zum 3. Komplex:

Mit der Gestaltung des Produktionsprogramms ist zugleich das Exportprogramm betroffen. Die verschiedenen Aktivitäten der Sortimentsgestaltung sind auf die Erhöhung der Effektivität des Exports gerichtet. Für viele Kombinate bedeutet das, ein solches Exportprogramm zu konzipieren und zu realisieren, das wachsende Exportvolumen, eine schnell steigende Rentabilität und hohe Valutaeinnahmen sichert.

Untersuchungen in verschiedenen Kombinaten und Außenhandelsbetrieben (AHB) zeigten sehr verschiedene Beziehungen, auch widersprüchliche, zwischen der Entwicklung von Exportvolumen, Rentabilität und Zahlungszielen.

Hier sollen nur zwei solcher Zusammenhänge genannt sein:

1. Erzeugnisse/Erzeugnisgruppen mit gering gestiegenem Exportvolumen weisen höhere Exportrentabilitäten auf, (meist) ohne Einfluß auf den Zeitpunkt der Valutaeinnahmen.
2. Erzeugnisse/Erzeugnisgruppen mit gestiegenem Exportvolumen weisen (meist) keine verbesserte Exportrentabilität bei verlängerten Zahlungszielen auf.

Diese Beziehungen werden durch vielfältige Prozesse und Strukturen beeinflußt, wie beispielsweise der Valutapreisbildung, der äußeren Absatzorganisation.

Hier interessiert der Einfluß der Sortimentsgestaltung. Den Exporterfordernissen und der verschärften Konkurrenz wird nicht mehr durch die Zuordnung von Erzeugnis-Land entsprochen.

Warum ist das so? Volumensteigerungen über den Export von Einzelerzeugnissen sind Grenzen gesetzt, oft sehr enge. Ebenso dem Verkauf an anonyme Kunden oder einen traditionellen Anwenderkreis. Einzelne Spitzenleistungen ermöglichen gestiegene Exporterlöse, eine Steigerung der Exportrentabilität in der Einführungsphase, oft nicht auf Dauer und meist nicht in großem Volumen. Die Komplexität und Differenziertheit der Anwendererfordernisse nimmt zu. Wie lange bleibt eine Bedarfsdeckung über einzelne Erzeugnisse relevant, wann führt eine Funktionsintegration von Einzelerzeugnissen zu Systemlösungen?

Die speziellen Anwendererfordernisse verschiedener Kundenkreise in verschiedenen Ländern sind deshalb so aufzubereiten, daß sich das Exportprogramm strukturieren läßt nach

- Erzeugnissen–Ländern–Kunden und nach
- Erzeugnissen–Sortimenten–Ländern–Kunden.

Während mit dem Verkauf von Einzelerzeugnissen geringe Volumina mit kurzen oder durchschnittlichen Zahlungszielen realisiert werden, führt der Export von Sortimenten, z. B. als Komplexgeschäfte oder Anlagen zu einem hohen Volumen bei langen Zahlungszielen und oft höherer Exportrentabilität.

Vorzugsvarianten für das Exportsortiment sind demzufolge nicht isoliert ableitbar aus entweder nur Exportsteigerungsraten oder einem Vergleich der Exportrentabilität oder aus der Verfügbarkeit der Valutamittel.

Erfolgreiche Aktivitäten zur Gestaltung der Produktions- und Exportprogramme sind dadurch gekennzeichnet, daß es gelingt, wirtschaftliches Wachstum und Steigerung der ökonomischen Effektivität immer wieder durch eine zielgerichtete Proportionierung der Sortimentspositionen und der zugehörigen Potentiale im Absatz/Export, in der Produktion und in Forschung und Entwicklung zu erreichen, z. B.

- über Spitzenleistungen für einen ausgewählten Anwenderkreis, die der schnellen bedarfs- und konkurrenzgerechten Erneuerung unterliegen, hohe Exporterlöse und eine hohe Rentabilität sichern;
- über die Erneuerung und Pflege eines Sortimentes, dessen Erzeugnisse als weltweit absatzfähig gelten, mit dem Volumenssteigerungen bei durchschnittlichen Zahlungszielen möglich sind;
- durch die Kopplung des Exports von Spitzenleistungen mit einem traditionellen Sortiment, das funktionell und technologisch bei den Anwendern paßfähig ist, hohes Volumen mit tendenziell längeren Zahlungszielen beinhaltet;
- durch die Schaffung stabiler Exportsortimente, durch die Erneuerung von Erzeugnissen in verschiedenen Leistungsklassen für verschiedene Anwendererfordernisse oder durch entsprechendes Zubehör und Ergänzungseinrichtungen, mit steigendem Volumen und wachsender Rentabilität;
- durch Kombination der Hardware mit neuer Software und weiteren Kundendienstleistungen;
- durch Relationen zwischen Einzelexport (als Zulieferungen, Konsumgüter, Produktionsmittel) Komplexgeschäften, Anlagenexport und dem Export immaterieller Leistungen.

Ein klares strategisches Konzept zu den Verhaltensweisen in der Sortimentsgestaltung und der Exportrealisierung ist um so wichtiger, als die Kombinate ihre Zielstellungen bei zunehmender Preis-, Qualitäts- und Innovationskonkurrenz verwirklichen müssen. Kapitalistische Konzerne forcieren in den letzten Jahren die strategische Unternehmensplanung zum Zwecke der „Krisenbewältigung“, „Risikominderung“ und als „Frühwarnsystem“. Eine Richtung der strategischen Unternehmensplanung, die Portfolio-Planung, nutzen die Konzerne zu einer differenzierten Strategienbildung für alle Bestandteile ihres Sortimentes. Kriterien der Differenzierung sind die Entwicklungschancen der Produkte oder Produktgruppen für ein Marktwachstum und für höhere Marktanteile.

Forschungs- und Investitionsmittel konzentrieren sich auf die Stars unter den Produkten/Produktionsgruppen, d. h., hoher Marktanteil und zu erwartendes hohes Marktwachstum fallen zusammen. Das ökonomische und politische Machtstreben der Konzerne verschärft den Kampf um sogenannte Wachstumsmärkte und Marktanteile. Wachstumsmärkte werden nur durch Innovationen erschlossen, bei hoher Marktsegmentierung und entwickeltem internationalem Marketing.

Der Kampf der Konzerne um höhere Marktanteile heißt stets Verdrängungskonkurrenz auf den Märkten mit allen Mitteln und Formen, die dafür zu Gebote stehen.

Auch diese Kenntnisse zu den Strategien und Praktiken führender Konkurrenzfirmen müssen bei operativen Sortimentsentscheidungen, in der Jahresplanung und in der langfristig konzeptionellen Arbeit vorliegen und mit bedacht werden.

Das ist Bestandteil der Herausforderung, von der E. Honecker auf der 5. Tagung des ZK sagte: „Der harte Konkurrenzkampf auf dem kapitalistischen Markt ist auch ein Ansporn."[2]

[1] Diese Problematik untersuchten H. Nick und K. Steinitz. Vgl. Wirtschaftswissenschaft, 11/1982.

[2] 5. Tagung des ZK der SED, Mit Tatkraft und Zuversicht die vor uns liegenden Aufgaben zum Wohl des Volkes meistern, Aus dem Schlußwort des Genossen Erich Honecker, Berlin 1982, S. 23.

R. Loos

Effektive Kooperationsbeziehungen zwischen Konsumgüterproduktion und Handel – ein wichtiger Aspekt der Einstellung der Wirtschaftsleitung auf die intensiv erweiterte Reproduktion

Im Referat der Konferenz wurde erneut die vom Generalsekretär des ZK hervorgehobene gesellschaftspolitische und volkswirtschaftliche Bedeutung der Konsumgüterproduktion in der Gesamtheit der ökonomischen Strategie der SED betont. Sie ist bekanntlich vor allem in drei Richtungen zu erkennen:[1]

- Hinsichtlich des Beitrages zur weiteren Verbesserung der Lebenslage der Menschen,
- hinsichtlich der vollen Wirksamkeit des Leistungsprinzips in der Volkswirtschaft und
- hinsichtlich wichtiger Aspekte der volkswirtschaftlichen Proportionalität, der Übereinstimmung zwischen der Entwicklung der Geldeinnahmen der Bevölkerung und damit ihrem Kauffonds und des Warenangebots.

Unter all diesen Gesichtspunkten spielt die Strukturentwicklung im Warenangebot, das Verhältnis von Nahrungsgütern und Industriewaren im Einzelhandelsumsatz und speziell bei letzterem die beschleunigte Entwicklung gefragter qualitativ hochwertiger industrieller Konsumgüter eine zentrale Rolle.

Günter Mittag orientierte zugleich darauf, bei der komplexen Beherrschung der Reproduktion generell der Realisierungsphase und damit der Ware-Geld-Beziehungen erhöhte Aufmerksamkeit zu widmen:

> „Solange der Austausch Ware–Geld nicht vollzogen ist, solange ist die hergestellte Ware weder für das Kombinat noch für die Volkswirtschaft ökonomisch im Sinne eines echten Beitrages zur Erhöhung des Nationaleinkommens wirksam.“[2]

Im Grunde genommen ist damit an Theorie und Praxis der Wirtschaftsleitung der Auftrag erteilt, den sozialistischen Konsumgüterbinnenmarkt planmäßiger zu gestalten und effizienter zu beherrschen – und zwar mit den der sozialistischen Planwirtschaft wesenseigenen Vorzügen, Möglichkeiten und Methoden. Jede mehr oder weniger gelungene bzw. verbrämte Kopie des kapitalistischen Markt-Konkurrenz-Mechanismus ist kompromißlos auszuschließen. Dem von G. Schilling hierzu in der Diskussion geäußerten Standpunkt ist voll zuzustimmen. Es gibt keinen anderen Weg, als die staatliche Leitung und Planung der Wirtschaft auch in dieser Hinsicht zu qualifizieren. Dies kompromißlos zu betonen und zu realisieren, schließt aber ebenso konsequent die Verpflichtung für die ökonomische Wissenschaft ein, rascher die der sozialistischen Planwirtschaft eigenen, effizienten Formen und Methoden gemeinsam mit der Leitungspraxis zu vervollkommnen, um die Realisierungsphase speziell bei Konsumgütern mit hoher Effektivität zu gestalten. Insbesondere gilt es, die objektiven Ware-Geld-Beziehungen auf dem Konsumgüterbinnenmarkt im Interesse der intensiv erweiterten Reproduktion gezielter zu nutzen, auf der Grundlage des zentralen staatlichen Planes – in der Einheit von materieller und finanzieller Planung – und zur Sicherung der volkswirtschaftlich notwendigen Proportionen. Auch und gerade hier spielt die Veredlung eine wesentliche Rolle. Sie ist eine entscheidende Voraussetzung, um in Einheit mit einem hohen Gebrauchswert der Konsumgüter, den wissenschaftlich-technischen Fortschritt direkt für die Versorgung der Bevölkerung und so für die Verbesserung ihrer Lebenslage zu materialisieren als auch einen überdurchschnittlichen Wertzuwachs zu realisieren. Dies ist ein spezifischer Effekt für die Verbesserung der Aufwands-Ergebnis-Relation, für das produzierende Kombinat wie für die Volkswirtschaft. Es ist ein wichtiger Beitrag, um das Leistungsprinzip umfassender wirksam zu machen. Davon geht zugleich – wenn wir diese objektiven, ökonomisch komplizierten Realisierungsbedingungen richtig beherrschen – eine weitere, indirekte Wirkung auf das Ausnutzen der Ware-Geld-Beziehungen bei Konsumgütern zur Intensivierung der Reproduktion aus: Das sichtbar wachsende Angebot neuer bzw. weiterentwickelter, gefragter industrieller Konsumgüter von hoher Qualität und Formschönheit, mit höherem Gebrauchswert und Wert kann und muß einen aktiven Einfluß auf die Veränderung der Bedarfsstruktur und damit den Einsatz der Kauffonds der Bevölkerung ausüben. In Einheit mit einem bedarfsgerechten, stabilen Angebot im Grundbedarf bei Nahrungs- und Genußmitteln muß so das tendenzielle Zurückbleiben des Anteils industrieller Erzeugnisse am Einzelhandelsumsatz – das doch gleichbedeutend ist mit einem tendenziellen Ansteigen des Anteils der Nahrungs- und Genußmittel – umgekehrt werden. Das dies zugleich ökonomische Bedeutung für die Verwendung des Nationaleinkommens wie gesundheitliche Bedeutung hat, braucht hier nicht betont zu werden.

Dieser gewissermaßen doppelte Effekt für die intensiv erweiterte Reproduktion tritt aber nur dann im gewollten Umfange und dauerhaft ein, wenn zwei zwingende Erfordernisse gesichert sind:

- Die Innovation im Konsumgütersektor muß sich auf reale Bedürfnisse der Menschen unter unseren Bedingungen zum Zeitpunkt der Markteinführung orientieren. Nur dann befriedigt das neue Produkt stabil den Bedarf bzw. erzeugt seinen eigenen volkswirtschaftlich gewollten Bedarf und realisiert so Kaufkraft und damit Wertzuwachs für die Volkswirtschaft.
- Gebrauchswertzuwachs und volkswirtschaftlich zugemessener Wertzuwachs müssen am konkreten Konsumgut in Einklang stehen und zugleich mit der plan-

29/8716

mäßigen Entwicklung des Kauffonds und dessen erkennbarer bzw. volkswirtschaftlich gewollter Struktur harmonieren.

Die Marxsche Erkenntnis, daß eine Ware sich auf dem Markt bewähren muß, gilt zwar für den sozialistischen Konsumgüterbinnenmarkt in völlig anderer Weise als für Lieferungen der Kombinate auf dem kapitalistischen Außenmarkt – aber sie gilt. Gerade die Besonderheit des sozialistischen Konsumgüterbinnenmarktes, daß die objektiven Ware-Geld-Beziehungen auf der Grundlage und in Realisierung des Volkswirtschaftsplanes, in gewollten volkswirtschaftlichen Proportionen sich vollziehen, stellt generell hohe Forderungen an das planmäßige Gestalten und Beherrschen der Dialektik von Bedarf, kaufkräftiger Nachfrage, Gebrauchswert und Wert bzw. Preis. Diese Anforderungen an Theorie und Praxis der sozialistischen Wirtschaftsleitung erlangen aber mit dem objektiven Zwang zur allseitigen Intensivierung der Reproduktion, aller ihrer Phasen, eine neue Qualität.

Selbstverständlich ist damit primär die Verantwortung der Industriekombinate angesprochen. Ein wichtiger Aspekt der Vorzüge der Kombinate ist ja ihre direktere Verbindung mit dem Markt. Aber:

In aller Regel können die Industriekombinate diese ihre Verbindung zum Konsumgüterbinnenmarkt nur über den bzw. vermittels des Konsumgüterbinnenhandels rationell und praktikabel realisieren. Der Konsumgüterbinnenhandel ist umfassend und zugleich auf spezifische Weise an der intensiv erweiterten Reproduktion der Volkswirtschaft beteiligt. Die Spezifik ergibt sich aus seiner Stellung in der Zirkulation und damit seiner volkswirtschaftlichen Funktion: Der planmäßigen Verbindung und aktiven Vermittlung zwischen Produktion und Konsumtion von Konsumgütern, in der Einheit von stofflicher, wertmäßiger und informationeller Verbindung und Vermittlung. Wir haben die Schlußfolgerung gezogen, daß in Realisierung des Beschlusses des Politbüros des ZK der SED und des Ministerrates der DDR vom Februar 1983 „Maßnahmen zur weiteren Vervollkommnung der Leitung, Planung und wirtschaftlichen Rechnungsführung" die Grundfrage für die Orientierung der Wirtschaftsleitung im Handel auf die Erfordernisse der intensiv erweiterten Reproduktion der Volkswirtschaft darin besteht, sie konsequent auf jene volkswirtschaftlichen Anforderungen einzustellen, die mit der planmäßigen Organisation der Kette „Produktion – Warenumschlag – Versorgung der Bevölkerung (lies: bedarfsgerechte Bereitstellung der Waren zur Konsumtion)" und der entschiedenen Verbesserung der Aufwands-Ergebnis-Relation in dieser volkswirtschaftlichen Kette verbunden sind. Das umfaßt die ganze Spannweite von der langfristigen, strategischen Konzipierung bis zur operativen, reaktionsschnellen Beherrschung der Umschlags- und Realisierungsbedingungen der Konsumgüter. Es ist einzuschätzen, daß erhebliche volkswirtschaftliche Reserven insbesondere an den Nahtstellen zwischen Produktion und Großhandel, aber auch im Handel selbst, zu erschließen sind.

Fazit:

Die objektiven Ware-Geld-Beziehungen auf dem Konsumgüterbinnenmarkt mit den der sozialistischen Planwirtschaft eigenen Mitteln und Möglichkeiten effizienter und planmäßig zu gestalten, erfordert, unter anderem – auf der Grundlage und zur Realisierung der mittels des zentralen staatlichen Planes entschiedenen und bilanzierten Proportionen – die Art und Weise der Verbindung der Industriekombinate mit dem Konsumgüterbinnenmarkt unter Nutzung der volkswirtschaftlichen Potenzen des sozialistischen Binnenhandels prinzipiell zu qualifizieren.

Das qualitativ Neue in Realisierung des genannten Beschlusses besteht offensichtlich darin, diese Kooperationsbeziehungen so auszugestalten, daß sie tatsächlich als das erfaßt und organisiert werden, was sie doch objektiv ökonomisch darstellen: Spezifische Reproduktionskreisläufe; d. h. Teil-Kreisläufe der Reproduktion in einem bestimmten Konsumgüterbereich, in denen ein oder mehrere Industriekombinate und Handelsorgane kooperativ zusammenwirken. Selbstverständlich haben sie nicht den gleichen Charakter wie der relativ geschlossene Reproduktionsprozeß eines Industriekombinates. Aber in bezug auf die organische Einbeziehung der Zirkulationsphase in die Beherrschung des Reproduktionskreislaufes sind sie komplexer. Sie werden volkswirtschaftlich zunehmend bedeutsamer. Es braucht hier sicher nicht bewiesen zu werden, daß die Verbindung der Industriekombinate mit dem Konsumgüterbinnenmarkt – im Vergleich zu ihrer auch ökonomisch unmittelbaren Verbindung mit den Außenmärkten – indirekter Natur ist. Der Abschluß des Reproduktionsprozesses eines Industriekombinats bei Verkauf der Ware an den Konsumgüterbinnenhandel ist volkswirtschaftlich betrachtet nur vorläufig. Die Gesellschaft kreditiert gewissermaßen den Produzenten den Gegenwert W' – und damit den geschaffenen Wertzuwachs – im Vertrauen darauf, daß seine Produkte sich auf dem Konsumgüterbinnenmarkt bewähren, d. h. letztendlich planmäßig und verlustlos im Übergang in die Konsumtion realisiert werden. Dabei ist der planmäßige verlustlose Vollzug des Warenumschlags durch den Binnenhandel vorausgesetzt.

Aus einer Vielzahl unterschiedlicher Gründe ist eine unmittelbare Verbindung der Industriekombinate mit dem Konsumgütermarkt weder theoretisch noch praktisch zu bejahen bzw. zu realisieren. Die Vorteile eines institutionell verselbständigten Trägers der Zirkulation in der Realisierungsphase hat Karl Marx nachgewiesen.[3] Es geht also darum, zur vollen Einstellung der Wirtschaftsleitung auf die Anforderungen der intensiv erweiterten Reproduktion eine in *wesentlichen Aspekten neue Qualität der Kooperationsbeziehungen* Produktion – Handel durchzusetzen, die im Endergebnis zu einer möglichst direkten Verbindung mit den Erfordernissen des Konsumgüterbinnenmarktes führen, *vermittelt durch den Handel aber* ohne die eigene Verantwortung der Industriekombinate einzuschränken.

Die Leitlinie muß dabei sein, die gesellschaftlich gemeinsame Verantwortung für die Befriedigung des Bedarfs der Bevölkerung und die Intensivierung der Reproduktion durch eine verbindlich organisierte Gemeinschaftsarbeit – bei harmonisierten ökonomischen Interessen – von der konzeptionellen Vorbereitung der Sortimentserneuerung über das Sichern des wissenschaftlich-technischen Niveaus und der bedarfsgerechten effektiven Produktion der Konsumgüter, eines volkswirtschaftlich rationellen Vertriebs bzw. Warenumschlags und einer verlustlosen Realisierung der geschaffenen Werte, bis zur niveauvollen Versorgung der Bevölkerung einschließlich garantierter Service- und Ersatzteilleistungen, stabil wahrzunehmen.

Auf den 4. Handelswissenschaftlichen Tagen – deren Träger unser Institut war – wurden zur Realisierung dieser objektiven Anforderungen vor allem vier Wege als entscheidend für das Erreichen dieser neuen Qualität herausgearbeitet:[4]

a) Die entschiedene Qualifizierung der Zusammenarbeit bei der Markt- und Bedarfsforschung auf dem Binnenmarkt, um die Kooperation in höchstmöglichem Maße inhaltlich zu objektivieren;
b) die gemeinsame langfristige konzeptionelle Arbeit, um Komplexität und Zeithorizont der Kooperation zu entwickeln;
c) die Entwicklung der Auftragsproduktion, beginnend bei geeigneten Erzeugnissen im Exquisit- und Delikatprogramm, um den sozialistischen Konsumgüterbinnenmarkt konkreter zu gestalten, die Kombinate direkter mit dessen Erfordernissen zu verbinden;
d) die ökonomische Fundierung der Interessen aller Partner an einer effektiven Kooperation durch entsprechende Ausgestaltung und konsequente, übergreifende Anwendung ökonomischer Stimuli der wirtschaftlichen Rechnungsführung.

Ich möchte zu den beiden ersten Wegen einige weiterführende Gedanken äußern. Zur Problematik der Auftragsproduktion haben, ausgehend von ersten positiven Erfahrungen, Entwicklungsarbeiten begonnen. Hierzu können noch keine Verallgemeinerungen dargestellt werden. Zur stärkeren Ausnutzung der ökonomischen Stimuli sind im Beschluß über „Maßnahmen zur weiteren Vervollkommnung der Leitung, Planung und wirtschaftlichen Rechnungsführung" weitreichende Orientierungen und Antworten gegeben. Sie werden aber zweifellos in der Realisierung weitere Fragen aufwerfen, die spezielle Untersuchungen und Forschungsarbeiten notwendig machen.

Zu a):

In diesem Zusammenhang haben 2 Probleme zentrale Bedeutung: der gemeinsame Bedarfsstandpunkt und die Anerkennung und Behandlung des Bedarfs der Bevölkerung als objektive ökonomische Größe im Planungsprozeß aller Beteiligten.

Ergebnis der verbindlich organisierten, koordinierten Arbeiten zur Markt- und Bedarfsforschung zwischen Industriekombinaten und zentralen wirtschaftsleitenden Organen des Großhandels muß ein gemeinsamer Bedarfsstandpunkt sein, der gleichermaßen der konzeptionellen Arbeit und der Planung in der Industrie, im Handel und in den territorialen Staatsorganen zugrunde gelegt wird. Dies gilt für alle wichtigen Parameter des Bedarfs, um möglichst sichere Ausgangsgrößen für die Entwicklung der Erzeugnisse, der Sortimentsstruktur usw. zu erlangen. Dabei ist hier größere Sicherheit nicht zu verwechseln mit Unveränderlichkeit der prognostizierten Bedarfsgrößen.

Die Dynamik der ökonomischen und sozialen Entwicklung (und damit der den Bedarf beeinflussenden Faktoren) verlangt vielmehr, die Bedarfsentwicklung in Toleranzen einzuschätzen und die Aussagen zu künftigen Bedarfsgrößen iterativ in der Zusammenarbeit zu präzisieren, bis zu konkreten Planentscheidungen. Jede Planentscheidung zur Produktion für den Binnenmarkt – beginnend bei entsprechenden Bilanzentscheidungen – ist zugleich Bedarfsdeckungsentscheidung. Das verlangt, in der Zusammenarbeit Produktion–Handel den Bedarf real einzuschätzen, die eingeschätzten Größen Schritt für Schritt zu präzisieren, sie in jeder Phase der konzeptionellen Arbeit bzw. der Planung den Deckungsmöglichkeiten gegenüber zu stellen und offene Größen exakt auszuweisen. Auf keinen Fall darf „gemeinsamer Bedarfsstandpunkt" so verstanden werden, daß beispielsweise die Sortimentskonzeptionen einseitig von (vermeintlichen) Möglichkeiten der Industrie zur Befriedigung des Bedarfs ausgegangen wird. Es hat vor allem für die Markteinführung neuer Erzeugnisse ausschlaggebende Bedeutung, daß ein aus volkswirtschaftlich zwingenden Gründen (zur Zeit) noch nicht zu befriedigender Bedarf gewissermaßen als „offener Bilanzposten" ständig im Blickfeld der Leitung und Planung verbleibt. Das ist wesentlich für die Realisierung der Versorgungspolitik der Partei, in der Einheit von ökonomischer und politisch-sozialer Zielstellung.

Zu b):

Die langfristige, strategisch orientierte konzeptionelle Arbeit – fußend auf einer entschieden höheren Qualität der gemeinsamen bzw. koordinierten Markt- und Bedarfsforschung – hat für die Sicherung einer vorausschauend bedarfsgerechten, effektiven Produktion und Versorgung der Bevölkerung bei Konsumgütern zentrale Bedeutung. Sie ist folglich eine der Hauptfragen einer höheren Qualität der Kooperation Produktion–Handel. Aus der Sicht der tatsächlichen Beherrschung der Komplexität der Reproduktion, einschließlich der Realisierungsphase, gewinnt dabei die sortimentsstrategische Arbeit offensichtlich gegenüber der erzeugnisstrategischen Arbeit an Gewicht; ja man kann sagen, die Sortimentsstrategie für einen bestimmten Bedürfniskomplex hat die Priorität gegenüber der Entwicklung des (einzelnen) Erzeugnisses. Das resultiert aus der strukturellen Vielfalt des Bedarfs und den Substitutionsmöglichkeiten bei der Befriedigung von Bedürfnissen der Menschen. Entscheidender Gegenstand der Zusammenarbeit Produktion–Handel mußte demnach die Sortimentsstrategie für bestimmte Bedarfskomplexe bzw. (davon abgeleitet) für ganze Waren- oder Erzeugnisgruppen sein. Sortimentsstrategien haben zum Ziel, die Hauptlinien der Sortimentsentwicklung für längere Zeiträume komplex, d.h. unter Beachtung der Abhängigkeit zwischen Teil-Sortimenten, Erzeugnisse, bzw. Erzeugnissystemen, Preisgruppen, Qualitätssicherung, Veredelung und Materialökonomie, Service und Dienstleistungserfordernisse u.ä. zu prognostizieren und in Toleranzen zu fixieren. Sie wird so zur strategischen, gemeinsamen Grundlage für die Erarbeitung konkretisierender, auf mittelfristige Zeiträume gerichteten Sortimentskonzeptionen, Erzeugnisentwicklungskonzeptionen, unter aktiver Mitwirkung des Handels. Eine so verstandene, sortiments- und erzeugnisstrategische gemeinsame Arbeit von Produktion und Handel ist eine volkswirtschaftlich ausschlaggebende Grundlage dafür, um die im Pflichtenheft fixierte Entwicklung neuer (Einzel-) Erzeugnisse in das Gesamtsortiment und damit die Erfordernisse einer volkswirtschaftlich effektiven Befriedigung des Bedarfs auf dem Konsumgüterbinnenmarkt vorausschauend richtig einzuordnen. Besondere Bedeutung erlangt in diesem Zusammenhang künftig wieder die Erzeugnisgruppenarbeit. Nur in wenigen Fällen ist die Erzeugnisstruktur eines Kombinates praktisch identisch mit der Sortimentsstruktur für einen bestimmten Bedarfskomplex. In aller Regel sind an der Befriedigung des Bedarfs in einem bestimmten Komplex mehrere, z. Z. viele Industriekombinate beteiligt. Speziell die Koordinierung der vielfältigen Initiativen zur zusätzlichen Produktion von Konsumgütern, insbesondere aus Betrieben der Produktionsmittel-Industrie-Kombinate wirft die Frage nach der wirkungsvollen Einordnung in abgestimmte Sortimentsstrategien, im Rahmen der Erzeugnisgruppen auf, um Effektivitätsverluste durch Mehrfachentwicklungen zu vermeiden und das erforderliche Qualitätsniveau wie auch alle anderen, volkswirtschaftlich notwendigen Erzeugnisparameter zu sichern. Das ist weder durch eine direkte Zusammenarbeit des Handels mit diesen Betrieben noch durch territoriale Koordinierung allein zu gewährleisten.

Gerade das letztere weist überzeugend nach, wie weitreichend die objektive Notwendigkeit, den Konsumgüterbinnenmarkt mit den der sozialistischen Planwirtschaft eigenen Mitteln und Möglichkeiten zur Intensivierung der Reproduktion planmäßig zu nutzen, die Qualifizierung der einheitlichen, aber arbeitsteilig vollzogenen staatlichen Leitung und Planung der Reproduktion bis in die Kombinate der Produktionsmittelindustrie hinein beeinflußt. In dieser Komplexität sind die Kooperationsbeziehungen Produktion–Handel weiter zu entwickeln.

[1] Vgl. 5. Tagung des ZK der SED, Mit Tatkraft und Zuversicht die vor uns liegenden Aufgaben zum Wohl des Volkes meistern, Aus dem Schlußwort des Genossen Erich Honecker, Berlin 1982, S. 20.

[2] G. Mittag, Ökonomische Strategie der Partei – klares Konzept für weiteres Wachstum, Wirtschaftswissenschaftliche Konferenz der DDR im Karl-Marx-Jahr 1983 am 29. und 30. September in Berlin, Berlin 1983, S. 60.

[3] Vgl. K. Marx, Das Kapital, Zweiter Band, in: MEW, Bd. 24, Berlin 1963, S. 106/107.

[4] Vgl. G. Horn, G. Randel, Wissenschaftliche Grundlagen, Problemstellungen und Lösungswege zur weiteren Vervollkommnung der Kooperationsbeziehungen zwischen Handel und Konsumgüterindustrie, Arbeitsmaterial des Arbeitskreises 2 der 4. Handelswissenschaftlichen Tage, Handelshochschule Leipzig 1983.

H. Steeger

Bericht über die Diskussion im Arbeitskreis 6

Auf der Grundlage des Referats von *Günter Mittag* und der Diskussionsschwerpunkte der Konferenz wurde im Arbeitskreis, der von Professor Dr. *Horst Steeger,* Direktor des Ökonomischen Forschungsinstituts der Staatlichen Plankommission, geleitet wurde, eine konstruktive Diskussion geführt. Die im Referat dargelegten Aufgaben fanden volle Zustimmung und wurden durch Erfahrungen der Kombinate und Erkenntnisse aus der Forschungsarbeit weiter untermauert.

Ein in der Diskussion bedeutsamer Problemkreis waren die Wege zur Effektivitätserhöhung der gesellschaftlichen Arbeit unter den Bedingungen der intensiv erweiterten Reproduktion. Hierzu stellte Professor Dr. *Klaus Steinitz,* Akademie der Wissenschaften der DDR, fest, daß der konsequente Übergang zum Reproduktionstyp der intensiv erweiterten Reproduktion erfordert, tiefer in die Problematik und die Bedingungen der zukünftigen Effektivitätsentwicklung einzudringen. Dabei wurden von ihm folgende Zusammenhänge hervorgehoben:

- Quellen, Richtungen und Ausmaß der Effektivitätsentwicklung werden weitaus stärker von Wissenschaft und Technik bestimmt als bisher. Entscheidend für die künftige Effektivitätssteigerung sind nicht wissenschaftlich-technische Veränderungen schlechthin, sondern tiefgreifende revolutionierende Veränderungen oder echte Basisinnovationen. In den nächsten 10 bis 15 Jahren werden die hauptsächlichen Effektivitätswirkungen zweifellos von der Mikroelektronik und ihrer Umsetzung in der modernen Informations- und Automatisierungstechnik ausgehen. Dabei erlangt die zeitliche Realisierung von Innovationen zunehmendes Gewicht für den möglichen Effektivitätsgewinn.
- Die Effektivität wird als Kategorie des gesamten einheitlichen Reproduktionsprozesses, aller seiner Stufen und Phasen betrachtet. Entscheidende Komplexe sind neben der Effektivität der Produktion die Effektivität der gesamten Vorleistungen – Forschung und Entwicklung, Bildung, Qualifizierung, Investitionen-, die Effektivität bei der Realisierung der Erzeugnisse, dabei vor allem der Realisierung auf den äußeren Märkten – Exporteffektivität – und die Effektivität der Konsumtion. Jede dieser Reproduktionsphasen ist zwar durch spezifische Effektivitätsbedingungen und -wirkungen gekennzeichnet; ihr Beitrag zur Gesamteffektivität kann jedoch nur in der Einheit und Verflechtung mit den anderen Phasen des Reproduktionsprozesses geleistet werden. Einerseits ist notwendig, in der jeweils vorgelagerten Stufe solche Leistungen zu erbringen, die den Effektivitäts- und Leistungszielen der folgenden Stufen entsprechen und von ihnen auch genutzt werden können. Andererseits muß in der jeweils folgenden Stufe gesichert werden, daß die Effektivitätspotentiale der in den vorgelagerten Stufen hervorgebrachten wissenschaftlich-technischen Leistungen, Bildungsergebnisse und materiellen Gebrauchswerte erhalten, möglichst vollständig ausgeschöpft und erweitert werden.
- Die veränderten Bedingungen bei der Reproduktion der Ressourcen, insbesondere die gegenüber den 60er und 70er Jahren einschneidend geringeren Erweiterungsmöglichkeiten für Energie, Rohstoffe und Investitionen und die erhöhten Aufwendungen je Energie- und Rohstoffeinheit führen zu wesentlich höheren Anforderungen an die Effektivitätsentwicklung. Sie reichen von der notwendigen Präzisierung der Schwerpunkte zukünftiger Effektivitätssteigerung über veränderte Beziehungen zwischen stofflich-naturalen und wertmäßigen Einsparungen an Produktionsressourcen bis zum Inhalt der Substitutionsprozesse. Für eine Steigerung der volkswirtschaftlichen Effektivität reicht die mengenmäßige bzw. naturalstoffliche Einsparung nicht aus; entscheidend ist letztlich, daß die wertmäßigen Gesamtaufwendungen je Erzeugnis- bzw. Gebrauchswerteinheit gesenkt werden. Während bisher Substitutionsprozesse weitgehend durch die Substitution laufender Aufwendungen an lebendiger und vergegenständlichter Arbeit durch einmalige Aufwendungen (Fonds) bestimmt waren, sind hier künftig wesentliche Veränderungen zu erwarten. Das bezieht sich einerseits vor allem auf die Substitution einer größeren Ressourcenmenge von Maschinen, Ausrüstungen, Werkstoffen, Bauteilen und Baugruppen durch eine geringere Ressourcenmenge dieser Elemente mit höherem Qualitätsniveau sowie andererseits auf die Substitution von Ressourcen, die nur eingeschränkt reproduzierbar und durch starke Aufwandserhöhungen gekennzeichnet sind, durch beliebig oder leichter reproduzierbare Ressourcen und durch Ressourcen, die sich infolge der Umbewertung ökonomisch günstiger bereitstellen lassen.
- Die Qualitätserhöhung im Ergebnis von Produktionsinnovationen und Strukturveränderungen wird zunehmend zur Schlüsselfrage für die Effektivitätsstrategie. Sie wird langfristig als der wichtigste Faktor angesehen, um das vorhandene Effektivitätspotential zu erhalten und zugleich systematisch zu vergrößern. Die beschleunigte Produktinnovation, zu der ein höherer Qualitäts- oder Gebrauchswertzuwachs der Produkte (höherer Neuheitsgrad), eine raschere Erzeugniserneuerung und eine schnellere Ausbreitung

neuer Erzeugnisse gehören, führt zu einer engeren Verflechtung zwischen dem Zeitfaktor und der Effektivität. Das Schritthalten mit dem internationalen Innovationstempo bzw. ein bestimmtes Mindesttempo des wissenschaftlich-technischen Fortschritts wird zunehmend zur Bedingung, um überhaupt das schon erreichte Effektivitätsniveau zu halten. Mit der Beschleunigung der Innovationsprozesse, der engeren Verflechtung von Produkt- und Technologieinnovation sowie der Verkürzung der ökonomischen Lebensdauer der Erzeugnisse, gewinnt die ökonomische Realisierung der hohen und weiter anwachsenden Vorleistungen eine bestimmende Rolle für die gesamte Effektivitätsentwicklung.

Professor Dr. *Jochen Garscha,* Hochschule für Ökonomie „Bruno Leuschner", beschäftigte sich mit der Nutzung der potentiellen Möglichkeiten des Zeitfaktors zur Erhöhung der Effektivität, insbesondere der Reproduktion in den Kombinaten. Er ging davon aus, daß die ökonomische Strategie der SED als schöpferische Anwendung der marxistisch-leninistischen Reproduktionstheorie und ihre Umsetzung im Reproduktionsprozeß der Kombinate erfordert, die mit dem Zeitfaktor verbundenen positiven Effekte durch die weitere Vervollkommnung der Leitung und Planung noch wirksamer zu erschließen. Das wird als eine wichtige Aufgabe der zentralen staatlichen Planung wie auch der Leitung und Planung in den Kombinaten und des wechselseitigen Zusammenwirkens beider Leitungsebenen angesehen. Besondere Aufmerksamkeit sollte dabei der weiteren Qualifizierung der strategischen Arbeit gewidmet werden.

Um den Zeitfaktor auszunutzen, müsse definitive Klarheit über objektive Zeitverläufe relevanter Prozesse der wissenschaftlich-technischen und ökonomischen Entwicklung bestehen. Sie sind das Maß für die mögliche Nutzung des Zeitfaktors. Erst wenn die Zeitverläufe relevanter Prozesse und die damit verbundene objektive Dynamik wirklich bekannt sind, kann auch im Rahmen der Planung entschieden werden, wie, wann und in welchem Umfang zu reagieren ist. Daraus ergeben sich qualitativ neue Forderungen an die Prognosearbeit, die direkte Ansatzpunkte für zunehmend objektiv determinierte wissenschaftlich-technische und ökonomische Planungen gibt und damit größere Möglichkeiten für planmäßige Zeitökonomie schafft. Nachdem sich jetzt die Kombinate in ihrer Gesamtheit formiert haben, gelte es, wichtige Prozesse der zukünftigen Entwicklung durch eine direkte, methodisch geregelte Integration bestimmter Prognoseelementen in alle Formen der Planung besser zu beherrschen.

Wesentlich dabei sei, daß die Kombinatsleitungen früh und vor allem rechtzeitig Grundinformationen über notwendig werdende Veränderungen in der prinzipiellen Gliederung der Produktionsstruktur, der Qualität und im Niveau der Erzeugnisse sowie in der Produktivität der Hauptprozesse bzw. Hauptverfahren benötigen. Im Prinzip gehe es darum, den weiteren Verlauf von Strukturentwicklungen der Produktion möglichst langfristig zu bestimmen, um Detailveränderungen bzw. -entwicklungen richtig einordnen zu können und die damit verbundenen materiellen Prozesse zu beherrschen. Die dazu erforderlichen Prognosen müßten ihre Aussagen in einem dazu notwendigen Detailliertheitsgrad und mit den entsprechenden Toleranzen und Varianten formulieren, so daß die Verflechtungserfordernisse zumindest grob bestimmt und erste Möglichkeiten für eine perspektivische Grobbilanzierung geschaffen werden können.

Jochen Grabowsky, Staatliche Plankommission, wies in seinem Beitrag darauf hin, daß der von den aggressiven Kreisen des Imperialismus ausgehende Konfrontationskurs mit seiner rigorosen Hochrüstung und dem Ziel, ein militärisches Übergewicht der NATO über die Staaten des Warschauer Vertrages zu erreichen, die Fragen der Reproduktion der sozialistischen Volkswirtschaft auch unter dem Blickwinkel der Gewährleistung einer modernen sozialistischen Landesverteidigung brisant macht. Er legte dar, welche entscheidenden Anforderungen zur ökonomischen Sicherstellung der Landesverteidigung erfüllt werden müssen.

Die neuen Anforderungen und Aufgaben zur verstärkten Nutzung des qualitativen Potentials des gesellschaftlichen Arbeitsvermögens waren Gegenstand der Darlegungen von Professor Dr. *Lothar Hummel,* Zentralinstitut für sozialistische Wirtschaftsführung beim Zentralkomitee der SED. Er ging davon aus, daß die zunehmende Erschließung der qualitativen Potenzen des Arbeitsvermögens ein wichtiger Schwerpunkt ist, um den wachsenden Forderungen der ökonomischen Strategie Rechnung zu tragen, eine höhere Effektivität und Flexibilität der Betriebe, deren Reaktionsfähigkeit auf Leistungserfordernisse, auf höhere Fondsauslastung und andere Intensivierungsprozesse zu gewährleisten. Dabei sei besondere Aufmerksamkeit zu richten auf

- den Einsatz der Hoch- und Fachschulkader aller Ausbildungsrichtungen;
- die Wirksamkeit der Leiter, vor allem der unmittelbaren Leiter von Kollektiven, vom Themenleiter bis zum Meister;
- die Nutzung des Qualifikationspotentials der Facharbeiter einschließlich ihres qualifikations- und bedarfsgerechten Einsatzes, gerichtet auf höhere Disponibilität und Fondsauslastung;
- die Erhöhung der Einsatzbereitschaft und die Nutzung solcher Vorzüge wie Stammbelegschaften, Leistungsvergleich und Wettbewerbsführung, materielle und moralische Stimulierung sowie Qualifizierung im Arbeitsprozeß in konsequenter Fortsetzung der Ausbildung.

Hervorgehoben wurde die Notwendigkeit, in der Forschung stärker von der ökonomischen Wirksamkeit und dem ökonomischen Ziel des Einsatzes des Arbeitsvermögens auszugehen. Dabei wurde darauf verwiesen, daß gerade das größere Gewicht von Nettoproduktion und Nettogewinn sowie die Einführung des Beitrags für gesellschaftliche Fonds in der Forschung dazu zwingen, die Wirkung des gesellschaftlichen Arbeitsvermögens auf wichtige Leistungskennziffern der Kombinate und Betriebe gründlich zu analysieren und seinen Einsatz strenger auf diese Leistungskennziffern bezogen zu planen und zu organisieren.

Das gleiche gelte auch für die weitere Qualifizierung der Planung der durch wissenschaftliche Arbeitsorganisation und wissenschaftlich-technische Maßnahmen einzusparenden Arbeitszeit und deren Wirksamkeit in der Steigerung der Arbeitsproduktivität. Bewährt habe sich der Nachweis des ökonomischen Zieles der Arbeitszeiteinsparung und deren Abrechnung. Zu richten sei die objektbezogene Arbeitszeiteinsparung auf die Gewinnung und Nutzung zusätzlicher Leistungskapazitäten, die Einsparung von Arbeitsplätzen sowie die Gewinnung von Arbeitskräften für die Lösung vorherbestimmter zusätzlicher Aufgaben.

Bezüglich des effektiven Einsatzes von Hoch- und Fachschulkadern wurde unter anderem vorgeschlagen, die vorliegenden wertvollen soziologischen Studien über Leistungsvoraussetzungen und Leistungsverhalten von Angehörigen des ingenieurtechnischen Personals, speziell auch von Absolventen, stärker in kontrollierbare Leistungsaktivitäten umzusetzen. Für den effektiveren Einsatz des ökonomischen Potentials an Hoch- und Fachschulkadern sei vor allem auch eine stärkere Ausprägung der Kooperation zwischen naturwissenschaftlich-technischen und ökonomischen Kadern erforderlich.

Eindrucksvoll legte Professor Dr. *Gerhard Fröhlich*, Zentralinstitut für sozialistische Wirtschaftsführung beim Zentralkomitee der SED, dar, daß nur über den Weg der weiteren Vertiefung der sozialistischen ökonomischen Integration, insbesondere durch eine noch engere wirtschaftliche und wissenschaftlich-technische Zusammenarbeit mit der UdSSR und durch die feste Verankerung der DDR in der sozialistischen Staatengemeinschaft, eine dauerhafte und stabile Entwicklung der Volkswirtschaft der DDR gewährleistet werden kann. Ausgehend von der im Referat *Günter Mittags* getroffenen Feststellung, daß die enge Zusammenarbeit mit der UdSSR von grundlegender Bedeutung für jeden weiteren Schritt auf dem Wege der Intensivierung in der Volkswirtschaft der DDR ist, leitete *Fröhlich* das Erfordernis ab, die Intensivierung zukünftig noch enger mit der sozialistischen ökonomischen Integration zu verknüpfen. An die zentralen Organe der Wirtschaftsleitung und ebenso an die Kombinate und Betriebe seien damit qualitativ neue Anforderungen gestellt, die beispielsweise in den neuen Import- und Exportaufgaben konkreten Niederschlag finden.

Da in allen sozialistischen Partnerländern die Intensivierung des Reproduktionsprozesses eine erstrangige Aufgabe darstellt, müsse der Erneuerungsprozeß des Exportsortiments zunehmend beschleunigt werden, was zu neuen Exportprofilen von Kombinaten und Betrieben führen könne. Aus den Erfordernissen höherer Grundfonds- und Materialökonomie und anderen Konsequenzen der sozialistischen Intensivierung erfahren langjährige, bisher gewohnte Entwicklungstrends vielfach gravierende Veränderungen. Neue Anforderungen an das Erzeugnis- und Leistungsangebot ergeben sich auch infolge des Einsatzes von Mikroelektronik und Miniaturisierung sowie weiterer wissenschaftlich-technischer Prozesse. Alle sich aus der intensiv erweiterten Reproduktion in den sozialistischen Bruderländern, insbesondere der UdSSR, ergebenden neuen Anwenderbedürfnisse müssen das Exportangebot bestimmen. Die von den qualitativ neuen Intensivierungserfordernissen geprägten Bedarfstendenzen bestimmen auch maßgeblich den Inhalt der Arbeiten zur Koordinierung der Volkswirtschaftspläne zwischen den RGW-Staaten. Am Zustandekommen der zentralen Entscheidungen auf diesem Gebiet haben in vielen Fällen die Kombinate einen erheblichen Anteil.

Entsprechend der Kombinatsverordnung erarbeitet das Kombinat in Vorbereitung der Koordinierung der Pläne ökonomisch begründete Vorschläge und Lösungsvarianten zur internationalen und wissenschaftlich-technischen Zusammenarbeit, insbesondere zur Spezialisierung der Kooperation und Produktion und zur Forschungskooperation. Aus der praktischen Arbeit sei bewiesen, daß die aktive Mitwirkung der Kombinate bei der Vorbereitung von Entscheidungen zu Integrationsmaßnahmen die Qualität der zentralen Planung erhöht, daß diese Prozesse nur in der Einheit von aktiver Rolle der Kombinate und zentraler Planung zu meistern sind.

Quellen und Wege zur Steigerung der volkswirtschaftlichen Effektivität waren auch der Gegenstand des Beitrags von Dr. *Henriette Thieme*, Forschungsstelle des Ministeriums für Wissenschaft und Technik. Sie stellte als eine wesentliche Aufgabe der Leitungstätigkeit in allen Bereichen der Volkswirtschaft heraus, das vorhandene materiell-technische Potential der wissenschaftlich-technischen Arbeit effektiver zu nutzen. Dabei gehe es vor allem auch um die Erschließung von Reserven durch planmäßige kooperative Zusammenarbeit zwischen den Forschungseinrichtungen in den Territorien und in den Industriezweigen wie auch in der zentralen staatlichen Führungstätigkeit zur rationellen Nutzung der Forschungstechnik.

Von Professor Dr. *Georg Ritzschke*, Ökonomisches Forschungsinstitut der Staatlichen Plankommission, wurden in der Effektivitätsplanung anzuwendende Maßstäbe für die umfassende intensiv erweiterte Reproduktion herausgearbeitet. Eine erste Aufgabe sieht er darin, die Intensivierungsmaßnahmen stärker in den Mittelpunkt der Effektivitätsplanung zu rücken und die Maßstäbe und Kriterien der umfassenden Intensivierung in allen Bereichen zu einem Ausgangspunkt der Planung zu machen; eine zweite, die Wege zur Erfüllung der Intensivierungsmaßstäbe in der erforderlichen Komplexität und Konkretheit herauszuarbeiten und planmäßig durchzusetzen, dabei vor allem die Maßnahmen und Aufgaben in den Plänen und Bilanzen wirksam zu machen; eine dritte, Bedingungen zur Ableitung von Effektivitätsnormativen aus den Intensivierungsmaßstäben zu schaffen. In diesem Zusammenhang stellte er den Vorschlag zur Diskussion, die Arbeit mit den Intensivierungsmaßstäben als Ausgangspunkt für die schrittweise Ausarbeitung und Anwendung von Effektivitätsnormativen zu nehmen. Er unterbreitete darüber hinaus seine Überlegungen, welche Prämissen dafür den Ausgangspunkt bilden müssen.

Wertvolle Erfahrungen über eine volkswirtschaftlich orientierte und komplexe Vorgehensweise bei der Durchsetzung der Aufgaben der intensiv erweiterten Reproduktion in Kombinaten und Betrieben vermittelten insbesondere *Hans-Joachim Lauck*, Generaldirektor im Qualitäts- und Edelstahlkombinat, und Dr. *Dieter Füßlein*, VEB Numerik.

Lauck ging hierbei von den Erfahrungen aus, die bei der Steigerung der Effektivität im VEB Qualitäts- und Edelstahlwerk Brandenburg gewonnen wurden. Dabei hob er besonders die intensive langfristig-konzeptionelle Arbeit des Kombinats, ausgehend von den Beschlüssen der Partei- und Staatsführung zur Entwicklung der Veredlungsmetallurgie, hervor. Mit der Umsetzung dieser strategischen Zielstellungen konnte der Anteil veredelter Walzstahlerzeugnisse am Walzstahlaufkommen des Kombinats von 48 Prozent im Jahr 1980 auf etwa 80 Prozent im Jahr 1984 erhöht werden. Zugleich entwickelte sich der Anteil der Erzeugnisse mit dem Gütezeichen „Q“ an der klassifizierungspflichtigen Warenproduktion seit 1980 doppelt so schnell wie der Zuwachs an industrieller Warenproduktion. Mit diesen Ergebnissen wurden entscheidende Voraussetzungen für die Verringerung des Walzstahlverbrauchs in der Volkswirtschaft geschaffen. Bewährt hat sich ein auf der Grundlage der Erzeugnisgruppen wirkendes Applikationszentrum, dessen Tätigkeit darauf gerichtet ist, die Stahlanwender rechtzeitig über Neuentwicklungen zu informieren und gemeinsam mit ihnen in Fachberatungen für beide Seiten optimale Lösungen zu finden. Es wurde darauf verwiesen, daß die Effektivitätsentwicklung des Kombinats mit gleichen bzw. weniger Rohstoffen, Energie und Arbeitskräften die weitere Intensivierung der vorhandenen Technik und die Erneuerung veralteter Produktionsprozesse durch Einführung weltstandsbestimmender Verfahren und Technologien sowie die stärkere Verkettung der Produktionsabläufe zur Verkürzung des ökonomischen Kreislaufs erfordert. Dabei stehe, entsprechend der Kostenstruktur des Kombinats, die Senkung des Aufwands an vergegenständlichter Arbeit im Mittelpunkt. Zugleich konzentriere sich das Kombinat gegenwärtig auf die Gewinnung von Arbeitskräften für eine weitere Steigerung der Produktion von Rationalisierungsmitteln, Ersatzteilen sowie hochwertigen Gütern für den Bevölkerungsbedarf.

Füßlein legte Erfahrungen und Probleme bei der Fertigung numerischer Steuerungen, ausgehend von den Anforderungen der sozialistischen intensiv erweiterten Reproduktion und unter dem Aspekt des technischen und ökonomischen Weltniveaus, dar. Ideologische Grundlage erfolgreicher Konkurrenz auf den Weltmärkten sei Ehrlichkeit bei der Einschätzung des erreichten Standes und vor allem illusionsfreie Wertung des Effektivitätsniveaus. Der Betrieb habe auf dem Gebiet der Fertigung numerischer Steuerungen wesentliche Fortschritte zu verzeichnen. Seit einigen Jahren werde mit der Methode der Zielkalkulation erfolgreich gearbeitet, um bei Aufwand und Kosten den Maßstäben höchster Effektivität zu entsprechen. Aus bisherigen Erfahrungen müsse hervorgehoben werden, daß diese Prozesse als eine mehrfache Aufgabe der Intensivierung komplex zu lösen sind. Dazu gehöre beispielsweise auch die Sicherung der Effektivität der Vorindustrie. Es sei eine intensive, kontinuierliche Zusammenarbeit während des gesamten Prozesses von der Entwicklung des Erzeugnisses bis zu seinem Absatz in der Kooperationskette zu gewährleisten, wobei die Kostenträger Ausgangspunkt der Zusammenarbeit bilden müssen. Eine weitere Erfahrung besage, daß die Phase der Markteinführung eines neuen Erzeugnisses auch für die spätere effektive Absatzfähigkeit die entscheidende Phase bleibt. *Füßlein* vertrat die Ansicht, daß das Prinzip des Generationsdenkens einer kritischen Wertung unterzogen werden müsse und wies darauf hin, daß mit dem Prinzip einer gestaffelten, partiellen Erneuerung im VEB Numerik die Exportstrategie schneller und offensiver realisiert werden könnte. In seinen weiteren Ausführungen ging er auf Fragen des überbetrieblichen und komplexen Wettbewerbs ein und machte darauf aufmerksam, wo gegenwärtig noch Interessenwidersprüche bei der Umsetzung der wirtschaftsstrategischen Aufgaben in den Kombinaten und Betrieben auftreten, die den Prozeß der durchgängigen Intensivierung der Volkswirtschaft hemmen.

Große Aufmerksamkeit in der Diskussion wurde den Fragen zuteil, die die Erfordernisse des Marktes und die Sicherung eines bedarfsgerechten, niveauvollen Angebots an Konsumgütern zum Inhalt haben.

In Übereinstimmung mit Ausführungen und Hinweisen vieler Diskussionsredner, der Gestaltung bedarfsgerechter und effektiver Produktions- und Exportprogramme ein höchstes Maß an Beachtung zu schenken, da kombinatlicher wie auch volkswirtschaftlicher Kreislauf nur bei planmäßigem Absatz der Erzeugnisse und Leistungen zu gewährleisten sind, legte Professor Dr. *Ursula Gabler*, Friedrich-Schiller-Universität, Jena, in ihrem Beitrag dar, wie methodologisch an die Lösung dieser Aufgabe heranzugehen ist. Sie stellte heraus, daß es notwendig sei, ein klares Konzept zu den Verhaltensweisen in der Sortimentsgestaltung und der Exportrealisierung zu erarbeiten, da die Kombinate ihre Zielstellungen bei zunehmender Preis-, Qualitäts- und Innovationskonkurrenz verwirklichen müssen. Die weitverbreitete Herangehensweise, Neu- und Weiterentwicklungen von Erzeugnissen vorzunehmen, ohne daß von den Anwendererfordernissen ausgegangen wird, bleibe zunehmend hinter den Markterfordernissen zurück. Absatzfähigkeit der Erzeugnisse setze einen „aufbereiteten Markt“ voraus und erfordere, gestiegene Gebrauchseigenschaften der Käufer rechtzeitig zu erkennen.

Dr. *Herbert Koch*, Institut für Marktforschung, ging auf die Stellung der Konsumgüterproduktion im einheitlichen gesellschaftlichen Reproduktionsprozeß und aktuelle Aufgaben zur Entwicklung und Profilierung der Produktion von Konsumgütern ein. Da die Produktion im Sozialismus nicht Selbstzweck sei, vielmehr die wachsenden Bedürfnisse aller Mitglieder der Gesellschaft immer besser zu befriedigen habe, bedeute Effektivität der Volkswirtschaft, mit den gegebenen Möglichkeiten ein Maximum an Mitteln zur Befriedigung der Bedürfnisse zu schaffen. Deshalb müsse die Produktion von Konsumgütern als ein Kriterium für die Leistungsfähigkeit einer Volkswirtschaft angesehen werden. Daraus folge, daß die Entwicklung der Konsumgüterproduktion immer mehr zu einem entscheidenden gesamtwirtschaftlichen Wachstumsfaktor wird. Zugleich wurde hervorgehoben, daß die Verwirklichung sozialistischer Verteilungsprinzipien nicht nur eine entsprechende Entlohnung voraussetzt, sondern prinzipiell eine entsprechende Verteilung der materiellen Güter verlangt. Nur bei weitgehender Übereinstimmung von Angebot und Nachfrage, bei Bilanziertheit von Kauffonds und absatzbaren Warenfonds vollziehe sich ein störungsfreier und effektiver Ablauf des gesellschaftlichen Reproduktionsprozesses. Das sei zugleich entscheidende Bedingung für die Intensivierung der wirtschaftlichen Prozesse.

Professor Dr. *Achim Dippe,* Parteihochschule „Karl Marx" beim Zentralkomitee der SED, beschäftigte sich mit dem Beitrag der produktionsmittelherstellenden Kombinate für die Konsumgüterproduktion. Dabei hob er hervor, daß die praktischen Maßnahmen des Aufbaus einer effektiven und attraktiven Konsumgüterproduktion in den produktionsmittelherstellenden Kombinaten um so stabiler und tragfähiger sind, schneller wirksam werden, je größer die gesellschaftliche Unterstützung ist, die sie auf Grund der Einstellungen und Haltungen, des Engagements und des Verantwortungsbewußtseins der leitenden Kader des Kombinats, aller Wissenschaftler und ingenieur-technischen Kräfte, der Facharbeiter und anderer Werktätiger erhalten. Betont wurde, daß das leistungsstarke Forschungs- und Entwicklungspotential in diesen Kombinaten außerordentlich günstige Voraussetzungen für eine Konsumgüterproduktion biete, die in relativ kurzer Zeit in der Lage sein sollte, eigene, originelle Lösungen für modisch aktuelle, qualitativ hochwertige Konsumgüter hervorzubringen. Die kontinuierliche, längerfristige Bedarfsanalyse gemeinsam mit dem Binnen- und Außenhandel sei dafür eine wesentliche Bedingung. Bewährt haben sich die von den bilanzverantwortlichen Konsumgüterkombinaten auszuarbeitenden längerfristigen Erzeugnisgruppenkonzeptionen. Die Sicherung des höheren Leistungsbeitrags auf dem Weg der allseitigen Intensivierung bedeute, das vorhandene Forschungs- und Entwicklungspotential verstärkt für die Entwicklung neuer, attraktiver Konsumgüter einzusetzen, einen erheblichen Teil der für die Konsumgüterproduktion benötigten Ausrüstungen im eigenen Rationalisierungsbau herzustellen bzw. vorhandene Grundmittel im Kombinat dafür zu nutzen und die erforderliche Produktionsfläche sowie die notwendigen Arbeitskräfte durch Intensivierungsmaßnahmen innerhalb des Kombinats zu gewinnen.

Praktische Erfahrungen darüber, wie im Kombinat das Konsumgüterangebot wesentlich erhöht werden konnte, legte *Heinz Schwarz,* Generaldirektor des Chemischen Kombinats Bitterfeld, dar. Dabei stellte er besonders heraus, daß die erzielten Erfolge im Aufkommen an Konsumgütern des Kombinats dadurch gekennzeichnet sind, daß sie auf kombinatstypischen Technologien und Rohstoffen beruhen. Auf dieser Grundlage biete sich dem Kombinat ein breites Feld für leistungsfähige Konsumgüter.

Auf Probleme zur Gestaltung effektiver Kooperationsbeziehungen zwischen Konsumgüterproduzenten und Handelspartnern, einem wichtigen Aspekt der Einstellung der Wirtschaftsleitung auf die intensiv erweiterte Reproduktion, ging Professor Dr. *Reinhard Loos,* Handelshochschule Leipzig, Institut für Sozialistische Wirtschaftsführung, ein. Er hob die Aufgabe hervor, den sozialistischen Konsumgüterbinnenmarkt noch planmäßiger zu gestalten und effizienter zu beherrschen, und zwar mit den der sozialistischen Planwirtschaft wesenseigenen Methoden und Möglichkeiten. Hierbei gelte es, die objektiven Ware-Geld-Beziehungen auf dem Konsumgüterbinnenmarkt im Interesse der intensiv erweiterten Reproduktion gezielter zu nutzen. Die Forderung Erich Honeckers auf der 5. Tagung des Zentralkomitees, daß statt Arbeit für das Lager Arbeit für den Kunden die Organisation bestimmen muß, ist ein Anspruch an die Arbeit der Kombinate, und der Beschluß des Zentralkomitees der SED und des Ministerrats der DDR zur weiteren Vervollkommnung der Leitung, Planung und wirtschaftlichen Rechnungsführung im Februar 1983 bedeuten für die Wirtschaftsleitung im Handel in gleicher Weise neue Anforderungen. Diese müsse sich konsequent auf jene Erfordernisse einstellen, die mit der planmäßigen Organisation der Kette „Produktion–Warenumschlag–Versorgung der Bevölkerung" und der entschiedenen Verbesserung der Aufwand-Ergebnis-Relation verbunden sind. Dazu seien ebenso Aufgaben in der langfristigen, strategischen Konzipierung wie in der operativen, reaktionsschnellen Beherrschung der Umschlags- und Realisierungsbedingungen der Konsumgüter zu lösen. *Loos* verwies darauf, daß als sicher einzuschätzen sei, daß erhebliche volkswirtschaftliche Reserven besonders an den Nahtstellen zwischen Produktion und Großhandel, aber auch im Handel selbst zu erschließen sind, wozu eine in wesentlichen Aspekten neue Qualität der Kooperationsbeziehungen von Produktion und Handel gehöre. Die Leitlinie für die Durchsetzung der gesellschaftlich gemeinsamen Verantwortung beider Bereiche sieht er in einer verbindlich organisierten Gemeinschaftsarbeit, von der konzeptionellen Vorbereitung der Sortimentserneuerung über das Sichern des wissenschaftlich-technischen Niveaus und der bedarfsgerechten effektiven Produktion der Konsumgüter sowie eines volkswirtschaftlich rationellen Vertriebs bzw. Warenumschlags und einer verlustlosen Realisierung der geschaffenen Werte bis zur niveauvollen Versorgung der Bevölkerung einschließlich garantierter Service- und Ersatzteilleistungen.

Fragen, die mit dem Februar-Beschluß 1983 zur weiteren Vervollkommnung von Leitung, Planung und wirtschaftlicher Rechnungsführung auf die Tagesordnung gesetzt sind, waren ein weiterer wichtiger Diskussionskomplex im Arbeitskreis.

Professor Dr. *Peter Hoß,* Ökonomisches Forschungsinstitut der Staatlichen Plankommission, äußerte sich in diesem Rahmen zu einigen Erfahrungen bei der Durchsetzung der Erfordernisse der intensiv erweiterten Reproduktion in der Leistungsbewertung der Kombinate und Betriebe. Er stellte zunächst fest, daß die Leistungsbewertung deshalb einen sehr wichtigen Platz im System der Leitung, Planung und wirtschaftlichen Rechnungsführung einnimmt, weil mit ihr nicht nur das Leistungsvermögen und die Leistungsentwicklung der Kombinate und Betriebe eingeschätzt, beurteilt oder bemessen werden, sondern vor allem die Wirtschaftstätigkeit, die Handlungsweisen im Planungs- und Leitungsprozeß auf einen hohen Effektivitäts- und Leistungsanstieg zu orientieren sind. Die beschlossenen Maßnahmen haben zum Ziel, die objektiven Erfordernisse der intensiv erweiterten Reproduktion konsequent als Bewertungsmaßstab der Leistung anzuwenden; ebenso gehe es in der Leistungsbewertung darum, die Einheit von hohem Zuwachs an bedarfs- und qualitätsgerechter Produktion und steigender ökonomischer Effektivität durchzusetzen. *Hoß* konzentrierte sich in seinen weiteren Ausführungen vor allem auf drei Aspekte:

- die Organisation und Durchführung der Leistungsbewertung als ein entscheidendes Aufgabengebiet sozialistischer Leitungstätigkeit in allen Kombinaten. Aus Untersuchungen in Kombinaten, die alle vier Hauptkennziffern der Leistungsbewertung erfüllen, lasse sich belegen, daß ein hohes Niveau in der politischen Führungstätigkeit sowie eine schwerpunktbezogene, maßnahmekonkrete und differenzierte Wettbewerbsführung mit meß- und abrechnungsfähigen Aufgaben Grundlage für positive Ergebnisse bei der Erfüllung dieser Kennziffern ist. Darüber hinaus bestätigten die Erfahrungen solcher fortgeschrittenen Kombinate und Betriebe, daß die kontinuierliche Arbeit mit den Hauptkennziffern der Leistungsbewertung eine entscheidende Frage ökonomischer Wirksamkeit ist. Voraussetzung dafür sei es, eine monatliche Abrechnung in hoher Qualität zu gewährleisten;

- die Sicherung eines hohen Niveaus der Planung der Hauptkennziffern der Leistungsbewertung. Als besonders dringlich nannte *Hoß* in diesem Zusammenhang, das Planungsniveau der Kennziffern Nettoproduktion und Gewinn zu erhöhen, um so, wie von *Günter Mittag* gefordert, das Wesen der Nettoproduktion als eine leistungs- und effektivitätsorientierte Produktionskennziffer tiefgründig zu erfassen und weiter zu qualifizieren. Das erfordere, die Nettoproduktion nicht nur global zu planen, sondern ausgehend von ihrem Grundzusammenhang durch ihre einzelnen Berechnungselemente zu untersetzen. Ebenso steht diese Aufgabe bei der Planung des Nettogewinns, indem auf der Grundlage der Planung seiner Hauptfaktoren auch diese Kennziffer weiter vervollkommnet wird;
- die Abhängigkeit der Leistungsbewertung von der komplexen Anwendung aller vier Hauptkennziffern.

Professor Dr. *Erich Walther,* Technische Hochschule Karl-Marx-Stadt, vertrat die Auffassung, daß in der wirtschaftswissenschaftlichen Forschung zur Leistungsbewertung in Verbindung mit der Leistungsplanung der Kombinate dem reproduktionstheoretischen Aspekt ein höherer Stellenwert einzuräumen sei, um die Erkenntnisse der marxistisch-leninistischen Reproduktionstheorie für die weitere Verwirklichung der ökonomischen Strategie noch effektiver zu nutzen. Mit den Beschlüssen zur weiteren Vervollkommnung von Leitung, Planung und wirtschaftlichen Rechnungsführung werde die Leistungsbewertung konsequenter mit der Leistungsplanung, der wirtschaftlichen Rechnungsführung, der Leistungsstimulierung und dem Leistungsvergleich der Kombinate verbunden. Damit habe der reproduktionstheoretische Aspekt der Leistungsbewertung eine hohe Praxiswirksamkeit erreicht.

Professor Dr. *Wolfgang Opitz,* Ingenieurhochschule Zwickau, vermittelte in seinem Beitrag Erfahrungen zur Leistungsbewertung von Instandhaltern und zu Möglichkeiten der Verbesserung der Effektivität von Generalreparaturen, die in der Forschungszusammenarbeit mit Kombinaten des Allgemeinen-, Landmaschinen- und Fahrzeugbaus auf vertraglicher Basis gesammelt wurden. Erläutert wurde die Konzeption eines praktikablen Projektes zur Leistungsbewertung und -stimulierung von Arbeitskräften, die in der Instandhaltung beschäftigt sind. Dieses Projekt sieht die Organisation der Instandhaltungsarbeit auf der Grundlage von Zeitvorgaben sowie die Veränderung von Arbeitsfunktionen der Instandhalter durch den Übergang zu kombinierter und integrierter Instandhaltungstätigkeit vor. Damit im Zusammenhang wurden Bewertungsmaßstäbe zur Leistungseinschätzung der Instandhalter dargelegt. *Opitz* ging auf erste Erfahrungen bei der Erforschung effektiver Rationalisierungslösungen für Generalreparaturen und große laufende Reparaturen in Verbindung mit ihrer Spezialisierung und Konzentration im Rahmen des PKW-Kombinats ein.

Darüber, wie die vom genannten Beschluß ausgehenden qualitativ neuen Anforderungen an die aktive Ausnutzung der Finanzen und des Geldes für einen hohen Leistungs- und Effektivitätszuwachs in der Volkswirtschaft durch die Bankorgane der DDR umgesetzt werden, sprach *Gerhard Serick,* Staatsbank der DDR. Er betonte, daß die Staatsbank als staatliches Finanz- und Kontrollorgan die ökonomischen Beziehungen zu den Betrieben und Kombinaten und die Kontrolle durch die Mark so ausgestalten muß, daß alle Entscheidungen vom Standpunkt der gesellschaftlichen Erfordernisse und der Effektivität vorbereitet und getroffen werden. Beim Einsatz der Finanzen, einschließlich Kredit und Zins und ihrer Bankkontrolle, seien vor allem drei Ziele zu erreichen: erstens mit jeder eingesetzten Mark über den Weg der Intensivierung einen hohen Leistungs- und Effektivitätszuwachs zu sichern; zweitens die Ressourcen streng in den Grenzen staatlicher Vorgaben und auf der Grundlage gesellschaftlicher Normative zu ihrer effektivsten Nutzung einzusetzen; drittens eine schnelle Überleitung der Ergebnisse von Wissenschaft und Technik in die Produktion, eine rasche Produktionswirksamkeit der Investitionen und einen schnellen Umschlag materieller Güter für die volkswirtschaftliche Endverwendung zu gewährleisten. Folglich stehe die Aufgabe, eine leistungs- und effektivitätsorientierte Kreditpolitik zu sichern, die den Vorzug der Flexibilität des Kredits auf der Grundlage des Planes voll nutzt, mit dem Ziel, den wirtschaftlichen Kreislauf zu beschleunigen und die Effektivität des gesamten Reproduktionsprozesses zu erhöhen. Als gute Voraussetzung, diesen Prozeß zu leiten, würdigte *Serick* die besonders in den letzten Jahren entwickelte konstruktive kameradschaftliche Zusammenarbeit mit den Generaldirektoren der Kombinate und den Direktoren der Betriebe. Um jedoch die Finanzierung und Kontrolle durch die Mark noch besser vorausschauend und vorbeugend im Kampf um hohe Effektivität zu nutzen, gelte es, eine qualitativ höhere Stufe des Zusammenwirkens zu erreichen, um die auf dem 5. und 6. Plenum des Zentralkomitees der SED herausgearbeiteten Schwerpunkte gemeinsam zu realisieren. In seinen weiteren Ausführungen erläuterte er die entsprechenden strategischen Schwerpunkte der Kreditpolitik.

Fragen der Kostenarbeit widmete sich Dr. *Walter Siegert,* Staatssekretär im Ministerium der Finanzen der DDR. Er wies nach, daß eine straffe Kostenarbeit in den Kombinaten zur Erhöhung der Effektivität beiträgt. Ausgehend von der bisher erfolgreichen Umsetzung der auf dem X. Parteitag der SED beschlossenen Wirtschaftsstrategie wurde hervorgehoben, daß der reale Zuwachs des produzierten Nationaleinkommens als entscheidende Grundlage für die kontinuierliche Weiterführung der bewährten Wirtschafts- und Sozialpolitik Gradmesser wachsender volkswirtschaftlicher Effektivität ist. Die Hauptreserve für das weitere Wachstum des Nationaleinkommens liege in der Verbesserung des Verhältnisses von Aufwand und Ergebnis. Deshalb bestehe eine wichtige Aufgabe darin, die Kostenarbeit zu einem aktiven Instrument der Mobilisierung von Reserven zu entwickeln. Doch reiche es heute bereits nicht mehr, die Kosten als ein betriebswirtschaftliches Instrument zu handhaben. Immer mehr müßten sie in den Mittelpunkt der volkswirtschaftlichen Leitung gestellt werden. Die aktive Rolle der Kostenplanung im Sinne der Einheit von materieller und finanzieller Planung sei zu verstärken. Von *Siegert* wurden besonders drei Gesichtspunkte herausgearbeitet, die zunehmend die Arbeit bestimmen sollten. Erstens sei mit größerer Wissenschaftlichkeit, Exaktheit und mehr Disziplin die Planung der Kosten mit der materiellen Bilanzierung der volkswirtschaftlichen Ressourcen und der Limitierung bestimmter Aufwandsarten in Übereinstimmung zu bringen; zweitens sei eine richtige Verbindung der Planung und der Anwendung von Wissenschaft und Technik mit der Planung und der Senkung der Kosten zu erreichen; drittens seien die mit dem erreichten Stand der Einstellung der Volkswirtschaft auf den intensiven Typ der Reproduktion auch auf dem Gebiet der Kostenarbeit entstandenen neuen Probleme zu lösen.

Dr. *Wolfgang Pfeufer*, VEB Kombinat Chemieanlagenbau Grimma, nahm zu einigen Fragen der wirksameren Gestaltung der wirtschaftlichen Rechnungsführung in den Industriekombinaten Stellung. Er brachte zum Ausdruck, daß das aktive Aufgreifen und Durchsetzen der mit dem Februar-Beschluß verbundenen Aufgaben durchweg positive Fortschritte für die Leistungs- und Effektivitätsentwicklung des Kombinats gebracht habe und bei kontinuierlicher und beharrlicher Arbeit noch bringen werde. Insbesondere konnte das Kosten-Nutzen-Denken gegenüber einer Überbetonung des Warenproduktionsdenkens stärker ausgeprägt werden. Aus praktischer Sicht gab *Pfeufer* den Hinweis, die geschaffenen Regelungen, speziell die Hauptkennziffern der Leistungsbewertung, langfristig stabil zu halten, bis hin zu methodischen Einzelbestimmungen, um ihre Wirkungsweise, insbesondere über Kennziffer-Zeitreihen, Leistungsvergleiche, in längeren Zeiträumen beurteilen zu können. Es ging ihm unter anderem auch darum, auf solche Probleme hinzuweisen, die dem Grundsatz, *„was der Volkswirtschaft von Nutzen ist, das muß auch für die Kombinate und Betriebe von Vorteil sein"*, noch entgegenstehen und bei der Durchsetzung volkswirtschaftlicher Erfordernisse hemmend wirken. So betonte er die Notwendigkeit, auf dem Gebiet der Industriepreise inhaltlich weiterzuarbeiten, um das richtige Verhältnis zwischen volkswirtschaftlich bedarfsgerechter Produktion auf der einen Seite und Entwicklung der Nettoproduktion und des Nettogewinns auf der anderen Seite herzustellen.

Ein zweites Problem, das von *Pfeufer* angesprochen wurde, ist das schnelle Reagieren auf die Bedarfs- bzw. Außenmarktsituation. In Verbindung damit sei es notwendig, einen schnellen Zugriff auf erforderliches spezifisches Material zu gewährleisten. Er wies darauf hin, daß Betriebe und Kombinate des Schwermaschinen- und Anlagenbaus seit vielen Jahren mit Mehrbeständen an Material ringen, weil sie ein breites Materialsortiment für ein schnelles Reagieren brauchen. Der vorteilhafte Direktbezug konnte dieser Dynamik bisher nicht gerecht werden; die in der Praxis übliche Parallel-Lagerung vieler Materialien in den Maschinenbaubetrieben sei volkswirtschaftlich aber nicht vertretbar; der bessere Weg sei ein gut sortimentiertes Großhandelslager, um Sofortbezüge meist nur geringer Mengen zu ermöglichen. Zur Problematik der Messung und Beurteilung der Effektivität des Kombinats unter Einbeziehung der volkswirtschaftlichen Erfordernisse vermerkte *Pfeufer*, daß ab 1984 die Senkung der Betriebspreise durch reduzierte Fondsrentabilitätsraten positiv auf die Exportrentabilität der Finalproduzenten wirke. Beim Anlagenexport gehen die Industrieabgabepreise der Kooperationspartner in den Betriebspreis der Industrieanlage ein, dadurch würde der Anlagenexport im Vergleich zum Export von Einzelausrüstungen ökonomisch abgewertet. Sein Vorschlag zur Veränderung des Sachverhaltes besteht darin, die Zulieferungen zum Anlagenexport zum Betriebspreis berechnen zu lassen.

Professor Dr. *Horst Bachmann*, Bergakademie Freiberg, widmete sich den Aufgaben für die Forschung und Praxis bei der Versorgung der Volkswirtschaft mit Roh- und Brennstoffen und deren rationeller Nutzung. Er betonte, daß es in den Kombinaten und Betrieben der Grundstoffindustrie in den vergangenen Jahren gelungen sei, das Aufkommen volkswirtschaftlich wichtiger Rohstoffe durch die verstärkte Nutzung einheimischer Lagerstätten beachtlich zu erhöhen. So konnte im Braunkohlenbergbau der DDR in den letzten Jahren außer dem Kapazitätsersatz ausgekohlter Felder die größte Fördersteigerung an Rohbraunkohle seit Jahrzehnten erzielt werden. Die Produktion sogenannter Begleitrohstoffe aus Braunkohlenlagerstätten, wie Kies, Kiessand und Tone, ist auf über 10 Millionen Tonnen jährlich angewachsen. Die Kaliindustrie steigerte die jährliche Produktion auf über 3,4 Millionen Tonnen K_2O. Sie exportiert Kali in 52 Länder der Erde. Der Anteil von Sekundärrohstoffen am Gesamtaufkommen von metallischen und nichtmetallischen Rohstoffen, besonders von Papier und Glasflaschen, konnte durch die aktive Mitwirkung der Bevölkerung und durch die zielstrebige Arbeit der Kombinate Metallaufbereitung und Sekundärrohstoffe im vergangenen Jahr weiter erhöht werden. Diese positiven Ergebnisse stehen neben vielen weiteren guten Resultaten. Als Vorzug der Kombinate der Grundstoffindustrie hob *Bachmann* hervor, daß sie die besten Voraussetzungen besitzen, um die Intensivierung bei der Gewinnung und Verarbeitung der Rohstoffe auf allen Hauptwegen, das heißt der verlustarmen Nutzung der Lagerstätten einheimischer Roh- und Brennstoffe, der weitestgehenden Wiederverwendung von Abfällen und Altstoffen des Produktions- und Konsumtionsprozesses als Sekundärrohstoffe, der Senkung der Energie- und Rohstoffintensität des Nationaleinkommens durch höhere Rohstoffveredlung, Substitution, Senkung der Verarbeitungs-, Transport-, Lager- und Anwendungsverluste, zu erreichen. Die vertikale Zusammenfassung aller Produktionsstufen von der Rohstoffgewinnung über die ersten Verarbeitungsstufen bis hin zum Halbzeug und Halbfertigprodukt, begründen diese Vorzüge. Trotz der bisher guten Resultate bei der Intensivierung, stellte er fest, seien weitere Fragen zur noch besseren Übereinstimmung von volkswirtschaftlichen, betrieblichen und kollektiven Interessen zu lösen. Hierzu gehöre die Beseitigung der Verluste an erkundeten Lagerstättenvorräten und die Erarbeitung entsprechender ökonomischer Regelungen, die den Abbau der Vorratsverluste stimulieren. Ebenso seien Untersuchungen zu führen, wie Qualitätsverbesserungen der Bergbauprodukte die betreffenden Betriebe wirksam ökonomisch zu stimulieren vermögen, um den Anreiz zur Gebrauchswerterhöhung des Produktionssortiments zu erhalten. Aus der Sicht der volkswirtschaftlichen Intensivierung seien insbesondere solche Probleme einer Lösung zuzuführen, wie durch Orientierung auf die Nutzung örtlicher Baustoffreserven der volkswirtschaftliche Gesamtaufwand verringert werden kann, indem als volkswirtschaftliches Kriterium für eine kostengünstige Versorgung die Summe aus Gewinnungs- *und* Transportkosten in Ansatz gebracht wird.

Professor Dr. *Gerhard Reinecke*, Karl-Marx-Universität, Leipzig, arbeitete heraus, welche Anforderungen an Rechnungsführung und Statistik gestellt sind, um den kombinatlichen Reproduktionsprozeß leitungsmäßig von der Forschung und Entwicklung bis zum Absatz der Endprodukte, einschließlich der effektiven Gestaltung der Arbeitsteilung und Leitungsorganisation im Kombinat, auch unter Berücksichtigung von Transportentfernung und Transportkosten zwischen den Betrieben und Produktionsstätten, zu beherrschen. Er betonte, daß über Rechnungsführung und Statistik, die unmittelbar im Dienste der Kombinatsleitung steht, Verallgemeinerungen zu erarbeiten sind. Nach seiner Meinung wird es unumgänglich, daß zu der betrieblichen Rechnungsführung und Statistik eine kombinatliche hinzukommen muß. In seinen weiteren Ausführungen begründete er inhaltliche als auch organisatorische Aspekte der Entwicklung einer solchen kombinatlichen Rechnungsführung und Statistik. Mit ihrer Entwicklung werden nach seiner Ansicht die Möglichkeiten zur Anwendung der wirtschaftlichen Rechnungsführung erweitert und Grundlagen gesetzt, die Kombinatsleitungen direkt in zentrale Entscheidungsfindungen einzubeziehen.

Aufmerksam machte Professor Dr. *Jürgen Becher*, Karl-Marx-Universität, Leipzig, auf die Notwendigkeit, die Komplexität auch in der Leitung und Planung der Infrastruktur zu vervollkommnen und die geltenden Rechtsvorschriften dementsprechend weiter zu entwikkeln. Er betonte in diesem Zusammenhang, daß die Beziehungen zwischen den Kombinaten, den Kombinatsbetrieben und den örtlichen Staatsorganen im einheitlichen, auf dem demokratischen Zentralismus beruhenden volkswirtschaftlichen Planungsprozeß in Übereinstimmung mit den neuen Erfordernissen weiter auszugestalten sind.

Im Verlauf der sachlichen und problemorientierten Aussprache wurde Einmütigkeit erkennbar, daß Beschlüsse und Regelungen erst in dem Maß wirksam werden, wie sie durch die Initiative der Werktätigen unter Führung der Parteiorganisation und der Gewerkschaft realisiert werden.

Interessante Erfahrungen, wie der von den Gewerkschaften organisierte sozialistische Wettbewerb zu einem Motor des wirtschaftlichen Leistungsanstiegs für die Stärkung der DDR entwickelt wurde, vermittelte *Gerhard Muth*, FDGB-Bundesvorstand. Er hob hervor, daß mit dem sozialistischen Wettbewerb das kostbarste Potential unseres Landes, das Arbeitsvermögen der über 8 Millionen Werktätigen, ihre Initiative und ihr Schöpfertum immer wirksamer eingesetzt werden. Es konnte eingeschätzt werden, daß Verlauf, Ergebnisse und Erfahrungen der Wettbewerbsführung im Karl-Marx-Jahr 1983 bestätigen, daß seit dem X. Parteitag der SED und dem 10. FDGB-Kongreß der sozialistische Wettbewerb an Qualität und Wirksamkeit gewonnen hat. Das komme darin zum Ausdruck, daß sich der Charakter des sozialistischen Wettbewerbs als politische Aktion der Arbeiterklasse und aller Werktätigen weiter ausgeprägt hat, daß seine Wirksamkeit auf die Ergebnisse der Planerfüllung weiter erhöht werden konnte und daß er eindeutiger auf die Vertiefung der Intensivierung der Produktion, auf die qualitativen Faktoren des Wirtschaftswachstums ausgerichtet wurde. In seinen Darlegungen machte *Muth* die vielen neuen Initiativen und Methoden des Wettbewerbs, aber auch die Notwendigkeit neuer Überlegungen für den sozialistischen Wettbewerb, besonders zur Verwirklichung der Beschlüsse zur Qualitätsarbeit, deutlich. Bei allen Fortschritten in der Wettbewerbsentwicklung gelte es, das noch differenzierte Niveau anzugleichen. Er betonte den engen Zusammenhang der Leistungsvergleiche als Methode der politischen Führung ökonomischer Prozesse mit dem Wettbewerb. Insbesondere wies er darauf hin, daß die große Bedeutung des sozialistischen Wettbewerbs nicht dazu berechtige, ihn als ein Mittel zu betrachten, das *alle* Probleme löst und Versäumnisse der Leitungstätigkeit wieder ausgleicht; qualifizierte Leitung und schöpferische Initiative seien zwei Seiten einer Aufgabe, um neue Quellen der Leistungsentwicklung zu erschließen.

Über Erfahrungen, wie Leistungsvergleich und ökonomische Analysentätigkeit führungspolitisch wirksam zu gestalten und zu handhaben sind, sprach Professor Dr. *Wolfgang Salecker*, Zentralinstitut für sozialistische Wirtschaftsführung beim Zentralkomitee der SED. Er ging davon aus, daß sich der Leistungsvergleich als eine bewährte Methode der politischen Leitung ökonomischer Prozesse erwiesen hat. Sein Wesen bestehe vor allem darin, Leistungszuwachs durch Überwindung ungerechtfertigter Leistungsunterschiede und Nutzung der Erfahrung der Besten zu erreichen. Bereits heute lasse sich feststellen, daß der auf die Durchsetzung der ökonomischen Strategie der 80er Jahre orientierte Leistungsvergleich in den letzten Jahren zu einem wesentlichen Element der Vervollkommnung des Systems der Leitung und Planung der Wirtschaft der DDR wurde. Immer wieder und allseitig seien jene Voraussetzungen bei seiner Anwendung zu sichern, die für seine mobilisierende Wirkung erforderlich sind. Zu diesen Voraussetzungen gehören eine den Leistungsvergleich als Leitungsmethode eindeutig bejahende, politisch-ideologische Grundhaltung der Leitungskader und Arbeitskollektive sowie eine möglichst komplexe analytische Vorbereitung des Leistungsvergleichs. Die Vorbereitung des Leistungsvergleichs werde aus theoretisch-methodischer Sicht von drei Kardinalfragen bestimmt: Wo liegen die Leistungsunterschiede? Warum gibt es Leistungsunterschiede und wo liegen ihre Ursachen? Wie können die Bestwerte von den anderen Kollektiven erreicht werden? Mit Recht wurde eine formale Herangehensweise an den Leistungsvergleich im Sinne bloßer Zahlengegenüberstellung von *Salecker* verworfen. Er betonte den Leistungsvergleich zwischen und innerhalb der sozialistischen Kombinate als ein wichtiges Kettenglied für eine ökonomisch immer wirkungsvollere Verbindung von sozialistischer Planung, wirtschaftlicher Rechnungsführung und sozialistischem Wettbewerb.

In der Diskussion wurde mehrfach unterstrichen, daß die zentrale staatliche Planung die entscheidende Grundlage effektiver Wirtschaftsführung sozialistischer Kombinate ist. Besonders Professor Dr. *Gerhard Schilling,* Parteihochschule „Karl Marx" beim Zentralkomitee der SED, arbeitete diese Gesetzmäßigkeiten heraus. Er stellte fest, daß sich das System der planmäßigen Leitung der sozialistischen Volkswirtschaft entsprechend den sich ändernden Wirkungs- und Ausnutzungsbedingungen der ökonomischen Gesetze verändert und so seine Entfaltungsmöglichkeiten für die Produktivkräfte geschaffen werden. In diesem Prozeß werden die grundlegenden Wesensmerkmale der sozialistischen Planwirtschaft weiter ausgeprägt. Das erfordere vor allem, daß sich die zentrale staatliche Leitung und Planung als der entscheidende Vorzug des Sozialismus auf hohem Niveau weiterentwickelt. Der Gegner richte stets von neuem auf dieses entscheidende sozialökonomische Wesensmerkmal des sozialistischen Wirtschaftssystems seine Angriffe. Die Entwicklung der sozialistischen Planwirtschaft der DDR sei der Beweis dafür, daß nur auf der Grundlage des demokratischen Zentralismus die Funktionsfähigkeit der planmäßigen Leitung der Volkswirtschaft gewährleistet ist. Der Übergang zur allseitigen sozialistischen Intensivierung der Volkswirtschaft erfordere dies in besonderem Maß. Bedeutungsvoll sei dabei die Ausgestaltung der Beziehungen zwischen der zentralen Wirtschaftsleitung und den Kombinaten auf Basis des demokratischen Zentralismus und auf der Grundlage der Sicherung der konkreten Übereinstimmung der ökonomischen Interessen der Kombinate mit den gesellschaftlichen Interessen. Sie seien für die Funktionsfähigkeit der sozialistischen Planwirtschaft von größter Wichtigkeit.

3. Schlußwort

H. Koziolek

Schlußwort

Zwei Tage angestrengter Arbeit liegen hinter uns, und ohne Zweifel muß die große Bedeutung der Konferenz für die weitere Arbeit der marxistisch-leninistischen Wirtschaftswissenschaft in Verwirklichung der Beschlüsse des X. Parteitags der SED für die Gegenwart und für die nächsten Jahre unterstrichen werden. Ausgehend von den Beschlüssen des Zentralkomitees und der von *Erich Honecker* gegebenen grundsätzlichen Orientierung hat *Günter Mittag* in seiner Rede anschaulich demonstriert, wie schöpferisch an die theoretische und praktische Auswertung der Parteibeschlüsse herangegangen werden muß. Dafür, lieber Genosse *Günter Mittag*, bedanke ich mich im Namen aller Konferenzteilnehmer sehr herzlich bei Dir. Wir Wirtschaftswissenschaftler bedanken uns ebenso für die große Unterstützung, die wir von den Genossen der Parteiführung und den Abteilungen des Zentralkomitees erhalten.

Der gesamte Verlauf der Konferenz, die Rede des Genossen *Mittag* und die parteiliche und schöpferische Diskussion in den Arbeitskreisen zeigten, daß wir Wirtschaftswissenschaftler die weitere Stärkung unserer sozialistischen Gesellschaft, die Durchsetzung der ökonomischen Strategie der SED, die höheren Maßstäbe zur ökonomischen Leistungsentwicklung zum Ausgangspunkt unserer theoretisch-praktischen Arbeit nehmen. Das brachte uns wichtige Erkenntnisse, von denen ich drei besonders hervorheben möchte:

1. eine klare Orientierung für unsere weitere ökonomische Forschung entsprechend den neu herangereiften Bedingungen und Erfordernissen der intensiv erweiterten Reproduktion;
2. die Gewißheit, daß die Wirtschaftswissenschaftler ihre ganze Kraft und ihre Erfahrungen, ihr Wissen und Können auf die in den Beschlüssen der Partei gestellten politisch-ideologischen, theoretischen und produktiv-praxiswirksamen Aufgaben konzentrieren werden;
3. die deutliche Herausbildung, daß weiterführende wissenschaftliche Erkenntnisse vor allem dort gewonnen werden, wo die ökonomische Forschung, Lehre und Propaganda sich der Wirtschaftspraxis zuwendet und aktiv an der Lösung der herangereiften Aufgaben teilnimmt.

Wir versichern der Parteiführung, daß wir alles in unseren Kräften Stehende tun werden, um die Aufgaben zur Verwirklichung der ökonomischen Strategie der Partei in den 80er Jahren im Interesse der Hauptaufgabe in ihrer Einheit von Wirtschafts- und Sozialpolitik aktiv mit erfüllen zu helfen. Dabei gehen wir von den neuen Maßstäben bei der Durchsetzung der umfassenden Intensivierung zur Sicherung des weiteren Leistungszuwachses aus.

Dank der steten Unterstützung durch die Partei und des hohen Ranges, den die Wissenschaft in ihrer Politik genießt, und durch die Zusammenarbeit mit den Abteilungen des Zentralkomitees und der Wirtschaftspraxis ist ein geistiges Klima entstanden, das es ermöglicht, daß alle Genossen an der theoretischen und praktischen Front vertrauensvoll und konstruktiv zusammenarbeiten.

Das zeigt sich ganz deutlich an der Arbeit des Wissenschaftlichen Rates für die wirtschaftswissenschaftliche Forschung und spiegelt sich auch in der Zusammensetzung und Zusammenarbeit auf dieser Konferenz wider. An ihr nahmen 510 Wissenschaftler einschließlich Hochschullehrer (darunter 36 Naturwissenschaftler und Techniker), 108 Vertreter aus der Wirtschaftspraxis, 46 leitende Mitarbeiter des zentralen Partei- und Staatsapparates, 16 Vertreter der Nationalen Volksarmee, 9 leitende Funktionäre aus gesellschaftlichen Organisationen sowie 56 Studenten und Forschungsstudenten teil.

Die offene, interessante und inhaltsreiche Diskussion in den 6 Arbeitskreisen demonstrierte anschaulich, daß wir in der interdisziplinären Zusammenarbeit zwischen Wirtschaftswissenschaftlern, Gesellschaftswissenschaftlern anderer Disziplinen, Naturwissenschaftlern, Technikern und Praktikern weitere Fortschritte erzielt haben und machte das gemeinsame Grundanliegen deutlich. Die gesamte Konferenz zeigte, daß das schöpferische Klima selbst eine Produktivkraft ist. Der Wissenschaftliche Rat für die wirtschaftswissenschaftliche Forschung war stets bemüht, zu dieser Entwicklung aktiv beizutragen.

Ich darf in diesem Zusammenhang hervorheben, daß unser Wissenschaftlicher Rat ein Kind des VIII. Parteitages der SED ist und daß seine Entwicklung stets mit unserer Partei und ihrer Politik verbunden war und ist. Der Rat hat nie zugelassen, daß sich die Theorie verselbständigt, sondern sich dafür eingesetzt, daß sie im Kampf um die Durchsetzung der Beschlüsse der Partei im Leben bereichert wird und sich auf diese Weise bewährt.

Natürlich war dieser Kampf nicht leicht, denn es ging um das richtige Verhältnis von Theorie, Politik und Praxis, besonders aber darum, eine eng mit dem Kampf der Partei um die Entwicklung des Sozialismus in unserem Lande verbundene theoretische Arbeit zu sichern. Es dauerte seine Zeit, bis die Erkenntnisse über die Hauptrichtungen der Intensivierung der Produktion in der Wissenschaft Allgemeingut wurden, weil es dabei nicht nur um die Einsparung lebendiger Arbeit ging, sondern um den insgesamt ressourcensparenden Typ der Reproduktion. Es dauerte auch seine Zeit, bis sich durchgesetzt hatte, daß der Zuwachs des Produktionsverbrauchs keine Gesetzmäßigkeit ist, der wir einfach tatenlos ausgesetzt sind. Die entgegenwirkenden Tendenzen vor allem durch Wissenschaft und Technik führen zu einer Senkung des Produktionsverbrauchs. Die Praxis in den Kombinaten und Betrieben hat diese Tatsache vollauf bestätigt. Und klar ist auch – in all diesen Fragen entscheidet die politisch-ideologische Position und ihre Ummünzung in Schöpfertum. Ich darf daran erinnern, daß es ebenfalls seine Zeit dauerte, um die Rolle der Produktivkräfte, insbesondere den Einfluß von Wissenschaft und neuer Technologie, in den Gegenstand der politischen Ökonomie, insbesondere in die Reproduktionstheorie zu integrieren. In jedem Fall handelte es sich jedoch um schöpferische Diskussionen auf dem Boden des Marxismus-Leninismus. Es ging um die richtige Verallgemeinerung.

Auf der Internationalen Wissenschaftlichen Karl-Marx-Konferenz hat Genosse *Erich Honecker* herausgestellt, daß die vom X. Parteitag der SED beschlossene ökonomische Strategie für die 80er Jahre ihre Wurzeln in der Marxschen Reproduktionstheorie hat und *„daß sich viele seiner Erkenntnisse als um so aktueller erweisen, je weiter die Volkswirtschaft der DDR auf dem Hauptweg der intensiv erweiterten Reproduktion vorankommt"*. Die Marxsche Reproduktionstheorie, die Lehren der Klassiker des Marxismus-Leninismus, unsere wissenschaftliche Weltanschauung in ihrer Gesamtheit erweisen sich in der Praxis des sozialistischen Aufbaus als wirksame theoretische Waffe der Arbeiterklasse und ihrer Verbündeten. Deshalb ist mit Nachdruck hervorzuheben: Entscheidende Bestandteile unserer wissenschaftlichen Arbeit bestehen darin, das gesamte theoretische Erbe von *Marx, Engels* und *Lenin* zu erschließen sowie die Erfahrungen unserer eigenen Praxis, der KPdSU, der Sowjetwissenschaft und anderer Bruderparteien zu nutzen.

Erinnern möchte ich besonders an die Schrift des Genossen *Erich Honecker* zu „Fragen von Wissenschaft und Politik in der sozialistischen Gesellschaft", die nach dem VIII. Parteitag der SED einen entscheidenden Ausgangspunkt für unsere gesamte wirtschaftswissenschaftliche Arbeit, für ihre Standortbestimmung darstellte. Sie faßte wichtige Erfahrungen und Erkenntnisse aus der bisherigen Entwicklung der sozialistischen Gesellschaft und der Wirtschaft zusammen und gab uns grundlegende Orientierungen für das prinzipielle Herangehen an die Lösung aktueller und strategischer Aufgaben bei der Leitung der Wirtschaft.

Unsere Partei hat ein klares theoretisches Konzept entwickelt. Darauf sind wir stolz und darauf, daß wir als Wirtschaftswissenschaftler daran mitwirken konnten.

Das betrifft solche entscheidenden Fragen wie
- die Ausarbeitung der Theorie der entwickelten sozialistischen Gesellschaft;
- die Ziel-Mittel-Dialektik, wie sie in der Hauptaufgabe in ihrer Einheit von Wirtschafts- und Sozialpolitik zum Ausdruck kommt;
- die Konsequenzen bei der Verwirklichung der umfassenden Intensivierung und das Wirksammachen der Vorzüge und Triebkräfte des Sozialismus;
- die neuen Schritte bei der Verbindung der Vorzüge des Sozialismus mit den Errungenschaften der wissenschaftlich-technischen Revolution.

Aus der Sicht eines nunmehr längeren Zeitraums können wir heute um so mehr feststellen, daß die mit dem VIII. Parteitag der SED eingeleitete Entwicklung ganz entscheidende Impulse für die weitere Qualifizierung unserer eigenen Wissenschaft als untrennbaren Bestandteil der marxistisch-leninistischen Gesellschaftswissenschaften ausgelöst hat. Das war möglich, weil unsere Partei konsequent von den Erfahrungen des revolutionären Kampfes ausgeht, daß schöpferische Lösungen für die jeweils neu heranreifenden Fragen beim Aufbau des Sozialismus nur auf der Gesamtposition des Marxismus-Leninismus erbracht werden können.

Der Politik kommt das Primat zu, hat uns bekanntlich *Lenin* gelehrt. Die Dialektik zeigt sich darin, daß ein solches Herangehen die Voraussetzungen schafft, um die Wirtschaftswissenschaft voll in die theoretische Arbeit der Partei zu integrieren, ihren prinzipiellen Platz zu bestimmen, ihre konstruktive Rolle nicht nur zu fördern, sondern geradezu zu fordern, um ihr die prinzipielle Orientierung zu geben und die konkreten Aufgaben für ihre Arbeit abzuleiten.

Unsere Konferenz hat bestätigt: Ein Schlüsselproblem ist nach wie vor das tiefe Verständnis der objektiven ökonomischen Gesetze des Sozialismus und ihrer gegenwärtigen Wirkungsbedingungen. Wachsender Wohlstand des Volkes und höhere Effektivität der Volkwirtschaft sind neben oder außerhalb dieser Gesetzmäßigkeiten nicht zu erreichen. Ihre Kenntnis und konsequente Anwendung ist in unserem Lande der einzige Weg zu guten und dauerhaften ökonomischen Ergebnissen. Wir betrachten daher die Ausarbeitung der von Genossen *Erich Honecker* auf dem X. Parteitag der SED dargelegten ökonomischen Strategie für die 80er Jahre als eine herausragende wissenschaftlich-theoretische Leistung unserer Partei. Damit verfügt sie – wie Genosse *Mittag* dargelegt hat – über eine in sich geschlossene Konzeption, die auf den allgemeinen Gesetzmäßigkeiten des Sozialismus beruht und die konkrete Erfahrung einer langjährig bewährten Politik berücksichtigt und die für jede Entwicklung in den Produktivkräften und für die künftigen Erfordernisse der Gestaltung der entwickelten sozialistischen Gesellschaft anwendbar ist.

Sicherlich wird nicht erwartet, daß wir schon heute auf der Konferenz zu den in der Rede und in den Arbeitskreisen aufgeworfenen Fragen umfassende Schlußfolgerungen ziehen. Aber wir versichern, daß uns die Schwerpunkte unserer weiteren Tätigkeit, sowohl theoretisch als auch in der praktischen Umsetzung, mit originellen Lösungen eine hohe ökonomische Wirksamkeit zu erreichen sowie das ökonomische Denken in volkswirtschaftlichen Zusammenhängen in allen gesellschaftlichen Bereichen zu vertiefen, bewußt sind.

In der Rede wurde auf eine Reihe von Grundfragen orientiert, zu deren Beantwortung wir aufgefordert sind. Wir werden daraus entsprechende Aufgaben ableiten:
- Aktiv ist an einer bedeutenden Erhöhung des Bei-

trags von Wissenschaft und Technik, insbesondere für eine schnellere Steigerung der Arbeitsproduktivität und ein höheres Wachstum des Nationaleinkommens, mitzuwirken.

- Auf die Beschleunigung des Kreislaufs der Reproduktion und das Erreichen hoher Zuwachsraten der Nettoproduktion durch die gezielte Senkung des Produktionsverbrauchs muß durch entsprechende Untersuchungen und Verallgemeinerungen Einfluß genommen werden.
- Politisch-ideologisch und durch entsprechende theoretische Leistungen ist ein wirkungsvollerer Beitrag zur höchstmöglichen Veredlung der zur Verfügung stehenden Energieträger, Rohstoffe und Materialien sowie zu ihrem rationellsten und effektivsten Einsatz zu leisten.
- Das Referat war durchzogen davon, daß die Mobilisierung der schöpferischen Initiative der Werktätigen, insbesondere durch die qualifizierte Führung des sozialistischen Wettbewerbs auf der Basis von Leistungsvergleichen sowie die volle Ausnutzung des gesellschaftlichen Arbeitsvermögens, entscheidende Gesichtspunkte sind, um in großer Breite ein höheres Niveau der Arbeitsproduktivität zu erreichen, woraus sich viele konkrete Forschungsaufgaben ableiten.
- Wir werden durch unsere Arbeit noch deutlicher nachweisen, daß das Wirksammachen des Volksvermögens, insbesondere die rationellere Nutzung der vorhandenen Grundfonds und der Einsatz des eigenen Rationalisierungsmittelbaus für die Modernisierung des Grundmittelbestands, für das Wachstum unter den Bedingungen der umfassenden Intensivierung von großer Bedeutung ist.
- Zu Recht werden von uns erhöhte Anstrengungen gefordert, zur plan- und vertragsgerechten Produktion entsprechend den Anforderungen der eigenen Volkswirtschaft, des Exports und der Versorgung der Bevölkerung und zur Vertiefung der sozialistischen ökonomischen Integration durch neue theoretische Aspekte und praktische Verallgemeinerungen beizutragen.
- Eine zentrale Frage unserer Verantwortung als Ökonomen in der sozialistischen Gesellschaft, zu der uns die Beschlüsse der Partei geradezu verpflichten, besteht im Beitrag zur weiteren Erhöhung der Effektivität der Produktion durch Senkung der Selbstkosten sowie zur Erhöhung des Gewinns für den Sozialismus. Dazu gehören auch neue Arbeiten über den Produktionsrhythmus unter den Bedingungen des Mehrschichtsystems und eine entsprechende Gestaltung der Leitung.
- Gemeinsam mit den Abteilungen des Zentralkomitees der SED werden wir abstimmen, wie wir unseren Beitrag zur weiteren Vervollkommnung der Leitung, Planung und wirtschaftlichen Rechnungsführung entsprechend den gesetzten Effektivitäts- und Leistungsmaßstäben zu erhöhen haben.

Mitzuwirken an den gestellten Aufgaben ist ein hoher Anspruch an unsere Berufsehre als sozialistische Ökonomen. Der Klassenauftrag des Ökonomen in der sozialistischen Gesellschaft besteht darin, die Vereinfachung sei hier gestattet, Wege zu finden und praktisch zu organisieren, wie aus dem Vorhandenen mehr zu machen ist. Indem wir unseren Auftrag entsprechend dem Programm der Partei, an diesen Aufgaben mitzuwirken, mit unserem Wissen und Können, mit Verstand und Leidenschaft erfüllen, wollen wir unseren Beitrag für die kontinuierliche Durchführung der Politik der Hauptaufgabe in ihrer Einheit von Wirtschafts- und Sozialpolitik leisten. Wir freuen uns sehr darüber, daß von Genossen der Praxis auf dieser Konferenz eine Reihe von Forderungen an die Wissenschaft gestellt wurden, gemeinsam mit ihnen herangereifte Probleme lösen zu helfen.

Eine unserer zentralen Aufgaben ist die ständige und offensive politisch-ideologische Auseinandersetzung mit dem Gegner. Das betrifft vor allem die Systemauseinandersetzung, wie sie auch in den Diskussionen in den Arbeitskreisen eine bedeutende Rolle spielte. In der Rede wurden wir darauf gelenkt, das noch konsequenter, offensiver und überzeugender zu tun, sei es durch die Mitarbeit an der Ausarbeitung von Materialien für das Parteilehrjahr, bei der staatsbürgerlichen Erziehung in den Schulen, beim Auftreten in Partei- und FDJ-Lehrjahren, in den Schulen der sozialistischen Arbeit, in der Urania – um nur einiges zu nennen.

Ausdrücklich möchte ich an dieser Stelle unterstreichen, daß es mit unseren Publikationsorganen, zum Beispiel mit dem theoretischen Organ der Partei, der „Einheit", sehr gute Beziehungen der Zusammenarbeit gibt. Selbstverständlich ist es uns eine ehrenvolle Aufgabe, in unserem speziellen Publikationsorgan, der Zeitschrift „Wirtschaftswissenschaft", eine qualifizierte Auswertung der vielfältigen Gedanken aus Theorie und Praxis, die im Mittelpunkt unserer Konferenz standen, vorzunehmen.

Eine unserer wichtigsten Aufgaben in der Auseinandersetzung mit dem Klassengegner ist die offensive Zurückweisung der Angriffe des Imperialismus und seiner Ideologen auf unsere bewährte sozialistische Planwirtschaft auf der Grundlage des demokratischen Zentralismus, der wirksamen Ausnutzung der ökonomischen Gesetze des Sozialismus. Wir lassen uns doch nicht vom Gegner, von unseren eingeschworenen Feinden über die Gestaltung unserer sozialistischen Planwirtschaft belehren. Das betrifft sowohl die „großen Fragen" – die Angriffe auf das Wesen des Sozialismus mit den neuen Dimensionen der ideologischen Kriegsvorbereitung, wie es Genosse *Erich Honecker* auf dem X. Parteitag der SED herausstellte – als auch die „kosmetischen" Empfehlungen zu einer sogenannten sozialistischen Marktwirtschaft oder gar die sogenannte Theorie der Knappheit, wie sie manche in ihrer eigenen kapitalistischen Krise befangene bürgerliche Ökonomen uns anstelle der für uns unverzichtbaren Theorie des Wirtschaftswachstums einreden wollen. Diese „Theoretiker" übersehen, daß der sparsamste Umgang mit Ressourcen nichts mit dem Rückgang der Produktion zu tun hat. Vielmehr geht es darum – wie das hier auf der Konferenz überzeugend dargelegt wurde –, daß durch die höhere Wirksamkeit der lebendigen Arbeit bei sinkendem Produktionsverbrauch ein wachsendes Nationaleinkommen zur Erfüllung unserer gesellschaftlichen Aufgaben gesichert wird.

Auch im Verlauf der Diskussion in den Arbeitskreisen wurde zu Recht vielfach darauf hingewiesen, daß die bürgerlichen Ökonomen weiß Gott mit Nachdenken über ihre Systemgebrechen genug zu tun haben. Ich darf dazu hervorheben: Wir gehen – fest verbunden mit unserer Partei – unbeirrbar den erfolgreichen Weg der Gestaltung des entwickelten Sozialismus mit Hilfe der sozialistischen Planwirtschaft und schenken der weiteren Vervollkommnung der Leitung, Planung und wirtschaftlichen Rechnungsführung auf der Basis der intensiv erweiterten Reproduktion als einer Voraussetzung für ein sich vollziehendes dynamisches Wirtschaftswachstum im Interesse des Volkes besonderes Augenmerk.

Unsere Entwicklung zeigt: Die auf marxistisch-leninistischen Prinzipien beruhende sozialistische Planwirtschaft ermöglicht es, große volkswirtschaftliche Ziele zu stellen und sie konsequent zu verwirklichen. Viele planmäßige Vorgänge auf dem Gebiet der sozialistischen Wirtschaft in den letzten Jahren haben diese großen Vorzüge der sozialistischen Planwirtschaft demonstriert. Gerade im Zusammenhang mit den durch die ökonomische Strategie begründeten neuen Schritten zur intensiv erweiterten Reproduktion und auch unter Berücksichtigung der Verschärfung der internationalen Klassenauseinandersetzung, hervorgerufen durch den verstärkten Konfrontationskurs des USA-Imperialismus, hat unsere Partei die notwendigen Schlußfolgerungen für die weitere Vervollkommnung der sozialistischen Planwirtschaft im Sinne ihrer Stärkung gezogen. Die im Februar dieses Jahres beschlossenen „Maßnahmen zur weiteren Vervollkommnung der Leitung, Planung und wirtschaftlichen Rechnungsführung" sind ein sichtbarer Ausdruck dafür. Damit will ich die Feststellung *Günter Mittags* unterstreichen, daß sozialistische Planwirtschaft für uns nicht schlechthin eine Methode ist, sondern die komplexe Ausnutzung der ökonomischen Gesetze des Sozialismus.

Mit Konsequenz wurden im Referat die Fragen der intensiv erweiterten Reproduktion, der Arbeit mit den entscheidenden Plankennziffern und Bilanzen und zugleich des Wertzuwachses, der Arbeit mit den Kosten und des Umgangs mit dem Geld als der sozialistischen Planwirtschaft immanente Bestandteile gestellt; natürlich stets im Zusammenhang mit dem ökonomischen Grundgesetz des Sozialismus. Damit wurde theoretische Klarheit im Zusammenhang mit solchen bedeutsamen Fragestellungen geschaffen, wie der Höherveredlung und des Wertzuwachses, der untrennbaren Einheit von materieller und finanzieller Planung, der Dialektik von konkreter und abstrakter Arbeit, dem Rang der Ökonomie der Zeit, der Ausbreitungsgeschwindigkeit von Neuerungen sowie der Zyklusverkürzung.

Der Wille und das Vermögen der Wirtschaftswissenschaftler, an diesen Fragen weiter theoretisch zu arbeiten und an der politischen Umsetzung mitzuwirken, zeigte sich erneut im Verlauf der Konferenz. Im Mittelpunkt standen die Verallgemeinerung der Erfahrungen und die Diskussion neuer Erkenntnisse darüber,

- wie der Kreislauf der intensiv erweiterten Reproduktion der Kombinate wesentlich beschleunigt und
- wie das Verhältnis von Aufwand und Ergebnis prinzipiell verbessert werden soll.

Dabei wurde der konsequenten Einstellung auf die umfassende Intensivierung der Produktion besondere Bedeutung beigemessen. Umfassende Intensivierung verstehen wir als den allseitig ressourcensparenden Weg des Wachstums, und hierbei bieten sich noch wesentlich mehr Möglichkeiten für die wirtschaftswissenschaftliche Arbeit an. Schwerpunkte der theoretischen und praxisbezogenen Diskussion bildeten solche Problemkreise wie

- die Umsetzung und ökonomische Anwendung der marxistisch-leninistischen Reproduktionstheorie in den Kombinaten. Dazu zeigten Diskussionsredner aus Theorie und Praxis, wie der Reproduktionsprozeß als Ganzes beschleunigt und dadurch das Verhältnis von Aufwand und Ergebnis prinzipiell verbessert werden kann. Sie verwiesen zugleich auf die Notwendigkeit, die theoretische Arbeit auf diesem Gebiet noch erheblich zu verstärken. Generaldirektoren von Kombinaten legten dar, welch Erfahrungen bei der Ökonomisierung des gesamten Reproduktionsprozesses – von der Forschung über die Produktion bis zum Absatz – gesammelt wurden und verallgemeinerungswürdig sind;
- die höhere ökonomische Wirksamkeit von Wissenschaft und Technik als das Wesentlichste des neuen Schrittes bei der Verbindung der Vorzüge des Sozialismus mit den Errungenschaften der wissenschaftlich-technischen Revolution. Im Mittelpunkt standen Erfahrungen, wie die Kombinate – als wirksamste Form der Verbindung von Wissenschaft und Produktion – den Zyklus Forschung–Entwicklung–Rationalisierung–Produktion–Absatz optimal gestalten können. Das ist eine wichtige Bedingung, um aus eigener Kraft wissenschaftlich-technische Erzeugnisse, Verfahren und Technologien mit hohem volkswirtschaftlichem Effekt schnell marktwirksam umzusetzen. Überzeugend wurde nachgewiesen, daß hohe ökonomische Ergebnisse dort erreicht wurden, wo die wissenschaftlich-technische Arbeit als komplexer Neuerungsprozeß – von der Zielbestimmung bis zum Absatz auf den Märkten – geplant, geleitet und realisiert wird. Eine enge Zusammenarbeit zwischen Ökonomen, Technikern und Naturwissenschaftlern ist Voraussetzung dafür, daß die Ökonomie Ausgangs- und Endpunkt der wissenschaftlichen Arbeit ist. Daraus ergeben sich neue Anforderungen an die Leitung der Grundlagenforschung;
- die Vergesellschaftung der Produktion und Arbeit als einheitlicher Prozeß der Höherentwicklung von Produktivkräften und sozialistischen Produktionsverhältnissen in den Kombinaten. Ausgangspunkt dabei war, daß die Bildung und Festigung der Kombinate in der DDR den bisher umfassendsten Schritt zur planmäßigen Gestaltung der Vergesellschaftung von Produktion und Arbeit in Industrie und Bauwesen darstellt. Prinzipiell wurde die Rolle der Kombinate und der Betriebe als ökonomische Einheiten des Übergangs zur intensiv erweiterten Reproduktion herausgearbeitet. Zur weiteren Ausprägung des relativ geschlossenen Reproduktionsprozesses in den Kombinaten wurden Forschungsergebnisse zur Diskussion gestellt. Die theoretischen Erkenntnisse und die praktischen Erfahrungen zeigten, wie durch eine absatz- und exportorientierte Leitung im Kombinat und die komplexe Beherrschung der Neuerungsprozesse die Effektivität des Reproduktionsprozesses entspre-

chend den neuen Maßstäben erhöht werden kann. Dafür ist die hohe Flexibilität und Reaktionsfähigkeit des gesamten Reproduktionsprozesses eine entscheidende Bedingung. An konkreten Beispielen wiesen Generaldirektoren überzeugend nach, daß durch die disponible Gestaltung des Produktionsprofils, einschließlich der Eigenproduktion qualitätsbestimmender Zulieferungen, den internationalen Markterfordernissen konsequent und mit hoher Effektivität entsprochen wird. Hervorgehoben wurde die hohe Verantwortung aller Kombinate für die Produktion hochwertiger Konsumgüter für die Versorgung der Bevölkerung und den Export, insbesondere in die UdSSR. In Verallgemeinerung guter Erfahrungen wurden Lösungsansätze dieser Aufgabe vermittelt, insbesondere durch den zielgerichteten Aufbau und Einsatz eines leistungsfähigen Forschungspotentials und des eigenen Rationalisierungsmittelbaus;

- die Aufgaben der Kombinate im Prozeß der sozialistischen ökonomischen Integration. Überzeugend wurde herausgearbeitet, daß die Zusammenarbeit mit der UdSSR und den anderen Mitgliedern des Rates für Gegenseitige Wirtschaftshilfe für unsere Volkswirtschaft lebensnotwendig ist. Nur mit der Sowjetunion ist die Beherrschung der modernen Schlüsseltechnologien, als die wesentlichste Voraussetzung für eine bedeutende Effektivitätssteigerung der Volkswirtschaft, in den 80er Jahren möglich. Übereinstimmend wurde von den Wirtschaftswissenschaftlern und den Vertretern der Praxis die Notwendigkeit unterstrichen, sich verstärkt auf den Bedarf der UdSSR und der anderen Mitgliedsländer des RGW einzustellen. In diesem Zusammenhang trugen Diskussionsredner Erfahrungen vor, wie die Kombinate durch geeignete Formen und Methoden auf Anwenderbedürfnisse und Anwenderwünsche reagieren, wie durch die Weiterentwicklung der Direktbeziehungen das gemeinsame Potential zum beiderseitigen Vorteil eingesetzt wird;
- die Mobilisierung der schöpferischen Initiative der Werktätigen und die volle Nutzung des gesellschaftlichen Arbeitsvermögens in den Kombinaten und Betrieben. In der Diskussion wurde davon ausgegangen, daß das Grundlegende in der sozialistischen Ökonomie die schöpferische Arbeit des Menschen ist und bleibt. Demzufolge nahm die rationelle Nutzung des gesellschaftlichen Arbeitsvermögens einen zentralen Platz in der Beratung ein. Insbesondere ging es um theoretische und praktische Fragen, wie Schöpfertum, Qualifikation und Leistungsstreben der Werktätigen noch wirksamer für die Vertiefung der Intensivierung genutzt werden. Anhand von Beispielen wurde verdeutlicht, daß die Einsparung von Arbeitskräften und Arbeitsplätzen erst die gewollten Wirkungen bringt, wenn der gezielte Einsatz entsprechend den volkswirtschaftlichen Erfordernissen und der persönlichen Qualifikation der Werktätigen zum Ausgangspunkt gemacht wird. Dabei erweisen sich die politische Führung des sozialistischen Wettbewerbs und seine konsequente Orientierung auf die qualitativen Wachstumsfaktoren als eine wichtige Bedingung für die Mobilisierung der Masseninitiative;
- die volle Einstellung der Leitung, Planung und wirtschaftlichen Rechnungsführung auf die Erfordernisse der umfassenden Intensivierung der Produktion. Hervorgehoben, theoretisch begründet und mit ersten praktischen Erfahrungen wurde belegt, daß der Februar-Beschluß diesem Anliegen Rechnung trägt. Die praktische Umsetzung dieses Beschlusses erfordert jedoch ein tieferes theoretisches Durchdringen der Aufgabenstellung, weitere Fortschritte beim Umdenken der verantwortlichen Leiter in den Kombinaten und Betrieben sowie die schnelle Verbreitung der bisher vorliegenden Erfahrungen bei der Anwendung der vier Kennziffern der Leistungsbewertung.

Unsere Konferenz behandelte nicht vordergründig die Frage der Aus- und Weiterbildung. Wir sind aber sicher, daß viele Impulse darauf ausstrahlen werden. Das Politbüro hat eine Konzeption für die Gestaltung der Aus- und Weiterbildung der Ingenieure und Ökonomen in der DDR bestätigt. In einer Reihe von Beiträgen in den Seminaren wurde beispielsweise unterstrichen, wie durch das engere Zusammenwirken von Naturwissenschaftlern und Ingenieuren wesentliche Impulse ausgehen können. Es geht doch darum, daß durch die verstärkte Gemeinschaftsarbeit zwischen Ökonomen, Naturwissenschaftlern und Technikern höhere ökonomische Effekte auf der Grundlage entsprechend hochwertiger Gebrauchswerte erbracht werden. Genau solche Dinge sind es, die der Beschluß fördern will. Jeder Teilnehmer dieser Konferenz wird bestrebt sein, in die Diskussion zur effektivsten Gestaltung der Konzeption seine Gedanken und Ideen einzubringen. Letztlich geht es doch um die Kader, die in der Zukunft das auf unserer Konferenz Beratene umsetzen sollen.

Die Diskussion in den Arbeitskreisen machte deutlich, daß die Vergesellschaftung von Produktion und Arbeit als ein einheitlicher Prozeß der Höherentwicklung von Produktivkräften und Produktionsverhältnissen in den Kombinaten – als die tatsächliche Vergesellschaftung, wie *Lenin* diesen Prozeß bezeichnete – zu gestalten ist. Das kommt in der Bildung und Festigung der Kombinate anschaulich zum Ausdruck. In der Rede und in den Arbeitskreisen wurden grundlegende theoretische und wirtschaftspolitische Konsequenzen herausgearbeitet: Die Kombinate sind die wirksamste Form der Verbindung von Wissenschaft und Produktion, der optimalen Gestaltung des Zyklus Forschung–Entwicklung–Rationalisierung–Produktion–Absatz und stellen den wichtigsten Schritt bei der Gestaltung eines effektiven Leitungssystems dar. Hieraus ergeben sich Konsequenzen, die auch bei der theoretischen Arbeit auf dem Gebiet der sozialistischen Betriebswirtschaft neu zu durchdenken sind.

In der Diskussion wurde herausgearbeitet, wie die qualitativen Faktoren des Wirtschaftswachstums auf der Grundlage der umfassenden Nutzung des bedeutenden materiellen und geistigen Potentials unseres Landes noch vollständiger genutzt werden können.

Eine erstrangige Aufgabe – auch der Wirtschaftswissenschaften – besteht in der Bewältigung neuer Schritte bei der organischen Verbindung der Vorzüge des Sozialismus mit den Errungenschaften der wissenschaftlich-technischen Revolution, die sich vor allem in einer grundlegenden Erhöhung der ökonomischen Wirksamkeit von Wissenschaft und Technik widerspiegeln muß.

Es wurden Wege und Methoden erörtert, wie ökonomisch verwertbare Spitzenleistungen von Wissenschaft und Technik rasch in die Produktion überführt, für den Export und die Versorgung der Bevölkerung mit Konsumgütern wirksam gemacht werden. Das ist aufs engste mit der Höherveredlung der Produktion, der Vervollkommnung der volkswirtschaftlichen Strukturen und der Vertiefung der sozialistischen ökonomischen Integration mit der UdSSR und den anderen RGW-Ländern verbunden.

Deutlich hat unsere Konferenz den Nachweis erbracht, daß die Erschließung aller qualitativen Faktoren des Wirtschaftswachstums die Voraussetzung für die weitere Entwicklung der Produktion der Kombinate zur Deckung des Bedarf der Bevölkerung, der eigenen Volkswirtschaft und zur Erhöhung eines rentablen Exports ist. Das muß einhergehen mit einem weiteren hohen Zuwachs der Nettoproduktion und einer durchgreifenden Senkung des Produktionsverbrauchs. Schon *Marx* hat gelehrt und die Bildungspolitik unserer Partei, ihre Verbindung mit der Wirtschaftspolitik zeigt: Es gibt nur eine unerschöpfliche Quelle des Wachstums, nämlich die Nutzung des Wissens und Könnens unserer Menschen. Das ist der wichtigste Reichtum der Gesellschaft, wie *Marx* feststellte.

Kernpunkt der Erhöhung der Effektivität ist die Steigerung der Arbeitsproduktivität. Wege dazu wurden in den Arbeitskreisen beraten. Dabei wurden Erfahrungen bei der Mobilisierung der schöpferischen Initiative der Werktätigen und der vollen Nutzung des gesellschaftlichen Arbeitsvermögens dargelegt.

Die Komplexität in den Seminaren spiegelte sich auch darin wider, daß besonders Erfahrungen über die Rolle der Parteiorganisation für die politische Führung ökonomischer Prozesse und die Vorbildwirkung der Kommunisten in den Arbeitskollektiven dargelegt wurden. Der sozialistische Wettbewerb und die Aufgabe der Gewerkschaften nahmen einen gewichtigen Platz ein.

Eine wichtige Bedingung zur erfolgreichen Bewältigung der uns gestellten Aufgaben – dies wurde auch in den Diskussionen entsprechend eingeordnet – ist die enge und brüderliche Zusammenarbeit mit den Wirtschaftswissenschaftlern der UdSSR und der anderen sozialistischen Bruderländer. Besondere Bedeutung messen wir der Arbeit der Gemeinsamen Kommission der Ökonomen der UdSSR und der DDR bei. In wenigen Wochen werden auf einer gemeinsamen Beratung mit sowjetischen Ökonomen Fragen der Rationalisierung und Nutzung des gesellschaftlichen Arbeitsvermögens behandelt. Gerade diese Fragen haben für uns einen hohen politischen und sozialen Rang, auch deshalb, weil der Kapitalismus täglich seine Unfähigkeit, diese Fragen zu lösen, demonstriert.

Wir versichern der Parteiführung unsere Treue und sind stolz darauf, daß wir uns als Wirtschaftswissenschaftler, gemeinsam mit den Vertretern der Praxis und nicht zuletzt auch mit anderen Wissenschaftsdisziplinen, voll in den Kampf der Partei einreihen, um die Aufgaben, die durch die Beschlüsse der Partei gestellt werden, erfüllen zu helfen. Wir wissen, daß unsere Kampfaufgabe nicht leicht ist. Wir werden alles daran setzen, den gewachsenen Anforderungen gerecht zu werden.

Mit einmütiger Zustimmung wurde in den Arbeitskreisen ein Brief an den Generalsekretär des Zentralkomitees der SED, unseren verehrten Genossen *Erich Honecker,* angenommen. In diesem Brief versichern wir feste Verbundenheit mit der Politik der Sozialistischen Einheitspartei Deutschlands und dem Wirken unseres Generalsekretärs für das Wohl des Volkes und die Sicherung des Friedens. Wir versichern, auch künftig in jeder Hinsicht unsere ganze Kraft für die Verwirklichung der Beschlüsse des X. Parteitages einzusetzen.

Wir verpflichten uns, einen wirksamen Beitrag zu leisten, die ökonomische Strategie der 80er Jahre unter den komplizierten Bedingungen der Konfrontation und des Wirtschaftskrieges und der aggressiven Kreise des USA-Imperialismus ihrer Verbündeten in der NATO erfolgreich verwirklichen zu helfen.

www.ingramcontent.com/pod-product-compliance
Lightning Source LLC
LaVergne TN
LVHW080755300926
849162LV00008BA/1816